Robert H. Schu

Meine Lebensr

Robert H. Schuller

Meine Lebensreise

GERTH MEDIEN

Die Bilder in diesem Buch entstammen dem Besitz von Robert H. Schuller sowie der *Crystal Cathedral*. Die Fotos aus dem Familienurlaub in Hawaii wurden von Ray Mains gemacht, das Sonnenuntergangsbild der *Crystal Cathedral* stammt von Ken Duncan, Australien.

Titel der Originalausgabe:
My Journey

1. Auflage 2004

ISBN 3-89490-531-X

Die Bibelstellen wurden der »Luther Bibel«, Stuttgart: Deutsche Bibelgesellschaft, 1999, entnommen.

Übersetzung: Thomas Braas / Frank Ley
Umschlaggestaltung: Olaf Johannson
Umschlagfoto: Nancy Harris (Dr. Schuller),
J. Sun (*Crystal Cathedral, Tower of Hope*)
Satz: Die Feder GmbH, Wetzlar
Druck und Verarbeitung: GGP Media GmbH, Pößneck

Für meine Eltern, Jennie und Anthony Schuller,
die mir das Leben schenkten
und einen Glauben,
dem ich auf der Reise meines Lebens folgen konnte.

Inhalt

Danksagung 9

Einleitung 11

Teil I: Kleine Anfänge 17

Teil II: Die Jahre der Wunder 167

Teil III: Die Jahre des Erfolgs 387

Epilog 497

Hour of Power 503

Anmerkungen 507

Danksagung

Ich stehe tief in der Schuld der Menschen, ohne deren Hilfe diese Autobiographie niemals zu Stande gekommen wäre, und ich möchte ihnen meinen aufrichtig empfundenen Dank aussprechen.

Zunächst einmal Howard und Marjorie Kelley – für die zahllosen Stunden, die sie damit verbracht haben, Daten und Details aus über 40 Jahren *Crystal Cathedral*-Arbeit zu recherchieren. Für Jahrzehnte der Unterstützung und des Dienstes und schließlich dafür, dass sie mich davon überzeugt haben, dass diese Geschichte erzählt werden muss.

Dann Barbara Ann Evans. Wieder einmal hat sie meine Handschrift entziffert und Stunden damit zugebracht, meine Worte abzutippen – alles handgeschrieben auf mehr als 700 gelben DIN-A4-Seiten.

Meinen Brüdern und Schwestern, deren »Weißt du noch, wie«-Geschichten meinem Gedächtnis auf die Sprünge halfen.

Jedem meiner Kinder und Enkelkinder – für ihre Bereitschaft, Teil einer öffentlichen Geschichte zu werden.

Arvella DeHaan Schuller – dafür, dass sie mich, voller Liebe und Lachen, mit dem unbezahlbaren Material versorgt hat, aus dem diese wahre Geschichte entstanden ist. Dafür, dass sie mich immer wieder ermutigt hat, weiterzumachen, wenn mich die Begeisterung für dieses Projekt zu verlassen drohte. Und für ihr gutes Gedächtnis, was Namen, Daten, Begebenheiten und Details angeht, die in unseren gemeinsamen Jahren von Bedeutung waren. Für das Lesen und Prüfen, für die Hunderte von Stunden, in denen sie tat, was nur sie tun konnte: jedes Wort eines jeden Satzes des gesamten Manuskripts einmal, zweimal und ein drittes Mal zu lesen, um sicherzustellen, dass sich keine sachlichen Fehler eingeschlichen hatten. Meine Geschichte, so wie sie hier in Buchform erscheint, ist durch ihre Ehrlichkeit verbürgt.

Carol Schuller Milner – dafür, dass sie mir die Schönheit literarischer Autobiographien erschlossen und für eine kreative Strategie gesorgt hat, die sich für mich als befreiend erwies und die meiner Erzählung Leben eingehaucht hat ... und dafür, dass sie mir geholfen hat, der Geschichte »Gefühl und Herz« zu verleihen, indem sie den Seiten ihre eigene poetische Note hinzufügte. Für die zahllosen Stunden, die sie damit verbrachte, meine »frühen Jahre« zu erforschen, und dafür, dass sie über die Geschichte und ihre zahlreichen Abschlusstermine wachte und die Koordination aller Bereiche und Beteiligten übernahm. Sie war eine echte künstlerische und schöpferische Hilfe bei diesem Projekt.

William Patrick. In den über 30 Jahren, in denen ich jetzt schon Bücher veröffentliche, hatte ich noch nie das Vergnügen, einen Verleger zu haben, der all seine Fähigkeiten, Talente und seine ganze Hingabe so in ein Buch einbrachte, wie er es bei diesem Projekt getan hat. Er ist zweifellos ein Wunder an Geschicklichkeit und schöpferischem Talent – ein Talent, das er genutzt hat, um den Fluss dieser Geschichte zu perfektionieren. Für seine Ehrlichkeit und sachliche Beratung in Bezug auf den Inhalt, für die Note der Kultiviertheit, die er diesem Buch verliehen hat, und für seine beständige Hingabe an die handwerkliche Qualität, die mich als der Autor erscheinen lässt, der ich schon immer gerne gewesen wäre.

Lois de la Haba und John Loudon vom Verlag *HarperCollins* – dafür, dass sie daran geglaubt haben, dass meine Geschichte interessant genug sei, um sie zu veröffentlichen.

Schließlich gilt mein Dank all den Menschen, die von diesem Projekt Kenntnis hatten, das drei Jahre meines Lebens in Anspruch genommen hat; die für mich gebetet und mir Mut gemacht haben.

Und natürlich all denen, die so viel zur *Reise meines Lebens* beigetragen haben. Wenn ich jeden erwähnen würde, dem ich zu Dank verpflichtet bin, käme ich wohl ohne Anstrengung über 2 000 Seiten hinaus.

Ich danke euch und Gott segne euch alle.

Einleitung

Als man zum ersten Mal mit der Idee an mich herantrat, meine Autobiographie zu verfassen, war ich davon überhaupt nicht begeistert. Tatsächlich habe ich mich damals geweigert. Ich hatte nicht die geringste Lust, ein solches Buch zu hinterlassen.

Allerdings waren meine Familie, meine Freunde und einige meiner Berater der Ansicht, dass den kommenden Generationen – besonders jenen Menschen, die in den folgenden Jahrzehnten und Jahrhunderten zur *Crystal Cathedral* kommen würden – ein verlässliches Dokument an die Hand gegeben werden sollte, das die Entwicklung dieses Dienstes und das Leben der Person beschreibt, die dabei die treibende Kraft war.

1955 nahm ich den Ruf des kalifornischen Dachverbands der Reformierten Kirche in Amerika an, eine Kirche im Zentrum von *Orange County* aufzubauen. Niemand hätte bei diesen allzu bescheidenen Anfängen voraussagen können, wie sehr sich dieser Dienst einmal ausweiten würde.

Ich habe es oft gesagt, und ich meine es ernst und ehrlich, dass ich dies aus mir heraus niemals hätte alleine erreichen können. Immer wieder hat Gott mir zur richtigen Zeit den richtigen Menschen für die richtige Aufgabe geschickt. Natürlich weiß ich auch, dass ohne meine Energie und Hingabe dieser Dienst hier wahrscheinlich nicht zu Stande gekommen wäre.

Aber woher hatte ich diese Vision?

Mein Urgroßvater mütterlicherseits, Gerrit van Amerongen, war, soweit ich weiß, ein Träumer von großen und mutigen Träumen. Er war das, was ich einen »klassischen Möglichkeitsdenker« nenne. Er stammte aus der Linie jener in großem Rahmen denkenden Holländer, die auf die Idee kamen, die Deiche zu bauen, das Meerwasser herauszupumpen und das so entstandene Land zu nutzen, um ihre Küsten zu erweitern und ihr Land zu vergrößern. »Nichts ist unmöglich!«, daran hatten sie geglaubt.

Dann war da noch mein Grandpa Schuller. In vielerlei Hinsicht war er ein durchschnittlicher, ganz normaler Mann. Allerdings half ihm sein

Überlebenswille, nach seiner Ankunft in Amerika alle Schwierigkeiten zu überwinden und ein erfolgreicher Farmer und angesehener Bürger seiner Gemeinde zu werden.

Was soll ich also von diesem Erbe halten? Wie groß war der Einfluss dieser Erbgutmischung, die seit über 70 Jahren in meinen Blutbahnen zirkuliert?

Als ich mich schließlich doch entschloss, diese Memoiren zu verfassen, hielt mich meine Frau dazu an, mir bestimmte Fragen zu stellen und Antworten zu geben, die dann die Grundstruktur dieses Buches bilden würden:

- Wer bin ich?
- Woher komme ich?
- Wozu bin ich hier?
- Wie ist das alles geschehen?

Als ich diese Herausforderung annahm, erwachte in mir der Wunsch nach Selbsterkenntnis, obwohl ich zugeben muss, dass die Ergebnisse trotz des faszinierenden Prozesses manchmal ein wenig unklar und trübe, ja sogar düster waren. Jetzt, da ich in meinen Siebzigern bin, fällt es mir nicht mehr leicht, mich an meine frühen Jahre zu erinnern. Also habe ich mich zu einem Großteil auf die Aussagen anderer verlassen und habe auch erzählerische Techniken verwendet, um bestimmte wichtige Momente zum Leben zu erwecken, die auf Grund meiner lückenhaften Erinnerungen sonst lediglich eintönige Aufzählungen unterschiedlichster Erfahrungen geworden wären, von denen ich sicher bin, dass sie stattgefunden haben.

Bei dem Versuch, mir mein Leben wieder vor Augen zu führen, bin ich mir oft wie ein Detektiv vorgekommen, der sich darum bemüht, ein dunkles Geheimnis aufzudecken. Zu anderen Zeiten ähnelte der Prozess einer vertrauten Fahrt entlang der Pazifikküste.

Einmal in der Woche mache ich einen Ausflug und begebe mich aus der Hektik von *Orange County* an einen ruhigen Küstenstrich Südkaliforniens. Ich fahre in Richtung Laguna Beach – ein Ort, der südlich von Newport Beach, zwischen Corona del Mar und Dana Point liegt. Auf dem Weg von Norden nach Süden senkt sich das Land langsam auf Meereshöhe und die Luft wird feuchter.

Ich kenne die Aussicht nur allzu gut. Sanfte Hügel senken sich ab, bis man schließlich die Stelle erreicht, an der die Wellen nach ihrer Tausende von Kilometern langen Reise durch den Pazifik den sandigen Strand des amerikanischen Festlands erreichen. Der *Pacific Coast High-*

way hebt und senkt sich entlang der Meeresküste, die das Ende ihrer Reise markiert.

Ich suche die Oberfläche des Ozeans ab. *Catalina Island* liegt im Nebel verborgen in der Ferne, 20 Meilen vor der Küste. Der morgendliche Dunst und der Nebel zwingen mich, die Fahrt zu verlangsamen. Die Vorsicht übernimmt die Kontrolle über meine Hände am Steuerrad und meinen Fuß auf dem Gaspedal. Ich muss mich diesem alles verschleiernden Nebel anpassen. Obwohl ich die Strecke kenne, muss ich nach den bekannten Landmarken und Wegweisern Ausschau halten. Ich muss mich vorsehen, damit ich nicht vom Weg abkomme.

Genau so ist es beim Schreiben dieses Buchs. Wenn ich nicht vorsichtig bin, besteht die Gefahr, dass ich im Dunst und Nebel des Herkunftsgeheimnisses verloren gehe und die Wegweiser, die meine Lebensreise bestimmt haben, aus den Augen verliere. Diese Landmarken sind die entscheidenden Augenblicke und die Richtlinien, die mich über die Jahre hinweg motiviert und geleitet haben und so zum Navigationssystem für diese Aufgabe wurden.

Durch die Unterstützung meiner Frau und diese behutsame Nabelschau ist dieses Buch zu dem ehrlichsten und authentischsten Lebensbericht geworden, den ich abgeben kann.

Trotz gelegentlichen Dunsts und Nebels stand ich immer an der Schwelle zum Morgen, hatte stets den entfernten Horizont im Blick. Dieses Buch erforscht das Geheimnis, wie ich dieses Verhalten gelernt habe, und einiges mehr. Ich erkenne jetzt, dass ich jeden Augenblick der 50 Jahre meines beruflichen und familiären Lebens an der Schwelle zum Morgen gelebt habe. Ich werde weiterhin für Gott große Träume träumen, nach dem Motto: »Warum nicht?« Ich bete darum, dass Sie dazu inspiriert werden, das Gleiche zu tun.

Robert H. Schuller

»Ich bin ein Teil all derer,
denen ich begegnet bin«
Tennyson

Teil I

Kleine Anfänge

»Es verbergen sich unendliche Möglichkeiten
in kleinen Anfängen –
wenn Gott mit dabei ist.«
Robert H. Schuller

1

Wenn man von nirgendwo kommt, kann man überall hinkommen.

Mein Leben ist ein Beweis dafür.

Ich wurde in einem Haus geboren, das dort stand, wo der Feldweg aufhörte. Der Weg hatte keinen Namen und das Haus hatte keine Nummer.

Ich wurde mitten während einer Flutkatastrophe geboren.

Es ist der 16. September 1926. Es regnet so stark in *Sioux County*, Iowa, dass der *Floyd River*, der sonst in so friedlichen Bögen durch unsere Viehweiden mäandert, über seine Ufer tritt.

Das Unwetter ist in dieser nordwestlichen Ecke von Iowa, nahe South Dakota und Minnesota, so heftig, dass nur acht Meilen westlich von hier ein Vater und sein Sohn ums Leben kommen. Sie ertrinken während des später als »*Sioux County*-Flut von 1926« bekannt gewordenen Hochwassers.

Aber der Sturm ist nicht stark genug, um Anthony Schuller (»Skaller« ausgesprochen) und seine vier Kinder von dem Ford Model T fern zu halten. Während es wie aus Eimern gießt, bringt er eine Zwölfjährige, einen Elfjährigen, eine Neun- und eine Siebenjährige aus dem Haus in das schwarze Auto.

Liebevoll hilft Tony seiner etwas schwerfälligen Jennie auf den Sitz neben ihm. Es sind nun sieben Jahre seit Jennies letzter Geburt vergangen, und alle dachten, dass sie aus dem Alter heraus wäre, in dem man noch Kinder bekommt. Jennies vier Brüder und drei Schwestern waren geschockt und dann ernstlich besorgt gewesen, als sie die Neuigkeit erfuhren.

»Sie ist zu alt, um noch ein Kind zu bekommen«, hatten sie nach der Kirche getuschelt. Sie hatten zusammengestanden und miteinander geflüstert und sich vor dem näher rückenden Geburtstermin gefürchtet.

Diese sieben jüngeren Geschwister waren größtenteils von Jennie aufgezogen worden. Sie schauten zu ihr auf und hörten auf sie wie auf eine zweite Mutter. Jennie war schon lange nicht mehr die Jüngste und jeder wusste das – und jeder kannte die Risiken.

Dieser anderthalb Kilometer lange Feldweg ist der einzige Weg hinaus – *wenn* es einer ist. Tony macht sich Sorgen. Wenn sich der Weg schon in tiefen Schlamm verwandelt hat – wird der Ford bis in die Stadt durchkommen? Bis zum Haus von Jennies Mutter? Und nachdem sie die Kinder dort abgeladen haben – wird er es wieder zurückschaffen? Werden sie die Farm rechtzeitig erreichen, bevor die Wehen einsetzen?

Tony lässt das Häuschen mit den weißen Schindeln hinter sich. Das Land scheint sich unter einem Baldachin bedrohlicher bleischwarzer Wolkenmassen zu ducken.

Sioux County, Iowa, kennt so ziemlich jede Naturkatastrophe, die ein Land erleben kann: Wind, Gewitter und Tornados, Schneestürme, Sandstürme und Blitzschlag.

Oft werden die Farmer vom Sturm in ihren Häusern gefangen gehalten.

Aber Jennie setzt wie so üblich ihren Kopf durch. Auch die Straßen müssen sich ihrem Willen fügen. Und so fahren sie durch den Schlamm dahin. Schlingernd und schlitternd und unter Sturzbächen von Regen, die dröhnend auf das Blechdach des armen alten »Model T« einhämmern. So bringen sie die erste Meile[1] hinter sich und auch den Rest des Weges nach Alton, Iowa, zum Haus von Jennies »Moeder« und »Vader« (die beiden wurden in Holland geboren).

Alton war damals eine Stadt, die das Amt für Volkszählung leicht hätte übersehen können. Zwischen 1920 und 1930 war die Einwohnerzahl lediglich um 4 Personen gestiegen. Aber diese Holländer mit ihren festen Überzeugungen und ihrer unüberhörbaren Meinung zu allen aktuellen Fragen, besonders zu denen moralischer und religiöser Natur, konnte man nur schwer ignorieren.

Die unsanfte Reise endet vor dem Haus mit der umlaufenden Veranda. Im strömenden Regen empfangen Grandma und Grandpa Beltman die Kinder ihrer ältesten Tochter mit offenen Armen. Über den Grund ihres Besuchs wird nicht gesprochen.

Damals war man der Ansicht, dass Kinder nichts über die menschliche Geburt erfahren sollten. Wenn eine Kuh kalbte – dann waren sie dabei. Wenn ein Wurf Ferkel zur Welt kam – selbstverständlich auch. Aber wenn ein Brüderchen oder Schwesterchen geboren wurde – niemals.

Niemand würde dem Jungen und den drei Mädchen etwas verraten. Sie würden bis zum nächsten Morgen ahnungslos bleiben, dann erst würden sie mit einem neugeborenen Geschwisterchen überrascht werden. Hatten sie nicht Verdacht geschöpft, während Mutter immer dicker wurde? Eher nicht, denn die meisten Bauersfrauen waren kräftig genug gebaut, sodass so etwas nicht weiter auffiel. Für unschuldige Augen sah Jennie aus wie immer.

Die Kinder hatten keine Ahnung, dass sie den Platz am Tisch, im Bett, am Ofen und in den Herzen ihrer Eltern schon bald mit einem Neuankömmling würden teilen müssen.

Und so – geheimnisumwölkt und vom Sturm bedroht – treten Tony und Jennie den Rückweg an. Quer durch Alton hindurch, über die Brücke und den mächtig angeschwollenen *Floyd* und wieder zurück auf den schlammigen Feldweg, der Räder und Motor des kleinen Wagens und auch Jennie zum Jammern bringt.

Sie erreichen das Haus ohne Nummer am Ende des Wegs ohne Namen. Es gießt immer weiter, während Tony den Wagen parkt und seine Frau in einen Regenmantel hüllt. Er hält sie ganz fest, damit sie auf dem glitschigen, unebenen Weg ins Haus nicht ausrutscht.

Im Haus selbst ist es herbstlich kühl, aber immerhin sind sie trocken und sicher. Sicher allerdings nur, wenn der Doktor, den sie bestellt haben, auch ankommt. Die Frage ist: Wird sein Wagen es durch den Schlamm schaffen?

Jennie gibt einen spitzen Schrei von sich – ganz untypisch für diese starke Bauersfrau.

Tony trommelt nervös mit den Fingerspitzen auf die weiße Fensterbank. Er versucht nicht, sie zu ignorieren. Es ist einfach so, dass er all seine beruhigenden Worte aufgebraucht hat. Er kann nicht mit echter Überzeugung sagen, dass Dr. Gleystone kommen wird. Wird der Doktor durch diesen tiefen Matsch überhaupt durchkommen können? Tony kann durch das Fenster kaum etwas erkennen, so sehr prasselt der Regen dagegen. Trotzdem starrt er weiter durch die Scheibe.

Jennie schreit wieder auf. Langsam klingt Verzweiflung mit. Tony fühlt sich hilflos. Er weiß genau, wie man bei Vieh Geburtshilfe leistet, aber bei seiner Frau ist ihm doch bange. Wird er, nach sieben Jahren, noch wissen, was zu tun ist?

Er sollte zu ihr gehen, aber er möchte nicht vom Fenster weg. Er möchte ihr gute Neuigkeiten bringen. Da hört er den Wagen des Doktors. Was für eine Erlösung! Jetzt findet er seine Sprache wieder: »Dr. Gleystone ist da, Jennie. Er ist da!«

Wenige Minuten später schreit Jennie noch einmal. Mit Dr. Gleystones Hilfe und unter den Augen meines Vaters komme ich zur Welt. Mitten im Sturm und an der Schwelle meines ersten »Morgen«.

2

Jennie Beltman und Anthony Schuller hatten sich zum ersten Mal in der Kirche getroffen, 15 Jahre vor jener stürmischen Nacht, in der ich geboren wurde. Die Gemeinde bestand aus holländischen Einwanderern aller Schichten. Woher nahm der arme Bauernjunge Anthony nur den Mut, dieser jungen Dame aus »besseren Kreisen« den Hof zu machen? Jennies Vater, mein Großvater Henry Beltman, war der Besitzer einer großen Farm, die er wiederum von seinem Vater geerbt hatte. Es gab keine großen Unternehmer in *Sioux County* – und sicher auch keine Berühmtheiten und keine Aristokraten. Das Einzige, was dem entsprach, war ein Landbesitzer. Wenn man genug Land hatte, gehörte man zur Oberschicht.

Was Tonys romantische Angelegenheiten zusätzlich erschwerte, war die Tatsache, dass die Großgrundbesitzer arme Jungs wie den Waisenknaben Tony für ihre niedrigen Arbeiten anheuerten. Tony war also ein Tagelöhner, was ihn definitiv zu einem Mitglied der Unterschicht machte.

Tonys Vater, mein Großvater Schuller, hatte sein Geburtsland Holland verlassen und war nach Amerika gegangen. Er hatte seine Frau mitgebracht und alles, was sie besaßen – und das war zum größten Teil Armut gewesen.

Sie hatten sich ihren Miteinwanderern in der neuen holländischen Kolonie angeschlossen, die sich in der sanft gewellten Ebene von Nordwest-Iowa gebildet hatte.

Hier in Alton hatten Tonys arme Eltern ihr wenig herrschaftliches Haus aus Grassoden gebaut. Man schält dazu die oberste Schicht der unberührten Prärie wie die Haut einer Orange ab. Von Graswurzeln durchflochten, ist sie in sich sehr stabil und lässt sich gut zu »Grassodenziegeln« zurechtschneiden, aus denen man ein Haus bauen kann. Zurück bleibt der fette schwarze Mutterboden, der nun fertig zur Bearbeitung ist. So kann man buchstäblich aus »nichts« »etwas« machen – eine Lektion der Prärie, die ich verinnerlicht habe, seit ich denken kann.

In dieser Lehmhütte träumte mein Großvater Schuller seinen Traum vom neuen Leben in diesem neuen Land. Hier liebte er seine Frau, die neun Jungs und einem Mädchen das Leben schenkte.

Jeden Sonntag gingen sie zur Kirche, wo eines schönen Tages einer dieser neun Jungs, Anthony, davon zu träumen begann, Prediger zu werden. Er sah sich selbst in einem langen schwarzen Talar vor der Gemeinde stehen, aus der großen Bibel lesen und eine eindrückliche und strenge Predigt halten – das alles im renommiertesten Gebäude der Stadt, der *First Reformed Church of Alton*.

Aber die Träume des jungen Tony Schuller von einer Zukunft als Prediger sollten zerschlagen werden. Beide Eltern starben jung und die Kinder mussten plötzlich für sich selbst sorgen. Tony verließ die Schule in der sechsten Klasse und nahm die einzige verfügbare Arbeit an – als Handlanger auf den umliegenden Farmen.

Die Landwirtschaft wurde Tonys Leben. Er kam nie weiter als 50 Meilen aus Alton heraus, bis zu dem Tag, an dem er eine bedeutende Reise unternahm. Da fuhr er ins 600 Meilen entfernte Chicago, um die Erfüllung eines Traums zu erleben: die Ordination seines jüngsten Sohnes zum Prediger.

Aber an jedem Sonntag zog Tony ohne Ausnahme seine Kirchgangskleidung an: Anzug, Hemd, Krawatte und die blank polierten schwarzen Schuhe. Jeder Mann, jede Frau und jedes Kind in der holländischen Kolonie besaß einen Satz »Sonntagssachen«. Und jeden Sonntag vertauschten die Männer ihren geflickten und abgetragenen Arbeitsanzug, ihre schweren, knöchelhoch gebundenen, mit Dreck und Dung verkrusteten Stiefel und die blauen Hemden mit dem roten Taschentuch in einer der beiden Brusttaschen mit diesem einen Satz »guter« Sachen.

Jennie fiel Tony vor allem auf, weil sie die Älteste der acht Kinder dieses wohlhabenden und beeindruckenden Mannes war, der oft die Rolle des Predigers übernahm. So war sie praktisch die »Prinzessin« und er der »Bettelmann«.

In der holländischen Kultur Iowas nannte man den Prediger »*Dominee*« – ein Titel, der die gleiche Wurzel hat wie »dominieren«. Und in der Tat war der holländische Prediger eine dominante Figur im öffentlichen Leben.

Man mochte anderer Meinung sein als der *Dominee*, vielleicht sogar hinter seinem Rücken seine Predigt kritisieren und darüber diskutieren, aber jedermann, der dem *Dominee* Auge in Auge gegenüberstand, behandelte ihn mit Respekt und Ehrerbietung.

Wenn der *Dominee* von Alton krank oder auf Dienstreise war, dann nahm Jennies Vater diese ehrwürdige Stellung ein, die Tony so sehr bewunderte. Und Jennie war der »Sonnenschein« dieses Laienpredigers. Seine letzten gesunden Jahre verbrachte ihr Vater im Haus meiner Mutter, wo er in dem mächtigen, kostbaren, hölzernen Schaukelstuhl residierte, der nur ihm persönlich vorbehalten war.

Mein Großvater war immer stolz, wenn ich nach Hause kam, nachdem ich weggegangen war, um die Schule zu besuchen. Er bildete sich richtiggehend etwas darauf ein, dass das letzte und ungeplante Kind seiner ältesten Tochter auf die höhere Schule ging und später sogar zum Seminar, um ein richtiger *Dominee* zu werden. Aber immerhin rangierte der *Dominee* im öffentlichen Ansehen neben dem Doktor auch an höchster Stelle. John Henry war nur ein Laienprediger. Aber Tony war nicht einmal das.

Wenn Tony sich nun durch seine Heirat verbessert hatte, so bedeutete das ja auch, dass Jennie »unter ihrem Stand« geheiratet hatte. Warum eigentlich?

Es hieß, dass Jennie als die Älteste von sieben Kindern die Rolle der Köchin, des Kindermädchens und der Wäscherin übernehmen musste. Ihre blaublütige Mutter konnte sich, obwohl die Familie recht wohlhabend war, keine Dienstboten leisten, wie sie es von zu Hause her gewohnt war. Also zwang sie einfach Jennie diese Rolle auf.

Jennies Mutter, Jacomina Beltman, meine Großmutter, war die Tochter eines höhergestellten Holländers, von dem es hieß, er sei in den Niederlanden ein Baron gewesen.

Jacomina war aufbrausend. Sie war ziemlich verwöhnt und es fehlte ihr an Wärme und Freundlichkeit. Ich selbst kann mich nicht an Großmutter erinnern, aber die meisten Berichte beschreiben sie als eine ziemlich unleidliche Person, die sehr schnell eingeschnappt war und dazu neigte, Menschen der »unteren Klassen« mit gemeinen Worten und einschüchternden Blicken und Gesten herunterzuputzen.

Ich denke, man kann zu Recht annehmen, dass meine Mutter bestrebt war, diesem beherrschenden und erniedrigenden Einfluss zu entkommen. Ist es möglich, dass sie aus purer Verzweiflung dem erstbesten Mann, der ihr einen Antrag machte, das Jawort gab?

Oder war es der krasse Gegensatz zwischen ihrer herrschsüchtigen Mutter und diesem freundlichen, sanftmütigen Tony, der ihn so unwiderstehlich machte, dass sie ihm ohne zu zögern ihre Hand überließ, als er darum anhielt?

Wie auch immer, die Hochzeit war ein bedeutendes Ereignis. Das große Hochzeitsbild, das vor dem Haus meines Großvaters

Beltman aufgenommen wurde, hängt heute bei mir zu Hause. Als einer der wichtigsten Männer des Bezirks hatte Jennies Vater auch eines der größten Häuser in der Gegend gebaut. Es war keines der üblichen Bauernhäuser. Die Ausstattung war auf dem modernsten Stand: Es gab elektrisches Licht, fließendes Wasser (von einem Carbid-Gas-Generator gepumpt) sowie eine kohlenbefeuerte Zentralheizung! Im Erdgeschoss befanden sich sieben Zimmer und im ersten Stock gab es fünf Schlafzimmer. Außerdem hatte jede Etage ein Badezimmer. Sowohl die erste als auch die zweite Etage waren von einer breiten Veranda umgeben.

Und dieser ganze Balkonraum ist für das Hochzeitsfoto mit Gästen angefüllt. Die sieben Geschwister meiner Mutter, die acht Brüder meines Vaters und seine Schwester, verschiedene Onkels und Tanten, Cousins und Cousinen und andere nahe Verwandte von Braut und Bräutigam – alle sind sie in ihrem feinsten Sonntagsstaat auf dem Bild zu sehen. Schlank und wunderschön sieht meine Mutter aus in ihrem bodenlangen, weißen Hochzeitskleid, mein Vater, im schwarzen Frack mit weißer Fliege, wirkt elegant und vornehm.

Waren Mutter und Vater wirklich ineinander verliebt? Ich bin davon überzeugt, dass sie es waren – auch wenn man es selten erlebte, dass sie sich umarmten oder küssten oder etwa Händchen hielten. Ihre Erziehung und der Zeitgeist erlaubten dergleichen nicht. Ich habe nie gehört, dass sie »Ich liebe dich« zueinander gesagt hätten. Ich habe auch nie ein zärtliches Leuchten oder ein kokettes Zwinkern in ihren Augen beobachtet. Auf der anderen Seite habe ich auch nie erlebt, dass sie einmal gegeneinander laut geworden oder grob miteinander umgegangen wären. Dabei hatte meine Mutter durchaus ein leidenschaftliches Temperament geerbt, das man jähzornig hätte nennen können. Ich konnte diese Seite an ihr oft hautnah erleben, hatte aber stets das Gefühl, dass ich die hitzige Reaktion verdient hatte. Nie sah ich darin einen Mangel an Liebe.

Auf ihrem Hochzeitsfoto steht sie sehr vornehm da, in majestätischer Haltung. All ihre 97 Jahre hindurch hat sie sich so kerzengerade gehalten – die Schultern nach hinten und das Haupt erhoben. Auch nachdem sie ihre schlanke Figur verloren hatte, behielt sie dennoch diese adlige Haltung. Dies war ein Erbe, das sie von ihrer Mutter und ihrer Großmutter übernommen hatte – und auch von ihrem Vater. Er sagte stets: »Halt dich gerade, Jennie! Nimm den Kopf hoch!« Ob er nun in dem gewaltigen, hölzernen, mit schwarzem Leder bezogenen Schaukelstuhl saß oder im Haus herumging, immer hielt er sich bolzengerade! Dasselbe erwartete er auch von mir, seinem Enkel, und er unterließ es nicht, mich immer wieder darauf hinzuweisen. Auch wenn er, in seinem inzwischen 95. Jahr und schon reichlich ergraut, hinter dem stets gegenwärtigen Qualm seiner berühmten holländischen Zigarren fast verschwand – man konnte immer noch Großvater durch den Rauch erkennen, hoch erhobenen Hauptes.

3

Es ist März 1927. Jennie schreitet den Mittelgang der holländischen Kirche aus dem 19. Jahrhundert hinunter. Tony geht an ihrer Seite. Sie hält mich in den Armen – ich bin gerade ein halbes Jahr alt – und sie ist unzufrieden. Zuerst einmal hätte der *Dominee* in seiner Predigt über die Bedeutung der Taufe wirklich überzeugender sein können. Dann, zweitens, hätte Tony den Kopf ruhig ein wenig höher tragen können. Schließlich war dies die heilige Taufe *seines* Sohnes. Und dann, drittens – der Blick ihrer Mutter.

Jacominas überheblicher, selbstzufriedener Blick, der zu sagen scheint: »Ich habe gewonnen!« Jennie kann es nicht verwinden, dass sie gerade ihren Sohn auf den Namen getauft hat, den ihre Mutter ausgewählt hat. Jennie wollte mir den Namen Harold Robert geben. Ihre Mutter, die wohlhabende Mrs. Beltman, bestand auf Robert Harold. Tony begleitet Jennie schweigend von der Kirche zum Auto und dann zu der Feier in ihrem kleinen ländlichen Haus. Er wird alles tun, um den drohenden Wirbelsturm einer bösen Auseinandersetzung zu vermeiden. In 15 Jahren Ehe hat er diese Kunst recht gut erlernt.

Das kleine Bauernhäuschen quillt über vor Gästen: Jennies Geschwister mit ihren Ehepartnern und sämtlichen Kindern und natürlich Tonys Verwandtschaft. Zum Glück steht es auf einem großen Stück Land.

Schon bald wird das Fest durch Grandmas pompösen Auftritt unterbrochen. Wie immer sitzt Großmutter im Fond des Wagens ihres wohlhabenden Gatten. Heute ist es ein neuer Ford. Ihr Ehemann sitzt alleine vorne am Lenkrad. Das ist normal – zwar nicht für *Sioux County*, aber für Grandma und Grandpa Beltman.

Es war allgemein bekannt, dass sie, wohin sie auch fuhr, dies auf dem Rücksitz des Wagens tat. Dort saß sie, unnahbar und stolz, während ihr Ehemann, Großgrundbesitzer und ehrwürdiger Laienprediger, im Fahrersitz den Chauffeur spielte.

Jennie scheint mit ihrem Heim, den meisten ihrer Gäste und besonders mit ihrem jüngstgeborenen Sohn in seinem langen, weißen Taufkleid aus reinem Batist und feiner Stickerei zufrieden zu sein. Die dezenten holländischen Verzierungen umrahmen ein frisches und unschuldiges Kindergesicht.

Jennie gießt Kaffee ein. Die Tassen und Untertassen sind in Reih und Glied vor ihr auf dem Küchentisch aufgebaut. Während Jennie alles fürs Servieren vorbereitet, sitzt Großmutter wie die Königin selbst im Wohnzimmer und führt den Vorsitz über Klatsch und Tratsch.

Wie üblich halten sich im Salon nur die Frauen auf. Jacominas Ehemann, John Henry, steht mit den anderen Männern draußen, wo sie ihre Zigarren genießen. Jacomina kann ihn im schattigen Hof stehen sehen. Es ist ein ungewöhnlich freundlicher und ruhiger Tag, eine willkommene Erholungspause in einem insgesamt windigen und immer noch kalten März. Jacomina wendet ihren Blick zurück auf das schlummernde Kind, in das sie hohe Erwartungen setzt. Jedes Mal, wenn sie zu den Frauen etwas über ihren Enkel sagt, verkündet sie prahlerisch den »schönen und stolzen« Namen, den er bekommen hat: »Robert«. Sie hebt die Stimme ein wenig, mit einer verletzenden Betonung, die speziell auf das Ohr ihrer Tochter zielt – »Robert Harold« tönt sie.

Jennies Nerven sind zum Zerreißen gespannt, aber sie schafft es, ihre Erregung zu unterdrücken.

Großmutter fährt fort: »Robert Harold – ich habe auf diesem Namen bestanden, wisst ihr?« Sie wissen es. Und ob sie es wissen. Jacomina besteht immer auf ihrem Willen.

Jennie lädt die Gäste ein, sich Kaffee und Kuchen zu holen. Alle erheben sich, mit Ausnahme von Grandma.

Wie es ihre Rolle in der Familie schon immer verlangt hat, nimmt Jennie eine Tasse und einen Teller und bringt sie ihrer Mutter. Sie stellt beides auf ein großes Spitzendeckchen auf Großmutters Tablett. Dann nimmt sie neben ihr Platz.

Großmutter erzählt wieder, wie froh sie ist, dass Jennie letztendlich doch eingesehen hat, dass es unumgänglich war, dem Kind den Namen »Robert« zu geben. Jennie holt tief Luft. Dann bringt sie den Mut auf, die Sache zurechtzurücken: »Sein Name ist Robert ...«, beginnt Jennie und hält inne. Sie zittert leicht. »... aber ...« – und sie hält erneut inne, um nach ihrem Taschentuch zu greifen – »wir werden ihn bei seinem zweiten Vornamen rufen.«

(Schlucken)

»Wir werden ihn ... ›Harold‹ nennen«, schließt sie.

Klirr! Jacomina lässt ihre Tasse auf die Untertasse fallen.

Stille.

Immer noch ... Stille.

Großmutter erhebt sich. Jennie bietet ihre stützende Hand an, aber Großmutter geht darüber hinweg. Sie begibt sich mit Tasse und Untertasse zur Küche, beide leicht angeschlagen. Jeder spürt, dass Grandma Jacomina Beltman verärgert und angespannt ist. Aber sie hält ihr Haupt weiterhin stolz erhoben. Sie kommt zurück in den Salon, nickt ihrer Tochter als abschließende Geste der Gratulation noch einmal zu, wirft noch einen Blick auf den schlafenden »Harold«, der auf dem Schoß seiner ältesten Schwester liegt, der 12-jährigen Jessamine, und schreitet zur Tür hinaus.

Während Großmutter auf die Veranda tritt, kommt John Henry durch die Küche ins Wohnzimmer herein. Er sieht zu, wie der Federhut und das hohe, leinene Gesäßpolster seiner Frau in der Ferne verschwinden.

Jennie schaut betreten drein. Grandpa stellt sich neben sie und legt seine Hand sanft und verständnisvoll auf ihre Schulter. John Henry steht bei seiner erstgeborenen Tochter Jennie, während ein Wohnzimmer voller Nachkommen Jacominas sich die Hälse ausrenkt, um durchs Salonfenster noch einen Blick auf ihre Matriarchin zu erhaschen. Den langen Rock mit ihren großen holländischen Händen zusammenraffend, marschiert Grandma Jacomina draußen den Feldweg entlang – fest entschlossen, den ganzen Weg bis nach Alton zu Fuß zu gehen.

Es kam mehr als einmal vor, dass Großmutter Jacomina Beltman unseren Hof auf diese Weise verließ. Sie kam an im Rücksitz des Ford, im großen Stil chauffiert von ihrem Ehemann, und nach dem unvermeidlichen Streit mit ihrer Tochter verließ sie das Haus wieder zu Fuß.

Jacomina hatte Geschichten darüber gehört, wie ihre eigene Mutter umworben worden war und von ihrer Hochzeit mit dem schneidigen Aristokraten, der das Leben eines der »Oberen Zehntausend« in den Niederlanden gelebt hatte. Mit diesem Erbe war es Großmutter niemals erlaubt gewesen, von sich selbst anders zu denken als der Tochter eines holländischen Barons, mit einer Mutter, die eine Schönheit aus allerbestem Hause gewesen war. Traurigerweise erwartete Grandma von ihrem Leben, dass es sich nach diesem fantasievollen Bild richten würde.

Jacominas Vater war ein großartiger Träumer großer Träume. Flott, gut aussehend und wohlhabend, hatte Baron Gerrit Van Amerongen keinerlei Ambitionen, sein Leben auf dem gleichwohl großen Anwesen von Schloss Amerongen zu verbringen. Er träumte stattdessen davon, sein Erbteil zu nehmen, in die Neue Welt zu segeln, einen riesigen Landstrich zu erwerben und dort eine neue Kolonie zu gründen, die sein Vermächtnis sein sollte.

Als privilegiertes Kind war er mit den Geschichten über seine Landsleute aufgewachsen, die zwei Jahrhunderte zuvor in See gestochen waren, um in der weit entfernten Neuen Welt eine holländische Kolonie zu gründen. »New Amsterdam« hatten sie sie genannt. Das war im Jahr 1628 gewesen. Jahre später, als diese holländische Siedlung Teil des britischen Empire wurde, wurde der Name in »New York« geändert.

Gerrit Van Amerongen war auch von anderen holländischen Kolonisten inspiriert, die den Mut gefunden hatten, in diese Neue Welt aufzubrechen. So hatte zum Beispiel Albertus Van Raalte – ein religiöser Führer des 16. Jahrhunderts – Segel gesetzt und eine Kolonie in einer Gegend gegründet, die wir heute als westliches Michigan bezeichnen würden. Er nannte seine Stadt »Holland«. Dann gab es noch eine holländische Kolonie in Mittel-Iowa, die von frommen, holländisch-reformierten Gläubigen gegründet wurde, die ihre Siedlung »Pella« nannten. Von diesem Außenposten aus reisten Holländer ans westliche Ende des Staates, wo sie unter dem Namen des niederländischen Königshauses von Oranien eine Zweigkolonie gründeten – eine Niederlassung, die zur Hauptstadt des Landkreises heranwuchs. So wurde *Orange City*, drei Meilen von der kleinen Stadt Alton entfernt, das Machtzentrum der holländischen Siedlungen in *Sioux County*, Iowa.

Baron Gerrit Van Amerongen träumte davon, seine eigene Kolonie in einem riesigen Landstrich der Neuen Welt zu gründen, den man »Texas« nannte. Daheim in den Niederlanden teilte er diesen gefährlichen Traum mit der adligen Schönheit, in die er verliebt war und die auch einwilligte, ihn zu heiraten. Zusammen würden sie sein Vermögen nehmen – so war ihr Plan –, 6000 Morgen Land in Galveston erwerben und – bei dem explosionsartig zunehmenden Wohlstand in Texas – dort leben wie amerikanische »Barone«. So wollte Gerrit Van Amerongen seiner Frau das Leben bieten, das sie seiner Meinung nach verdient hatte.

Alles lief nach Plan, bis ein Hurrikan ohne jede Vorwarnung auf die texanische Küste traf. Der Golf von Mexiko überflutete die völlig unvorbereitete Kolonie und spülte die Hoffnungen meines reichen Urgroßvaters davon. Er zog sich dann in die nächstgelegene holländische Siedlung zurück, nach Orange City in Iowa. Dort trug seine immer noch schöne, aber gebrochene Frau ihr erstes Kind aus, Jacomina, meine spätere Großmutter. Aber Mrs. Gerrit Van Amerongen konnte niemals ihrem finanziellen Zusammenbruch und dem damit einhergehenden demütigenden sozialen Abstieg ins Auge sehen. In ihrer Fantasie war der Name Van Amerongen genauso wohlklingend und hoch angesehen wie die großen holländischen Namen an der Ostküste, Namen wie Vanderbilt oder Roosevelt. Oder etwa wie der Name einer örtlichen Familie von Großgrundbesitzern, der allseits bekannten Beltmans, Jacominas zukünftiger Schwiegereltern.

So wurde meine Großmutter von den elitären Vorstellungen ihrer enttäuschten Mutter geprägt.

»Du darfst niemals vergessen, wer du bist«, hatte Urgroßmutter ihr eingebläut. »Du bist die Tochter eines reichen Barons. Du wirst keine Hausarbeiten verrichten! Du wirst niemals Magd, Haushälterin, Köchin, Waschfrau oder Kindermädchen sein! Und: Du wirst eine gute Partie machen.«

Jacomina machte in der Tat eine gute Partie, aber nicht gut genug, um die hochtrabenden Vorstellungen zu verwirklichen, mit denen sie aufgewachsen war. Und so wurde meine Mutter das Hausmädchen, das ihre eigene Mutter sich nicht leisten konnte.

»Nein, Jennie kann nicht zur Highschool gehen! Ich brauche sie hier im Haus. Ja, ihr Bruder Henry wird die höhere Schule besuchen, das Hope-College und die Universität von Princeton, aber Jennies Platz ist im Wäschekeller und in der Küche.«

Als meine Mutter und meine Großmutter am Tag meiner Taufe auseinander gingen, hatten sie keine Ahnung, dass Grandma Jacomina Jahre später wieder die Oberhand gewinnen würde, was meinen Namen anging.

Aber als ich schließlich »Robert« wurde anstelle von »Harold«, war das nicht der Verdienst von Jacominas unbeugsamem Willen. Es geschah, weil ich, als der junge Mann, der ich damals war, die gewaltige Kraft meines eigenen, freien Willens entdeckte, die Kraft, mein eigenes Schicksal zu bestimmen.

4

Es ist Mittag. Ich bin im Haus – noch im Krabbelalter. Dad flickt im Werkzeugschuppen Sattelzeug. Mein Bruder Henry ist bei ihm und gerade mit anderen Reparaturen beschäftigt.

Da klopft es an der Vordertür, und meine Mutter geht hin, um zu öffnen. Es ist ein streng aussehender Herr mit grauem Bart und schwarzem Anzug. Er trägt einen Hut mit breiter Krempe, die einen dunklen Schatten über seine Augen wirft.

Jennie begrüßt die wohlbekannte Gestalt, während sie mich vom harten Holzfußboden aufhebt. Der Mann kennt ihre Eltern – John Henry, den Laienprediger, und seine anspruchsvolle Frau Jacomina. Er weiß auch von ihrem Bruder, Henry Beltman, Princeton-Absolvent und momentan in China als Missionar tätig. Jennie hat nicht ganz so viel erreicht, aber egal: Sie ist eine fromme Frau und er respektiert sie. Er fragt freundlich, wie es ihr geht, und Jennie bittet ihn zu Kaffee und Rhabarberstangen herein.

Es handelt sich um den jährlichen *Huis Bezoek* oder die *house visitation*[2], bei der der *Dominee* bei jedem Mitglied seiner Gemeinde persönlich vorbeischaut, um sich nach seinem geistlichen Befinden zu erkundigen und – falls nötig – die Beichte abzunehmen.

Ich sitze jetzt auf dem Schoß meiner Mutter. Ich mag die Rhabarberstangen und lecke den gesüßten Fruchtsaft von ihren großen, schwieligen Fingern, während sie sich mit dem *Dominee* unterhält. Sie spricht über ganz alltägliche Dinge, ab und zu streut sie einen religiösen Gedanken ein. Dann setzt sie mich ab und spielt einen Choral auf dem Piano. Sie meint, dass es doch ganz nett wäre, dieses Lied am nächsten Sonntag zu hören. Der *Dominee* nickt, während er das Haus verlässt, und sagt, dass er Tony im Werkzeugschuppen noch einen Besuch abstatten wird, bevor er geht.

Dad sitzt da und schaut zu Boden, als der *Dominee* hereinkommt, aber er erhebt sich sofort, um ihn zu begrüßen. Henry, der älteste Sohn von Tony und Jennie (benannt nach John Henry und nach Onkel Henry, Jennies Bruder, der Missionar geworden ist), verhält sich so still wie sein Vater. Er steht auf und murmelt ein »Hallo, *Dominee*«, dann kehrt er rasch zu seiner handwerklichen Tätigkeit zurück – etwas, das er liebt.

Der *Dominee* sagt, dass er gekommen ist, um Tony einen Hausbesuch zu machen. Tony bekundet seine Dankbarkeit und fragt, ob der *Dominee* schon bei Jennie gewesen sei.

Der *Dominee* macht ein saures Gesicht, als er steif mit dem Kopf nickt. Er bestätigt, dass er Jennie schon gesehen hat, er erwähnt auch ihr Klavierspiel und fügt hinzu, dass er für ihre Beiträge zu seinen sonntäglichen Gottesdiensten stets sehr dankbar ist. »Aber ich bin nicht gekommen, um bei ihr ›Huis Bezoek‹ zu machen«, betont der *Dominee*.

Diese letzte Äußerung macht er so nachdrücklich und mit einem derartig missbilligenden Blick, dass Tony völlig verwirrt ist. Dann senkt der *Dominee* seinen Kopf und blickt scharf unter seiner Hutkrempe hervor.

In holländischer Mundart, die Henry heute noch benutzt, wenn er die Geschichte erzählt, erklärt der *Dominee*: »Tony, weißt du denn nicht, dass Jennie zu ›den Füßen eines Propheten‹ aufgewachsen ist?«

Jede holländische Familie kennt diesen Ausdruck.

Jennie ist »etwas Besonderes«.

Sie kommt aus einer »frommen Familie«.

Sie gehört zur »gesellschaftlichen Elite«.

Sie ist von »edler Abstammung«.

Und jetzt landet der *Dominee* einen gemeinen Schlag. Seine Augen verengen sich, als wollte er direkt in Tonys Seele hineinspähen.

»Tony, Jennie braucht meinen Besuch nicht«, sagt er »*Du* brauchst ihn!«

Tonys Gesicht wird aschfahl. Dann wird es puterrot – sowohl aus Scham als auch aus Wut. Henry beugt sich tief über seine Arbeit, um dem Konflikt aus dem Weg zu gehen und um die Schande seines Vaters nicht mit ansehen zu müssen.

Die absurde Ansicht, die der *Dominee* vertritt – dass die soziale Stellung ein Gradmesser für Frömmigkeit sei und dass in gewisser Weise Tonys Stellung bedeute, dass er kein rechtschaffener Mann sei –, bringt den jungen Henry innerlich zum Kochen. Jedermann weiß, dass Tony ein ausgesprochen ehrlicher und freundlicher Mensch ist, eine äußerst ernsthafte und spirituelle Seele! Henry ist stolz, ihn seinen Vater nennen zu dürfen. Aber Henry hält sich zurück. Dem *Dominee* zu widersprechen würde ihm nur einen sofortigen Tadel seines Vaters einbringen.

Tony dankt dem Pfarrer, verabschiedet ihn und wendet sich wieder seinem Zaumzeug zu. Henry und er fahren schweigend mit ihrer Arbeit fort.

Der *Dominee* war der unumstrittene Mittelpunkt unserer Gemeinde. Der Glaube war der unumstrittene Mittelpunkt unseres Menschseins. Und es war nur der Glaube, der Tony davon abhielt, diesen stürmischen Tag zu verfluchen.

Die Zehn Gebote waren das Rückgrat unseres moralischen und geistlichen Bewusstseins. Sie waren das Zentrum unseres Lebens. »Sünden« waren gekennzeichnet und aufgelistet. Es war sehr klar, was erlaubt war und was nicht in *Sioux County*.

Fluchen war eine Sünde. »Gosh«, »Darn«, »Golly«[3] – das waren frevelhafte Unaussprechlichkeiten. Eine solche Ausdrucksweise wurde als noch sündiger angesehen als »Scheunen-Sprache«, die nur benutzt wurde, um die buchstäbliche Bedeutung des Wortes zu transportieren, niemals um einen Menschen herabzusetzen und niemals in Gegenwart von Frauen und Kindern!

»Shit«[4] war das, in was man hineintrat, wenn man über die Kuhweide ging. Eine »bitch«[5] war ein weiblicher Hund. Und »damned«[6] war das, was wir sein würden, wenn Mutter jemals eines dieser Worte aus unserem Mund hören würde.

Tanzen war ebenfalls eine Sünde. »Du sollst nicht tanzen!«, war das elfte Gebot der Holländisch-Reformierten in *Sioux County*. Als Teenager schlichen sich manche von uns auf das Dach des Drugstore gegenüber der zweigeschossigen Tanzhalle in Alton. Von diesem Ausguck aus konnten sie beobachten, wie die »Katholiken« ihren Freitagabend in der Stadt genossen. Man stelle sich den Aufruhr vor, als Lawrence Welk[7] mit seiner Show in Alton gastierte!

Alkohol? Es gab gelegentlich dieses Gerücht, dass jemand in der Stadt in seinem Keller Bier braue, »zur Feier der Erntezeit«. Aber im Hause Schuller waren starke Getränke tabu. Lediglich ein Teelöffelchen Whisky oder Brandy konnte einmal als Medizin verabreicht werden, wenn jemand unter dem litt, was wir heute als »Grippe« bezeichnen.

Tabak? Das war eine andere Geschichte. Tabak war ein wesentlicher Bestandteil unserer Kultur. Immerhin waren in den Niederlanden Zigarren und Pfeifen wichtige Handelsgüter. Später, als die Holländer nach Amerika kamen, wurden auch Zigaretten als »akzeptabel« anerkannt. Die meisten Männer rauchten, obwohl mein Vater es nie tat. Ich habe nie erfahren, warum das so war, jedenfalls nicht, weil man es als

Sünde angesehen hätte – zumindest nicht bei Männern. Eine rauchende Frau hätte man aber als »leichtes Mädchen« abgetan.

Man erlaubte mir niemals, einen Film zu sehen. Filme waren in Alton verpönt. Ich habe nicht einen gesehen, bis ich in die Highschool kam. Am freien Tag unserer höheren Klassen zog ein Trupp von uns in eine entferntere Stadt namens Hawarden, um dort ins Kino zu gehen – welcher Film auch immer gerade lief.

Auch wenn wir wussten, dass es nicht gerade unterstützt wurde, so war uns doch nicht gesagt worden, dass es eine »Sünde« sei, also fühlten wir uns auch nicht besonders schuldig, bis zu dem Tag, an dem auch Kinofilme auf die »Liste« gesetzt wurden.

Filme, die nackte Haut zeigten, gab es in unserer Welt nicht. Auch keine Magazine mit sexuellem Inhalt.

Die Jungs machten Scherze über die Unterwäsche-Models im Sears-Robuck-Katalog, aber das war auch der Gipfel an »Freizügigkeit«, den wir zu sehen bekamen. Und Sex? Niemals vor der Hochzeitsnacht!

Wir achteten auch darauf, den Sabbat zu heiligen. Das hieß, der Sonntag war der Kirche und der Familie vorbehalten. Kein Geschäft hatte jemals am Sonntag geöffnet. Fischen – meine Lieblings-Freizeitbeschäftigung – war sonntags verboten. Werkzeuge wie Scheren, Hacken, Hammer, Sägen und dergleichen durfte man außer in Notfällen am Sonntag nicht anrühren.

Die Kinder in *Sioux County* wurden ständig daran erinnert, »was man tut« und »was man nicht tut«. Zu Hause, auf der Farm, in der Stadt, in der Schule und jeden Sonntag in der Kirche.

Der Ton des *Dominee* wurde sehr ernst und streng, wenn er uns Jüngere ermahnte, keiner dieser verderblichen Versuchungen nachzugeben.

Die Sonntagsschullehrerin brachte uns in ihrer näselnden Ausdrucksweise bei, »brave kleine Kinder« zu sein. Die Katechismus-Lehrer analysierten die Gesetze der Schrift und leiteten daraus die moralischen Grundsätze unserer kulturell fest verwurzelten Religion ab.

Die Kirche war meine Welt und ihre Ansichten waren mein Revier und meine Grenzen – ohne Wenn und Aber. Jede Stadt hatte eine Kirche (oder zwei oder drei) und die meisten Kirchen gehörten zu den Holländisch-Reformierten – zumindest hatte ich als Junge diesen Eindruck. Alton hatte eine große und reich ausgestattete katholische Sankt-Marien-Kirche (von der nur flüsternd gesprochen wurde), aber in ganz *Orange City* gab es keine einzige katholische Kirche.

Viele Lehrsätze unserer Glaubensgemeinschaft wurden einfach nie diskutiert. Einmal, als wir gerade ins Auto stiegen, um an einem Beerdigungszug teilzunehmen, fragte ich meine Mutter, warum wir nicht zu Fuß zum Friedhof gingen. Schließlich war es nur über die Straße und dann etwa 100 Meter weiter den Weg hinunter. Wir gingen sonst überall zu Fuß hin – warum, um alles in der Welt, konnten wir diese kleine Strecke nicht laufen? Mutter bedeutete mir, still zu sein, und antwortete schroff: »Harold, die Katholiken gehen zu Fuß zum Friedhof. Wir fahren!« Die Sache wurde nie wieder erwähnt.

Die *First Reformed Church* in Newkirk, die meine Familie besuchte, war eines der neueren Andachtshäuser. Nicht etwa wegen seines bedeutenden Standorts – im Gegenteil, Newkirk war (und ist immer noch) die am spärlichsten besiedelte Stadt der Umgebung –, sondern weil das ursprüngliche Gebäude mit seiner hübschen holländischen Architektur ein Jahr nach meiner Geburt einem Brand zum Opfer fiel.

Es gab keinen Parkplatz, obwohl es zu der Zeit, als ich geboren wurde, schon Autos gab. Die Pferdefuhrwerke waren von Fords und Chevrolets verdrängt worden, aber die Scheune, die die Flammen von 1927 überlebt hatte, stand noch. Anstatt Pferde zu beherbergen, war die Scheune jedoch zum bevorzugten Ort für die Männer geworden, um sich vor und nach den Gottesdiensten zu erleichtern. Die Frauen gingen zur Außentoilette, aber die Männer benutzten die Scheunenwände.

Jede Kirche hatte eine Eingangshalle, in der im Winter die Mäntel und Schals unter den Hutregalen hingen. Die meisten frommen Farmer legten neben ihren schwarzen Hüten vorsichtig die ausgedrückten Zigarrenstummel ab, um sie, zusammen mit all den anderen, nach der Kirche wieder anzuzünden. In diesen ersten Minuten der wiedergewonnenen Freiheit standen sie auf dem Rasen neben der Kirche (wenn sie nicht zur Scheune mussten), diskutierten, debattierten, argumentierten, kritisierten und manchmal lobten sie sogar die 45-minütige Predigt des Pfarrers und das 15-minütige Gebet – alles das in einer dichten Wolke aus Tabakqualm.

Jede Familie hatte ihre eigene Kirchenbank, die sie an jedem einzelnen der 52 Sonntage belegte – ohne Ausnahme – Jahr für Jahr. Die allerletzte Reihe war die Schuller-Reihe. Sieben Sitze, alles in allem. Hier ließ ich jeden Sonntag meinen Nickel[8] auf den Opferteller fallen.

Es gab zwei Gottesdienste. Der Nachmittags-Gottesdienst war der »moderne«. Es wurden Lieder gesungen und die Sprache war zu hundert Prozent Englisch (das »Amerikanisch« genannt wurde). Der Gottesdienst am Vormittag war durchgehend in Holländisch. Es gab keine Lieder – nur Psalmen auf Holländisch. Die Predigten, sowohl im Holländischen als auch im Englischen, waren keine eigentlichen »Bibel-

Predigten«, sie waren vielmehr Unterrichtsstunden in »Reformierter Theologie«, basierend auf dem Heidelberger Katechismus, wie er im 16. Jahrhundert an der Heidelberger Universität verfasst worden war.

Von uns Kindern wurde erwartet, dass wir eine Stunde lang die Sonntagsschule besuchten und nachmittags am Gottesdienst der Erwachsenen teilnahmen. Zusätzlich gingen wir unter der Woche zum Katechismusunterricht, wo wir die Glaubensgrundsätze der Reformierten Kirche erlernten.

Getauft wurden wir schon als Säuglinge. Als Heranwachsende wurden wir dann nicht auf der Grundlage der Bibel, sondern der des Katechismus unterrichtet, den wir nach und nach auswendig lernen mussten – sowohl die Fragen als auch die Antworten.

Es stand den jungen Leuten frei, selbst zu entscheiden, ob und wann sie der Kirche beitreten wollten. Dies geschah dann bei einem Treffen mit den Ältesten, die sie einer Prüfung unterzogen, die mit der ersten Frage aus dem Katechismus begann: »Was ist dein einziger Trost im Leben und im Sterben?« Es wurde erwartet, dass man die Antwort kannte und rezitieren konnte, genauso wie auf jede der nachfolgenden Fragen. War man erfolgreich, wurde man von den Ältesten als »Mitglied in voller Kommunion« in die kirchliche Gemeinschaft aufgenommen.

Diese erste Frage des Katechismus und die Antwort darauf haben mein ganzes Leben geprägt.

»Was ist dein einziger Trost im Leben und im Sterben?«

»Dass ich mit Leib und Seele nicht mir, sondern meinem getreuen Heiland Jesus Christus gehöre.«

Mein ganzes Leben und meinen ganzen Dienst hindurch war mein geistliches Streben stets auf diesen »Trost des Menschen« ausgerichtet.

In späteren Jahren haben mich viele als einen »Prediger der Bequemlichkeit« kritisiert, der die Menschen nur trösten wolle. Einige Baptisten griffen meinen Stil an, weil ich niemals die Menschen aufrufe, »nach vorne zu kommen«[9]. Einige bibeltreue Gemeinden griffen mich an, weil ich Theologie lehre, anstatt in jeder sonntäglichen Predigt die Bibel Vers für Vers zu zitieren. Und einige aus meiner eigenen religiösen Tradition kritisieren mich dafür, dass ich den Menschen nicht immer wieder die »Liste der Sünden« vorhalte.

So war die Religion – nicht gerade das tiefe innere Empfinden, dafür aber ihre Gesetze – in unserer Gemeinde allgegenwärtig. Das war im Großen und Ganzen eine wunderbare und gesunde Angelegenheit. Es schuf deutliche und verlässliche Grenzen. Und wenn jemand diese Grenzen überschritt, gab es dabei keine Grauzonen. Aber so viel strenge Frömmigkeit konnte sich auch, wie man sich leicht vorstellen kann, ins Gegenteil verkehren. Die Herzen der Menschen und die Freundlichkeit und Sanftheit, mit der man sie behandeln muss, konnten manchmal in Vergessenheit geraten.

Mein Vater war an genau einer solchen Gegenreaktion zerbrochen, als die Kritik des *Dominee* an seiner sozialen Stellung ihn an jenem Tag des *Huis bezoek* so sehr herabwürdigte.

»Ihr habt keine Vorstellung davon, wie sehr das Dad verletzt hat«, erzählt Henry heute von jenem Tag – mit tiefer Betroffenheit und Tränen in den Augen.

Ich bezweifle, dass mein Vater diese Begebenheit jemals irgendjemandem anvertraut hat. Ich denke, dass die Geschichte mit ihm zum Himmel fuhr – ein Geheimnis zwischen ihm und dem *Dominee*, das sein ältester Sohn nur durch einen unglücklichen Zufall teilte.

An dem Sonntag, der auf den Besuch des *Dominee* folgte, und an jedem weiteren Sonntag, der danach kam, saß Tony in seinen besten Sachen am Steuer seines schwarzen Model T und wartete auf Jennie und die Kinder. Die Sonne, die immer noch im Osten stand, wo sie sich wenige Stunden zuvor vom Schlummer erhoben hatte, beschien seine Gesichtszüge und enthüllte dabei eine neue und desillusionierte Traurigkeit. Aber er ging nach wie vor zum Gottesdienst, wobei er sich aber nicht auf den *Dominee* konzentrierte, sondern auf den Gott, von dem er wusste, dass er ihn einst für seinen Fleiß belohnen und seinen guten Namen wieder herstellen würde.

5

Es ist schon spät am Nachmittag, und der Himmel hat schon begonnen, die Sonne zu verabschieden. Eine graue Wolke mit einer zarten, rosa Bordüre hält unseren Blick gefangen, während meine Schwester Margaret und ich zum Hühnerhaus gehen.

»Harold«, sagt sie, »wenn du sie kommen siehst«, und sie nickt in Richtung auf den Weg, der zu unserem Haus führt, »dann lauf, was das Zeug hält, sonst greifen sie dich, sie entführen dich, und dann musst du als Zigeunerkind aufwachsen.« Naiv, wie ich bin, höre ich ihr mit großen Augen zu, natürlich möchte ich kein Zigeunerkind sein. Wenn meine Schwester Violet da gewesen wäre, hätte sie mich beruhigt: »Ach was, die Zigeuner werden dich schon nicht stehlen.« Aber Margaret würde noch überzeugender wiederholt haben: »Doch, werden sie wohl!«

Obwohl es Frühjahr ist, ist es bei dem niedrigen Sonnenstand noch recht kühl. In unseren schweren Mänteln legen wir behutsam die Eier in den großen Metalleimer, der viel zu schwer und zu kalt ist für ein Kind wie mich, der ich noch nicht einmal zur Schule gehe. Margaret hält ihn mit fäustlingbewehrten Händen, während ich die Eier vorsichtig in das weiche, schützende Stroh bette. Wir streuen Maiskörner auf den Boden, um die Hühner für ihre Eier zu entlohnen.

Dann treten wir wieder ins Freie, um unsere wertvolle Fracht zu Mom zu bringen. Unser Hof wird der letzte Halt für Arie, den fliegenden Händler, sein. Er wird unsere Eier nehmen, und im Austausch werden wir Zucker und Mehl und dies und das bekommen sowie – das Beste von allem – kostenlose Erdnüsse! Wir bekommen immer eine Hand voll, um sie unter uns aufzuteilen, obwohl ich es nicht schätze, sie zu teilen. Ich *liebe* Erdnüsse!

Margaret stellt den Eimer mit den Eiern unter einen Busch und geht zu den Ölfässern, die entlang des Hühnerhauses stehen. »Harold, komm, wir tun so, als ob die Zigeuner kämen! Sie kämen genau *jetzt*, und du könntest nicht mehr zum Haus zurück, obwohl du so schnell bist wie ein Hase!« (Margaret übersieht gnädig meine Unzulänglichkeiten. Ich bin nämlich ein bisschen pummelig und alles andere als schnell.) »Du würdest *das* hier machen: Du würdest *so* hier raufklettern.« Sie vergewissert sich, dass ich jede ihrer Bewegungen verfolge. Biegsam und gelenkig erreicht sie mit Leichtigkeit den Rand des Fasses. Ich fröstle ein wenig unter meinem Mantel und schaue ihr fasziniert zu.

Sie führt die Übung vor. »Du suchst dir eines der Fässer aus und quetschst dich einfach hinein.« Sie ist ein bisschen gewachsen, seit sie die Fässer das letzte Mal beim Versteckspielen benutzt hat. Ihre Sachen bleiben am Rand hängen, aber sie schlängelt und windet sich nach unten. Dann ruft sie mich aus dem metallenen Bauch mit einer Stimme, die stählern widerhallt: »Kannst du mich sehen, Harold?«

»Kein bisschen«, versichere ich. Meine Margaret ist ganz schön schlau.

Ich sehe, wie ihre Hände oben auf dem Rand des Fasses auftauchen. Während ich darauf warte, dass sie herauskommt, höre ich ein rumpelndes Geräusch. Es hört sich an, als würde ein Wagen in unsere Auffahrt fahren. Ich frage mich, wer das wohl sein kann, der da auf unser abgelegenes Gehöft kommt. Vielleicht – ich schaudere – vielleicht sind es ... Zigeuner!

»Oh ... du ... meine Güte!« Ich fluche ganz leise, im Moment scheint es angebracht, Sünde hin, Sünde her.

»Oh du meine Güte – Zigeuner, *Zigeuner!*«

Ich kann den Wagen nicht sehen, weil mir die Bäume die Sicht auf die Einfahrt versperren, aber ich weiß, dass sie kommen. Jeder in meiner Familie kennt das Geräusch von ankommenden Besuchern oder, wie jetzt, von Fremden.

Ich sollte wie Margaret in ein Fass klettern, aber ich bin wie festgefroren.

Auf der anderen Seite denke ich, ich sollte versuchen, meine Schwester und mich zu verteidigen, damit Dad nicht um uns beide trauern muss. Wir wollen keine Zigeunerkinder werden, oh nein, mein Herr!

Auch wenn Margaret gesagt hat, dass ich verschwinden soll, so schnell ich kann, ich darf nicht weglaufen. Ich muss bleiben und uns verteidigen. Ich muss ... ich muss ... ich muss mich hinter dem Busch bei den Eiern verstecken.

Aus dem Fass heraus ruft Margaret nach mir. Im Geist sage ich ihr, dass sie still sein soll. Ich werde sie beschützen. Ich hocke hinter dem Busch bei den Eiern. Sie beruhigt sich einfach nicht. Sie ruft immer lauter. Schon bald schreit sie richtig. Ich kann sie nicht beschwichtigen.

Ich erhasche einen kurzen Blick auf diese nomadisierenden Fremden, die immer näher herankommen. Ihr Wagen bewegt sich langsam unsere baumumstandene Auffahrt hinunter. Die noch laublosen Bäume, die als Windschutz gepflanzt wurden, sind jetzt Zigeuner-Schutz. Sie bilden die Frontlinie zwischen denen und uns. Der Rhythmus ihres Näherkommens – Baum, Wagen, Baum, Wagen, Baum, Wagen und das monotone Knirschen der Räder – hat in der schweigenden Landschaft etwas Hypnotisches.

Als der Wagen um die Ecke biegt und sich in Richtung Hühnerhaus bewegt, sehe ich eine Seitenwand aus weißen Holzlatten. Hinter der Dachreling glaube ich das Hab und Gut unserer exotischen Besucher erkennen zu können. Aber in der stärker werdenden Dämmerung kann ich die Details nicht deutlich erkennen. Ich werde schlau sein wie ein Fuchs und lautlos wie eine Schlange.

Sogar Margaret ist jetzt still. Ich warte und kauere mich zusammen, den Eimer mit den Eiern hinter mir. Ich halte meinen Kopf unten, sodass die Zigeuner außerhalb meines Gesichtskreises sind.

Wenn wir in einer fremden Stadt sind, sagt Mom immer: »Harold, bleib in der Nähe! Wenn du mich nicht sehen kannst, kann ich dich auch nicht sehen!« Also ... wenn ich die Zigeuner nicht sehen kann, können sie mich auch nicht sehen!

Ich arbeite rasch einen Angriffsplan aus. Wenn sie zu Margaret und mir herüberkommen, werde ich sie mit meiner Eier-Munition erschrecken. Mom wird sicher die ganze Ladung für die mutige Rettung ihrer Kinder zur Verfügung stellen. Wenn die Zigeuner ihre Arme heben, um sich vor den explodierenden Geflügel-Bomben zu schützen, werde ich hervorstürmen, ihre Pferde mit meinem treuen Taschenmesser losschneiden und wegscheuchen. Dann, ganz Herr der Lage, werde ich Henry herbeipfeifen und Mom rufen.

Ich warte geduldig, jetzt, wo ich einen Plan habe, etwas ruhiger. Ich lausche. Endlich kommt der Wagen knirschend zum Stehen.

Aber ich höre kein Pferdeschnauben. Ich höre nichts als das Klappen einer Metalltüre. Ich spähe hinter dem Busch hervor und erhasche einen Blick auf ...

Arie Boogars!

Er ist hier, um die Eier zu holen! Margaret ruft mich schon wieder, aber meine Heldenrolle ist vorüber. Jetzt kommt mein Überlebens-Ich zum Vorschein und das möchte ganz einfach seinen Hunger befriedigen. Jetzt kann ich die runde Motorhaube von Aries Newkirk-Store-Verkaufswagen erkennen, mit seiner Ford-Pick-Up-Schnauze. Auf dem Dach des Lasters kann ich die Eierkartons sehen, die Arie tagsüber eingesammelt hat. Und ich kann die Türe sehen, die die weißen Lattenwände öffnet und den Blick auf die Kurzwaren, die Lebensmittel und die Erdnüsse freigibt. *Erdnüsse!*

Ich bin so glücklich mit meiner wöchentlichen Leckerei, dass ich Margaret völlig vergessen habe. Selig vor mich hin kauend habe ich noch nicht einmal bemerkt, dass sie in ihrem Ölfass festsitzt!

Während ich meine Erdnüsse esse, kommen Mom, Violet und unsere älteste Schwester Jess herbei, die die Schreie gehört haben. Sie ziehen und zerren an der eingeklemmten, verängstigten Margaret herum und lachen sich schief, während sie sie aus ihrer misslichen Lage befreien.

Unser Haus stand in der nordwestlichen Ecke unseres Landes und war im Norden und im Westen (von wo normalerweise die Stürme kamen) von einem schützenden Wäldchen aus wild wachsenden Pappeln und Ahorn umgeben, in dem es auch einige Apfelbäume gab. Das Wäldchen lag so dicht um unser Haus, wie der Pelzkragen um einen

Damenmantel. Unsere Auffahrt führte außen um das Wäldchen herum. Wenn ich also ankommende Besucher beobachtete – egal, aus welcher Ecke unseres Grundstücks, aber besonders von drinnen, etwa aus dem Wohnzimmer oder von oben aus einem der Schlafzimmer –, dann erspähte ich sie durch die Stämme und Äste und Schatten unseres Mini-Waldes.

Aber ich sah niemals einen Zigeuner. Eigentlich sah ich kaum einmal einen Besucher. Es war schon ein besonderes Ereignis, wenn wir ein Auto oder einen Lastwagen die Straße herunterkommen hörten. Das war das Höchstmaß an Aufregung auf unserer einsamen und oft ziemlich langweiligen Farm. Wir Kinder waren ganz aus dem Häuschen, wenn so etwas passierte, und wenn wir draußen waren und die Besucher als Erste gesehen hatten, rannten wir, was das Zeug hielt, ins Haus, um unsere Neuigkeit auszuposaunen.

Wenn Sie unsere Farm in den 30er Jahren besucht hätten, hätte sich Ihnen folgendes Bild geboten:

Als Erstes sah man die 14 Meter hohe rote Scheune, in der das Heu und das Vieh untergebracht waren und die sich mitten im offenen Hof befand, weiß abgesetzt, mit einem Walmdach und mit ganzen Horden von Katzen, die die Mäusepopulation eindämmen sollten. Wenn man die zweigeteilte Scheunentür aufmachte (der obere Teil war bei gutem Wetter ohnehin immer offen), zerstreuten die Katzen sich und verschwanden, sobald sie sich vergewissert hatten, dass es nicht Dad war, der ihnen Milch brachte.

Drinnen in der Scheune stand unser Bulle, ein sehr wertvolles Tier, denn ohne den Bullen würden die Kühe keine Kälber bekommen, und das würde bedeuten, dass es keine Milch zum Trinken und auch nicht zum Verkaufen gäbe! Mom mahnte uns stets zur Vorsicht: »Den Bullen muss man achten und fürchten!« Ein sicherer Weg, eine ordentliche Standpauke von Mom zu bekommen, war, den Bullen zu ärgern.

Unser Reitpferd Mabel, das in diesen Jahren mein bester Freund war, war auch hier untergestellt. Es wieherte Violet und mir immer zu, um eine Karotte zu erbetteln. Obwohl wir oft in Versuchung waren, eine aus dem Garten zu stehlen, wussten wir, dass Mom das gar nicht mochte. Und wir waren nicht tapfer genug, um die Konsequenzen zu tragen. So hatte Mabel dieses Vergnügen nur, wenn Mom ganz besonders gut gelaunt war.

Dad war oft in der Scheune, wo er nach seinen preisgekrönten Ayrshire-Milchkühen sah. Sie waren eine besondere Züchtung und lieferten Milch und Sahne, die Dad für die süßeste und beste von allen hielt.

Oben auf dem Boden war das Heu hoch und ordentlich aufgetürmt, und sein Geruch lag über allem, zusammen mit einem Staub wie feiner Nebel, der in den einfallenden Lichtstrahlen aufblinkte, flimmerte und in der Nase kitzelte. Darüber hinaus war es in der Scheune kühl und dunkel, was es im Sommer für Mensch und Vieh erträglicher machte.

Wenn man aus der Scheune kam, sah man zur Rechten, auf der Nordseite der Scheune, passend rot und weiß gestrichen, den kleinen Schweinestall. Puuh – konnte der stinken! Ganz besonders nach einem Gewitter, wenn der Boden des Schweinekobens richtig durchgeweicht war.

Im Frühjahr konnten wir den Lärm der Muttersauen und ihrer Ferkel hören. Oft musste ich die versorgen, die keinen Platz an den Zitzen ihrer Mutter fanden. Wenn sie älter waren, quetschten sie sich manchmal durch die Zaunlatten, und Mom schickte mich dann los, um sie wieder einzusammeln und zurück in den Pferch zu bringen.

Auf der Südseite der Scheune standen das Hühnerhaus, der Maisspeicher und der Werkzeugschuppen. Hier hingen an dicken, rostigen Nägeln, die krummgebogen in den Wandbalken staken, die Sägen und Hämmer meines Vaters. Hinter dem Maisspeicher lag unsere Sammlung von ausrangierten Wagen und landwirtschaftlichem Gerät. Hier spielte ich am liebsten.

Es war nicht ungewöhnlich, dass man hier auf einen Fuchs traf, der sich unter einem der Wagen versteckte oder auf der Suche nach einem verirrten Hühnchen herumschlich. Daher war es ein ähnlich alltäglicher Anblick, Henry bei der Fuchsjagd zu sehen. Der Fuchs durfte die Hühner nicht bekommen, denn sonst hätten wir keine Eier, um sie gegen Mehl und Zucker einzutauschen. Und wenn wir unseren Zucker nicht bekamen, würde es beim Abendessen keinen Kuchen zur Milch geben. Also vorwärts, Henry!

Der Gemüsegarten lag an der Nordseite des Hauses. Hier würde man wahrscheinlich Mom beim Unkrautjäten finden, nach Mücken schlagend, wann immer eine ihrer Hände frei war. Die Mücken stachen sie mehr als uns, weshalb sie behauptete, sie habe Honig statt Blut.

Auf dem kleinen Rasenstück zwischen Haus und Garten war eine Wäscheleine gespannt. Hier trockneten unsere Bettlaken und sie schienen Mom bei der Gartenarbeit zuzuwinken. Ich denke, sie genoss diese Gesellschaft. Auch wenn es kein Ersatz für das Winken eines richtigen Freundes war, so war es doch auf jeden Fall beständiger. Mir dienten die trocknenden Laken als Vorhang für meine Fantasie-Bühne, auf der ich grandiose Vorstellungen für ein staunendes Publikum von Pusteblumen gab.

Eine Meile östlich unseres Hofs, der etwa 40,5 Ar groß war, schlängelte sich der *Floyd River* dahin, der von einer Eisenbahnlinie begleitet wurde. Hinter der Bahn kam die Straße, die wir die *Big Time Road*[10] nannten, denn auf ihr war ein ständiger Verkehr von Autos und Lastwagen, die auf dem Weg von Nebraska nach Minnesota Iowa durchquerten.

Stellen Sie sich vor, dass Sie auf unserem Hof stehen. Jetzt drehen Sie sich einmal ganz langsam um sich selbst. Können Sie die unendliche Weite sehen? Land, so weit das Auge reicht – einfach nur ein riesiges flaches Nichts, Hektar um Hektar von Mais, Getreide und Weideflächen. Und der Himmel ist so blau wie Moms Delfter Porzellan, das Grandma Jacomina aus Holland mitgebracht hat. Und die Wolken – wie die Schlagsahnehäubchen, die die Eiscreme bekam, die Dad an unseren Geburtstagen für uns machte.

Das war die Umgebung des kleinen, weißen Sears-Robuck-Farmhauses, das mein Vater aus dem Katalog bestellt und für Jennie und seinen wachsenden Nachwuchs zusammengebaut hatte. Unter dem Schindeldach fand eine Küche Platz, die gerade groß genug war für einen Herd und einen Tisch, um den sich die Stühle drängten. Dann gab es ein kleines Wohnzimmer, der »Salon« genannt wurde, sowie drei Schlafzimmer: eines für die Eltern, eines für die zwei Jungs und eines für die drei Mädchen. Es gab kein Badezimmer. Wir badeten in einer Wanne in der winzigen Küche – äußerst schwierige Bedingungen für die Erhaltung der Privatsphäre –, und die Toilette war draußen, mit einem sichelförmigen Ausschnitt in der Tür.

Diese Einrichtung war im Grunde nur eine kleine Holzhütte – und furchtbar kalt im Winter. Dann stand ich in diesem zusammengezimmerten Klohäuschen, der Wind blies durch die Ritzen in der Bretterwand, es war stockfinster, und ich schloss meine Augen, die Hände am Hosenbund. Eins ... zwei ... drei ... es war nicht leicht, den Mut aufzubringen, seine nackte Haut der eisigen Kälte auszusetzen. Und Toilettenpapier kannte man damals noch nicht. Wir benutzten herausgerissene Seiten aus dem Vorjahreskatalog von Sears-Robuck. Dabei nahmen wir zuerst die Naturpapier-Seiten. Die Versuchung zu fluchen war groß, wenn am Jahresende nur noch die Hochglanzseiten übrig waren.

In unserem Zuhause gab es weder Elektrizität noch richtiges fließendes Wasser, obwohl meine Mutter mit diesen Dingen aufgewachsen war. Bis zum Jahr 1939 bestand unsere Beleuchtung ausschließlich aus Petroleumlampen und Laternen.

Ich schlief jede Nacht zusammen mit meinem Bruder in einem Schlafzimmer am Ende einer Holztreppe, die ächzte und quietschte, wenn wir hinaufgingen. Mein Bruder war elf Jahre älter als ich, groß, schlank und gut aussehend.

In den heißen Sommernächten stand das einzige Fenster unseres Schlafzimmers immer offen, um frische Luft hereinzulassen. Das Warten auf diese frische Brise war, als ob man im Juli auf *Sinter Klaas*[11] warten würde. Das Fenster hatte ein Fliegengitter gegen die summenden Mücken, aber diese fanden trotzdem immer einen Weg hinein. Ich wuchs heran, ständig bedeckt von geschwollenen, roten Stichen, die lautlos nach Linderung schrien. Wie diese Plagegeister ihren Weg nach drinnen fanden, war uns völlig schleierhaft.

Im Winter war unser Schlafzimmer, das an der Nordwestseite des Hauses lag, das kälteste. Die Stille der Februarnächte wurde immer wieder vom plötzlichen Aufheulen des Winterwindes unterbrochen, der nicht selten Frost mit sich brachte. In solchen Zeiten suchte ich Trost in meinen warmen Erinnerungen an die Sommernächte. Mein Bruder und ich hatten keine andere Möglichkeit, uns zu wärmen, als uns unter einem riesigen Stapel von Decken noch enger aneinander zu kuscheln.

Morgens waren die Fensterscheiben oft von Raureif überzogen, und auf der inneren Fensterbank lag manchmal ein Häufchen frischen Schnees, der durch irgendeinen unsichtbaren Spalt zwischen Fensterrahmen und nördlicher Außenwand eingedrungen war. An solchen Morgen sah unser Wäldchen durch die gefrorenen Scheiben aus, wie von Monet gemalt, eine subtile Andeutung von traumhafter Körperlosigkeit.

An solchen Morgen hüpfte ich meistens im Takt meiner klappernden Zähne.

Ich kam nie auf die Idee, im Winter etwa einen Heizofen oder im Sommer einen Ventilator oder gar eine Klimaanlage haben zu wollen. Wir waren schließlich keine reichen Leute! Schlafen war selten angenehm. Im Sommer träumte ich von weihnachtlicher Kühle, im Winter von den warmen Juli-Nächten.

Mein Bruder und ich teilten uns dasselbe Bett, bis ich 16 war und unser Zuhause verließ, um aufs College zu gehen, und er eingezogen wurde, um im Zweiten Weltkrieg in Europa zu kämpfen. Danach habe ich bis zu meiner Hochzeitsnacht nie wieder das Bett mit jemandem geteilt. Henrys Hälfte war meistens schon kalt, wenn ich aufwachte, denn er stand viel früher auf als ich, um die Kühe zu melken.

Mein Tag begann stets auf unserem weißen Porzellan-Nachttopf, der neben unserem Bett stand. Mom leerte ihn im Laufe des Tages, genauso wie sie auch jeden Tag unsere Betten machte.

Ich habe nie einen Nachttopf ausgeleert, und ich habe auch nie ein Bett gemacht, auch nicht, als ich älter wurde. Die Aufgaben waren sehr genau nach Geschlechtszugehörigkeit aufgeteilt – in Männerarbeiten und Frauenarbeiten.

Dann ließ ich mein kurzes Nachthemd zu Boden fallen und stieg in meinen Overall, der extralang gekauft wurde, damit ich nicht so schnell hinauswuchs. Wenn er noch neu war, wurden die Hosenbeine ein- oder zweimal umgeschlagen, damit sie nicht ausfransten. Wenn ich ihn dann eine Weile hatte, reichten sie mir gerade noch bis zu den Knöcheln. In den kleinen Brusttaschen hatte ich meine Habseligkeiten verstaut – ein stumpfes Taschenmesser, das mehr zum Graben als für sonst etwas taugte, und einen Plastik-Kugelschreiber mit einem Werbeaufdruck der Saatgutzentrale oder des Schlachthofs. Meine großen Zehen schauten immer aus den Socken heraus und die Löcher in meinen Schuhen waren mit dicker Pappe ausgelegt.

So machte ich mich auf den Weg in die Küche, die alte, enge, quietschende Treppe hinunter.

Hier traf ich dann auf Henry, der vom Melken zurück war und über der Zeitung einer Futtermittelhandlung brütend Kaffee trank – schon als Teenager. Wenn es draußen kalt war, stand Margaret meistens am Herd, um sich ein wenig aufzuwärmen, bevor sie wieder in den noch dunklen Morgen hinausging. Auch sie trank üblicherweise eine Tasse Kaffee. Mom war meist mit Backen oder Einkochen beschäftigt oder sie machte Würste fürs Mittagessen, aber sie nahm sich die Zeit, mir eine Schale Kaffee mit Sahne und Zucker herzurichten, an der ich nippen konnte, wenn sie etwas abgekühlt war. Das war ihre Art, »Guten Morgen, Harold« zu sagen.

Dann bekam ich auch Dad zu sehen, der von seinen morgendlichen Pflichten zurückkehrte. Aber ich mochte Dads Geruch beim Frühstück nicht besonders. »Stall-Mief«, sagte Mom dazu.

Auf der Spüle gab es eine kleine Pumpe, die Wasser aus einem vom Regenwasser gespeisten Tank förderte. Während der feuchten Jahreszeit floss der Regen vom Dach in die Regenrinnen an den Längsseiten des Dachs, die das kostbare Nass dann über einen Ausguss in die unterirdische Zisterne leiteten.

Zur Essenszeit brachte Mutter dann Teller mit Stapeln von *Fet en Stroop*[12] auf den Tisch. Hierfür wurde in der Pfanne auf dem heißen

Ofen Speck ausgelassen. Darin wurden Scheiben von selbst gebackenem Brot angebraten, die dann fetttriefend auf den Teller kamen. Wenn nun der Sirup-Krug herumging, überschwemmte die warme, süße Flüssigkeit die mit Fett vollgesogenen Brotscheiben.

Müsli oder Ähnliches? Niemals davon gehört. Kaffee? Allerdings! Immer mit einer Menge frischer Sahne und Zucker. Ich habe seinen Geschmack zu schätzen gelernt, als ich noch so klein war, dass ich mich nicht einmal mehr daran erinnern kann. Eier? Selten. Sie wurden fürs Abendessen aufgehoben. Dann wurden die angeschlagenen Eier, die auf dem Markt keine Abnehmer fanden, zusammen mit den Kartoffeln, die vom Mittagessen übrig waren, gebraten.

An kalten Tagen stand die Ofentür beim Frühstück offen. Dann konnte das eine Familienmitglied in Wärme baden, das das Glück hatte, auf dem einen Stuhl zu sitzen, der diesem Platz gegenüberstand, an dem man seine kalten Füße so gut wärmen konnte. Öfter als meine älteren Schwestern, mein Bruder oder meine Eltern saß ich auf diesem besonderen Platz – vielleicht, weil ich das Nesthäkchen war, vielleicht, weil die anderen draußen zu tun hatten. Oder, um ehrlich zu sein, weil ich einfach schlau und dickköpfig war.

»Raus aus dem Stuhl!«, sagte etwa Violet.

»Ich war aber als Erster hier!«, gab ich dann zurück.

Dies und ein angedeutetes Schluchzen sicherten mir normalerweise meinen Thron.

In den Tagen, als Jessamine noch bei uns lebte, räumte ich bereitwillig den Platz für sie. Jess war 12 Jahre älter als ich, und sie ging mit 16 von zu Hause weg, also habe ich nicht viele Erinnerungen an sie. Aber sie war eine der größten Quellen von Freude und Gelächter in unserem Haus. Sie verließ uns zu einer Zeit, als wir ziemlich dringend Geld für die Farm brauchten, und wurde Kindermädchen bei einer Missionarsfamilie, die sie zuerst nach New Mexiko und dann nach Washington mitnahm. Nach ihrer Rückkehr heiratete sie sehr jung. Viel zu früh musste sie wegen eines Hüftleidens an Krücken gehen und war später sogar auf den Rollstuhl angewiesen.

Gerne machte ich den Platz auch für Henry frei, für meinen Helden! Ich wäre überglücklich gewesen, wenn ich mich auch zu so einem Bild von einem Mann entwickelt hätte, aber Form und Größe meines Körpers waren von der Natur nicht so reich gesegnet worden. Wo sein Bauch hart und flach war, wölbte sich meiner vor. Wo er ruhig war, war ich geschwätzig. Wo er ein Farmer war, war ich ein Träumer. Zwei Menschen konnten nicht unterschiedlicher sein oder sich mehr lieben.

Zwischen meinen beiden anderen Schwestern, Margaret und Violet, bestanden zwei Jahre Altersunterschied. Margaret war neun Jahre älter als ich und Violet sieben. Margaret ging Dad und Henry auf dem Hof zur Hand und war beiden in ihrem Wesen ähnlich. Sie wusste mit den Tieren umzugehen, sie kannte sich aus mit den Geräten, der Bodenbeschaffenheit, mit Wettervorhersagen und ... Zigeunern. Ich räumte meinen Platz auch für Margaret, allerdings nur widerstrebend.

Violet war Mutters Unterstützung im Haus und mein Babysitter, vor allem nachdem Jess uns verlassen hatte. Sie war eher vernünftig und praktisch veranlagt. »Zigeuner? Ach was!« Für Vi waren sie einfach Reisende. Sie glaubte nicht an die farbenfrohen Erzählungen, von denen Margaret erfüllt war. Sie las mir lieber Geschichten aus Büchern vor – das war unsere besondere, gemeinsame Zeit. Violet war das angenehme, lustige und hübsche, blonde Mädchen der Familie.

Violet wollte häufig auf dem Stuhl sitzen, um irgendwelche Küchenarbeiten zu erledigen, wie etwa grüne Bohnen putzen – wobei man die Fäden von ihnen abzog und sie in mundgerechte Stücke schnitt, um sie fürs Mittagessen zu kochen.

Für sie räumte ich den Platz nicht. Ich denke, weil sie mir altersmäßig am nächsten kam und ich sie als Gegner sah. Ich verschränkte einfach meine Arme, lehnte mich zurück und benutzte mein Gewicht als Anker. Ich bewegte mich einfach nicht von der Stelle. Irgendwann gab sie dann auf. Dann konnte ich mich entspannen und meinen Luxus genießen. Diese Dickköpfigkeit und Beharrlichkeit sollten sich später noch als wertvoll erweisen. »Schlechte Zeiten vergehen, starke Menschen bestehen«, war ein Gedanke, der schon damals meine noch junge Persönlichkeit zu durchdringen begann. Und zu Violets Kummer lehnte ich mich faul und zufrieden zurück und genoss meinen Erfolg. Diese Gabe, das muss ich zugeben, ist mir bis heute erhalten geblieben.

6

Violet ähnelte Mom und mir mehr als die anderen. Wir drei waren sehr gesprächig, was die Alltagsangelegenheiten betraf, und wir unterhielten uns gerne. Als kleiner Junge drückte ich meine Meinung zwar in einfachen Worten aus, war aber gleichwohl schon ausgesprochen beredt. Wir drei liebten Gesellschaft und geschäftige Tage mit vielen Menschen und neuen und aufregenden Erlebnissen. Henry und Margaret waren mehr wie Dad. Mit weichen Augen, sanft und ruhig. Wann immer es eine Unterhaltung gab, übernahmen wir – Mom, Violet und ich – den größten Teil des Redens. Dads, Henrys und Margarets Rolle war mehr die der Zuhörer.

Mom war eine stattliche Erscheinung, fast eins achtzig groß, und sie war der Herr im Haus. Ich hörte oft, wie sie Dad eine »Predigt« hielt, aber nie in einer Lautstärke oder Intensität, dass ich befürchtet hätte, dass ihre Ehe in Gefahr wäre (zerbrochene Ehen und Scheidungen waren in der Gemeinde meiner Kindheit ohnehin unbekannt). Außerdem war ich kein zuverlässiger Beobachter, denn der Großteil ihrer Auseinandersetzungen wurde auf Holländisch geführt, ihrer privaten Geheimsprache, die sie immer dann benutzten, wenn sie nicht wollten, dass wir Kinder erfuhren, worüber sie sprachen.

Dad war auch groß; er war dem Himmel sogar etwa zwei Zentimeter näher als Mom. Er war dünn wie eine Bohnenstange, aber so stark wie unser preisgekrönter Bulle. Er war schon grau, genauso wie Mom; sie waren beide schon im fortgeschrittenen Alter, als ich kam. Er antwortete nie auf Moms Schimpfereien. Mom konnte toben und schreien – er nahm alles gelassen hin. Es war tatsächlich so, dass er umso ruhiger zu werden schien, je aufgeregter sie war.

Abgesehen davon war sie Tonys sicherer Halt in guten wie in schlechten Zeiten. »Ich gehe nach draußen und helfe Dad auf dem Hof«, sagte sie oft. »Mach Violet keinen Kummer und lass meine Kuchen in Ruhe!«

Dad machte sich nicht nur selbst zum willigen Opfer von Moms wortreichen Ermahnungen, er erwartete das Gleiche auch von uns Kindern. Einmal, als ich schon zur Schule ging, widersprach ich ihr wütend, und das führte zu der einzigen Tracht Prügel, die ich je bekommen habe. Zu meiner Überraschung war es mein sanftmütiger Vater, der sie mir verabreichte.

Ich kann immer noch seine kräftige Hand auf meinem Arm spüren. »Komm mit mir, Harold!«, sagte er ruhig. Dann führte er mich zu unserem Toilettenhäuschen mit den zwei Löchern und versohlte mir den Hintern mit einem flachen Brett.

Wurde ich hier misshandelt? Nein. Ich habe niemals unkontrollierte Wut gespürt, die sich gegen mich gerichtet hätte. Ich habe mich wegen irgendetwas, das meine Eltern taten, niemals gedemütigt oder

Angst oder Scham gefühlt. Respekt? Allerdings. Ich hatte mächtigen Respekt vor Dad und Mom. Angst? Niemals.

Ich habe nicht ein einziges Mal ein Zeichen eines körperlichen oder verbalen Angriffs meiner Eltern gegeneinander oder gegen eines von uns Kindern erlebt. Aber die Augen meiner Mutter! Diese tiefbraunen Seen konnten Bände sprechen! Und wie ausdrucksstark das stille Vokabular war, das ihr Blick mitteilen konnte! Ich lebte all die Jahre meiner Kindheit und weit darüber hinaus mit dem Blick ihrer Augen und mit ihren strengen Ansichten.

Meine Mutter war eine selbst ernannte Autorität, wenn es darum ging, ob eine Predigt gut war oder ob sie der Größe und Erhabenheit entbehrte, die für diese ehrwürdige Ausdrucksform erforderlich waren.

»Lerne fleißig!«, waren die beiden Worte, die ich ihr Leben lang von ihr hörte.

Ich war bis zu ihrem Tod »Mamas kleiner Junge«. Und niemals, bis zu diesem Augenblick, gestattete sie es sich, das zu vernachlässigen, was sie für ihre Pflicht hielt, nämlich, mich zurechtzuweisen und zu korrigieren – schriftlich oder mündlich –, wo immer es ihr nötig erschien. Niemals habe ich die Worte von ihr gehört, die ich mir vor allen anderen zu hören wünschte: »Ich bin stolz auf dich, Bob.«

Ich bin sicher, sie *war* stolz auf ihr Kind, aus dem ein *Dominee* wurde. Immerhin bedeutete dies für sie, dass ihre Familie zu ihren ehrwürdigen Wurzeln zurückgekehrt war. Aber Anerkennung und Zuneigung waren Gefühle, die sie selten ausdrückte. Schließlich war Stolz eine Sünde.

Ich kann mich auch nicht erinnern, dass jemals so etwas wie »Ich hab dich lieb« über die Lippen meiner Mutter gekommen wäre – auch nicht, als ich noch ganz klein war. Es ist auch niemals vorgekommen, dass meine Mutter oder auch mein Vater mich je geküsst hätten. Obwohl sie sich zu allen praktischen Angelegenheiten freimütig äußerten, waren die Holländer mit dem Ausdruck ihrer Zuneigung eher zurückhaltend. Dafür kann ich mich aber lebhaft daran erinnern, welche Geborgenheit ich empfand, wenn ich auf dem breiten Schoß meiner Mutter saß und meinen Kopf sanft auf ihren großen, weichen Busen gebettet hatte.

Was für Gefühle mochte diese Frau in ihrem Herzen bewegen? Welche tiefen Gedanken mochten ihren Geist beschäftigen – jenen Geist, der bis zu dem Tag, an dem sie starb, scharf und hellwach blieb und seine klare Urteilskraft behielt? Ich erinnere mich noch daran, wie ich Jahre später von Kalifornien nach Iowa flog, in der Hoffnung auf eine letzte Berührung, ein letztes Wort. Ich musste die Hoffnung begraben, dass ich jemals all die vertraulichen Gedanken und Gefühle erfahren würde, die nie geäußert worden waren.

Von meiner Mutter habe ich ihre besondere Fähigkeit geerbt, sich leidenschaftlich für etwas begeistern zu können, und auch ihren ausgeprägten Sinn für spontane Sprachgestaltung. Ihr Spektrum reichte vom dramatischen Flüstern bis hin zu lautstarken Ausbrüchen, die mit schwungvollen Gesten untermalt waren. Ich habe auch ihr Aussehen und ihre Figur geerbt. Tatsächlich würde ich sagen, dass ich so ziemlich alles von meiner Mutter habe, außer ihrer Fähigkeit, ein Instrument zu spielen.

Sie war meine Klavierlehrerin. »Du musst mehr üben!«, pflegte sie zu sagen, und sie hatte Recht – aber weder das Instrument noch der Ausbilder konnten mich motivieren. »Du musst den Anfang kraftvoll und sauber machen und den Schluss sehr genau. Zwischendrin kannst du Fehler machen, das verzeihen und vergessen die Leute, solange dein Anfang und dein Schluss großartig sind.« Ich ahnte schon damals und ich glaube noch heute, dass dies ein universelles Prinzip des Erfolgs ist.

Meine Mutter war sehr gut, sowohl auf dem Klavier als auch auf der Orgel, die sie in der Kirche spielte. Meine bewegendsten Erinnerungen habe ich daran, wie sie, Lieder singend und sich selbst begleitend, ihren Glauben bekennt, während ich neben ihr sitze.

Obwohl ich es auf dem Klavier nie zu etwas bringen sollte, so war es doch an diesem Instrument, wo mein pummeliger, kleiner Körper sich ganz nah an den ihren schmiegte, auf der Klavierbank, wo wir einander am nächsten waren.

Ich wollte so gern so sein wie Henry und Margaret und mein Vater: stark und von der Erde begeistert und von der Belohnung, die sie in sich birgt. Ich versuchte immer wieder verzweifelt, doch vor Morgengrauen aufzuwachen, zu mir zu kommen, in dieser stillen, dunklen Tageszeit, in der der Himmel die Sonne erwartet. Ich weiß nicht, warum mein Körper meistens darauf bestand, weiterzuschlafen und Henry die frustrierende Aufgabe überließ, mich zu meinen Pflichten zu wecken, als ich schließlich alt genug dafür war. Oder warum mein Geist sich in wilde, fiktive Abenteuer flüchtete, Pflichtverschonung fordernd, wenn es ihm endlich gelungen war, mich an die Arbeit zu stellen. Oder warum ich mich so tollpatschig anstellte, als ich alt genug war, um Dad und Henry mit den Farm-Geräten zu helfen. Ich war eine regelrechte Bedrohung für jede Reparaturarbeit, an die sie denn auch nur zögerlich herangingen, wenn ich in der Nähe war. Oder warum Fischen mir auf einmal wichtiger erschien als Melken, als ich so alt war, dass man Zuverlässigkeit von mir hätte erwarten dürfen. Oder warum ich so faul war.

Ich *wollte* den Stallgeruch nicht hassen. Oder das Patschen eines Kuhfladens auf der Weide. Ich *entschied* mich nicht dafür, mich in der Haut eines Farmersohns fehl am Platz zu fühlen. Es war einfach so.

Nach dem Frühstück und dem Klavierunterricht musste ich die abgenagten Maiskolben im Schweinepferch auflesen – eine schmutzige Aufgabe, die ich mit fünf Jahren widerstrebend auf mich nahm.

Frühling, Sommer, Herbst oder Winter – ich hatte niemals Urlaub von dieser Aufgabe, bis ich von zu Hause wegging. Als ich älter wurde, kam das Melken auf die Liste meiner Pflichten, zusätzlich zu der Aufgabe, die Felder von einem Unkraut namens *Cockleburs*[13] freizuhalten, eine Tätigkeit, die meine kleinen Hände zerkratzte, bis sie sogar bluteten.

Aber als Kind war Kolbensammeln meine Hauptaufgabe. Danach konnte ich in die Welt eines meiner Fantasiespiele aufbrechen.

Im Winter war ich ans Haus gefesselt und Abenteuer im Freien mussten leider ausfallen. Dann war ich umso mehr in Tagträumen versunken. Ich hasste den Winter, wenn Schneestürme unser Haus schüttelten wie der Fuchs ein Eichhörnchen. Der heulende Wind kroch wie ein Einbrecher unter der Türe herein und manchmal klapperte er mit Mutters Porzellan im Küchenschrank. Ich suchte mir dann eine geschützte Ecke, um dort, unter einer wärmenden Häkeldecke, in einem meiner Lieblings-Geschichtenbücher zu lesen.

Während draußen Frost und kalte Winde herrschten, sah ich mir nachdenklich die Palmen und bunten Blumen in meinen Büchern an.

Draußen türmte der Blizzard den Schnee zu hohen Haufen auf und füllte mit ihm die Straßengräben. Er hinterließ Schneewehen von fast anderthalb Metern Höhe, die die Straße unpassierbar machten.

Das einzige Vergnügen an der frischen Luft, das es im Winter gab, kam mit dem Ende des Blizzard. Dann brachte Dad meine Schwestern mit dem Pferdeschlitten zur Schule und ich durfte mitfahren. Nach und nach machten die *County*-Schneepflüge die Straßen dann wieder frei. Zuerst räumten sie die weit entfernte Asphalt-Straße, die *Big Time*, danach die Schotterstraßen, die die kleinen Orte miteinander verbanden. Erst wenn diese frei waren, kümmerten sie sich um den Feldweg zu unserem Haus.

Diese Schotter-Landstraßen, die so früh und so schnell eingeschneit waren, verbanden die Elemente meiner Welt – einer Welt, die aus Hospers, Alton, Orange City und Newkirk bestand. Unsere Telefonzentrale war in Hospers, das 300 Einwohner hatte. Unsere Post war in Alton, einem Ort mit 395 Einwohnern. Hochzeiten, Geburten und Todesfälle wurden in der Kreisstadt Orange City registriert, in der bereits etwa 3000 Menschen lebten. Und unsere Kirche war in Newkirk, wo nur 14 Menschen lebten.

Zu unserer Gemeinde in Newkirk gehörten noch etwa 80 Familien von den umliegenden Höfen, von denen jede im Schnitt sechs Kinder zu ihrem Haushalt zählte (Familien mit sieben und mehr Kindern waren zu dieser Zeit keine Seltenheit, als Empfängnisverhütung noch unbekannt war).

In unserer Glaubensgemeinschaft war alles Leben heilig, ein Schöpfungsgeschenk. Hierüber gab es keine Diskussion! Man nahm die Geburt eines jeden weiteren Kindes als ein Geschenk Gottes an. Die einzige politische Diskussion, die ich je in unserem Haus gehört habe, habe ich als Heranwachsender erlebt. Sie wurde durch ein neues Gesetz ausgelöst, das von Franklin D. Roosevelt (den mein Vater gewählt hatte) unterstützt worden war.

Das Gesetz sah unter anderem vor, Farmer, die ihre neugeborenen Schweine töteten, finanziell zu belohnen. Man versprach sich davon einen Abbau des Überangebots an Schweinefleisch, das einen Preisverfall verursachte.

»*Niemals* werde ich Geld dafür annehmen, dass ich kleine Ferkel umbringe!«, ereiferte sich mein Vater Mom gegenüber, als er hörte, wie das neue Gesetz im Radio bekannt gegeben wurde. Wenn ich jemals damit gerechnet hätte, dass er fluchen würde – was ich nicht tat –, dann, denke ich, wäre es an diesem Tag gewesen.

»Wir müssen das Leben respektieren und den Bestand kontrollieren«, äußerte Dad streitbar, »aber nicht durch Abschlachten!«

Also züchtete er weniger Schweine, um das Überangebot zu reduzieren. Das gleiche Prinzip galt in unserer Glaubenstradition auch dem Menschen gegenüber. Abtreibung war Mord. So etwas gab es in Alton, Iowa, nicht.

Nicht nur die Winter waren in *Sioux County* extrem. Im Sommer brachte uns nur die handbetriebene Außenpumpe etwas Abkühlung. Der lange eiserne Pumpenschwengel hob sich mühelos, aber es erforderte einige Anstrengung, ihn wieder herunterzuzwingen, um die kühlende Erlösung aus dem rostigen Ausguss sprudeln zu lassen. In einigen Sommern wurde das Wasser beängstigend knapp, obwohl es auch in der trockensten Periode immer wieder krachende und wütende Stürme gab. Während der schlimmsten konnte man Mom flehen hören: »Heere bewaar! Heere bewaar! Heere bewaar!«[14] Sei es Sommer, Winter, Sturm oder Dürre – wir kannten die Macht des Wetters. Wir alle schauten mit tiefem Respekt und mit Ehrerbietung gen Himmel.

Im Frühjahr und im Sommer wurde mein Aufgabenbereich etwas erweitert. Ich durfte jetzt auch Mom im Garten helfen. Ich fing die Kätzchen und zählte sie und versuchte herauszufinden, welche fehlten. Ich kannte ihre Zeichnung, nicht ihre Namen. Da gab es das Schwarzweiße, das Bunte, das Gelb-weiße, das Braune, das Getigerte ... Ich fing auch die Ferkel wieder ein. Als ich älter wurde, begann ich dann, Ratten und Bisamratten zu jagen, für die es eine Prämie gab. Die Pelzjagd war meine einzige Möglichkeit, etwas als Taschengeld und fürs College zu verdienen (Tierschutz war zu meiner Jugendzeit auf dem Land wirklich kein Thema).

Mein größtes Vergnügen war es, wenn Mom Violet losschickte, um Dad den »Lunch« (unseren Imbiss zwischen den Mahlzeiten) hinaus aufs Feld zu bringen. Sie nahm mich jedes Mal mit. Violet legte Mabel den Westernsattel auf, und ich saß hinter ihr, meine Hinterseite auf Mabels Hinterseite und meine Beine unterhalb des Sattels. Mit den Fingern hielt ich mich hinten am Sattel fest.

Ich fand Mabel wunderschön. Ihr Fell war dunkel; ein Pferdekenner würde sie als »Braunen« bezeichnet haben, denke ich. Einem normalen Erwachsenen wäre sie wahrscheinlich nicht besonders groß erschienen, aber in den Augen eines Jungen wie ich stand sie turmhoch über der Erde. Ich stellte mir vor, dass ich ein Ritter zu Pferd sei, der Proviant zu den Kriegern bringt (solche Rittergeschichten hörte ich oft von Violet während unserer Vorlesestunden).

Zu Mittag gab es immer warmes Fleisch, Kartoffeln, frisches Gemüse und – mit seltenen Ausnahmen – hausgemachten Kuchen: Apfel, Kürbis, Zitrone oder Butterkaramell.

Der Apfelkuchen war immer gedeckt (mit einer Haube aus Kuchenteig), Kürbis- und Butterkuchen waren ungedeckt und weder mit Teig noch mit Eiskrem oder Schlagsahne verziert. Der Zitronenkuchen hatte einen Baiser-Überzug. Mein Favorit war jedoch der Butterkuchen. Sahnig und golden. Ich *liebte* Kuchen!

Die »Familien-Andacht« gehörte traditionell auch zur Mahlzeit. Wenn die Teller geleert waren, las Dad aus der abgegriffenen, ledergebundenen holländischen Bibel vor. Wagte es irgendjemand, ein Kichern hören zu lassen (wie es schon mal geschehen konnte, wenn ich für Violet das ernste Zusammenziehen von Dads Augenbrauen bei jedem »du« und »sollst« nachmachte), stellten strenge väterliche Blicke die Ehrfurcht schnell wieder her. Eigentlich störte mich Dads strenger Blick nicht so sehr. Er war mir auf jeden Fall lieber als der von Mom.

Immer, wenn es Kartoffeln gab, gab es auch eine Andacht. Das waren die Mahlzeiten, bei denen wir alle um den Tisch herum versammelt waren. In unserem *County* sagte man auf Yankee-Holländisch: »No aardappels, no gebeden«, was so viel heißt wie: »Keine Kartoffeln, kein Gebet.« Ein Essen, bei dem es keine warmen Kartoffeln gab – gekocht, gestampft oder gebraten –, war keine »richtige Mahlzeit«, also war auch kein Dankgebet erforderlich. Aber zu den warmen Mahlzeiten, zu denen das Gebet dazugehörte, gab es immer auch Kartoffeln (außer beim Frühstück, hier gab es nie welche). Also las Dad dreimal am Tag aus der Bibel vor, ohne Ausnahme, und wir versuchten, brav zu sein.

Nach dem Mittagessen bewegte Dad seine müden Glieder für ein Nickerchen in den Schaukelstuhl – er war immerhin schon seit Morgengrauen auf den Beinen. Henry tat das Gleiche. Margaret und Violet lasen lieber, jede auf einem der sechs unvergleichlichen Küchenstühle sitzend.

Mom ging normalerweise wieder in den Garten, begann, ein Hühnchen zu rupfen – das bedeutete leckeres Brathühnchen für den nächsten Tag! – oder sie nahm die Wäsche ab, die in der strahlenden Sonne und im frischen Wind getrocknet war – sie roch so sauber! Der Geruch von Sonnenschein.

Wenn das Wetter schön war, ging ich mit ihr nach draußen, obwohl sie mich dazu anhielt, ein Mittagsschläfchen zu machen, besonders, als ich erst drei oder vier war. Ein kleines Schläfchen war bei denen üblich, die seit Morgengrauen auf waren, aber *mein* Tag schien mittags erst so richtig anzufangen! Ich hatte so viel zu tun, musste auf diesem großen, weitläufigen Hof tausend Orte besuchen. Da warteten Abenteuer auf mich! Ständig fragte ich mich, was wohl hinter der nächsten Ecke sein mochte oder welche neuen Territorien ich heute erkunden würde, welche Tiere wieder neue Löcher hinterm Hühnerpferch gegraben haben mochten oder welches wilde Wesen mich mit glimmenden Augen aus dem Dunkel unter der Scheune heraus anstarren würde. Arme Mom: In meiner Eile wirbelte ich oft ihren Federhaufen wieder auf, die Federn flogen wild durcheinander und landeten auf ihrem Schoß, dem Fußboden oder wieder auf dem gerade frisch gerupften Huhn. Manchmal riss ich sogar unachtsamerweise (oder ungezogenerweise) frische Wäsche von der Leine, und diese fiel auf das grüne Gras, das von einem Frühlingsschauer noch feucht war.

»Nicht, Harold! Lass das!«, schimpfte Mom dann.

In meiner kindlichen Aufregung war ich wie ein lästiger kleiner Wirbelwind, der eine Spur der Verwüstung hinter sich herzog.

Während meiner ganzen Kindheit waren meine Expeditionen im Großen und Ganzen Unternehmungen, die ich alleine durchführte. Wegen des großen Altersunterschieds zwischen meinen Geschwistern und mir wuchs ich in vielen Bereichen auf wie ein Einzelkind. Als Teenager und junger Erwachsener entwickelte ich mich immer mehr zu einem »geborenen« Einzelgänger. Diese Eigenschaft war es – so glaube ich –, die mich befähigte, für mich selbst zu denken und zu handeln. Ich wurde mehr und mehr zu einem *Individuum* im Gegensatz zu dem konditionierten und manipulierten Teil einer *Gemeinschaft*.

Erinnerungen an gemeinsame Spiele mit meinen Geschwistern habe ich nur wenige und mit großen Lücken dazwischen. Weil sie ja sehr viel älter waren als ich, wurde von ihnen erwartet, dass sie arbeiteten, wenn sie nicht in der Schule waren. In späteren Jahren kamen die Roos-Jungs aus der Nachbarschaft zum Spielen herüber, aber das geschah nicht regelmäßig. Meistens spielte ich die führende – und die einzige – Rolle in den Abenteuern meiner Kindheit. Tagträume waren die einzige Abwechslung in meiner Isolation.

Dann – ich war fast fünf Jahre alt – drang etwas Dramatisches in meine Abgeschiedenheit ein. Ich stand kurz davor, die tröstliche Kameradschaft eines *Traums* zu entdecken.

7

Es ist der Sommer 1931. Schon früh am Morgen ist es heiß. Der Mais wächst und reckt sich sehnsüchtig dem blauen Himmel entgegen. Die frischen grünen Triebe am oberen Ende des Stängels stehen noch eng beieinander, weil sie gerade erst aufgegangen sind. Weiter unten an der Pflanze strecken sich die Blätter behaglich in die wärmende Sonne.

Es sind noch vier Wochen bis zu meinem fünften Geburtstag und ich mache mich fertig für eine Fahrt in die Stadt. Mom sagt, dass wir für eine letzte Anprobe meines neuen Sonntagsanzugs noch einmal zum Schneider müssen, zu Mr. Beckman. Das geht schon seit Wochen so, denn Onkel Henry kommt zu Besuch!

Henry Beltman, Moms jüngerer Bruder, kommt den ganzen weiten Weg von China herüber! Ich weiß zwar nicht genau, wie weit China weg ist, aber so wie Mom sich anhört, muss es noch weiter sein als Minneapolis. Onkel Henry war Missionar, und es ist lange her, dass Mom ihn zuletzt gesehen hat. »Acht Jahre!«, sagt sie immer wieder zu uns. »Acht Jahre!« Ich verspreche ihr, dass ich mich von meiner besten Seite zeigen werde.

Beim Schneider stehe ich auf einem kleinen Treppchen vor einem riesigen Fenster und schaue mir all die Stadtleute an, die vorbeigehen, während Mr. Beckman sein Werk überprüft. Mom versucht, das grobe Material zu glätten, das an meinen Beinen unschöne, widerspenstige Falten wirft. Hosen scheinen bei mir nie so gut zu sitzen wie bei meinem Bruder Henry. Die beiden ziehen hier und zerren da, um meine pummeligen Oberschenkel unterzubringen.

Mom sieht Mr. Beckman kopfschüttelnd an. Sie ist nicht zufrieden. Schließlich hat sie mich extra zum Schneider gebracht, weil es so schwer ist, etwas Passendes für mich zu bekommen. Sie gibt gutes Geld aus, also erwartet sie auch eine gute Schneiderarbeit. Ich möchte aber ihren Verdacht nicht unterstützen, dass das hier Mr. Beckmans Fehler ist. Die ganze Woche über habe ich nämlich ein um das andere Kuchenstückchen aus der Speisekammer herausgeschmuggelt. Mom ist sehr ernst, denn eigentlich sollte ich den Anzug anziehen, gut darin aussehen und dann hätten wir ihn mitgenommen. Onkel Henry wird um zwei Uhr heute Nachmittag auf der Farm erwartet, und Mr. Beckman hatte versprochen, auf jeden Fall rechtzeitig fertig zu sein.

Mom zuckt traurig die Achseln und bekommt Falten auf der Stirn. Ich mag diese gerunzelte Stirn nicht. Nachdem Mr. Beckman sich vergewissert hat, dass meine Hände sauber sind, darf ich die Reihen entlanggehen und die Tuchballen befühlen, während Mom mit ihm verhandelt. Ich kann die Farben betrachten und die unterschiedlichen Qualitäten betasten, die er auf Lager hat – genoppt, weich, seidig, gerippt, glatt, grob.

Das wird mir schnell langweilig und ich wende mich wieder dem Fenster zu. Die Tanzhalle liegt genau gegenüber, im gleichen Gebäude wie der *Alton Democrat* im zweiten Stock. Nicht weit die Straße hinunter liegt der *Goebel Saloon*, der dem Bürgermeister gehört. Mom würde mir niemals erlauben, diese interessante Lokalität in Augenschein zu nehmen, also mache ich einen langen Hals und riskiere einen schuldbewussten und sehr neugierigen Blick, während sie mit Mr. Beckman beschäftigt ist.

Mom kommt schließlich zu mir zurück. Sie macht einen gefassten Eindruck.

»Okay, Harold, geh jetzt und zieh deinen Overall wieder an. Dein Anzug wird in zwei Tagen fertig sein. Du wirst ihn heute nicht anziehen können, wenn Onkel Henry kommt.«

Enttäuscht kehre ich zu meiner Latzhose zurück. Wir gehen schnell nach draußen, wo Dad im Model T wartet, und beeilen uns, nach Hause zu kommen. Während Mom und Dad letzte Vorbereitungen für Onkel Henrys Besuch treffen, säubere ich mich und ziehe einen »neueren« Overall an.

Es ist jetzt fast zwei Uhr. Ich sitze draußen in der drückenden Hitze auf einer steinernen Treppenstufe und erwarte unseren berühmten Besuch. Das kleine weiße Tor im niedrigen Zaun – er sorgt dafür, dass die Tiere draußen bleiben, sagt Mom – steht in meine Richtung offen. Wenn er kommt, wird sein Wagen direkt vor mir parken.

Mom ist schon den ganzen Tag über ziemlich komisch. Sie ist so nervös wegen Onkel Henry, dass ich trotz der mörderischen Temperaturen den Frieden hier draußen vorziehe. Die Fliegen mögen anscheinend den Geruch meiner heißen Haut. Jedenfalls lassen sie mich nicht in Ruhe. Aber ganz egal, ob Hitze oder keine Hitze, Fliegen oder keine Fliegen: Ich werde diesen Augenblick nicht verpassen.

Obwohl Mom jetzt so nervös ist, war ihre Begeisterung in den letzten Wochen wirklich ansteckend. Die Geschichten, die sie mir erzählte, erhoben Onkel Henry direkt in die Gilde meiner Helden, Seite an Seite mit meinem Bruder Henry und mit meinem Lieblingshelden aus dem Radio, Captain Midnight. Der erste Missionar zu sein, der die erste christliche Kirche in Amoy, China, baute, und das, wo er mit seiner frisch angetrauten Frau geradewegs vom Altar kam ... Wow! Ein Princeton-Absolvent, der in einem Land mit völlig fremder Sprache, Sitten und Gebräuchen willkommen geheißen wird, ist wohl mindestens so tapfer wie Captain Midnight mit all seinen erstaunlichen Abenteuern. Der Tod von Onkel Henrys kleinem Sohn in diesem fremden Land vor wenigen Wochen ist eine der traurigsten Geschichten, die ich je gehört habe. Mom muss jedes Mal weinen, wenn sie davon erzählt.

Die Luft ist unglaublich ruhig, obwohl gelegentlich ein Lüftchen die Blätter in unserem Wäldchen rascheln lässt. Die Tiere auf dem Hof sind ganz still, die Sonne scheint hell und heiß. Ich höre Mom im Haus hin und her laufen, und ich höre auch, wie Violet und Margaret sich gegenseitig anzischen, aber ihre Stimmen klingen irgendwie wie aus weiter Ferne, ganz anders als sonst.

Ich habe so ein komisches Gefühl in der Magengegend. Es fühlt sich ein bisschen an wie an dem Tag, als ich dachte, dass die Zigeuner kämen, aber es ist kein Angstgefühl. Es fühlt sich auch ein bisschen an wie am Morgen meines Geburtstages, wenn ich weiß, dass Dad später Eiscreme machen wird, aber es ist mehr ein *ruhiges* Glücksgefühl, nicht so ein *hüpfendes*. Es fühlt sich an, wie wenn ich zur Kirche gehe, und sie singen mein Lieblingslied aus der Sonntagsschule.

Ein Kaninchen kommt vorbei. Es schaut mich ein Weilchen an, dann hoppelt es weiter. Ich muss lächeln, aber ich bleibe ganz ruhig sitzen. Ein Vogel landet auf dem krummen Ast eines Eschenahorns und schaut in meine Richtung. Mein Lächeln wird breiter, aber ich bleibe ganz ruhig sitzen. Ich habe das Gefühl, dass ich, wenn ich weiter ganz ruhig sitzen bleibe und ganz genau hinhöre, ganz tief drinnen in mir mein Herz hören kann, wie es singt.

Es ist wie ein wunderschöner Tagtraum. Aber anders als all die anderen Tagträume ist dieser *wirklich*. Es ist nichts, was ich mir ausgedacht habe. Es ist ganz von allein gekommen, als sei es direkt vom Himmel gefallen.

Der Mais und die Luzerne bewegen sich ganz sanft im Wind, in einem Rhythmus, dass ich mich frage, ob sie wohl auch an dieser stillen Erwartung teilhaben. Diese ruhige Stimmung, die sich fast so anfühlt, als würde man die Zeit anhalten, steigt langsam in mir auf wie der Nebel auf den frisch betauten Feldern an einem Sommermorgen.

Dann sehe ich sie, ganz am Ende unseres Feldwegs, fast eine Meile weiter westlich, auf dem Hügelkamm: eine kleine Staubwolke. Mein Herz macht einen Freudensprung und sein Lied wird zum Jubel.

Ich springe auf die Füße. Dabei verfängt sich der Hosenaufschlag an der scharfen Steinkante und reißt ein. Aber das ist mir egal. Ich renne zum Haus.

»Mama! *Mama!* MAMA!«, rufe ich, so laut ich nur kann. Bevor ich am Haus ankomme, schaue ich mich noch einmal um.

Der herankommende Wagen bewegt sich zügig den langen, einsamen Weg hinunter. Er scheint schneller zu werden, während er auf unser Haus zuhält. Die Staubfahne ist jetzt eine halbe Meile lang.

Mom kommt eilig zu mir. Dabei wischt sie ihre nassen Hände an der Schürze ab, die sie dann über den Kopf auszieht. Ihre Hände zittern, als sie sie mir auf die Schultern legt. Sie kneift mich ein bisschen. Es schmerzt beinahe, aber ich merke, dass dieses Pressen ihr gut tut, also sage ich nichts. Sie hat nur noch Augen für das näher kommende Auto und merkt gar nicht mehr, dass ich mit schweißnasser Stirn noch vor ihr stehe.

Der Wagen fährt jetzt schneller. Hinter ihm schwebt eine lange, ununterbrochene Staubwolke über der Straße. Ich entwinde mich dem Griff meiner Mutter und gehe wieder zu meinem Platz am Tor zurück.

Jetzt umrundet das Auto die Auffahrt und kommt in einer kleinen Staubwolke zum Stehen. Ich bin sprachlos. Mom schaut gefesselt herüber – sie will den ersten Blick auf ihren Lieblingsbruder nicht verpassen. Langsam öffnet sich die Tür des Wagens und ein langes Bein kommt zum Vorschein. Ein großer Fuß in einem eleganten schwarzen Schuh streckt sich in den sich langsam senkenden Staub heraus. Auf den Fuß folgt der größte und bestaussehende Mann, den ich je gesehen habe – er ist so groß wie Paul Bunyan[15] und unterwegs für die gerechte Sache. Er hat rabenschwarze Haare und trägt zu seinem schwarzen Sonntagsanzug ein weißes Hemd mit Krawatte.

In meiner Magengegend fühlt es sich wieder komisch an, aber anstatt ganz ruhig sitzen zu bleiben, fange ich an, auf der Stelle zu hüpfen. Ich hüpfe und hüpfe und hüpfe.

»Onkel Henry! Onkel Henry! Onkel Henry! Onkel Henry!«

Ich höre nicht auf. Ich *kann* nicht aufhören. Ich rufe immer wieder seinen Namen und hüpfe und klatsche in die Hände. Einen Sekundenbruchteil später steht er schon über mir und legt seine Hand auf meinen Kopf. Er fährt mir durchs Haar und ich stehe ganz ruhig da und spüre seinen Segen. Er lächelt über meinen ausgelassenen Willkommensgruß:

»Onkel Henry! Onkel Henry! Onkel Henry! Onkel Henry!«

Er beugt sich zu mir herunter und legt seine langen Arme um mich. Er umarmt mich ganz fest. Dann nimmt er mein Gesicht in beide Hände und sagt: »Also … *du* bist Robert Harold.«

Während er spricht, kommt das komische Gefühl in meiner Magengegend zurück, zusammen mit einer heiligen Ruhe. Ich höre nichts als seine Stimme, die in meinem jungen Geist widerhallt; ich fühle nichts als den sanften Druck seiner Hände auf meinen Wangen. Er sagt: *»Wenn du groß bist, wirst du ein Prediger sein!«*

Von den Fußsohlen bis zu den Haarspitzen durchdringen mich diese Worte. Ich bin erfüllt von ihrem Klang.

An diesem Abend machen sich Violet und Mom nach dem Abendessen an den Abwasch, während Dad mit Henry zum Melken geht. Mom überträgt mir die Aufgabe, unseren besonderen Gast zu unterhalten. Ich erzähle ihm von der Ratte, die Margaret und ich am Tag zuvor gefangen haben. »Groß wie unsere Mutterkatze«, übertreibe ich ein bisschen.

Ich sehe, dass er beeindruckt ist. Dann frage ich ihn etwas, worüber ich den ganzen Nachmittag nachgedacht habe. »Onkel Henry ...«, fange ich an, dann muss ich eine Pause machen, um meinen Mut zusammenzunehmen. Verlegen setze ich mich zu ihm (das Sofa ist an den meisten Tagen tabu, deswegen bin ich unsicher und nervös). Auf gut Glück schlage ich in dem Versuch, Jahre älter zu erscheinen, als ich tatsächlich bin, meine Beine übereinander.

»Onkel Henry«, nehme ich einen neuen Anlauf, »wie kann ich ein Prediger werden so wie du?«

Er nimmt meine Frage sehr ernst. Er neigt sein schmales Gesicht und stützt sein Kinn auf Daumen und Zeigefinger. Dann schlägt er genau wie ich seine Beine übereinander. Ich kann die zerschrammte Unterseite seiner Schuhe sehen – sie haben keine Löcher! Ich studiere seine guten Manieren und seine sanfte und freundliche Art, und ich beschließe, dass ich meinem Traum gegenüberstehe – von Angesicht zu Angesicht. Ich bin bereit, seine Anweisungen entgegenzunehmen.

»Nun, Robert«, erklärt er, »du wirst lange zur Schule gehen müssen. Acht Jahre in die Grundschule, dann vier Jahre auf die Highschool in der Stadt, dann vier Jahre aufs College und dann noch drei Jahre ins Seminar. Das sind fast 20 Schuljahre!«

Er klingt so, als erwarte er, dass ich bei diesen Aussichten das Gesicht verziehen würde. Aber ich lasse mich nicht abschrecken. Ich ziehe die Augenbrauen hoch und runzle die Stirn ein bisschen, aber nur weil ich versuche, so klug auszusehen wie er.

»Wann fange ich an?«

Er lächelt in sich hinein. »Ich denke, ich habe deine Mom sagen hören, dass du in diesem Herbst in die Schule kommst. Stimmt das?«

»Mh-hmm ...« Ich lächle bei diesem Gedanken. »Wird es mir gefallen?«

»Ich weiß nicht, Robert. Wahrscheinlich nicht immer, würde ich sagen. Aber wenn du ein Ziel hast, dann wird das Ziel wichtiger sein als die Tage, an denen dir die Schule nicht gefällt. Also machst du einfach weiter – natürlich nur, wenn du wirklich Prediger werden willst.«

Ich nicke energisch.

Onkel Henry erinnert sich an meine Begrüßung, ein paar Stunden früher an diesem Tag, als ich vor Aufregung über seine Ankunft gehüpft bin wie ein Gummiball. Er sieht in meinen Augen den Funken meines ersten Traums, aber er ahnt genauso wenig wie Mom oder Dad und genauso wenig wie ich selbst, dass dieses, mein erstes Treffen mit Onkel Henry, und seine Erklärung, dass ich eines Tages ein Prediger sein werde, der bedeutendste und prägendste Moment in meinem ganzen Leben sein sollte.

Ich hatte meinen göttlichen Ruf gehört und nahm nun, ohne groß zu fragen, meine weiteren Marschbefehle entgegen. Bevor ich an diesem Abend ins Bett ging, verpflichtete ich mich zu meinem ersten 20-Jahre-Ziel. Oben in meinem Schlafzimmer kniete ich nieder und betete mein übliches Gebet – das gleiche, das ich jeden Abend betete, seit ich ein Kleinkind war:

»Herr, ich gehe jetzt zur Ruh',
auf meine Seele achte du.
Und endet heut mein Lebenslauf,
nimm meine Seele gnädig auf.«[16]

Und mit einer neuen Entschlossenheit und Leidenschaft fügte ich dann diese neue Zeile hinzu: »Und mach mich zu einem Prediger wie Onkel Henry, wenn ich groß bin! Amen.«

Ich betete dieses von meinem göttlichen Traum durchdrungene Gebet von da an jeden Abend – bis zum Tag meiner Ordination fast 20 Jahre später.

Am nächsten Morgen saß die Familie um den Küchentisch zusammen: Dad, Mom, meine Schwestern, Henry und ich. Onkel Henry war zum Übernachten zu Grandpa gefahren (Grandma Jacomina war vor wenigen Monaten gestorben, sodass Grandpa jetzt alleine war).

Wir waren alle mit unserem üblichen warmen *Fet en Stroop* beschäftigt und aßen, ohne dass viel gesprochen wurde.

Als jemand sagte: »Gib doch mal den Sirup rüber!«, sah ich meine Chance gekommen und machte meine große Ankündigung: »Wenn ich groß bin, werde ich Prediger!«

Dad hielt abrupt inne und sah mich fassungslos an. Auf seiner Gabel steckte ein großes Stück fettiges, mit Sirup vollgesogenes Brot, das jetzt kurz vor seinem schon geöffneten Mund in der Luft hing. Er sah mich schweigend an. Es war kein ärgerlicher Blick. Es war auch kein korrigierender Blick. Aber plötzlich wurde er zu einem »Ich verstehe, was du sagst«-Blick, und seine Augen begannen, sich mit Tränen zu füllen. Vielleicht wusste er, dass ich keine Worte hatte, um meine Entscheidung zu erklären. Vielleicht wusste er, dass eine himmlische Macht dieses Lied geschrieben und in mein Herz gepflanzt hatte. Vielleicht wusste er, dass Gott mich nicht dazu bestimmt hatte, Farmer zu werden!

Während Dad und ich uns in einer abgeschiedenen, weit entfernten spirituellen Welt trafen, schien die Zeit still zu stehen, und die Unterhaltung der anderen wurde zu einem fernen Geräusch, wie das statische Rauschen im Radio. Lautlos flüsterten wir miteinander – direkt von Herz zu Herz.

»Ich kann es nicht erklären«, sage ich.

»Du hast das Lied deines Herzens gefunden.«

»Ich will nicht anders sein, ich bin einfach so.«

»Gott möchte wohl nicht, dass du Farmer wirst. Nicht wahr?«

Auch wenn ich noch so jung war, so nahm ich doch auf eine subtile, unbeschreibbare Weise diese Art von tiefem *Wissen* in meinem Vater wahr. Was ich die nächsten 20 Jahre hindurch noch nicht wissen sollte, war ... *warum*.

Dad und ich kehrten zögernd wieder zu unserem Frühstück zurück, aber jetzt hatte ich einen Blick in die Augen des Himmels geworfen. Ich hatte eine Voraussage darüber erhalten, was ich sein sollte. Ich hatte den göttlichen Ruf vernommen und hatte das Herzenslied gehört, das genau für mich bestimmt war. Ich hatte einen neuen, persönlichen Freund gefunden – nämlich Gott selbst. Gott war jetzt ein fröhliches, glückliches Gefühl in meinem Inneren. Tatsächlich war ich davon überzeugt, dass Gott ganz persönlich mein Herzenslied an mich überbracht hatte. Und für diesen Bauernjungen, der sich auf dem Hof so fehl am Platz fühlte, war dieser Traum mehr wert als tausend Worte und sogar mehr als hundert Kuchen.

8

Grundschule. Erste Klasse.

Ich war bereit.

Ich würde ein Prediger sein!

Ich würde ein Missionar sein und große Kirchen bauen, so wie Onkel Henry in China. Auch wenn ich das einzige Kind in der Schule war, das derartig große Ambitionen hatte. Ich hatte jetzt ein tiefes Vertrauen, das mir niemand mehr nehmen konnte. Ich würde tun, was immer nötig war, um mein Ziel zu erreichen.

Aber immer der Reihe nach.

Erste Klasse.

Nach dem Frühstück ging ich eine Meile nach Westen den Feldweg hinunter, der entweder trocken und staubig oder nass und matschig oder schneebedeckt und glatt war. Er kreuzte schließlich einen anderen Feldweg. Dort stand ein einsames Gebäude mit nur einem Raum – die *Floyd Independant School*.

Eigentlich waren es drei Gebäude. Zwei kleine Toilettenhäuschen standen in der Nähe des Klassenzimmers, eins für die Mädchen und eins für die Jungs. Fließendes Wasser gab es nicht; man wusch sich die Hände in einem kleinen Waschraum im Eingang der Schule. In dem einzigen Klassenzimmer gab es eine Tafel an der Wand, einen Tisch und einen Stuhl für die Lehrerin und 17 Stühle, einen für jeden Schüler von der ersten bis zur achten Klasse.

Ich ging zu Fuß zur Schule und auch wieder nach Hause – jeden Tag, von Montag bis Freitag. Wir alle kamen zu Fuß von den umliegenden Farmen, sogar die, die schon zur Highschool gingen. Für sie kam ein Bus zu unserem Schulgebäude, der sie dann ins vier Meilen entfernte Newkirk brachte.

Ich genoss meinen einsamen Schulweg. Hier lernte ich eine der Freuden des Alleinseins schätzen – er erlaubte mir, in Ruhe meinen Träumen nachzugehen.

»Was möchtet ihr werden, wenn ihr erwachsen seid?«, fragte meine Lehrerin die sieben neuen Erstklässler. Ich meldete mich aufgeregt. Aber mein Nachname begann mit »S«, also musste ich warten, bis ich nach »Korver« und »Ross« an die Reihe kam. Ich rutschte schon ganz unruhig auf meinem Stuhl hin und her, als die Lehrerin endlich zu mir kam. »Nun, Henry, du scheinst ja ganz aufgeregt zu sein«, sagte sie. »Was möchtest du denn werden, wenn du groß bist?«

»Ich werde ein Prediger wie mein Onkel Henry!«, platzte ich heraus.

Es dauerte allerdings gar nicht lange, bis mein Traum auf seine erste große Herausforderung traf. Ich entdeckte, dass die Schule *nicht* lustig war. Und die Pause war das Allerschlimmste!

Eines schönen Tages wurde ich mit meinen Klassenkameraden nach draußen auf den Rasen geschickt. Dann rief die Lehrerin die zwei ältesten, schlanksten und schnellsten Jungs nach vorne – Eddie und LeRoy – und ließ sie neben sich Aufstellung nehmen. Ich stand bei den anderen und wartete ab, was für eine Art von Ritual hier wohl vor sich gehen würde.

»Okay, wählt eure Seiten«, sagte die Lehrerin zu den beiden. Sie hatte einen Softball in der einen Hand, mit der anderen warf sie eine Münze. »Kopf oder Zahl?«, rief sie.

»Was heißt denn das?«, fragte ich einen anderen Erstklässler. Sein Bruder war einer der beiden Großen.

»Das entscheidet, wer als Erster Mitspieler für seine Mannschaft aussuchen darf«, antwortete er. »Der beste Spieler wird immer als Erster genommen. Dann kommt der nächste dran und so weiter, bis zum Schluss nur noch einer übrig ist. Der, den keiner haben will.«

»Wen werden sie als Letzten nehmen?«, fragte ich.

»Ich denke, einen von uns Erstklässlern«, meinte er. Er sah zu den drei Mädchen hinüber und zeigte auf Geneva Korver. »Ich wette, sie wird die Letzte sein. Niemand wird *die* haben wollen.«

Die Mannschaftsauswahl ging schnell voran, bis nur noch vier übrig waren, darunter Geneva – und ich.

Wenigstens werde ich nicht der Letzte sein, dachte ich.

Dann wurden die nächsten beiden ausgesucht. Jetzt waren nur noch zwei übrig – Geneva und ich.

Es schien ewig zu dauern, wie diese beiden Athleten, groß und strotzend vor Selbstvertrauen, zuerst mich inspizierten ... dann Geneva ... dann wieder mich ... dann wieder Geneva. Ich begann, mir auf die Lippen zu beißen. Nicht, dass ich etwa unsicher gewesen wäre, weil diese Untersuchung so lange dauerte. Ich steckte meine Hände in die Taschen und spielte nervös mit einem glatten Stein, den ich auf dem Schulweg aufgelesen hatte. Ich kniff die Augen zusammen und schirmte sie mit meiner Hand gegen die Sonne ab, in der ich blinzeln musste. Herrje – konnten sie sich jetzt endlich mal entscheiden?

Ich scharrte mit den Füßen.

Endlich machte LeRoy einen Schritt nach vorne und sagte: »Okay, ich nehme ... *sie*.«

Ich konnte es nicht glauben! Ich war am Boden zerstört. Eine glühend heiße Welle der Scham durchschoss mich. Ich war der Letzte. Ich war der, den keiner haben wollte.

Geneva lief zu ihrer Mannschaft, und ich blieb allein zurück, auf beiden Seiten unerwünscht. Eddie, der große Junge, der beim Münzenwerfen verloren hatte, warf mir einen abschätzigen Blick zu und winkte mich widerwillig zu seiner Mannschaft.

»Wie heißt du?«, grunzte Eddie.

»Harold Skuller«, sagte ich.

»Und wo wohnst du?«, fragte er.

»Da, wo *der* aufhört«, antwortete ich und zeigte auf den Feldweg ohne Namen und ohne Nummer. Während ich hinüberzeigte und er in die Richtung schaute, schoss mir etwas durch den Kopf.

Ich bin vielleicht der Letzte, aber längst nicht verloren.

Ich dachte: *Zumindest weiß ich, was ich werden will, wenn ich erwachsen bin! Ich habe ein Ziel … wartet's nur ab!*

Und plötzlich entdeckte ich etwas Wunderbares: Diese kleine Zeile half mir, mich besser zu fühlen. Ich sagte sie laut zu Eddie: »Hey, ich bin vielleicht der Letzte, aber längst nicht verloren!«

Eddie lachte.

Ich lachte mit ihm und entdeckte, dass ich die Gabe besaß, Menschen zum Lachen zu bringen. Das half auch mir, mich besser zu fühlen.

Aber die nächste Kränkung ließ nicht lange auf sich warten.

Am darauf folgenden Tag wurden wieder die Mannschaften zusammengestellt. Diesmal gewann Eddie den Münzwurf, und so wusste ich, dass die Dinge jetzt besser laufen würden. Immerhin mochte er meine Witze: Aber wie sich zeigte, half das nicht viel. Wieder blieben Geneva und ich übrig.

»Ich nehme ... sie.« Und wieder hörte ich diese Worte, aber dieses Mal von Eddie. Ich war niedergeschmettert. Ich war der Einzige, den niemand wollte. Weder das eine noch das andere Team wollte mich haben.

Das hatte eine ziemlich demütigende Wirkung auf einen Jungen, der die Schule so begeistert begonnen hatte. Der so stolz seine Hand gehoben hatte, darauf brennend, die erste Frage seiner Lehrerin zu beantworten.

Nach einigen Wochen fortgesetzten Leidens in der Pause, wo ich, mit Tränen in den Augen, beide Hände in den Vordertaschen meines Overalls versteckte, fragte ich meine Lehrerin: »Warum mag mich eigentlich niemand?«

»Nun, Harold«, sagte sie, »du bist ein netter Kerl, aber ... na ja, du bist einfach fett und langsam.«

Ihre Worte brannten sich in meinen Geist. Ich wusste, dass meine Kleidergröße sich andauernd änderte. Ich wusste, dass ich ständig zunahm. Aber niemand hatte mich jemals – zumindest nicht in meinem Beisein – mit diesem Wort beschrieben.

Fett!

Niemals werde ich den Klang dieses Wortes vergessen. Ich hatte gerade die Kraft der negativen Selbsteinschätzung kennen gelernt. So wurde die Pause für mich zur höllischen Gegenwelt meines einsamen

Tagträumer-Himmels. Ich würde niemals Spaß am Sport haben. Die Schule verlor rasch an Glanz.

Während der nächsten Jahre war ich oft versucht, mittags einfach wegzugehen, nach Hause zu laufen und nie mehr wiederzukommen. Dann rief ich mir immer wieder Onkel Henrys Worte ins Gedächtnis: »... wenn du ein Ziel hast, wird das Ziel wichtiger sein als die Tage, an denen dir die Schule nicht gefällt. Also machst du einfach weiter – natürlich nur, wenn du wirklich Prediger werden willst.«

Anstatt also davonzulaufen, erinnerte ich mich daran, wie Eddie über meine Zeile gelacht hatte. Und so wurde aus mir der Geschichtenerzähler und Sänger, der Klassenclown und Witzbold unserer Landschule.

Der Heimweg von der Schule wurde zu einem therapeutischen Bestandteil meines Tages. Mit jedem Schritt, der mich näher nach Hause brachte, fühlte ich, wie ich die Spötteleien über mein Gewicht weiter hinter mir ließ. Das erste Stück meines Heimwegs führte eine leichte Anhöhe hinauf. Die sechs Gebäude unserer Farm lagen dahinter verborgen. Das Einzige, was zu sehen war, war die Spitze unseres Scheunendachs, die stolz über den niedrigen Hügelkamm hinausragte. Wenn ich aber die Kuppe erreicht hatte, konnte ich – eine Meile weiter östlich – unseren ganzen Hof überblicken. Im Windschutz unseres Wäldchens konnte ich den Maisspeicher, den Hühnerstall, den Werkzeugschuppen, sogar den Schweinestall und unser Haus erkennen.

Meistens floss ein kleiner Bach vom Gipfel des Hügels den ganzen Weg bis zu unserer Auffahrt hinunter. Ich suchte mir ein kleines Stückchen Stroh und setzte es als »Boot« in das wirbelnde Wasser. Die Strömung ergriff es augenblicklich, und ich sah zu, wie das kleine Ding schaukelnd und schwankend davonsegelte, bis es von einem Hindernis, meistens von einem kleinen Stein, aufgehalten wurde. Dann wartete mein kleines Boot darauf, dass ich ihm einen befreienden Schubs gab, damit es auf seiner – je nachdem – längeren oder kürzeren, schnelleren oder langsameren Reise weiter treiben konnte. Zum Schluss, wenn der Bach den Tunnel unter unserer Auffahrt erreicht hatte, verschwand es dann in der dunklen Röhre. Im späten Frühling oder in den ersten Wintermonaten, wenn leichter Schneefall die ansonsten stetige Strömung ins Stocken brachte, benutzte ich einen etwas längeren Zweig, um mein Boot vorwärts zu schubsen. Manchmal musste ich kleine, zentimeterbreite Kanäle in die dünne Schneedecke kratzen, um Platz für mein kleines Fahrzeug zu schaffen, sodass es seine ruhige Passage fortsetzen konnte. Die gesamten acht Jahre, die ich auf unserer Landschule verbrachte, und die darauf folgenden vier, die ich zur Newkirk-Highschool ging, habe ich dieses Spiel jeden Tag auf dem Heimweg gespielt.

Habe ich hier die allgemein gültigen Prinzipien des Erfolgs gelernt und geübt? Wie man sich ein Ziel setzt und dann darauf hinarbeitet; wie man Hindernisse überwindet oder umschifft und währenddessen das Ziel im Auge behält, bis es schließlich erreicht ist?

Mein unmittelbarer »Traum« wurde jeden Tag wahr, wenn ich unsere unbefestigte Auffahrt erreicht hatte: Ich war zu Hause. Hier nannte mich niemand »Dicker«. Hier war ich keine »lahme Ente« und auch kein »Schwächling«. Hier war ich ... Harold. Harold, der die sieben Meere befahren und sein kleines Schiff sicher in den Hafen gebracht hatte.

Hier zu Hause hatte meine Belohnung gewöhnlich die Form irgendeiner gebackenen Leckerei – vielleicht eines Schokoladenkuchens, den Mom im Laufe des Tages frisch gebacken hatte. Dieser besondere Genuss hatte stets eine dicke weiße Zuckerglasur. Das erste Stück war immer schon für mich abgeschnitten und erwartete mich auf einem Teller.

Ich war sogar noch süchtiger nach diesen kalorienreichen Beweisen mütterlicher Zuneigung geworden. Nur dass ich jetzt bei jedem Bissen die Stimme meiner Lehrerin und auch die meiner Mitschüler hörte, die wiederholten, was sie sagte: »Du bist fett!«

In der Schule gab es keine zwischenmenschliche Wärme, die mir das Gefühl vermittelt hätte, dazuzugehören. Sie erfüllte die hochgesteckten Erwartungen nicht, die ich hegte, als ich mit Onkel Henry sprach. Tatsächlich zeigte sich, dass sie nur dazu beitrug, mich noch mehr in meiner Traumwelt zu isolieren. Wenn man hierzu noch meine durch meine späte Geburt abgesonderte Stellung in der Familie betrachtete, dann erstaunt es nicht, dass ich mit dem Gefühl aufwuchs, ein Außenseiter zu sein – ein Träumer (Träume waren gute Freunde), im Großen und Ganzen faul, unabhängig und, ja, auch einsam.

Auch als ich älter wurde und mit Henry und Dad auf den Feldern arbeitete, ließ diese neue Nähe nur die Unterschiede zwischen uns deutlicher hervortreten. Nicht, dass wir einander nicht geliebt und uns unterstützt hätten – es waren mehr grundlegende Wesensunterschiede. So sehr ich sie auch bewunderte und so sein wollte wie sie, ich war einfach kein Farmer. Ich schlug in eine völlig andere Richtung.

Es war ganz einfach so: Dad war ein Farmer. Henry war ein Farmer. *Ich* war *kein* Farmer.

In meinem tiefsten Herzen war mir das schon lange klar gewesen.

9

Es ist Samstag. Ein schulfreier Tag, der beste Tag der Woche. Nachdem ich mein faules Selbst durch meine bäuerlichen Pflichten hindurchgequält habe, kann ich endlich am Floyd River fischen gehen. Ich folge dem »Pfad des Vergnügens« nach Osten. Ich blicke nach unten auf meine Füße, die über den staubigen Boden schlurfen, und ich sehe meinen Lieblingsschatten.

Er ist ein bisschen rundlich und verzerrt, aber aus dem Kopf ragt ein langes, dünnes Anhängsel hervor – der Schatten meiner verstellbaren Angelrute. Dieser schlanke, biegsame Stock sieht in der Hand eines entschlossenen Kriegers wie eine fremdartige Waffe aus. Und auf ihre Art *ist* sie auch eine Waffe.

Mit ihr will dieser Krieger den größten Fisch überwältigen, der je im Floyd geschwommen ist. An dem scharfen, im Laden gekauften (!) Angelhaken wird einer der Würmer hängen, die ich zu Hause mit einer Gabel ausgegraben habe. Beim Umgraben der feuchten, schwarzen Erde neben der Scheune habe ich unter den flachen Steinen, wo sie sich immer verstecken, jede Menge von ihnen gefunden und sie, schlüpfrig, nass und sich windend, wie sie waren, in eine leere Kaffeedose gefüllt.

Es gibt keine Bäume, die die Sonne davon abhalten würden, meinen freundlichen Schatten auf den Boden vor mir zu zeichnen. Während ich über unseren Hof wandere, blicke ich öfter hinter mich, ob sich am Himmel nicht Anzeichen eines Sturms zeigen. Ich sehe über meine Schulter, ob sich etwa schwarze Wolken zusammenballen und unser Land bedrohen. Bei Sturm kann man nicht gut angeln, denn unsere Fische beißen am besten bei ruhiger Wasseroberfläche. Zum Glück zeigen sich heute keine verstreuten Wolken, die sich zusammenschließen könnten, sich verschwörerisch gemeinsam erheben, bis sie gewaltig und bedrohlich jene Stille verbreiten, die dem Sturm vorausgeht und das Land in einen grünlichen Schimmer tauchen. Wenn ich solche Wolken gesehen hätte, wäre ich schnell nach Hause gelaufen, immer nach dem Schrecken aller Schrecken Ausschau haltend: der gefürchteten, sich dahinschlängelnden, trichterförmigen, gebogenen Röhre. Ich habe noch nie einen richtigen Tornado gesehen, aber Mom sagt immer: »Harold, behalt den Himmel im Auge!«

Ich bin damit aufgewachsen, dass wir auf den Himmel achten, da, wo die Sonne untergeht. »Das ist Westen!«, sagte man mir. Westen – da, wo die Stürme herkommen. Aber Westen ist auch die Richtung, in der sich unser eine Meile langer Feldweg, der keinen Namen und keine Nummer trägt, zum Rest der Welt hin öffnet. Der einzige Weg, um einem Tornado zu entgehen, besteht also darin, sich zuerst nach Westen zu wenden und diese staubige Meile entlangzurennen. So beunruhigend das auch ist: Wenn ich entkommen will, darf ich nicht vor dem Sturm *davon*laufen, ich muss auf ihn *zu*laufen!

Das ist kein angenehmer Gedanke für einen Jungen, der es ohnehin hasst, zu laufen. Ich ziehe es wirklich vor, vor mich hinzuträumen oder Kuchen zu essen oder ... angeln zu gehen.

Am Ufer wachsen Weiden, die ihre Äste über den gewundenen Flusslauf recken. Im Wasserbett in ihrem kühlen Schatten stehen die Fische. Sie warten auf Insekten, die von den Bäumen fallen. Es ist so, als ob die Weiden die Versorgung der Fische übernommen hätten.

Hier am schmalen, gewundenen und wundervollen Floyd locken mich die Bäume zu ihren schattigen Ruheplätzen. Wenn ich dann dort sitze, lullen sie mich mit dem Gewisper ihrer Zweige ein. Ihr Geflüster erzählt nicht von dunklen Orten, nicht von Stürmen und finsteren Wolken. Sie sprechen nur freundliche Worte. Sie sagen mir, dass die Himmel mich lieben, und singen Wiegenlieder, die von sanfter Ruhe handeln. Ihre uralten, heilsamen Töne werden von milden Lüften getragen und sie beschwichtigen meine Ängste und zähmen meine wilden Gedanken.

Hier in diesen stillen Schatten kann ich in meinen Fantasien schwelgen und so tun, als ob ich auf der Kanzel einer schönen Kirche stünde. Die Kirchenbänke vor mir sind gefüllt mit Alten und Jungen, mit Armen und Reichen. Während ich zu den stillen Weiden und dem schweigenden Fluss spreche, erwacht mein Traum zum Leben, und ich sehe in meiner Vorstellung, wie die Menschen in den Kirchenbänken durch mich inspiriert werden.

Ich steige den Hügelkamm hinauf, der sich über den Ufern des Floyd erhebt, und lasse meine Angel am Ufer zurück. Still treibt der Schwimmer auf der glatten Oberfläche, in Erwartung eines Fisches, der ihn in Bewegung versetzt. Dort oben auf dem Hügel erhebe ich meine Stimme und verkünde laut: »Alles wird gut!« Ich predige. »Alles wird gut, alles wird gut! Vertraut auf Gott, er ist größer als der Sturm!«

Schweigend schaue ich jetzt auf meine gebannt lauschende Gemeinde – eine Herde grasender Kühe, die die Köpfe heben, während ich zu ihnen predige. Dann höre ich ihre Antwort: »Muuh!«

Ich betrachte die Kiefer der Ayrshires, wie sie wiederkäuend hin und her mahlen, und dieser Anblick beflügelt meine Fantasie aufs Neue. Ich sehe standhafte Holländer vor mir, wie sie nach der Kirche die Enden von ihren neuen Zigarren abbeißen, während sie sich lobend über diesen feurigen, jungen Prediger äußern.

Ich steige wieder herunter von der grasbedeckten Anhöhe, die sich über den Floyd und zwischen ihm und dem Weideland erhebt. Ich lehne mich gegen einen kräftigen Stamm in den Schatten eines freundlichen Baums. Ich warte darauf, dass der ruhig dahintreibende Schwimmer eintaucht und mir damit anzeigt, dass ein Fisch an meinem Köder knabbert.

Das ist das einzige echte Vergnügen, das ich kenne. Ich bin nicht scharf auf Baseball oder Football. Ich bin noch nie Fahrrad gefahren – keiner aus meiner Familie hat es je probiert. Ich kann noch nicht einmal schwimmen! Ich fische. Und so sitze ich hier, die Rute in der Hand, die Wolken über mir.

Und die Wolken sind faszinierend! Sie treiben dahin und verändern ganz allmählich ihre Form und Lage. Eine weiße Wolke verwandelt sich gerade in das Profil von George Washington mit seiner weißen Perücke. Eine andere Wolke sieht aus wie der Dampf eines Zugs, der in der Nähe vorübertuckert. Ich zähle seine Waggons und winke dem Lokomotivführer zu. Dann zähle ich die Autos und Lastwagen, die ich auf dem entfernt liegenden Highway vorbeifahren sehe. Ich träume und ich predige und ich zähle, denn dies ist mein Samstag. Mein schulfreier, fürs Angeln reservierter, bester Tag der Woche.

Angeln war in meinen Kindertagen meine Entspannung. Aber es war auch Jagd und Verfolgung. Es war ein Sport, der aus Dingen bestand wie »Ziele setzen«, »Entscheidungen treffen« und »Probleme lösen«, Themen, die auch später meinen Dienst bestimmen sollten. In meiner Kindheit führten die Flüsse, die nie austrockneten, zwischen Frühling und Winter warmes, seichtes Wasser, in dem Katzenwelse, Welse und Karpfen lebten und sich vermehrten und darauf warteten, mit Angelruten gefangen zu werden, die wir aus schlanken, gerade gewachsenen Ästen zurechtschnitten.

Auch wenn mein Vater mich manchmal in meinem verträumten Versteck am Floyd aufstöbern musste oder mich schalt, wenn ich zu spät zu meinen Pflichten auf der Farm kam, ich fühlte mich dennoch durch ihn ermutigt. Er war mir oft ein Vorbild, wenn es darum ging, zukünftige Ziele ins Auge zu fassen und unterstützte mich durch sein Beispiel darin, mich nach »Irgendwos« und »Irgendwanns« zu sehnen und an sie zu glauben.

Jahr für Jahr vermittelte er mir seine visionären Hoffnungen, wenn er mich von meinem Angelplatz abholte. Er war wohl draußen, um die verstreuten Kühe zusammenzutreiben, und ich war vielleicht schon ein bisschen zu lange weg und lief Gefahr, zu meinen abendlichen Pflichten zu spät zu kommen, und zusammen führten wir die Kühe zum Melken zurück zur Scheune.

»Eines Tages werden sie kommen, und sie werden unseren Weg verlängern, durch das Weideland hindurch, über den Floyd River, genau durchs Maisfeld und über die Eisenbahn hinweg.«

Dann zeigte er mit dem Finger in eine Richtung und vergewisserte sich, dass mein Blick ihm folgte. »Da draußen, wo du die langen Züge siehst«, erklärte er, »und sie werden unseren Weg mit der Straße verbinden, wo all die Autos und Laster fahren, für deren Zählung du so viel Zeit aufwendest, wenn du hier draußen beim Fischen bist. Jawohl – diese Autos und Laster, die sich da draußen bewegen, werden eines Tages direkt an unserem Haus vorbeifahren. Wir werden in der besten Lage wohnen. Unser Weg wird eine Hauptstraße werden, mit einer Asphaltdecke anstatt staubbedeckt. Und sie werden unserer Straße einen Namen geben.«

Da stand er in seinem blauen Overall und breitete die Arme in Richtung der riesigen Ebene aus, die sich so weit erstreckte, wie das Auge reicht. »Da draußen« bezeichnete den Horizont, wo man etwas sich langsam bewegen sehen konnte. Kleine Autos, kleine Laster – »klein«, weil sie »da draußen« waren. Das war die Hauptstraße. Sie war bereits asphaltiert. Sie war ... »Big Time«!

»Sag, Harold, hast du gewusst, dass viele Leute, die da draußen auf der Asphaltstraße unterwegs sind, die ganze Strecke von Sioux City, Iowa, nach Saint Paul, Minnesota, fahren? Das ist 'ne ganz schön große Reise!«

Er sagte dies voller Bewunderung für diese ferne Welt, die seine Fantasie genauso beflügelte wie die meine. Ich war zusammen mit ihm von Ehrfurcht vor diesem Unbekannten erfüllt.

Er machte viele Voraussagen. Und obwohl er alles tat, um jedes seiner Versprechen zu erfüllen, traf die Prophezeiung des Fortschritts für unser Land niemals ein. Aber seine Träumereien waren trotzdem ansteckend und sie formten meinen jungen Geist.

Ich konnte mir alles genau vorstellen. Eines Tages würde unser Feldweg keine Straße nach nirgendwo mehr sein, sondern eine wichtige Straße.

Dann würden wir keine meilenlange Staubwolke mehr hinter uns lassen, wenn wir von einem Besuch beim Country-Store in Newkirk zurückkamen oder vom sonntäglichen Gottesdienst oder ... na, ja ganz egal, woher wir dann kamen oder wohin wir fuhren.

Eines Tages würde dieser Weg geschottert sein oder sogar asphaltiert! Und wir würden an den Tagen, an denen es ununterbrochen regnete, nicht mehr im Matsch stecken bleiben.

Eines Tages würden große Maschinen kommen und unsere Straße zum Leben erwecken. Sie würden sie wachsen lassen, den ganzen Weg durch das weite, flache Weideland und die Felder bis über den Fluss und die Eisenbahnlinie bis hin zur *Big-Time*-Straße, wo bedeutende Leute von bedeutenden Orten zu anderen bedeutenden Orten unterwegs waren! Eines Tages. *Eines Tages*.

Ich wollte erwachsen werden und dann eines Tages die Erfahrung machen, nach »Irgendwo« aufzubrechen. Dieser Ort klang unglaublich aufregend.

Ich denke, dass mein Dad an »Irgendwos« und »Irgendwanns« glaubte, weil er sie erlebt hatte. Dad hatte sein »Irgendwo« gefunden. Er hatte gesehen, wie *Sioux County* (benannt nach dem Indianerstamm, der früher hier gelebt hatte) von einem wilden Land mit einer Grassoden-Hütte hier und da zu einer ländlichen Gemeinde mit richtigen Farmhäusern heranwuchs.

Mein Vater hatte durch harte Arbeit und Sparsamkeit seinen Weg gemacht. Er hatte es vom verwaisten Farmersgehilfen zum Besitzer eines eigenen Hofs gebracht.

Er selbst war in einer dieser Lehmhütten geboren, mit Fußböden aus gestampfter Erde, die die Frauen mit selbst gebundenen Reisigbesen sauber hielten, und hatte es so weit gebracht, dass er ein Sears-Robuck-Haus kaufen und aufstellen konnte, jenes Haus, in dem ich geboren wurde und in dem ich lebte, bis ich es verließ, um aufs College zu gehen.

Aber es war nicht leicht gewesen. Im Amerika der 1920er Jahre – kurz nach dem Ersten Weltkrieg – herrschte die Inflation. Die Preise explodierten. Man verkaufte das Farmland an die jungen Farmer für das Doppelte, ja, das Vierfache dessen, was es eigentlich wert war. Die Ernte brachte nicht genug ein, um die Hypothekenzinsen zu zahlen. Aber jetzt ging es der Wirtschaft wieder besser. Einige Bauern meinten, dass sie froh seien, ihr Land für den damaligen Preis gekauft zu haben. Dad war einer von denen, die zu viel bezahlt hatten.

Dann kam die große Depression. Während dieser mageren Jahre verkaufte Dad einmal eine 50-Dollar-Kuh für einen 10-Dollar-Wechsel, nur um dann feststellen zu müssen, dass die Bank, auf die der Wechsel ausgestellt war, zugemacht hatte und der Wechsel wertlos war! Aber er überlebte.

Dad war gewaltig stolz, als 1939 *Sioux Electrical* kam und endlich unseren ganzen langen Feldweg entlang die schwarzen Masten mit den stromführenden Drähten aufstellte. Dad griff ein bisschen tiefer in die Taschen seiner blauen Latzhosen und bezahlte einen Fotografen dafür, Aufnahmen von der Installation zu machen. Gene Mulder und Henry Commock, Männer, die ich nie gekannt habe, haben immer noch ihren Platz in unserer Galerie der Familienfotos von der Farm, einfach, weil sie den Mut hatten, mit den fremdartigen Drähten umzugehen, die diese magische Kraft transportierten.

Die Elektrizität revolutionierte das Arbeitsleben in unserer bäuerlichen Gemeinde. Elektrische Pumpen förderten Wasser aus tiefen Quellen. Wir mussten uns nicht mehr um eine Petroleumlampe drängeln, wo Mom ihre Socken stopfte und Dad seine Futter- und Viehpreise studierte. Stattdessen war der ganze Raum erleuchtet und jeder konnte in seiner eigenen Ecke sitzen.

Außerdem sorgten die Masten mit ihren gläsernen »Verzierungen« am oberen Ende für eine neue Unterhaltung auf meinem täglichen Schulweg. Die gläsernen Isolatoren gaben perfekte Ziele für die Steine ab, die ich immer in meiner Tasche mit mir herumtrug. Mit einer hölzernen Schleuder bewaffnet, die ich aus einer Astgabel gemacht hatte, entdeckte ich einen neuen »Sport«.

Dad wusste, dass harte Arbeit und fester Glaube (manchmal trotz der größten Hindernisse) Träume wahr werden lassen. Er ermutigte mich, meinen Traum zu träumen, den Preis zu bezahlen und niemals aufzugeben! Trotzdem musste man mir oft genug auf die Sprünge helfen, und Henry war meistens dafür zuständig, mich zu »motivieren«.

Öfter als mir lieb war, hörte ich das Quietschen der sich öffnenden Fliegentür, während ich am Küchentisch saß und heimlich das letzte Stückchen Kuchen aufaß, das vom Mittagessen übrig geblieben war. Dann kam mein großer Bruder herein, um mich zu ermahnen: »Mach sofort, dass du hier rauskommst, Harold, und geh an deine Arbeit!«

Jetzt, da ich alt genug war, die meisten Arbeiten alleine zu erledigen, holte ich also den leeren Eimer aus dem Vorbau und machte mich auf den Weg zum Hühnerstall, wo all die Hühner auf den Eiern saßen, die sie seit der Morgendämmerung gelegt hatten. Ich scheuchte sie auf, sodass sie wild herumflatterten, und sammelte dann vorsichtig die frischen, warmen Eier und legte sie in meinen Eimer. Wenn ich damit fertig war, war er beinahe halb voll. Ich trug den Eimer mit den Eiern zu Mom ins Haus. Dort stellte ich dann das Radio an und hörte das erste von zwei aufregenden, halbstündigen Hörspielen an: *Jack Armstrong: The All American Boy*.

»Okay, Harold«, rief mein Bruder dann wieder: »Zeit zum Melken!« Ich lief zur Scheune, wo all unsere Kühe mit vollen Eutern auf die Hände von Dad, Henry oder mir warteten. Ich machte das Radio in der Scheune an, um den gleichen Sender zu hören – »WNAX, Yankton, South Dakota« –, um die neueste Episode meines anderen Lieblingshörspiels zu verfolgen: *Captain Midnight*.

Ich nahm meinen Melkschemel, ein einfaches Möbel aus einem 30 Zentimeter langen Stück eines hölzernen Laternenpfahls, mit einem 10 mal 20 Zentimeter großen Brett als Sitz obenauf genagelt, und setzte mich neben die erste Milchkuh.

Ihre prallen Zitzen waren vor Milch angeschwollen, die darauf wartete, in langen, lauten Strahlen in den leeren Eimer gemolken zu werden, den ich zwischen meinen Knien hielt.

Fast jeden Abend unterbrach eine der drei Kühe, die ich zu melken hatte, diesen Vorgang, indem sie mit ihrem Schwanz nach den Fliegen schlug. »Autsch!«, rief ich, weil ich mich wieder zu spät geduckt hatte und der Schwanz mich im Gesicht traf. Die kleinen, stacheligen Kletten, die tagsüber während des Grasens an ihm hängen geblieben waren, kratzten ganz schön. Dann spreizte sie meist noch die Hinterbeine, um ihre Blase zu entleeren. Der Urin spritzte in den Rinnstein und besprenkelte meine Schuhe mit schmutzigen Tropfen. »Ich bin wirklich froh, dass ich kein Farmer sein werde, wenn ich erwachsen bin«, grummelte ich dann wohl vor mich hin.

Ich dachte schon damals positiv ... und ich war positiv angeekelt. Ich erinnerte mich an diesen Gedanken noch Jahre später, als eines meiner Bücher auf der Bestsellerliste der *New York Times* erschien. Sein Titel war: *Tough Times Never Last, But Tough People Do!*[17]

Einmal, als ich meine übliche *Captain Midnight*-Folge hörte, vergaß ich meine Arbeit, als die dramatische Handlung ihren aufregenden Höhepunkt erreichte. Der Eimer, der mit frischer Milch angefüllt war, rutschte zwischen meinen Knien hindurch und entleerte sich in den Rinnstein. Henry sprang von seinem Schemel auf, aber er konnte nichts mehr tun, um den Verlust zu verhindern.

»Harold, ich hoffe, dass du später vom Reden leben kannst«, schalt er mich, »denn als Farmer wirst du es bestimmt nicht weit bringen!«

Wenn wir mit einer Kuh fertig waren, leerten wir die Milch in einen großen Separator. In dieser Maschine wird die Milch geschleudert, sodass sich die Sahne von der Milch trennt und oben absetzt, von wo man sie dann in die große Sahnekanne gießen kann. Wenn der Milchlaster kam, wurden die Milch und die Sahne für »richtiges Geld« verkauft (nicht einfach gegen andere Haushaltswaren eingetauscht).

Fast alle Bauern in der Gegend hatten Milchkühe. Das Vieh graste auf dem Weideland, da, wo Sümpfe oder Bäche das Land zum Pflügen ungeeignet machten und wo der Anbau von Mais, Getreide oder Bohnen sich nicht lohnte. Kühe machten diesen unfruchtbaren Teil des Farmlandes produktiv und brachten Bargeld ein.

Eines Tages kam ich mit einer Menge frischer Eier vom Hühnerstall zurück. Ich war stolz auf meine reiche Beute. Ich stellte mir schon vor, wie diese Eier zusammen mit denen vom Vortag und denen vom folgenden Tag von Arie abgeholt wurden oder wie wir sie zu dem kleinen Bauernladen brachten, wo der Besitzer sie gegen unsere Grundnahrungsmittel eintauschte.

Im leeren Hof, zwischen dem Hühnerstall und dem Haus, standen zwei unserer Pferde. Irgendwie hatten sie sich aus der Scheune befreit und standen im Freien. Sie hatten die Hälse übereinander gelegt, sodass es so aussah, als ob ihre massigen Körper miteinander verbunden wären. Aus irgendeinem Grund zog mich der schmale Raum zwischen ihren beiden Hinterbacken an, und ich beschloss, zwischen ihnen hindurchzugehen und ihr kleines »Spiel« zu unterbrechen. Das Nächste, an das ich mich erinnere, waren zwei lange Beine, die durch die Luft sausten und ein Huf, der mich mitten im Gesicht erwischte. Mein Eimer mit den Eiern flog hin, und ich lag platt auf dem Boden, mit einer heftig blutenden Platzwunde am Kinn. Zerbrochene Eierschalen, verlaufendes Eiweiß und gelbe Dotter waren überall verteilt.

Ich lag da und heulte, bis Mom gelaufen kam. Sie verarztete mich, aber ich habe immer noch ein Loch in meinem Kinn, das tief genug ist, um das Rasieren an dieser Stelle zu einem zeitraubenden und blutigen Unternehmen zu machen.

Mein Bruder war Zeuge dieses Unfalls, bei dem mein Kinn und die Eier zerschlagen wurden, aber ich hatte kein Mitleid von ihm zu erwarten. Wenn er jemals irgendwelche Zweifel gehabt hatte, dann waren sie jetzt beseitigt: Meine Zukunft lag *nicht* in der Landwirtschaft. Alles, woran ich denken konnte, war, das ich *irgendwann* nicht mehr würde melken müssen. *Irgendwann* würde ich keine Eier mehr einsammeln müssen. Und *irgendwann* würde ich vor Henry nicht mehr wie ein Idiot dastehen müssen.

Wir konnten uns keine Kohlen für den Küchenherd leisten, also hatte ich die überaus wichtige Aufgabe, die dreckigen Maiskolben im Schweinepferch als Heizmaterial in einen leeren Korb zu sammeln. Die Schweine nagten die Körner von den Kolben und ließen die harten Kerne in ihrem Mist liegen. Ich versuchte immer, trockene Kolben zu finden, die schon zwei oder drei Tage alt waren, aber viel zu oft musste ich die schmierigen, mistbedeckten nehmen. Ich rieche immer noch den Gestank an meinen Fingern, wenn ich mit meinem übel riechenden Korb zurück zum Haus ging.

Aber ich lernte eine Lektion, die mir in meinem Leben noch nützlich sein sollte: *Auch Abfall kann noch zu etwas taugen!*

Die Kolben ergaben ein gutes Feuer in unserem Herd – perfekt, um den kalten Leib daran zu wärmen, ein Steak von einer geschlachteten Kuh zu braten oder ein Hähnchen von unserem Hof zu grillen.

In der Stadt, wo es keine Schweine gab, die schmutzige Kolben übrig ließen, mussten die Jungs der Familien, die sich mit der Depression herumschlugen, oft an der »Lug-Nacht« teilnehmen, der Nacht, in der heimlich Kohlen gesammelt wurden. Wenn der Kohlenzug durch die Stadt fuhr, sprang ein älterer Junge auf und kletterte nach oben auf das schwarze Gold. Dann begann er, die Kohlen, die vielleicht für Sioux City, vielleicht aber auch für Minneapolis bestimmt waren, in die Gräben längs der Geleise zu werfen, wo andere, jüngere Knaben hin und her huschten, um ihre Tragetaschen zu füllen. Wenn ein Junge gefasst wurde und die Hüter des Gesetzes ihn nach Hause brachten, wurde er von seinen Eltern tüchtig ausgescholten. Wenn aber die nächste Lug-Nacht herankam, schickten dieselben Eltern ihre Kinder wieder hinaus, um noch mehr Heizmaterial zu stehlen.

Die brennenden Kolben heizten, wenn die Temperaturen oftmals unter null sanken, im Winter die Küche. Das waren die Tage, an denen ich mich nicht mit der Angelrute an den Fluss zurückziehen konnte, darum ging ich oft in den Pferdestall, um meinen Pflichten zu entgehen. Dort redete ich mit Mabel, ihre samtigen Nüstern warm an meiner Wange. Ihre Berührungen waren die zärtlichsten, die ich als Junge erfahren habe.

»Zeit zum Melken, Harold!« Irgendwie fanden mich diese Worte immer. Ich lebte mit diesem Ruf. Zweimal täglich, seit ich fünf war, bis ich mit 16 die Farm verließ, um aufs College zu gehen. Außer bei Schneestürmen im Winter und bei Gewittern und gefährlichen Stürmen im Sommer gab es keine Befreiung von dieser Pflicht.

Während einer schweren Dürre 1936 gab es so wenig Wasser, dass die Ernte auf den heißen, trockenen Feldern verdorrte. Dann kamen die Sandstürme mit heftigem Wind von Süd-Dakota herunter. Die Sicht war so stark eingeschränkt, dass wir die Scheune vom Haus aus nicht sehen konnten. Zur Melkzeit konnte man auf dem Weg zur Scheune nicht atmen. Also nahm jeder von uns ein Stück dünnes Tuch, das wir nass machten und über unsere Gesichter klebten. Dann stürzten wir uns in den dichten Nebel aus wirbelndem Staub. Auch nur einen Tag mit dem Melken auszusetzen, hieß zu riskieren, dass die frische Milch in den Eutern gerann, was die Gesundheit unserer wertvollen Tiere ruiniert hätte. Ganz gleich, wie das Wetter war, die Kühe *mussten* gemolken werden!

Ich weiß jetzt, dass ich eine der wertvollsten Lektionen meines Lebens durch diese Pflicht gelernt habe:

Schwierigkeiten können niemals als Entschuldigung dafür gelten, wegzulaufen und seine Arbeit nicht zu erledigen!

Ich wollte oft weglaufen, habe es aber nie getan. Trotzdem konnte ich nicht verstehen, wie Henry sich so mühelos mit diesem Leben abfand. Tatsächlich schien er es zu lieben. Dad und er verstanden sich gegenseitig und das Leben auf dem Hof auf einer Ebene, die mir völlig fremd war. Ich war froh, dass Dad mir beigebracht hatte, an »Irgendwos« und »Irgendwanns« zu glauben. Dad und Henry hatten ihr »Irgendwo« gefunden, und ich war mehr und mehr davon überzeugt – von Dads verständnisvollen Blicken ermutigt –, dass auch ich meines finden würde.

Und so bereitete ich mich an den warmen, sturmfreien, schulfreien, Angel- und Bester-Tag-der-Woche-Tagen auf die Zeit vor, an der ich auf *mein* Irgendwo zulaufen würde. Die Arbeit auf der Farm waren meine Übungsstunden für die kommenden Jahre, die mir den Mut gaben, über das Bekannte hinauszugehen und mich durch das Träumen unmöglicher Träume auszuzeichnen.

Es gab auch andere Übungsstunden. Ich erinnere mich an einen Oktober – die Angelsaison ging gerade ihrem Ende entgegen –, als meine Lehrerin mich ansprach: »Du wirst doch einmal Prediger, nicht wahr?« Als ich zustimmend nickte, sagte sie: »Dann gebe ich dir ein kleines Gedicht, das du fürs Krippenspiel auswendig lernen kannst. Das wirst du dann auf der Bühne vortragen – ganz allein, wie ein kleiner Prediger. Würde dir das gefallen?«

»Oh, ja!«, rief ich. Ich dachte, ich wäre gestorben und im Himmel. Ein richtiges Publikum! Eine echte Bühne! Auf einmal konnte ich den Winter, den ich doch sonst so fürchtete, kaum noch erwarten.

Wenn die Lehrerin – es war übrigens meine Tante Alys – von all den Übungsstunden gewusst hätte, die ich für mich allein im Weideland absolviert hatte, und wenn sie gewusst hätte, wie erfolgreich meine Vorführung sein würde, ich bin sicher, sie hätte mich zum Zeremonienmeister ernannt.

Genau wie meine treue Samstags-Ayrshire-Gemeinde waren die Familien, die sich am Tag meines Debüts im Schulhaus versammelt hatten, vom Rhythmus und von der Leidenschaft meines Vortrags gefangen genommen.

Als ich mit meiner ersten Soloansprache zum Ende kam, wusste ich, dass sie ein voller Erfolg gewesen war. Zum ersten Mal bewegte ich mich auf das Unbekannte zu, begrüßte das Ungewohnte. Es war, als ob ich im Bahnhof von Alton stünde und im Begriff war, meine ureigene Fahrkarte zu kaufen. Der Mann am Schalter würde fragen:

»Wohin?«

»Nach Irgendwo.«

»Wohin, bitte?«

»Sie wissen schon – Irgendwo! In der Nähe von ›an der Schwelle‹.«

Und eines Tages würde ich gehen! Ich würde gehen! Alle Mann an Bord! Auf nach Irgendwo!

10

Unser kleines Haus verschwindet hinter uns, als wir unseren Feldweg verlassen. Dad sitzt am Steuer, Mom neben ihm, und ich sitze alleine auf dem Rücksitz unseres Model T. Der Staub rast hinter uns her, als gälte es, ein Wettrennen zu gewinnen. Der Wind, der von hinten kommt, treibt ihn vor sich her. Wird der Staub noch vor uns in der Stadt ankommen? Unsere staubige, schmutzige Landstraße hinterlässt immer ihre

Spuren. Der Staub nimmt alles gnadenlos in Besitz. Wir *sind* Farmer und wir *leben* am Ende eines staubigen Feldweges, und jeder, der uns vorüberfahren sieht, auch auf der Asphaltstraße, kann diese Tatsache unserem beredten Staubüberzug entnehmen.

Heute allerdings tue ich so, als ob ich ein *Stadt*junge wäre, denn ich besuche einen Freund in der Stadt, Arie. Arie, Hank, John, Stan ... jede Familie scheint wenigstens einen von jeder Sorte zu haben. Arie lebt in Orange City.

Jess hat bei seiner Mutter geputzt. Jetzt sind seine Mom und meine Mom Freundinnen. Das ist das erste Mal, dass sie mich zu einem ihrer Besuche mitnimmt.

Unser Auto hält in einer Straße mit hübschen Häusern und freundlichen Ulmen, die uns zu begrüßen scheinen. Ich stürze aus dem Wagen, um auf diesen zauberhaften Ort zuzurennen, aber dann fühle ich einen entschiedenen Griff an meiner Schulter. Mit dieser Berührung und einem tadelnden Blick holt mich Mom zurück an ihre Seite. Sie nickt meinem Vater zu. Er parkt am Bordstein und wartet im Wagen, während wir die Stufen zur Eingangstür hinaufgehen. Ich starre den Türknauf an, während ich darauf warte, dass er sich dreht. Augenblicke später sitze ich an einem Stadt-Tisch, trinke Stadt-Limonade aus einem Stadt-Glas in einer Stadt-Küche mit meinem Stadt-Freund. Ich bin vielleicht in Iowa, aber ich fühle mich wie im Himmel.

Nach einem Weilchen drücken die Aufregung und die Limonade mir auf die Blase und ich mache mich auf die Suche nach der Hintertür. Ich gehe nach draußen und suche den Hinterhof ab. Er liegt zwischen anderen Hinterhöfen, die alle ohne Zaun sind, offen und freundlich. Aber ich sehe kein Klohäuschen, nicht einmal die Andeutung eines Örtchens, an das man sich zurückziehen könnte. Langsam macht sich Verzweiflung in mir breit, als Arie, der hinter mir herkommt, die Fliegengittertür ins Schloss fallen lässt und zu mir rennt.

»Sag mal, Harold, was machste denn?«

»Wo ist denn euer Klohäuschen, Arie?«

»Oh, Jesses, Harold, komm mit!«, sagt er und geht wieder nach drinnen. *Nach drinnen?*

Ich zögere. »Arie ... ich muss wirklich mal ... ganz nötig!«, presse ich heraus. »Ich kann jetzt nicht spielen, ich muss erst auf euer Häuschen!«

Es fühlt sich an, als ob gleich meine Blase platzt. Ich drehe mich wieder um und suche den Hof ab.

Arie kommt wieder heraus und nimmt mich am Arm. »Nein, Harold, lass uns reingehen.«

Ich reiße mich los. »Ich *muss* jetzt pinkeln! In einer Minute kann ich wieder spielen!«

Er packt mich wieder. »Es ist drinnen!«, versichert er mir.

Mom hört unser Handgemenge. »Harold, was ist da draußen los?«

»Nichts, Mom!«

Aber sie glaubt mir nicht. Sie kommt, um nachzusehen. Als sie den Grund meiner Verzweiflung erfährt, erklärt sie mir, dass Arie eine Toilette im Haus hat, genau wie Grandma und Grandpa. Ich weiß nicht, was sie meint. Ich habe im Haus der Großeltern nie eine gesehen. Mich schicken sie immer nach draußen, ins Klohäuschen. Kann es wirklich sein, dass Leute Toiletten in ihren Häusern *drinnen* haben? In *Aries* Haus drinnen? Und ich soll sie *benutzen*?

»In diesem Haus ist eine Toilette. Eine Toilette ist in diesem Haus.« Egal, wie ich die Worte auch umstelle, sie ergeben keinen Sinn! Arie zieht mich weiter, während Mom zu der Unterhaltung mit ihrer Freundin zurückkehrt. Aber ich bin immer noch verwirrt. »In diesem Haus ist eine Toilette. Eine Toilette ist in diesem Haus.«

Wer will denn schon eine Toilette in seinem Haus? Ich weiß doch, wie die Scheune riecht. Ich rieche ihren Gestank, wenn ich aufwache, wenn ich zu Bett gehe, wenn ich esse, wenn ich mich wasche, und, ja, wenn ich pinkle. Sogar auf der Farm haben wir die Toilette draußen und so weit wie möglich vom Haus entfernt. Aber jetzt bin ich in der Stadt, und ich weiß nicht, was ich von der Sache halten soll!

Arie bringt mich zu ihrem »Häuschen im Haus«. Zu meiner großen Überraschung stinkt es gar nicht! Tatsächlich ist es ganz frisch und blitzsauber. Es ist sogar hübsch! Er führt mich zu einem weißen Sitz mit einem großen Loch in der Mitte, über einem kleinen Wassertümpel. Er zeigt auf diese fremdartige Höhlung und sagt: »Da musst du reinpinkeln!« Dann zeigt er auf eine Kette, die über der Toilette hängt, und fügt hinzu: »Dann musst du hier dran ziehen.«

Er geht und schließt die Tür. »In diesem Haus ist eine Toilette. Eine Toilette ist in diesem Haus.« Ich kann es immer noch nicht glauben. Ich stehe da und lasse die Latzhosen herunter. Ich bin in einem Haus. Ich bin in einem Zimmer. Ich bin nicht in einer Hütte. Ich bin nicht in einer Mini-Scheune. Ich bin nicht im Klohäuschen.

Ich stehe auf einem sauberen Hartholzfußboden, und an der Wand hängt ein Bild, auf dem einige Männer und Frauen zu sehen sind, die vor einer Kirche stehen. Das gibt mir ein komisches Gefühl. Direkt vor mir hängt ein Spiegel, in dem ich mich sehen kann. Ich muss die Augen zumachen.

»Ich stehe auf dem Feld«, versuche ich mir einzureden. Aber ich kann immer noch nicht. Ich kann mich einfach nicht entspannen. Ich probiere es mit einer anderen Vorstellung. »Ich bin draußen am Floyd und angle.« Endlich kann ich es laufen lassen und das warme Wohlgefühl der Entspannung steigt in mir auf. Mein Hinterteil ist nicht eiskalt und ich höre keine Feldmäuse zu meinen Füßen rascheln.

Ich seufze zufrieden. Meine Latzhosen liegen um meine Knöchel und bedecken jeden Zoll meiner Schuhe. Ich *mag* diese Im-Haus-drinnen-Toilette. Das ist echter Luxus. Ich werde für immer hier bleiben. Da höre ich Arie klopfen: »Harold? ... Bist du reingefallen?«

Ich greife nach meinen Hosen und zerre sie hoch. Ich ziehe die fadenscheinigen Hosenträger über meine Schultern. Dann ziehe ich mit einer großartigen Geste und nahezu königlichem Stolz die Kette nach unten. Zu meiner Bestürzung gibt es eine plötzliche Explosion.

Skuuuh-puuuh-wuuup! Puuusch! Puuusch! Wuuuh!

Entsetzt springe ich zurück! Was *ist* das? Das Grollen kommt aus der dunklen Tiefe und es hört nicht auf. Ich trete so weit zurück, wie es geht.

Piuuusch – Waaah!

Mein Herz rast vor Furcht. Die Toilette ist kaputt und läuft über! Was habe ich angerichtet! Es will nicht aufhören! Was, wenn sie den ganzen Raum überflutet? Ich habe sie kaputt gemacht! Ich weiß es ganz genau, ich habe sie kaputt gemacht!

»In diesem Haus *war* eine Toilette. Eine Toilette *war* in diesem Haus.«

Was soll ich jetzt machen? Ich bin jetzt nicht mehr so sicher, dass mir das hier wirklich gefällt. Klohäuschen sind ungefährlich und man hat sich an sie gewöhnt. Was soll ich nur Arie sagen? Und wie soll ich das Mom erklären? Ich bin steif vor Scham und Angst.

Auf einmal ist es still.

Das Grollen hat aufgehört.

Ich mache einen vorsichtigen Schritt auf diese schreckliche wasserspeiende Maschine zu.

Stille.

Ich mache noch einen Schritt in Richtung auf das Monstrum. Ich beuge mich vor und schaue in den Abgrund.

Das Wasser ist sauber. Das Wasser ist *sauber?* Das Wasser *ist* sauber!

Mannomann! Es hat funktioniert. Es hat funktioniert! Alle Wetter!

Und so kehren Arie und ich zu unserem Spiel zurück. Aber mein Geist ist unterwegs zu neuen Ufern. Was mag es da draußen wohl noch alles zu entdecken geben, in anderen Welten, von denen ich noch nicht einmal weiß, dass es sie gibt?

Während der folgenden Jahre besuchte ich Arie noch öfter. Die Straßen der Stadt änderten sich, aber das Haus blieb das gleiche – genau wie am Tag meines ersten Besuchs, weiß, mit Säulen davor, reizend und für mich immer noch ein sehr dramatischer Ort. Für mich war es ein Monument des Fortschritts.

Als die Zeit verging und meine Highschool-Jahre begannen, hielt ich immer wieder vor diesem Haus an, wenn ich in den Straßen von Orange City unterwegs war. Hier hatte ich oft blitzartige Einfälle, die mich dann dazu trieben, irgendeine neue, verrückte Idee zu verfolgen. Dann fühlte ich mich einen Moment lang jenen Träumern und Machern ähnlich, die da draußen im »Irgendwo« neue Dinge versuchten und neue Wege wagten.

Wie konnte ich nur die stumpfe und fantasielose Haltung meiner festgefahrenen Mitmenschen verändern? Wie konnte ich ihnen helfen, ein besseres Unbekanntes zu sehen und sich danach zu sehnen? Konnten sie nicht sehen? Wussten sie es nicht? Wollten sie nicht kraftvoll und entschlossen nach ihrer Zukunft greifen? Warum waren die Menschen immer so langsam und so vorsichtig, wenn es darum ging, etwas Besseres zu versuchen als das, was sie schon kannten?

Leise und unbewusst bestärkten diese Widersprüche nur meine eigene Entscheidung. Und diese Entscheidung wurde immer leichter. Ich entwickelte mich zu jemandem, der dazu bestimmt war, Grenzen zu überschreiten. Ich wurde süchtig danach, Welten zu erforschen, die sich am »Rand« befanden. Und während ich das tat, rückte mein »Irgendwo« näher und näher, und mit jedem neuen Tag erstrahlte es heller.

11

Es war 1939, als ich den Gewohnheiten meiner ersten acht Schuljahre Lebewohl sagte. Lebwohl, Pause. Lebwohl, Jungen-Klohäuschen, heiß und übel riechend im Sommer und eiskalt im Winter. Lebwohl, Tante Alys, die in diesem Jahr damit angab, dass sieben Schüler der achten Klasse ihren Abschluss machten – ein Rekord für unsere Ein-Zimmer-Schule.

Hallo, Newkirk High. Hallo, fließendes Wasser und Innentoiletten. Die Zeiten ändern sich! Ich genoss das moderne Beton-Gebäude, in dem 74 Schüler in vier Klassen untergebracht waren, von der Neunten bis zur Zwölften. Mit meinen inzwischen 13 Jahren war ich also jetzt ein Highschool-Neuling.

Die nächsten Jahre mit Mr. Ver Heul waren anstrengend – Mathematik. Ich hielt es kaum aus. Mrs. McCrill – allgemeine Naturwissenschaften. »Was ist ein Zyklon, Harold?«, fragte sie eines Tages. »Ein mächtiger Windbeutel!«, witzelte ich, und meine Klassenkameraden brüllten vor Lachen. Mrs. McCrill war nicht so angetan von meiner »neunmalklugen« Bemerkung, wie sie es nannte. Trotzdem war es, so fürchte ich, nur die erste von vielen. Mr. Sicafoose – Gemeinschaftskunde. Miss Aeilts – Musik, Schauspielerei und englische Literatur. Oh, wie ich Miss Aeilts liebte! Ihre Stunden waren die Höhepunkte meines Tages.

So langsam wurde ich groß. Fast eins achtzig. Und immer noch eher rundlich als schlank. Meine Stimme reifte zu einem weichen Tenor heran. Singen interessierte mich. Sport weniger. Ich war umgänglich, aber meine Freunde waren mehr wie Bekannte und mein Traum vom Irgendwo war immer noch mein engster Vertrauter. Im September hatte mein erstes Jahr wunderbar begonnen. Aber elf Wochen später brach die Hölle los.

Es war am Sonntag, dem 7. Dezember 1941. Ich kam gerade aus der Scheune und trug einen Eimer Milch, den ich zum Haus tragen wollte. Da kam Mom in einem Zustand der Panik herausgelaufen. »Wo ist Dad?«, rief sie. Bevor ich antworten konnte, schrie sie: »Harold, wir haben Krieg! Japan hat Pearl Harbour bombardiert!«

Dad und Henry hatten sie gehört und kamen aus der Scheune gelaufen. Wir alle liefen ins Haus und rückten mit unseren Küchenstühlen ums Radio zusammen, um die starke, würdevolle Stimme von Präsident Roosevelt zu hören.

»Tausende unserer besten und ehemals fröhlichsten Jungs liegen tot in den Wassern von Pearl Harbour«, sagte dieser. »Dieser Tag wird als ein Tag der Schande in die Geschichte eingehen.«

Als ich am nächsten Morgen in den großen Schulbus stieg, gab es kein anderes Gesprächsthema. Keiner der Schüler war alt genug, um in den Krieg zu ziehen, aber wie es schien, hatten die meisten von uns Brüder, die wohl eingezogen werden würden. Die Highschool würde nie wieder so sein wie vorher.

»Warum weint sie?«, fragte ich einen »Freund« und zeigte auf ein älteres Mädchen, das ich nicht wirklich kannte. Sie hatte sich schon den ganzen Morgen mit ihrem Taschentuch über die Augen gewischt.

»Ihr Bruder ist heute Morgen eingerückt«, antwortete er.

Eine bis dahin unbekannte Wolke hatte sich plötzlich über Nordwest-Iowa zusammengezogen und sie sollte die nächsten vier Jahre dort bleiben. Auch ich hatte einen älteren Bruder, und ich wusste, dass er jederzeit eingezogen werden konnte.

Wir alle lebten auf einmal nur noch von einem Augenblick zum nächsten. Wir wussten ja nie, welche Nachrichten wir hören würden. Lebensmittel wurden schon früh rationiert. Dabei musste sich jede Familie für die Wertmarken registrieren lassen, die man dem Verkäufer zu geben hatte, egal, ob man Zucker oder Benzin kaufen wollte. Mom konnte keine Kuchen mehr backen und wir mussten unseren Teig aus *Cracker Pop* (in Milch weich geköchelte Soda-Kekse) machen.

Es war schon seltsam genug, dass der Unterricht wie gewohnt weiterging. Obwohl es natürlich Ausnahmen gab. Immer wieder brachte eine Welle von Leid unsere kleine Seifenblasenwelt zum Zerplatzen, wenn ein Schüler oder ein Lehrer die bittere Nachricht erhielten, dass ein geliebter Mensch verwundet oder getötet worden war. *Sioux County* war auf einmal nicht mehr nur eine kleine, isolierte Siedlung, eine Welt für sich. Wir waren jetzt ein Teil der Vereinigten Staaten von Amerika und wir alle waren uns der großen Welt jenseits des Ozeans bewusst! Das war meine erste Erfahrung globalen Bewusstseins. Protestanten kämpften gemeinsam mit Katholiken, Stadt- und Großstadtjungs mit Bauernjungs.

Aber von uns, die wir noch nicht als Männer betrachtet wurden, wurde erwartet, dass wir all unsere Energien in unsere Studien steckten, was wir auch taten. Wir waren dankbar für die Möglichkeit, solange wir sie hatten. Wir wussten alle, dass wir noch früh genug in der Uniform stecken würden, wenn der Krieg so weiterging.

In dieser Zeit erwies sich Miss Aeilts als die einflussreichste Lehrerin meiner prägenden Jahre.

Sie hielt mich eines Tages auf dem Flur an, einfach, um meine persönliche Bekanntschaft zu machen. Davor war ich nur ein Name auf der Anwesenheitsliste gewesen. Der Sohn von Anthony und Jennie Schuller.

Sie stellte sich vor und sagte: »Habe ich richtig gehört, dass du Prediger werden willst, Harold?« Ich nickte. »Dann ist es wichtig für dich, dass du dich dabei wohl fühlst, wenn du auf der Bühne vor Publikum Texte vorträgst.« Ich nickte wieder. »Wir haben dieses Jahr nur zwölf ältere Schüler für das Stück der Abschlussklasse, einer fehlt uns. Ich weiß, dass du erst in der untersten Klasse bist, aber ... würdest du die Rolle gern spielen?«

Ich nahm sofort an, allerdings nicht ohne ein leichtes Gefühl der Beklommenheit. Nicht, dass ich irgendwie schüchtern gewesen wäre. Und ganz gewiss fühlte ich mich geschmeichelt. Es war einfach ... nun, es war die Rolle. Es war eine echte Herausforderung, was da von mir verlangt wurde, und ich war mir nicht sicher, ob ich das Zeug dazu hatte.

Trotz meiner Zweifel stürzte ich mich in intensive und überlange Proben mit dem Ensemble.

Auch wenn im Verlauf der Zeit meine Besorgnis wuchs, war ich entschlossen, durchzuhalten. Nach und nach rang ich mich zu der Entscheidung durch, an der Aufgabe zu wachsen, und gelobte innerlich, nichts Geringeres zu tun, als das Publikum zu betören und zu begeistern. Das war mein fester Vorsatz für den Abend der Aufführung.

Während ich auf meinen Auftritt warte, werfe ich einen Blick auf das Publikum und ich sehe Arie (meinen alten Freund aus der Stadt). Das erinnert mich an das »Wasserfall«-Ereignis in seinem Haus, meine erste Begegnung mit sanitären Inneneinrichtungen. Ich bin davon überzeugt, dass dieser Abend sich auf seine eigene Art als ähnlich erinnerungswürdig erweisen wird. Nicht weit von Arie sitzt Tante Alys, meine Grundschullehrerin, mit Mom und Dad, und ich erinnere mich an den Tag, an dem ich das Gedicht beim Krippenspiel vortrug, und daran, dass das Publikum und ich es so sehr genossen hatten, dass ich das Gefühl hatte, meine Bestimmung gefunden zu haben.

Öffentliche Auftritte haben mich nie nervös gemacht. Sie machen mich eher lebendig. Sie sind etwas, das ich gut beherrsche. Während meiner gesamten Grundschulzeit hatte ich vor dem Vieh am Floyd River den »Geistlichen« und den »Entertainer« für mein jeweiliges Landschulpublikum gegeben. Es war meine Bestimmung, mich selbst immer weiter voranzutreiben. Ich wollte weiterhin der wagemutige Forscher sein, der ich gewesen war, als ich tapfer genug war, ein Toilettenhäuschen *in einem Haus* zu benutzen. Ich hielt ständig nach neuen Herausforderungen Ausschau, die an der Schwelle eines jeden neuen Tages auf mich warten konnten. Aber im Augenblick hieß das, eine neue Rolle zu spielen, und zwar die – einer Frau!

Während ich so hinter der Bühne stehe und durch den Vorhang spähe, frage ich mich zum hundertsten Mal, warum um alles in der Welt sie mich – einen Jungen – für die Rolle gewählt haben. Wenn es schon jemand aus den unteren Klassen sein musste, warum dann kein Mädchen? Gab es wirklich keine, die bereit gewesen wäre, mitzumachen?

Ich werfe noch einen Blick in den Spiegel, überprüfe Kostüm und Make-up ein letztes Mal.

»Meine Güte!« Mit meinem langen Kleid und den dick ausgepolsterten Brüsten bin ich wirklich ein unglaublicher Anblick.

Ich streiche meinen Rock glatt und rücke meine Langhaar-Perücke zurecht. Ich stecke das dünne Tuch, das ich trage, noch einmal fest – und dann ist es Zeit für meinen Auftritt. Ich räuspere mich. Heute Abend muss ich meinen Tenor laut und deutlich erheben, damit mich auch wirklich jeder im gesamten Publikum verstehen kann – dem größten, das ich jemals hatte.

Ich höre mein Stichwort und stürze hinter dem Vorhang hervor – mitten hinein in eine Woge aufbrausenden Gelächters. Dieser Empfang begeistert mich! Das ist es, wofür ich das ganze Jahr mit Miss Aeilts zusammengearbeitet habe. Ich springe hinüber zu den anderen Schauspielern. Mein falscher Busen verrutscht ein bisschen, aber ich habe solchen Spaß, dass ich immer weiter über die Bühne hüpfe, das Kleid in der Hand zusammengerafft. Das Publikum tobt vor Lachen, als ich meine ersten Zeilen in schrillem Falsett vortrage. Plötzlich fällt mir eine zusätzliche Zeile ein, die ich noch einbaue, und die Menge klatscht begeistert. Meine Mitschauspieler sind von meiner Improvisation ein bisschen verwirrt, aber als ich mit der geprobten Zeile ende, finden sie wieder den Anschluss und liefern ihren Teil ab.

Als das Stück vorüber ist, verneige ich mich zu anschwellendem Beifall. Ich denke, das Predigen wird ein großes Vergnügen sein, wenn ich mich nur daran erinnere, Spaß zu haben und mein Publikum zu unterhalten.

Ich lernte, dass guter, sauberer Spaß und Humor die unglaubliche Kraft haben, Menschen ihre alltäglichen Sorgen vergessen zu lassen. Ich erinnerte mich an die heilsame Kraft des Lachens, die ich als Kind entdeckt hatte (»Ich bin vielleicht der *Letzte,* aber noch lange nicht *verloren.*«), und meine angenehme Erfahrung mit dem Stück der Abschlussklasse nährte in mir den Wunsch, anderen Freude zu machen. Während dieser dunklen Jahre des Zweiten Weltkrieges war das Lachen bitter nötig, um ein Gegengewicht zu all der Schwermut zu schaffen, die der Krieg erzeugte. Ich fing an, es auf eine gewisse Weise als eine Art Gottesdienst zu betrachten, wenn ich die Menschen erheiterte (auch wenn ich sicher bin, dass der *Dominee* meiner Kindheit sich davon aufs Schärfste distanziert haben würde). Mit dieser Überzeugung tief in meinem Innern wurde ich später zu einem Prediger, der gleichzeitig die Menschen unterhielt *und* Gott die Ehre gab!

Es war Miss Aeilts, meine Highschool-Englischlehrerin, die mich mit der wunderbaren Welt von Shakespeare und Tennyson und Browning bekannt machte. Sie ließ uns viele Klassiker Wort für Wort auswendig lernen. Und wir mussten sie rezitieren. Vor der ganzen Klasse. Mit »Gefühl und Leidenschaft«. Ich habe nie wieder – weder am College noch im Seminar – Kurse belegt, die ich so von ganzem Herzen genoss.

»Gestikuliere! Hebe deine Stimme!«, forderte sie. »Langsamer hier. Lass deine Stimme zu einem Flüstern werden. Empfinde die Gefühle in diesen Worten nach! Nimm Blickkontakt zum Publikum auf. Benutze die Körpersprache: Augen, Gesicht, Kopf. Ja! Wirf den Kopf hier nach hinten, da lass ihn sinken! Geh auf in dem, was du tust! Ich werde schon noch einen Prediger aus dir machen!«

Sie machte auch einen Sänger aus mir.

In ihrer anderen Rolle – als Musiklehrerin – suchte Miss Aeilts sorgfältig vier Jungen aus, deren Stimmen aus dem Schulchor hervorstachen.

»Gentlemen«, sagte sie zu uns, »ich werde ein Männerquartett aufstellen. Harold – du wirst der erste Tenor.«

Sie übte mit uns. Sie arbeitete mit uns. Sie war wunderbar. Sie brachte uns so weit, dass wir im Highschool-Landeswettbewerb von Iowa im Bereich Männerquartett den ersten Platz belegten, obwohl wir eine der kleinsten Schulen des Staates waren. Wir besiegten Des Moines, Sioux City, Fort Dodge, Iowa City und alle anderen großen Schulen.

Der Spaß, den wir mit unserem Quartett hatten, hat mich für immer mit dem Gesang verbunden. Ich genoss das Musikmachen so sehr, dass ich später am *Hope College* wieder ein Männerquartett ins Leben rief. Dieser Schritt sollte sich dann später als außerordentlich glücklich erweisen. Aber ich bin überzeugt, dass dieses College-Quartett, das eine so wichtige Rolle in meinem späteren Leben spielen sollte, niemals existiert hätte, wären da nicht meine Highschool-Erfahrungen mit Miss Aeilts gewesen.

Wie bei jedem jungen Menschen in der Highschool begann sich auch meine kleine Beziehungswelt zu entwickeln. Durch meine schauspielerischen und musikalischen Erfahrungen an der *Newkirk High* fasste ich Zutrauen zu meiner Fähigkeit, eine Menge zu begeistern, und ich fand neue Freunde. Die »Jungs« vom Highschool-Quartett wurden meine Kameraden in der Schule, aber noch immer fehlte mir ein »bester Freund«, jemand, mit dem ich die Wochenenden und die Zeit nach Schulschluss verbringen konnte. In der Schule gab ich den Klassenclown und danach zog ich mich wieder in meine Einsamkeit zurück. Sogar in unserer Gemeinde in Newkirk, wo ich in einer eng verbundenen Gemeinschaft aufgewachsen war – unter Menschen, mit denen ich seit meiner Geburt jeden Sonntag zusammen gewesen war, hinten in der letzten Bank, neben Mom sitzend, nachdem sie mich nicht mehr auf dem Arm hielt – selbst hier hatte ich nicht gefunden, was andere Kinder so selbstverständlich zu finden scheinen – einen besten Freund.

Während er jeden Sonntag dem Prediger in unserer ländlichen Kirche zuhörte – diesem Prediger, dem meine Familie all die Jahre treu geblieben war –, regte sich in Henry eine wachsende Unruhe. Trotz der netten und verbindlichen Art dieses Pastors führte diese Unruhe meine Geschwister schließlich in eine andere Kirche – die *First Reformed Church* in Orange City – sieben Meilen von zu Hause entfernt. Von dieser Kanzel aus umwarb und begeisterte ein lebhafter *Dominee* die Jugend des Landkreises. Jetzt, da ich in der Highschool war und einige neu erworbene Freiheiten genoss, schloss ich mich Henry auf seiner allsonntäglichen Fahrt nach Orange City an.

Diese Gebetshaus war riesig und bot für Hunderte von Menschen Sitzplätze. Die ganze Galerie war oft mit Jungs im Teenager-Alter und mit jungen Männern besetzt, die manchmal die angemessene kirchliche Etikette außer Acht ließen. Der Prediger, ein berühmter Redner namens Henry Colenbrander, musste des Öfteren seine 45-minütige Predigt unterbrechen, um seinen Arm zu heben und damit, wie mit einem Gewehr, in Richtung des Balkons zu zielen. So stand er dann einen ausgedehnten Moment lang da und prangerte die Übertreter an, die während seiner Predigt geflüstert oder auf andere Weise gestört hatten. Obwohl er kein Wort sagte, senkte sich Schweigen über die gesamte, außerordentlich zahlreiche Gemeinde. Mütter und Väter sahen sich um, ob es am Ende gar – Gott bewahre – ihr eigener Sohn gewesen sein könnte, der den Tadel auf sich gezogen hatte.

Auf diesem Balkon war es, in einem pietätlosen Zustand von »Ungezogenheit«, dass ich Stephen Earl De Jong traf. Wir waren die einzigen beiden von der Newkirk Highschool, und so begannen wir zu schwätzen (jawohl – während Reverend Colenbranders Predigt!). Wir verstanden uns sofort prächtig. Ich schätzte die Tatsache, dass Earl eher ein ruhiger Vertreter war, was bedeutete, dass ich das Reden übernehmen durfte. Es war außerdem ein echter Segen, dass er meine Scherze mochte. Auf seiner Seite denke ich, dass Earl meine Offenheit entgegenkam und meine Bereitschaft, in ungewohnten Situationen oder unbekannter gesellschaftlicher Umgebung die Führung zu übernehmen. Earl war kleiner als ich, sowohl in der Breite als auch in der Länge, aber er war stark – ein hart arbeitender Farmer wie Dad und Henry.

Und so wurde Earl mein Freund. Es war ganz natürlich, dass wir, als wir alt genug waren, um selbst zu fahren (üblicherweise in Earls Wagen), an dem sonntagabendlichen Ritual teilnahmen, was man heute wohl »durch die Stadt cruisen« nennt.

Nach der Kirche gingen die Mädchen spazieren, entweder in der Absicht, die Bewunderung männlicher Passanten auf sich zu ziehen, oder einfach, um von einem Ort zum anderen zu kommen. Wer von uns männlichen Wesen dürfte je zu hoffen wagen, die wahren Ziele der Frauen zu erkennen? Ich kann mich dieser Fähigkeit bis heute nicht rühmen.

Wie auch immer, die Mädchen gingen spazieren, und während sie dies taten, fuhren die Jungs langsam vorbei. Ab und zu ertönte ein Pfiff aus einem langsam fahrenden Wagen. Earl und ich fuhren auch vorbei. Wir bemerkten, wie hübsch die eine oder andere sei, manchmal sprachen wir auch eine oder zwei an – normalerweise auf meine kontaktfreudige Anregung hin –, aber das war's dann auch. Ich denke, wir wussten nicht, was man sonst noch hätte tun können. Und selbst wenn wir es gewusst hätten, hätten wir es nicht gewagt. Jedes Farmkind wusste alles, was es über »Fortpflanzung« zu wissen gab, denn Tiere sind in dieser Hinsicht recht freizügig. Aber die Heiligkeit der Ehe wurde so hoch geachtet, dass ein geraubter Kuss das Skandalöseste war, was wir uns vorstellen konnten.

Mit Earl lernte ich, Zigaretten zu rauchen, eine Gewohnheit, die meine Mutter und mein Vater abgrundtief verabscheuten und die auch ich später bereuen sollte. Nach der Schule gingen wir rüber zum Newkirk-Store und unterwegs rollten wir unsere »Selbstgedrehten«. Im Laden holten wir uns dann für 15 Cent einen halben Liter Eiscreme. Wenn wir nicht genug Geld hatten, nahmen wir einen Viertelliter für acht Cents. Dann setzten wir uns auf die Vordertreppe des Ladens – der ganze Platz war nicht größer als drei mal zehn Meter, die vier Stufen mit eingerechnet – und gaben uns unserem wöchentlichen Genuss hin. Dabei schauten unsere frisch gedrehten Zigaretten aus den Brusttaschen unserer Hemden hervor – als Zeichen wilder Männlichkeit.

Ich war schon in der letzten Klasse der Highschool, als ich an einem Sonntagabend auf der Galerie der Kirche saß und Reverend Colenbrander rufen hörte: »Es sitzt jemand auf dem Balkon, der sich entscheiden sollte, sein Leben Christus anzuvertrauen. Komm am Mittwochabend zu den Ältesten und nimm Jesus Christus als deinen persönlichen Herrn und Heiland an. Die Ältesten werden dich dann als Mitglied in die Gemeinde aufnehmen.«

Ich saß dort oben in einer Reihe mit Earl De Jong und ein paar anderen. Der Ruf des *Dominee* hatte mich getroffen. Ich wusste, dass ich vorwärts gehen und mein Leben öffentlich, persönlich und auf ewig Jesus Christus anvertrauen musste. Earl und die Jungs kicherten untereinander über dies und das, und ich merkte, dass sie sich fragten, warum ich nicht mitmachte. Aber ich konnte an nichts anderes denken als an diese eine Sache: Ich musste vor die Ältesten treten. An diesem Abend war ich nicht mit den anderen unterwegs. Earl wunderte sich, was denn mit mir los sei, aber ich versicherte ihm, dass nichts sei. Dies war eine persönliche Entscheidung, keine gemeinschaftliche.

»Ich werde der Kirche beitreten, Mom«, verkündete ich, als ich nach Hause kam. »Die Ältesten treffen sich am Mittwochabend. Ich werde hingehen – allein.«

Sie lächelte.

Bei den Lutheranern gibt es den »Konfirmationsunterricht«. Bei den Baptisten geht man nach vorne, vor die ganze Versammlung, um Jesus Christus in sein Leben aufzunehmen und »gerettet« zu werden. Wie ich schon vorher beschrieben habe, ist es in der reformierten Kirche – der Tradition, in der ich aufgewachsen bin und zu der auch meine neue Kirche in Orange City gehörte – Brauch, dass die jungen Leute von der ersten Klasse an den Heidelberger Katechismus studieren, bis sie ihn dann im Highschool-Alter auswendig hersagen können. Dann »hören sie den Ruf Christi« und treten vor die Ältesten.

Ich hatte den Katechismus studiert. Jetzt war es an der Zeit, eine Verpflichtung einzugehen. Voller Erwartung trat ich an jenem Mittwochabend vor die Ältesten. Und ich wurde nicht enttäuscht. »Deine ewige Erlösung ist für immer festgeschrieben«, bestätigten sie. Ich wusste zwar nicht genau, was sie mit dieser Aussage meinten, aber ich wusste genau, wie es sich anfühlte. Plötzlich, aus dem Nirgendwo, war dieses »glückliche Gefühl« wieder da, das ich an dem Tag von Onkel Henrys Ankündigung empfunden hatte. In den Monaten und Jahren danach habe ich diesen »Kuss des Himmels« immer häufiger gefühlt und mich mehr und mehr danach gesehnt. Ich bin auch heute noch darauf angewiesen, 60 Jahre später. In der Zwischenzeit beschloss ich, dem Gottesdienst größere Achtung entgegenzubringen. Ich konzentrierte mich wieder. Nicht nur auf einen »Traum«, sondern auf meinen »Ruf«; nicht nur als angehender Prediger, sondern als ein tief im Glauben Verwurzelter und als Nachfolger Jesu Christi.

Als mein Highschool-Abschluss näher heranrückte, beschloss ich, dass es Zeit war, mit Mom und Dad über das College zu reden. Ich konnte mir nicht vorstellen, dass sie je in der Lage sein würden, das Geld für meine Ausbildung aufzubringen, und trotzdem hatten sie meine Ziele gekannt und mich nie ausgebremst. Ich hatte mich über die Colleges in unserer Gegend erkundigt und das *Hope College* in Holland, Michigan, ins Auge gefasst, ein College der Reformierten Kirche. Wenn ich für den Dienst in der Reformierten Kirche von Amerika ordiniert werden wollte, dann musste ich wohl eine Schule dieser Konfession besuchen.

Außerdem war auch Onkel Henry auf *Hope* gewesen und darüber hinaus war es von der *North American Association of Accredited Colleges and Universities* als eines der zehn besten Colleges für Geisteswissenschaften bewertet worden. Daneben hatte ich beim Lesen der College-Broschüre entdeckt, dass in *Hope* auch Sommerkurse angeboten wurden.

Ich hatte meine Entscheidung gefällt. Mein Ziel war festgelegt. Ich würde keine Zeit vergeuden und sofort die nächste Etappe in Angriff nehmen. Am Tag meines Highschool-Abschlusses würde ich 16 Jahre und neun Monate alt sein. Der Krieg tobte im Pazifik und in Europa und mein 18. Geburtstag, an dem ich mich zur Musterung melden musste, war nur 15 Monate entfernt. Bis dahin wollte ich mir so viel Bildung wie möglich einverleiben, um mich, einmal eingezogen, für den Posten eines Assistenten des Militärkaplans zu qualifizieren. Wenn ich direkt aufs College ging, anstatt den Sommer über zu pausieren, konnte ich, noch bevor ich 18 war, ein komplettes vorpriesterliches Studienjahr hinter mich bringen.

Als Jess den Job bei der Missionarsfamilie annahm, war das das Ende ihrer Schulausbildung. Henry hatte nach der achten Klasse aufgehört, um auf der Farm zu arbeiten. Violet war auch auf der Farm gebraucht worden und nach der achten Klasse wieder nach Hause gekommen. Margaret war meine einzige Vorgängerin auf dem Weg zu höherer Bildung und sie hatte eine Laufbahn als Lehrerin eingeschlagen und lebte nicht mehr auf der Farm. Jetzt war ich an der Reihe. Aber ich musste meine Pläne mit Mom und Dad besprechen.

Das Gespräch fand an einem Samstag statt. Ein gefürchteter Tag, der sich auch als segensreicher Tag entpuppte, alles zusammengepackt in einem großen, erinnerungsschweren Paket. Wir saßen am Küchentisch bei unserer Zehn-Uhr-Frühstückspause. Dad und ich waren von unseren Pflichten schon zurück. Henry war immer noch mit etwas beschäftigt, womit er sich schon den ganzen Morgen im Werkzeugschuppen aufgehalten hatte.

Mom und Dad lauschten meinen Plänen mit dem Ausdruck zunehmender Besorgnis. Dann erklärten sie mir, dass sie, obwohl sie für mich geplant und gehofft und geträumt hatten, ihr Ziel nicht erreicht hatten. Es war ihnen nicht gelungen, genügend Geld auf die Seite zu legen, um meine Ausbildung zu finanzieren. Sie konnten einfach die Studiengebühren nicht aufbringen. Die Nachricht war niederschmetternd.

Es ist eine Sache, seinen Traum auf Grund von Faulheit oder fehlender Entschlossenheit zu verlieren, aber wegen fehlender Mittel? Weil wir nicht die gleichen Möglichkeiten hatten wie andere Familien, die einem gelangweilten Jugendlichen eine Zukunft ermöglichten, die er noch nicht einmal begehrte? Mein Herz war zerbrochen, zusammen mit meinen Hoffnungen. Meine Fahrkarte nach »Irgendwo« war zerrissen. Es war nicht gerecht. Es war einfach nicht gerecht!

Aber ich sagte nichts von alledem. Ich versicherte Mom und Dad, dass ich bestimmt einen Teilzeit-Job in Holland finden würde, um für die Ausgaben aufzukommen. Ich sagte ihnen, dass ich für ihren Glauben an mich und an meine Träume dankbar war. Dann waren wir alle lange Zeit sehr still.

Wenn ich in Dads Herz hätte sehen können, hätte ich wohl gesehen, wie er mit seinem Glauben haderte? Hätte ich Moms geheime Gedanken lesen können, hätte ich dann gesehen, wie sie Dad Vorhaltungen machte, warum er nicht besser geplant hatte?

Während unseres langen Schweigens kam Margaret zur Hintertür herein. Sie war vorbeigekommen, um uns zu besuchen, bevor sie wieder in die Stadt fuhr.

Wir verbargen unsere Sorgen und begrüßten sie zum Kaffee, aber nicht zur Teilnahme an unserer geheimen Besprechung. Ich stand auf und ging meine Prospekte sortieren.

Später am Abend, nach dem Essen und den abendlichen Pflichten, riefen mich Mom und Dad zu sich in die Küche. Ich war noch nicht hinreichend wiederhergestellt, um eine oberflächliche Unterhaltung oder irgendwelche Beschwichtigungsversuche ertragen zu können. Da geschah es. Einer dieser Momente, in denen ich plötzlich spürte, dass ein Wunder geschehen würde.

An diesem wundervollen kleinen Küchentisch, an dem ich elf Jahre vorher mein Ziel verkündet hatte, ein Priester wie Onkel Henry zu werden, hier teilten Mom und Dad mir mit, dass sie das *Hope College* für eine ausgezeichnete Wahl hielten. Verwirrt beugte ich mich vor und versuchte zu verstehen, was sie mir sagen wollten. Sie hätten sich ihre Finanzen noch einmal angesehen, sagten sie, und sie seien zu dem Schluss gekommen, dass sie etwas zu meinem eigenen Verdienst auf dem College beisteuern könnten. Ich sollte nicht fragen, wie oder warum, ich sollte mich einfach einschreiben und »auf Gott vertrauen«.

Ich traute meinen Ohren nicht! Was war in den vergangenen Stunden geschehen? Wie konnte es sein, dass mein Plan, der am Morgen noch tot und begraben schien, jetzt plötzlich wiederauferstanden war und erneut Gestalt annahm?

Ich tat natürlich trotz allem wie geheißen und stellte keine Fragen. Noch am gleichen Abend begann ich mit den Einschreibungsformalitäten und entschied, dass ich zum College aufbrechen würde, sobald ich mein Abschlusszeugnis in Händen hielt.

In den darauf folgenden Wochen kam ich dahinter, dass Margaret am Tag ihres Besuchs Mom und Dad ihre Hilfe angeboten hatte. Sie würde nicht für Unterkunft und Verpflegung aufkommen können – »Harold sollte fähig sein, selbst dafür zu sorgen, wenn er dort einen Job bekommt«, sagte sie – aber sie bot sich an, meine Studiengebühren von ihrem Lehrerinnengehalt zu bezahlen. »Das wird mein Geschenk an den Traum meines kleinen Bruders sein«, hatte sie sich ausgedrückt, »es ist nicht als Darlehen gedacht.« So wurde sie der erste Mensch, der in mein Lebenswerk investieren sollte.

Der Krieg dauerte an. Am Abend meines Highschool-Abschlusses fielen immer noch Bomben und junge Männer lagen tot in ihrem Blut. Aber Henry blieb zu Hause, in unserer Zuflucht an dem Feldweg ohne Namen und ohne Nummer. War es möglich, dass nicht einmal die Regierung unsere Adresse kannte?

Das Motto, das unsere Klasse für die Abschlussfeier wählte, werde ich nie vergessen: *Heute stechen wir in See. Wo werden wir ankern?*

Es war im Sommer 1943, als ich das zweigeschossige Backsteingebäude der *Newkirk High* verließ, der Schule an der Kreuzung der beiden kleinen Landstraßen, zwischen dem kleinen Laden die Straße hinunter und der Kirche, in der ich getauft worden war. »Ich bin froh, dass ich nächstes Jahr nicht wieder herkommen muss«, sagte ich zu John DeHaan. Er hatte die letzten paar Jahre mit mir im Männerquartett gesungen. Wir hatten unsere letzte Veranstaltung in der vorigen Woche hinter uns gebracht, und er war kurz an der Schule vorbeigekommen, um etwas abzuholen, was er bei Miss Aeilts gelassen hatte. Er hatte sich zur Marine gemeldet und würde in der nächsten Woche einrücken. Ich war auf dem Weg zum Bus, zu meiner letzten Heimfahrt. »Hier gibt es nichts, was wir verpassen könnten«, sagte ich, etwas voreilig, zu John. Earl, der mit mir ging, nickte zustimmend.

Ich lag allerdings ziemlich falsch mit meiner Aussage. Denn ich würde die neue Anfängerklasse verpassen, zu der auch Johns kleine Schwester Arvella DeHaan gehörte. Die junge Frau, die ich noch gar nicht kannte, sollte der wichtigste und meistgeliebte Mensch in meinem Leben werden.

12

Es ist früh am Morgen. Der letzte Morgen, an dem dieser junge Mann, der noch nicht ganz 17 Jahre alt ist, im nordwestlichen Schlafzimmer eines Sears-Robuck-Farmhauses erwachen wird, am Ende eines Feldweges ohne Namen und ohne Nummer.

Ich bin von meinen Pflichten freigestellt, damit ich die heutige Reise nach Holland, Michigan, sauber und gut angezogen antreten kann. Ich glaube, ich hätte mich sowieso auf nichts richtig konzentrieren können (wie immer!).

Mom und Dad haben große Anstrengungen unternommen, um mich mit einer kleinen neuen Garderobe auszustatten, die, im Idealfall, die ganzen vier Jahre, die ich weg sein werde, ausreichen soll. Ich muss mich von den Süßigkeiten fern halten, sonst habe ich bald nichts mehr anzuziehen!

Schon jetzt, am frühen Morgen, kann man sehen, dass dies ein milder, warmer, freundlicher Juni-Tag werden wird, passend zu meinem neuen »Abschieds«-Sonntagsanzug.

Ich knöpfe mein weißes Hemd zu, während ich durch die taunasse Scheibe schaue. Ich sehe tanzende Sonnenstrahlen-Geister über den Pappeln, die mein Vater vor so langer Zeit gepflanzt hat. Ich denke wieder an den großen Plan, der an dem Tag geschmiedet wurde, als Onkel Henry kam. Die Ankündigung, die er machte, das Ziel, das er mir setzte – diesen 20-jährigen Bildungsweg –, das Gebet, das ich sprach, als ich vor meinem Bett kniete, das Gelöbnis meinem Vater gegenüber.

»Harold!« Mom ruft, und ich werde schnell wieder lebendig, ziehe mich rasch zu Ende an.

Mom hat ein festliches Frühstück vorbereitet. Ich rieche es, während die Stufen ihr Lebewohl quietschen. Es ist ungewöhnlich ruhig, während wir essen – Dad, Henry, Mom und ich. Da hören wir das Knirschen von Kies, das Geräusch, das Besucher ankündigt.

Es sind Jess, Margaret und Vi, die gekommen sind, um mich zu verabschieden. Jess' Kleine laufen herum, ab und zu stolpern sie über die Krücken ihrer Mutter, weshalb »Grandma Jennie« mit ihnen schimpft. Vi, die kurz vor der Geburt steht, fragt, ob sie das Taufkleid ausleihen kann, das ich getragen habe, und geht nach oben, um danach zu suchen. Margaret ist sehr still.

Wir alle trinken unseren schwarzen Kaffee und sprechen wenig, bis wir ein weiteres Auto unsere einsame Straße entlangkommen hören. Jetzt fangen alle an zu plappern und geraten in Bewegung, während Mutter aufspringt, um noch einmal den Reiseproviant zu überprüfen, den sie liebevoll gebacken und sorgfältig verpackt hat.

Jetzt wendet Mom mir ihre Aufmerksamkeit zu und scheucht mich vom Stuhl. Sie streicht mit ihren großen Händen über meine Schultern, um meinen schwarzen Sonntagsanzug ein letztes Mal zu glätten. Sie spricht holländisch, ihre Worte sprudeln nur so hervor. Sie ist nervös. Ich merke das, denn obwohl sie ihre Emotionen zu verbergen sucht, zittert ihre Stimme. Dad steht beim Eisschrank, hochgewachsen und schweigsam, und sieht zu Boden. Sein weißes Haar und die Augenbrauen bilden einen schönen Kontrast zu seiner sonnengegerbten Haut. Seine Hände sind in seinen Latzhosen vergraben. Henry geht nach draußen, um den Gast zu begrüßen, Reverend Willliam Van't Hof, der den ganzen Weg von Holland, Michigan, gekommen ist.

Mom fährt mit der Inspektion meiner Sachen fort – die Backwaren, genug für eine ganze Woche, mein kleiner Reisekoffer –, aber alles scheint in Ordnung zu sein. Sie läuft herum, redet besorgt auf Holländisch vor sich hin. Sie sagt, wie nett es doch von Reverend Van't Hof sei, mich zur Schule zu bringen, sodass ich nicht auf den Zug angewiesen sei. Bei all den Jungs, die gerade zum Wehrdienst unterwegs seien, sei sie sicher, dass ich verloren gegangen wäre, wenn ich den Weg über all die Bahnhöfe allein hätte bewältigen müssen.

Ich denke an andere Mütter und an andere Söhne und an andere Abschiedsszenen, die mit sehr viel mehr Leid beladen sind. Earl hat mir am Abend zuvor erzählt, dass er sich freiwillig melden wird, aber ich war so mit meiner eigenen bevorstehenden Abreise beschäftigt, dass ich es kaum mitbekam. Jetzt allerdings kommt es mir richtig zu Bewusstsein, und ich erkenne, was für ein Glück ich habe, dass ich aufs College gehe und nicht zur Army (ich hätte mich herzlicher von ihm verabschieden sollen!).

Mom plappert immer weiter. »Er ist *auch* wichtig, Harold!«, sagt sie, mich *einmal mehr* daran erinnernd, dass Reverend Van't Hof Pastor einer großen Kirche in Holland, Michigan, ist.

Hat sie Angst, ich könnte respektlos sein? Um Himmels willen, ich bin 16 Jahre alt! Ich gehe bald aufs College! Aber ich lasse es damit bewenden. Sie fährt fort: »Es war so freundlich vom Herrn, dass er den Reverend hier seine Schwester besuchen ließ, genau, als wir ihn brauchten.« Sie erinnert mich noch einmal daran, dankbar zu sein.

Dann höre ich eine wohlbekannte Phrase, die sie leise vor sich hin spricht. Ich bin sicher, wenn ich sie gefragt hätte, hätte sie geleugnet, sie ausgesprochen zu haben. Aber ich hatte es gehört: »Heere bewaar!« – »Herr, beschütze ihn!« Verlegen wirft sie mir einen angespannten Blick zu. Sie möchte vor niemandem die Haltung verlieren, erst recht nicht vor ihrem kleinen Jungen. Aber ich weiß, dass ich diese Worte gehört habe. In meinen Ohren war ihr geflüstertes Gebet der ehrlichste und wertvollste Abschied.

Der bewegende Moment geht vorüber. Sie schärft mir ein, mich vor den »Sekten« zu hüten. Ich weiß, dass sie hiermit die Methodisten meint und die Baptisten und die Katholiken und ... na ja, jede andere Kirche als die Holländisch-Reformierte. Ich verspreche es und nehme mir vor, auf der Hut zu sein.

Ich lade meine wenigen kleinen Gepäckstücke in den Kofferraum des Reverend, und als ich aufschaue, sehe ich meine Familie an demselben Zauntor stehen, an dem ich gesessen hatte, als ich Jahre zuvor auf Onkel Henry wartete. Nachdenklich gehe ich auf sie zu, um Abschied zu nehmen.

Zuerst Jess. Ich umarme sie in ihrem Gartenstuhl. Ihr Körper ist im Gegensatz zu ihren geschwächten Beinen groß und kräftig.

Dann kommt Violet dran. Sie gibt mir einen freundschaftlichen Schubs. »Sei brav, Harold!« Meine »Spaß«-Schwester, die ich so liebe. Ich muss grinsen und könnte kichern, aber ich muss auf Reverend Van't Hof einen seriösen Eindruck machen.

Margaret ist still und hat feuchte Augen. Ich weiß nicht, wie ich ihr Lebewohl sagen soll, wie ich meine Dankbarkeit ausdrücken soll. Ich betrachte nur ihre sanften Gesichtszüge und lächle. »Danke, Margaret«, sage ich. Ich erzähle ihr nicht, dass ich weiß, dass sie jedes Semester meine Studiengebühren bezahlen wird, aber sie versteht, was ich meine. Dann erinnere ich mich an die Geschichte mit den Zigeunern, an all die

Zeit, die wir beim Eiersammeln miteinander verbrachten, und so sage ich es noch einmal, mit feuchten Augen: »Danke, Margaret – für ... alles.« Sie lächelt einfach und schüttelt den Kopf, als ob sie nie etwas getan hätte, das meiner Dankbarkeit wert gewesen wäre.

Henry ist der nächste. Er hält sich kerzengrade und packt meine Hand. »Harold!«, sagt er im Befehlston, dabei lächelt er mit einem Stolz, den ich nie zuvor an ihm gesehen habe. Aber das ist *alles*, was er von sich gibt. Als ob damit, dass er meinen Namen in diesem Ton ausspricht, schon alles gesagt wäre. Ich weiß trotzdem, was er denkt: *Gott sei Dank wirst du kein Farmer!*

Mom ist zu nervös, weil es schon spät ist und wir los müssen, um sich Zeit für einen langen Abschied zu nehmen. Eine kurze, kräftige Umarmung, ein kräftiger Patsch auf den Rücken und ein schneller, fester Kuss auf die Wange. Ihre Augenbrauen verleihen ihr dieses strenge Aussehen, aber ich weiß, sie macht sich nur Sorgen, weil wir spät dran sind.

Dad hat immer noch die Hände in den Taschen vergraben. Seine Augen sind so feucht, dass er kaum etwas sehen kann. Er beißt sich auf die Lippen und nickt langsam. Es scheint, dass eine Ewigkeit vergeht, bis er meine Hand umklammert, immer noch nickend, als wolle er sagen: »Ja, jetzt geschieht es wirklich. Du tust, was du gesagt hast, als du ein Junge warst. Ich hab's gewusst. Ich bin stolz auf dich.«

Ich lächle siegreich, winke ein letztes Mal und steige ein.

Jetzt, elf Jahre, nachdem das Bein dieses Missionars sich aus dem Wagen streckte, ist es mein schwarzer Sonntagsschuh, nicht mehr der von Onkel Henry, der sich von dem staubigen Boden hebt, während ich dem Ruf folge, den ich genau an dieser Stelle empfangen habe. Moms Gesichtszüge sind angespannt, weil sie die Tränen unterdrückt. Vielleicht denkt auch sie an diesen lang vergangenen Tag. Mit der einen Hand schützt sie ihr wettergegerbtes Gesicht vor der Sonne, mit der anderen winkt sie zum Abschied.

Als der Wagen davonfährt, wende ich den Kopf zu einem letzten Blick auf den fernen Horizont, das Weideland und den freundlichen Floyd River, von dessen Ufern aus ich so oft den Autos und Lastern auf der *Big Time Road* zugesehen habe, auf ihrem Weg nach Irgendwo. Endlich bin ich mit ihnen unterwegs! Und ich musste noch nicht einmal eine Fahrkarte kaufen!

Ich schaue mich um und sehe, wie Mom sich Dad zuwendet. Wahrscheinlich sagt sie: »Ich hoffe, er strengt sich an!«

Auf unserer Fahrt den eine Meile langen Feldweg ohne Namen hinunter ist eine riesige Staubwolke alles, was ich sehen kann. Sie senkt sich wie ein Schleier zwischen mich und die Farm. In diesem Augenblick wird meine Vergangenheit genau zu dem: zu meiner Vergangenheit! Alles, was ich sehen kann, ist meine Zukunft, in Irgendwo. Alle Mann an Bord! Auf nach Irgendwo!

An diesem längst vergangenen Juni-Tag fuhren wir viele Meilen schweigend dahin. Schließlich unterbrach Reverend Van't Hof meine Träumereien und fragte mich, wie es mir ginge.

»Großartig!«, gab ich ihm zu unser beider Überraschung zur Antwort. Mein Enthusiasmus brach so plötzlich und leidenschaftlich hervor, dass wir beide lachen mussten. Ich lächelte, während wir an den endlosen Maisreihen vorbeisausten. Ich würde nie wieder am Ende eines Feldwegs wohnen.

Reverend Van't Hof lächelte auch. »Es wird eine lange Fahrt bis Chicago, Harold. Entspann dich. Mach ein Nickerchen.« Sein Blick sagte mir, dass er die Gefühle gut verstand, die in meinem Blut pulsierten.

Zufrieden und zuversichtlich schlief ich bald ein, während goldene Getreidehalme, sich in der Sonne wiegend, mir ein letztes Lebewohl zuwinkten.

Ich erwachte wieder, als wir noch 60 Meilen westlich von Chicago waren, und sah die Landschaft an mir vorüberziehen. Zum größten Teil war es altvertrautes Farmland, aber die Städte, durch die wir fuhren, erschütterten mich. Es gab unglaublich viele Kirchen, was eigentlich beruhigend hätte sein sollen. Aber das war es nicht!

Die erste Kirche, die mir nach meinem Schläfchen auffiel, lag ein wenig abseits des Highway. Es war eine große Kirche, für 200 oder mehr Menschen. Ich suchte nach dem Zeichen, das ihre Zugehörigkeit auswies.

Methodisten!

Ungläubig riss ich die Augen auf. Methodistisch? Nicht ... Reformiert?

Ein Stückchen weiter sah ich eine weitere große Kirche; diese war wirklich riesig. Sie hatte bestimmt 700 Sitzplätze.

Lutheraner!!

Ich war sprachlos. Lutherisch? Nicht ... Reformiert?

Kurz darauf sah ich eine weitere große Kirche, mit genügend Platz für Hunderte von Menschen.

Baptisten!!!

Ich war verwirrt. Baptistisch? Nicht ... Reformiert?

Und so ging es weiter: Episkopale, Pfingstler, Katholiken und so weiter und so fort. Ich sah keine einzige »Reformierte Kirche von Amerika«!

Wie war es möglich, dass diese »Sekten«, vor denen Mom mich gewarnt hatte, so viel größer waren als all unsere Kirchen in *Sioux County*?

Der Gedanke nagte an mir, während wir dem Highway in Richtung Chicago folgten. Schon hatte die Leidenschaft von mir Besitz ergriffen, auch eine solche Kirche zu bauen. Und bereits jetzt, ein paar Stunden auf der Straße nach Irgendwo, hatte sich meine Weltsicht beträchtlich erweitert.

Chicago war so groß!

Autos – schöne Autos! Lastwagen – riesig und zu Hunderten! Züge, die hin und her flitzten! Menschen überall!

Reverend Van't Hof nahm mich mit in ein Café. »Bleib dicht bei mir«, sagte er, als wir aus dem Wagen stiegen. »Nicht, dass du mich vor lauter Stielaugen machen noch verlierst.«

Ich war fest entschlossen, mich an seine Warnung zu halten, denn für mich Bauernjungen war diese Stadt ein Tollhaus. Überall waren Jungs in Uniform zu sehen. Männer mit Aktentaschen hasteten an uns vorüber. Frauen in Kleidern, die aussahen, als seien sie ihr allerbester Sonntagsstaat, waren etwas ruhiger unterwegs.

Wir verschwanden in dem kleinen Lokal, durch das der neueste Schlager dröhnte: »Pardon me boys, is this the Chattanooga Choo-choo?«

Der Text war eingängig und der Rhythmus mitreißend. Ich beobachtete die jungen Leute, die mitsummten und die Köpfe im Takt bewegten. Ich hörte, wie ein Soldat zum anderen sagte: »Wusstest du, dass von diesem Lied eine Million Schallplatten verkauft worden sind?«

Ich traute meinen Ohren nicht. So weit konnte ich nicht einmal zählen. Eine Million?!

Wir beendeten unseren Imbiss – ein riesiger Hamburger und eine Schokoladenmilch für mich –, dann gingen wir wieder zum Wagen. Wir hatten unter der Markise eines Kinos geparkt, und obwohl ich liebend gerne mal kurz hineingegangen wäre, um einen Blick auf einen solchen Großstadt-Kino-Tempel zu werfen, traute ich mich nicht, Reverend Van't Hof davon zu erzählen. Was würde er von mir denken? Meine erste Begegnung mit der modernen Welt – und schon stand ich meiner ersten Versuchung gegenüber!

Wieder auf der Straße, versuchten wir, es uns für die nächste lange Strecke Richtung Osten bequem zu machen. Am späten Nachmittag kamen wir in Holland, Michigan, an.

Ich hatte mir meinen ersten College-Tag immer mit Bäumen im Herbstkleid vorgestellt, aber jetzt war Juni. Nichtsdestotrotz war ich erfreut, als wir in Holland einfuhren. *Sehr* erfreut. Die Farben, die Architektur, die Gerüche – alles war mir vertraut. Es war, als ob wir zurück in Orange City wären, nur ein paar Mal so groß. Ein warmes, heimeliges Gefühl breitete sich in mir aus, als wir durch die malerischen Viertel der Stadt fuhren und schließlich den Campus erreichten.

Aber hier war etwas, das die Stimmung ein wenig trübte. Der Wind wehte über einen Campus, der wie ausgestorben schien. Durch den Krieg und weil es Sommer war, waren nur sehr wenige Studenten zu sehen.

Reverend Van't Hof und ich gingen zügig zum Studentensekretariat. Nach der langen Fahrt wollten wir nicht, dass sie uns noch die Tür vor der Nase zumachten.

Als wir durch die große Doppeltür traten, fragte eine freundliche Dame: »Kann ich Ihnen helfen?«

Reverend Van't Hof hielt sich zurück, und ich ergriff die Gelegenheit, meine Unabhängigkeit zu demonstrieren.

»Jawohl. Ich bin für die Sommerkurse eingeschrieben und komme gerade aus Orange City, Iowa.« Sie hätte bestimmt nicht gewusst, wo Alton lag, aber sie hatte mit Sicherheit von Orange City gehört!

»Oh, ich habe eine Schwester dort«, rief sie aus. »Ich war gerade erst zum Tulpenfest im Frühjahr da!«

Wir führten ein nettes Gespräch über Tulpen, dann lächelte sie und sagte: »Wie ist denn Ihr Name?«

Aus irgendeinem unerfindlichen Grund erschien ihre einfache Frage plötzlich sehr kompliziert. Mit einiger Beklommenheit erkannte ich, dass von jetzt ab viele Entscheidungen meines Lebens von mir allein abhängen würden. Diese Dame erwartete ihre Antwort nicht von Reverend Van't Hof. Sie erwartete sie nicht von meiner Mutter oder von meiner Großmutter. Alles lag an mir. Es war nur ein Name, sicher, aber es war *mein* Name.

Ich dachte länger nach, als üblich war, da bin ich mir sicher. Sie muss sich gefragt haben, wie denn wohl so ein Jugendlicher seinen Namen vergessen könnte! Ich sah zu Reverend Van't Hof hinüber. Er hatte schon deutlich gemacht, dass er nicht den Sheriff für Mom spielen würde, indem er mich überwachte und hinterher seinen Bericht ablieferte.

»Ihr Name, bitte?«, wiederholte sie.

Die Worte waren heraus, noch bevor ich wusste, was ich sagte: »Robert Skuller.«

Der ungewohnte Name hatte einen angenehmen Klang, also straffte ich meine Schultern mit etwas mehr Stolz und Selbstvertrauen und wiederholte ihn: »Robert Skuller.« Ich konnte jetzt wählen, wer ich sein wollte, und ich wollte Robert sein.

»Dann woll'n wir mal sehen«, sagte sie und ihr Finger glitt über die Liste auf ihrem Klemmbrett. »Da habe ich einen John Schuler, mit einem ›L‹«, sie sah mich fragend an.

Ich schüttelte den Kopf. *Negativ. Bin ich nicht.*

»Dann hab ich noch ... ah, hier ist ein *Harold* Schuller, vielleicht spricht es sich auch Skuller, aus Alton, Iowa.« Sie blickte wieder auf.

»Ja, das bin ich«, sagte ich, »aber Harold ist mein zweiter Vorname. Ich werde Robert genannt.«

»Okay, Robert, tut mir Leid wegen des Durcheinanders. Nenne ich Sie Robert oder Bob?«

Über diese Komplikation hatte ich noch nicht nachgedacht und ich war auch nicht bereit dafür. »Es ist Robert«, sagte ich, obwohl ich später dann Bob bevorzugte. Und ziemlich bald würde Skuller[18] seine exakte Aussprache verlieren und dem allgemeinen Drängen nachgeben, dass es Sch-u-ller[19] zu sein habe.

»Also dann, Robert. Hier ist eine Liste der Kurse, die ein Tutor für dich aus unserem begrenzten Sommerangebot ausgesucht hat. Du hast ein paar Tage Zeit, um dich zurechtzufinden, bis die Kurse beginnen. Diese Karte ist ganz gut, und du kannst jeden, den du triffst, fragen, wenn du etwas nicht finden solltest. Wir sind hier wie eine große Familie. Willkommen am ›Hope College‹, Robert.«

Eine Welle des Hochgefühls durchflutete mich von den Zehenspitzen bis zum Haaransatz. *Robert Schuller*. »Heute, liebe Gemeinde, werden wir den Vortrag eines jungen Gastpredigers hören, von Reverend *Robert Schuller*.«

Ja. Genauso sollte es sein. Harold war auf der Farm geblieben, bei seinen Pflichten und um »Mamas Junge« zu sein. Robert würde »der Mann« sein.

Als ich mich an jenem Tag von Reverend Van't Hof verabschiedete und sein herzliches Lebewohl hörte – »Auf Wiedersehen, Robert!«, mit einem Augenzwinkern –, war das einer der schönsten Momente, die ich bis dahin erlebt hatte. Aber unter uns: Ich war froh, dass Mom nicht dabei war und es hörte.

13

Wie viel würde das College Margaret kosten?

Einmal auf der Schule, hatte ich das bald heraus. 70 Dollar pro Semester! Das war ein Haufen Geld für einen Bauernjungen. Ich schrieb Margaret ein von Herzen kommendes Dankeschön und unterzeichnete es mit »Robert«.

In der Zwischenzeit musste ich zusehen, dass ich das Geld für Unterkunft und Verpflegung auftrieb. Die *Nickels* und *Dimes*, die ich als kindlicher Fallensteller gespart hatte, würden nicht lange vorhalten.

Mom und Dad hatten mir etwas Geld geschickt, um mir über die ersten Monate hinwegzuhelfen, aber das meiste davon musste ich für ein Zimmer in der Stadt aufwenden. Ich konnte es mir nicht leisten, auf dem Campus zu wohnen. In dieser Zeit lebte ich von Milch, Milchbrötchen und Schokoriegeln.

Nach einer Weile fand ich einen Job als Kellner im Speisesaal der Schule, was für mich nicht nur freie Mahlzeiten, sondern auch ein Zimmer bedeutete. Im Laufe der Zeit arbeitete ich auch als Auslieferungsfahrer für ein örtliches Möbelgeschäft, als Bürogehilfe bei *Montgomery Ward*[20], als Hausmeister in einem Damenverein und als Kellner in einem noblen Freizeitclub. Aber dieser erste Job war der Himmel auf Erden! Warme Mahlzeiten – so viel ich essen konnte, dreimal am Tag, und obendrein ein Zimmer! Und ob man es glaubt oder nicht: Von allen möglichen Orten für eine Cafeteria hatte man das Erdgeschoss des *Mädchenwohnheims* ausgewählt! Wenn Earl mich jetzt hätte sehen können! Robert Schuller auf dem Campus mit einem Verhältnis Mädchen zu Jungs von 20 zu 1 und er verbringt 40 Prozent seiner Zeit im Mädchenwohnheim!

Meine Wäsche? Mom erledigte das. Jede Woche schickte ich ein Paket mit schmutziger Wäsche heim nach Iowa. Sie wusch und bügelte sie, packte die sauberen Sachen ein und schickte sie zurück. In dem ersten Paket, das zurückkam, waren nicht nur die sauberen Sachen, sondern auch ein Gewürzkuchen. In der nächsten Woche war es ein

Schwung Rhabarberstangen. Jede einzelne Woche bekam ich eine gebackene Leckerei zusammen mit meiner frisch gewaschenen Wäsche. Komisch – in dieser Beziehung empfand ich es nie als notwendig, mich von Mom unabhängig zu machen. Ich habe mich immer über diese Verbindung und die Zuwendung gefreut.

Ich war erst wenige Wochen an der Schule, als ich ins Studentensekretariat gerufen wurde, um ein wichtiges Telegramm von zu Hause in Empfang zu nehmen. Das kam mir merkwürdig vor. Meine saubere Wäsche mit dem wöchentlichen gebackenen Gruß war in diesen Tagen fällig. Warum hatte Mom nicht einfach eine Notiz mit ins Paket gelegt? Besorgt nahm ich meine Pause in der Cafeteria und ging ins Sekretariat.

»Sie haben ein Telegramm für Robert Schuller?«, fragte ich.

»Hm ... hier ist eines für Harold Schuller«, antwortete der Büroangestellte.

»Ja, das bin ich«, gab ich verlegen zu.

Ich nahm das Telegramm mit nach draußen in die Schwüle des Augusttages und fand ein stilles Plätzchen unter einem Ahornbaum. Ich las die Worte meiner Mutter:

»Harold,

ich möchte dich ermutigen, die Möglichkeit einer Zurückstellung für Geistliche in Betracht zu ziehen. Man hat mir gesagt, dass du als Theologiestudent von der Regierung die Möglichkeit geboten bekommst, dich vom Wehrdienst zurückstellen zu lassen. Natürlich musst du das selbst entscheiden, aber dein Vater und ich möchten dich ermutigen, deine Ziele im Auge zu behalten. Henry wird am Wochenende einrücken. So wie ich es sehe, gebe ich einen Sohn für den Dienst am Vaterland und den anderen für den Dienst am Herrn.

In Liebe,
Mom«

Also war Henry einberufen worden. Die Regierung kannte unsere Straße und unsere Hausnummer also doch. Dies war ein Moment der Ernüchterung.

Ich sah mich um, und die jungen Männer, die ich zurückgezogen in den Ecken und Winkeln des Campus gesehen hatte, schienen allesamt verschwunden zu sein. Ich fühlte mich sehr allein. Ich schien das einzige männliche Wesen in den ganzen Vereinigten Staaten zu sein, das noch keine Uniform trug oder sich zumindest darauf vorbereitete, eine anzuziehen. Ich hatte einen Kloß im Hals, und der blieb auch dort, als ich zurück an meine Arbeit ging.

Am nächsten Morgen wachte ich auf und der Kloß war immer noch da. Was sollte ich tun? Ich wusste nicht, ob ich es aushalten würde, sicher und unbeteiligt in der Schule zu sitzen, während Earl und jetzt auch Henry ausgebildet wurden, um nach Übersee zu gehen.

Es war früh am Morgen und ich musste den Kaffee fürs Frühstück aufgießen. Es war meine Aufgabe, einen 12-Liter-Topf mit kochendem Wasser hochzuheben und oben in die Großküchen-Kaffeemaschine einzufüllen. Ich machte das jeden Morgen. Ich packte den Topf mit zwei Topflappen, stieg damit auf eine Trittleiter, um an die Maschine heranzukommen, die so hoch war wie ich selbst, und hob das siedende Wasser über meine Schultern.

Nur, an diesem Morgen rutschte ich aus. Das Wasser ergoss sich über mich und verbrühte meine Haut.

Ich schrie und wand mich vor Schmerzen. Ein anderer Student, der gekommen war, um die große Bratpfanne anzuheizen, rannte los, um Hilfe zu holen. An viel mehr kann ich mich nicht erinnern, gerade noch an die Hausangestellten, die mich hinaustrugen und auf ein Bett legten. Diese Männer nahmen mir auch die Schürze ab und knöpften mir das Hemd auf, wobei sich meine Haut mit ablöste.

Bald kam der Arzt. Er untersuchte mich und meinte, dass die Verbrennungen in wenigen Wochen abheilen würden, dass ich in dieser Zeit allerdings starke Schmerzen auszuhalten haben würde. Wir sollten die Wunden so behandeln, wie er es verordnete, und auf etwaige Infektionen achten. Er bestand auf jeden Fall darauf, dass ich einige Tage nicht bewegt werden durfte.

Jetzt, da ich nicht arbeiten musste, hatte ich Zeit, nachzudenken. Sollte ich in *Hope* bleiben? Sollte ich um Rückstellung ersuchen? Oder sollte ich meine Ziele für eine gute Sache aufgeben und mich Earl und Henry und den zahllosen anderen anschließen, um gegen die Deutschen oder gegen die Japaner zu kämpfen? Während ich so im Bett lag, dachte ich nach und betete und wälzte mich herum, bemüht, eine Position zu finden, in der die Schmerzen nicht so stark waren. Mit jedem Tag, der verging, betete ich etwas mehr und dachte etwas mehr nach, und schließlich ließen auch die Schmerzen nach, während meine rosafarbene, blasige Haut anfing abzuheilen.

Als ich so weit war, dass ich meine Pflichten wieder aufnehmen konnte, verabschiedete ich mich von den Mädchen, die mich die ganze Zeit über in ihrem Wohnheim gepflegt hatten. Ich würde ihre Fürsorge vermissen, aber es war Zeit, an die Arbeit zurückzugehen. Ich würde den Rat von Mom und Dad befolgen und die Rückstellung beantragen. Aber ich fragte mich, ob ich meinen Bruder wohl jemals wiedersehen würde.

Einige Tage später wurde ich in das Büro des Dekans gerufen. Dr. Willard Wichers empfing mich, meinen Rückstellungsantrag auf seinem Schreibtisch, auf dem nur noch seine Unterschrift fehlte.

»Was sind deine Ziele, Robert?«, fragte er mich.

Meine Antwort kam mit einer frisch geläuterten Leidenschaft: »Ein Prediger zu werden und mich dann als Militärgeistlicher zu melden, wo immer ich gebraucht werde.«

Er sah mich über die Ränder seiner Brille hinweg an. Ich wurde ein bisschen verlegen, als er mich so mit einem langen Blick maß.

Was dachte er wohl über mich? Keine Geometrie? Keine Fremdsprachen? Und nur durchschnittliche Noten in einfachen Fächern wie Musik, Schauspiel, Sozialkunde und Geographie? Englische Literatur ... gut! Aber keine der höheren Wissenschaften? War dieser durchschnittliche Schüler von einer der kleinsten und am niedrigsten eingestuften Highschools in Amerika wirklich College-Material?

Ich erinnere mich nicht im Einzelnen an seine Fragen und meine Antworten, aber ich war ganz schön lange in seinem Büro.

Nicht lange nach unserer Unterhaltung erfuhr ich, dass Dr. Wichers meinen Rückstellungsantrag unterzeichnet hatte. Nur dass ich später entdeckte, dass er das gegen seine Überzeugung getan hatte. Ich war davon ausgegangen, dass es nur darum gegangen sei, irgendwelche Informationen in ein Formular zu übertragen, Informationen, die er während seiner »Befragung« in Erfahrung brachte. Ich hatte nie gedacht, dass er ernsthafte Zweifel an meiner Person hätte.

Jahre später, als ich schon ein allgemein anerkannter »erfolgreicher« Prediger war, sagte ein Freund zu mir: »Bob, ich hab neulich Dr. Wichers gesehen, und weißt du, was er über seine Erfahrung mit dir gesagt hat? Er sagte: ›Wenn ich einen neuen Studenten sehe, werde ich nie wieder denken, dass er keine Zukunft hat.‹«

Dr. Wellmers, mein Griechischlehrer, hätte Dr. Wichers wenig enthusiastischem Urteil wahrscheinlich zugestimmt. In seinem Kurs, meinem ersten Ausflug in die Gefilde der Fremdsprachen, erreichte ich nur ein »D«[21]. Das waren keine guten Nachrichten für einen Studenten im Grundstudium. Griechisch und Hebräisch waren Voraussetzung fürs Theologiestudium – und zwar die vollen drei Jahre! Aber niemand hatte mir beigebracht, wie man eine Fremdsprache erlernt. In meiner kleinen Highschool hatte keines der Bauernkinder das Lernen irgendwie ernst genommen. Wenn die Abschlussprüfungen kamen, dann waren das einfache Aufgaben von mitleidigen Lehrern. Man konnte das ganze Semester lang Unfug treiben, sich dann am Samstag vor dem Abschlussexamen auf den Hosenboden setzen, und bis zum Montag alles aufgeholt haben. Ich versuchte das Gleiche in Griechisch, aber es funktionierte nicht.

Genauso wäre es gewesen, wenn Dr. Wichers seine schweren Bedenken dem Mathematiklehrer Dr. Timmer mitgeteilt hätte. Es hätte wohl kaum Streit gegeben. Ich hatte meine College-Ausbildung mit Mathematikkenntnissen begonnen, die über die unterste Stufe von Algebra nicht hinausgingen. Vom ersten Tag an schrieb der Lehrer fremdartige Ziffern und Zeichen an die Tafel und gebrauchte Ausdrücke, die ich nie zuvor gehört hatte. Er ging davon aus, dass jeder in der Klasse Geometrie gehabt hatte. Und das hatte auch *fast* jeder. Ich war die einzige Ausnahme. Blöderweise hatte ich Angst, das Gesicht zu verlieren, und tat so, als wäre mir alles klar.

»Hat das jeder verstanden?«, fragte er ab und zu. Ich hoffte immer, dass irgendjemand sein Unverständnis eingestehen würde, aber das geschah nie. Nun, *ich* würde meine Unwissenheit nicht preisgeben.

Kurz vor dem Ende des Schuljahres ließ mein Mathematiklehrer mich zu sich kommen.

»Robert, du möchtest Prediger werden, hat man mir gesagt.«

»Jawohl, Sir.«

»Nun, glücklicherweise musst du auf der Kanzel kein Mathematikexperte sein.«

»Das habe ich auch schon das ganze Semester über gedacht«, antwortete ich.

»Aber du brauchst diese vier Wochenstunden, um deinen Bachelor-Abschluss zu bekommen. Weißt du das?«

»Jawohl, Sir.«

»Nun, Robert, um ehrlich zu sein, du hast diesen Kurs nicht bestanden. Ich kann dir noch nicht einmal ein ›D‹ geben. Ich *müsste* dir ein ›F‹ geben. Aber ich kann Folgendes für dich tun. Immerhin bin ich Ältester in der Reformierten Kirche. Wir brauchen gute Prediger, und ich denke, du kannst einer werden. Also werde ich dir ein ›I‹ geben. ›I‹ bedeutet ›unvollständig‹[22]. Ich werde dir ein paar besondere Aufgaben stellen und werde sie mit dir durchgehen. Dann, in sechs Wochen, werde ich dich einer inoffiziellen Prüfung unterziehen. Dafür gibt es dann keine

Note. Nur ›bestanden‹ oder ›nicht bestanden‹. Bestehe, und ich werde dir ein ›D‹ geben.«

Ich hätte ihn umarmen können!

Sechs Wochen später bekam ich mein hart erarbeitetes »D«.

Aber das war nur das eine Fach.

»Für den Bachelor-Abschluss brauchst du acht Wochenstunden in Naturwissenschaften«, hatte mein Studienberater gesagt. »Möchtest du Chemie, Biologie oder Physik?«

»Was ist das?«, hatte ich gefragt. Bei mir zu Hause hatte ich diese Worte nie gehört. Sie gehörten weder zum englischen noch zum holländischen Familienvokabular.

»Mit nur einem Kurs in allgemeinen Naturwissenschaften und Algebra in deiner Highschool«, hatte mein Berater gesagt, »schlage ich vor, dass du den Biologiekurs belegst. Er deckt vier wissenschaftliche Wochenstunden ab, und wenn wir das zu den vier Stunden Mathematik dazurechnen, reicht es aus.«

Ich befolgte den Rat meines Tutors und landete im Klassenzimmer von Dr. Ver Geer, dem Professor für Biologie. Er ließ mich mit einem »C« durchkommen. Schließlich, so seine Begründung, war ich sehr aufs Predigen festgelegt (das Sezieren eines in Formaldehyd eingelegten Frosches würde mich auf der Kanzel nicht wesentlich weiterbringen).

Aber wenn Dr. Wichers seine Einschätzung Robert Schullers Dr. William Schrier, dem Leiter des Sprachzweiges, mitgeteilt hätte, dann *hätte* es eine Auseinandersetzung gegeben.

Ich fühlte mich wirklich wohl in meinen Sprachkursen, aber sogar dort hatte ich Probleme. In meinem ersten Rhetorik-Kurs imitierte ich – perfekt, wie ich hinzufügen möchte – den Ton, das Tempo und die Darbietung meines Kanzel-Helden, Dr. Henry Colenbrander, dessen magnetisierender Vortrag der Renner in *Orange County* gewesen war. Er war es gewesen, der die riesige Kirche gefüllt und die jungen Leute in die Gemeinde gebracht hatte. Und es war seine Predigt gewesen, die mich dazu veranlasst hatte, die Galerie zu verlassen und zum Treffen der Ältesten zu gehen.

Als ich meine leidenschaftliche Darbietung beendet hatte, erwartete ich rauschenden Beifall von den anderen Studenten und ein »A« von Dr. Schrier.

Aber mein Lehrer sah mich nur an und schüttelte den Kopf. »Wer glaubst du, dass du bist, Robert?«, fragte er mich vor der ganzen Klasse. »Versuchst du, irgendeinen Prediger nachzumachen?«

»Ich möchte ein großer Prediger sein, Sir.«

»Ich kann dir beibringen, wie man spricht, wie man predigt – aber wenn du ein *großer* Prediger sein willst ... nun, nur du allein kannst dich selbst groß machen.«

Ich musste schwer schlucken. Noch ein entscheidender Moment in meinem Leben.

»Du hast das, was wir den ›Prediger-Tonfall‹ nennen«, sagte er. Das war der Beginn der Wochen und Monate, in denen er mich unterrichtete, kritisierte, mich mitten in der Rede unterbrach. »Du hebst die Stimme, dann singst du einen Satz, ohne sie wieder zu senken, und mit dem nächsten Satz wirst du wieder einen Ton höher. Das reicht nicht. Du musst lernen, du selbst zu sein. Sprich so, wie du es draußen auf dem Flur tust, nur mit mehr Begeisterung!«

Jahre später, als ich »My Fair Lady« sah und beobachten konnte, wie Rex Harrison Eliza Doolittles Akzent bekämpfte, bekam ich eine Vorstellung davon, was Dr. Schrier mit Robert Schuller durchgemacht haben musste, und bei der Erinnerung daran musste ich in mich hineinlachen.

»Jetzt, Robert, werde ich dich mit einer Debatte konfrontieren«, entschied Dr. Schrier. »Ich denke, das wirst du sehr gut können.«

Er hatte Recht. Ich entdeckte das, was ich nur eine »Gabe« nennen kann: die nicht vermittelbare Fähigkeit, aus dem Stand heraus, nahezu intuitiv, eine wirksame Verteidigung gegen meinen Gegner zu entwickeln.

»Du würdest wirklich einen großartigen Anwalt abgeben, Bob«, sagte Dr. Schrier, nachdem ich mehrere Debattierwettbewerbe mühelos gewonnen hatte. Zur Belohnung wurde ich in die Nationale Gerichtliche Ehrenbruderschaft – Pi Kappa Delta – gewählt.

Ich dachte instinktiv – und ich tue es noch – wie ein Anwalt, der seinen Fall vorträgt und die Jury überzeugen will. Ich wählte meine Argumente immer entsprechend meiner Zuhörer. Während der Debatte versuchte ich stets, mich in meinen Gegner hineinzuversetzen.

»Suche immer zuerst den Punkt, an dem dein Gegner und du übereinstimmen«, wies mich Dr. Schrier an. »Bau darauf auf. Und dann benutze die Technik des vorweggenommenen Gegenbeweises.«

An Dr. Schriers meisterlicher Strategie war einiges dran: »Nimm das Argument vorweg, das dein Gegner benutzen will, und entkräfte es, bevor er es anbringen kann. Reagiere, noch bevor er dich herausgefordert hat.«

Ich bekam die besten Noten in Rhetorik und Debattierkunst. Dr. Schrier unterrichtete, und ich lernte, und seine Weisheit hat mir mein gesamtes Berufsleben hindurch gute Dienste geleistet.

Ein anderer starker Einfluss kam von Dr. Hinga, meinem Geschichtslehrer. Von ihm lernte ich mehr als eine profunde Weisheit.

»Versuche nicht, einen Punkt zu machen. Versuche, Geschichte zu schreiben.«

»Denke *lange* Gedanken, bei allem was du tust.«

»Denke nicht in *Jahrzehnten*, sondern in *Jahrhunderten*.«

Die eindrucksvollen Lektionen, die die Geschichte uns bietet, nahmen mich derartig gefangen, dass ich dieses Fach zu meinem Hauptfach machte. Auch Jahre später, als ich anfing, Kirchen zu bauen, prägten die Lehren der Geschichte mein Denken. Sie bestimmten meine Wahl der Architekten und meine Wahl der Architektur.

Der einzigartige, höchst wirksame Motivationssatz, der mich befähigte, meine Träume in aktive, gestaltende Tätigkeit umzusetzen, stammt aus einer von Dr. Hingas Geschichtsstunden. Er begann mit einer Frage: »Wie viele von euch haben schon mit ihrer Seminararbeit angefangen?«, fragte er. »Lasst mich eure Hände sehen!«

Keine einzige Hand hob sich. Dr. Hinga war offensichtlich verärgert. Aber er war auch Football-Trainer und Aufgeben war nicht seine Sache. Er schritt die Front der Klasse ab, als ob wir in der Halbzeit eines Spiels im Umkleideraum wären. Ein siegreiches Team, das Gefahr lief, die Führung aus der Hand zu geben. Er hob die Arme. Kerzengerade stand er da, und er hatte die Aufmerksamkeit jedes Einzelnen von uns, als er dröhnend ausrief:

»Begonnen ist halb gewonnen!«

Nach einer kleinen Kunstpause, in der sich das Gehörte setzen konnte, fuhr er leidenschaftlich fort: »Es ist mir gleich, wenn ihr alles vergesst, was ich euch hier über die Vorgänge in der Welt beizubringen versucht habe. Aber vergesst *niemals* diesen einen Satz!«

Ich habe ihn niemals vergessen. Alles, was ich jemals in meinem Leben angefangen habe, hat damit begonnen, dass ich mir diese kraftvolle Zeile ins Gedächtnis rief.

Dann gab es da Psychologie. Ich hatte das Wort noch nie gehört. Ich trug mich für einen Kurs ein, weil mein Berater meinte, es könnte mir als Pastor dienlich sein. Dienlich? Das war die größte Untertreibung meiner College-Karriere. Das Studienbuch dieses Kurses mit dem Titel »Die Dynamik der menschlichen Anpassung«[23] ist bei der Bildung meiner Sicht der menschlichen Natur das einflussreichste Werk geblieben.

In der traditionellen Theologie, in der ich erzogen wurde, gab es niemals eine Erklärung für positives oder negatives Verhalten. Mein Psychologiekurs gewährte mir zum ersten Mal Einblick in die Beweggründe menschlichen Verhaltens. Ich habe das Studium der Psychologie mein ganzes weiteres Leben hindurch fortgesetzt. Dabei traf ich auf die Lehren von zweien der größten Psychiater des 20. Jahrhunderts: Dr. Karl Menninger und Dr. Viktor Frankl, die mich stark beeinflussten, von denen ich viel profitierte und deren Freundschaft ich sogar später genoss.

Aber es fing alles hier an, am *Hope College*, mit Dr. Lars Granberg, dem Leiter des Fachbereichs für Psychologie.

Während meiner ersten Jahre am *Hope College* entdeckte ich, dass ich einen Hang zur Spitzenqualität entwickelt hatte. Es bleibt für mich das Unerklärliche an meiner Collegezeit, wie – und durch wen – ich diesen Drang und diese Passion entwickelte. Irgendwie war der Same dafür in mein Herz gefallen, und irgendwie wurde er so kultiviert, dass kein negativer Perfektionismus daraus wurde.

Wurde dieser Hang zum Ausgezeichneten von Egoismus angetrieben?

Nein. Ich begann zu erkennen, dass Gott unsere Vorstellungskraft gebraucht, um Güte und Größe zu seinem Ruhm und seiner Ehre zu erschaffen.

Das ist ein Thema, das ich später im Theologiestudium intensiv erforschte, als ich über den Lehren von John Calvin brütete. Wir sollen unsere Träume annehmen, sie verfolgen und sie dann als Geschenk Gott zurückgeben. Aber das war ein ziemlicher Sprung über einen großen theologischen Graben.

Man hat die calvinistische Theologie lange Zeit als einen täglichen Kampf gegen die vorausgesetzte »Verderbtheit« des Menschen betrachtet. Was ich bei meinen Studien herausfand, ist, dass diese düstere Sichtweise des menschlichen Lebens ein Produkt der *Nachfolger* Calvins war und nicht von John Calvin selbst stammt.

Meine Neuinterpretation von Calvins Lehren enthüllte eine Theologie der Hoffnung und der Freude, die die Menschheit von einem mit Scham, Schuld und Angst behafteten Christentum befreite, das die »Sünde« des Stolzes verdammt. Sie ersetzt diese Sicht durch ein von Gott inspiriertes Streben nach Selbstwert. Ich ahnte es damals noch nicht, aber die Vermittlung dieser befreienden Kraft sollte zum Inhalt meines Lebenswerkes werden.

Mein erstes Jahr ging zu Ende und es wurde Zeit für einen Besuch zu Hause. Ich freute mich darauf, Mom und Dad wiederzusehen. Aber wie fremd würde es sein ohne Henry. Ich verließ *Hope* mit einer Mischung aus Vorfreude und Betroffenheit. Aber wenn ich an die kommenden Mahlzeiten dachte – all die herrlichen, hausgemachten Gerichte –, verschwanden meine Bedenken auf wunderbare Weise.

Wie wenig wusste ich von dem, was noch kommen sollte.

Ich habe oft gedacht, dass der Grund, warum Gott uns niemals in die Zukunft blicken lässt, darin liegt, dass wir, *wüssten* wir, was uns erwartet, einfach stehen bleiben würden.

14

Ich bin mit Dad in der Scheune. Die letzten Monate hindurch ist er beim Melken allein gewesen, und auch wenn er nicht viel sagt, merke ich, dass er meine Gesellschaft bei dieser spätnachmittäglichen Pflicht genießt. Er stellt Fragen, die mich dazu ermutigen, den Hauptteil der Konversation zu übernehmen. Ich gebe ihm praktisch einen Schnellkurs in allem, was ich an der Schule gelernt habe. Besonderes Interesse zeigt er an meinen Theologie- und Psychologiekursen. Ich bin davon überzeugt, dass er ein brillanter Student gewesen wäre, wenn er die Gelegenheit dazu gehabt hätte. Seine sechs Schuljahre hatten in ihm eine unstillbare Neugier geweckt, die das Farmleben nicht befriedigen konnte.

Ich bin schon ein paar Tage zu Hause, und ich hätte nie gedacht, dass es so nett sein würde. Die Ruhe auf der Farm, die verlockenden Düfte aus der Küche, die Stimmen der Menschen, die ich liebe – all das fühlt sich wunderbar angenehm und richtig an.

Margaret ist auch zu Besuch, im Augenblick hilft sie Mutter mit dem Abendessen. Ich bin kurz zuvor in der Küche gewesen, um vor dem Melken einen kleinen Happen einzunehmen. Der warme Herd winkte mir zu und erinnerte mich an die Zeiten, die ich vor seinem wärmenden Bauch verbracht habe; der kleine Küchentisch, an dem all meine Träume entstanden und zerbrochen und wiederauferstanden waren, hieß mich willkommen. Als ich wieder hinaus ging, fand ich sogar den Scheunengeruch angenehm, was mich wirklich überraschte.

Jetzt stehen Dad und ich beieinander, um die Milch in den Separator zu gießen. Mit unserer gut ausbalancierten Milchlast – einen Zwölf-Liter-Eimer in der einen Hand und einen entsprechenden in der anderen – nähern wir uns dem Separator, der vorne in der Scheune steht, nahe bei der Holztür, von der die rote Farbe abblättert und deren untere Hälfte geschlossen ist, während die obere offen steht. Als ich die Milch absetze, merke ich plötzlich, dass etwas nicht stimmt. Eine unerklärliche Unruhe befällt mich. Ich stecke meinen Kopf zur oberen Türhälfte hinaus und spähe in den Hof. Dad kommt zu mir und blickt ebenfalls prüfend hinaus.

Der Himmel über uns verbirgt sich hinter einer immer schwärzer werdenden Wolke, die die Nachmittagssonne verdeckt und einen unheilvollen Schatten auf das Land wirft. Alles um uns herum scheint zu spüren, dass etwas Bedrohliches heraufzieht. Kein Spatz pfeift. Kein Blatt bewegt sich. Die Hühner haben aufgehört, im Hof herumzulaufen, und die Hähne recken die Hälse. Sie strecken die Köpfe, als wollten sie erkennen, welch unfreundlicher Geist diese wirbelnden Wolken reitet, die von Westen her näher kommen, von dort, wo die Stürme herkommen.

»Das sieht nach einem üblen aus«, sage ich zu meinem Dad. Es ist ein Versuch, meine Unruhe zu verbergen. Ich hoffe, dass er mich beruhigen wird. Der Himmel sieht von Minute zu Minute bedrohlicher aus. Dann höre ich in der Ferne ein gleichmäßiges Grollen, als nähere sich uns ein Güterzug. Aber es ist kein Donnergrollen. Ich sehe Dad an. Seine buschigen weißen Augenbrauen sind vor Besorgnis zusammengezogen.

»Hm, hm«, sagt er. »Das Geräusch gefällt mir nicht. Ich hab so etwas noch nie gehört. Lass uns die Rosenbüsche ums Haus herum abdecken. Einen Hagelsturm würden sie nicht überleben.«

Dann, mit Worten, die lauter und schneller kommen, als ich es je von meinem sanftmütigen Vater gehört habe, gibt er rasche Befehle: »Wir müssen die Rosen retten, Harold! Beeil dich – wir müssen sie schützen! Hol die Eimer aus dem Schweinestall, aus dem Hühnerhaus und aus der Scheune! Lauf! *Lauf!*« Diese Rosen sind Dads ganzer Stolz und seine Freude und sie haben gerade angefangen zu blühen. Wir laufen los, in jeder Hand die inzwischen leeren Milcheimer. Dann rennen wir zurück in die Scheune, um Nachschub zu holen, so lange, bis über jeden knospenbedeckten Rosenstrauch ein Eimer gestülpt ist.

»Das sollte reichen!«, sagt Dad und entspannt sich ein bisschen.

Ein trügerisches Nachlassen des Windes hat eingesetzt, und ich fange schon an zu denken, dass die ganze Aufregung unnötig war. Dads schneeweißes Haar wiegt sich sanft in der nachlassenden Brise. Dann ist plötzlich dieses fremdartige, ferne Geräusch wieder da – lauter jetzt, sehr viel lauter. Mit seinem plötzlichen Wiederaufleben rast er in unser

Blickfeld – ein immer größer werdender Klumpen im flachen, schwarzen Himmel.

Der Klumpen wird größer – sehr schnell, noch größer! –, wie der schwangere Bauch eines Unheil verheißenden Körpers, der auf uns zu kriecht. »Dad«, stammle ich, aber das ist auch alles, was ich herausbringe. Zusammen sehen wir, wie eine lange, schwarze, röhrenförmige Wolke schnell aus dem geschwollenen »Klumpen« herabstößt und zu einer tanzenden, schwankenden, hin- und hergleitenden Schlange wird.

Totenstill stehen wir neben den Rosenbüschen. Es ist schon seltsam, was wir manchmal zu retten versuchen. Da trifft der untere Teil der dahingleitenden Schlange plötzlich auf das trockene Land anderthalb Meilen westlich von uns. Augenblicklich dreht sich ein perfekt gerundeter Wirbel aus Staub an der Stelle, an der die Windhose den Boden berührt hat.

»Es ist ein Tornado, Harold!« Dad schreit, er muss sich anstrengen, um den Lärm zu übertönen. Er rennt aufs Haus zu.

Die Gegenwart des Tornados versetzt mich in Panik. Mom! Wir müssen Mom und Margaret holen!

Als wir zum Haus kommen, bewegt sich die Röhre direkt auf unsere Farm zu. »Tornado«, schreit Dad, als er hineinrennt. »Jennie, wir müssen *sofort* hier raus!«

Mom läuft ins Schlafzimmer und schnappt sich ihr Schmuckkästchen.

»Margaret!«, rufe ich, aber meine Schwester kommt schon die Betonstufen heraufgesprungen, die aus dem Keller unters Vordach führen.

Augenblicke später sind Mom und Dad bei uns. In der linken Hand hält Mom ihr Schmuckkästchen, ihre Rechte hat Dad fest im Griff. Er zieht sie von den anderen Sachen weg, die sie verzweifelt retten will, und hält sie in Bewegung. Ich habe jetzt Margaret am Arm und alle vier spurten wir zur Garage. Moms Kleid peitscht um ihre Hüften.

Wir springen in Henrys Wagen (er ist neuer, also schneller und sicherer) und warten ängstlich und still, während Dad mit den Schlüsseln herumfingert. Mom presst ihr Schmuckkästchen an die Brust, Margaret und ich schauen zum Heckfenster hinaus.

Mit Vollgas fährt Dad rückwärts aus der Garage heraus. Jetzt werfen wir unsere Köpfe nach vorne, während Dad den Chevy vorwärts jagt und das verzweifelte Rennen unsere Auffahrt hinauf aufnimmt. Dann peitscht er den Wagen nach links und auf den Feldweg, der nur eine Richtung hat – nach Westen, direkt auf den Tornado zu. Er ist jetzt nur noch eine knappe Meile entfernt und kommt genau auf uns zu.

Niemand sagt ein Wort, während Dad mehr Gas gibt. Margaret und ich umklammern die Lehne des Vordersitzes mit weißen Knöcheln. Unsere Augen kleben an der Bestie, die die Straße herunterkommt. Wir wissen alle, was Dad vorhat. Er will die Kreuzung erreichen, an der meine Schule liegt, dann wird er nach Süden abbiegen, um dem Tornado zu entgehen – natürlich nur, *falls* wir vor ihm dort ankommen. Wir alle kennen das Risiko, das diese Sache birgt, aber keiner gibt es zu. Es scheint, dass es uns schon langsamer machen könnte, wenn ich auch nur Luft hole. Mit Ausnahme des Kies, der unter uns knirscht und nach allen Seiten wegspritzt, ist alles völlig still.

Es ist wie eine Szene in einem Stummfilm – keine Worte, keine Geräusche, keine Musik ... kein Ton, nur Bild. Und was für ein Bild das ist! Der Tornado schlittert vor und zurück und vor und zurück und wird immer größer, während unser Wagen sich nähert.

Wir erreichen die Schul-Ecke. Die wirbelnde und tobende Wolke aus Schmutz und Schutt ist jetzt nur noch eine Viertelmeile entfernt. Das Land, das sie bereits verschluckt hat, liegt in der Breite eines Häuserblocks vor uns. Überall, wo die Röhre den Boden berührt, beginnen die Dinge zu explodieren und werden gnadenlos nach oben gesaugt. Erde und Bäume, die es dort hinaufgesaugt hat, werden als Staub und feiner Splitt wieder ausgestoßen.

Wir preschen nach links, auf die kreuzende Landstraße. Endlich lassen wir die Röhre hinter uns, anstatt ständig darauf zu zu fahren. Wir fahren in Richtung Süden. Margaret und ich seufzen erleichtert auf, Dad ist etwas beherrschter, wie es so seine Art ist. Mom ist immer noch angespannt und umklammert ihr Schatzkästchen.

Nach etwa einer Meile halten wir an und steigen aus. Mom blickt nach oben, ein prüfender Blick in den immer noch unheildrohenden Himmel, dann erst verlässt sie den Wagen. Sie zittert, also nehme ich das Schmuckkästchen, um ihr zu helfen. Mein Vater kommt um den Wagen herum und legt die Arme um sie. Er zieht sie an sich, in einer der wenigen Umarmungen, deren Zeuge ich je werden durfte. Zusammen stehen wir da und beobachten die fremdartige, wütende Röhre – jetzt ist sie etwa zwei Meilen entfernt – auf ihrem Weg der Verwüstung.

So plötzlich, wie sie gekommen ist, so plötzlich zieht sie sich auch wieder in den Himmel zurück. Wie das Spiegelbild eines Periskops, das vom U-Boot wieder eingefahren wird, verschwindet sie in völliger Schwärze. Es ist immer noch totenstill. Kein Lüftchen regt sich. Kein Geräusch ist zu hören. Nur Stille.

»Es ist vorbei, Jennie«, sagt mein Vater. »Wir können wieder nach Hause gehen.« Mit einem Blick zu mir fügt er hinzu: »Zeit, dass wir mit dem Melken zum Ende kommen, Harold.«

Ich zittere immer noch vor Aufregung. Zum ersten Mal in meinem Leben habe ich einen richtigen Tornado gesehen. Wir sind direkt auf ihn zugerast, um ihm zu entkommen, und wir haben überlebt!

»Junge, Junge, da hat Henry was verpasst!«, rufe ich, begeistert von der Geschichte, die ich mit zurück ins College nehmen werde.

Als wir zur Schulkreuzung zurückkommen, liegt immer noch eine gespenstische Ruhe über allem. Die Schule ist noch da, unbeschädigt. Aber was ist mit der anderen Straßenseite? Die neun Gebäude der Van Ess-Farm! Entweder sind sie zusammen mit dem Wäldchen, das sie umgab, dem Erdboden gleichgemacht worden, oder sie sind komplett verschwunden! Wir sehen niemanden. Kein Lebenszeichen. Aber wenn wir dem Sturm haben entkommen können, dann haben sie es bestimmt auch geschafft. Im Straßengraben liegen die Telefon- und Strommasten, die immer noch mit ihren schwarzen Drähten verbunden sind. Niemand sagt etwas. Keiner von uns traut sich, auszusprechen, was wir alle denken. Stattdessen fährt Dad etwas langsamer.

Als wir den Hügel hinauffahren, den ich früher täglich auf meinem Heimweg von der Schule überquerte, sehen wir den Dachfirst unserer Scheune nicht über seiner Kuppe auftauchen.

Dad umklammert das Lenkrad mit weißen Knöcheln. »Die Scheune«, ruft er mit sich überschlagender Stimme, »sie ist ... weg!«

Als wir dann die Kuppe erreichen, sehen wir unseren Hof. Dad hält den Wagen an und stellt den Motor ab. Wir sind in Schweigen erstarrt. Alle neun Gebäude sind zusammen mit dem Wohnhaus einfach verschwunden.

Als ob das Auto daran schuld wäre, schlägt Dad wieder und wieder mit den Fäusten aufs Lenkrad. »*Alles* ist weg«, ruft er mit einer Stimme aus, die vom Zorn auf den Tornado erfüllt ist. In wenigen Minuten ist die gesamte lebenslange Arbeit meines Vaters weggewischt worden.

Wir starren den langen Feldweg entlang. Wir starren auf das weite Land, das sich vor uns erstreckt, so weit das Auge reicht. Der Feldweg und das Land – das ist alles, was bleibt. Kein Wäldchen – nur ein Weg, der im Nirgendwo endet. Keine Scheune. Kein Schweinestall. Kein Maisspeicher. Kein Werkzeugschuppen. Kein Hühnerstall. Kein Haus. Nur ein Weg und weites, leeres Land. Tonys und Jennies »Irgendwo« ist zu einem »Nirgendwo« geworden.

Mit zusammengebissenen Zähnen und wütend angespannten Kiefern hämmert Dad wieder auf das Lenkrad ein. Dann stöhnt er in Agonie auf, als das ganze Ausmaß der Niederlage ihn übermannt. Über dem Lenkrad zusammengesunken, lässt er beide Arme schlaff herabhängen und beginnt zu weinen. »Es ist alles weg, Jennie«, schluchzt er. Er weint und weint, und immer wieder sagt er mit zitternden Lippen diesen traurigsten Satz, den ich je gehört habe: »Es ist alles weg.«

Eine Ewigkeit scheint zu vergehen, bis Dad aufhört zu schluchzen und ruhig auf dem Lenkrad liegen bleibt. Ein trügerischer Friede scheint ihn zu überkommen. Ein Strommast, der vor uns quer über der Straße liegt, versprüht knisternde Funken, als wäre Dads Zorn in ihn gefahren. Endlich hebt er seinen Kopf vom Lenkrad und öffnet die Fahrertür.

»Ihr bleibt hier«, sagt er kurz angebunden. »Ich gehe zu Fuß nach Hause.«

Mom presst wieder ihr Schmuckkästchen an sich, als wolle sie mit dieser Geste Dad beschützen. Wir weinen, als wir zusehen, wie seine einsame Gestalt den Weg zu unserer Auffahrt hinuntergeht.

Ich wende mein Gesicht von diesem ehemals unzerstörbaren, entschlossenen Mann ab. Ich ertrage es nicht, mit ansehen zu müssen, wie ein solcher Mann von Lebensumständen, auf die niemand einen Einfluss hat, zu Boden geworfen wird. Ich wische mir die Tränen ab und schaue zum Seitenfenster hinaus. Da sehe ich im Straßengraben den Kadaver von Mabel, unserem Pferd. Sie ist auf einem langen Zehner-Kantholz aufgespießt wie eine Olive auf einem Zahnstocher. Mom und Margaret haben sie auch entdeckt. Margaret und ich springen aus dem Wagen und laufen zu ihr. Margaret fällt neben ihr auf die Knie und beginnt herzzerreißend zu schluchzen. Ich bleibe ein Stück zurück, stehe völlig unter Schock. Ich kann es einfach nicht glauben. Vor einer halben Stunde war alles noch so anders ... so gesund ... so lebendig. Jetzt ist alles tot.

Ich hebe ein kleines Holzstückchen auf, wie ich es auf dem Heimweg nach der Schule, wenn ich mein Schiffchen im Graben nach Hause segeln ließ, schon so oft getan habe. Ich sehe mir den Splitter genauer an. Ist er ein Überbleibsel von meinem Zuhause? Ich lasse ihn durch meine Finger gleiten und werfe einen Blick zurück auf Mom, die immer noch schweigend und wie betäubt im Wagen sitzt.

Als Dad zurückkommt, lässt er die Schultern hängen. Seine Arme baumeln mut- und kraftlos an ihm herunter. Er lehnt sich an den Wagen, als wolle er dort Hilfe suchen.

Mit einem tiefen Seufzer verschränkt er die Arme vor der Brust, die Finger in den Achselhöhlen, die langen Daumen oben auf den Schultern. Er ist wieder ruhig und besonnen, aber ich bemerke eine Spur von Scham. Er sieht mir nicht in die Augen. Ich wünschte, ich könnte ihm unter Tränen sagen, dass ich ihn für den besten und tapfersten Mann halte, der je über die Erde ging – aber ich kann es nicht. Der Augenblick ist zu finster. Er schaut zu Boden. Dann wendet er sich Mom zu, um zu berichten.

»Es ist nichts übrig, Jennie. Der Bulle steht im Hof, benebelt, aber lebendig. Eine Kette hat sich um seine Hörner geschlungen und hängt an seinem Kopf herunter. Ich weiß nicht, wo die Scheune hin ist. Ich kann mir auch nicht vorstellen, wie er überlebt hat und warum er nicht weggeblasen worden ist.«

Mom scheint nicht zuzuhören. Sie starrt in einsamer Betäubung vor sich hin. Ob sie an den Tag denkt, an dem sie ihr gutes holländisches Leinen, das noch aus der alten Heimat stammte und das ihre Mutter ihr gegeben hat, in ihre Esszimmerschränke einräumte? Sie hatte uns immer davon erzählt, wenn sie ein Stück zum Gebrauch hervorholte. An diesem Tag waren sie in das Sears-Robuck-Haus eingezogen. Ihre Mutter hatte kein gutes Haar an der kleinen Behausung gelassen, aber es war Jennies Zuhause – Tonys und Jennies Zuhause. Sie hat uns Kinder nie vergessen lassen, dass wir stolz darauf sein konnten, was sie aus eigener Kraft und mit ihrer eigenen Hände Arbeit erreicht hatten.

Trotz Moms Abwesenheit fährt Dad fort: »Jennie, ein paar von den Kühen sind durchgekommen, draußen auf der Weide. Der Tornado ist wohl gerade so an ihnen vorbeigezogen. Aber die Hühner, die Schweine, das Haus, alle Gebäude, das Familienauto und die Garage – es ist alles weg.«

Dad dreht sich um und geht wieder zurück zur Farm. Diesmal gehen wir mit ihm. Ich lege den Arm um Mom und gehe mit ihr. Als wir die Stelle erreichen, an der früher unser schützendes Wäldchen stand, ist von den Bäumen keine Spur mehr zu sehen. Sogar die Wurzeln sind aus dem Boden heraus nach oben gesaugt worden. Kein einziger Stamm oder Ast ist zurückgeblieben.

Als wir den Hof betreten, fällt unser Blick als Erstes auf eine Muttersau, die tot in der Auffahrt liegt – ein Anblick, den ich nie vergessen werde. Ihre sechs kleinen Ferkel leben noch und saugen quiekend an ihr herum. Viel mehr gibt es nicht zu sehen. Wo noch vor einer halben Stunde unser Haus stand, ist noch nicht einmal ein Brett oder eine Glasscherbe zurückgeblieben. Kein wärmender Herd, kein Küchentisch mehr, an dem die Familie zusammenkommen kann – nichts. Auf dem ganzen Hof gibt es keinen Hinweis auf irgendein Möbelstück. Nur ein tiefes Loch, mit einem nackten Beton-Fundament. Noch nicht einmal Kies.

Es berührt mich immer noch, wenn ich an jenen schrecklichen Tag zurückdenke. Wie *sauber* der Ort war, so als hätte ein gewaltiger Staubsauger das Haus mit allen Möbeln eingesogen. Genauso war es jedem einzelnen Gebäude auf unserem Land ergangen. Nur die blanken Beton-Fundamente waren zurückgeblieben. Jeder Besitz war verschwunden, Gott allein weiß, wohin.

Diese dunkle Nacht verbrachten wir im Haus meiner verheirateten Schwester Violet, die vier Meilen westlich von uns wohnte. Sie gab uns Abendessen und Frühstück. Ich erinnere mich noch daran, dass ich meine Zahnbürste vermisste. Ich schlief in meiner Unterwäsche.

»Ich habe noch dein Taufkleid, Harold«, sagte Vi am nächsten Morgen. Es war das einzige Andenken an meine Kindheit, das übrig geblieben war, einfach nur, weil sie es für die Taufe ihrer Tochter ausgeliehen hatte. »Ich habe auch noch ein paar Fotos, die Mom mir gegeben hat, als ich heiratete.« Bis heute haben wir aus dieser Zeit nur diese wenigen Fotos, keine Unterlagen und keine Erinnerungsstücke, gleich, welcher Art. Nur mein Taufkleid war übrig geblieben und die Kindersachen, die Margaret und Violet mitgenommen hatten, als sie von zu Hause auszogen, sowie Dinge, die den Großeltern oder anderen Verwandten gehörten.

Als Violet mir das Kleidchen brachte, verbarg ich mein Gesicht in diesem weichen, makellosen Kleidungsstück. Es war für mich ein Zeichen dafür, dass Gott sein Versprechen nicht vergessen hatte, das er mir Jahre zuvor gegeben hatte, als Mom mich auf den Armen hielt und ich auf den Namen »Robert Harold Schuller« getauft wurde.

Ich hatte schon begonnen, mich zu fragen, ob ich wohl aufs *Hope College* zurückkehren würde. Mein Studium schien angesichts dessen, was geschehen war, so unbedeutend. Aber das Taufkleid erschien mir als Zeichen, dass ich meine Bestimmung nicht in Frage stellen sollte.

Wir hatten Henrys Auto gerettet, ein Chevy Coupé, das er gekauft hatte, kurz bevor er eingezogen und nach Übersee geschickt worden war. Tonys »Model T« lag völlig plattgedrückt auf einem eine halbe Meile entfernten verwüsteten Maisacker und sah aus, als sei es in eine Schrottpresse geraten. Wir fanden auch unser flach gequetschtes, zerschmettertes Haus. Es war eine Viertelmeile entfernt jenseits der Straße heruntergekommen. Das größte Teil, das wir in dem flachen Schutthaufen finden konnten, war der Rahmen unseres Klaviers. Wir durchsuchten die Umgebung gründlich, aber wir fanden nur fünf Teile des Familiensilbers und ein leinenes Tischtuch, durchlöchert, aber immerhin noch in einem Stück.

Dann sah ich noch etwas. An unserer Küchenwand hatte eine Porzellandekoration gehangen, auf der die Worte »Keep looking to Jesus«[24] standen. Die obere Hälfte war abgebrochen und lag auf dem Schutthaufen. Ich hob sie auf und las: »Keep looking«[25]. Wir *suchten* weiter, aber wir fanden nichts mehr. Also suchten wir Gottes Versorgung in den Tagen, die noch kommen sollten.

Neun Farmen waren völlig zerstört worden (glücklicherweise gab es keine Toten zu beklagen) und unsere Gemeinde berief ein Gebetstreffen ein. Die Telefone klingelten die Mitglieder der *First Reformed Church* in Newkirk zusammen. Zur Zeit des Treffens war die Kirche mit Farmern aus dem Umkreis einiger Meilen voll besetzt. Als angehender Theologiestudent war ich die einzige jugendliche Person, die öffentlich beten durfte. Aus dem Gedächtnis heraus zitierte ich die Worte des berühmten Chorals von Wesley:

»Seltsam scheinen Gottes Wege,
wenn er seine Wunder tut.
Wellen wählt er sich zum Stege,
reitet auf des Sturmes Wut.«[26]

Von der Versicherung bekamen wir für unsere Gebäude, Landmaschinen, Möbel, das getötete Vieh und die verlorene Ernte auf den Feldern eine Summe von gerade einmal 3000 Dollar. Die Hypothek auf die Farm war in zwei Monaten in voller Höhe fällig, aber, was ich nicht wusste, Dad war schon seit längerem in ernsten finanziellen Schwierigkeiten. Er hatte das Land vor 20 Jahren gekauft, als die inflationären Preise ihren Höchststand erreicht hatten. Dann waren die Preise für landwirtschaftliche Produkte in den letzten Jahren kontinuierlich gesunken. Schon bevor der Tornado zugeschlagen hatte, hatte er gelegentlich befürchten müssen, sein Lebenswerk durch eine Zwangsvollstreckung an die Bank zu verlieren. Ohne diesen 3000-Dollar-Scheck von der Versicherung hätte er alles verloren, was er jetzt noch besaß – das Land.

»Sucht weiter« – hier war sie, Gottes stille Fürsorge. Jetzt, obwohl alles weg war, sah Dad wieder einen Hoffnungsschimmer. Mit den 3000 Dollar von der Versicherung würde er vielleicht sein Land retten können.

An dem Tag, als er zur Bank fuhr, um die Angelegenheit zu besprechen, nahm er mich mit nach Orange City. Auf unserem Weg in die

Stadt sahen wir ein großes, altes Haus, das gerade abgerissen wurde. Ein Stück stand noch, sah aber mit seinen offenen Etagen wie ein Puppenhaus aus.

Mein Vater meinte, dass es groß genug wäre, um aus seinen Teilen ein neues, kleines Haus für uns zu bauen. Als wir anhielten, um es uns genauer anzusehen, erfuhr er, dass der letzte Teil noch nicht verkauft war.

»Du kannst es für 50 Dollar bekommen, Tony«, sagte man ihm. »Aber du musst es komplett selbst abtransportieren.« Dad kaufte es auf der Stelle.

»Wir kommen morgen und fangen an, es auseinander zu nehmen«, sagte Dad. Dann fuhren wir zur Bank.

»Komm herein, Tony«, begrüßte ihn dort der Bankier. »Es tut mir Leid ... es tut mir *so* Leid. Hast du die Ernte auf den Feldern auch verloren?«

»Ja, aber mir geht es um die Hypothek«, gab Dad gefasst zurück. »Ich bekomme 3000 Dollar von der Versicherung. Wenn ich euch 2000 davon für die Hypothek gebe und 1000 behalte, um ein Haus zu bauen, kann ich dann meine Farm behalten? Könnt ihr die Hypothek verlängern? Ich werde das Land an einen anderen Farmer verpachten. Dann komme ich ohne den Traktor und die Landmaschinen aus, die ich ja auch verloren habe. Aber ich habe immer noch die Milchkühe. Wir können vom Milch- und Sahnegeld leben und von dem, was im Garten wächst.«

Mr. Rowenhurst, der Bankier, hatte feuchte Augen, als Dad sein Mitleid erregendes Angebot machte. Er erhob sich und schüttelte ihm bewegt die Hand. »Okay, Tony – du bist ein guter Mann. Natürlich, wir werden einen Weg finden. Geh nach Hause. Bau dein Haus wieder auf. Wir werden dir einen neuen Kredit geben, damit du dein Land behalten kannst. Jetzt, wo der Krieg immer weitergeht, ziehen die Preise schnell an. Ein paar solide Jahre mit gutem Mais und Getreide, und du hast es geschafft.«

Jahre später erzählte mir mein Vater: »Wenn ich diese 3000 Dollar von der Versicherung nicht bekommen hätte, um sie in die Hypothek zu stecken, hätte ich die Farm nicht retten können. Das und das Mitgefühl dieses guten Bankiers haben mich vor der sicheren Zwangsversteigerung bewahrt.«

»Seltsam scheinen Gottes Wege, wenn er seine Wunder tut«, ging es mir durch den Kopf.

Wir borgten uns den großen, flachen Anhänger meines Schwagers aus und zogen ihn mit seinem Traktor in die Stadt. Dort parkten wir ihn neben dem Stück Haus, das wir tags zuvor gekauft hatten. Wir stiegen aufs Dach und fingen an, das Ding auseinander zu nehmen, und begannen dabei mit den Dachschindeln. Mit dem Latthammer zogen wir jeden einzelnen Nagel heraus und hoben ihn auf, dabei wurden die krummen mit etlichem Arbeitsaufwand wieder gerade geklopft (mit der Übung, die ich damals erworben habe, kann ich heute noch jeden verbogenen Nagel wieder richten!). Wir hoben jedes Fenster auf, jede Tür, jedes Bodenbrett. Wir bauten sogar die Schlackensteine ab, aus denen das Kellergeschoss bestand.

Dann verluden wir alles, einschließlich der Kaffeedosen voller Nägel, auf den Anhänger und zogen die wertvolle Fracht nach Hause. Dort entwarfen und bauten wir unser neues, kleines Haus, Brett für Brett, Nagel für Nagel.

Irgendwann während des Baus verlor ich mein Taschenmesser. Als das Haus fertig war und Dad und ich zurücktraten, um unser Werk zu bewundern, sahen wir eine Beule im Schindeldach. Mein Taschenmesser sollte dort bleiben, so lange das Haus stand – eine Erinnerung an den Tag, an dem Mom und Dad ihr »Irgendwo« verloren und wiedergefunden hatten.

Der Tornado hatte alle drei Farmen an unserer Straße völlig ausgelöscht und alles mit sich gerissen. Von diesen drei Farmern war Dad der einzige, der wieder aufbaute, und wir wurden zum einzigen Haus an dieser Meile Feldweg. So bekam unsere Straße nach all den Jahren endlich einen Namen: Die Leute nannten sie die Schuller-(sprich: Skaller)Straße.

15

Es war einer der schwersten Momente meines Lebens, als ich Mom und Dad verlassen musste, nachdem der Tornado alles zerstört hatte. Nicht nur, dass ich mich dabei schuldig fühlte, Dad mit dem Wiederaufbau seiner Existenzgrundlagen allein zu lassen, ich hatte auch Schwierigkeiten damit, Margarets weitere finanzielle Unterstützung zu akzeptieren, wo das Geld von Mom und Dad doch genauso dringend für neue Landmaschinen und dergleichen gebraucht worden wäre. Aber sie bestanden darauf, dass ich es annahm, jeder Einzelne von ihnen.

Immer, wenn mich Zweifel an der Richtigkeit meiner Entscheidung beschlichen, rief ich mir das Taufkleid ins Gedächtnis: mein kleines Zeichen, dass Gott mich gerufen hatte, ihm mein ganzes Leben lang zu dienen. Also wandte ich mich wieder dem Studium zu, das Teil dieses Dienstes war.

Zurück auf dem Campus zeigte sich, dass die Tornado-Geschichte, von der ich zuerst gedacht hatte, dass ich später einmal damit würde angeben können, zu einem demütig stimmenden Bericht über die Treue Gottes geworden war. Ich erzählte sie gleichwohl recht oft, aber nicht aus den Gründen, die ich ursprünglich im Sinn gehabt hatte.

Ich besaß jetzt weniger Sachen als im Jahr zuvor. Ich kam nur mit einem Anzug, den ein Nachbar gespendet hatte, und einigen wenigen ärmlichen Notwendigkeiten zurück auf den Campus. Aber ich war trotzdem dankbar für das, *was* ich hatte, und konzentrierte mich auf mein Studium, angespornt durch das Vorbild meines Vaters.

Dann eines Tages nach dem Unterricht kam ich zurück zu dem Haus, in dem ich ein Zimmer gemietet hatte, und fand es brennend vor. So wurde ich zum zweiten Mal innerhalb von zwei Monaten obdachlos und verlor auch noch die wenige Kleidung, die mir nach dem Tornado geschenkt worden war. Aber diese persönlichen Schwierigkeiten – so hart sie im Moment auch erschienen – waren schnell vergessen, als uns am Jahresende eine überraschende Nachricht erreichte.

Es war 1945, als das entsetzlichste Ereignis des 20. Jahrhunderts über uns hereinbrach. Es erschütterte jeden Schüler in *Hope* und jeden Menschen in der gesamten Zivilisation. Die Schlagzeile lautete: *Atombombe über Japan abgeworfen!*

Der Untergang Hitlers hatte dem Krieg in Europa schon ein Ende bereitet. Jetzt beendete die Bombe den Krieg in Japan. Neue Schlagzeilen verkündeten: *Friedenserklärung unterzeichnet!*

Die *Hope*-Studenten strömten nach Grand Rapids, Michigan, wo sie zusammen mit Zehntausenden von Menschen in den verstopften Straßen das Ende des Zweiten Weltkriegs feierten. Jetzt konnte ich ein Leben ohne Krieg und ohne Stürme leben – dachte ich zumindest.

Doch das war ein Irrtum.

Der Zweite Weltkrieg war zwar vorbei, aber schon bald sollte der Koreakrieg ausbrechen. Dann kam der »Kalte Krieg« zwischen Russland und Amerika. Hier standen sich Kommunismus und Antikommunismus gegenüber und bedrohten die Welt mit einer nuklearen Katastrophe. Während der Kalte Krieg andauerte, begann der Vietnamkrieg und zog sich hin, auch wenn wir schließlich den Zusammenbruch des Kommunismus erleben sollten. Von meinen Studententagen an bis in die letzte Dekade unseres Jahrhunderts hinein lebte ich meinen Dienst unter den Sturmwolken von Kriegen und Kriegsgerüchten. Es war gut, dass wir das damals nicht wussten. Wir konnten an den Frieden glauben und so feierten wir alle diesen Tag – den Tag, an dem der Zweite Weltkrieg wirklich und wahrhaftig endete.

Einige Tage später – ich arbeitete gerade in der Cafeteria – sah ich einen großen, gut aussehenden Soldaten durch die Doppeltür am anderen Ende des Saals kommen. Seine Mütze saß verwegen auf der Seite und sein dunkler Schnurrbart gab ihm das Aussehen eines Mannes, dem es die Frauen leicht machen. Nach Kriegsende hatten die Soldaten mit ihren Bildungsgutscheinen von der Regierung den Campus regelrecht überflutet. Ich vermutete, dass dieser sich einschreiben wollte und Hilfe brauchte, um sich zurechtzufinden. Ich trocknete mir die Hände ab und ging zu ihm, um ihm den Weg zur Anmeldung zu zeigen.

Da erkannte ich ihn. »Henry!«, jubelte ich. Mein Bruder war aus dem Krieg zurück! Mit den größten Schritten, zu denen unsere langen Beine fähig waren, eilten wir aufeinander zu und umarmten uns, und ich schämte mich meiner Freudentränen nicht.

Er blieb ein paar Tage bei mir, bevor er nach Hause fuhr. Er war den ganzen Weg von Pennsylvania aus, wo er entlassen worden war, per Anhalter nach Michigan gefahren. Er wollte auch den Rest des Weges nach Iowa trampen, aber zuerst wollte er ein Weilchen bei mir bleiben, als eine Art »Wiedereingewöhnungszeit« für das Zivilleben. Er befand sich erst seit wenigen Tagen wieder auf dem Boden der USA. Die Army hatte Verständnis dafür gezeigt, dass er nach dem großen Verlust, der Mom und Dad getroffen hatte, auf der Farm gebraucht wurde, und so hatten sie ihn frühzeitig entlassen.

Henry war die meiste Zeit über sehr still, und manchmal, wenn ich in seine Augen sah, konnte ich sehen, dass er Welten entfernt war. Wenn ich tiefer hätte blicken können – mir hätte bestimmt nicht gefallen, was ich dort gesehen hätte. Er war Krankenträger an der Front gewesen. Das bedeutete, dass er hinaus auf die Schlachtfelder lief und die Lebenden und Toten untersuchte, in der Hoffnung, einen Soldaten zurückzubringen, der die Chance hatte, seine Wunden zu überleben. Die Bilder in seinem Geist hätten mich mit Sicherheit meiner unschuldigen Unwissenheit beraubt. Ich hätte den Tag gesehen, an dem er das Kopfende einer Trage hielt, während neben ihm seine Freunde mit einer zweiten Trage und ebenfalls einem Verwundeten liefen. Eine Granate schlug ein und alle wurden getötet; Krankenträger und Verwundete. Er war der Einzige, der ins Lager zurückkam.

Solche Geschichten erfuhr ich jedoch erst, als es ihm die Jahre etwas – aber auch nur *etwas* – leichter machten, davon zu erzählen.

Henrys zweitägiger Besuch war viel zu kurz. Als es für ihn Zeit wurde, Abschied zu nehmen und nach Hause zu Mom und Dad zu fahren, fragte ich mich, wie es ihm wohl ergehen würde. Vielleicht würde die Farm sich als heilsam erweisen, wo sie doch so weit von Gewalt und Blutvergießen entfernt war. Vielleicht würde er Frieden, Ruhe und Sicherheit finden, wenn er sich wieder dem zuwandte, was ein so zentraler Teil seines Wesens war: dem sanften Umgang mit Tieren.

Einige Jahre später hat Henry dann geheiratet und die Farm gekauft. Mit seiner Frau Alberta zog er in das kleine Haus, das Dad und ich nach dem Tornado gebaut hatten, und fing an, selbst das Land zu bestellen. Mit dem Geld von Henry waren meine Eltern in der Lage, sich ein hübsches Heim in Alton, Iowa, zu kaufen, wo sie sich nach den langen Jahren der Farmarbeit zur Ruhe setzen konnten. Nur wenige Jahre, nachdem sie in dem Tornado alles verloren hatten, fanden sich Tony und Jennie in einer Umgebung wieder, die für sie puren Luxus bedeutete. Mein »reicher« Großvater, John Henry Beltman, zog mit ihnen in das geräumige, neue Zuhause und brachte seine besten Möbel mit: einen Esszimmertisch mit sechs Stühlen und seinen gewaltigen, fabelhaften Schaukelstuhl! All diese Dinge habe ich später geerbt und erfreue mich noch heute in meinem Heim in Kalifornien daran.

Der Krieg lag hinter uns. Es war mein drittes Jahr in *Hope* und der Campus war plötzlich mit männlichen Schülern überflutet. Verbindungen schossen über Nacht aus dem Boden. Vorher hatte es auf dem Campus nur eine Verbindung gegeben, nämlich die, die ich zusammen mit etwa 30 anderen Jungs gegründet hatte. Wir nannten sie die *Arcadian Fraternity*[27] und wir trafen uns jede Woche zu Spaß und Geselligkeit. Aber jetzt, mit unserer gestiegenen Mitgliederzahl, fingen einige dieser Neuzugänge und ich an, nebenher vierstimmig alte Folksongs zu singen. Unter dem Namen *The Arcadian Four*[28] wurden wir zum inoffiziellen Männergesangsquartett des *Hope Colleges*. Wir gaben Konzerte in der Stadt, bei College-Festivitäten und in den örtlichen Gemeinden. Und wir waren gut, auch wenn ich das selbst sage!

Als wir bekannter wurden, kamen nach und nach auch Einladungen von außerhalb der Stadt. Schließlich hatte ich die Idee, dass wir im Sommer auf Tour gehen sollten. Wir würden in Michigan anfangen und dann von Stadt zu Stadt weiterziehen – bis nach Kalifornien, wenn uns das gelingen sollte. Ich sah uns dabei als eine Art reisende Public-Relations-Abteilung der Schule.

»Großartige Idee!«, sagte Dr. Lubbers, der Dr. Wichers als Dekan des Colleges abgelöst hatte.

Also begannen wir vier zu planen – meine Wenigkeit und meine Mitsänger Bill Miedema, Warren Heitbrink und Ken Leestma. Meine Stimme hatte sich vom ersten Tenor in der Highschool zum zweiten Bass in diesem Quartett entwickelt. Weil ich von Natur aus der »Redner« war, wurde ich auch automatisch zum Zeremonienmeister bei all unseren Konzerten. Mit anderen Worten: Ich war derjenige, der ums Geld bitten musste.

Wir dachten, wir könnten Kens alten Pontiac nehmen, aber als er über die Entfernung nachdachte, bekam er kalte Füße.

»Das schafft meine alte Kiste auf gar keinen Fall«, sagte er. Aber jetzt einen Rückzieher zu machen, würde bedeuten, dass wir all die Kirchen, mit denen wir schon Termine vereinbart hatten, im Stich lassen würden. Und das war einfach inakzeptabel. Wir versuchten, Ken zu überreden.

»Oh, kommt schon, Jungs! Ich glaube wirklich nicht, dass das geht. Mein Kilometerzähler ist gerade umgesprungen, die alte Karre hat 90.000 Meilen auf dem Buckel. Wollt ihr als Anhalter enden? Darauf läuft es nämlich hinaus!«, warnte er uns.

Seine Augen bettelten um Verständnis, das wir aber verweigerten. Er versuchte es wieder: »Die Reifen sind schon völlig abgefahren. Glaubt ihr wirklich, die alte Mühle schafft es den ganzen Weg nach Kalifornien und zurück? Ihr seid verrückt – alle drei!«

Wir schauten ihn nur weiter wortlos an, mit leicht auf die Seite geneigten Köpfen und den Händen auf den Hüften.

»Oh, nee, Jungs«, protestierte er. »Wir müssen durch die Wüste und über die Berge und ...«

Ich unterbrach sein Gejammer. »Hab doch ein bisschen Glauben, Ken! Lass uns einfach losfahren und sehen, wie weit wir kommen! Was ist denn schon dabei, wenn wir zurück trampen müssen?«

Die anderen beiden stimmten begeistert zu. Ken verzog das Gesicht, aber für den Rest des Abends sagte er nicht mehr viel.

Wir waren dabei, unseren Traum Wirklichkeit werden zu lassen. Wir hatten kein Geld, und niemand konnte uns garantieren, dass wir auf der Fahrt keine schwerwiegenden Probleme haben würden. Jahre später sollte ich die Lektion weitergeben, die ich damals lernte: *Mach deine*

Entscheidungen niemals von Problemen abhängig, die möglicherweise auftauchen könnten!

Das war ein ganz schönes Abenteuer in Sachen Möglichkeitsdenken!

Ich arbeitete jetzt nicht mehr in der Cafeteria, sondern hatte inzwischen einen Job als Kellner in einem feinen Freizeitclub. Ich würde jedoch den Job in *Castle Park* kündigen müssen, um bei unserer Reise quer durchs Land dabei sein zu können, in der Hoffnung, dass sie mich im Herbst wieder anstellen würden. Keiner von uns hatte irgendetwas gespart. Das Geld, das wir verdienten, brauchten wir für Schulutensilien, Verpflegung und Unterkunft. Wir würden in den Privathäusern der Gemeindemitglieder übernachten und nach jedem Konzert für Benzin sammeln müssen.

»Hey, ich hab eine Idee!«, fiel es mir eines Tages ein. »Wir sollen doch fürs ›Hope College‹ Werbung machen, richtig?«

»Ja«, stimmten sie zu, wenn auch zögernd. Sie hatten nicht allzu lange gebraucht, um zu merken, dass, wenn Bob Schuller eine Idee hatte, es meistens um etwas Ungewöhnliches ging, etwas, das riskant war und Arbeit bedeutete!

»Kommt schon, Jungs«, sagte ich, »das ist wirklich keine schlechte Idee. Hört mal zu: Lasst uns zur Holzschuhfabrik in der Stadt gehen und einen richtig großen Holzschuh kaufen.«

»Was um alles in der Welt sollen wir denn damit anfangen?«, fragte Warren misstrauisch. Er war nicht gerade dafür bekannt, ein Visionär zu sein.

»Wir lassen in der Fabrik den Namen ›Hope College‹ auf den Schuh brennen und dann befestigen wir ihn auf Kens Kühlergrill!« (Der Ausdruck auf Kens Gesicht war wirklich sehenswert!)

Ich fuhr fort: »In jeder Stadt, in die wir kommen, werden sie gleich sehen, mit wem sie es zu tun haben. Der Schuh wird unser Markenzeichen!«

Ich war begeistert. Sie waren es nicht. Aber da ich stets darauf aus war, meine Fähigkeiten im Debattieren einzusetzen, hatte ich sie innerhalb weniger Minuten auf meiner Seite.

Schließlich kam der Tag, an dem wir vier uns in den Wagen zwängten, der mit unseren Sachen schon beinahe überladen war. Dann sagten wir Holland, Michigan, ade.

Wir fuhren zuerst nach Wisconsin, um dort Sam Postma, unseren Organisten für die Tour, abzuholen. Von dort wollten wir nach Iowa und Nebraska und weiter nach Colorado. Dann, wenn das alte Auto noch mitmachte, würden wir uns die Rockies vornehmen und Kalifornien anvisieren. Wir hatten begeisterte Antworten von holländisch-reformierten Gemeinden auf der ganzen Route.

Unterwegs zeigten andere Autofahrer und Fußgänger auf unseren Holzschuh und lachten. Wir waren stolz. Der Holzschuh wurde tatsächlich zu unserem Markenzeichen. Ich habe diesen Holzschuh noch heute zu Hause in meiner Bibliothek!

Wir fuhren den ganzen Tag und kamen um elf Uhr abends in Vriesland, Wisconsin, an. Wir parkten den Wagen im Stadtzentrum an der Hauptstraße. Und nun?

Sams Anweisungen waren aberwitzig gewesen. Er hatte uns gesagt, dass wir in die Stadtmitte fahren (die Stadt war gerade mal zwei Häuserblocks lang), irgendwo mitten auf der Straße parken, aussteigen und seinen Namen rufen sollten.

Wir waren wegen unserer Abreise so aufgeregt gewesen, dass wir den Plan überhaupt nicht in Frage gestellt hatten. Aber jetzt, wo wir hier waren, mitten in der Nacht, in der schlafenden Stadt, kamen wir uns wie Idioten vor.

Zögernd stiegen wir aus dem Sedan, standen ein Weilchen um ihn herum und sahen uns an. Schließlich sagte ich: »Also los, Bill!« Er war der andere Extrovertierte in unsrer Truppe. Wir nickten uns zu, und unter der Führung von Bills lauter Stimme und während die Stadt schlafend und dunkel um uns lag, brüllten wir alle los: »Sam! Sam Postma! SAM!«

Ken und Warren war die Sache peinlich und sie fingen an zu kichern. Gerade, als Bill und ich Luft holten, um noch einmal zu rufen, wurde direkt über unseren Köpfen ein Fenster aufgerissen, und jemand lehnte sich hinaus.

»Hey, Jungs! Kommt hoch!«

Sam, der über dem Ladengeschäft seiner Familie wohnte, hatte sich gedacht, dass es ein Spaß sein würde, zu sehen, wie wir seine Instruktionen ausführten. Er war sehr erfreut, dass wir uns aufs Wort daran gehalten hatten. Alle fünf fingen wir an, zu juchzen und zu rufen und zu lachen, und vergaßen ganz die schlafenden Anwohner. Dann, als die Lichter die Straße entlang anzugehen begannen, verstummten wir und liefen los, um Sam zu treffen.

Dieses Erlebnis versorgte mich mit Stoff für meine erste Mini-Predigt vor unserem ersten Kirchenkonzert. Ich erzählte die Geschichte von unserem Rufen in der Nacht und interpretierte sie als eine gute Glaubenslektion. Dabei hoffte ich, dass die Geschichte unser Publikum animieren würde, großzügig für diese völlig abgebrannten, aber optimistischen Jungs zu spenden. Ich bezog mich dabei auf einen Bibelvers in Jeremia, Kapitel 33, Vers 3, der lautet: »Rufe zu mir, so will ich dir antworten und dir große und unfassbare Dinge zeigen, die du nicht kennst.«

An diesem Tag war ich dankbar (wie ich es seither oft gewesen bin), dass das Predigen eine einseitige Angelegenheit ist. Denn wenn dieses erste Publikum mich genauer nach den »großen und unfassbaren Dingen« gefragt hätte, hätte meine Beweisführung auf schwachen Füßen gestanden. Immerhin hatte unsere Reise gerade erst begonnen. Als ich dann später, nach unserer Rückkehr ans College, dieselbe Predigt erneut hielt, hatte ich jede Menge Beispiele für Wunder.

Wir hatten bei unserem ersten Konzert-Stopp eine Menge Spaß. Die Musik war der Hit, und wir zogen weiter in meine Heimat, um in der *First Reformed Church* in Orange City zu singen, dort, wo ich vor vier Jahren mein öffentliches Bekenntnis geleistet hatte.

Mom und Dad waren an diesem Abend, an dem sie ihren Sohn vor vollem Haus singen hörten, sehr stolz. Obwohl sie es nicht aussprachen, konnte ich es ihren strahlenden Gesichtern ansehen. Nicht allzu weit von ihnen entfernt saß eine junge Schülerin der *Newkirk High*, eine echte Schönheit, die Schwester meines Kumpels John DeHaan. Als ich sie von der Bühne aus sah, machte ich mir in Gedanken eine Notiz, John nach ihr zu fragen. Aber ich würde damit warten müssen. Über Nacht würden wir bei meiner Familie bleiben und am nächsten Morgen mussten wir früh los. Da waren Orte, die uns erwarteten, Verpflichtungen, die wir zu erfüllen hatten.

Auf das Konzert in Orange City folgte am nächsten Abend eines in Holland, Nebraska, 40 Meilen südlich von Lincoln. Die Straße nach Holland führte uns an Macy, Nebraska, vorbei, in der Nähe einer Sioux-Reservation, in der ich den vergangenen Sommer verbracht hatte. Als Theologiestudent im Grundstudium hatte ich dort ein Praktikum bei der *Native American Mission*[29] gemacht. Während dieses Praktikums war ich einige Male mit einem hübschen Mädchen aus gewesen, die die Tochter eines der Missionare war.

»Können wir nicht kurz vorbeischauen?«, bat ich die Jungs, als wir in die Nähe der Stadt kamen. Es war früher Nachmittag, und wir hatten noch ein paar Stunden Fahrt vor uns, bevor wir Holland erreichen würden. Ich dachte, dass ein kurzes Wiedersehen mit meiner nicht allzu ernsthaften Sommerbeziehung uns immer noch genügend Zeit lassen würde, Holland zu erreichen, unsere Abendgarderobe anzulegen, zu proben und um sieben in der Kirche zu sein. Warren, immer der Vernünftige in der Truppe, gab zu bedenken: »Aber es ist schon zwei Uhr!«

In Gedanken ging ich noch einmal den Reiseplan durch, und ich war nach wie vor der Meinung, dass wir jede Menge Zeit hatten, also betrieb ich die Sache weiter: »Hey, ich habe hier *gelebt*, erinnert ihr euch? Ich sage euch: Holland ist gar nicht weit die Straße hinunter. Wir haben alle Zeit der Welt. Nun kommt schon.«

Wir fuhren 20 Meilen nach Osten zum Haus meiner Bekannten. Überraschenderweise war sie zu Hause und ihre Familie bewirtete uns mit Keksen und Limonade. Ich fühlte mich großartig, entspannt und romantisch, aber Warren war unruhig. »Los jetzt, Jungs. Wir müssen weiter!« Ich umarmte meine Freundin noch schnell und weg waren wir.

Während wir die letzten 20 Meilen wieder zurückfuhren, wurde Warren immer unruhiger. Der Feldweg, der zur Hauptstraße zurückführte, erschien auf einmal holpriger, als er auf der Hinfahrt gewesen war. »Das Konzert fängt schon in vier Stunden an!«, sagte er drängend. Kaum hatte er das gesagt – *BÄNG!* –, da platzte ein Reifen.

Ich sackte auf meinem Sitz zusammen und schlug die Hände vors Gesicht. Ich konnte es nicht glauben! Ich konnte es einfach nicht glauben! Einige Augenblicke saßen wir wie erstarrt, bis Warren in wilde Geschäftigkeit ausbrach.

Unter seiner Führung stürzten wir zum Kofferraum und warfen fast alles hinaus, um an das Reserverad zu gelangen. Es sah zwar nicht sehr vertrauenerweckend aus, aber es war alles, was wir hatten. Wir griffen uns den Wagenheber, kurbelten den Wagen hoch und wechselten den Reifen in Rekordzeit. Aber wir waren zehn Meilen von der Reservation und zehn Meilen von der Hauptstraße entfernt – eine Menge schlechter Wegstrecke in jeder Richtung. Unsere Gesichter verrieten, was wir alle dachten, was aber keiner auszusprechen wagte: *Auf keinen Fall. Wir werden es nie schaffen.*

»Vorwärts. Los geht's!«, rief Bill. Wir warfen die Sachen wieder in den Kofferraum und zischten los.

Ken versuchte, uns zu beruhigen, während der Wagen durch die Spurrillen holperte. »Keine Sorge, Jungs. Wir schaffen das schon. Ich trete aufs Gas. Mein Auto packt das!«

Nun, *das* war mit Sicherheit eine Überraschung – Optimismus von Ken?! Dann verriet er seine wirkliche Sorge: »Ich hoffe bloß, dass *der* hier nicht auch noch platzt.« Ich schaute ängstlich und in angespannter, gebetserfüllter Wachsamkeit aus dem Seitenfenster. »Ich hoffe auch, dass der Motor durchhält«, fügte er noch hinzu.

Entgegen unseren Befürchtungen kamen wir mit dem Reserverad prima bis zur Hauptstraße. Etwas zuversichtlicher eilten wir jetzt auf Lincoln zu und im Augenblick sah alles ganz gut aus. Wir würden es doch noch schaffen! Da fing der Pontiac an zu husten: *Spatter, patt-patt, spatter*. Zum Glück kamen wir gerade an einer Autowerkstatt vorbei.

»Fahr da rein!«, schrien vier Stimmen gleichzeitig auf Ken ein.

Er bog in die Werkstatt ein und ein sich langsam bewegender Mechaniker schlenderte gemächlich zum Wagen heran und öffnete die Haube.

»Ausmachen!«, rief er und untersuchte den Motor flüchtig. Nach ein paar Minuten erschien er am Fahrerfenster, wobei er sich die ölverschmierten Hände an einem schmutzigen grünen Tuch abwischte. »Sieht so aus, als ob du 'n paar neue Zündkerzen brauchst. Dauert nicht lange.« Gute Neuigkeiten. Aber Warren schaute auf seine Uhr.

Er funkelte mich wütend an, dann verkündete er bissig: »Es ist Viertel nach sechs.« Der Veranstaltungsort in Holland war immer noch meilenweit entfernt.

Bill sagte: »Wir ziehen uns lieber schon mal um. Am besten ziehn wir uns hier an, während die Zündkerzen gewechselt werden.« Wir alle griffen uns unsere Hemden und Anzüge aus dem Kofferraum. Bill brüllte zu dem Mechaniker hinüber: »Hey, wo können wir uns hier umziehen?«

»Da drüben«, bot dieser uns an und deutete auf einen separaten Raum, in dem die Autos lackiert wurden.

Nur Minuten später tauchten fünf elegant gekleidete Männer in schwarzen Anzügen, mit weißen Hemden und schwarzen Fliegen aus der Lackierkabine auf. Sämtliche Mechaniker und Tankwarte drehten sich um und starrten uns an.

»Anlassen!«, befahl der Mechaniker. Der Wagen lief wunderbar!

In Minutenschnelle hatten wir die Stadt hinter uns gelassen. Wir fuhren so schnell es ging, um die letzten vierzig Meilen in den verbleibenden 40 Minuten hinter uns zu bringen. Wir hatten eine Chance, wenn auch nur eine sehr geringe. Zumindest waren wir schon umgezogen. Wir konnten direkt aus dem Pontiac in die Kirche springen.

Der Adrenalinspiegel in dem kleinen Wagen war hoch. Dann ... *BÄNG!*

Was war das? Nein, das kann doch nicht sein!

Wir schlitterten an den Straßenrand. Noch ein kaputter Reifen. Alle fünf brachen wir in unseren Sitzen zusammen. Keiner sagte ein Wort.

Ein geplatzter Reifen hatte auch unsere Pläne platzen lassen. Jegliche Hoffnung, noch rechtzeitig zum Konzert zu erscheinen, war dahin. Sogar Warren war zu niedergeschlagen, um noch wütend zu sein. Jetzt mussten wir zusehen, wie wir mit der Kirche Kontakt aufnehmen konnten. Da würde eine schöne Menschenmenge auf unser geplatztes Konzert warten.

Plötzlich sahen wir einen Wagen mit einem roten Blinklicht schnell auf uns zukommen. Ein Polizist! Der Wachtmeister hielt schwungvoll neben uns und hörte sich unsere Leidensgeschichte an.

»Kommt«, sagte er, »steigt ein. Ich bringe euch schon noch rechtzeitig hin!«

Wir ließen den Pontiac zurück, kletterten auf den Rücksitz des schwarz-weißen Nebraska-State-Highway-Patrol-Wagens und los ging's in Richtung Horizont. Ken lehnte sich nach vorne, um den Tacho zu beobachten. »90 Meilen[30] die Stunde!«, berichtete er uns später.

Um zwei Minuten vor sieben, der Zeit, zu der das Konzert beginnen sollte, hielt sich der größte Teil der Menge draußen auf und wunderte sich, dass wir immer noch nicht da waren. Diese Verwunderung steigerte sich noch, als sie die Sirene hörten und das blinkende Rotlicht sahen, während wir über die Landstraße herangerast kamen.

Der Wachtmeister fuhr recht schwungvoll an der Kirche vor und wir öffneten die Wagentüren. Die Menge applaudierte, als wir cool und lässig ausstiegen, fein gekleidet und mit einem Lächeln. (Als ich Jahre später die Aufnahmen von den *Beatles* sah, wenn sie irgendwo wieder ihre Ankunft zelebrierten, musste ich immer lachen, weil ich mich an diesen Augenblick erinnert fühlte.) Wir hatten wirklich das Gefühl, dass wir etwas Großes darstellten, als wir in unseren schwarzen Anzügen und mit Fliege aus dem Polizeiwagen ausstiegen. Das hier war der bei weitem dramatischste Auftritt während unserer ganzen Fahrt.

Ich schenkte Warren ein triumphierendes Lächeln und sagte: »Siehst du, wir haben es geschafft. Ich hab's ja gesagt.«

Nun, dieses Konzert brachte uns die höchsten Einnahmen der ganzen Tour. Man bot uns Betten in den Häusern der Gemeindemitglieder an, wie üblich, aber zusätzlich bekamen wir von einer örtlichen Tankstelle zwei gute, gebrauchte Reifen zu einem echten Sonderpreis. Obwohl ich der Grund für unser Beinahe-Fiasko war, erntete ich die Lorbeeren dafür, dass Ken zwei fast neue Reifen bekommen hatte. Als wir die Stadt verließen, hatten wir wieder vier gute Reifen und obendrein ein neues Ersatzrad. Den ganzen Weg bis zur Westküste lachten wir über unser Abenteuer in Holland, Nebraska.

Bei jedem Konzert nahmen wir genügend Geld ein, um das nächste Etappenziel zu erreichen, aber wir behielten kaum etwas übrig. Wenn es doch einmal vorkam, brauchten wir es meistens für einen der wenigen Abende, an denen wir Geld für ein Motel zusammenkratzen mussten. Eines Abends standen wir vor einem Dilemma: Wir hatten gerade genügend Geld für ein Zimmer, aber der Besitzer weigerte sich, mehr als zwei Gäste pro Zimmer zuzulassen.

»Nein, ihr *könnt nicht* auf dem Fußboden schlafen«, antwortete er unnachgiebig auf unsere Bitte hin. »Es gibt ein Doppelbett in dem Zimmer, in dem zwei von euch schlafen können – und nicht mehr. Ich hole die Polizei, wenn ihr versucht, mich reinzulegen!« Der miesepetrige Inhaber hätte genauso gut sagen können: »Ich habe keinen Platz für euch, wenn ihr nicht mit mehr Geld rüberkommt!« – was wir nicht hatten.

Wir zogen Namen, um auszulosen, wer im Wagen schlafen sollte. Bill legte sich auf den Rücksitz, und Sam und ich schliefen mit verdrehten und verknoteten Beinen vorne, bis wir schließlich die Fenster herunterkurbelten. Das muss nett ausgesehen haben – meine Füße hingen auf der einen Seite zum Auto heraus, Sams und Bills auf der anderen.

Als wir in Denver ankamen, hieß uns ein Bekannter vom College in seiner Kirche willkommen. Wir waren zeitig angekommen, und er hatte vor, uns ein bisschen herumzuführen und uns mit einigen Leuten bekannt zu machen. Das hörte sich gut an: In der dritten Woche, die wir jetzt rund um die Uhr zusammen waren, konnten wir ein bisschen Abwechslung von unserer eigenen Gesellschaft gut gebrauchen. Unser Freund stellte uns einigen Mädchen vor, und wir verabredeten, uns nach dem Konzert noch auf ein Sodawasser zu treffen. Unser Gesang war an diesem Abend besonders gut, vielleicht, weil wir wussten, dass die Mädchen unter den Zuhörern waren. Am Ende hielt ich eine großartige Rede, und wir beendeten unser Programm in der Zuversicht, dass wir ihre Zuneigung gewonnen hatten.

Wir hatten uns gerade wieder umgezogen, als der Pastor der Kirche uns aufsuchte. »Jungs«, sagte er, »das war wunderbar! Wir sind so dankbar, dass ihr uns in euer Tourneeprogramm aufgenommen habt. Wir haben seit Jahren keine so fantastische Musik mehr gehört!«

Wir warfen uns ein bisschen in die Brust, als wir die Anerkennung entgegennahmen.

Er fuhr fort: »Meine Ältesten und ich sind zusammengekommen ...«

Jetzt kommt es, dachte ich. *Sie haben eine große Spende zusammengelegt, weil sie so beeindruckt waren! Wir haben ihre Herzen gewonnen –*

vielleicht ich, mit meiner Rede! Wunderbar: Jetzt können wir den Mädchen ein Soda kaufen und vielleicht bleiben noch ein paar Extra-Dollar für Kalifornien übrig!

»Jungs ... meine Ältesten und ich haben beschlossen, dass wir euch einfach zu einem guten, hausgemachten Abendessen einladen müssen. Es ist bestimmt ein paar Tage her, dass euch jemand etwas Gutes gekocht hat. Also, ihr Jungs kommt jetzt gleich mit uns, und wir gehen in mein Haus, wo die Frauen schon das Essen vorbereiten. Heute Abend werdet ihr gut speisen. Ihr habt es verdient!«

»Aber ... aber ...«, versuchten wir verzweifelt zu protestieren, während wir sahen, wie unser Freund mit den Mädchen herankam. Schon standen sie wartend in der Tür.

»Nein, Jungs, das ist jetzt überhaupt kein Problem. Kommt einfach gleich vorbei. Hier, Warren, ich werde dir den Weg erklären.«

Bill und ich schauten zum Fenster hinaus und sahen traurig zu, wie unser Freund mit den Mädchen in seinen Wagen stieg und abfuhr – ohne uns.

Wir verließen die Stadt noch am gleichen Abend. Man hatte uns Zimmer in den Häusern unserer Gastgeber angeboten, aber wir wollten jetzt lieber schnell von dort weg. Und außerdem waren wir auf dem Weg nach Kalifornien! Keiner von uns konnte schlafen und so fuhren wir die ganze Nacht hindurch.

Wie kamen gut voran: Ein paar Stunden später, irgendwo in den Rockies, beobachteten wir, wie das Licht der aufgehenden Sonne auf die gewaltigen, hoch aufragenden Gipfel fiel! Die Straße führte nach Flagstaff; ein Hügel von 1 600 Metern erhob sich mit einer steilen Steigung vor uns. Wenn unser müder alter Pontiac das schaffte, würde es für den Rest der Strecke nur noch bergab gehen.

Aber für Kens arme alte Kiste war das einfach zu viel. Wir hatten den steilen Anstieg gerade erst begonnen, als der Pontiac zu stottern anfing und schließlich mit dampfendem Motor stehen blieb. Wir hatten ein wenig Trinkwasser im Wagen, das wir in den Kühler schütteten. Wir ließen den Motor etwas abkühlen und entschieden uns dann, es noch einmal zu versuchen – aber diesmal mit nur dreien von uns im Wagen. Bill und ich boten uns an, per Anhalter zur Passhöhe zu fahren. Inzwischen fuhren Sam, Warren und Ken weiter. Als Bill und ich den Gipfel erreichten, saßen sie schon seit über einer Stunde dort und lachten uns aus.

Wir hatten jetzt ernsthafte Bedenken, dass Kens Auto uns noch bis zur Küste bringen würde, geschweige denn zur Küste *und wieder zurück!* Hin und wieder fragte einer von uns Warren, der als Schatzmeister fungierte, wie viel Geld wir denn noch übrig hätten: Hatten wir genug für eine Busfahrkarte zurück nach Michigan? Wie war es mit *fünf* Fahrkarten? Die Antwort war immer ein kühles, knappes Nein.

Trotz alledem, ich zumindest bereute nichts. Die Straße, die von den Rockies zum Pazifik führte, hatte diesem 18-Jährigen unglaubliche Bilder vor Augen geführt. Berggipfel, die in den Wolken verschwanden, himmlisch und zerklüftet; Hochebenen, die in den Farben des Südwestens in der Sonne aufleuchteten: Bronze, Gold und Purpur. Unsere amerikanische Landschaft beschenkte mich mit wunderbaren Bildern, die sagenhaft und magisch waren.

Unter der heißen Sonne fuhren wir durch die Wüste. Voller Ehrfurcht betrachteten wir etwas, das wir noch nie zuvor gesehen hatten – einen Wald aus Kakteen. Die größten dieser fremdartigen, stacheligen Pflanzen waren wie Bäume ohne Äste. Da standen sie, nackt und bloß, wie verwachsene, angeschwollene Ulmen oder Pappeln und reckten ihre dicken Finger in einen wolkenlosen Himmel.

Nach und nach veränderte sich die Szenerie von unfruchtbarem Braun zu sattem Grün und die Kakteen wurden durch Palmen ersetzt.

Als wir näher zur Küste kamen, sahen wir die ersten Orangenhaine, und der Duft von Orangenblüten drang durch die geöffneten Fenster in unseren Wagen. Wir waren verzaubert von dem himmlischen Aroma, hielten an einem offenen Hain, und jeder von uns pflückte eine Orange. Wir schälten sie und kosteten das süße Fruchtfleisch. Dann, dank der langen Sommertage und einer neuen Zeitzone, erreichten wir den Ozean bei Sonnenuntergang!

Wow! Das war alles, was ich denken konnte. *Wow!* Die Sonne schimmerte auf den blauen Wellen, und es sah aus, als ob man flüssiges Silber auf die aufgewühlte See gegossen hätte. Die Brise berührte unsere Gesichter wie ein kühlender Rausch. Und der salzige Duft der See – ich wusste nicht, woher er kam. Es war ein Geruch, dem ich noch nie zuvor begegnet war, so völlig verschieden vom Geruch des Farmlands.

Wir streiften unsere Schuhe ab und liefen barfuß über den sandigen Strand. Die Wellen rollten träge heran und benetzten unsere hochgekrempelten Hosenbeine, aber das störte uns nicht im Geringsten.

Diese milde Witterung, so ganz anders als die heißen und schwülen Sommer zu Hause, lud uns ein, zu bleiben ... und zu bleiben ... und zu bleiben. Und dann fühlte ich es – ein Ziehen in meinem Herzen, den Drang, *wirklich* zu bleiben!

Nicht *jetzt*, antwortete ich still meiner fremden, neu erwachten Leidenschaft. *Nicht jetzt, aber eines Tages. Dann wird das hier der Ort sein, an dem ich mein Leben als Prediger verbringe.* Und ich meinte jedes Wort davon. Alles an diesem Ort schien zu sagen: »zu Hause«. Alles hier stimmte mein Herz leicht und zuversichtlich. Ich konnte es fühlen: Das hier war es. Ich hatte es gefunden! Ich hatte es geschafft! Ich war hier! Auch wenn es nur ein Besuch war, eines Tages, so gelobte ich mir, würde ich wiederkommen.

Die Konzerttour kam in der folgenden Woche zu ihrem Abschluss und, *oh*, wie sehr war ich durch sie weitergekommen. Ich hatte gelernt, dass man von Nirgendwo überall hinkommen kann, auch ohne Geld, wenn man sich nur genug danach sehnt und einen von Gott inspirierten Traum hat. Ich hatte auch gelernt, dass, was auch immer geschieht, deine Träume dich nie dort zurücklassen, wo sie zu dir gekommen sind.

16

1947 machte ich meinen College-Abschluss; mein erstes Lebensziel – dieser Weg von fast 20 Jahren – entwickelte sich ganz nach Plan. Grundschule: beendet. Highschool: abgeschlossen. College-Abschluss: frisch in meiner Tasche. Jetzt nur noch drei Jahre, und der Traum, dem ich im Alter von fünf Jahren begonnen hatte zu folgen, würde Wirklichkeit werden.

Ich war 21, als ich ins *Western Theological Seminary* eintrat, eine der beiden theologischen Hochschulen der Reformierten Kirche in den Vereinigten Staaten. Die zweite befand sich in New Brunswick in New Jersey. Die *Western* bediente hauptsächlich die Reformierte Kirche im Westen und mittleren Westen. New Brunswick war für die Reformierte Kirche im Osten zuständig. Beide Schulen hatten jedoch die uneingeschränkte Anerkennung der *American Association of Theological Seminaries*.

Welchen akademischen Grad würde der Abschluss dieses dreijährigen Seminars mir einbringen? Ph. D.? Nein. Th. D.? Nein. D. D.? Nein.[31] Es würde überhaupt keinen akademischen Grad geben! Obwohl von den Seminaristen der Nachweis profunder Kenntnisse in zwei Fremdsprachen – nämlich Griechisch und Hebräisch – verlangt wurde, bevor sie zur Graduierung zugelassen wurden, gab es lediglich ein »Professorales Zertifikat«, wenn man sich nicht entschied, eine wissenschaftliche Arbeit zu verfassen oder an einem anerkannten Arbeitsprojekt des Fachbereichs teilzunehmen. Dadurch konnte man sein Zertifikat zu einem Bachelor-Abschluss aufwerten.

Ich wusste, dass ich diesen Abschluss brauchte, also entschied ich mich für eine wissenschaftliche Arbeit. Ich hatte in den vergangenen Jahren ein wachsendes Interesse an einem französischen Anwalt namens Jean Caulvin[32] – Johann Calvin – und seinem vierbändigen Hauptwerk »Unterweisung in der christlichen Religion«[33] entwickelt. Das war keine leichte Lektüre. Die vier Bände waren schwer und umfangreich. Aber meine Liebe zum Debattieren hatte in mir den Wunsch entfacht, mich mit dem Denken dieses Anwalts, der zum Theologen wurde, auseinander zu setzen. Die tiefe und beeindruckende Logik von Calvins Schriften stellte für meinen Verstand eine gewaltige Herausforderung dar.

Johann Calvin hatte die Reformierte Kirche gegründet, während Martin Luther seine protestantisch-lutheranische Kirche aufbaute. Weil Johann Calvin Anwalt war, brachte er seine Argumente auf eine präzise und logische Art und Weise vor, sodass der Leser am Ende nicht umhin konnte zu sagen: »Ja, *das* ergibt Sinn!«

Neben dem normalen Seminarstudium nahm ich Calvins profunde Argumente vollkommen in mich auf, indem ich immer wieder seine Bücher las, von denen ich völlig gefangen genommen war. Unter der Aufsicht meiner theologischen Fakultät verfasste ich den ersten thematischen und biblischen Index zu seinem vierbändigen Hauptwerk, womit ich mich für die Bachelor-Arbeit qualifizierte. Dieses Projekt wurde von meinem Professor, Dr. John Mulder, begeistert aufgenommen.

Die nächsten drei Jahre würde ich mich mit diesem Projekt beschäftigen, aber ich hatte keine Ahnung, worauf ich mich da eingelassen hatte. Ich hatte mich dafür entschieden, eine großartige Möglichkeit zu ergreifen, bevor ich den Preis kannte, den diese fordern würde. Aber glücklicherweise erwies sich dieses Projekt als eine Einführung in die Auseinandersetzung zwischen positiver und negativer Theologie. Später erkannte ich diesen Unterschied auch sehr klar im Gegensatz zwischen den Lehren von Paulus und den Lehren von Jesus Christus. Paulus wetterte gegen die Sünde, aber wenn Sie Ihr Neues Testament so lesen, wie ich es tat, werden Sie bemerken, dass Christus selbst niemals irgendjemanden einen Sünder genannt hat. Sein Dienst war in erster Linie die Vermittlung von Frieden, Liebe und Freude, auch wenn er falsches Verhalten oder auch die Konsequenzen eines Lebens ohne Gott nicht unter den Tisch fallen ließ.

Ich kam zum ersten Mal in Konflikt mit den negativen und positiven Auslegungen einer Doktrin, als ich mich mit dem seit langem bestehenden Prinzip der »völligen Verderbtheit« beschäftigte. Die gefährliche Fehlinterpretation dieses Auszugs aus Calvins Lehren führte im Laufe der Jahre dazu, dass Generationen von Predigern in ihren Gemeinden ein starkes, Schuldgefühle schaffendes, demütigendes Bewusstsein von »Sündhaftigkeit« erzeugten. Je schuldiger sich der Zuhörer nach der Predigt fühlte, desto besser war die Predigt gewesen. Der Prediger hatte dann erfolgreich eine »Selbstverurteilung im menschlichen Bewusstsein« bewirkt. Diese Sichtweise schien mir zu sagen: »Es ist nichts Gutes im (ungeretteten) Menschen.«

Im Verlauf unserer zahlreichen Diskussionen vermittelte mir Dr. Mulder eine andere Sicht von Sünde. Er begann damit, dass er sagte: »Es gibt viel Gutes in vielen, wenn nicht sogar in allen Menschen.« Das mag sich für viele lächerlich einfach anhören, aber auf mich hatte es eine gewaltige, positive Wirkung. Er fuhr fort: »Jedermann braucht einfach Hilfe im Umgang mit den negativen Realitäten des Lebens. Sünde, Böses, Selbstsucht, Ungerechtigkeit – das sind die Realitäten des Lebens. Der Mensch ist nicht völlig sündhaft, er ist nur überhaupt nicht in der Lage, sich selbst vor diesen Realitäten zu retten! Jedermann braucht die göttliche Vergebung und die Gnade, die nur Gott bieten kann – und die er großzügig für alle bereithält.«

Meine Arbeit sollte schließlich mit meiner eigenen Auslegung von Calvins Theologie der Sünde enden – einer eigenen Formulierung dessen, was Dr. Mulder zu mir gesagt hatte. Vor diesem Hintergrund definierte ich Sünde eher als einen *Zustand* und nicht als eine *Handlung* (auch wenn sich dieser Zustand oft in Handlungen äußert); mehr als ein angeborenes *Fehlen von Glauben* als ein *Sich-Abwenden vom Glauben*.

Als Ergebnis dieser Gedankengänge folgerte ich: Wenn ich mich nicht darauf konzentrierte, bei meinen Zuhörern Schuld zu erzeugen, sondern Vertrauen und positive Hoffnung, dann würde ich von einem schöpferischen und erlösenden Ansatz her gegen die Sünde predigen. Dann würde ich wirklich die »Frohe Botschaft« verkündigen (die eigentliche Bedeutung des Wortes »Evangelium«).

Dies waren entscheidende Schlussfolgerungen, denn schließlich veranlassten sie mich, mein Hauptaugenmerk darauf zu richten, dass wir nicht »gerettet« werden, bloß um die »Hölle« zu vermeiden (was auch immer und wo auch immer das sein mag), sondern um positiv denkende Menschen zu werden, die von dem Wunsch erfüllt sind, Gottes Willen für unser Leben zu erkennen und die erhabenen Träume zu träumen, die Gott für uns vorgesehen hat. Wir sind »gerettet«, damit wir weiter gute Werke tun können und so lernen, unser Leben zur Ehre Gottes zu führen. Für mich war das eine aufregende, initiative Art, dem Problem der Sünde zu begegnen – und es wurde die Grundlage für meine Botschaft des Möglichkeitsdenkens, die schließlich mein Markenzeichen werden sollte.

Obwohl ich durch Dr. Mulders Unterweisung das mitbekam, was ich im Nachhinein »einen Vorgeschmack des Positiven« nennen würde, so war doch die Reformierte Kirche in ihren Ansichten gespalten. Auf der extremen Rechten standen die Fundamentalisten, die sich am Buchstaben des Gesetzes und der Schrift festklammerten. Auf der Linken standen ihnen die Liberalen gegenüber, die seichte Theorien des Zustands der Sünde anboten, in dem sich die Menschheit befand. Auf beiden Seiten gab es kraftvolle Theologen, die jeweils gegensätzliche Meinungen vertraten. Ich sah, wie das zerstörerische Potenzial in diesem Konflikt anwuchs.

Dieser Streit bereitete auch mein Unterbewusstsein auf die Art des Dienstes vor, an die ich mich halten wollte und für die ich für den Rest meines Lebens werben wollte: Ich wollte mich dafür entscheiden, mich eher auf das Positive als auf das Negative zu konzentrieren. Und er beeinflusste auch die Wahl meines persönlichen, biblischen Leitsterns, nämlich Jesaja 58, Vers 12:

»Du sollst heißen: ›Der die Lücken zumauert und die Wege ausbessert, dass man da wohnen könne‹.«

Dr. Mulder war mein Hauptmentor am Seminar. Er war positiv, herausragend und intelligent – vielleicht genial und mit Sicherheit äußerst würdevoll. Wenn ich gezwungen gewesen wäre, ein einziges Mitglied der Fakultät auszuwählen, dem ich nacheifern wollte, dann wäre es wahrscheinlich Dr. Mulder gewesen. Er erweckte in mir die Liebe zur Kultiviertheit. Ich bewunderte die Art und Weise, wie er sich verhielt und seine tiefgründigen theologischen Gedanken präsentierte. Natürlich wollte ich sein wie er – ein Theologe, zu dem Generationen von Theologiestudenten aufblicken konnten. Wollte ich ein Professor sein? Nein. Aber ich wollte mich in intellektueller Hinsicht auszeichnen und einen Schatz gewichtiger, höherer Gedanken hervorbringen. Gedanken, die die Welt aufhorchen lassen würden; Gedanken, die, wenn sie angenommen wurden, die Menschen über die Dumpfheit ihres Lebens erheben würden.

Ein anderer Lehrer, der meine Hochachtung besaß, war der Vollzeitprofessor für Predigtlehre des Seminars, Dr. Simon Blocker. Er war überschwänglich, sehr spontan und äußerst gefühlsbetont, im Gegensatz zu Dr. Mulders eher erkenntnisorientierter Art der Präsentation. Überschäumende Begeisterung war der Kern von Dr. Blockers Wesen. Bei ihm war das Predigen eine Sache, die Spaß machte.

Obwohl ich schon große Träume geträumt hatte, seit Onkel Henry angekündigt hatte, dass ich Prediger werden würde, waren es vor allem diese Lehrer sowie mein sorgfältiges Studium der Schriften Calvins und anderer Theologen, die mir halfen, ein genaueres Bild von meinem zukünftigen Dienst zu entwickeln.

Dr. Raymond Lindquist war ein weiterer Katalysator in der Reaktion, in der mein Dienst Gestalt annahm. Ich hatte seinen Einfluss schon drei Jahre zuvor gespürt, als er in der Kapelle des *Hope Colleges* darüber sprach, wie man ein wirklich erfülltes Leben führen kann. In seiner Predigt gab er folgende Anweisungen:

- Sei nicht faul!
- Sei nicht träge!
- Sei nicht zaudernd!
- Sei hingegeben!

In all meinen Träumen, die ich während der folgenden 50 Jahre hindurch träumte, war diese Predigt in mir lebendig und trieb meinen eigenen Traum voran.

Als Dr. Lindquist begann, an unserem Seminar Vorlesungen zu halten, bekam ich die Gelegenheit, mich besser mit seiner Denkweise vertraut zu machen. Eines Tages passte ich ihn im Flur ab und stellte ihm eine Frage: »Wie lange – wie viele Jahre – sollte ein Prediger in einer Gemeinde bleiben, bevor er weiterzieht?«

Seine Antwort durchzuckte mich wie eine Flamme: »Gehe *niemals* in eine Gemeinde«, antwortete er, »wenn du nicht bereit bist, dein ganzes Leben dort zu verbringen.«

Wow! In der Reformierten Kirche ging man davon aus, dass ein Prediger etwa alle fünf Jahre, spätestens aber nach zehn Jahren die Gemeinde wechseln sollte!

Kurz nach dieser Unterhaltung ließ Dr. Blocker, mein Professor für Homiletik (Predigtlehre), zufällig (nein – es war ein *Glücksfall*) in unserer Klasse ein Aufgabenblatt verteilen. Es handelte sich um eine Liste mit den Namen von 20 amerikanischen Pastoren, die er als »große Prediger« bezeichnete. Wir wurden angewiesen, uns einen von ihnen auszusuchen, Nachforschungen über seine Person anzustellen und ein Thesenpapier auszuarbeiten. Wochen später – kurz bevor die Ausarbeitung fällig war – fragte er mich, wen ich mir ausgesucht hätte. Die Wahrheit war, dass ich mich noch gar nicht entschieden hatte. Diesmal hatte ich keine meiner üblichen, raschen Antworten parat. Ich druckste herum und musste schließlich mein Zaudern eingestehen. Er war nicht erfreut. »Dann nimmst du George Truett«, entschied er.

Ich hatte keine Wahl und auch keine Argumente dagegen, und ich hatte nicht die leiseste Ahnung, wie entscheidend diese Zuweisung für mein Leben sein würde. Ich saß viele Nächte hintereinander in der Bibliothek und recherchierte über Truett, und was ich las, begeisterte mich!

Truett war ein junger Baptistenprediger, den man in eine kleine Gemeinde der *First Baptist Church* in Dallas berufen hatte. Er nahm seine Berufung dorthin mit einer Geisteshaltung an, die ich als die »Ray-Lindquist-Haltung« bezeichnen möchte. Er ging mit dem Vorsatz dorthin, sein Leben in dieser Gemeinde zu verbringen. 40 Jahre später hatte er aus der *First Baptist Church* die größte Kirche der Welt gemacht! *Wow!*

Lindquist und George Truett inspirierten mich zu einem großen Traum, der mir half, ein immenses Problem zu bewältigen, das in meinem Herzen heranzuwachsen begonnen hatte. Ich war einer der »Mittleren« – ein Seminarstudent im zweiten Jahr – und sehnte mich danach, Großes zu leisten, jemand Besonderes zu werden. Ohne dass ich es mir gewünscht hätte, war dieses Verlangen in mir gewachsen, und es erfüllte mich mit einer immensen Erregung und Begeisterung, aber auch mit Furcht. Ich sah, dass alle von uns Älteren, deren Abschluss bevorstand, eine »*große* Kirche« wollten; ich fühlte, dass wir miteinander konkurrierten, und ich nahm die Eifersucht wahr, die sich unter uns breit machte. Ich musste dieses potenziell gefährliche Verlangen in den Griff bekommen oder es würde mein Untergang werden.

Der Wunsch, mich auszuzeichnen, ein wirklich großer Prediger in einer »Vorzeige-Kirche« zu werden, erschreckte mich. Ich wusste, wenn ich dem Wunsch nachgab, einen Top-Job in der größten Kirche zu ergattern, dann würde diese Entscheidung mich zwingen, mein Blatt vorsichtig, eifersüchtig, politisch, opportunistisch auszuspielen. Kurz und knapp, dieses negative Verlangen konnte mich in eine unvorstellbare, vergiftete Laufbahn führen.

Ich fand die Antwort in der Botschaft und im Beispiel von Lindquist und Truett; sie inspirierten mich zu einem *neuen* Traum. Anstatt nach einer großen Kirche Ausschau zu halten, würde ich mir eine kleine

Gemeinde in einer großen Stadt suchen – an einem Ort, wo es viele Menschen gab, die göttliche Vergebung und Hilfe im Umgang mit den »Realitäten des Lebens« brauchten. Was auch kommen sollte, ich würde mein Leben dort verbringen! Ich würde nur mit mir selbst konkurrieren. Und ich würde all meinen Ehrgeiz in die kommenden 40 Jahre investieren, um, wenn ich mich zur Ruhe setzte, eine Kirche zu hinterlassen, die gerade so groß und schön war, wie Gott sie haben wollte! Ich wollte immer noch ein Mulder sein – aber ich würde es auf die Truett-Art machen.

Gedanken wie diese nahmen einen großen Teil meiner Zeit in Anspruch, aber es gab immer noch genügend Zeit für andere Aktivitäten. Mit Mädchen ausgehen, zum Beispiel.

Wir waren 15 Jungs, die als Erstsemester zusammen an der *Western* angefangen hatten, und mit einer einzigen Ausnahme blieben wir Klassenkameraden bis zur Graduierung (Chung Young Chan musste vier Monate vor Ablauf seines letzten Jahres wegen eines Notfalls während des Koreakriegs nach Hause zurückkehren). Zwei der Jungs waren verheiratet. Der Rest von uns Junggesellen hielt nach der richtigen Freundin Ausschau. Es gab in unserem theologischen Seminar keine Frauen, aber da das *Western* direkt gegenüber von *Hope* lag, hatten wir das Privileg, einige College-Mädchen zu kennen.

Tatsächlich hatte ich schon das, was jedermann »ein Mädchen« nannte. Aber das bedeutete nur, dass ich, wenn wir als Gruppe ausgingen, neben ihr saß und nicht ein anderer und dass ich ihr ab und zu ein Soda oder einen Burger kaufte. Ich mochte sie, aber jedes Mal, wenn ich über eine ernsthafte Beziehung mit ihr nachdachte (oder mit sonst irgendwem), dann erinnerte ich mich an einen Rat, den ich noch auf dem College bekommen hatte – ein Rat, von dem ich wusste, dass er von Gott gekommen war.

Damals, als ich als Kellner im *Castle Park* arbeitete, trug ich einen Frack mit langen Rockschößen und bediente die Reichsten der Reichen. Eines Tages – ich hatte gerade meine Schicht beendet – kam diese wunderschöne Brünette vorbei, ein traumhaftes, zartes Wesen. Innerhalb weniger Minuten waren wir ins Gespräch vertieft. Das Thema war mir gleichgültig, aber ich war gefangen genommen – völlig hingerissen – von ihren Augen. Eine Stunde später befanden wir uns draußen auf der Tanzfläche, unter einem Baldachin von Sternen, am stillen Ufer des Lake Michigan. Die ganze Szenerie war wie eine Hollywood-Fantasie, in jeder Hinsicht sinnlich. Ich hörte, wie eine leichte Brise das Wasser kräuselte. Ich roch eine Mischung aus dem süßen Duft der Blumen, die

die Tanzfläche umgaben, und dem Parfüm des Mädchens. Ich umfasste ihre schlanke Taille und ihr seidiges Haar berührte meine Wange. Ich sah Sterne und feines Leinen und Spitze und hübsche Menschen und mein Verstand versank in einem Meer von Romantik! Als wir uns an dieser Tanzfläche trennten, wollte ich sie sofort wiedersehen.

Als ich ein paar Tage später aus meinem Psychologie-Kurs kam, hielt mich Dr. Granberg mit einem ungebetenen Kommentar im Flur auf. »Bob«, sagte er, »ich will dir nur eins sagen: Wenn du etwas Ernsthaftes mit einem Mädchen beginnen willst, fang mit dem Kopf an, und dein Herz wird folgen.«

Wie kommt er denn dazu?, fragte ich mich argwöhnisch. *Hatte er gehört, wie ich den Jungs von meinem großen, romantischen Abend erzählt hatte?*

Seine Äußerung kollidierte mit meiner Erinnerung an *Castle Park*. »Fang mit dem Verstand an und dein Herz wird folgen.« Respektierte ich dieses Mädchen? Nein, nicht besonders. Unsere Unterhaltung war nichts Außergewöhnliches gewesen. Vertraute ich diesem Mädchen? Nein, wie sollte ich? Sogar als wir uns an den Händen hielten, wusste ich *nichts* von ihr. Und die Wahrheit war, dass ich gar kein besonderes Interesse daran hatte, sie näher kennen zu lernen. Während des gesamten Abends hatte es nichts weiter gegeben als eine verliebte, romantische Stimmung.

Dr. Granbergs Worte hallten jedes Mal in meinem Kopf wider, wenn ich an meine neue Bekannte dachte. »Lass dich nicht dazu hinreißen, deine beruflichen Ziele einer romantischen und sinnlichen Stimmung zu opfern.« Am Ende befolgte ich seinen Rat. Ich habe niemals die Nummer angerufen, die sie auf eine gestohlene Leinenserviette gekritzelt hatte.

Nach diesem Vorfall fragte ich mich jedes Mal, wenn ich die Ernsthaftigkeit meiner Absichten gegenüber einem Mädchen überprüfen wollte: »Respektiere ich sie? Vertraue ich ihr?«

Tatsächlich zog ich von Zeit zu Zeit in Erwägung, alleine zu bleiben. Schließlich war es ohne Familie viel einfacher zu reisen. Ich könnte ein globaler Geistlicher werden, eine Art Missionar (wie mein Onkel Henry), wenn ich mich nicht darum kümmern musste, dass ich irgendwo gebunden war. Viele meiner geistlichen Helden hatten nie geheiratet. Phillips Brooks zum Beispiel, der *Oh, Little Town of Bethlehem*[34] geschrieben hat und ein großer Autor und Theologe war. Oder Clarence McCartney, damals der berühmteste Presbyterianer-Pastor in Amerika.

Ich näherte mich dem Ende eines weiteren Schuljahres am *Western* und die Hochschule hatte mir eine Praktikumsstelle in Preston, Minnesota, zugewiesen. Ich sollte dabei helfen, eine neue Gemeinde in einem schönen, aber verlassenen Gebetshaus der Presbyterianer aufzubauen. Also packte ich meinen abgestoßenen Koffer, band ihn mit meinem Gürtel zu, damit die altersschwachen Schlösser nicht aufsprangen, und fuhr nach Hause. Nach Hause – wo mein Herz und mein Verstand zur Ruhe kommen konnten. Wo ich mit Earl zusammen am Floyd fischen gehen konnte. Wo ich meinen Hunger an Moms Kochkünsten stillen konnte. Das war genau das, was ich am Ende eines weiteren Jahres im Seminar brauchte. Ich würde für sieben Tage nach Iowa gehen und mich dann an meine Sommeraufgabe begeben und ein inoffizieller Prediger im Lehraufenthalt sein. Ich hatte keine Ahnung, dass dies der Sommer sein sollte, in dem ich das Mädchen traf, das Gott für mich vorgesehen hatte.

17

»Dann wirst du also an einem Sonntag zu Hause sein, Robert?«, fragt mich ein Ältester der *First Reformed Church* in Newkirk, nur einen Tag, nachdem ich in Alton angekommen bin. »Wirst du für uns predigen?« Das hört sich ganz schön aufregend für mich an – meine erste öffentliche, offizielle Predigt ... und auch noch in der Kirche meiner Kindheit! Ich stimme zu, natürlich, und natürlich sind Dad und Mom stolz. In Dads Auge glitzert sogar eine Träne, als er die Neuigkeiten hört.

Ich merke, dass zu Hause ein guter Platz zum Arbeiten ist, also ist es angenehm und einfach, meine Predigt vorzubereiten. Henry bearbeitet zusammen mit Dad wieder unser Land, aber er hat aufgehört, mich wegen irgendwelcher Pflichten herumzuhetzen. Er hat erkannt, dass meine Lebensaufgabe in einem anderen Bereich liegt, und er respektiert das.

Die Tage fliegen rasch vorüber und schon ist es früher Sonntagmorgen. Ich sehe noch einmal meine Notizen durch, während ich ein echtes Farmer-Frühstück zu mir nehme, mit heißem *Fet en Stroop* und Schinken. Lächelnd winke ich Mom zu, als sie in ihr Schlafzimmer huscht, um sich für die Kirche fertig zu machen. Ich hülle mich in eine Aura der Professionalität und gehe zur Tür.

Visionen von Dr. Mulder ziehen durch meinen Geist, und ich beschleunige meine Schritte, während ich auf Dads Wagen zugehe (nicht gerade funkelnagelneu, aber immerhin nach dem Tornado durch einen anderen ersetzt), den ich benutzen werde, um zur Kirche zu kommen. In meiner Begeisterung fahre ich ein bisschen schneller, als man es in dieser Gegend gewohnt ist. Als ich bei der Kirche ankomme, ist es noch so früh, dass ich dort der Einzige bin. Ich beschließe, die Zeit alleine im Wagen zu verbringen und an diesem friedlichen Morgen noch einen Moment zu meditieren.

Die Bäume sind grün belaubt. Ihre Äste bewegen sich leicht in der sanften Brise und mit ihnen die Schatten, die sie auf die bunten Glasfenster werfen – grün und purpurn und blau und golden –, die durchdrungen von den Strahlen der Morgensonne sogar von draußen besehen aufleuchten. Der Glockenturm, weiß und standhaft wie ein Holländer, erhebt sich 20 Fuß über dem Dachfirst. Eine einsame Glocke hängt in der hohen, quadratischen Turmspitze.

Ich schaue über die Straße hinweg zu meiner Highschool hinüber, dunkel und verlassen liegt sie an diesem schläfrigen Sonntagmorgen da. Heute halte ich meinen Traum in Händen. Heute bin ich erwachsen. *Heute bin ich ein Prediger!* In diesem Augenblick scheint alles so wunderbar in Ordnung zu sein in meiner Welt. Ich lehne mich zurück und genieße diese Freude.

Dann schiebe ich meine Träumereien beiseite und kehre wieder zu meiner Predigt zurück. Bald schon erscheint noch ein Auto auf dem Parkplatz und hält auf der anderen Seite. Ein Mädchen springt mit einer Energie aus dem Wagen, die den Morgen aus seinem Schlummer reißen zu wollen scheint. Ihr Schritt ist so frisch und schwungvoll, dass ich richtiggehend auffahre. Ich beuge mich ein wenig vor, um sie genauer zu betrachten. Kenne ich sie?

Sie hat langes mahagonifarbenes Haar, in dem sich die Sonnenstrahlen fangen. Sie ist schlank und anmutig in ihren Bewegungen und ihre Energie wirkt sehr anziehend auf mich.

Warum ist sie hier, so ganz allein? Sie geht auf die Hintertür der Kirche zu. Jetzt sehe ich auch, dass sie einige Notenblätter in der linken Hand hält. Schließlich passt eines zum anderen. Sie muss die Organistin sein. Junge, Junge, als ich ein Kind war, sahen die nicht so aus!

Ich steige aus dem Wagen und betrete die Kirche. Ich komme durch die Hintertür und steige die sechs Stufen zur Sakristei hinauf. Ich zittere ein bisschen, als ich die Tür öffne, und da steht sie. Allein. Beeindruckend. Voller Selbstvertrauen. Sie hat eine freundliche und intelligente Ausstrahlung.

»Hi, Harold. Ich bin Arvella DeHaan. Ich bin heute deine Organistin. Welche Lieder hast du ausgewählt?«

Ihre befehlsgewohnte Art verschlägt mir die Sprache. Sie hat ihre Welt gut im Griff. Und sie hat so grüne Augen!

Ich schweige so lange, dass sie schon anfängt, mich komisch anzusehen.

Rasch fange ich mich wieder, und wir beginnen, zu arbeiten und den Ablauf des Gottesdienstes durchzusprechen. Sie ist sehr hilfreich und ich bedanke mich herzlich bei ihr.

Mit einem schnellen Blick auf ihre Uhr sagt sie: »Zeit fürs Vorspiel. Wir sehen uns später.«

Sie verschwindet durch die Tür, die zur Orgelempore führt, und schon bald erfüllt ihre Musik die Kirche. Ich öffne die Tür einen Spalt breit, um sie von hier aus noch ein wenig zu betrachten. In ihrer Konzentration hat sie die Stirn in Falten gelegt und die Lippen gespitzt. Ihre Locken fließen weich auf das graue Tuch ihres weiß abgesetzten Kostüms, das ihre hübsche Figur betont.

Seit einiger Zeit tröpfeln die Gottesdienstbesucher schon herein, und als ich den Altarraum betrete, sehe ich, dass die Kirche bis auf den letzten Platz gefüllt ist. Ich setze mich auf den Stuhl hinter der Kanzel, mit dem Gesicht zur Gemeinde, die still der Orgelmusik lauscht.

Die folgende Stunde scheint zugleich die schwerste und die leichteste meines Lebens zu sein. Während ich meine beste Mulder-Imitation abliefere, darum bemüht, intelligent und überzeugend zu wirken, bleibt mein Blick immer wieder an der Organistin mit den mahagoniefarbenen Haaren und den grünen Augen hängen.

Unter meinem Blick wird sie unruhig. Sie schaut sich um, ob sonst noch jemand das seltsame Benehmen und die ungehörigen Aufmerksamkeiten dieses Gastpredigers bemerkt hat. Als meine Predigt sich ihrem Ende nähert, sehe ich ihr zu, wie sie für das Abschlusslied wieder ihren Platz an der Orgel einnimmt.

Warum hat mein herzliches Dankeschön sie so sehr verunsichert? Jeder Prediger bedankt sich doch bei seinen Musikern! Hat sie mich durchschaut? Ich bin niemals besonders gut darin gewesen, meine Gedanken zu verbergen. Voller Selbstzweifel stelle ich mir diese Fragen, während sie die Gemeinde bei ihrem Abschlusslied begleitet.

Als der Gottesdienst vorüber ist, strömt die ganze Gemeinde herbei, um mich zu begrüßen. Jeder möchte seine eigene »Ich weiß noch genau, wie ...«-Erinnerung mit mir teilen, aber ich suche nach Arvella. Schon bald sind nur noch wenige Frauen übrig; ihre Männer stehen draußen und rauchen. Als ich mich schließlich höflich zurückziehe, ist Arvella verschwunden. Und mit ihr mein Herz. Aber dieses Mal hat es meinen Verstand im Schlepptau!

Ich steige in meinen Wagen und ich fühle mich unbehaglich und ein bisschen enttäuscht, als ich nachzuvollziehen versuche, was an diesem Morgen mit mir geschehen ist. Während ich nach Hause fahre, rufe ich meinen Verstand wieder zurück, um auch mein Herz wiederzubekommen, und unterziehe mich einem kleinen Selbsttest. Respektiere ich sie? Hier muss ich laut auflachen. Ich war *so* beeindruckt! *Auf jeden Fall.*

Dann kommt die schwierige Frage: *Vertraue* ich ihr? Ich habe sie gerade erst kennen gelernt. Wie könnte ich ihr da vertrauen?

Vertraue ich ihr? Vertraue *ich* ihr? Vertraue ich *ihr*? Und da überkommt mich ein tiefer unbeschreiblicher Friede. Ich *vertraue* ihr! Wie? Warum? Ich weiß es nicht. Aber ich *tue* es. Staunende Verwunderung durchfährt mich wie ein Blitz. Mit einem kräftigen Tritt aufs Gaspedal wende ich den Wagen und halte auf Earl De Jongs Haus zu. Earl muss doch mehr über dieses Mädchen wissen!

Earl und ich saßen bis in den späten Nachmittag hinein zusammen und verbrachten Stunden damit, uns gegenseitig auf den neuesten Stand zu bringen. Wie sehr das Leben sich für uns beide verändert hatte! Er war jetzt für die Farm der Familie verantwortlich. Ich war ein Prediger geworden. Aber wir waren *beide* noch alleinstehend! Als ich an diesem Abend nach Hause kam, wusste ich alles über Arvella DeHaan! Sie war die kleine Schwester meines Highschool-Sängerkameraden John DeHaan. Sie wohnte nur eine Viertelmeile von Earl entfernt. Er hatte mir die Farm gezeigt, als ich ihn bei seinen Pflichten begleitete. Dann, nachdem ich mit seiner Familie zu Abend gegessen hatte, erzählte er mir alles, was er von ihr wusste, was aber nicht allzu viel war. »Sie kommt aus einer guten Familie«, sagte er zu mir, »und einer großen. Eine Menge Brüder und Schwestern ... na ja, du kennst John, also ... du weißt Bescheid. Sie spielt Basketball ... und zwar ziemlich gut, Harold. Sie ist sehr hübsch, aber ich denke, das weißt du. Aber weißt du auch, dass eine ganze Menge Jungs das denken?«

»Das kann ich mir vorstellen«, antwortete ich.

»Na, dann viel Glück, Harold – die Konkurrenz ist groß!«

Es war schon recht spät, als ich nach Hause kam. Ich schlich mich in die Küche und versuchte, keinen Lärm zu machen. Mom und Dad waren schon zu Bett gegangen, und auf dem Küchentisch lag ein Zettel, typisch Mom.

Kein Wort des Lobes für die Predigt, kein Ausdruck mütterlichen Stolzes. Die Notiz war ziemlich knapp:

»Harold,

die Schule hat angerufen. Dein Professor lässt dir ausrichten: ›Du musst noch eine Woche warten, bevor du nach Preston gehen kannst. Sie sind noch nicht bereit für dich. Genieße noch weitere sieben Ferientage.‹

Aus irgendeinem Grund hat er dich ›Bob‹ genannt. Erkläre mir das morgen früh.

Ich liebe dich,
Mom«

Am nächsten Abend fuhr ich die vier Meilen zu Arvellas Farm. Ihre Auffahrt erstreckte sich über eine Viertelmeile – ein enger, ausgefahrener, einspuriger Weg durch die Maisfelder, der zu einem Hof mit einem alten, kleinen, weißen Haus führte. Auf halber Strecke hielt ich kurz an und überlegte, wie ich vorgehen wollte. Ich beschloss, dass ich meinen Besuch unter dem Vorwand machen konnte, John sehen zu wollen. Als das klar war, fuhr ich weiter den langen, engen Weg hinunter; mein Inneres befand sich in wildem Aufruhr.

Es gab sieben Kinder auf der Farm – das jüngste war zehn Jahre –, und ein paar von ihnen hatten mich ausgemacht, lange bevor ich aus dem Wagen gestiegen war. Sie schienen aus allen Ecken und Winkeln der Farmgebäude hervorzuquellen. Ein Besucher war hier draußen eine aufregende Sache, genauso wie zu meiner Kindheit. Die Kinder waren in der Küche zusammengelaufen, als ich zur Türe kam, und sie drängten mich, auch hereinzukommen. Einen Augenblick lang kam ich mir wie eine Mini-Berühmtheit vor. Der Student, der am Tag zuvor in ihrer Kirche gepredigt hatte. Stella DeHaan, die Mutter der Truppe, war auch in der Küche, genauso wie Vater Lou DeHaan, dessen Haare schon weiß waren und der in seinem Schaukelstuhl saß. Drei von Arvellas Schwestern und Brüdern standen plappernd um mich herum.

»Wo ist Johnny?«, fragte ich, als ich die Gelegenheit dazu bekam. »Ich hatte gehofft, ihn zu sehen.«

»Weißt du, er war vier Jahre lang mit der Navy im Südpazifik«, antwortete Mrs. DeHaan. »Er studiert jetzt Musik an der ›Drake University‹ in Des Moines.« Dann fragte sie mich nach meinem Bruder Henry, der die schrecklichen Kämpfe in Frankreich und Deutschland überlebt hatte, und klagte über den Krieg und seine schlimmen Auswirkungen auf die Gemeinde. Während sie sprach, hörte ich jemanden die Treppe herunterkommen, und mein Herz schlug schneller. Dann kam sie ins Zimmer – Arvella! –, aber sie ging direkt zur Tür.

»Hi!«, meinte sie im Vorbeigehen. »Sorry, aber ich muss zur Kirche. Nette Predigt, gestern!«, und weg war sie.

»Ich muss jetzt auch gehen«, sagte ich zu Mrs. DeHaan. »Schade, dass Johnny nicht da war. Bitte grüßen Sie ihn von mir, wenn Sie ihm das nächste Mal schreiben!«

Ich rannte fast zur Türe hinaus, um Arvella noch einzuholen, aber alles, was ich noch zu sehen bekam, war die Staubwolke, die ihr Wagen auf dem trockenen Feldweg hinterließ.

Ich sprang in meinen Wagen und folgte ihr. Sie brachte die zwei Meilen bis Newkirk zügig hinter sich, dann bog sie abrupt ab und hielt ziemlich schwungvoll vor dem einsamen Newkirk-Store an. Ich war direkt hinter ihr und parkte meinen Wagen gleich neben ihrem. Wir öffneten unsere Wagentüren gleichzeitig.

Ich hatte nicht die Absicht, etwa durch Zögern mein Ziel zu gefährden. »Ich werde noch eine Woche in der Gegend sein«, sagte ich deshalb ganz direkt. »Nächsten Sonntagabend predige ich in Sheldon. Hast du Lust mitzukommen?«

Sie sah ein bisschen überrascht aus, aber ich glaubte zu spüren – oder war es nur mein Wunsch? –, dass das Interesse beiderseitig war.

»Sicher«, entgegnete sie. »Hört sich gut an.«

»Weißt du«, gab ich zu, »ich bin eigentlich zu euch gekommen, um dich das zu fragen, aber ich hatte nicht die geringste Chance!« Wir lachten beide. Ihr Gesicht war wunderschön. Ich konnte die Kraft zwischen uns spüren, als wir so zusammenstanden.

Meine ganze Familie kam mit zur Kirche nach Sheldon, um mich predigen zu hören. Später fuhr Arvella mit mir zu uns nach Hause, wo wir ein Familientreffen hatten.

»Warum hast du dich heute Abend für diese spezielle Predigt entschieden?«, fragte sie.

»Ich bekam diesen Text im Seminar zugeteilt«, antwortete ich vorsichtig. »Ich erhielt eine Eins für die Predigt, die ich darüber schrieb, also hatte ich ein gutes Gefühl dabei.« (Der Gegenstand der Predigt waren die fünf klugen und die fünf törichten Jungfrauen gewesen.)

Arvella blickte mich von der Seite an und meinte: »Also, diese Predigt war ziemlich daneben. Ich glaube nicht, dass du sie noch einmal halten solltest.«

Ich hatte noch keine Ahnung, dass sie in den vielen kommenden Jahren meine schärfste Kritikerin werden würde.

Nach unserem Familientreffen brachte ich sie nach Hause. An der Tür fragte ich sie: »Wie wär's, wenn wir morgen zusammen nach Sioux City ins Kino gingen? Ich reise am Dienstag ab.«

»Sicher, lass uns das machen«, antwortete sie.

Das Rendezvous war nett, entspannend, aber auch anregend. Im Dunkeln, auf dem Weg zu ihrer Türe, hielten wir uns an den Händen. Das war unsere zweite Verabredung, an zwei Abenden hintereinander, und wir küssten uns. Einmal. Höflich.

»Darf ich dir schreiben, Arvella?«, fragte ich. Sie nickte zustimmend und ich fuhr mit singendem Herzen nach Hause. Trotzdem versuchte ich auch, meinen Verstand zu gebrauchen. »Wir lieben beide die Gemeindearbeit«, sagte ich zu mir selbst. »Wir kommen beide aus ähnlichen Familien, holländische, christliche Farmerfamilien, und wenn wir miteinander reden, sind wir beide entspannt und fühlen uns wohl. Sie ist die Sorte Mädchen, die ich heiraten sollte.«

Am nächsten Morgen stand ich auf und griff nach einem Schreibblock, um einen Brief an meinen Verbindungsbruder und Mitsänger Bill Miedema zu Papier zu bringen. Überwältigt von einem Geist, von dem ich weiß, dass es der ewige Gott selbst war, schrieb ich folgende Worte: »Lieber Bill, ich habe gerade das Mädchen getroffen, das ich heiraten werde.«

Arvella besteht heute darauf, dass ich ihr schon in den nächsten Tagen meine Heiratsabsichten mitgeteilt hätte, sie hätte mich aber noch nicht gut genug gekannt, um zuzustimmen. Ich bleibe aber dabei, dass ich sie erst nach fast zwölf Monaten bat, meine Frau zu werden, und da stimmte sie begeistert zu, und wir verlobten uns offiziell. Aber egal, ob ich direkt über meine Absichten gesprochen hatte oder nicht: Mein Verstand – und mein Herz – hatten sich entschieden. Ich wusste, sie würde meine Frau werden.

Die nächsten zwei Jahre hindurch hielten wir hauptsächlich brieflich Kontakt. In der Schule hatte ich manchmal Schwierigkeiten, mich zu konzentrieren. Ständig musste ich an sie denken. Aber trotz dieser Ablenkungen bestimmte das Studium weiter meine Entwicklung.

Wenn ich so zurückschaue, dann erkenne ich, dass es in dieser Zeit eigentlich zwei Robert Schullers gab, wobei ich eifrig darauf bedacht war, dass die beiden sich nicht zu nahe kamen. Der leidenschaftliche, gefühlvolle, künstlerische und poetische Teil von mir war für die Briefe an Arvella zuständig und für meine gesellschaftlichen Auftritte, bei denen ich mit meinen schauspielerischen Talenten viel zur Unterhaltung unserer Runde beitragen konnte. Aber ich erlaubte diesem Teil von mir nie, in meine Rolle als Prediger und Theologe einzudringen. In diesem Bereich umgab ich mich mit der würdevollen Aura, die ich an Dr. Mulder so sehr bewunderte. Ich stand stocksteif vor meinem Publikum, die Arme an der Seite, mein Tonfall war vorhersagbar, meine Schlüsse intelligent. Ich behandelte meine Zuhörer, als ob sie alle eifrige Liebhaber theologischer Analysen wären. Ich weiß inzwischen, dass meine Worte, so klug und hochgeistig sie auch sein mochten, für normale Menschen einfach todlangweilig gewesen sein müssen.

Zu dieser Zeit schickten uns unsere Lehrer auf eine Exkursion. Wir sollten uns einen sehr erfolgreichen Prediger anhören, der in der ältesten Kirche unserer Konfession diente, der *Marble Collegiate Church* in New York. Er war außerdem auch Teilzeitprofessor für Predigtlehre am *New Brunswick Seminar*. Der Name dieses Pastors war Norman Vincent Peale.

Von 54 holländischen Kolonisten im Jahr 1628 gegründet, war Dr. Peales Kirche natürlich äußerst angesehen. Sie war auch (und ist bis heute) die älteste Kirche in den Vereinigten Staaten, die auf einen ununterbrochenen Dienst zurückblicken kann.

Auch wenn unsere Lehrer Wert darauf legten, dass wir diese Reise unternahmen, so hielten sie doch nicht besonders viel von Dr. Peale. In den Kreisen, in denen ich mich aufhielt, wurde er heftig kritisiert. Man schickte uns nicht dorthin, damit wir ihn und seinen Vortrag bewunderten, sondern damit wir ihn auseinander nahmen und zerpflückten. »Paul is appealing and Peale is appaling« (Paulus ist anziehend und Peale ist abstoßend), war ein gängiger, wenn auch grober und unfairer Spruch in den theologischen Hallen der *Western*.

Gehorsam, aber mit wenig Begeisterung, zwängte ich mich mit meinen Klassenkameraden in einen Wagen, und wir fuhren nach Grand Rapids, Michigan, wo dieser Prediger eine Ansprache in der Stadthalle halten sollte.

Die Menge war riesig; es müssen wohl um die 3000 Menschen gewesen sein. Ich war neugierig auf diesen Mann, von dem wir schon so viel gehört hatten. Der Applaus war herzlich, als er die Bühne betrat, und meine Erwartungshaltung wuchs. Als er aber zu reden begann, wurden meine Erwartungen sofort wieder enttäuscht. Das Vokabular, das er benutzte, war gewöhnliche Alltagssprache, und er wandte einen äußerst melodramatischen Stil an, der von unwürdigen, wilden Gesten durchsetzt war und mir überhaupt nicht gefiel. Man hatte es uns im Seminar anders beigebracht, und so waren wir Studenten davon überzeugt, dass solche Gefühlsäußerungen nur ein Zeichen mangelnder intellektueller Disziplin sein konnten. Darüber hinaus vermittelte er keine tiefsinnigen theologischen Erkenntnisse. Er verwendete einfache Worte, einfache Geschichten und einfache Gefühle, um seine Sache deutlich zu machen.

Der Vortrag ließ mich unberührt, aber das Publikum liebte ihn! Sie hingen an seinen Lippen. Sie weinten. Sie brüllten vor Lachen. *Sie hörten zu*. Ich verließ die Stadthalle völlig desillusioniert.

Auf der Fahrt zurück zur Schule waren meine Klassenkameraden und ich einer Meinung: »Peale ist furchtbar oberflächlich. Wo ist denn die ganze Klugheit, die ihm nachgesagt wird? Er hat nichts gesagt, was wir nicht vorher schon gehört hätten.« Wenn ich daran dachte, was ich erlebt hatte, war ich mir sicher, dass ich niemals so ein Prediger werden wollte wie er.

Die nächsten Tage verbrachte ich damit, Peale nachzuäffen und mich über ihn lustig zu machen. Ich warf die Arme in die Luft wie die Flügel einer Windmühle. Ich modulierte meine Stimme in wilder Übertreibung. Während ich so mit meiner Peale-Parodie durch die Flure des Wohnheims stolzierte, hatte ich nicht die blasseste Ahnung davon, dass ich mich schon wenige Jahre später mit diesem Stil identifizieren würde, ja ihn begeistert gegen diese gekünstelte Würde eintauschen sollte, um damit eine Botschaft zu verkünden, die die Herzen der Menschen erreichen sollte! Aber ein solches demütiges Heldentum musste ich erst noch schätzen lernen. Im Moment war Mulder meine Art von Prediger und er blieb mein Held. Aber Peale war meine Zukunft.

In den Ferien hatten Arvella und ich endlich ein wenig Zeit füreinander – kostbare Zeit. Zu Weihnachten war ich so glücklich, sie zu sehen, dass ich ihr meine Verbindungs-Anstecknadel schenkte. Ich erfuhr bald, dass das eine kluge Entscheidung gewesen war. Sie erzählte mir, dass viele Jungs sich mit ihr hatten verabreden wollen. Sie hatte aber stets geantwortet: »Ich verabrede mich nicht mehr.« Ein verliebter Bauernjunge war mit der Antwort nicht zufrieden gewesen. Mit spöttischem Unglauben hatte er gesagt: »Du wartest doch nicht etwa auf diesen *Skuller*, oder?« Sie hatte ihm zur Antwort gegeben: »Vielleicht tue ich das, vielleicht auch nicht. Eins ist jedenfalls sicher: Mit *dir* werde ich nicht ausgehen.« Dass sie meine Anstecknadel annahm, machte all dem ein Ende. Sie war das sichtbare Zeichen einer echten Bindung zwischen uns.

Ein Jahr nach unserem ersten Kuss brachte ich in meiner Tasche einen Diamantring nach Hause, der mich in einem Juweliergeschäft in Holland, Michigan, 180 Dollar gekostet hatte. Ich brauchte sechs Monate, um ihn mit dem Verdienst aus meinem Samstagsjob bei *Montgomery Ward* abzuzahlen.

Es war schon dunkel, als Arvella und ich auf dem Vordersitz meines Chevy im Hof neben ihrem Haus saßen. Der Geruch nach Feld und Vieh war durchdringend, und die Nacht war klar und erleuchtet von Millionen von Sternen, als ich sie fragte: »Willst du mich heiraten, Arvella?«

Und sie antwortete: »Ja.«

Ich griff in meine Tasche, zog den Ring hervor und hielt ihn hoch. In dem schwachen Licht der Hoflampe, die an der Spitze eines hohen Pfostens glomm, konnte man ihn kaum sehen. Sie lächelte das Lächeln, das sie seit mehr als einem halben Jahrhundert mit mir teilt. Ohne ein weiteres Wort streckte sie mir ihre Hand mit gespreizten Fingern entgegen und ich steckte ihr den Ring an. Wir umarmten uns. Wir küssten uns. Wir lachten. Sie hat den Ring erst wieder abgenommen, als acht Jahre später der Diamant herausfiel und nicht mehr aufzufinden war.

In diesem Sommer kam Arvella mit nach Michigan, um aufs *Hope College* zu gehen. Ihre Ausbildung war durch die Krankheit ihrer Mutter, die sie hatte pflegen müssen, unterbrochen worden, und so war sie ein Jahr hinter ihren Klassenkameraden zurück. Aber jetzt konnte sie endlich ihre geliebte Musik studieren und Kurse in Theologie und Psychologie belegen, um sich auf ihr Leben als Pfarrersfrau vorzubereiten. Aber ihre Schulzeit war nur kurz. Als wir uns unsere Finanzen ansahen und überlegten, wie es weitergehen sollte, entschied sie sich dafür, im nächsten Herbst nach Hause zurückzugehen, um zu arbeiten und Geld für unsere Zukunft zu verdienen. Jeder Mann, der je eine solche Großmut erfahren hat, weiß, dass Worte nicht ausreichen, um die Qualen zu beschreiben, die ich wegen dieser Notwendigkeit litt, und die Dankbarkeit auszudrücken, die ich ihrem Entschluss entgegenbrachte.

Wie ich meine Kurse in dieser Zeit, in der ich von ihr getrennt war, mit einem Einserdurchschnitt abschließen konnte, bleibt mir bis heute ein Rätsel. Die einzige Erklärung dafür ist, dass die Leidenschaft für meinen Traum in einer fruchtbaren Mischung mit meiner Leidenschaft für Arvella neu erstarkte.

Dunkle Kriegswolken hingen wieder über dem Land und wieder kamen sie unserer Heimat gefährlich nahe. Wir hörten die Nachrichten von den Nordkoreanern, die MacArthurs Armee bis zum Meer zurückgedrängt hatten. Vier Monate vor seinem Abschluss bat mein Klassenkamerad Chun Young Chang um die Erlaubnis, das Seminar verlassen zu dürfen, um nach Korea heimzukehren.

»Jetzt, wo die Freiheitskämpfer bis ans Meer zurückgeworfen worden sind, muss ich bei meiner Familie sein«, sagte er. Wir waren alle fassungslos, dass er auf seinen in drei anstrengenden Jahren hart erarbeiteten Abschluss verzichten wollte. Wir waren betroffen, dass er eine so furchtbar schwere Entscheidung zu treffen hatte – ob er sich seinen Traum erfüllen oder seiner Familie die Treue halten wollte.

Der Tag der Verabschiedung kam heran. Ein Abschiedsgottesdienst wurde für Chun gehalten und bei diesem Anlass hörten wir eine überraschende Bekanntmachung. Dr. John R. Mulder, der jetzt der Dekan des Seminars war, rief Chun nach vorne. Viele von uns hatten Tränen in den Augen, als er Chun sein Diplom aushändigte. Er sagte: »Dies berechtigt dich, Chun, in jeder der wichtigsten Konfessionsgemeinschaften auf der ganzen Welt ein ordentlicher Priester zu werden. Nun geh mit Gott!«

Chun verließ uns und der Rest der Klasse brachte die letzten Monate unseres dreijährigen Studiums hinter sich. In Korea erreichte MacArthur wieder den 39. Breitengrad und der Krieg endete ohne einen Friedensvertrag.

Aber wir hörten nichts mehr von Chun Young Chang.

Jedenfalls nicht, bis ich viele Jahre später auf einer *US Air Force*-Missionsreise durch Asien war. Wir befanden uns in Korea und ein Chor von Waisenkindern sang am Morgen des Erntedankfestes für uns. Ich erwähnte in einem Gespräch mit dem Chorleiter den Namen Chun Young Chang und dessen Gesicht erhellte sich.

»Oh, ja«, entgegnete er. »Ich kenne ihn. Er unterrichtet an einer Schule«. Er beschrieb einen Ort, der fünf Stunden entfernt lag und nur über kaum passierbare Wege erreichbar war. Ich wusste, dass unser Zeitplan keinen Raum für eine zehnstündige Jeepfahrt dorthin und zurück bot, und so sagte ich nur: »Richten Sie ihm bitte herzliche Grüße von Robert Schuller aus.«

Und wer erschien später am Abend auf der *Air Force Base*? Mein alter Klassenkamerad. Er hatte von unserem Besuch gehört, und die Verantwortlichen bei der Air Force waren so freundlich gewesen, ihm den Zutritt zum Truppenlager zu gestatten, um mich zu sehen. Wir unterhielten uns bis tief in die Nacht und ich fragte ihn: »Chun, wovon träumst du?«

»Eine Highschool zu bauen«, erklärte er mir. »Wir brauchen sie so dringend.«

Also ging ich zurück nach Kalifornien und half ihm, das Geld dafür aufzutreiben. Die *Keo Chung Highschool* war das Ergebnis. Es war das erste Gebäude in Chuns Landkreis in Korea, das eine Zentralheizung, fließendes Wasser und Toiletten hatte. Einige Jahre später besuchte ich ihn dort und man bereitete mir einen herzlichen Empfang. Und obwohl unsere Abreise für halb fünf Uhr morgens angesetzt war, standen Tausende von Schülern im Licht von Lastwagenscheinwerfern da und sangen für uns zum Abschied ein Dankeslied.

Kurz vor meinem Abschluss nahm ich den Ruf einer Kirche in der Nähe von Chicago an – eine kleine Gemeinde mit nur 35 Mitgliedern in der Vorstadt Ivanhoe. Sie war genauso winzig, wie Truetts Gemeinde in Dallas, Texas, es gewesen war, als er seinen Dienst dort angetreten hatte. Ray Beckering, ein Repräsentant der Kirche, der mir von Dr. Mulder vorgestellt wurde, sagte: »Es gibt genügend Menschen in Chicago, die keiner Kirche angehören, um dich dein ganzes Leben lang zu beschäftigen.« Ich nahm die Herausforderung gerne an, denn ich bewunderte Dr. Beckering und freute mich, in seinem Bezirk in Illinois aufgenommen zu werden. Er sollte zu einem wertvollen Mentor und lebenslangen Freund für mich werden. In nur drei kurzen Wochen würde ich ordiniert und eingesetzt werden.

»Chicago – ich komme!«

Aber in der Zwischenzeit würde ich nach Hause nach Iowa fahren, um das Mädchen zu heiraten, auf dessen Finger ich vor einem Jahr den Verlobungsring gesteckt hatte. Wir hatten lange genug gewartet.

Ich machte den Abschluss mit *summa cum laude* in meiner Predigtklasse. Die Auszeichnung wurde im Ankündigungsblatt für die Abschlussfeier des *Western* gedruckt, einen Gottesdienst, zu dem auch Arvella mit meinen Eltern kommen würde.

Gott hatte mein leidenschaftliches Gebet erhört: »Herr, mache mich zu einem Prediger, wenn ich groß bin!« Und jetzt würde Arvella mit mir zusammen zurück nach Iowa fahren – aber wir würden auch einen kleinen Zwischenstopp in Ivanhoe, Illinois, einlegen, um einen kurzen Blick auf unsere nahe Zukunft zu werfen. Wir konnten das Pfarrhaus besichtigen, in dem wir leben würden, und mit dem Geld, das Arvella in den letzten Monaten verdient hatte, ein paar Möbel kaufen, und Arvella konnte Dr. Beckering kennen lernen.

Unser Hochzeitstermin war wegen der sich überstürzenden Ereignisse dreimal verschoben worden: Abschlussfeier, Hochzeit, Ordinierung und Einsetzung, alles innerhalb von nur drei Wochen! Uff! Arvella merkte bald, dass es nicht langweilig war, mit einem Schuller verheiratet zu sein. Ich für meinen Teil hatte jetzt jedenfalls nur noch eines im Sinn:

»Arvella – ich komme!«

18

»Ich werde niemals Gefahr laufen, meinen Hochzeitstag zu vergessen«, sagte ich zu meinem Klassenkameraden Warren Heitbrink. »Ich werde in der Mitte des Monats, in der Mitte des Jahres, in der Mitte des Jahrhunderts heiraten – am 15. Juni 1950!«

»Nun, ich bin ein paar Tage vor dir dran«, gab er zurück. »Ich erwarte von dir, dass du mein Trauzeuge wirst!«

Wir Studenten fuhren jetzt nach vier Jahren der Freundschaft am *Hope College* und drei Jahren noch engerer Freundschaft am *Western Theological Seminary* alle nach Hause.

Wir waren kaum einen Tag zu Hause, da fuhren Arvella und ich schon wieder von Nordwest-Iowa über die Landesgrenze nach Süd-Dakota zu der kleinen, ländlichen Kirche, in der Warren heiraten würde.

Die Zeremonie verlief zunächst wunderbar, aber dann erfüllte mich nach und nach tiefe Beunruhigung, als ich über die Konsequenzen des Heiratens nachdachte. Ich stand mitten in dem zeremoniellen Kreis, der Braut und Bräutigam und die anderen Beteiligten umfasste, vor der versammelten Gemeinde und dachte über den Bund nach, der dort geschlossen wurde. Als der Solist die Worte des volkstümlichen Kirchenlieds »Ich unterwerfe mich ganz« sang, bekam ich es mit der Angst zu tun. Bedeutete die Heirat tatsächlich, dass ich *all* meine Freiheit und Individualität für den Rest meines Lebens aufgab?

Arvella genoss die Veranstaltung offensichtlich, das konnte ich mit einem Seitenblick in ihre Richtung feststellen. Aber ich nicht.

Während des darauf folgenden Empfangs im Erdgeschoss der Kirche verdunkelte sich meine Stimmung zusehends, als ich Warren betrachtete. *Du hast dich völlig unterworfen, alter Junge*, dachte ich. Ich war eher von Bedenken und Besorgnis erfüllt als von Freude, während Freunde und Familie sich die Hühnchen-Sandwiches, den Kaffee und den Hochzeitskuchen schmecken ließen. Für Arvella war es ein Fest. Sie lachte und unterhielt sich mit einem Kerl, den ich nicht kannte. Später fand ich heraus, dass es der Verlobte einer der Brautjungfern war. Aber in diesem Moment war ich eifersüchtig und unruhig zugleich, und diese negativen Gefühle begannen, einen Keil zwischen Arvella und mich zu treiben.

Die lange, dunkle Fahrt heim nach Nordwest-Iowa war so ganz anders als jede andere Nacht, die wir je miteinander erlebt hatten oder jemals erleben würden.

»Denk nur«, sagte Arvella, die noch immer von der Freude über dieses Hochzeitserlebnis erfüllt war. »Nur noch ein paar Tage und dann wird das *unser* Abend sein!« Sie drückte voller Begeisterung meinen Arm, während ich den Wagen durch die dunkle Landschaft steuerte, aber ich konnte nicht mit der Begeisterung antworten, die sie wohl von mir erwartete. Meine Stimmung war zu düster. Ich behielt meine Grabeslaune jedoch für mich. Ich sagte ihr nichts von den beunruhigenden Gefühlen, die mich, ungebeten und unwillkommen, vor wenigen Stunden überfallen hatten.

Es war weit nach Mitternacht, als wir ihr Farmhaus erreichten. Ich stieg aus und öffnete ihr höflich die Tür, wobei ich ihr die linke Hand reichte, um ihr aus dem Wagen zu helfen. Das Hoflicht brannte, und sein Licht brach sich in dem kleinen Diamantring, den ich vor einem Jahr an ihren Finger gesteckt hatte.

Sie ging so dicht neben mir, dass unsere Körper sich von der Schulter bis zur Hüfte berührten. Sie kuschelte sich warm und eng an mich, ihren linken Arm um meinen Rücken geschlungen, bis wir die Tür erreichten. Dann wandte sie mir ihr Gesicht zu, umschlang mich mit beiden Armen, hob ihren Kopf (mit geschlossenen Augen) und presste ihre Lippen fest und leidenschaftlich auf die meinen.

»Ich liebe dich, Bob«, sagte sie, und ich wusste, dass sie es auch so meinte.

»Ich liebe dich, Arvella.«

Nachdem wir uns verabschiedet hatten, drehte sie sich mit einem Winken herum und ging nach drinnen. Allein und verwirrt ging ich zurück zum Wagen und fuhr die vier unheimlichen, dunklen und stillen Meilen nach Hause.

In nur sieben Tagen sollte ich Arvella DeHaan heiraten. Mein ursprünglicher Plan – mit dem es jetzt sowieso vorbei war – war doch gewesen, Junggeselle zu bleiben. Wie war ich auf diese Hochzeitsschiene geraten? In der Highschool war ich noch so jung gewesen, dass ich keine einzige Verabredung gehabt hatte. Im College hatte ich, nachdem ich mit diesem einen Mädchen diesen einen romantischen Abend lang getanzt hatte, beschlossen, »mit dem Verstand anzufangen«, und wo war mein Verstand jetzt? *Das war doch nicht geplant gewesen. Wie war ich hierher geraten?* Arvella trug meinen Ring, und ich war drauf und dran, mich »völlig zu unterwerfen« – in knapp einer Woche! Was um alles in der Welt hatte ich getan?

Ich schleppte mein elendes Selbst ins Haus und ins Bett und verlebte eine unruhige, schlaflose Nacht.

»Na, wie war Warrens Hochzeit?«, fragte mich Mom am nächsten Morgen am Frühstückstisch. Ich gab keine Antwort. Ich wollte die Geschichte vergessen.

»Nun?«, bohrte sie weiter.

Wann immer ich nicht mit meiner üblichen Begeisterung losplapperte, wusste Mom, dass etwas nicht in Ordnung war.

»Mom«, platzte ich heraus. »Ich weiß nicht, ob ich wirklich heiraten soll.«

Sie schaute betroffen drein. »Was sagst du da?«, gab sie erstaunt von sich. Sie war anscheinend tief verwundert und offensichtlich gar nicht einverstanden.

»Ich bin einfach nicht sicher, dass ich heiraten soll, Mom.« Ich versuchte, es dabei zu belassen. Ich wollte keine Erklärungen abgeben. Wie hätte ich das auch gekonnt?

Da lachte sie laut auf. »Und *du* wirst in zwei Wochen zum Priester ordiniert? *Du* willst den Leuten erzählen, dass sie ›aus dem Glauben heraus‹ leben sollen?«

Mein Gesicht brannte vor Verlegenheit, aber zumindest war ich bereit, mir etwas von Moms Weisheit anzuhören.

»Lass mich dir mal was sagen«, fuhr sie mit ihrer normalen, lebhaften Stimme fort. »Ich bin zwar nicht aufs College gegangen, aber glaub mir, ich weiß, dass jedes Mal, wenn du irgendeine Entscheidung triffst, in letzter Sekunde noch ein paar Fragen auftauchen. Das ist dann der Punkt, an dem der Glaube die Führung übernehmen muss.«

Diese Lektion ist mir seither stets vor Augen geblieben. Tatsächlich wurde später sogar eine Predigt daraus, die ich (mit Dank an Mom) gehalten habe, als ich die fünf Phasen des Glaubens vorstellte. Ich habe diese fünf Phasen mit Überzeugung präsentiert, obwohl ich zu diesem Zeitpunkt – am Küchentisch – gerade erst anfing, sie zu erlernen – auf die schwere Art.

1. *Die Phase des Nistens.* Hier fällt eine Idee wie ein befruchtetes Ei in die Gebärmutter deiner Vorstellung. Wie in dem Augenblick, als ich die hübsche Organistin zum ersten Mal sah.
2. *Die Phase des Testens.* Hier stellst du die richtigen Fragen und stellst fest, ob der Traum zu deinen Werten und zu deinem erklärten Lebensziel passt. An dieser Stelle geht es um die Weisheit des Satzes: »Fang mit dem Verstand an und dein Herz wird folgen.« Das hatte ich getan.
3. *Die Phase des Investierens.* Hier gehst du eine Verpflichtung ein. Du machst einen Antrag. Du verlobst dich. Du steckst ihr den Ring an den Finger. Du schreibst Gedichte und leidenschaftliche Briefe.
4. *Die Phase des Innehaltens.* Hier machst du eine Pause, um noch einmal alles zu durchdenken, so wie ich an jenem Morgen am Küchentisch. »Ist das dein letztes Wort?« Du erinnerst dich an den alten Schneider-Spruch: »Nimm dreimal Maß, aber schneide nur einmal zu.« Und du musst höllisch aufpassen, dass du nicht vor lauter Angst deine ersten drei Schritte vergisst!
5. *Die Gipfel-Phase.* Hier erreichst du die Spitze deines Berges, so wie ich, als ich bis zum Tag meiner Hochzeit durchhielt.

Am Abend vor der Trauung drückte ich Arvella einen Zettel mit den folgenden Versen in die Hand:

»›Erhebe dich, meine Geliebte, meine Schöne,
und komm!
Denn vorbei ist der Winter,
verrauscht ist der Regen.
Auf den Fluren erscheinen die Blumen,
die Zeit des Singens ist gekommen,
und die Stimme der Turteltaube
erklingt in unserem Land.‹
(Hoheslied 2,10–12)

In Liebe, Bob«

Jetzt stehe ich wartend neben meinem Trauzeugen Henry Schuller in der Dorfkirche, in der wir beide, Arvella und ich, getauft worden sind, in der ich jeden Sonntagmorgen meiner Kindheit verbracht habe, bis ich zu Reverend Colenbrander nach Orange City überwechselte. Die *First Reformed Church* of Newkirk, Iowa, das fühlt sich an wie zu Hause.

Die Orgel beginnt den klassischen Hochzeitsmarsch zu spielen: »Hier kommt die Braut ...«, während Arvella den kerzenbeleuchteten Mittelgang herunterschreitet. Ihr Haar fällt in kupfern schimmernden Locken weich auf ihre schlanken Schultern. Sie trägt ein bodenlanges Hochzeitskleid, das sie selbst genäht hat, ganz in Weiß als Symbol ihrer Jungfräulichkeit, die sie mir heute Nacht schenken wird, so unschuldig, so vertrauensvoll, so bereitwillig. Tage und Wochen hat sie zugeschnitten und genäht und anprobiert, und jetzt – hier im Glanz des Kerzenscheins – im Alter von erst 20 Jahren ist sie eine strahlende Braut. Ihre Augen leuchten vor Freude, als sie mir einen koketten Blick zuwirft. Wie konnte ich so dumm sein, dieses Wunder in Frage zu stellen?

»Willst du, Robert Harold Schuller, diese Frau, Arvella DeHaan, zu deiner angetrauten Ehefrau nehmen?«

Ohne zu zögern, mit einer Überzeugung, die aus tiefstem Herzen kommt, antworte ich mit fester Stimme: »Ja, ich will.«

Kaum hatte ich mein Gelöbnis bei dieser Zeremonie (vor mehr als einem halben Jahrhundert) ausgesprochen, als mich die starke, geistliche Gewissheit überkam, dass dies das bei weitem Richtigste und Beste war, das ich jemals in meinem ganzen Leben tun würde! In diesem Moment fragte ich mich, ob dies die Gegenwart Gottes war, die ich spürte. Heute beantworte ich diese Frage mit einem entschiedenen Ja! Gott war da, um Zeuge dieses Tages zu sein. *Unseres* Tages. Denn er war heilig.

Wir feierten unsere Freude und unsere Liebe mit dem traditionellen Empfang im Untergeschoss der Kirche – Hühnchen-Sandwiches, Punsch, Kaffee und Kuchen. Dann ein schneller Kleiderwechsel, von Arvellas Hochzeitskleid in ein Reise-Kleid, und schon saßen wir im Wagen. Aber »reisen«? Wohin? Ich hatte tatsächlich noch nicht darüber nachgedacht, wo wir hinfahren würden.

Bei all der Verwirrung mit unseren Terminen hatte ich vollkommen vergessen, die Hochzeitsreise zu planen!

Aber ich verriet Arvella nichts davon. Ich *konnte* nicht.

Ich half ihr ganz gentlemanlike in den Wagen; dann ließ ich den Motor an und fuhr in Richtung der Hauptstraße, die ich so oft von meinem Ausguck am Floyd beobachtet hatte. Schließlich führte sie die ganze Strecke von Sioux City, Iowa, nach Minneapolis, Minnesota. Mit Sicherheit würde sie mich *irgendwo* hinbringen.

Ich betete. »Herr, bitte lass Arvella nicht fragen, wohin wir fahren!«

Ich tat so, als ob ich alles im Griff hätte, und fuhr nach Norden.

»Nun, wohin geht's?«, fragte sie mit leuchtenden Augen. So viel an diesem Tag zum Thema »Die Kraft des Gebets«!

Ich versuchte verzweifelt, mir irgendeine Schwindelei auszudenken, ohne die Wahrheit *zu* sehr zu strapazieren, aber ich konnte einfach nicht schnell genug denken. Ihr unschuldiger und vertrauensvoller Blick zwang mich zu einem Geständnis.

»Nirgendwo. Ich habe nichts reserviert.«

»Du machst Witze, oder?«

Oh, diese Augen! Diese wunderschönen Augen, die jetzt vor Entsetzen geweitet waren!

»Du machst bestimmt Witze!«, wiederholte sie.

»Nun«, ich stöhnte, schwitzend vor Verlegenheit, »da wäre Sheldon, Iowa. Und wenn *die* kein Hotel haben ...«

»Sheldon? Da gibt es *kein* Hotel. Noch nicht mal ein Motel! Nur einen Stadtpark. Und wir werden unsere erste Nacht bestimmt nicht auf einer Parkbank verbringen!«

»Dann ... hmm ... dann ist da noch Worthington, das ist nicht weit weg, gleich hinter der Grenze nach Minnesota. Wie hört sich das an?«

Überraschenderweise schien sie damit zufrieden zu sein. Und gleich waren wir wieder in freudiger Stimmung und unterhielten uns angeregt über die Hochzeit, die Gäste und die Mitwirkenden.

Es gab nur eine einzige, lange Hauptstraße in Worthington. Es war schon spät am Abend, als wir ankamen, und unser Wagen schien das einzige Fahrzeug auf der Straße zu sein. Direkt vor mir sah ich das Wort, das ich gesucht hatte. In fünf großen, roten Buchstaben stand es da: »Hotel«. Wir fuhren hin, parkten, und dann betraten wir die winzige Lobby, jeder von uns mit seinem Koffer in der Hand. Arvella wartete, während ich zur Anmeldung ging.

»Wir sind auf der Hochzeitsreise«, sagte ich. »Haben Sie ein Zimmer für meine Frau und mich?« Es fühlte sich gut an, die Worte »Meine Frau« auszusprechen.

Der Mann lächelte herzlich, und ich wusste, wir waren am richtigen Platz. »Wir haben ein *schönes* Zimmer für Sie. Meine Glückwünsche ... äh ... wie ist Ihr Name?«

Ich trug beide Koffer nach oben in den zweiten Stock, den Flur entlang und in unser Zimmer. Ich schloss auf und Arvella trat ein. Ich folgte ihr und machte die Tür hinter uns zu. Hoch aufgerichtet, mit weit ausgebreiteten Armen warf ich den Kopf in den Nacken und rief: »Ich bin frei! Frei! Endlich frei!«

»Was sagst du da?« Sie sah ihren frisch gebackenen Ehemann an, als ob er den Verstand verloren hätte.

»Schatz, ich bin *verheiratet*! Und ich bin frei, zumindest von meiner Mom! Und ich bin frei von den Jahren am College! Und ich bin frei von den drei Jahren voller Thesenpapiere und Abschlussprüfungen! Ich bin frei, den Rest meines Lebens mit dir zu verbringen!«

Ich nahm sie in meine Arme. »Wir haben hier drei Tage für uns. Wir werden uns lieben. Wir werden zum Lake Okaboji und zum Spirit Lake fahren und angeln. Okay? Und dann ziehen wir nach Chicago und treten unseren Dienst an und zusammen werden wir eine wunderbare Kirche und ein wunderbares Leben aufbauen!«

Ich hielt sie mit einem nie gekannten Hochgefühl fest. Das war der schönste Augenblick in meinem Leben.

»Ich habe ein Hochzeitsgeschenk für dich, mein Schatz«, sagte Arvella. »Es ist ein Geschenk, das ich nur einmal und nur einem Mann geben kann. Ich habe es für meinen Ehemann aufgehoben, für unsere Hochzeitsnacht.«

»Und ich habe dasselbe Geschenk für dich«, entgegnete ich mit einem Lächeln.

Zuerst knieten wir nieder und beteten um Gottes Segen für unser Leben. Dann liebten wir uns zum allerersten Mal, ohne jede Zurückhaltung, ohne Verlegenheit, ohne Schuldgefühle oder die Angst vor Entdeckung. Eine Explosion wahrer Freude und ungetrübter Zuneigung war die Belohnung dafür, dass wir unsere Unberührtheit füreinander aufgehoben hatten!

19

Arvella und ich sind jetzt schon seit zwei Tagen in Ivanhoe und seit unserer Hochzeit ist schon eine Woche vergangen. Meine Schwester Violet und ihr Ehemann Heinie haben die lange Fahrt von Iowa hierher auf sich genommen, um uns mit unseren wenigen Habseligkeiten beim Einzug in das Pfarrhaus, das der Gemeinde gehört, zu helfen. Für die Möblierung sind wir nämlich selbst zuständig. Der neue Tisch und die Stühle und das neue Schlafzimmer, die wir gekauft haben, als wir vor

Meine Grundschulklasse. Ich stehe in der hintersten Reihe, der Dritte von rechts.

Der Arme heiratet die Prinzessin. Die Hochzeit meiner Eltern, Anthony und Jennie Schuller. Sie stehen inmitten ihrer Familie auf der Veranda.

Das Haus am Ende des Weges ohne Namen und Nummer.

März 1952 – unsere kleine Familie.

Sheila hat einen kleinen Bruder, Robert Anthony.

Kalifornien, wir kommen! Unser erstes Zuhause in Kalifornien im Jahr 1955 …

… und unsere erste Gemeinde: eine »Drive in«-Kirche.

Mein Blick am Sonntagmorgen. Wir werden größer …

Die Schautafel des »Drive in« kündigt unseren Gottesdienst an.

einiger Zeit kurz vorbeigeschaut haben, sind schon an ihrem Platz. Die Gemeinde hat sich darum gekümmert, dass die Möbelpacker alles sorgfältig in den richtigen Räumen aufstellten. Wir haben keinen Kühlschrank, aber der Keller ist kühl genug, um unsere Butter und die paar anderen Sachen frisch zu halten. Allerdings werden wir Milch und Fleisch jeden Tag frisch einkaufen müssen.

Aber heute ist der Tag meiner Ordination und so habe ich mich für einen Augenblick der Meditation und des Gebets zurückgezogen. Meine Augen sind geschlossen, mein Gesicht in Stille dem Himmel zugewendet. Plötzlich und sehr deutlich erscheint in meinen Gedanken ein Bibelvers, den ich gut kenne. Er stammt aus dem Buch Jesaja – Kapitel 58, Vers 12:

»Du sollst heißen: ›Der die Lücken zumauert und die Wege ausbessert, dass man da wohnen könne‹.«

Mein Körper kribbelt vor Aufregung über die Nähe Gottes. Dieser Moment ist die Bestätigung für mich, dass mein brennender Wunsch, dass er an diesem besonderen Tag bei mir sein möge, in Erfüllung gegangen ist. Er hat mir einen biblischen Leitstern gegeben, der mich mit Zuversicht für meine Zukunft erfüllt. Ich fühle, wie ein Lächeln mein Gesicht überzieht, während die Tränen fließen.

Als dieser Moment des »Besuches« Gottes vorüber ist, stehe ich auf und gehe in die Küche, wo ich meine reizende Frau finde. »Ich bin stolz auf dich, Liebling, *so* stolz!«, haucht sie. Ihre Augen strahlen vor Liebe. Ich ziehe sie an mich und berge mein Gesicht in ihrem Haar. Dann verlasse ich sie, um zu duschen und alleine zur Kirche zu gehen.

Die heutige Zeremonie ist mit einer Hochzeit zwischen der Kirche und mir und Gott vergleichbar. Es ist ein besonnener Tag des Gelöbnisses, in Gegenwart derer, die mich führen, und derer, die meiner Fürsorge anvertraut sein werden.

Unglücklicherweise können meine Eltern nicht teilnehmen. Farmer können ihr Land und ihre Arbeit nicht so ohne weiteres im Stich lassen. Und weil sie erst vor kurzem schon zu meiner Graduierung gekommen sind, kann ich nicht von ihnen erwarten, dass sie schon wieder verreisen.

Ich treffe mich mit Ray Beckering, den ich gebeten habe, als *Senior Pastor* bei meiner Ordination zu fungieren, am Hintereingang in der Kirche. Er trägt die traditionelle geistliche Robe, die grau mit schwarz ist und an der zwei purpurne Bänder herabhängen. Ich trage vorerst noch meinen schwarzen Sonntagsanzug mit weißem Hemd und schwarzer Fliege.

Ich vernehme rege Betriebsamkeit im Untergeschoss, wo die Gemeindefrauen den Ordinationsempfang vorbereiten. Kaffeeduft steigt zu uns herauf, während wir auf dem kalten Fliesenboden stehen.

Ray drückt mich in einer väterlichen Umarmung an sich. Ich bin davon überzeugt, dass Gott Ray Beckering in mein Leben gestellt hat. Er führt immer die richtigen Leute zur richtigen Zeit an den richtigen Ort. Leute mit der richtigen Haltung oder den richtigen Fähigkeiten, mit der richtigen Position und dem richtigen Einfluss oder Leute mit der richtigen Erkenntnis, den richtigen Beziehungen oder den richtigen finanziellen Möglichkeiten.

Ray legt seine große Hand auf meine Schulter. »Bob, ich weiß aus eigener Erfahrung, dass dies neben der Hochzeit der wichtigste Moment im Leben eines Mannes ist, der berufen ist, Gott und der Kirche Christi zu dienen.

Ich weiß, dass du deine Eltern heute vermissen wirst, aber ich möchte, dass du eines weißt, Robert. Ich werde für dich da sein wie ein Vater. Du kannst jederzeit zu mir kommen, ganz gleich, worum es geht. Ich werde mich um dich und um Arvella kümmern und wenn Kinder kommen, werde ich auch für sie da sein. Und ich fühle mich geehrt, dass ich das tun darf, was ich heute tue.«

Die kleine Kirche ist jetzt gut gefüllt. Ray und ich gesellen uns dazu und nehmen unsere Plätze ein. Ich setze mich zu meiner Frau in die erste Reihe. Sie legt ihre beiden warmen Hände auf meine. Mein Verstand ist ganz vernebelt und mit Gefühlen überfrachtet.

Die Gemeinde erhebt sich für die Lieder und ihre Stimmen füllen begleitet vom Klavier die Kirche.

Ich bekomme kein einziges Wort von keinem einzigen der Lieder mit. Ich bin viel zu sehr mit meiner eigenen Vereinigung mit dem Himmel beschäftigt.

Ray Beckering erhebt sich von seinem Stuhl, geht zur Kanzel und dröhnt los: »WAS STIMMT AN DER KIRCHE?«

Bäng! Er hat meine Aufmerksamkeit! Sein überzeugender Tonfall erschüttert mich. Die Frage trifft mich wie eine Tonne Ziegelsteine.

»Was stimmt an der Kirche?«, wiederholt er seine Frage, diesmal gedämpfter und drängender. Dann kommt er auf den Punkt: »Jedermann spricht ständig darüber, was an der Kirche *nicht* stimmt. Aber was *stimmt* an der Kirche?

Erstens: Die Kirche hat eine große *Aufgabe*! Unsere Aufgabe ist es, die Verlorenen zu finden und zu retten. Findet die Verzweifelten und helft ihnen. Führt sie zu Christus.

Zweitens: Die Kirche hat eine großartige *Botschaft*! Sie bestätigt die Wichtigkeit und den Wert jedes Einzelnen. Bei der Botschaft der Kirche geht es nicht darum, die Menschen davon zu überzeugen, wie schlecht sie sind, sondern darum, wie wunderbar sie sein können!

Drittens: Die Kirche hat eine großartige *Methode*! Unsere Methode, wenn wir uns wirklich an das Evangelium halten, besteht nicht darin, jemanden zu verurteilen, sondern in Liebe ohne Vorurteile. Die Menschen wollen sich ändern. Sie wollen besser werden, als sie sind. Man muss sie dazu anhalten, gute Träume zu träumen, und sie *werden* gute Träume träumen, *wenn sie echte Zuwendung, Liebe und Gnade erfahren!* Erinnert euch daran, dass die Gnade Gottes Liebe ist, die sich um Menschen bemüht, die sie nicht verdient haben! Bringt die Menschen zu Christus – und lasst sie seine vollkommene Liebe erfahren!

Viertens: Die Kirche hat einen großartigen *Herrn*! Die Kirche, so wie sie sein sollte, ist berufen, Gesundheit und Harmonie in eine zerrissene Welt zu bringen, die unter Vorurteilen und Engstirnigkeit leidet. Und die Kirche hat einen großartigen Herrn, der uns vorgelebt hat, wie wir das erreichen können. Und dieser Herr hat das letzte Wort und dieses letzte Wort ist das Wort – nicht das Wort auf einem Stück Papier, sondern *das* Wort: eine Person. Ihr Name ist Jesus Christus. Lasst Christus den Herrn der Kirche sein. Lasst ihn unser aller Herr sein und sein wunderbarer, liebender Geist wird der Kirche Erfolg verleihen.

Also, was stimmt an der Kirche? Ich werde euch sagen, was an der Kirche stimmt: Sie hat eine großartige Aufgabe, sie hat eine großartige Botschaft, sie hat eine großartige Methode und sie hat einen großartigen Herrn!«

Jetzt sieht Ray mich direkt an: ernst und besonnen. Ich erwidere den eindringlichen Blick, während er seine finale Aufforderung verkündet:

»Robert Schuller! Geh und baue eine großartige Kirche auf!«

Dann kommt Dr. Beckering zu den formellen zeremoniellen Worten: »Möchte Robert Schuller sich erheben, nach vorne kommen und in Gegenwart des Pastors und der Gemeinde sein heiliges Gelöbnis sprechen?«

Ich entziehe meine Hand Arvellas sanftem Zugriff. Wie im Traum erhebe ich mich von meinem Platz in der ersten Reihe und gehe langsam nach vorne zum Altar. Die Kirchenbänke hinter mir sind voller Menschen, die mir Gutes wünschen und diesen Moment mit mir teilen möchten. Ich spüre zwar die Unterstützung der versammelten Gemeinde, merke aber nichts davon, dass ganz hinten in der Kirche ein älterer Herr und eine jüngere Frau hereingeschlüpft sind. Es sind keine Sitzplätze mehr frei, also bleiben sie dort stehen. Sein weißes Haar ist aus der sonnenverbrannten Stirn gebürstet und umrahmt ein strahlendes Gesicht, das jetzt nass ist von Tränen. Er kann sich nicht übers Gesicht fahren oder die Tränen abwischen, weil er sich auf seinen Stock stützt, und so tropfen sie auf seine großen Farmerhände, die von den vielen Jahren harter Arbeit schwielig sind.

Dr. Beckering fährt fort: »Fühlst du, Robert Harold Schuller, in deinem Herzen, dass Gott dich zu diesem heiligen Dienst berufen hat? Erkennst du die Bibel als das Wort Gottes an? Versprichst du, getreulich, mit allem, was in deiner Macht steht, den Glauben an Jesus Christus als ein Pastor des Volkes Gottes zu leben?«

Ich stehe aufrecht und bin ganz von meiner Berufung durchdrungen. Ohne zu zögern, antworte ich: »Ja, von ganzem Herzen.«

Mit einer Geste sagt Dr. Beckering: »Du darfst niederknien, und alle anwesenden Pastoren der ›Reformed Church of America‹ mögen nach vorne kommen, um dir die Hände aufzulegen.«

Ich knie nieder und senke den Kopf, während ein Pastor nach dem anderen nach vorn kommt. Ich fühle, wie eine Hand meinen Scheitel berührt, dann zwei, dann drei, dann viele Hände. Sie werden schwerer, mit einem heiligen Gewicht, und mein Herz schlägt in unbeschreiblicher, geistlicher Freude schneller! In diesem Augenblick ist das Gebet erfüllt worden, das ich vor 20 Jahren gebetet habe.

Alles und jeder scheint auf einmal ganz weit weg. Ich habe das Gefühl, dass ich wieder am Fußende meines Bettes knie, im nordwestlichen Schlafzimmer eines kleinen, weißen Sears-Robuck-Hauses, am Ende einer Straße ohne Namen und ohne Nummer. Ich höre, wie eine junge Stimme sagt: »Oh, Gott, mache mich zu einem Prediger, wenn ich groß bin.«

Dann verblasst meine Vision wieder und ich höre Rays Stimme: »Robert Harold Schuller – du darfst dich jetzt erheben, ein Diener des Evangeliums Jesu Christi, dazu ordiniert, seine Arbeit zu tun und sein Wort in die Welt zu tragen!« Ich stehe auf und nehme die warmen und ernsten Handschläge der sieben anwesenden Pastoren entgegen. Ich bin überrascht, dass ich nicht weine.

Dann drehe ich mich um und sehe den Ausdruck der Hochstimmung auf dem Gesicht meiner Frau. Ich hebe mein Gesicht, um der Gemeinde zuzulächeln, und da sehe ich ihn. Der alte Mann, der sich dort auf seinen Krückstock lehnt, nimmt meine ganze Aufmerksamkeit in Anspruch. Lächelnd und weinend wartet mein Vater, bis die Reihe an ihn kommt, mich zu segnen.

Ich renne fast den Mittelgang hinauf, obwohl ich bemüht bin, einen Rest von Würde zu bewahren, und umarme meinen Vater. Gebeugt von einem schmerzhaften Rheumatismus und von Arthritis, weint er so heftig, dass er kaum ein Wort herausbringt. Sein Stock fällt zu Boden und er sinkt in meine Arme.

»Weißt du noch, Harold?«, schluchzt er. »Weißt du noch, wie Onkel Henry kam und wie du uns am nächsten Morgen gesagt hast, dass du Prediger werden würdest? Du wusstest es ... und ich wusste es auch ... ich konnte nicht sagen, warum. Aber jetzt kann ich es sagen.« Er sieht mich mit einem Ausdruck im Gesicht an, den ich vorher schon einmal an ihm gesehen habe. Ich stütze ihn, während die Leute die Kirchenbänke verlassen und sich in stillem Respekt vor diesem besonderen Augenblick zwischen Vater und Sohn erst einmal gegenseitig grüßen.

»Harold, als ich ein kleiner Junge war, wollte ich auch Prediger werden. Ich war nicht älter, als du es warst, an jenem Morgen, an dem du es uns mitgeteilt hast – du warst noch so klein. Erinnerst du dich? Als meine Eltern starben, musste ich die Schule abbrechen, aber ich habe meinen Traum nie vergessen.« Ich helfe Dad in eine leere Kirchenbank, aber er kann es nicht erwarten, seine Geschichte zu Ende zu erzählen. Er spricht immer weiter, während ich ihm dabei behilflich bin, sich neben Jess hinzusetzen. Ich bin wie betäubt von dem, was er mir offenbart, und so sitze ich neben ihm und bin von meinen Gefühlen überwältigt. »Ich fing an zu beten: ›Gott, gib mir einen Sohn, der das werden kann, was ich nicht werden konnte!‹ Dein Bruder Henry hat die Schule nie gemocht. Dann deine drei Schwestern ... dann lange Zeit nichts. Ich war schon sicher, dass Gott mich nicht gehört hatte. Und dann du ... ich war so überrascht, Harold!«

Er atmet tief, während ich seinen Arm halte. Ich kann nicht glauben, was er sagt. Oder kann ich es doch? Er hat es die ganze Zeit gewusst? Natürlich hat er das! Ich denke an den Morgen zurück, an dem ich noch der Junge am Frühstückstisch war.

»Harold ... ich habe gebetet ... und gebetet ... ich habe es nie jemandem gesagt ... ich wollte nicht, dass du es nur machst, um deinem Vater einen Gefallen zu tun ... ich wollte, dass du dich selbst von Gott gerufen fühltest. Und dann der Tag, als Onkel Henry kam – ach, Harold, ich *wusste* es einfach.«

Dad und ich umarmen uns und er sinkt in meine Arme. Jetzt bin ich sein einziger Halt, so wie er es all die Jahre für mich gewesen war. Dann ... fange ich an, zu weinen.

Später am Abend, als wir wieder zurück im Pfarrhaus sind, berichtete Dad, wie er schließlich Mom die ganze Sache mit seinem Traum für mich erzählt hatte. Er erklärte Arvella und mir, wie traurig sie gewesen war, dass sie nicht auch bei der Ordination dabei sein konnte (es ging ihr nicht allzu gut, denn sie litt unter Bluthochdruck, und der Arzt hatte ihr verboten zu reisen).

Dann erzählte er uns von den haarsträubenden Erlebnissen dieses Tages. Er und Jessamine – meine älteste Schwester, die an einer Gehhilfe ging – waren mit dem Zug in dieser riesigen, fremden Stadt angekommen. Sie hatten nicht geahnt, dass Chicago so riesengroß sein würde. Sie hatten sich einfach gedacht, sie bräuchten nur ein Taxi zu nehmen, und alles wäre in Ordnung. Aber der Fahrer hatte nicht die blasseste Ahnung, wo Ivanhoe lag – im Süden, im Norden, im Osten oder im Westen. Sie hatten über eine Stunde gebraucht, um vom Bahnhof bis hierher zu kommen.

Langsam wurde es Zeit, zu Bett zu gehen. Ich begleitete Dad – sein Schritt war langsam und voller Schmerzen – den Flur hinunter zu dem freien Schlafzimmer. Unsere Gesichter waren einander so nahe, dass ich seine Liebe in jedem Fältchen erkennen konnte. Seine Augen strahlten, sein Gesicht glühte. In seinen geliebten Zügen konnte ich die Worte lesen: »Ich liebe dich, Harold! Ich bin stolz auf dich.« Und mir wurde klar, dass ich diese Botschaft – trotz der Zurückhaltung, die Mom und Dad immer an den Tag legten – schon mein ganzes Leben lang von ihren Herzen empfangen hatte. Und ich wusste, dass Mom, wenn sie hätte kommen können, dasselbe ausgedrückt haben würde wie Dad. Auch sie hätte mir vermittelt, wenn sie es nicht sogar gesagt hätte: »Ich liebe dich, Harold! Ich bin stolz auf dich.«

Ich war ein Prediger. Ich wurde geliebt. Und die Tür zu meiner Zukunft stand weit offen und versprach mir grenzenlose Möglichkeiten. An diesem Abend ging ich mit einem Gefühl der Freude zur Ruhe, das größer war als alles, was ich bisher erlebt hatte.

Teil II

Die Jahre der Wunder

»Die Dinge, die heute unmöglich erscheinen,
sind die Wunder von morgen.«
Robert H. Schuller

20

Im hohen Süden der *Windy City*[1] lag die *Ivanhoe Reformed Church* von Dolton, Illinois, buchstäblich auf der Grenze zwischen zwei Vororten, sodass wir den Namen von Ivanhoe trugen, aber eine Doltoner Adresse hatten.

Ich ahnte noch nicht, wie bezeichnend diese Teilung war, als ich in dieser kleinen, armen und um ihre Existenz ringenden Gemeinde ankam.

»18 zu 17? Ist das Ihr Ernst?«, fragte ich Bain Fisher, den zweiten Vorsitzenden des Kirchenvorstands.

»Na ja, vielleicht sind es auch 17 zu 18«, räumte er grinsend ein. »Und ich stehe dazwischen. Seit Monaten schon versuche ich, diese zerstrittene Gemeinde zusammenzuhalten.«

Mein Eifer und vielleicht auch mein angeborener Optimismus hatten mich blind gemacht für das, worauf ich mich hier eingelassen hatte.

»Unser erster Pastor war beliebt«, erklärte Bain, »oder unbeliebt – je nachdem, wen man fragt –, aber es ist ihm einfach nicht gelungen, die Kirche zu einer Gemeinschaft zu machen. Jetzt, wo er weg ist, sind eine Menge Verletzungen zurückgeblieben.«

Dann ließ Bain eine weitere Bombe hochgehen. »Wissen Sie, Bob, unsere finanzielle Situation sieht folgendermaßen aus: Wenn eine der beiden Seiten sich zurückzieht, dann sind wir bankrott.«

Herzlich willkommen, Schuller! Wow! Und ich war erst eine Woche hier!

»Was raten Sie mir?«, fragte ich.

»Nun, vor allem sollten Sie sich nicht auf eine Seite schlagen«, meinte er. »Richten Sie den Blick der Leute auf Christus und seien Sie einfach in seinem Namen ein Pastor für alle. Mit der Zeit werden sie sich um ihren neuen Pastor sammeln, wenn er ihnen zeigt, wie es weitergehen kann. Ich denke, dass es möglich ist, dass die Verletzungen innerhalb der Gemeinde heilen werden.«

»Inzwischen kann ich hinausgehen und neue Menschen gewinnen, die nicht mit der Gemeindegeschichte belastet sind. Alles, was ich tun muss, ist, 36 neue Mitglieder zu gewinnen, dann sind die neuen in der Mehrheit.«

Bain schienen meine großen Ambitionen nicht einzuschüchtern. »Das könnten Sie in zwölf Monaten schaffen«, überlegte er.

Offensichtlich war Bain Fischer genauso wie ich ein positiv denkender Mensch. Wir hatten sofort eine Verbindung, die uns zu Freunden auf Lebenszeit machen sollte.

Die Situation in Ivanhoe brachte mich wieder auf mein biblisches Motto zurück, auf Jesaja 58, Vers 12:

»Du sollst heißen: ›Der die Lücken zumauert und die Wege ausbessert, dass man da wohnen könne‹.«

Diese Stelle war inzwischen für mich zu einem zuverlässigen Quell der Hoffnung geworden. Was wäre gewesen, wenn mein Professor für Predigtlehre mich nicht mit ihr bekannt gemacht hätte? Worauf hätte ich mich dann verlassen können? Schon jetzt lernte ich den Wert meiner schulischen Ausbildung zu schätzen.

Johannes 3, Vers 16 war ein anderer Bibelvers, an den ich mich während meines gesamten Dienstes gehalten habe:

»Denn also hat Gott die Welt geliebt, dass er seinen eingebornen Sohn gab, damit alle, die an ihn glauben, nicht verloren werden, sondern das ewige Leben haben.«

Immer, wenn ich Ermutigung brauchte, wandte ich mich Philipper 1, Vers 6 zu. Dieser Vers erweckte in mir immer wieder ein starkes, anhaltendes und sicheres Selbstvertrauen:

»Ich bin [...] guter Zuversicht, dass der in euch angefangen hat das gute Werk, der wird's auch vollenden bis an den Tag Christi Jesu.«

Römer 8, Vers 28 wurde für mich zu einem lebenslangen Bezugsrahmen, der mir die Fähigkeit verlieh, allen negativen Erfahrungen eine kraftvolle und positive Wendung zu geben:

»Wir wissen aber, dass denen, die Gott lieben, alle Dinge zum Besten dienen.«

Und Markus 16, Vers 15 brachte meinen Lebenszweck auf den Punkt und gab mir den richtigen Maßstab und den Rahmen dafür:

»Gehet hin in alle Welt und predigt das Evangelium aller Kreatur.«

Und ich machte mich gleich an die Arbeit. Jeden Nachmittag sprach ich die Menschen in der Nachbarschaft an. Ich ging von Tür zu Tür, von Geschäft zu Geschäft und stellte mich vor, mit Selbstvertrauen und Begeisterung. Zu meiner Freude erschienen sonntags auch neue Besucher in der Kirche; aber zu meinem Leidwesen kamen die meisten nur einmal und dann nie wieder. Nach etwa einem Monat war ich ziemlich entmutigt.

Zum ersten Mal in meinem Leben musste ich ohne den verlässlichen fachlichen Rat meiner Lehrer auskommen. Ich bekam keine Noten mehr oder Punkte in Prüfungen, die mir gesagt hätten, worin ich gut war und wo meine Schwächen lagen. Der einzige Maßstab, den ich hatte, war mein Publikum. Wenn die Gemeinde wuchs, dann tat ich das Richtige. Wenn sie nicht wuchs oder – Gott bewahre – sogar kleiner wurde, dann machte ich etwas falsch.

Um mich meines Erfolgs zu versichern, verbrachte ich jeden Samstagabend wie den Abend vor einer wichtigen College-Prüfung. Jede Sonntagspredigt »zählte«. Ich schrieb die ganze Predigt in drei Teilen. Teil 1 war meine Aufgabe für den Donnerstagvormittag. Teil 2 schrieb ich am Freitagmorgen. Teil 3, mit dem Fazit, wurde am Samstag ausgearbeitet und niedergeschrieben. Die Botschaft war immer vollgepackt mit Theologie und Bibelstellen.

»Johann Calvin würde mir eine Eins geben«, hatte ich mir in den vergangenen Wochen immer wieder gesagt. Und trotzdem stagnierten die Besucherzahlen. Ich kam einfach nicht dahinter, wo der Fehler lag.

Eines Donnerstagmorgens war ich zu deprimiert, um zu arbeiten, und ich beschloss, mich auf eine Tasse Kaffee zu meiner wunderbaren Arvella zu setzen, um auf andere Gedanken zu kommen. Zuerst lief ich zur Bäckerei und kaufte einen Schwung warmer, süßer Brötchen, um sie damit zu überraschen.

Arvella und ich saßen in unserer kleinen Küchenecke zusammen. Sie war wirklich ein süßer Knopf in ihrem neuen Bademantel (einem Hochzeitsgeschenk), wie sie so an ihrem Kaffee nippte und mir zusah, wie ich mein Sorgenfutter in mich hinein mampfte.

Sie hörte sich meine Klagen mit einem besänftigenden Blick ihrer grünen Augen einen Moment lang an, dann sagte sie: »Wen versuchst du eigentlich zu beeindrucken?«

Ich war von ihrer Abruptheit und Ehrlichkeit verblüfft. Und auch ein bisschen verletzt. Wo war ihr Mitleid? Ihre Fürsorge? Aber als ich einen Augenblick darüber nachdachte, wurde mir klar, dass sie dies nicht gesagt hatte, um mich zu verletzen, sondern dass dies eine sehr kluge Kritik war.

Ich dachte über ihre Frage nach, aber mir fiel keine plausible Antwort ein. Meine Ausführungen hätten vielleicht Johann Calvin beeindruckt, mein kleines Publikum war es aber mit Sicherheit nicht. Ich schoss am Ziel vorbei und ich wusste es.

»Weißt du, Bob, deine Lehrer brauchen deine Botschaft nicht«, fügte sie hinzu.

Ich wusste, dass sie schon wieder Recht hatte, ich wusste aber nicht, was ich machen sollte. Meine Predigten funktionierten einfach nicht. Dabei hatte ich in meiner Seminarklasse gerade meinen Abschluss mit der höchsten Auszeichnung für Predigtlehre gemacht, und ich kannte keine andere Art, eine Predigt zu halten! Wenn ich das nicht anwenden konnte, was ich gelernt hatte, was sollte ich denn dann noch sagen?

Während ich mich weiter mit dieser Frage herumschlug und mit der quälenden Unsicherheit, die sie mit sich brachte, ging meine Arbeit weiter. Donnerstag bis Samstag: studieren und schreiben. Dienstag und Mittwoch: von Tür zu Tür hausieren gehen, Verwaltungsaufgaben wahrnehmen und versuchen, mich um meine immer noch zerstrittenen Schäflein zu kümmern.

Aber der Montag war mein freier Tag. Der Tag, den Arvella und ich füreinander reserviert hatten. Trotz aller Härten des Zusammentreffens mit der realen Welt war meine Ehe schöner, als ich es mir je erträumt hatte. Arvella und ich hatten viel Freude aneinander und an unserem neuen, gemeinsamen Leben.

Während dieser ersten Monate verbrachten wir viel Zeit damit, das zweigeschossige Pfarrhaus, unser erstes Zuhause, einzurichten. Die Benutzung des Hauses war Teil der pastoralen Vergütung, aber für die Einrichtung waren wir wie gesagt selbst zuständig.

Unsere erste Anschaffung war ein Kimball-Klavier. Wir hatten noch keinen Kühlschrank und auch keine Waschmaschine, aber schließlich war die Musik ja Arvellas Leben. Der Mittelpunkt des Zuhauses ihrer Kindheit – genauso wie des meinen – war immer ein Klavier gewesen. Und mir war immer gesagt worden: »Wenn du nicht zuallererst ein Klavier kaufst – noch bevor du irgendetwas anderes kaufst –, dann wirst du dir nie eines leisten können.«

Also gingen die ersten 20 Dollar unseres Einkommens von 200 Dollar in die Kollekte, fünf Dollar die Woche, das stand außer Frage, und die nächsten 50 Dollar waren die Rate für unser Klavier.

In der Zwischenzeit brachten wir unsere etwas länger haltbaren, verderblichen Waren wie etwa Butter im kühlen Keller unter, und ich ging weiterhin jeden Morgen auf den Markt und brachte frische Milch und eine Tüte Gebäck mit nach Hause. Arvella ging dann später noch einmal zum Markt, um für unser Abendessen einzukaufen.

Zu unserer großen Freude überließ uns zwei Monate später einer der Ältesten seinen alten Kühlschrank und seine alte Waschmaschine. Man stelle sich diesen Luxus vor!

Der erste Stock unseres Hauses beherbergte ein kleines Wohnzimmer, eine Ecke für den Esstisch und die Stühle sowie eine kleine Küche. Im zweiten Stock befanden sich das Badezimmer und drei Schlafzimmer. Das größte von ihnen war unseres und gerade groß genug für ein schmales Doppelbett und eine Kommode. Das nächste war mein Arbeitszimmer. Das dritte kleine Schlafzimmer fungierte als Gästezimmer für Besucher wie zum Beispiel höhere Kirchenvertreter, die immer mal wieder überraschend vorbeischauten, um zu sehen, wie es uns so ging.

Wenn wir unseren Zehnten und unsere Klavier-Rate bezahlt hatten, blieben uns noch 130 Dollar zum Leben. Das war der Grund, warum mein 53er Chevy ständig ohne Benzin dastand. Ich konnte nie für mehr als einen Dollar tanken. Nur reiche Leute konnten an der Tankstelle vorfahren und sagen: »Volltanken, bitte.«

Im Keller stand der kohlenbefeuerte Heizkessel. Ich hatte so etwas noch nie gesehen, und ich hatte keine Ahnung, wie man ihn anzündete, aber ich wusste, dass ich es besser schnell herausfinden würde, denn unser erster Winter in Chicago stand uns in wenigen Monaten bevor.

»Reverend Schuller«, sagte der Vorsitzende des Ältestenrates eines Tages zu mir. »Sie werden bald Ihre Kohlen bestellen müssen. Ich würde vorschlagen, dass Sie beizeiten zur Holz- und Kohlenhandlung gehen, damit Sie es vermeiden, in den Massenandrang zu geraten, wenn der erste Frost über uns hereinbricht.«

Er zog ein Stück Notizpapier aus seiner Tasche und überflog es. »Ich habe das mal für Sie durchgerechnet und bin zu dem Ergebnis gekommen, dass Sie etwa fünf Tonnen Kohlen brauchen werden, um über den Winter zu kommen. Bei 15 Dollar die Tonne macht das 75 Dollar.«

75 Dollar! So viel Geld hatte ich nicht. Und ich hatte auch keine Ahnung, wie ich es beschaffen sollte!

Ich fragte den Inhaber der Kohlenhandlung, ob er die Kohlen liefern und den Rechnungsbetrag anschreiben könnte.

»Ja, ich kann Ihnen die Kohlen liefern«, sagte er, »aber nein, Sie können nicht anschreiben lassen.«

Ich war verblüfft. Ich wandte all meine durch jahrelanges Training geschulten Überredungskünste auf, aber ich erreichte nichts.

»Nehmen Sie es nicht persönlich, Reverend«, sagte er, »aber für Kohlen schreiben wir *niemals* an. Sie werden sich das Geld von der Bank leihen müssen.«

Also ging ich zu der einzigen Bank am Ort. »Können Sie mir das Geld für die Kohlen leihen, die wir in diesem Winter im Pfarrhaus brauchen werden?«, fragte ich.

»Natürlich *nicht!«*, sagte der Bankier, als ob ich es besser hätte wissen müssen. Hatte ich etwas Falsches gesagt?

»Wir verleihen niemals Geld für Kohlen, Reverend Schuller.«

Mein verwirrter Blick muss ihm gesagt haben, dass er es mit einem Jungen von 23 Jahren zu tun hatte, für den das alles neu war. Er bat mich, Platz zu nehmen, um mir die Geschichte zu erklären.

»Jedes Mal, wenn wir einen Kredit vergeben«, setzte er mir auseinander, »wird die Sache, für die wir den Kredit bewilligen – ein Haus oder ein Auto zum Beispiel –, zu unserer Sicherheit. Das heißt, wenn der Schuldner nicht zahlen kann, dann können wir die Sache nehmen und wieder verkaufen. Wenn dann nach der Tilgung der Schulden noch etwas übrig ist, bekommt der Schuldner es. Darauf hat er einen Anspruch.«

Langsam verstand ich, worauf er hinaus wollte.

»Aber«, fuhr er fort, »wir verleihen niemals Geld für Öl oder Kohle, denn diese Dinge sind flüchtig wie andere Verbrauchsgüter, etwa Nahrungsmittel oder Autoreifen. Wir verleihen niemals Geld für Kohlen, denn von ihnen bleibt nichts übrig als Asche! Mein Rat an Sie lautet: Nehmen Sie niemals für Kohlen einen Kredit auf!«

»Ich verstehe«, sagte ich, meinen Fehler einsehend.

Dann überraschte er mich ein zweites Mal: »Aber ich sage Ihnen etwas: Ich werde Ihnen das Geld für dieses eine Mal leihen, weil ich glaube, dass Sie *verstanden* haben, und weil ich sehe, dass Sie Hilfe brauchen. Ich werde den Kreditantrag abzeichnen und mit meiner Unterschrift für Sie bürgen. Das werde ich aber nur dieses eine Mal tun und niemals wieder!«

Ich habe die Freundlichkeit dieses Bankiers nie vergessen und auch nicht die fundamentale Lektion in Finanzwesen. Während der vielen Jahre meines Dienstes haben wir oft Geld für unsere Kirche geliehen, aber niemals für »Kohlen« (Gehälter, Strom und Wasser, Zinsen für laufende Kredite, Sendezeiten usw.). Egal, wie schwierig es auch war, hierfür wurde ausschließlich Bares verwendet.

Am Ende des Sommers hatten wir genügend Kohlen im Haus, um uns im kommenden Winter warm zu halten, und ich war stolz und zufrieden. Ich wohnte jetzt in einem Haus mit einer Nummer, in einer

Straße, die einen Namen hatte, in dem Vorort einer Weltstadt! Und wenn es auch ein paar »Schlaglöcher« auf meinem Weg gab, etwa hinsichtlich der Gemeinde oder meiner Predigten, so wusste ich doch, dass ich auf meinem Weg nach »Irgendwo« war.

Seit wir in Chicago angekommen waren, hatte ich nicht ein einziges Mal an Kalifornien und an den aufregenden Besuch unseres Quartetts an der Westküste gedacht. Soweit es mich betraf, konnte ich ohne weiteres die nächsten 40 Jahre hier verbringen und die *Ivanhoe Church* von Dolton aufbauen. Ich konnte hier ein weiterer George Truett sein. Und nach 40 Jahren würde ich immer noch erst 63 sein! Immerhin war Chicago wesentlich größer als Dallas und mit meinen zusätzlichen Jahren waren dem Wachstum keine Grenzen gesetzt!

Zu dieser Zeit begann ich eine Veränderung an Arvella festzustellen. Sie war empfindlicher als sonst. Kleinigkeiten, die ich sagte, verursachten oft schon einen Tränenausbruch. An einem Sonntagmorgen schlug ich zum Beispiel ein anderes Lied vor als das, das sie ausgewählt hatte, und sie rannte tränenüberströmt aus der leeren Kirche.

Eine Abends kam ich später nach Hause als üblich, völlig erschlagen von einem Tag voller seelsorgerlicher Einzelgespräche mit Mitgliedern meiner Gemeinde. Ich kam durch die Tür und fand eine völlig veränderte Arvella vor. Die wunderschönen kupfernen Locken, die ich immer so gerne um meine Finger gewickelt hatte, waren verschwunden! Sie stand mit einem Blick vor mir, der zu fragen schien: »Na, was denkst du? Wie gefällt dir mein Kurzhaarschnitt?« Gleichzeitig lag die Hoffnung darin, dass ich sagen würde: »Wundervoll!«

Ich konnte es nicht fassen! All meine Erinnerungen an unsere romantischen Momente waren mit diesen mahagonifarbenen Locken verbunden. Ich war so verletzt und traurig, dass ich etwas wirklich, wirklich Dummes sagte. Es war so dumm, dass ich es gar nicht niederschreiben möchte – aber ich denke, ich sollte. Als sich der passende Kommentar nicht einstellen wollte, fiel ich auf meine Sprachübungen zurück, bei denen es geheißen hatte: Wenn alles andere versagt, dann bemühe einen Vergleich. Und so verglich ich ihre neue Frisur mit einem abgegessenen Tisch nach dem Dinner.

Arvella war völlig zerstört.

Den ganzen Abend über sagte sie kaum ein Wort. Ich fühlte mich wegen unserer ersten Meinungsverschiedenheit schrecklich und war sogar schuld daran.

Bei anderen Gelegenheiten in diesen Tagen strahlte Arvella wieder mit einer Intensität, die ich noch nie auf ihrem lieblichen Gesicht beobachtet hatte. Und manchmal rannte sie ins Badezimmer, weil sie ihr Frühstück nicht bei sich behalten konnte.

Nach einer Weile brachte dann der Arzt Licht ins Dunkel: Arvella war schwanger. Wir waren beide vor Freude ganz aus dem Häuschen, aber wir hatten auch schreckliche Angst. Würden wir diese neue Herausforderung bewältigen?

In der Zwischenzeit allerdings musste ich herausfinden, wie ich mit den streitsüchtigen Mitgliedern meiner Gemeinde umzugehen hatte. Ich musste lernen, Achtung, Vertrauen und Zuneigung zu den nichtreligiösen Menschen in meiner Gegend aufzubauen. Ich musste Wege finden, wie ich diese Werte auch von der Kanzel aus fördern konnte, und mit meinen Predigten Freundschaften zwischen Kanzel und Kirchenbank stiften. Und vor allen Dingen musste ich, um zu überleben, neue Mitglieder gewinnen.

In der kleinen Dorfkirche in Iowa, in der ich groß geworden war, herrschte die unangefochtene Ansicht, dass der *Dominee* unter allen Umständen respektiert werden musste. Diese Denkweise war also auch in mir tief verwurzelt. Aber es dauerte nicht allzu lange, bis ich zu der schockierenden Einsicht kam, dass Chicago anders war als Sioux City oder Holland, Michigan. Mit einigem Erstaunen stellte ich fest, dass die meisten Städte sich ihren religiösen Gemeinschaften gegenüber nicht nur zu nichts verpflichtet fühlten, sie schienen es noch nicht einmal für nötig zu halten, ihnen auch nur das kleinste bisschen Respekt entgegenzubringen. Aber wie kann man jemanden beeinflussen, der einen nicht respektiert?

Im Seminar hatte man mir nicht beigebracht, wie man die Achtung von Menschen gewinnen konnte, die kein bisschen religiös waren. Das Hauptaugenmerk hatte hier auf theologischen Argumenten als Zeichen der Intelligenz gelegen, und so hatten wir 99 Prozent unserer Unterrichtszeit mit heißen theologischen Debatten über biblische Themen verbracht.

Meine Lehrer hatten nie dem Problem gegenübergestanden, Menschen zum Zuhören bewegen zu müssen. Schließlich waren wir Schüler ein dankbares Publikum. Wir *mussten* zuhören! Unsere Mentoren hatten immer nur »gepredigt«; keiner hatte je versucht zu »kommunizieren«.

So brachte das Seminar Jahr für Jahr Prediger hervor, die ihre Selbstbestätigung darin suchten, von der Kanzel aus kluge Argumente zu verkünden und grandiose und fromme Verhaltensregeln zu deduzieren. Wie man gute Beziehungen in einer Gemeinde aufbaut, daran hatte nie jemand auch nur einen Gedanken verschwendet. Und so versagte auf der Kanzel jämmerlich, was im Klassenzimmer noch so gut funktioniert hatte. Als ich noch im Seminar gewesen war, war ein späterer Bestseller auf den Markt gekommen: »Wie man Freunde gewinnt und Menschen beeinflusst«.[2] Die Studenten des *Western* hatten mit Verachtung darüber gesprochen – mich eingeschlossen, obwohl ich es gar nicht gelesen hatte – und die Lehrer hatten darüber gelacht und gespöttelt. Voller akademischer Arroganz hatte man dieses Buch in allen großen Universitäten des Landes hochnäsig niedergemacht, genauso wie »Die Kraft des positiven Denkens«[3] von Norman Vincent Peale einige Jahre später. Aber es waren gerade diese beiden Bücher, in denen ich die Ratschläge fand, die ich so dringend brauchte, wenn ich nicht als päpstlicher Prediger hoch über den Menschen thronen wollte, sondern ihre Achtung als jemand genießen wollte, der ihnen etwas mitzuteilen hatte.

Dr. Beckering wies mich auf dieses Buch hin, als ich ihm eines Tages mein Herz ausschüttete. Aus Hochachtung vor den Verdiensten meines geschätzten Mentors machte ich mich von meinen Vorurteilen aus dem Seminar frei und fing an zu lesen. Seite für Seite begann ich zu lernen, wie man Menschen freundlich behandelt, auch wenn sie nicht der gleichen Meinung sind wie man selbst. »Diskutieren Sie nicht – teilen Sie sich einfach mit, ehrlich, demütig und höflich.« So lautete Carnegies Anweisung. Ich tat mein Bestes, um diesen Rat in die Praxis umzusetzen, und ich fand heraus, dass ich so mit Menschen, die mit der Kirche nichts zu tun hatten, erheblich besser zurechtkam.

Inzwischen war ich irgendwie auf Norman Vincent Peales Adressliste geraten. Als wieder einmal eine Broschüre in meinem Briefkasten lag, entschied ich mich, immer noch widerstrebend, einmal »Nein« zu den Neinsagern zu sagen – mich selbst eingeschlossen – und diesem Peale eine Chance zu geben. Ich brauchte verzweifelt Hilfe, und der Broschüre entnahm ich, dass er vielleicht die Antwort hatte. Ich nahm die Gelegenheit wahr und kaufte sein neues Buch »Die Kraft des positiven Denkens«.

Die Auswirkungen der Theorien von Peale und Carnegie auf meine Theologie und meine Art der Kirchenarbeit waren erstaunlich! Wofür diese Bücher standen, unterschied sich wie die Nacht vom Tag von der akademischen Welt, in der ich bisher gelebt hatte. Was für ein Gegensatz zwischen den Professoren und Peale! Peales Worte waren Therapie; die Worte der Professoren bloße Argumente. Peales Stil, sein Geist und sein Wesen waren demütig und hilfreich; die Klassenzimmer-Lektionen waren dagegen zwar voller Fakten und Theorien, aber nicht im

Geringsten begeisternd oder motivierend. Kein Wunder, dass mir mein Publikum davonlief!

Ich begann, etwas über »positives Predigen« zu lesen, und ich beschloss, Peales Methode auszuprobieren. Ich hörte auf, schwer verdauliche Sermone zu predigen. Ich befolgte Peales Rat und den Rat, den meine Frau mir schon vom ersten Tag an gegeben hatte. Als ich anfing, das Evangelium Jesu Christi mit dieser neuen Geisteshaltung zu lesen, entdeckte ich, dass Jesus selbst einen positiven Stil bevorzugt hatte. Wer wäre ein besseres Vorbild gewesen?

Auf der Kanzel fing ich an, die Kraft des positiven Glaubens zu bezeugen. Ich fing an, inspirierende Geschichten zu erzählen, die einen Bezug zu den Menschen hatten und aus denen sie etwas lernen konnten. Zu meiner Überraschung kam der »Geschichtenerzähler« aus meiner Jugend wieder zum Vorschein – der extrovertierte, unterhaltsame Jugendliche, der für seine Geschwister und Freunde detaillierte Bilder von dramatischen Szenarien entworfen hatte. Ich war wieder »live auf der Bühne«. Und wunderbarerweise begannen sich in unserer kleinen Kirche Leben zu verändern. Die Gemeinde fing an zu wachsen, weil die Menschen hören und sehen konnten, was ich mitzuteilen versuchte. Sie verstanden meinen neuen Stil echter und nachvollziehbarer Kommunikation auf Anhieb.

Ich nahm die neuen Konzepte wie ein eifriger Student in mich auf. Mit der Hilfe meiner beiden neuen »Professoren« und mit ihren Büchern als Lehrmaterial nahm ich einen neuen Kurs in Angriff – einen Kurs, den ich für mich selbst »Grundkurs Höflichkeit« nannte. Ob ich nun auf der Kanzel stand oder in einem Laden, immer ging ich davon aus, dass jede Person, die ich traf, das Bedürfnis hatte, mit Respekt behandelt zu werden. Und ich machte es mir zur Aufgabe, diesen Respekt zu zeigen. In meinem Unterbewusstsein begann sich die emotionale Infrastruktur für die Erschaffung einer »Theologie der Selbstachtung« zu bilden.

Während dieser Zeit verschmolz meine angeborene Schauspielernatur immer mehr mit der erworbenen geistlichen Persönlichkeit. Als ich bemerkte, welche positiven Auswirkungen diese Verschmelzung hatte, fühlte ich mich auf der Kanzel zunehmend freier. Natürlich wollte ich kein Peale werden – mit den Armen rudern und dergleichen; ich musste mir schließlich einen Rest von Würde bewahren. Aber das Geschichtenerzählen, das er propagierte, weckte in mir eine altbekannte Liebe, und ich blühte richtiggehend auf. Die Leute lachten. Die Leute weinten. Die Leute *hörten zu!*

In dieser Zeit geschah es, dass ich eines Sonntagmorgens ausrief:

»Finde einen Mangel und beseitige ihn!«

Dieser Satz, den ich irgendwo gehört oder gelesen hatte, sprang aus mir heraus, sauste durch die Kirche, kam zu mir zurück und traf mich wie ein Blitz. *Wow!* Das war es! Das Geheimnis des Erfolgs ist ... einen Mangel zu finden und ihn zu beseitigen, eine Verletzung zu finden und sie zu heilen! Ich erkannte, dass jede Predigt, die ich hielt (egal, ob formell in der Kirche oder zufällig im Café), so gestaltet sein sollte, dass sie die Menschen nicht zu »belehren« oder zu »bekehren« versuchte, sondern so, dass sie Mut machte, dass sie aufrichtete. Ich entschied mich dafür, den Geist, den Stil, die Strategie und das Wesen eines »Therapeuten auf der Kanzel« anzunehmen.

Einige Tage später war ich im Drugstore, um ein Rezept abzuholen. Der Inhaber war ein unfreundlicher und mürrischer Geschäftsmann, also bot er eine Gelegenheit, die Lektionen vom »Grundkurs Höflichkeit« anzuwenden. Dieser Mann war nicht nur gegen die Kirche; er war gegen jede Religion. Ich wollte seinen Mangel beseitigen, der ziemlich offensichtlich war, aber ich wusste noch nicht, wie ich ihn erreichen sollte. Alles, was ich tun konnte, war, ihm ein Freund zu sein. Ich verbrachte ein paar Extra-Minuten bei ihm, hörte mir seine Ratschläge in Bezug auf das Rezept an und plauderte mit ihm ein bisschen über das Leben. Als ich ging, hatte ich das Gefühl, dass Gottes Werk wieder ein kleines Stück vorangekommen war.

Meine Begegnung mit dem Apotheker veranlasste mich, intensiver darüber nachzudenken, wie ich die Menschen in der Nachbarschaft erreichen könnte. Ich entschied mich dafür, eine Adressliste aller Menschen in der näheren Umgebung anzulegen, die noch keiner Kirche angehörten. Ich würde ihnen dann jede Woche eine besondere Karte schicken und sie für den »aufregenden Gottesdienst am kommenden Sonntag« einladen.

Meine erste Aufgabe war es, herauszufinden, wer auf der Adressliste stehen sollte. Das war einfach. Wenn ich von Tür zu Tür ging, würde ich die Leute fragen, ob sie schon aktives Mitglied in einer Kirche waren. Wenn nicht, würde ich ihnen ein paar Fragen stellen, um ein Gefühl dafür zu bekommen, ob sie vielleicht als Kandidaten in Frage kamen. Wenn die Leute nicht direkt völlig ablehnend waren, würde ich ihren Namen und ihre Adresse in ein Formular eintragen, das ich drucken lassen würde. Dann würde ich die Begegnung folgendermaßen bewerten:

A = *Sehr gut.* Wirklich gute Aussichten. Haben versprochen, zur Kirche zu kommen.
B = *Gut.* Keine Versprechungen, waren aber sehr freundlich.
C = *Ziemlich gut.* Waren freundlich, haben aber kein Interesse gezeigt.
D = *Nicht gut.* Trotzdem auf der Adressliste behalten.

Eines Nachmittags – ich war wieder unterwegs, um Leute anzusprechen – ging ich an einem gepflegten Rasen mit einem hübschen Blumenbeet entlang auf ein freundliches kleines Haus zu. Es war nicht mehr lange bis zum Abendessen und dies würde mein letzter Besuch sein.

Das hier wird einfach, dachte ich beim Anblick des gepflegten und heimeligen Anwesens. Ich klingelte.

Eine Frau kam an die Tür und ich sagte freundlich: »Hi, ich bin der neue Pastor in der Stadt. Mein Name ist Robert Schuller. Und wie heißen Sie?«

»Doss«, antwortete sie. »Ich bin Helen.« Dann zeigte sie nach drinnen auf einen Mann, der dort in einem abgedunkelten Zimmer saß, und sagte: »Das ist mein Mann Ray.«

Als ich die Namen auf meine Karte schrieb, rief der Mann: »Wer ist da?«

»Der neue Prediger von dieser Kirche!«, erwiderte seine Frau.

»Soll reinkommen! Ich hab ihm ein, zwei Dinge zu sagen!«

Also ging ich hinein. Leere Bierdosen lagen um seinen Stuhl herum auf dem Boden. Er griff nach einer weiteren und setzte sie an den Mund. In der anderen Hand hielt er eine Zigarette, die bedrohlich im Halbdunkel glomm.

»Sie sind also der neue Prediger?«, fragte er.

Ich nickte und trat näher ins Zimmer. Sein Gesicht war undeutlich. Seine Züge waren vom Alkohol und durch das Halbdunkel verschwommen.

Ich wusste nicht recht, was ich sagen sollte, aber *ihn* bremste das nicht. Er ging gleich auf mich los. »Ich habe keine Verwendung für eure Religion, Reverend«, begann er höhnisch. »Ihr seid alle ein Haufen Heuchler!«

Meine Ohren brannten vor Scham für uns beide. Ein weiteres Mal kam mir deutlich zu Bewusstsein, dass ich nicht mehr in Iowa war oder in Holland, Michigan.

»Ich glaube nicht an Gott«, fuhr er fort. »Dieser ganze Religionsscheiß ist doch bloß 'ne Ersatzbefriedigung. Und ganz bestimmt glaube ich nicht an die Bibel oder den Himmel. Und die Hölle? Die ham wir ja schon hier auf der Erde!«

Ich war wahrhaftig betäubt. Vor den Kopf gestoßen. Sprachlos. Ich hatte noch nie eine solche Verachtung und Respektlosigkeit dem Glauben gegenüber gehört. Nicht in meiner Kindheit, nicht in der Highschool und nicht am College oder am Seminar – mein ganzes Leben lang noch nicht.

Ich war von Anfang an überzeugt, dass das hier ein hoffnungsloser Fall war, aber trotzdem ärgerte es mich, dass mir keine passende Antwort einfiel, und die Beleidigungen machten mich wütend. Ray fuhr fort, zu wettern und zu toben; er schien genügend Munition für den ganzen Abend zu haben. Nach einer Weile hatte ich genug. Das hatte ich nicht verdient. Und mit Sicherheit hatte die Kirche das nicht verdient. Zu meinem eigenen Schrecken hörte ich mich sagen – nein, *schreien*: »Also gut ... dann ... *fahr doch zur Hölle!«*

Die Worte hallten in mir wider, als ich mich umdrehte und zur Tür hinausging, und das war's.

Ich konnte nicht glauben, dass solche wütenden Worte aus meinem Mund gekommen waren. Aber ich *hatte* sie gesagt! Wo war dieses furchtbare Verhalten hergekommen? Meine Mutter wäre entsetzt gewesen, wenn sie mich gesehen hätte. Meine Frau *war* entsetzt, als sie hörte, was geschehen war. *Ich* war entsetzt. Ich konnte nicht glauben, dass diese Worte über die Lippen irgendeines Predigers gekommen wären, geschweige denn über *meine!* Aber es war geschehen.

Als ich wieder auf dem Bürgersteig stand, war ich voller Scham und Trauer. Ich war am Ende. *Ich denke nicht, dass das »Finde einen Mangel und beseitige ihn« war, Reverend Schuller*, schalt ich mich selbst. Ich zog die Karte hervor, die ich für den Haushalt der Doss' vorbereitet hatte. Ich sah mir die Wahlmöglichkeiten an, die unter dem Namen Ray Doss vorgedruckt waren: A, B, C und D. Ich schrieb: »F!!! NICHT AUF DIE ADRESSLISTE SETZEN!«

Trotz meines totalen Versagens im Hause der Doss' war »Grundkurs Höflichkeit« im Großen und Ganzen ein Erfolg. Die Besucherzahlen stiegen, und jetzt, wo meine Predigten weniger theologisch und für normale Menschen verständlicher waren, begannen die Besucher, die einmal da gewesen waren, am nächsten Sonntag und am nächsten und am nächsten wiederzukommen.

Inzwischen war Arvellas Bauch dick und rund und schön geworden. Dann, am siebten April 1951, wurde unsere erste Tochter geboren: Sheila.

Die Wochen und Monate zogen vorüber, und ich liebte die ruhigen Augenblicke, die ich mit den beiden hatte, wenn ich zum Kaffee nach Hause kam. Sheila, die jetzt schon darauf reagierte, wenn ihr Daddy kam, war eine einzige Freude. Ihr Haar war ein zarter goldener Flaum. Ihre Haut war wie Porzellan! So winzige, vertrauensvolle Händchen! So eine Unschuld der Welt gegenüber! Sheilas freundlicher Optimismus konnte jeden Ärger des Tages schnell hinwegschmelzen. Ich war ein sehr, sehr glücklicher Mann.

Mittlerweile begann unsere Gemeinde aus dem zweistöckigen Backsteingebäude herauszuwachsen, das für 150 Menschen gebaut worden war. Der sonntägliche Gottesdienst war derartig überlaufen, dass wir ein Bauprogramm initiierten, das die Größe unserer Gebäudefläche verdoppeln sollte. Wir planten auch ein neues Pfarrhaus auf der anderen Straßenseite, dessen Erdgeschoss wir als Mehrzweckraum für die Gemeinde nutzen wollten.

Das Wachstum und die Zusammenarbeit in unserer Kirche begeisterten alle! Na ja, fast alle. Neben unserer aufregenden Vergrößerung trafen wir auch auf eine neue Herausforderung in Gestalt einiger unserer älteren Mitglieder.

Diejenige von meinen Aufgaben als Pastor, die ich am wenigsten mochte, war die Teilnahme an der monatlichen Sitzung des Kirchenvorstands. Als Pastor war es jedoch meine Aufgabe, dieses Verwaltungsgremium zu leiten. Teil unserer Ausbildung für den Kirchendienst als holländisch-reformierte Seminaristen war der Unterricht in Kirchenrecht gewesen, um uns in die Lage zu versetzen, die Kirchenvorschriften und -prozesse zu verstehen, auszulegen und zu verteidigen. Diese waren ziemlich verfeinert und komplex geworden, wie man sich bei einer kirchlichen Gemeinschaft mit einer derartig langen Geschichte gut vorstellen kann. Ich hatte meinen Kurs in Kirchenrecht mit einer Eins plus abgeschlossen, also fehlte es mir nicht an Selbstvertrauen. Ich mochte diese Treffen jedoch wegen der unglaublichen Belanglosigkeit ihrer Tagesordnung einfach nicht, besonders in unserer momentanen Konstellation. Meine Ältesten und Diakone waren von einer unzufriedenen Gemeinde auf dem Höhepunkt der Uneinigkeit gewählt worden – einige wegen ihrer versöhnlichen Fähigkeiten, andere wieder wegen ihrer Geschicklichkeit im Zwietrachtsäen – und so waren diese Treffen nicht gerade ein Spaziergang. Die meisten Diakone waren das Salz der Erde und ich hatte die höchste Meinung von ihnen. Aber drei von ihnen waren weder begabt noch erfahren, noch hatten sie irgendeine andere Qualifikation für eine positive Führungsrolle.

Mein gesamtes erstes Jahr als Vorsitzender dieses Gremiums hindurch hatte ich die negative Kraft des Unmöglichkeitsdenkens an diesen Männern beobachtet. Ihre tief sitzenden Unsicherheiten machten Überstunden und führten zu defensiven, selbstbezogenen Machenschaften. Aber dessen ungeachtet war ich der Ansicht, dass wir unsere Anfangsschwierigkeiten ganz gut überwunden hatten und dass unsere Einheit gefestigt worden war. Die Dinge entwickelten sich gut, und ich hegte die Hoffnung, dass auch in den negativ eingestellten Ältesten eine Veränderung vor sich ging. In dieser optimistischen Haltung trafen mich die kommenden unfreundlichen und gemeinen Ereignisse völlig unvorbereitet.

Die drei Neinsager hatten einen Ältesten zu ihrem Sprecher erkoren, der noch nie zuvor in seinem Leben Mitglied in irgendeinem Vorstand, Komitee oder in sonst einem entscheidungstragenden Gremium gewesen war. Er war erst kurz vor meiner Ankunft in das Konsistorium berufen worden und war in seiner Kritik an meiner Person und meiner Arbeit immer heftiger und unverschämter geworden. Andere Mitglieder des Vorstands hatten mir anvertraut, dass seine negative Haltung und seine Kritik schon angefangen hatten, die Einheit unserer Kirche, sogar unter den neuen Mitgliedern, zu untergraben.

Der Montagabend kam und ich gab Arvella und der drei Monate alten Sheila einen Abschiedskuss und ging über die Straße hinüber zur Kirche. Es war ein schwüler Juliabend. Der Himmel war grau, weil es bereits dämmerte. Der Geruch der feuchten Luft war angenehm und mit dem Duft eines Rosenbuschs durchmischt, der in der Nähe des Bürgersteigs stand. Ich brauchte weder Mantel noch Hut, also betrat ich die Kirche etwas zu früh direkt durch die Seitentür und überraschte dabei eine Gruppe, die sich um den am negativsten eingestellten Ältesten gebildet hatte. Als ich eintrat, machte sich ein schuldbewusstes und betretenes Schweigen breit, und die Gruppe zerstreute sich schnell. Aber es lag etwas in der Luft, etwas, das mir nicht gefiel. Ich wandte ihnen den Rücken zu und verbarg mein ungutes Gefühl hinter Sitzungsvorbereitungen. Mein dünnes, baumwollenes Sommerhemd klebte an mir, als ob ich ihm Kühlung verschaffen könnte.

Nach und nach erschienen die anderen und mit ihren freundlichen Grüßen kehrte auch meine Selbstsicherheit zurück.

Im Verlauf des Abends ließen die negativen drei durchblicken, dass sie der Meinung waren, der Vorstand sollte meine Führungsqualitäten noch einmal überprüfen. Als ihre bösen Absichten offenbar wurden, hatte ich Mühe, meine Gefühle unter Kontrolle zu halten. Die Sitzung zog sich zwei volle Stunden lang hin, in denen die Gruppe der Umstürzler versuchte, die anderen auf ihre Seite zu ziehen.

Als ich an diesem Abend nach Hause kam, war ich emotional völlig erschöpft. Arvella sah mich an, als ich auf dem Sofa in mich zusammensank, und erkundigte sich rasch: »Schatz, was ist los? Was ist passiert?«

Ich sprang kampfbereit auf. »Genug ist genug!«, rief ich. »Immerhin bin ich laut Kirchengesetz der Vorsitzende des Kirchenrats und der Präsident der Gemeinde!«

Arvella versuchte, mich zu beruhigen, da sie befürchtete, ich könnte Sheila aufwecken. An ihrem erschrockenen Gesichtsausdruck konnte ich ablesen, dass sie mich noch nie so wütend erlebt hatte.

»Ich werde am Donnerstag eine außerordentliche Sitzung einberufen«, verkündete ich. »Und zwar ohne ihn!«

Arvella wusste sofort, von wem ich sprach. Still hörte sie mir zu, und als ich mich etwas beruhigt hatte, gab sie mir den besten Rat über den Umgang mit Menschen, die meine Führung untergraben wollten, den ich je bekommen habe. Sie sah mich freundlich an, legte ihre zarte Hand auf meinen Unterarm und sagte: »Nein, Bob. Fordere ihn nicht heraus. Du würdest nur ärgerlich wirken. Du brauchst dich nicht zu verteidigen. Die anderen Ältesten und die Diakone werden das für dich erledigen. Das ist ihre Aufgabe. Lass sie das machen. Du kannst dich aus der Auseinandersetzung heraushalten und deine von Gott bestimmte Rolle als Pastor und Freund aller beibehalten.«

Wieder einmal war ich von der Weisheit und der Intuition meiner Frau tief berührt. Ihr Ratschlag hat meine Haltung gegenüber unberechtigter Kritik und ungerechten Angriffen für den Rest meines Lebens geprägt. Und es funktionierte!

Die mir wohlwollend gegenüberstehenden Mitglieder verteidigten mich und brachten die Neinsager zum Schweigen, und ich war wieder frei, mich auf die Mitglieder zu konzentrieren, die mit unserer Kirche zufrieden waren, und meine Werbung in der Nachbarschaft fortzusetzen.

Als die Blätter die erste herbstliche Färbung annahmen, erlebte ich einen der erhebendsten Momente meines Lebens. Wen anders sah ich da eines Sonntags ziemlich düster und ziemlich steif in meiner Kirche sitzen als Ray Doss, den Mann, dem ich gesagt hatte, er solle doch »zur Hölle fahren«. Er war mit seiner Frau gekommen und sie saßen in der letzten Reihe. Ich traute meinen Augen kaum. Was ich nicht wusste, war, dass einer meiner freiwilligen Helfer wohl meine Notiz mit dem »F« auf ihrer Karteikarte übersehen hatte, sodass sie das ganze Jahr über jede Woche eine Einladungskarte bekommen hatten!

Die Predigt ging zu Ende, und wie es meine Gewohnheit war, stand ich auch heute am Ausgang, um den Gemeindemitgliedern die Hand zu geben, wenn sie nach draußen gingen.

»Gute Predigt, Reverend«, sagte Ray mit ausgestreckter Hand. Ich war so verblüfft, dass ich mich noch nicht einmal daran erinnern kann, was ich geantwortet habe. Aber ich weiß, dass ich seine Hand nahm und sie herzlich drückte.

Ray und Helen kamen wieder und wieder und wieder. Und schließlich kam der Morgen, an dem Ray sich für Christus entschied. Es war am Ende des Gottesdienstes. Er hatte sich vergewissert, dass er der Letzte in der Reihe derer war, die mir die Hand geben wollten, damit er nicht von anderen hinter ihm gedrängt werden würde. Mit Tränen in seinen dunklen Augen sagte er: »Reverend, kann ich der Kirche beitreten?« In den nächsten Wochen nahm er Privatunterricht bei mir, und dann, an einem festgesetzten und wunderbaren Sonntag, kniete er vorn in der Kirche, um sich taufen zu lassen.

Bereitwillig teilte er sein Zeugnis mit jedermann. Er erzählte, wie ich ihm gesagt hatte, er solle doch »zur Hölle fahren« – immer, wenn ich diesen Teil hörte, schämte ich mich ein bisschen –, und wie er gemerkt hatte, dass er schon die Hölle auf Erden erlebte. Keine Hoffnung. Keine Freude. Keine Liebe. Kein Glauben. »Das war die Hölle!«, beteuerte er. »Und ich wollte da raus! Ich ging zur Kirche und begegnete Jesus Christus. Ich wurde wirklich neu geboren!« Nie konnte er diese Worte ohne Tränen in den Augen sagen.

Zwei Jahre später wurde Ray Doss als anerkannter Laienprediger von der Reformierten Kirche in Amerika zugelassen.

Zehn Jahre später klingelte das Telefon in meinem Zuhause in Kalifornien und Ray Doss war am Apparat. »Brauchen Sie einen Vollzeit-Freiwilligen in Ihrer Kirche?«, fragte er. »Ich würde gerne aushelfen.« Ray zog mit Helen nach Kalifornien und wurde bis zu seinem Tod einer meiner besten Helfer.

Gott hatte mir eine Lektion erteilt:

Gib niemals jemandem ein »F« in seinem oder in ihrem Glaubensleben.

Von da an gab ich verwirrten Suchenden die Note, die ich am *Hope College* in Mathematik bekommen hatte, als ich in Wirklichkeit ein »F« verdient gehabt hätte. Ein »I« für *unvollständig*.

Arvella und ich waren jetzt seit zwei Jahren in Ivanhoe. Sheila war ein Freudenbündel von einem Jahr und unser Leben war mit der Sorge um unser wertvolles Kind und der Arbeit in einer wachsenden Gemeinde ausgefüllt.

Der Bedarf für einen größeren Gottesdienstraum war unsere Hauptsorge. Das brachte Ray Beckering mit einem Ratschlag zu mir. »Ich kenne einen Architekten, den ihr beauftragen solltet«, sagte er eines Abends in unserem Wohnzimmer zu mir. »Sein Name ist Benjamin Franklin Olsen. Er ist einer der besten Architekten Amerikas. Er ist Spezialist für den Kolonialstil und direkt hier in Chicago.«

Illinois war die Heimat der großartigen Architektur von George Sullivan und Mies van der Rohe, der das Geheimnis künstlerischer Spitzenleistungen für jedermann verständlich mit seinem Satz ausgedrückt hat: »Gott steckt im Detail.« Jetzt war es auch die Heimat von Benjamin Franklin Olsen, den Ray Beckering völlig richtig eingeschätzt hatte. Olsen sollte für mich zu einem unbezahlbaren Lehrer werden in einem Fach, das sich so stark von denen unterschied, die ich bisher gewohnt war.

Aber woher sollte das Geld für einen derartig hochrangigen Architekten kommen? Ich hatte mit langer, harter Arbeit gerade ein paar hundert Dollar aufgetrieben, um die Anzahlung für eine elektrische Orgel leisten zu können. Ich hatte das Geld den Sommer über zusammengesammelt, indem ich nach Nordwest-Iowa zurückgefahren war und dort die besser gestellten Mitglieder unserer Kirche in Orange City besucht hatte. Ich hatte durch Spenden, die meistens bei fünfundzwanzig Dollar lagen, 300 Dollar zusammengebracht. Ehrlichkeit und Demut hatten die Arbeit getan und dabei in mir ein Verständnis dafür wachsen lassen, welche Kraft darin liegt, um Hilfe zu bitten.

Aber wir würden Zehntausende von Dollar brauchen, um die Art von aufregendem Kirchenanbau zu bewerkstelligen, den jemand wie Olsen entwerfen würde!

»Man darf sich bei der Gestaltung niemals auf einen Kompromiss im Detail einlassen«, hatte Mr. Olsen mir eingebläut, als wir uns trafen. »Die Kunst – nicht das Geld – muss das letzte Wort haben«, hatte er hinzugefügt.

»Aber was ist, wenn wir das Geld nicht *haben*?«, hatte ich eingeworfen.

»Schaffen Sie sich eine breitere finanzielle Basis. Sammeln Sie mehr Geld!«

Sicher. Einfach.

Ich hatte Anzeigen einiger professioneller Spendenbeschaffer gesehen und mich dafür entschieden, es mit einer Firma zu versuchen, die ein gewisser H. P. Demand[4] betrieb, was, so dachte ich, ein viel versprechender Name für jemanden war, der Geld sammeln sollte! Er würde nicht im Voraus bezahlt werden – denn wir waren nicht besonders flüssig –, sondern mit einem prozentualen Anteil des Geldes, das er zusammenbringen würde.

Demands Bemühungen waren erstaunlich erfolgreich. Als er sich von uns verabschiedete, hinterließ er einen Fonds mit einer beachtlichen Summe. Er beglückwünschte mich mit einem herzlichen Händedruck, bevor er ging, und übergab mir ein kleines Geschenk. Es war ein Buch mit dem Titel »Reite die wilden Pferde«[5], geschrieben von einem Methodistenprediger namens J. Wallace Hamilton. Jedes einzelne Kapitel war eine Predigt, die ein negatives Gefühl in eine positive Kraft verwandelte.

Dr. Hamilton war der Pastor einer so genannten *Drive in*-Kirche in Saint Petersburg, Florida. Eine *Drive in*-Kirche? War das eine *richtige* Kirche oder nur ein Gottesdienst in einem Autokino? Ich war fasziniert! Ich hatte einmal einen *Drive in*-Gottesdienst erlebt, als wir auf unserer Hochzeitsreise am Spirit Lake, Iowa, waren. Ein lutherischer Pastor hatte vom Dach einer Snack-Bar aus zu seinen Zuhörern gesprochen, die in einem Dutzend Autos saßen. Wir zwei Flitterwöchner waren im Publikum gewesen. Ich bin sicher, dass dieser Pastor sich nicht besonders erfolgreich vorkam, aber auf jeden Fall hatte er diesen jungen Prediger inspiriert.

Jetzt, mehr als zwei Jahre danach, las ich von Dr. Hamilton, der eine *richtige Drive in*-Kirche mit einer Kanzel und Kirchenbänken und sogar einer echten Orgel mit Pfeifen hatte – und zusätzlich Lautsprecher an den Bäumen auf seinem Kirchen-Parkplatz in Florida, wo die Leute kommen konnten, wie sie waren, und in ihren Autos sitzen bleiben konnten, um die Predigt und die Musik anzuhören.

So weit es mich anging, wollte ich mein Leben immer noch in Chicago verbringen. Ich hatte hier keinen Bedarf für eine *Drive in*-Kirche, und ich hatte auch nicht vor, so etwas einzurichten. Schließlich würden die Leute die eine Hälfte des Jahres über fast erfrieren und in der anderen Jahreshälfte würden sie in ihren Autos gebraten werden. Aber Hamiltons Genialität faszinierte mich. Seine Bereitschaft, bis an die Grenzen zu gehen, begeisterte mich und weckte in mir wieder das alte Verlangen, das Gleiche zu tun – die Grenzen dieser Sache namens »Glauben« auszuloten. Ich hatte nicht die geringste Ahnung, dass diese Einflüsse dabei waren, mich auf eine völlig neue Art des Dienstes vorzubereiten – in Kalifornien.

Inzwischen begann sich der »Grundkurs Höflichkeit« auszuzahlen. Eines Sonntags, nach Jahren des Gebets (und des Lächelns), wer anderes erschien da leise und zaudernd an der Kirchentür, um einen morgendlichen Gottesdienst zu besuchen, als unser Apotheker? Er fand einen leeren Platz in der letzten Reihe und war der Erste, der wieder draußen war, aber nicht ohne dass er die Hand des Predigers an der Tür hatte schütteln müssen. Ich hätte schwören können, dass er feuchte Augen hatte! Offensichtlich tat der geistliche Hunger, den ich in ihm wahrgenommen hatte, seine Arbeit von ganz alleine. Aber er erschien nur ein paar Mal. Ich sah ihn selten zu anderen Gelegenheiten als unseren Apothekengeschäften. Aber ich praktizierte weiterhin den »Grundkurs Höflichkeit« in seinem Laden und ich betete auch weiter für ihn.

Eines Tages sprach ich mit einem Ältesten, von dem ich wusste, dass ich ihm vertrauen konnte. »John«, sagte ich. »ich bin jetzt fast viereinhalb Jahre hier. In dieser Zeit ist die Gemeinde auf über 400 Mitglieder angewachsen. Wir haben den Kirchenanbau fertig gestellt. Aber jetzt ist meine Frau wieder schwanger, und wir sind immer noch bei meinem Gehalt von 200 Dollar im Monat, mit dem ich angefangen habe. In manchen Wochen hatte ich das Geld für Milch nur, weil meine Mom mir in ihren Briefen einen Fünf-Dollar-Schein mitschickt. Wäre es unangemessen, wenn ich um eine Gehaltserhöhung bitten würde?«

»Nicht im Geringsten, Bob«, entgegnete er. »Im November stelle ich den neuen Haushaltsplan vor und ich werde eine kräftige Erhöhung vorschlagen. Du hast es verdient.«

Ich brachte die guten Nachrichten nach Hause zu meiner Frau, die sie strahlend und hochschwanger entgegennahm. Sheila, jetzt schon dreieinhalb, umarmte mich, und ich drückte mein Gesicht in ihre goldenen Locken.

»Daddy, ich will eine kleine Schwester«, sagte sie mit ihrem süßen Stimmchen, das ein Vaterherz zum Schmelzen bringen konnte.

Ich hob sie hoch. »Das ist die Sorte Wunsch, auf die wir keinen Einfluss haben, meine Süße. Gott allein weiß, was für uns gut ist.«

Als ich sie an mich drückte, schlang sie ihre Beinchen um mich und nahm mein Gesicht in ihre Hände: »Vielleicht macht ein kleiner Bruder ja genauso viel Spaß«, räumte sie widerstrebend ein, »aber, Daddy, kann ich denn mit einem Bruder trotzdem auch Anziehen spielen? Kann ich ihn in ein Kleid stecken, und wir tun so, als ob wir Schwestern wären?«

»Hm. Ich glaube nicht, Liebes. Aber ich sag dir was: Wenn ich mir von meiner Gehaltserhöhung einen neuen Anzug kaufe, dann werde ich den alten aufheben. Und wenn du einen kleinen Bruder hast, dann kann er damit Anziehen spielen. Dann kann er so tun, als ob er der Daddy wäre. Okay?«

»Okay.«

Ein paar Nächte nach diesem Gespräch weckte mich Arvella mit einiger Ungeduld. Es war zwei Uhr morgens und ihre Wehen kamen regelmäßig alle fünf Minuten. Ihr kleiner Koffer stand schon seit einiger Zeit fertig gepackt bereit.

»Ich glaube, es ist Zeit fürs Krankenhaus – jetzt!«, sagte sie. »Hol Sheila. Wir nehmen sie mit, und du kannst dich um sie kümmern, während ich an der Arbeit bin.«

Wir liefen zum Wagen, den ich am Randstein geparkt hatte. Ich steckte den Schlüssel ins Schloss und betätigte den Anlasser. Arvella, mit dickem Bauch und heftigen Schmerzen, stöhnte unter einer weiteren Wehe.

»Beeil dich, Bob!«, rief sie und versuchte dabei, Sheila nicht zu wecken, die auf dem Rücksitz schlief. Ich betätigte den Anlasser noch einmal. Ganz vorsichtig. Aber nur einmal.

»Die Batterie ist leer«, sagte ich und war kaum noch in der Lage, meine Panik zu verbergen.

Plötzlich kam um Viertel nach zwei, mitten in der Nacht, ein Streifenwagen die vollkommen dunkle und verlassene Straße hinauf. Der Wachtmeister merkte, dass etwas nicht stimmte, und hielt an.

Er begriff die Situation im gleichen Augenblick, als er mich erkannte. »Springen Sie in meinen Wagen, Reverend. Ich bringe Sie ins Krankenhaus.«

Sheila war jetzt hellwach. Fasziniert betrachtete sie das rote Blinklicht. Sie wäre am liebsten die ganze Nacht so herumgefahren.

Zum Glück waren wir lange vor der Zeit an unserem Bestimmungsort. Ich wartete eine Ewigkeit – und dann noch ein bisschen –, bis endlich Dr. Showalter in das Wartezimmer für »werdende Väter« trat, seinen Gesichtsschutz abnahm und fünf prophetische Worte aussprach: »Reverend, Sie haben Ihren Sohn!« Es war die Art, wie er das Wort »Ihren« aussprach, die mich irgendwie berührte. Es klang so nach Erfüllung und Endgültigkeit.

Es war der 7. Oktober 1954. Ich hatte jetzt eine Tochter, Sheila, dreieinhalb Jahre alt, und einen neugeborenen Sohn, Robert Anthony. Wir waren so glücklich, wie wir nur sein konnten, aber ich machte mir Sorgen, dass mein Einkommen trotz der versprochenen Gehaltserhöhung immer noch schmerzlich knapp sein würde.

Als Mom und Dad nach Chicago kamen, um ihre Enkel zu sehen, konnte ich in den Augen meiner Mutter lesen, dass sie auf ihren jüngsten Sohn stolz war, der jetzt ein richtiger *Dominee* war. Es war ein schöner Besuch, obwohl ich sicher bin, dass Arvella froh war, wieder selbst die Herrin im Haus zu sein, als sie abreisten.

Jennie konnte ziemlich herrisch sein, und Arvella vergaß nie den Kommentar ihrer Schwiegermutter, den diese von sich gab, als wir, frisch vom Altar kommend, Alton verließen: »Arvella, du wirst dich jetzt passend kleiden! Du bist die Frau eines Pastors. Hörst du?« Diese Worte, ein ernsthafter Tadel dieser frommen holländischen Frau (die »zu den Füßen eines Propheten« aufgewachsen war), hatten Arvella tief getroffen. Sie hatte sich so sehr bemüht, den hohen Anforderungen ihrer neuen Rolle zu genügen: DIE FRAU DES PASTORS! (Sie denkt, ich bin nicht gut genug für ihren Sohn.)

Jetzt spürte Arvella den missbilligenden Blick schon wieder. Ihr Haar war kürzer als das letzte Mal, das Jennie sie gesehen hatte. Sie fragte sich, ob Jennie sie wohl verurteilte, weil sie sich der Chicagoer Mode angepasst hatte, die man in Iowa immer noch als verderbt und weltlich ansah.

Aber Mom und Arvella hatten auch gute Zeiten miteinander, und Arvella genoss es, bei einer Tasse Kaffee die Neuigkeiten von zu Hause zu erörtern.

Nach zehn Tagen sagten Mom und Dad auf Wiedersehen und uns stand die jährliche Gemeindeversammlung bevor. Hier würde das Budget des kommenden Jahrs diskutiert und mein Gehalt würde neu festgesetzt werden. Alle Mitglieder waren eingeladen, und jeder hatte das gleiche Recht und unbegrenzt Zeit, um Fragen zu stellen oder seine Meinung zu äußern.

An diesem Montagabend war die Kirche fast vollständig besetzt. Die Zusammenkunft war schon ziemlich weit fortgeschritten, als mein Freund unter den Ältesten sich erhob und sagte: »Ladies und Gentlemen, ich denke, wir alle hier sind mit unserem Reverend Schuller reich gesegnet, und jetzt hat er sein zweites Kind. Ich schlage vor, dass wir sein wohl verdientes Gehalt aufstocken.« Mein Freund machte eine Pause, blickte in die Menge und fuhr fort: »Ich schlage eine Erhöhung von 20 Dollar im Monat vor.«

Mir verschlug es den Atem. Nur 20 Dollar? Ich war wie betäubt.

Der Antrag wurde ohne Gegenstimme angenommen, aber nur, weil ich nicht stimmberechtigt war. Ich wusste, dass ich mich nicht einmal beschweren konnte, wenn ich auch eine erheblich größere Erhöhung erwartet hatte. Ich fühlte mich schrecklich erniedrigt. Das tiefe Zugehörigkeitsgefühl, das ich für diese Gemeinde empfunden hatte, das Band, das mich so leidenschaftlich und begeistert mit dieser Kirche verbunden hatte, war plötzlich und vollständig zerrissen. Völlig enttäuscht verließ ich an diesem Abend das Gebäude.

In den folgenden Tagen versuchte ich zu verhindern, dass dieses negative Gefühl von mir Besitz ergriff, aber es gelang mir nicht. Ich betete, dass Gott es von mir nehmen möge, aber er tat es nicht. Ich versuchte, mit Arvella darüber zu sprechen, aber sie kämpfte auch damit. Es war nicht so sehr das Geld. Es war mehr der Wert, den man uns beimaß. Das, was so sehr an uns nagte, war, dass man unsere aufopferungsvolle Arbeit mit einem so mickrigen Preisschild versehen hatte. Was ich erst später erkannte, war, dass Gott diese Enttäuschung gebrauchte, um mich für einen ganz anderen Ruf offen zu machen.

Nur ein paar Tage später saß ich an meinem Schreibtisch in meinem Arbeitszimmer, als das Telefon klingelte. Die vertraute Stimme gehörte Dr. Ray Beckering, meinem besten Freund in diesen Tagen. »Ich habe gute Neuigkeiten für dich«, sagte er verschwörerisch. Er rief von Kalifornien aus an, wohin er vor wenigen Monaten gezogen war.

»Bob, wir hatten ein regionales Treffen der Reformierten Kirchen hier in Los Angeles, und wir haben beschlossen, in Orange County eine neue Kirche zu gründen. Und sie haben dafür gestimmt, dich zu berufen, herzukommen und diese Kirche aufzubauen. Ich habe den Antrag gestellt und Ken Leestma hat ihn unterstützt. Es gab keine Gegenstimme. Wir denken, dass du in der Lage bist, eine Kirche aus dem Nichts aufzubauen.«

»Aber, Ray«, warf ich ein, »Kalifornien ist so weit weg!«

Ich hatte ganz vergessen, dass ich ihm damals, als ich noch im Seminar war, erzählt hatte, wie sehr mir die Gegend gefallen hatte.

»Sammle ein paar Erfahrungen, Bob«, hatte er weise vorgeschlagen. »Fang hier in Chicago an. Kalifornien wird immer noch da sein, wenn du so weit bist.« Dann handelte er meine Berufung in meine erste Stellung in Ivanhoe aus.

Jetzt lachte er. »Es ist überhaupt nicht weit, Bob. Ich stehe gerade hier und sehe es mir an. Du musst herkommen und dir ein Bild von der Lage machen. Wir haben noch keine Gemeinde in Orange County. Die Gegend ist ziemlich klein, was die Bevölkerungszahl angeht, aber ihre Zukunft ist viel versprechend. Hunderte von neuen Häusern entstehen. Ein Kerl namens Walt Disney baut nur ein paar Meilen von hier einen neuen Themenpark. Wir sind davon überzeugt, dass es hier eine Menge Möglichkeiten gibt!«

Er fing an, mir Briefe zu schreiben, in denen er den Mythos Kalifornien zelebrierte. Vor allem einen werde ich nie vergessen. Er lautete:

»Bob,

wir sind sicher, dass du es hier vom Augenblick deiner Ankunft an lieben wirst. Es regnet heute wie aus Eimern, aber das ist immer noch besser als Schnee! Bis du kommst: Stell dir doch einfach schon einmal vor, wie wir Orangensaft trinken, während wir unser tägliches Sonnenbad nehmen, Rosen pflücken und zum Dinner Hühnchen auf Knott's Berry Farm[6] *essen – direkt hinter deinem Haus! All das und den Himmel auf Erden!*

Grüße,
Ray«

Aber Kalifornien? Es *war* weit weg, egal, was Ray sagte. Weit entfernt von unseren Eltern und Familien, unseren Freunden, unserem College, meinem Seminar – von jedem und allem, was wir je gekannt hatten.

Außerdem hatten wir jetzt zwei Kinder – unsere Tochter Sheila, die jetzt vier werden würde, und Robert, unseren zwei Monate alten Sohn. Nach Kalifornien zu ziehen würde bedeuten, sie von unseren soliden Familienwurzeln im mittleren Westen wegzureißen und sie in eine Gegend zu bringen, die eher den Ruf von Glanz und Glamour genoss als den solider moralischer, ethischer und geistlicher Grundsätze, in die Arvella und ich hineingeboren worden waren, mit denen wir gelebt hatten und denen wir uns verpflichtet fühlten.

»Bob, setz dich in den Zug, komm her und sieh dir die Gegend an«, wiederholte Ray beharrlich.

Bain Fisher, der in der *Ivanhoe Church* inzwischen mein bester Freund war, arbeitete für die *Santa Fe Railroad*. Als ich ihn schließlich ins Vertrauen zog und ihn um seinen Rat bat, antwortete er: »Ich werde dir eine Rückfahrkarte besorgen, Bob. Du musst dorthin fahren und dir die Sache ansehen.«

Im Januar bestieg ich den Zug. Als ich in Los Angeles ausstieg, stand ich plötzlich wieder der unglaublichen Schönheit Kaliforniens gegenüber. Berge. Wüsten. Palmen. Orangenhaine. Der Pazifik. Weiße Sandstrände. Sonnenschein. Grünes Gras im Januar! Blühende Blumen draußen im Freien, und das mitten im Winter! Chicago war im Winter nur schwarz-weiß. Dieser Teil Kaliforniens aber war voller Farben – Grün in allen Schattierungen, tausend Töne von Rot, Orange, Gelb, Blau!

Ray traf mich am Bahnhof von Los Angeles.

»Es gibt keine Familien in Garden Grove, die der Reformierten Kirche angehören«, sagte er. »Es wird ganz allein von dir und Gott und

Arvella abhängen, Mitglieder zu werben und eine neue Kirche zu gründen.«

Aber das schreckte mich nicht. Ich hatte schon gelernt, dass man mit Gott als Partner aus »Nichts« »Etwas« machen kann. Mit Gott kann man von Nirgendwo überall hinkommen.

Nachdem ich mir die Lage in Garden Grove einige Tage lang angesehen hatte, saß ich wieder im Zug nach Chicago. Mitten in der Nacht hielt dieser plötzlich hoch in den Bergen an.

Ich hatte ein bisschen gedöst und schaute jetzt in halbwachem Zustand zum Fenster hinaus. Aus dem Nirgendwo kam plötzlich ein riesiger Bock mit einem gewaltigen Geweih auf den Zug zugesprungen und hielt abrupt direkt vor meinem Fenster an. Er hielt einen Moment inne, dann drehte er sich um und rannte zurück in die Richtung, aus der er gekommen war, schwarze Fußspuren in der ansonsten unberührten Schneedecke hinterlassend.

Plötzlich kam mir ein Gedanke in den Sinn. *Die größten Kirchen in der Welt müssen erst noch gegründet werden!* In diesem Moment wusste ich, dass ich meine Antwort hatte.

Arvella erwartete mich, als ich in Chicago aus dem Zug stieg. Nachdem wir uns umarmt hatten, sah sie mich eine Sekunde lang an, bevor sie sagte: »Bob, ich kann es deinem Gesicht und deinen Augen ansehen, dass wir nach Kalifornien ziehen werden!«

Zuerst war Bain Fisher der Einzige der Ältesten, dem ich mich anvertraute. Ich lud ihn zu Erdnussbutter-und-Marmelade-Sandwiches zu uns nach Hause ein.

Ich war ganz direkt. Es musste sein. Es war einfacher so. »Ich gehe, Bain!«, sagte ich. Wir kämpften beide mit unseren Gefühlen. Wir mochten uns tief und innig, wie Blutsbrüder. Ich wischte eine verräterische Träne weg. »Danke für die Fahrkarten«, fügte ich hinzu. »Ohne dein Angebot hätte ich vielleicht abgelehnt und auf etwas Besseres und Größeres gewartet. Wenn es gut geht, wird man sich an dich als denjenigen erinnern, den Gott gebraucht hat, um mich zum Aufbruch zu ermutigen. Es sind so viele wunderbare Menschen hier. Arvella und ich lieben sie so sehr. Ich denke nicht, dass wir es ohne diesen göttlichen Schubs, den du mir gegeben hast, geschafft hätten, zu gehen.«

»Was sagt Arvella dazu?«, fragte Bain.

Die Antwort hierauf war nicht einfach. Ohne Zweifel unterstützte sie meine Entscheidung, aber ich wusste, dass sie ihre Bedenken hatte. Immer wieder kam es vor, dass die Realität sie einholte und sie Schwierigkeiten hatte, ihre Ängste unter Kontrolle zu bekommen. »Oh, Bob –

Kalifornien?«, sagte sie dann plötzlich wie aus heiterem Himmel. »Das ist so weit weg!« Dann beruhigte sie sich wieder.

Ich wusste, dass Arvella die Frauen der Gemeinde vermissen würde, die sich um sie gekümmert hatten, als sie mit Sheila schwanger war. In unserem ersten Jahr in *Ivanhoe* war sie so manches Mal sehr einsam gewesen. Ich denke, die Leute in der Gemeinde hatten die »Flitterwöchner« nicht stören wollen. Als sie aber erst einmal schwanger war und später, als sie ihr Kind aufzog, hatten die Frauen sie umschwärmt wie Glucken.

Außerdem hatte sie eine gute Freundin, Sheila Muir, die eine schottische Kriegsbraut war. Sie und Arvella waren einander sehr nahe gekommen. Sheila sang in der Kirche Solostücke zu Arvellas Begleitung.

Ja, Arvella hatte ihre Momente der Trauer über Menschen, von denen sie Abschied nehmen musste. In solchen Augenblicken malte ich ihr dann wunderbare Bilder von Palmen und Orangenbäumen und von blühendem Hibiskus aus. Diese Bilder besänftigten sie (oder lenkten sie sie nur ab?) und sie fand wieder zu ihrer inneren Ruhe zurück und behielt ihre übrigen Befürchtungen für sich. Sie freute sich auf einen Besuch in Alton, den wir auf unserem Weg nach Westen machen wollten, und schrieb die Neuigkeiten glücklich ihrer Mutter.

Als wir es dann allgemein bekannt gaben, fingen Diener der Reformierten Kirche aus dem gesamten Mittleren Westen an, uns vor den Gefahren der Westküste zu warnen. In ihren Augen war Kalifornien wirklich das »Nirgendwo«. Für sie war dort »Nichts«. Herman Ridder, einer meiner besten Freunde, der später mein leitender Pastor in der *Crystal Cathedral* wurde, sagte voraus: »Bob, wenn du nach Kalifornien gehst, wird man nie wieder etwas von dir hören!«

In meinem tiefsten Innern wusste ich trotzdem, dass ich das Richtige tat.

Als unsere Abreise näher rückte, nahm ich mir an einem Tag etwas Zeit, um all die unschätzbaren Lektionen, die ich in der *Ivanhoe Church* gelernt hatte, Revue passieren zu lassen:

1. Ich hatte gelernt, eine gespaltene Gemeinde wieder zu einen, indem ich sie mit unvoreingenommenen, »unverdorbenen« und frischen Rekruten umgab. Danke, Bain Fisher.
2. Ich hatte gelernt, die Achtung nichtreligiöser Menschen zu gewinnen. Danke, Dale Carnegie.
3. Ich hatte gelernt, Predigten zu halten, die bezeugten, nicht belehrten. Danke, Dr. Peale und Dr. Hamilton.

4. Ich hatte gelernt, wie man Architektur auf Weltniveau entwirft und auf kreative Weise finanziert. Danke, Mr. Benjamin Olsen.
5. Ich hatte gelernt, wie man Gelder beschafft, um die höchste Stufe künstlerischer Spitzenleistungen zu erreichen, ohne wegen der Kosten Kompromisse einzugehen. Danke, Mr. H. P. Demand.
6. Und nun würde ich lernen, wie man an die Grenze geht, auch wenn andere es für närrisch hielten. Danke, Ray Beckering, Ken Leestma und vor allen anderen, Gott!

Nachdem wir den Ruf angenommen hatten, schrieb Ray Beckering Arvella und mir einen herzlichen ermutigenden Gratulationsbrief. Darin sagte er: »Wir haben das Gefühl, Bob hat gemerkt, dass er Gottes Mann für diesen Garden-Grove-Job ist. Ihr habt die Herausforderung mutig angenommen und Gott wird euch nicht allein lassen. Unsere Gebete begleiten euch bei diesem Neuanfang.«

21

Kalifornien – wir kommen!

Die Vorkehrungen für unseren Umzug waren schnell getroffen.

Als Erstes musste ich nur fünf Tage, nachdem ich aus dem Zug von Kalifornien ausgestiegen war, vor der versammelten Gemeinde meine Entscheidung bekannt geben.

Am Sonntagmorgen sah ich vom neuen Pfarrhaus, das wir auf der anderen Straßenseite gebaut hatten, aus zu, wie frühzeitig die ersten Autos eintrafen. Ich dachte über all das nach, was gerade geschah. Ich war jetzt 28 Jahre alt und in meiner Vorstellung war ich ein erfahrener und reifer Erwachsener. Obwohl ich im Nachhinein sagen muss, dass ich immer noch ein Knabe war, so konnte man doch nicht abstreiten, dass ich viel Erfahrung gewonnen hatte, seit ich frisch nach der Graduierung, den Flitterwochen und der Ordination nach *Ivanhoe* gekommen war.

Schon standen die Autos den ganzen Block entlang am Bordstein.

Arvella stand in der Tür meines Arbeitszimmers. »Zeit zu gehen, Bob. Zieh deine Robe an«, sagte sie.

Nach einem kurzen Gebet erhob ich mich von dem Tisch, an dem ich nur wenige Wochen zuvor den Anruf von Ray bekommen hatte. Ich öffnete meinen Schrank und nahm meine priesterliche Robe heraus. Dann streifte ich sie über und strich die Falten glatt. Als ich mich umdrehte, war Arvella wieder da – diesmal mit Tränen in den Augen, unseren acht Wochen alten Bobby im Arm und Sheila an ihrer Seite.

»Lass uns gehen, Liebling«, meinte sie.

Als Familie überquerten wir die Straße, die von nackten Bäumen gesäumt war. Der Winter hatte unsere Stadt fest im Griff – mit kahlen Ästen, dramatisch und frostig. Ich hatte Bobby auf dem einen Arm und Arvella hatte sich auf der anderen Seite untergehakt. Sheila ging vorsichtig. Sie hatte schon gelernt, dass es einem den Tag verderben kann, wenn man auf einem Stück Eis ausrutscht. Ich konnte nicht sagen, ob Arvella sich so fest an mich klammerte, weil sie nicht ausrutschen oder weil sie nicht weinen wollte.

Ich wusste, dass es schon Gerüchte über meine Antwort auf den Ruf nach Kalifornien gab. Man hatte davon erfahren, nachdem ich mich entschieden hatte, meine Erkundungsreise mit der Bahn zu unternehmen. Trotzdem war Bain der Einzige, dem ich seit meiner Rückkehr etwas darüber gesagt hatte.

»Es wird schwer werden, mich morgen von ihnen zu verabschieden«, hatte ich am Samstag zu Bain gesagt. »Es gibt Witwen hier, deren Ehemänner ich beerdigt habe. Es gibt junge Ehepaare, die ich getraut habe. Es gibt verlorene Seelen, deren Rettung ich erlebt habe. Am meisten, Bain, werde ich dich vermissen, dich und deine wundervolle Frau. Zusammen haben wir erlebt, wie diese Kirche von nur 35 auf beinahe 500 Mitglieder angewachsen ist! Du hast immer an mich geglaubt, und ich kann dir nicht sagen, wie viel mir das bedeutet hat! Morgen wird es schwer werden. Bete für mich.«

Nachdem die Kinder in der Sonntagsschule und in der Kinderkrippe untergebracht waren, spielte Arvella mit ihrer unerschütterlichen Professionalität das Eröffnungslied. Die Töne der Orgel klangen voll und kräftig. Sie spielte immer etwas ausdrucksvoller, wenn sie aufgewühlt war, so als ob die Tasten die Stimme ihrer Seele wären. Aber als das Lied zu Ende war, zitterten ihre Lippen, und sie kämpfte mit den Tränen.

Ich stand auf der Kanzel der schönen Kapelle, die zu bauen ich geholfen hatte. Hinter mir war ein Buntglasfenster mit einer Darstellung Christi, dieser hatte die Arme weit geöffnet, um jedermann willkommen zu heißen. Es herrschte angespanntes Schweigen in dem überfüllten Kirchenraum.

Ich sah meine wundervolle Frau an, meine treuen und mitfühlenden Gemeindemitglieder, und für einen Moment fragte ich mich ...

Sollte ich ...?

Vielleicht ...?

Aber dann kam eine tiefe Gewissheit über mich, wie ich es schon vorher schon erlebt hatte. *Nein*, dachte ich zuversichtlich. *Nur weil die Veränderung weh tut, heißt das nicht, dass sie nicht richtig ist! Wir müssen gehen.*

Ich stand jetzt aufrecht vor der schweigenden Menge von fast 500 Menschen und holte noch einmal tief Luft.

»Heute habe ich euch etwas Besonderes mitzuteilen«, begann ich. »Wie ihr wisst, hatte ich die Ehre, über die Jahre hinweg einige Angebote anderer Kirchen zu erhalten, aber unsere Liebe zu euch hat uns hier festgehalten. Im letzten Monat habe ich nun einen Ruf aus Kalifornien erhalten, dort als Missionar eine neue Kirche aufzubauen. Dort wird kein Stamm von Mitgliedern unserer Kirche auf mich warten. Der Rat der Kirchen Südkaliforniens hat unsere Kirche gebeten, eine ökumenische Mission in Garden Grove aufzubauen. Unser kalifornischer Dachverband hat diese Herausforderung angenommen und mich berufen, zu kommen und diese Mission zu beginnen.

Ich habe über diese Entscheidung gebetet, und ich bin sicher, dass Gott mich ruft. Also habe ich das Angebot angenommen.«

Jetzt wurde das Schweigen durch leises Murmeln, Schniefen und das Geraschel von Taschentüchern unterbrochen. Ich hatte vor Rührung einen Kloß im Hals und musste mich an dem hölzernen Pult vor mir festhalten. Als ich darauf herunterblickte, sah ich meine schwarze Lederbibel, die Arvella mir am Tag meiner Ordination genau hier in der kleinen Kirche, aus der wir nun herausgewachsen waren, geschenkt hatte. Auf die Innenseite des Einbands hatte sie geschrieben:

»Gott liebt dich und ich auch!«

Dies war nun das Ende eines Lebensabschnitts für mich. Ich fühlte, wie meine Augen brannten und sich mit Tränen füllten. Dann hob ich wieder den Blick und sah gerötete Augen und bittende, fragende Gesichter.

»Ich liebe euch, Leute«, sagte ich ernsthaft (und mit mehr Anteilnahme, als ich je vor einem Publikum gezeigt hatte). »Ihr seid eine starke und gute Gemeinde.« Und einer nach dem anderen lächelten sie mich an. Vielleicht spürten sie, dass ich jetzt Unterstützung brauchte.

»Bitte, betet für mich«, bat ich sie. »Ich werde dort keine Gruppe haben, die mich empfängt so wie hier. Niemanden wie Bain Fisher, der für mich da war, als ich mit meiner Braut hier ankam, jung, direkt von der Schule. Kein Ray Doss, um ein wunderbares Zeugnis abzulegen. Kein Bill und keine Lillian Bruin oder eine Sheila Muir oder ...« – ich fuhr fort, fast jeden in der Gemeinde mit Namen zu nennen. Als ich das tat, glomm in mir ein Hoffnungsschimmer auf. Ich konnte beobachten, wie einer nach dem anderen von Zuversicht erfüllt und bereit wurde für den nächsten Schritt. Und ich sah auch, für einen kurzen Moment, eine Zukunft, in der ich in Kalifornien von einer ähnlichen Gemeinschaft guter Menschen umgeben sein würde.

Dann kam ich zur praktischen Seite unserer familiären Situation. »Ich werde dort keine Gemeinde haben, die mir ein Gehalt zahlen kann, also werde ich ein Missionarsgehalt von der Reformierten Kirche erhalten. Das ›National Missions Board‹ in New York, unter der Führung von Ruth Peale, der Gattin von Dr. Norman Vincent Peale, wird die eine Hälfte bezahlen und die andere Hälfte wird vom ›Californian Reformed Church Mission Board‹ kommen. Ein Jahr lang werden wir so versorgt sein. Nach zwölf Monaten werden wir ein kleines Treffen haben, wenn Gott die Mission segnet, dann können wir neue finanzielle Arrangements treffen. Wir werden also in guten Händen sein, ihr braucht euch keine Sorgen zu machen, aber bitte, betet für uns.«

Die Verabschiedungen machten Arvella und mich zutiefst traurig. Obwohl die Menge riesig war, stand fast jeder in der Reihe derer, die mir am Ausgang die Hand schütteln und uns alles Gute wünschen wollten. Kaum hatten wir uns von dieser gefühlsbeladenen Szene erholt, sahen wir uns den einzelnen Abschiedsbesuchen besonders guter Bekannter gegenüber, die die nächsten Wochen andauerten.

Ich nahm nicht an der außerordentlichen Sitzung teil, die die Gemeinde wegen meines Abschieds einberufen hatte. Ich war offiziell zurückgetreten und daher nicht mehr der Vorsitzende. So war es ein klarer, sauberer Abschied – und außerdem brauchte Arvella meine Hilfe beim Packen.

Es war ein winterlicher Montagabend, und die Lichter auf der anderen Straßenseite zeigten mir, dass es eine lange Sitzung war. Nach dem Treffen kamen die Ältesten über die Straße und klopften an der Tür des Pfarrhauses.

»Also, Bob«, sagte ihr Sprecher, »wir wissen, dass wir uns schon offiziell verabschiedet haben. Aber eines wollten wir dir noch sagen.« Damit übergab er mir einen Umschlag. »Das ist von der Gemeinde – für dich und deine Familie.«

Ich öffnete den Umschlag und sah 400 Dollar in 20-Dollar-Scheinen – das größte Geschenk, das wir jemals in unserem Leben von irgendjemandem bekommen hatten! Arvella klammerte sich an mich. Unser dankbares Lächeln war ziemlich verkrampft, weil wir versuchten, nicht zu weinen.

Am nächsten Tag kam der Lastwagen der Umzugsfirma und die Arbeiter verluden unsere Möbel. Sie würden uns nach Kalifornien vorausreisen. Mein kirchlicher Vorgesetzter in diesem Staat, Al Van Dyke, und mein enger Freund Ken Leestma würden sich darum kümmern, dass sie ihren Weg in das kleine Haus fanden, das der kalifornische Dachverband unserer Kirche für uns gekauft hatte.

Es war bitterkalt, als wir am nächsten Morgen in unseren 53er Chevy stiegen. Arvella und die Frauen hatten schon die wichtigsten Kleidungsstücke und persönlichen Gegenstände in den Wagen gepackt und liebevoll verstaut. Jetzt, nachdem wir die letzte Nacht in diesem Haus geschlafen hatten, das so voller angenehmer Erinnerungen war, waren wir bereit für unser neues Abenteuer.

Die Sonne erhob sich gerade im Osten, als wir in Richtung Westen aufbrachen. Wir hielten noch einmal vor unserer Kirche an, deren Silhouette sich gegen den orange- und purpurgefärbten Himmel abzeichnete. Sie glitzerte eisbedeckt in der aufgehenden Sonne und die ganze Szene sah aus wie ein Bild von *Currier & Ives*[7]. So etwas würden wir in Kalifornien nicht geboten bekommen.

Mit einem Schaudern – teils vor Kälte, teils vor gespannter Erwartung – lächelte ich und zog Arvella an mich. »Es war eine gute Gemeinde«, sagte ich.

Sie nickte, kaum in der Lage, ihre Gefühle unter Kontrolle zu halten.

»Es war eine gute *Stadt*«, fügte sie hinzu.

Ich schaute über die Straße zurück zum Pfarrhaus: »Alles in allem war es eine gute Zeit.«

Arvella kuschelte sich enger an mich. Sie hob ihren Blick und lächelte mich an. Nun war sie bereit zu gehen. Sie küsste mich und rieb ihre kalte Nase an meiner Wange. Dann erklärte sie mit Entschiedenheit: »Aber die Kälte werde ich nicht vermissen.«

Wir lachten beide, als wir Ivanhoe, Illinois, verließen. Unsere Aufregung war stärker als unsere Trauer über den Abschied. Sheila und Bobby schliefen, die Köpfe aneinandergelehnt, auf dem Rücksitz. Das letzte Bild von Ivanhoe, das mir im Gedächtnis blieb, war der Drugstore, in dem mein Freund, der Apotheker, arbeitete. Ich empfand eine leise Trauer. Obwohl er ein paar Mal über die Schwelle unserer Kirche getreten war, musste ich mir für diese eine aufnahmebereite Seele wieder mal ein »I« – für »unvollständig« – geben. Zu dieser Zeit wusste ich noch nicht, dass er mich Jahre später anrufen würde, weil er nach Kalifornien kommen wollte, um sich taufen zu lassen.

Aber ich sprach ein kleines Gebet für ihn und dann fuhren Arvella, Sheila, Bobby und ich in ein neues Morgen voller Hoffnungen und Träume und großer Erwartungen.

Als wir durch Chicago fuhren, waren die Straßen mit 15 Zentimeter hohem Schnee bedeckt – kein jungfräulicher Neuschnee, sondern zusammengefahren und schwarz vor Öl und Schmiere. Aber bald würden wir über trockene Asphaltstraßen fahren und durch Orangenhaine. Zum ersten Mal in ihrem Leben würde Arvella die riesigen Obstgärten sehen, die das Land bedeckten – die Bäume mit bunten Früchten beladen wie mit Christbaumkugeln.

Ich lächelte bei dem Gedanken an diesen erfreulichen Gegensatz, dann sagte ich: »*Kalifornien – wir kommen!*«

Für unseren kurzen Zwischenaufenthalt in Iowa waren zwei Familien-Abschiedsfeiern geplant. Die Familie meiner Frau würde in dem Bauernhaus zusammenkommen, in dem ihre Mom und ihr Dad immer noch lebten und die Farm bewirtschafteten. All ihre sechs Geschwister würden anwesend sein, mit Ausnahme ihres Bruders Johnnie, der jetzt in New York Gesang studierte. Sein kraftvoller Bariton füllte dort, begleitet von dem größten Organisten der Welt, Virgil Fox, jeden Sonntag die mächtige *Riverside Church*.

Arvella, die die Stellung der »Ältesten« eingenommen hatte, nachdem ihre Brüder zum Kriegsdienst eingezogen worden waren, hatte sich jahrelang um ihre kleineren Geschwister gekümmert, während ihre Mutter auf der Farm mithalf und auch während der Krankheit ihrer Mutter. Wieder vereinigt, lachten die Mädchen wie in alten Zeiten. Winifred – mit ihrem ansteckenden Lachen; Margene, der brünette Liebling aller, inzwischen ein Teenager, und Arvella. Meine schöne Arvella, ein Bauernmädchen, das kultiviert geworden war. Die drei steckten ständig zusammen, fröhlich lachend, aber auch oft den Tränen nahe, als sie ihre letzten Momente miteinander verbrachten. Die drei Brüder genossen es auch, Arvella wieder bei sich zu haben. Hank, der Witzbold; Frank, noch ein Witzbold, inzwischen verheiratet und etwas gesetzter; und Stan, der Ruhige und Nachdenkliche, der das Land und die Tiere liebte. Alle drei waren sie Farmer in der Gegend. Arvellas Vater war meinem sehr ähnlich, ein empfindsamer Mann, der sich oft eine Träne aus dem Augenwinkel wischen musste, wenn er an die Entfernung dachte, die Arvella bald von ihnen trennen würde.

Arvellas Mutter war beim Abschied genauso stoisch ruhig, wie sie es Jahre zuvor gewesen war, als sie ihren Jungs Lebewohl sagte, die in den Krieg zogen. Aber Arvella wusste, dass sie ihre Tränen im Verborgenen vergoss.

Während unseres Besuchs aßen wir, wir unterhielten uns, lachten, beteten und nahmen Abschied von diesen Lieben. Dann fuhren wir die lange Auffahrt hinunter, wo ich so oft schon stecken geblieben war – im Sommer im Schlamm, im Winter in den Schneewehen, nach aufregenden Treffen voller Herzklopfen und Zärtlichkeit –, die gleiche Auffahrt, die ich Arvella hinunter verfolgt hatte, um sie um unsere erste Verabredung zu bitten.

Am nächsten Abend waren wir im Farmhaus meiner Familie. Es sah immer noch wie frisch gestrichen aus, nachdem wir es nach den Verwüstungen des Tornados neu gebaut hatten.

Um das Haus herum stand ein neues Wäldchen. Bei meinen vorangegangenen Besuchen hatte ich die Bäumchen gar nicht bemerkt, wohl weil sie noch so jung und klein waren. Als Dad und ich einen Spaziergang machten, wegen seiner Arthritis in den Beinen langsam und vorsichtig, fragte ich ihn mit einem Blick auf eine vereinzelte Gruppe: »Was sind das für Bäume, Dad?«

»Apfelbäume«, sagte er zu mir.

»Aber sie sind so klein. Glaubst du wirklich, dass du alt genug wirst, um noch von ihren Früchten essen zu können? Wenn du dann nicht mehr da sein wirst, warum pflanzt du sie dann?«

Dad antwortete mir gerade so, als ob *er* der geistliche Lehrer wäre und *ich* der Farmer. »Wir pflanzen die Bäume nicht nur für uns selbst«, erklärte er mir, »sondern auch für die, die nach uns kommen.«

Viele der Werte meines Vaters hatten tief in mir Wurzeln geschlagen. So jetzt auch diese wichtige Lektion. Ich nahm sein Beispiel mit nach Kalifornien – ich baute eine Kirche, errichtete Gebäude und pflanzte Bäume im Gedenken an meinen Vater, um einen Ort von dauerhafter Schönheit zu schaffen, an dem kommende Generationen sich erfreuen sollten.

Meine Schwestern waren alle zu unserem Haus gekommen – Jessamine, Margaret und Violet – und auch Henry war da. Wir redeten, lachten und aßen gut. Ich bekam sogar ein Stück von meinem geliebten Butterkaramelkuchen – na ja, vielleicht auch zwei oder drei. Dann beteten wir zusammen.

Nachdem sie sich verabschiedet hatten und zu ihren eigenen Häusern zurückgekehrt waren, packten Arvella und ich die vierjährige Sheila auf das Sofa im Wohnzimmer und legten uns selbst in das zweite kleine Schlafzimmer, den drei Monate alten Bobby zwischen uns.

Am nächsten Morgen standen Mom und Dad an dem kleinen Tor und sahen zu, wie wir in unser Auto stiegen, eine Fahrt von fast 2000 Meilen vor uns. Ich hatte Sheila an der Hand und setzte sie auf den Rücksitz. Arvella trug das Baby. Die Wagentüren öffneten und schlossen sich. Ich war der Letzte, der einstieg, und ich hielt noch einmal inne, um ein letztes Mal zu winken und einen langen Blick auf das Haus zu werfen, das wir gebaut hatten.

Wieder einmal blieb mein Blick an der Beule unter den Schindeln hängen, und ich erinnerte mich daran, wie Dad vor nunmehr zehn Jahren gesagt hatte: »Hast du noch alles in deinen Taschen?«

Wir nahmen die südliche Route durch Kansas und New Mexico, sodass wir von Arizona her auf Kalifornien zufuhren und den *Golden State* von der warmen, südlichen Wüste her erreichten.

»Aber zuerst müssen wir an Duvens Musik-Laden in Sioux City anhalten!«, erinnerte ich Arvella. Howard Duven, ein alter Schulkamerad, verkaufte elektrische Orgeln. »Es macht mir nichts aus, eine Kirche aus dem Nichts heraus aufzubauen«, sagte ich, »und es ist mir egal, was für eine leere Halle wir vorfinden. Aber ich will bei meinem ersten Gottesdienst eine Orgel dabeihaben – wo immer der auch stattfinden mag.«

In Sioux City sagte ich zu Howard: »Ich habe 400 Dollar. Sie sind ein Abschiedsgeschenk meiner Gemeinde in Chicago.«

»Nun, ich denke, da lässt sich was draus machen«, erwiderte er. »Schau dir mal die hier an. Es ist eine zweimanualige, elektrische von ›Conn‹ – eine gute Marke. Nimm deine 400 Dollar für die Anzahlung und du kannst die restlichen 1300 in den nächsten 36 Monaten abzahlen. Das sind dann nur 40 Dollar und ein paar Zerquetschte im Monat.«

Ich würde vom Missionsausschuss meiner Kirche 400 Dollar im Monat bekommen. Unser Zehnter – oder zehn Prozent – würden die monatlichen Raten abdecken. »Ein guter Handel, Howard!«, sagte ich und gab ihm freudig die 400 Dollar von unserer Gemeinde in Ivanhoe.

Ich beschloss, dass es Zeit war für eine erste Zwischenbilanz unserer neuen Gemeinde. So sah sie aus:

Vermögen:	1700	Dollar – die Orgel
Verbindlichkeiten:	1300	Dollar – die Raten für die Orgel
Nettovermögen:	400	Dollar
Außenstände:	0	Dollar
zu zahlende Rechnungen:	0	Dollar

Zumindest gingen wir mit einem positiven Nettovermögen nach Kalifornien! Mit Freude behielt ich diese Zahl unter dem Strich im Auge, hegte und pflegte sie und erlaubte nichts und niemandem an ihr zu nagen! »Nehmen Sie niemals für Kohlen einen Kredit auf!«, erinnerte ich mich.

Meine eigene Begeisterung wurde noch größer, wenn ich mir Arvellas Staunen vorstellte. In den nächsten drei Tagen würde sie zum ersten Mal in ihrem Leben Berge sehen, dann die Wüsten mit den gewaltigen Kakteen, dann Palmen und dann Orangenbäume voller Früchte!

Arvella hatte die Karten bei sich auf dem Beifahrersitz. Wir hatten vor, 400 Meilen am Tag zu fahren, dabei die Landschaft zu genießen und die Nächte in Motels zu verbringen.

Wir verbrachten eine wunderbare Zeit als Familie, aber am zweiten Tag auf der Straße dachten wir schon über das nach, was uns erwarten würde, wenn wir unser neues Heim erreichten.

Auf einem Wüstenabschnitt der Route 661 bat ich Arvella: »Du hast doch den Brief von Al Van Dyke. Lies ihn mir bitte noch einmal vor.«

Ich schaute weiter auf die in der Sonne glühende Straße vor mir. Als Bezirksmissionar der Reformierten Kirche war Al Van Dyke für mich eine Art Bischof, der meine Tätigkeit zu überwachen hatte.

Sie las: »Der Umzugslastwagen wird lange vor euch hier eintreffen. Ken Leestma und ich werden ihn abpassen und dafür sorgen, dass alle Möbel an Ort und Stelle kommen. Aber wir werden das Geschirr in den Transportkisten lassen, damit ihr es überprüfen könnt. Wir werden für Milch und frisches Obst im Kühlschrank sorgen, und für Brot und andere Frühstückszutaten auf dem Küchenbord. Haltet kurz an, und ruft Ken oder mich an, wenn ihr noch ein paar Stunden von uns entfernt seid. Wir werden euch dann zu eurem neuen Haus dirigieren und dort mit den Schlüsseln auf euch warten.«

Dann kam sie zu dem Satz, der mich schon beim ersten Lesen so aufgeregt hatte, dass ich mich immer noch nicht ganz davon erholt hatte: »Und, Bob, um auf deinen Vorschlag zurückzukommen, dass ich eine leere Halle ausfindig machen sollte, in der du deinen ersten Gottesdienst halten kannst: Ich muss dir sagen, dass ich ganz Garden Grove abgesucht habe und es einfach *unmöglich* ist, eine leere Halle zu finden.«

Unmöglich!

Das Wort hatte sich in meinen Geist gebrannt wie eine innere Tätowierung. Sogar jetzt, eine Woche nachdem ich diesen beleidigenden Satz zum ersten Mal gelesen hatte, konnte ich mich überhaupt nicht mehr auf den Rest des Briefes konzentrieren. Ich hörte immer nur dieses eine obszöne Wort:

Unmöglich! Unmöglich! Unmöglich!

Mich schauderte. Ich schüttelte meine Emotionen ab und bat Arvella, das Ende des Briefes noch einmal zu lesen.

»Es ist *unmöglich*, eine leere Halle zu finden«, las sie und schaute mich von der Seite an, um zu sehen, wie ich diesmal reagieren würde. »Du wirst das erste Jahr damit verbringen müssen, ein Gebäude auf den 0,8 Hektar Land zu errichten, die wir für die Kirche gefunden haben.«

Ich war über dieses lächerliche Wort »unmöglich« einfach empört. Noch nie zuvor in meinem Leben hatte ich dieses Wort so gehört, wie ich es hier und jetzt hörte, als ich mit 100 Stundenkilometern durch die Wüste brauste. Es klang so völlig, absolut, komplett *falsch!* Es musste irgendwo in Garden Grove eine leere Halle geben. Irgendeinen Platz, der am Sonntagmorgen frei war.

»Bob, pass auf die Straße auf! Sei vorsichtig!« Arvella wusste genau, was in meinem Kopf vor sich ging. Sie dachte sich, dass mir eine Pause gut tun würde, und schlug vor: »Da vorn ist Albuquerque. Lass uns anhalten und etwas essen.«

Wir fanden ein Café, das sauber und preiswert aussah, und hielten am Straßenrand. Ich nahm Sheila an der Hand und Arvella trug Bobby.

Wir fanden einen Tisch und sahen uns die Karte an, aber ich war immer noch in mich gekehrt und nicht bei der Sache. Völlig in Anspruch genommen von meinem inneren Ringen mit diesem unerhörten Wort – diesem völlig inakzeptablen Wort – diesem vollkommen uneinsehbaren Wort:

Unmöglich!

Kein Platz zum Predigen?! Ein ganzes Jahr warten und nichts tun, als ein Gebäude zu bauen?! Ich war nicht gekommen, um meine Zeit mit bauen zu vertun; ich war gekommen, um die Gute Nachricht zu predigen, um einer schmerzbeladenen Welt Trost zu bringen! Der Gedanke, die ersten zwölf Monate damit verbringen zu müssen, Kanthölzer zu Wänden zusammenzunageln, war vollkommen inakzeptabel!

Während wir auf die Bedienung warteten, las Arvella noch einmal ihre Lieblingspassage des Briefs vor: »Haltet kurz und ruft uns an, wenn ihr noch ein paar Stunden entfernt seid. Wir werden euch dann zu eurem neuen Haus dirigieren und dort mit den Schlüsseln auf euch warten.«

Ich hörte Arvella vorlesen, und ich hörte das Geplapper, als sie und Sheila sich darüber unterhielten, was sie essen sollten, aber es war, als ob ich in einem anderen Zimmer wäre, in einer anderen Welt. Ich griff nach einer Papierserviette und begann fieberhaft an den linken Rand die Zahlen von 1 bis 10 untereinander zu schreiben. Aus dem Stand heraus fing ich an, zehn *mögliche* Lösungen für unser Problem aufzuschreiben, wo wir die Gottesdienste halten würden. Ich forderte Al Van Dykes negative Annahme frech und unverschämt heraus. Das war meine Liste:

1. eine Schule mieten,
2. die Halle einer Freimaurerloge mieten,
3. eine leere Lagerhalle mieten,
4. eine Friedhofskapelle mieten,
5. eine Halle der *Elk's Lodge*[8] mieten,
6. ein Theater mieten,
7. eine Kirche der Adventisten mieten (sie wäre am Sonntag geschlossen),
8. eine jüdische Synagoge mieten (sie würde ebenfalls am Sonntag leer stehen),
9. ein Autokino mieten (eine Erinnerung an den Sonntagsgottesdienst in unseren Flitterwochen),
10. eine Freifläche mieten und ein Zelt aufstellen, wie Oral Roberts[9].

Als ich fertig war, sah ich mir meine Liste an. Als ich sie durchging, murmelte ich vor mich hin: »Erzählt mir nicht, dass es unmöglich ist, einen Platz zu finden, an dem ich predigen kann.«

»Was hast du gesagt, Daddy?«, fragte Sheila. Arvella schaute mich an, als ob ich den Verstand verloren hätte.

Ich lächelte Sheila an und zog sie auf der Vinyl-Bank des Restaurants an mich. Dann sah ich Arvella an. »Ich werde nicht 52 Wochen lang herumsitzen und die Arbeit eines Bauunternehmers machen – ein Kirchengebäude errichten! Das ist lächerlich! Völlig unsinnig!«

Ich ging die Liste zusammen mit Arvella noch einmal durch, und dort, in diesem kleinen Café, hatten wir unsere erste Planungssitzung für die neue Gemeinde.

In weniger als einer Minute hatte ich zehn mögliche Orte aufgeschrieben, an denen ich anfangen konnte zu predigen. Mit Sicherheit würden wir es schaffen, noch vor Ostern etwas auf die Beine zu stellen, auch wenn es bis dahin nur noch ein paar Wochen waren. Die beeindruckende Kraft meines leidenschaftlichen Wunschs, sofort mit dem Predigen anzufangen – schon am nächsten Sonntag –, hatte meine Vorstellungskraft angestachelt und dieses unbesonnene und zerstörerische Wort »unmöglich« erschüttert.

Ich versank wieder in meinen Gedanken. Ich bemerkte kaum, dass ich einen Hamburger bestellt und verzehrt hatte, aber da stand ein leerer Teller vor mir. Ich runzelte die Stirn über den verbliebenen Krümeln und fragte mich, was ich gegessen hatte.

»Bob«, schalt mich Arvella in einem Ton, den ich schon zur Genüge kannte. Sie hatte in Ivanhoe damit angefangen, mich liebevoll daran zu erinnern, den Bezug zu meinen Mitmenschen nicht zu verlieren, oder zu verhindern, dass ich ein Mitglied der Gemeinde durch einen unbedacht mürrischen Gesichtsausdruck entmutigte.

»Bob, lächle! Du bist doch kein verbitterter alter Mann – zumindest noch nicht. Die Kellnerin wird denken, dass du unzufrieden mit ihr bist. Wir werden ihr ein extradickes Trinkgeld dalassen müssen.« Dann legte Arvella ihre Hand auf meine. »Bob, du wirst eine großartige Gemeinde aufbauen. Ich weiß es einfach.«

Ich zahlte die Rechnung und steckte die Serviette mit den zehn Herausforderungen an das »Unmögliche« vorsichtig in meine Tasche.

Durch meine Liste und durch Arvellas ansteckende Zuversicht war ich wieder ermutigt und wieder voll Begeisterung. Ich verfolgte meinen Traum, ein großer Prediger zu werden, war wieder lebhaft, als wir zu unserem Wagen zurückkehrten und die Straße nach Arizona wieder unter die Räder nahmen.

Ich war auf dem Weg in eine große Zukunft. Ich wusste es. Ich fühlte es. Dieses Möglichkeitsdenken, das in mir heranwuchs, überflutete mich mit Zuversicht, Vision, Mut, Hoffnung, Begeisterung, Optimismus und Energie!

Und dies war die Botschaft, die ich in dieses aufstrebende, ungezähmte und sehr weltliche neue Land Kalifornien bringen wollte: Ich mochte ein Niemand sein, aber vielleicht – nur vielleicht – konnte ich einer Menge Menschen dort sagen, dass es Jemanden gibt, der die Adresse eines jeden »Niemand« kennt, und dass dieser göttliche und allmächtige Jemand uns alle aus unserem Nirgendwo in ein Irgendwo führen kann, das weit jenseits unserer Vorstellungen liegt.

Das würde meine Mission sein. Das war genau das, was ich zu sagen hatte.

22

Wir folgten der alten Route 66 aus der Wüste heraus und über den Cajon-Pass, und schließlich erreichten wir den flachen Küstenlandstrich, der unsere neue Heimat sein sollte. Wir hatten auf unserer Fahrt über die Schnellstraßen des Westens so viel Schönheit, so viel weiten Raum gesehen. Wir waren müde, aber wir blickten wieder voller Begeisterung auf die Möglichkeiten, die dieses Land uns bot.

Wie jeder junge Ehemann, der einem Traum nachjagt, hatte auch ich den Eindruck, dass ich etwas unter Druck stand. Die Orangenhaine und die Palmen und der blaue Ozean sollten genauso sein, wie ich sie beschrieben hatte. Ich wollte, dass alles genauso war, dass es Arvella gefiel. Sie sollte die Gegend vom ersten Augenblick an lieben, genauso wie es mir vor all den Jahren gegangen war.

»Hier, Bob!«, rief sie, als sie die Straße sah, nach der wir Ausschau halten sollten. Wir bogen in eine halb fertige Straße ein, die sich durch eine Siedlung von 150 völlig gleich aussehenden nagelneuen Häusern wand, die noch auf ihren Anstrich warteten. Es gab keine Orangenhaine, noch nicht einmal grünes Gras. Nur nackte Erde und kahle, frisch verputzte Gebäude.

Ich sah hinüber zu Arvella und ich konnte die Enttäuschung auf ihrem Gesicht lesen. Man musste ihr zugute halten, dass sie nicht sagte: »Wo ist denn nun das kalifornische Paradies, um das du so einen Wind gemacht hast?« Aber das war nicht ihr Stil.

Wir hatten Ken Leestma ein paar Stunden zuvor von einer Telefonzelle an einer Tankstelle aus angerufen, und er war da, um uns zu begrüßen. Wir betraten unser Haus und mussten feststellen, dass die Wände drinnen genauso nackt waren wie draußen. Die Fußböden waren dunkelbraun – Linoleumplatten, die man »Asphaltboden« nannte – es sah aus wie das halb fertige Grausen! Der Lastwagen mit unseren Möbeln aus Ivanhoe war angekommen, aber jetzt mussten wir alles auspacken und auf dem kleinen Raum unterbringen. Ob unsere Möbel zu dem Fußboden passten? Fragen wir lieber nicht danach!

Ken half mir, mein Büro in einem kleinen Schlafzimmer neben der

Küche unterzubringen, während Arvella und Kens Frau Bette das Geschirr auspackten und Bettlaken vor die Fenster hängten, um ein wenig Privatsphäre zu schaffen.

Im Gegensatz zu der Tristheit des halb fertigen Hauses und der halb fertigen Siedlung war der Küchentisch ein Fest von Nahrungsmitteln und frischen Früchten – ein üppiger Willkommensgruß der Kirchen Kaliforniens.

Ich griff nach einer großen »Birne«, nahm einen Bissen – und spuckte ihn wieder aus!

»Das ist ja widerlich!«, rief ich.

»Natürlich«, sagte Arvella, »sie ist ja noch grün.«

Das war meine erste Begegnung mit einer Avocado – einer Frucht, die wir in Iowa noch nie gesehen, geschweige denn probiert hatten, wir hatten ja noch nicht einmal davon gehört! Kalifornien würde seine Annehmlichkeiten haben. Wir mussten uns nur erst einmal daran gewöhnen.

Als ich im Büro meine Papiere ordnete, fiel mir ein Umschlag in die Hände, den ich kurz vor unserer Abreise aus Ivanhoe bekommen hatte. Er enthielt einen Brief mit einer Einladung von Norman Vincent Peale, der zur Zeit einflussreichsten protestantischen Stimme in Amerika.

Ich war stolz auf diesen Brief. Ich hatte Dr. Peale noch nicht getroffen, obwohl seine Frau die Vorsitzende des Nationalen Missionskomitees war, das mein Gehalt in Kalifornien bezahlte. Immerhin hatte Peales Buch mich von der Last meiner grauenhaft schwerfälligen Predigten befreit, die ich in den ersten Monaten in Ivanhoe gehalten hatte. Und er war eine »Berühmtheit« in diesem Land der Berühmtheiten; sein Wort konnte Türen öffnen. Und ich war schließlich ein Niemand von Nirgendwo. Er war ein wichtiger Mann aus einem wichtigen Ort. Ich rahmte den Brief in einem freien Bilderrahmen und hängte ihn in meinem neuen Büro auf.

Mich an Kalifornien zu gewöhnen fiel mir leicht, wenn ich an die kommenden Wintermonate dachte. Kein Schneeschaufeln mehr in der Einfahrt. Es war Ende Februar und ich konnte draußen in Shorts herumlaufen. Für Arvella bedeutete das Wetter in Kalifornien, dass sie, wenn sie zum Lebensmittelladen wollte, die Kinder nicht mehr von Kopf bis Fuß einpacken musste, nur um dann, wenn sie endlich fertig angezogen waren, feststellen zu müssen, dass Sheila noch einmal aufs Töpfchen musste oder Bobby neue Windeln brauchte.

Aber weil es in diesem reinen Baugebiet augenblicklich weder Gras noch Bäume gab, so gab es auch für Sheila keinen Platz zum Spielen.

Und Arvella vermisste ihre guten Freunde, die sie in Ivanhoe gefunden hatte. Sie hatte auch Schwierigkeiten mit ihrer neuen Rolle.

Oft sagte sie zu mir: »Ich habe eine Musikausbildung, aber ich weiß nicht, was von einer Pfarrersfrau in so einer Situation erwartet wird.« Sie war in Ivanhoe so beliebt gewesen, man hatte sie so wunderbar angenommen; jetzt wurde sie wieder unsicher und sehr, sehr einsam. Sie vermisste ihre Mutter und ihre Schwestern mehr denn je. »Als wir in Chicago waren, waren wir immer noch im Mittelwesten, in der Nähe unserer Verwandten. Jetzt ist es so, als ob wir auf einem fremden Kontinent wären.«

Mittlerweile musste ich meinen Kampf gegen das Wort »unmöglich« aufnehmen. Vier Tage nach unserer Ankunft begann ich mit meiner Suche nach einem Veranstaltungsort. Ich hielt mich an die Liste, die ich in Albuquerque auf die Papierserviette gekritzelt hatte – mein wertvolles Ticket in die Zukunft! Aber ein paar Tage, nachdem ich das Problem angegangen war, sahen die Ergebnisse folgendermaßen aus:

1. eine Schule mieten. *Es verstößt gegen das Gesetz des Bundesstaates, Schulen für religiöse Zwecke zu vermieten.*
2. die Halle einer Freimaurerloge mieten. *Es gibt keine.*
3. eine leere Lagerhalle mieten. *Keine Chance.*
4. eine Friedhofskapelle mieten. *Schon von den Baptisten belegt!*
5. eine Halle der *Elk's Lodge* mieten. *Es gibt keine in der Stadt.*
6. ein Theater mieten. *Keines in der Stadt.*
7. eine Kirche der Adventisten mieten. *Schon von den Presbyterianern besetzt.*
8. eine jüdische Synagoge mieten. *Keine Synagoge in Garden Grove!*
9. ein Autokino mieten. *Es gibt eines!*
10. eine Freifläche mieten und ein Zelt aufstellen. *Das könnte funktionieren.*

Von meinen ursprünglich zehn Möglichkeiten waren also nur die letzten beiden übrig geblieben und keine von beiden war besonders attraktiv.

Als ich der Möglichkeit nachging, die Kirche der Adventisten zu benutzen, kam ich zu einer unerwarteten Einsicht. Ich traf mich mit dem Pastor, der die neue presbyterianische Gemeinde in Garden Grove gegründet und den Raum schon gemietet hatte, einem jungen Pastor namens Tom Gillespie.

Er hieß mich freudig willkommen. »Garden Grove ist ein großartiger Ort, um eine Kirche zu gründen«, sagte er. »Es ist, als würde man Äpfel von den Bäumen schütteln! Wir haben gerade erst angefangen und schon 150 Mitglieder!«

»Wie viele von ihnen kommen aus anderen presbyterianischen Kirchen?«, fragte ich.

»Nun, alle, denke ich«, antwortete er.

Das war es, was mir auffiel: Es gab Millionen von Presbyterianern in den Vereinigten Staaten, aber nur 200.000 Holländisch Reformierte.

Wenn ich Glück habe, finde ich vielleicht sechs von unserer Kirche, die hier leben, dachte ich mir.

Der Pastor der ältesten Kirche in der Stadt – der *First Methodist Church* – war Bob Washer. Ich legte großen Wert darauf, ihn möglichst bald nach unserer Ankunft zu treffen, und wurde herzlich begrüßt. Er war genauso begeistert wie Tom Gillespie: »Wir haben gerade 150 neue Mitglieder aufgenommen«, sagte er.

»Wie viele von ihnen waren Methodisten?«, fragte ich.

»Alle natürlich.«

In diesem Augenblick hatte ich meine »Offenbarung«, die eine Revolution auf dem Gebiet der Kirchenneugründungen bedeuten sollte: *Bob, diese Stadt braucht keine Reformierte Kirche. Was sie braucht, ist eine positiv denkende Mission, die sich um die Bedürfnisse derer kümmert, die überhaupt keiner Kirche angehören!*

Aber ich brauchte immer noch einen Veranstaltungsort.

Eines Vormittags setzte ich mich zu einer Kaffeepause zu Arvella. Nachdem sie unseren hungrigen kleinen Bobby gestillt hatte, sagte ich: »Erinnerst du dich noch an diesen lutherischen Gottesdienst in diesem Autokino am Spirit Lake?«

»Hm, hm«, antwortete sie unbestimmt und wiegte Bobby in dem vinylbezogenen Küchenstuhl vor und zurück. Ich war nicht sicher, dass ich ihre volle Aufmerksamkeit besaß.

Ich versuchte es noch einmal. »Weißt du, Schatz, dieser Auto-Gottesdienst in Iowa, in unseren Flitterwochen!«

Jetzt sah sie auf. »Ja, Liebling, ich erinnere mich.«

»Nun, was meinst du? Ich meine, was hältst du davon, mit unserer Kirche in einem Autokino anzufangen? Es gibt hier eins.«

»Nun«, entgegnete sie und vergaß, was sie sagen wollte, während sie weiter mit Bobby spielte.

»Arvella, bitte: Ich brauche deine Aufmerksamkeit!« Ich flehte sie an, wohl wissend, dass ich genauso verzweifelt klang, wie ich mich fühlte.

»Entschuldige, Bob«, meinte sie und blickte wieder auf. »Ich erinnere mich an den Gottesdienst. Es war sehr schön. Es hatte etwas Besonderes, Gott im Freien anzubeten. Es hat mich an die Felder zu Hause erinnert. Ich habe mich Gott immer am nächsten gefühlt, wenn ich Dad mit dem Traktor seinen Lunch gebracht habe oder ihm draußen bei der Arbeit half. Das Wetter hier ist so wunderbar und der Sommer kommt bald. Ich denke, es ist eine großartige Idee! Viel besser als ein Zelt!«

Auf einmal schien es mir auch eine ziemlich gute Idee zu sein. Wer wäre nicht gerne draußen mit dem Duft von Orangenblüten in der Luft?

Das einzige Autokino in Orange County befand sich in der Stadt Orange, drei Meilen östlich von unserem neuen kalifornischen Zuhause. Ich ging zum Geschäftsführer und fragte ihn, ob ich es für den Gottesdienst am Sonntagmorgen mieten könnte.

Ich bin sicher, dass Norman Miner, der Geschäftsführer, von meiner unkonventionellen Anfrage ziemlich überrascht war. Aber er hörte interessiert und höflich zu. Ich konnte die Fragen auf seiner Stirn geschrieben sehen: Sollten Kirchen nicht einen Kirchturm haben? Und Kirchenbänke? Und Wände? Und eine Decke?

Er sagte, er wolle darüber nachdenken.

Die Woche, in der ich auf seine Antwort wartete, war eine sehr lange Woche. Dann rief er an und sagte: »Es gehört Ihnen, für zehn Dollar pro Sonntag. Das ist die Summe, die wir dem Tontechniker vom Verband zahlen müssen.«

Ich war begeistert. »Danke! Danke! Ich nehme es«, sagte ich. Und ich betete: »Danke, Herr!«

Wir besprachen noch die Details unserer Vereinbarung und dann fragte Mr. Miner: »Nebenbei, Reverend Schuller, wie viele Leute haben Sie eigentlich, um Ihre neue Kirche zu gründen?«

»Sie mit eingerechnet?«, fragte ich zurück.

Er lachte und zu meiner Überraschung sagte er: »Ja, mich mit eingerechnet.«

»Zwei!«, entgegnete ich.

Jetzt lachte er wirklich und wir waren sofort Freunde. Norman Miner und seine Familie traten nicht nur unserer Kirche bei, er entwickelte sich auch zu einem geschätzten Bibellehrer und zu einem hingebungsvollen, freiwilligen Helfer.

Das »Möglichkeitsdenken« hatte funktioniert.

Aber jetzt gab es viel zu tun. Unsere neu erworbene Orgel war angekommen und war in unserer Garage untergebracht. Ich musste einen Anhänger kaufen, um sie jede Woche zum Autokino zu bringen. Ich studierte also die Anzeigenrubrik »Gebraucht – zu verkaufen« und entdeckte eine Annonce: »Guter Anhänger – nur 20 Dollar!«

»Ich habe ihn selbst gemacht«, erklärte mir der Verkäufer, als ich hinging, um ihn mir anzusehen. »Es ist eine Maßanfertigung!« Er trat gegen den Reifen und sagte: »Der ist stabil!«

Ich gab ihm eine 20-Dollar-Note. Mein Nachbar, der neugierig war, was der Prediger nebenan so trieb, kam zu uns beiden herüber.

»Schauen Sie sich meinen großartigen Kauf an, für nur 20 Dollar!«, meinte ich begeistert. »Gut gebaut, nicht?«

Er nickte. Dann trat er gegen einen der Reifen und sagte: »Ich hoffe nur, dass Sie damit nie einen Platten haben. Das Rad ist nämlich an der Achse angeschweißt!«

Ich zog den Anhänger fast sechs Jahre lang hinter mir her und ich hatte nie einen Platten! Schließlich habe ich ihn wieder verkauft ... für 20 Dollar!

Nachdem das Problem des Orgeltransports gelöst war, setzte ich gleich eine Anzeige in die Zeitung:

»Am Sonntag, dem 27. März 1955, um 11 Uhr vormittags, wird Orange Countys jüngste und aufregendste protestantische Kirche ihren ersten Gottesdienst abhalten:

Im Autokino von Orange, an der Kreuzung von Highway 5 und Chapman Avenue.«

Ich fügte noch einen Aufhänger hinzu, der für die nächsten Jahre unser Slogan werden sollte:

»Come as You are, in the family car!«[10]

Die größte Zeitung in der Gegend fand das einen Artikel wert und verschaffte uns unsere erste positive Presse. »Nach Banken, Restaurants und Kinos schließt sich jetzt auch die Religion der ›Drive in‹-Kultur an«, hieß es in dem Beitrag.

Aber dann kam der unvermeidliche Rückschlag.

Am Samstag, dem 19. März, acht Tage vor unserem ersten Gottesdienst, besuchte mich einer der Pastoren unserer Kirche und machte mir schwere Vorwürfe, wie ich es wagen könnte, in einem solchen »Sündenpfuhl« einen Gottesdienst zu veranstalten.

Im Stillen warf ich ihm vor, dass er offensichtlich wohl mehr über Sündenpfuhle wusste als ich. Ich entgegnete jedoch nur: »Paulus hat auf dem Hügel des Mars in Athen gepredigt. Nicht gerade der sündenfernste Ort der Alten Welt!«

Aber er ließ sich nicht überzeugen. Und ich war am Boden zerstört, denn ich merkte bald, dass »Unmöglichkeitsdenken« ansteckend ist. Ich hatte mich bei diesem selbst ernannten Kritiker infiziert. Hatte er Recht? War dies ein schlechter Ort, um eine Kirche zu gründen?

Der nächste Morgen war Sonntag, der 20. März, und ich hatte eine sehr unruhige Nacht hinter mir. In einer Woche würden wir unseren ersten Gottesdienst abhalten. An diesem, unserem letzten freien Sonntag sagte ich zu Arvella: »Lass uns in die ›Hollywood Presbyterian‹ gehen und Dr. Lindquist predigen hören.«

Es war der gleiche Dr. Lindquist, der mir schon im Seminar geholfen hatte, mit mir selbst ins Reine zu kommen. Während alle Studenten davon sprachen, dass sie die »größte und beste« Gemeinde haben wollten, hatte er gesagt: »Jungs, hört auf damit, andere zu beneiden. Geht los und gründet eure eigenen Kirchen – und bleibt für den Rest eures Lebens bei ihnen!«

Ich hatte keine Ahnung, worüber Dr. Lindquist an diesem Sonntag predigen würde, aber ich bewunderte ihn so sehr, dass ich wusste, was immer er zu sagen hatte, – es würde mir helfen.

Also stiegen wir in den Wagen, fuhren eine Stunde nach Hollywood und brachten die Kinder gerade noch rechtzeitig zum zweiten Gottesdienst in der Kinderkrippe unter.

Als Arvella und ich unsere Sitze hinten in der schönen gotischen Kirche eingenommen hatten, überflog ich das Programm. Der Titel der Predigt war wie ein Wink des Himmels: »Gottes Formel für dein Selbstvertrauen.« Wenn es irgendetwas gab, das ich nach meinem gestrigen Zusammenprall mit dem negativen Denken gebrauchen konnte, dann war es eine starke Dosis Selbstvertrauen!

Kurz darauf las Dr. Lindquist mit seiner kräftigen Stimme den Text vor, auf dem seine Predigt aufgebaut war. Es war Philipper 1, Vers 6.

»Ich bin guter Zuversicht – «, dröhnte er.

Er machte eine Pause und die nächste Passage rollte wie eine mächtige Welle über meine Unsicherheit hinweg:

» – dass der in euch angefangen hat das gute Werk, der wird's auch vollenden!«

Die Welle rollte weiter und sie trug mich mit einem Gefühl ruhigen Selbstvertrauens.

»Du kannst dich auf den Gott verlassen, der dir das Leben geschenkt hat«, fuhr er fort. »Er wir dich *nie* verlassen. Er hat schon mit dir begonnen! Er hat dir Gaben und Träume gegeben.«

»Jeder Mensch braucht Selbstvertrauen«, fuhr er fort. »Aber wie kann man es aufbauen und auf welcher Grundlage?« Seine Predigt beantwortete diese Frage:

1. nicht auf Macht – nicht auf der eigenen Kraft,
2. nicht auf Geld,
3. nicht auf Magie,
4. aber auf der Gnade Gottes.

Dr. Lindquist schloss mit den Worten: »Du kannst ihn verlassen, aber er wird *dich niemals* verlassen. Auf ihn kannst du vertrauen.«

Ich trat mit einem Gefühl aus der Kirche, als wäre ich drei Meter groß – ein geistlich gestärkter Möglichkeitsdenker. Selbstvertrauen? Jede Menge davon! Ich würde diese Botschaft nicht vergessen. Am Montagmorgen fuhr ich zur *Plains Lumber Company* in der Stadt. Ich erklärte dem Besitzer, dass ich eine religiöse Dekoration auf dem Dach der Autokino-Snackbar brauchte – eine Dekoration, die aus einem Altar und einem Kreuz bestehen sollte. Ich machte eine Skizze von dem Altar – eigentlich war es nur eine Sperrholzkiste, 1,20 x 1,20 x 1,80 groß –, und er half mir, das Material auszuwählen. Dann skizzierte ich ein drei Meter hohes Kreuz, das an die Rückseite des Altars gedübelt werden sollte. Der Besitzer führte mich zu den richtigen Brettern und half mir auch, die Zierleisten für das Kreuz auszusuchen.

Ich kaufte das Holz, die Nägel und andere Materialien für etwas weniger als 100 Dollar aus dem kirchlichen Fonds und ließ mir alles nach Hause liefern.

Nach einigen Stunden mit Hammer und Säge hatte ich das Gefühl, als hätte ich eigenhändig meine erste Kirche gebaut!

Aber schon bald wurde mein frisch aufgebautes Selbstvertrauen wieder auf die Probe gestellt. Während unsere Mission über einen betrieblichen Fonds verfügte, waren Arvella und ich knapp bei Kasse. Alles hier in Kalifornien war viel teurer als im Mittelwesten und jeder Pfennig schien einfach so zu verschwinden.

Arvella hatte Bobby gerade für ein Vormittagsschläfchen hingelegt und kam zu mir in mein Schlafzimmer-Büro. »Bob, ich brauche etwas Geld, um ein bisschen Milch aus dem Laden zu holen«, sagte sie.

Geld? Ich hatte keins.

Arvella sah in diesem Moment so frisch und süß aus, und das machte mein Gefühl, versagt zu haben, irgendwie noch schlimmer. Ich hatte sie enttäuscht. Ich konnte noch nicht einmal für meine Familie sorgen.

Aber ich hatte niemals Geheimnisse vor ihr, also musste ich ihr die Wahrheit sagen.

»Arvella, wir haben gerade kein Geld«, entgegnete ich. »Kann das nicht warten?«

Ihre schönen Augen schauten betroffen drein. Sie hatte nie um irgendwelchen Schnickschnack oder Luxus gebeten. Sie war eine starke Frau, die finanziell schwierige Zeiten erlebt und gelernt hatte, kreative Lösungen zu finden. Sie musste meine Frage nicht beantworten; ich kannte die Antwort.

»Arvella«, fügte ich hinzu, »ich werde dir Milch beschaffen. Mach dir keine Sorgen.«

Ich fing an, die Schubladen unseres Kleiderschranks nach Kleingeld zu durchwühlen. Ich sah unter den Sofakissen im Wohnzimmer nach. Schließlich durchsuchte ich meine Schreibtischschublade. Nichts ... bis auf ein paar Briefmarken.

»Ich werde sie einlösen!«, sagte ich mit frischer Hoffnung zu mir selbst. Ich brachte die Briefmarken zum Postamt, wo ich aufgekratzt in der Warteschlange stand, stolz auf meinen Einfallsreichtum. Und was musste ich an diesem Tag lernen? Das Postamt löste keine Briefmarken ein.

Entmutigt schleppte ich mich nach Hause, um Arvella Bericht zu erstatten und um zu überlegen, was wir tun sollten. Als Farmerkinder hatten wir uns nie um Milch sorgen müssen. Dies hier war für uns beide neu. Ich sackte auf der Couch in mich zusammen, als die Erkenntnis mich mit voller Wucht traf: Ich konnte meine Familie einfach nicht versorgen. Noch nicht einmal mit dem Nötigsten. Mit Sicherheit würde ich *niemals* in der Lage sein, Sheila und Bobby aufs College zu schicken. Ich brauchte ein zusätzliches Einkommen. Irgendwie, von irgendwo. Vielleicht konnte ich ein Buch schreiben, so wie Dr. Peale. Das würde meine Geldprobleme lösen. Oder vielleicht sollten wir einfach nach Iowa zurückgehen und unsere Träume vergessen. Reverend Lindquists Aussage, dass Gott uns niemals im Stich lässt, schien in diesem Augenblick sehr weit weg.

Arvella, die den Briefträger gehört hatte, holte unterdessen unsere Post herein und begann, sie zu sortieren. Es war ein Brief von meiner Mutter dabei und sie gab ihn an mich weiter. Ich öffnete ihn langsam, wobei ich daran dachte, dass das Letzte, was ich jetzt gebrauchen konnte, ein weiterer Brief war, in dem stand, dass ich mich »anstrengen« sollte.

Dann las ich die Worte meiner Mutter: »Ich weiß, es gibt keinen besonderen Anlass, Harold – keinen Geburtstag und kein Jubiläum.

Aber ich habe an dich gedacht und für dich gebetet, und ich hatte das Gefühl, du könntest das hier gebrauchen.«

In dem Umschlag steckte eine Fünf-Dollar-Note!

Ich sprang auf und rief: »Danke, Gott! Danke, Mom!«

Arvella lächelte gelassen. Gottes Wohlwollen überraschte sie nicht.

»Ich bin in ein paar Minuten wieder da«, erklärte ich Arvella, als ich zur Tür hinausstürmte. »Ich gehe zum Lebensmittelladen.«

Gott hatte uns durch meine Mom gezeigt, dass er uns nicht enttäuschen würde!

»Gott wird dich nie verlassen!«, hatte Raymond Lindquist gesagt.

Ich hielt mich an diese Worte, als ich sechs Tage später meinen ersten Gottesdienst im Autokino abhielt.

Meine größte Sorge war das Wetter. Was war, wenn es regnete? Ich würde sogar unter einem Regenschirm völlig durchnässt werden. Und Arvella an der Orgel – was sollte sie machen? Wieder stand ich der Herausforderung gegenüber, an das glauben zu müssen, was Reverend Lindquist gesagt hatte. Trotzdem wurde ich meine Ängste einfach nicht los und so fing ich schließlich an zu beten. Dabei kam eine Botschaft in meinen Geist – laut und deutlich –, ich bin überzeugt, dass sie von Gott, dem Allmächtigen kam: »Bob, mach dir keine Gedanken über das Wetter. Das ist mein Ressort. Mach dir niemals Sorgen um irgendetwas, wofür du nicht verantwortlich bist. Konzentriere dich einfach auf deine Predigt, und mach sie so großartig, wie du kannst!«

Und so war am 27. März 1955, mit meiner geliebten Arvella an der Orgel, unser erster Gottesdienst in vollem Gang.

Ich hatte mich mit einer Holländisch-Reformierten Gemeinde in Los Angeles geeinigt, dass ich mir ihren Chor »ausborgen« würde. Weil ich aber befürchtete, dass die Besucherzahlen in der ersten Woche vielleicht nicht allzu hoch sein würden, hatte ich den Chorleiter um einen Gefallen gebeten: »Könnten Sie Ihre Chormitglieder bitten, einzeln herzufahren? Wenn sie zu 50 sind, dann können wir wenigstens mit 50 Autos auf dem Parkplatz rechnen. So sehen wir vom ersten Tag an erfolgreich aus!«

»Sicher, Reverend Schuller«, willigte er ein, »das ist gar kein Problem.«

Und so kamen an unserem ersten Sonntag über 100 Menschen – mein geborgter Chor mit eingerechnet – zu unserem 11-Uhr-Gottesdienst.

Das Thema meiner Predigt war: »*Kraft für ein erfolgreiches Leben*«. Sie war auf der Aussage aufgebaut: »*Wenn ihr Glauben habt wie ein*

Senfkorn, so könnt ihr sagen zu diesem Berge: Hebe dich von hinnen dorthin!, so wird er sich heben; und euch wird nichts unmöglich sein« (Matthäus 17,20).

In dem Programm für diesen Tag stand auch folgende Bemerkung:

»Willkommen beim ersten Gottesdienst im Autokino von Orange. Nehmen Sie die Lautsprecher aus ihren Halterungen und platzieren Sie sie im Wagen. Stellen Sie die Lautstärke nach Ihren Bedürfnissen ein. Beten Sie, dass Gott die Stunde segnen wird, die Sie hier verbringen. Machen Sie in Ihrem Wagen beim Gottesdienst mit. Senken Sie den Kopf während des Gebets; singen Sie die Lieder mit; verfolgen Sie die Predigt, und wenden Sie die grundlegenden Wahrheiten in Ihrem eigenen Leben an. Kommen Sie nächste Woche mit Ihren Freunden und Verwandten wieder.

Herzlichen Dank«

Nach dem Segen machten wir noch eine Abkündigung: »Achtung! Vergewissern Sie sich, dass der Lautsprecher sich wieder in der Halterung befindet, bevor Sie Ihren Parkplatz verlassen!«

Wir waren reich gesegnet worden. Es hatte nicht geregnet, der Chor, der schließlich mit etwa 20 Autos gekommen war, hatte wunderbar gesungen, und etwa 30 weitere Autos waren aus dem Nichts heraus aufgetaucht – und einige von ihnen würden wiederkommen.

An diesem Nachmittag saßen Arvella und ich am Esstisch in unserem kleinen Heim und zählten die erste Kollekte. Es waren 83 Dollar und 75 Cents.

Ich sagte zu Arvella: »Nun, wir sind auf dem Weg, Liebling. Wir sind auf dem Weg.«

Aber unser schärfster Kritiker musste noch zum Schweigen gebracht werden: der Pastor der Reformierten Kirche, der mir acht Tage zuvor vorgeworfen hatte, dass ich meine Kirche in einem »Sündenpfuhl« gründete. Er rief mich am Montagmorgen an.

»Na, Schuller, wie ist Ihr gestriger ›Sündenpfuhl-Gottesdienst‹ gelaufen?«

»Es war großartig, danke schön. Es waren etwa 100 Leute da, mehr als 50 Autos alles in allem.«

»Ist das alles?«, entgegnete er abwertend. »Pfff!« Dann erklärte er: »Na ja, was kann man in einem Autokino schon erwarten?«

»Hey, wie kommen Sie dazu, das schlecht zu machen?«, protestierte ich. »Das ist eine Steigerung von 100 Prozent gegenüber der letzten Woche!« Dann forderte ich ihn heraus: »Wie hoch war denn *Ihre* Steigerungsrate?«

Stille. Jetzt war die Reihe an mir, »Pfff!« zu sagen. Aber ich hielt mich zurück und wartete seine Antwort ab.

Schließlich gab er zu: »Tatsächlich sind meine Besucherzahlen gestern etwas zurückgegangen.«

Nach diesem Anruf setzte ich mich an meinen Schreibtisch, um zu arbeiten. Ich sah aus dem Fenster hinaus und bemerkte, wie herrlich das Wetter an diesem späten Märztag war. Auf einmal schien mit meiner Welt alles in Ordnung. Sogar seine Bemerkung, ich sei ein »Sündenpfuhl-Prediger«, fing an, mich zu amüsieren. Ich wusste ohne jeden Zweifel, dass dies der Anfang dessen war, was einmal eine wirklich große Kirche werden würde.

Ich beschloss, eine Pressemitteilung zu verfassen, um unseren gestrigen Erfolg zu verkünden.

»Südkaliforniens erste Drive in-*Kirche hat gestern ihren Dienst aufgenommen. Beim ersten Gottesdienst waren in 50 Autos etwa 100 Menschen anwesend. Die Besucher konnten erfahren, dass sie sich glücklich schätzen können, an der Gründung einer aufregenden, neuen Kirche teilzuhaben, die Gott für Orange County und Südkalifornien im Sinn hat.«*

Nichts konnte meine Begeisterung schmälern. Obwohl es nicht allzu lange dauern sollte, bis ich merkte, dass meine Vorstellungen von dem »perfekten Wetter« in Kalifornien etwas zu idealisierend waren.

Das späte Frühjahr in Orange County, obwohl im Allgemeinen angenehm kühl und wenig windig oder regnerisch, ist durch ein typisches Phänomen gekennzeichnet, das die Einheimischen *June gloom*[11] nennen. Es handelt sich um einen von der See kommenden Hochnebel, der die ganze Gegend bis zum späten Vormittag bedeckt.

Dann bricht die Sonne durch und der Himmel bleibt für den Rest des Tages wunderbar klar. Aber einige Sonntagvormittage, die laut Wettervorhersage sonnig und farbenfroh sein sollten, erweisen sich als überaus bedeckt und trüb.

Die kalifornischen Sommer sind verglichen mit denen des Mittelwestens weitaus angenehmer, vor allem, weil es nicht so feucht ist. Außerdem gibt es einen sanften Wind vom Meer her, der jeden Nachmittag gegen vier zu wehen beginnt und alles bis zum Abend ein wenig abkühlt. Aber August und September sind wirklich höllisch heiße Monate, und an diesen Tagen ist das Auto der letzte Ort, an dem man sich aufhalten möchte!

Und trotzdem kam die Gemeinde. An manchen Tagen war es so heiß auf dem Dach der Snack-Bar, dass meine Füße an der geschmolzenen Teerpappe richtiggehend festklebten.

In den Herbstmonaten wird dieser Teil der Welt von den Santa-Ana-Winden geplagt, die oft mit Geschwindigkeiten von 80, ja manchmal bis zu 120 Stundenkilometern blasen. Sie kommen von Nordosten durch den Santa Ana Canyon. Wenn einer dieser Santa-Ana-Winde auftritt, möchte man überall sein, aber nicht draußen im Freien auf einem Dach!

Und trotzdem war ich an so manchem Santa-Ana-windigen Sonntag dort, ganz oben auf dem Dach der Snack-Bar. Alles, was ich tun konnte, wenn diese Winde kamen, war, mich festzuhalten und zu versuchen zu verhindern, dass der Wind in meine Robe fuhr und mich in die Lüfte entführte.

Arvellas geringste Schwierigkeit bestand an diesen windigen Tagen darin, sich mit ihrer Musik gegen den Sturm durchzusetzen. Eines Sonntags blies es so heftig, dass unser Anhänger rückwärts umgeworfen wurde. Arvella klammerte sich an die festgezurrte Orgel und sie und das gute Stück landeten unbeschadet. Aber an solchen stürmischen Tagen war ich oft versucht, mich zu fragen, ob Gott hier wirklich eine Kirche haben wollte!

Der Herbst war auch die Zeit der Feuer in den trockenen Canyons, sodass wir manchmal auch mit Rauch zu kämpfen hatten.

Als Menschen aus dem Mittelwesten freuten wir uns, zu erfahren, dass es in den Wintermonaten in den hohen Santa-Ana-Bergen im Osten auch schneien konnte. Eines Sonntags wurden Arvella und ich sogar von Schnee im Autokino überrascht. Die dünne, weiße Decke sah hübsch aus, aber Arvellas Finger waren so kalt und die Tasten so schlüpfrig, dass sie kaum weiterspielen konnte. Als ich mit meiner Predigt zu Ende kam, war ich völlig durchgefroren, und an diesem Abend waren wir beide krank.

Der Winter in unserer Küstenregion bringt auch Regen – oftmals in schweren Güssen. Häufig mussten wir uns mit Schirmen schützen – die Kanzel, meine Bibel, meine Notizen und Arvellas Noten und die Tastatur der Orgel. Ich hatte einen großen Sonnenschirm in einem Ständer direkt neben mir. Wenn Wind und Regen gleichzeitig auftraten, muss mein Auftritt wie eine Zirkusnummer ausgesehen haben, denn ich versuchte gleichzeitig, gegen die peitschenden Regentropfen zu kämpfen und das festzuhalten, was immer gerade davonfliegen wollte.

An einem besonders regnerischen und unfreundlichen Sonntag hätte ich fast den Gottesdienst abgesagt. Aber als ich gerade so weit war, die Autos nach Hause zu schicken – es waren fast 200 an diesem Tag –, fühlte ich einen Gedanken in mir aufsteigen: »Schuller«, hörte ich Gottes Ermahnung, »du bist nicht der Geschäftsführer, nur der Verkäufer. Die Geschäftsleitung ist meine Angelegenheit! Also geh nach draußen, wie man es von dir erwartet, und verkaufe unsere Ware!«

In diesem Sinn arbeiteten wir weiter, Sonntag für Sonntag, und nach sechs Monaten hatten wir genügend Mitglieder, um uns als offizielle Kirche eintragen lassen zu können.

Am 27. September präsentierten wir unsere offizielle Gründungsurkunde des Staates Kalifornien. Sie war auf den Namen *Garden Grove Community Church* ausgestellt, den Namen, den ich von Anfang an benutzt hatte, als ich unser erstes Bankkonto eröffnete. Ich hatte diesen Namen gewählt, weil ich dachte, dass der Name *First Reformed Church of Garden Grove* auf die Menschen, die keiner Kirche angehörten, nicht gerade einladend wirken würde, und diese wollten wir ja schließlich erreichen. Jetzt war der Name amtlich.

An diesem Tag zählten wir 150 Gründungsmitglieder, von denen nur sechs der Reformierten Kirche angehörten. Die meisten hatten gar keine Verbindungen zu irgendeiner Kirche gehabt. Wir waren auf dem Weg, zu einer missionarischen Kirche zu werden.

Aber wie ich so oft gesagt habe, jeder Traum, der in Erfüllung geht, bringt eine neue Herausforderung mit sich.

Unser kleines Heim war zur Zentrale für alles und jedes geworden – Büroangelegenheiten, Bibelkurse, Versammlungen, Beratungsgespräche, Chorproben (jetzt mit unserem eigenen Chor) –, alles mit Ausnahme des sonntäglichen Gottesdienstes.

Das war für jedes Mitglied der Familie anstrengend, besonders aber für Arvella, die sich um die Kinder kümmern und das Haus sauber und immer für Besucher oder unvorhergesehene Veranstaltungen bereithalten musste.

Während meiner Beratungsgespräche mussten die anderen Familienmitglieder sich still verhalten und unsichtbar bleiben. Und oft mussten wir die Kinder früher als üblich ins Bett schicken, um diese oder jene Versammlung abhalten zu können.

Diese häusliche Spannung wuchs in dem gleichen Maß, in dem unsere Privatsphäre schwand. Von den Kindern wurde erwartet, dass sie sich wie Erwachsene verhielten und sich ganz nach der Gemeinde richteten. In den ersten Monaten waren wir das einzige Haus in der Siedlung, das einen Telefonanschluss hatte! Wir genossen diesen Vorzug, weil ich ein Geistlicher war, und von einem Geistlichen erwartet man ja, dass er jederzeit erreichbar ist. Als Folge davon wurde unser Haus zur Nachrichtenzentrale für die gesamte Nachbarschaft. Obendrein stand unsere Telefonnummer im Telefonbuch von Garden Grove und in unserem Sonntagsprogramm als die offizielle Telefonnummer der Kirche. So manche Nacht wurden wir von Fremden aufgeweckt, die einen über den Durst getrunken hatten (manche riefen jede Viertelstunde aufs Neue an!).

In dieser Zeit erlebten wir die erste Tragödie in unserer Gemeinde. Louise, eine junge Mutter, fing an, zu unseren Gottesdiensten zu erscheinen und auch an unserem Frauen-Bibelkreis teilzunehmen. Arvella hatte schon lange die Vermutung, dass diese junge Frau in ziemlichen Schwierigkeiten steckte, aber Louise wollte mit niemandem über ihre Probleme sprechen. Sie rief oft wegen irgendwelcher Kleinigkeiten an und Arvella spürte die Verzweiflung in ihrer Stimme.

Eines Abends während des Essens klingelte das Telefon. Es war Louise, und obwohl ihre Stimme kaum zu verstehen war, hörte Arvella doch eine Bitte heraus: »Kommt und holt meine Kinder!« Ich war auf einer Kirchenkonferenz außerhalb der Stadt, also packte Arvella Bobby und Sheila ins Auto und fuhr so schnell wie möglich zu Louises Haus. Die junge Frau lag auf ihrem Bett, schlaff und ohne Bewusstsein. Als Arvella eine leere Pillenflasche neben dem Bett entdeckte, zerrte sie Louise in den Wagen, stopfte ihre beiden kleinen Jungen zu unseren Kindern auf den Rücksitz und raste ins Krankenhaus.

Louise überlebte ihren Selbstmordversuch und kehrte mit ihren Kindern nach Hause zurück. Aber sie wollte immer noch nicht über das sprechen, was sie so sehr belastete. Zwei Wochen später bekam Arvella einen zweiten Anruf. Dieses Mal riefen wir die Polizei, die Louise ins Krankenhaus brachte. Sie überlebte noch einmal und kehrte zu ihrem alltäglichen Leben zurück, aber sie wollte sich immer noch nicht helfen lassen.

Eines Tages jedoch waren wir den ganzen Abend über nicht zu Hause. Das Telefon klingelte und klingelte, aber niemand nahm ab. Weil sie uns nicht erreichen konnte und weil sie sonst niemanden hatte, an den sie sich wenden konnte, starb Louise. Wir waren wie gelähmt. Wir hatten das Gefühl, versagt zu haben. Arvella nahm es besonders schwer. Ich versuchte, sie zu trösten: »Was hätten wir denn tun können?«

Louises Selbstmord war ein schmerzerfüllter Samen, aus dem ein großartiger Dienst erwuchs. Wir organisierten und trainierten Mitarbeiter für Amerikas ersten kirchlichen 24-Stunden-Notruf zur Verhinderung von Selbstmorden. Jetzt, da ich diese Worte niederschreibe, sind durch diesen Dienst allein in den letzten zwölf Monaten 427 Selbstmorde verhindert worden.

Aber solche Dramen und das damit verbundene geschäftige Treiben waren einfach zu viel für unser kleines Haus von 110 Quadratmetern. Es wurde Zeit, dass wir uns nach einem neuen Gebäude umsahen.

23

Zu Beginn unseres Dienstes hatte die Kirche 0,8 Hektar als möglichen Bauplatz für unser Kirchengebäude gekauft. Das Grundstück lag drei Meilen westlich von unserem Autokino an der Ecke Chapman Street und Sea Crest Avenue.

Aber wo sollte ich einen Architekten von Weltklasse finden? Und wie sollten wir so einen hochrangigen Fachmann bezahlen? Ich legte diese Fragen meinem kirchlichen Komitee vor, dem ich verantwortlich war.

»Einen Architekten?«, empörten sich dessen Mitglieder. »Das ist viel zu teuer. Wir haben noch nie Geld für so unsinnige Dinge wie teure Architektur ausgegeben und wir werden auch jetzt nicht damit anfangen! Wir haben einen Milchbauern in unserem Komitee, der auch Viehställe baut. Der kann Ihr Architekt sein – und zwar umsonst!«

Ich war angewidert. Alles, woran ich denken konnte, war der Ratschlag meines Architekten aus Chicago, Benjamin Franklin Olsen.

»Man darf sich bei der Gestaltung niemals auf einen Kompromiss im Detail einlassen«, hatte er mir geraten. »Die Kunst – nicht das Geld – muss das letzte Wort haben! Wenn Sie das Geld nicht haben, dann sind Sie noch nicht bereit. Schaffen Sie sich eine breitere finanzielle Basis. Sammeln Sie mehr Geld!«

Ich liebte die europäischen Kathedralen, von denen ich Abbildungen in Büchern gesehen hatte. Ich liebte auch die weniger eindrucksvollen, aber immer noch schönen Kirchengebäude unseres eigenen Landes, die von Hingabe und Liebe zu einer guten Gestaltung zeugten, die Gott die Ehre gab. Ich beschloss, dass ich irgendwie einen guten Architekten finden und ihn selbst bezahlen würde! Schließlich war ich hierher gekommen, um eine »großartige Kirche« zu bauen und keinen »besseren Viehstall«!

Ich teilte meine Gedanken Bernard Brunsting, einem der Pastoren des Komitees, mit, und er schlug mir vor, mich doch einmal mit einem seiner Bekannten zu unterhalten, der ein Mitglied des *American Institute of Architects* war.

Auf seine Empfehlung hin rief ich Richard Shelley in Long Beach an und sagte: »Sie kennen mich nicht. Mein Name ist Robert Schuller. Ich bin Pastor, 28 Jahre alt, und ich werde eine Kirche in Garden Grove bauen.

Ich habe kein Geld«, fuhr ich fort, »aber es ist mir sehr wichtig, dass das Gebäude von einem guten Architekten entworfen wird. Wenn Sie die Pläne zeichnen, dann verspreche ich Ihnen, dass ich Sie im Laufe meines Lebens bezahlen werde.«

Erstaunlicherweise nahm er die Herausforderung an und setzte einen Vertrag auf!

Sechs Monate später waren die Pläne für eine Kapelle für 250 Personen fertig. Das Gebäude, das wir uns vorstellten, würde auf drei Seiten von schönen Buntglasfenstern umgeben sein, mit einem großen Kreuz als Mittelpunkt im Altarraum. Ein separater Flügel würde die Sonntagsschule aufnehmen, um den Bedürfnissen der Kinder gerecht zu werden, die bisher an Tischen auf dem Parkplatz des Autokinos unterrichtet worden waren.

Als Richard Shelley uns seine Rechnung schickte, reagierte meine wachsende Gemeinde großzügig und bezahlte sie vollständig. Und dann bewilligte meine Bank (die 45 Jahre später immer noch unsere Bank sein sollte) einen Kredit für das Baugeld.

Also begann das Gebäude zu wachsen, und während die Arbeiten vorangingen, wuchs auch unsere Gemeinde weiter. In der *Ivanhoe Reformed Church* hatte ich gelernt, dass die Menschen auf persönliche Ansprache reagieren. Als wir in der Nachbarschaft in Garden Grove hausieren gingen, an den Türen klingelten und die Menschen unserer Stadt kennen lernten, begann meine zukünftige Gemeinde, hinter ihren zugezogenen Vorhängen und verschlossenen Türen hervorzukommen.

In meinem ersten Jahr in Kalifornien habe ich persönlich an mehr als 3 500 Türen geklingelt! Ich ging nicht nur in Garden Grove von Tür zu Tür, sondern auch in den angrenzenden Gemeinden Orange, Anaheim und Santa Ana. Wenn ich jemanden zum ersten Mal traf, fragte ich immer: »Sind Sie aktives Mitglied in einer hiesigen Gemeinde?« Wenn die Antwort »Ja« lautete, ermutigte ich ihn, dabeizubleiben, bedankte mich und ging. Ich wollte niemanden von einer anderen Kirche abwerben. »Bekehrungen« dieser Art verstießen gegen mein ethisches Empfinden als Mitglied des Pastorenverbandes. Mein Ziel war es, Menschen zu erreichen, die noch keine Beziehung zu irgendeiner Kirche oder Gemeinde hatten.

Wenn die Antwort auf meine Frage »Nein« lautete, hakte ich nach: »Was würden Sie von der Kirche erwarten, der Sie gerne beitreten würden?«

Je nachdem, was die Person antwortete, stellte ich dann meistens noch zwei weitere Fragen, um mein Verständnis für die Bedürfnisse der Menschen zu vertiefen: »Was würden Sie an einer Kirche attraktiv finden?« und »Was würden Ihr Ehepartner, Ihre Kinder und andere Mitglieder Ihrer Familie in einer Kirche wohl gerne vorfinden?«

Ich hatte einen gelben Notizblock bei mir, auf dem ich jede Antwort notierte. Diese Informationen waren mir eine große Hilfe bei der Entwicklung von Programmen für unsere neue und wachsende Gemeinde.

Viele Menschen stellten auch mir Fragen: »Bieten Sie Veranstaltungen für Alleinstehende?«, »Haben Sie etwas für Highschool-Schüler?«, »Wie sieht Ihr Musikprogramm aus? Haben Sie einen Glocken-Chor?« oder: »Wie ist es mit den älteren Mitbürgern? Haben Sie für diese Programme?«

Wenn ich nicht mit »Ja« antworten konnte, war meine Antwort häufig: »Nein, aber eines Tages wird es so weit sein.«

Einige Hausbesitzer waren weniger höflich als andere und wiesen mich nach der ersten Frage ab. In vielen Häusern schlug man mir die Tür vor der Nase zu; Hunde jagten mich die Straße hinunter; Menschen beschimpften mich, weil ich so »dumm« war an Gott zu glauben. Dieser wusste schon, wie er dafür sorgen konnte, dass ich demütig blieb!

Aber jeden Sonntagmorgen, wenn ich auf dem Dach der Snack-Bar stand, sah ich mehr Autos kommen, die ich noch nicht kannte. Ich war wohl einer der äußerst seltenen Prediger, die die Mitglieder ihrer Gemeinde nicht an den Gesichtern erkennen, sondern an der Marke und am Modell ihres Wagens. Da war der blaue Chevrolet, der braune Ford, ein roter Chrysler – der war neu hier! – und, immer in der letzten Reihe, der alte, grüne Buick. Dieses Auto, das vom allerersten Sonntag an gekommen war, war mir ein Rätsel. Denn jede Woche, ohne Ausnahme, fuhr es genau während meines Segens leise davon. Wenn ich dann am Ausgang stand, um die abfahrenden Wagen zu verabschieden, war der grüne Buick schon weg. Ich fragte mich, ob es da ein dunkles Geheimnis gab – vielleicht eine verborgene Sünde –, das seine Insassen davon abhielt, sich von mir zu verabschieden, und das nach all den Sonntagen, über Monate hinweg.

Ich verabschiedete die Mitglieder meiner Gemeinde nicht nur, wenn sie das Kino verließen, ich besuchte sie auch zu Hause, manche auch im Krankenhaus, wenn es nötig war; ich hielt Hochzeiten und Beerdigungen ab. Aber es gab nie eine Begegnung mit den Insassen des grünen Buick. Sonntag für Sonntag sah ich sie frühzeitig davonfahren, und die Sache begann, mich zu verfolgen. Wer waren sie? Wo wohnten sie? Was ging in ihrem Leben vor sich?

Ein paar Tage später kam ich nach einem langen Tag voller Haus-zu-Haus-Besuche müde nach Hause. Ich war erschöpft, aber gerade, als ich meinen Mantel auszog, klingelte das Telefon.

Bobby, der gerade laufen gelernt hatte, klammerte sich an mein Bein und bettelte darum, auf den Arm genommen zu werden. Ich nahm ihn auf den einen Arm und griff mit der freien Hand nach dem Telefon.

Ich bemühte mich, meiner Stimme die Erschöpfung anmerken zu lassen, als ich »Hallo?« sagte, in der Hoffnung, der Anrufer (und potenzielle Bittsteller) würde es sich noch einmal überlegen, bevor er mich fragte, was auch immer er mich fragen wollte.

»Hallo, Reverend Schuller?«

Also wieder im Dienst. Ich seufzte tief und antwortete so herzlich ich konnte: »Ja?«

»Reverend Schuller, Sie kennen mich nicht. Mein Name ist Warren Gray. Meine Frau und ich besuchen Ihre Kirche seit Ihrem ersten Sonntag im ›Drive in‹.«

Ich fragte mich, ob das möglich war. Schließlich verabschiedete ich jede Woche jeden Besucher. Wie sollte ich jemanden nicht kennen, der seit dem ersten Sonntag dabei war – es sei denn ...

»Wir haben einen grünen Buick und parken immer ganz hinten, sodass Sie uns vielleicht noch nicht bemerkt haben«, erklärte der Mann.

Der grüne Buick! *Jetzt* hatte er meine Aufmerksamkeit. Aber Bobby zerrte an der Telefonschnur, was mir das Zuhören erschwerte.

»Einen Augenblick bitte, Mr. Gray.« Ich legte den Telefonhörer ab und brachte Bobby zu Arvella in die Küche. Dann rannte ich beinahe zurück zum Telefon, zu dem geheimnisvollen Mann, der auf mich wartete.

»Jetzt, Mr. Gray. Tatsächlich *habe* ich Sie bemerkt. Und ich bedaure, dass wir uns noch nicht kennen gelernt haben. Warum fahren Sie jede Woche so früh ab?«

»Ich werde Ihnen das noch erklären. Aber Rosie, meine Frau, und ich wüssten gerne, ob Sie uns besuchen könnten.«

Ich war sowohl neugierig als auch außer mir vor Freude. Ich ließ mir erklären, wo sie wohnten, und verabschiedete mich herzlich.

Am nächsten Morgen fuhr ich voller Erwartung die 21 Meilen zu ihrem Haus.

Warren erwartete mich bereits auf der Veranda. »Danke, dass Sie gekommen sind, Reverend Schuller.« Er machte einen etwas nervösen Eindruck, war aber offensichtlich froh, mich zu sehen. Kurz und knapp erzählte er mir ihre Geschichte.

»Vor einigen Jahren hatte Rosie einen Schlaganfall. Seitdem kann sie weder gehen noch sprechen. Wir haben aufgehört, in die Kirche zu gehen, weil sie sich in ihrem Rollstuhl nicht wohl fühlt. Ihre ›Drive in‹-Kirche war wie ein Geschenk des Himmels für uns. Wir sind seit dem ersten Sonntag jedes Mal da gewesen. Wir haben nicht einmal gefehlt. Wir müssen nur immer etwas früher aufbrechen, um Rosie nicht zu sehr zu ermüden.«

Ich folgte ihm ins Haus.

»Reverend Schuller, das ist Rosie«, stellte er mir seine Frau vor. Sie saß in einem Lehnstuhl, ihr Kopf lag schlaff auf der Seite und ließ keine Reaktion auf mein »Hallo« erkennen. Ihr graues Haar war sorgfältig frisiert. Jemand – offensichtlich Warren – kümmerte sich liebevoll um sie. Warren beugte sich zu ihr herunter und küsste sie zärtlich auf die Wange.

Ich sagte: »Hallo, Rosie. Ich bin Reverend Schuller. Warren sagte mir, dass Sie gern unserer Kirche beitreten möchten.«

Ihre Lippen bewegten sich leicht, sie hob ihren Blick, der meinem begegnete, und Tränen liefen ihre Wangen hinunter. Ihre Versuche zu sprechen kamen über ein undeutliches Nuscheln nicht hinaus. Aber die Liebe Gottes, die in ihrem Gesicht aufleuchtete, machte deutlich, was sie sich wünschte.

Zwei Wochen später taufte ich Warren und Rosie Gray in ihrem grünen Buick, und sie wurden mit den Mitgliedsnummern 201 und 202 in die *Garden Grove Community Church* aufgenommen.

Kurz darauf war unser erstes richtiges Kirchengebäude mit Büros und Andachtsraum fertig zur Einweihung. Lebe wohl, Autokino!

Wir hielten bei uns zu Hause eine Vorstandssitzung ab, um unseren ersten Gottesdienst in einem Gebäude zu planen. Wir redeten uns die Köpfe heiß und hatten lauter aufregende Ideen und Hoffnungen, bis einer der Ältesten, ein freundlicher und empfindsamer Mann, die Frage stellte, die mir – das muss ich zu meiner Schande gestehen – noch gar nicht eingefallen war:

»Was wollen wir eigentlich mit Rosie Gray machen?«

Jeden Sonntag trug Warren Rosie vom Haus zu ihrem Buick und setzte sie im Vordersitz sorgfältig zurecht, sodass sie es bequem hatte und den Gottesdienst gut verfolgen konnte.

Das hier war eine überraschende Frage: zum einen, weil noch niemand vorher daran gedacht hatte, und zum anderen wegen ihrer gewaltigen Konsequenzen.

Im Augenblick schien die Antwort klar: Solange Rosie Gray am Leben war, was, wie wir dachten, nicht mehr als ein paar Monate sein würden, würden wir zwei Sonntagsgottesdienste abhalten. Der erste würde um halb zehn in unserer neuen Kirche stattfinden. Dann würden wir für einen zweiten Gottesdienst um elf alles – mich, Arvella und die Orgel und den Chor – ins *Drive in* transportieren. Es ließ sich nicht umgehen, so mussten wir es machen.

Also weihten wir am 23. September 1956, gerade einmal 18 Monate nach unserem ersten Gottesdienst im Autokino von Orange, unsere Buntglas-Kirche von Richard Shelley ein.

Dann, wie auch an jedem der darauf folgenden Sonntage, sprangen wir nach dem Gottesdienst in der Kirche in die Autos und fuhren die drei Meilen zum Autokino, um mit Rosie Gray und anderen Besuchern einen zweiten Gottesdienst zu feiern.

Nicht nur die Gemeinde im Kirchengebäude wuchs weiter an, das Gleiche geschah auch mit der Gemeinde im Autokino!

Inzwischen wuchs auch unsere Familie. Am 2. April 1957 beschenkte Arvella mich mit einem kleinen brünetten Mädchen, das wir Jeanne Anne tauften. Baby Jeanne (mit einer leichten Änderung so benannt nach meiner Mutter Jennie) war eine entzückende, fröhliche kleine Persönlichkeit. Sie sah ihrem dunkelhaarigen Bruder sehr ähnlich. Sheila dagegen hatte jetzt wallende, lange blonde Locken. An den Sonntagen kümmerten sich Mitglieder der Gemeinde um die drei, in die alle ganz vernarrt waren. Sheila wiederum war ganz vernarrt in Jeanne. Sie bearbeitete den armen kleinen Kopf des Kindes mit stacheligen Bürsten, um ihre Haare zum Wachsen zu bringen, damit die Bänder endlich Halt fänden, die sie hineinzuflechten versuchte. Unser kleines Haus wurde jetzt, da wir uns zu fünft darin drängten, noch enger.

Wenn ich den Kindern Gutenachtgeschichten vorlas, hatte ich stets einen vollen Schoß. Bobby wollte immer wieder die Geschichte von »Jack und den Zauberbohnen« hören, »mit diesen drei magischen Bohnen«, wie er sagte, diesen Bohnen, aus denen ein Stamm entstand, der so schnell wuchs, dass er eine Leiter hinauf in die Wolken bildete – »sogar bis in den Himmel!«, wie Sheila hinzufügte.

Eines Abends, als ich diese Lieblingsgeschichte vorlas, fiel mir auf, dass unser Dienst genauso schnell wuchs wie Jacks Bohnenstange! Nur zwei Jahre, nachdem wir nach Garden Grove gekommen waren, hatte ich schon zwei Kirchen, die gleichzeitig heranwuchsen. Jede von ihnen expandierte und ich konnte keine von ihnen allein lassen.

Ich brauchte das Kirchengebäude und die damit verbundenen Einrichtungen, und trotzdem, das wurde immer offensichtlicher, erfüllte das *Drive in* ein echtes menschliches Bedürfnis. Es gab viele Menschen, die wie Rosie wegen einer Behinderung nicht in ein Kirchengebäude hineinkamen. Und es gab andere, die den Kontakt mit so vielen anderen Menschen scheuten; sie fühlten sich wohler, wenn sie in ihrem Wagen bleiben konnten. Aber alle nahmen mich beim Wort, wenn ich einlud: »Come as you are, in the family car!«

Obwohl wir jetzt eine solide Basis von Gemeindemitgliedern hatten, machte ich weiter meine Runde und hausierte an den Wohnungstüren der Nachbarschaft, die wir noch nicht erreicht hatten. Ich wusste nie, was mich hinter der nächsten Tür erwarten würde.

Eines Tages begrüßte mich eine junge Ehefrau und Mutter. Als ich fragte: »Sind Sie aktives Mitglied einer hiesigen Kirche?«, lautete ihre Antwort: »Nein, mein Vater ist Jude und meine Mutter ist katholisch. Sie meinten, ich solle mir meine Religion selbst aussuchen.«

Ich dachte, ich könnte ihre jüdische Seite ansprechen, und sagte: »Nun, wie Sie wissen, gibt es im Alten Testament ...«

»Was ist das?«, fragte sie.

Es stellte sich heraus, dass sie zwar ein Abschlussdiplom der *Stanford University* besaß, aber nichts davon wusste, dass die Bibel aus zwei Büchern, dem Alten und dem Neuen Testament, besteht. Geduldig versuchte ich, ihr das zu erklären.

Sie unterbrach mich wieder. »Ihre Religion hat zwei Bibeln?«

»Nein. Vergessen Sie, was ich gerade gesagt habe«, sagte ich. »Kommen Sie einfach zur Kirche, und wenn es Ihnen gefällt und wenn es Ihnen hilft, dann kommen Sie wieder.«

Eine Woche später sah ich sie in unserem Kirchen-Gottesdienst!

Ich wusste, dass Gott mir eine klare Botschaft sendete: *Diese Orange-County-Leute, die noch keiner Kirche angehören, kennen die Bibel nicht; daher werden sie von einem Haufen biblischer Zitate nicht besonders beeindruckt sein.* Ich würde lernen müssen, meine Botschaft mit einfacheren Worten auszudrücken.

Aber konnte ich das? *Sollte* ich das? War es wirklich in Ordnung, so zu handeln? Ich hatte mich schon ein bisschen verändert, als ich noch in Ivanhoe war. Aber wann wird eine »Veränderung« zu einem »Kompromiss«? Ich war immer bereit, bis an die Grenze zu gehen, aber ich war nicht bereit, bei meinem Glauben Abstriche zu machen. Ich steckte in einem inneren Konflikt zwischen meinem Wunsch nach theologischem Gehalt und meinem Wunsch, mit diesen Menschen in Verbindung zu treten. Normale Durchschnittsmenschen, die wirklich auf die Segnungen des Glaubens angewiesen waren, kamen nicht in meine Kirche, um einen Seminarkurs zu besuchen. Sie wollten Erlösung von ihrem Leiden, sie brauchten etwas, das ihnen half, die nächste Woche zu überstehen.

Ich stand vor der Wahl: Ich konnte meine Kollegen und mich selbst mit erstaunlichen theologischen Deduktionen in Erstaunen versetzen, oder ich konnte den Menschen um mich herum so viel Liebe entgegenbringen, dass ich bereit war, ihnen eine einfache und positive Botschaft anzubieten, die sie in die Lage versetzte, den Glauben zu ergreifen, den sie so verzweifelt nötig hatten. Das wäre dann die wirkliche Umsetzung meiner Einladung: »Komm, wie du bist.«

Inzwischen hatte Norman Vincent Peales Buch »Die Kraft des positiven Denkens«, das ich damals in Ivanhoe gelesen und von dem ich profitiert hatte, das Land im Sturm genommen. Diese praktische Anwendung traditioneller christlicher Theologie, die für den Durchschnittsbürger verständlich gemacht worden war, fand sich plötzlich auf Couchtischen in ganz Garden Grove – sogar in den Wohnungen der Menschen ohne Glauben, die ich besuchte. Jedermann schien es gelesen zu haben und jedermann schien es nützlich und anregend zu finden.

Als ich Peales Buch in Ivanhoe gelesen hatte, hatte es durch sein Überschreiten der Grenzen zwischen Geistlichem und Weltlichem meinen Predigtstil revolutioniert. Jetzt, da ich das Buch in so vielen Häusern in der Nachbarschaft sah, hatte ich eine Idee: Wenn Norman Vincent Peale auf die Menschen, die die Zielgruppe meiner Mission waren, einen derartig positiven Eindruck machte, dann würde er persönlich einen sensationellen Gastprediger abgeben! Welchen besseren Weg gäbe es, die Menschen, die keine Beziehung zur Kirche hatten, für unsere Gemeinschaft zu interessieren?

Und so schrieb ich, dieser Eingebung folgend, einen Brief an Dr. Peale. Ich beschrieb ihm mit glühender Begeisterung die Vorzüge unserer Freiluft-Kirche. Ich wies darauf hin, dass jedermann einen bequemen Sitzplatz an einem offenen Fenster hatte sowie seinen eigenen Lautsprecher! Ich erwähnte, wie einfach wir über den Highway 5 zu erreichen seien, und bemerkte, dass wir für fast 2000 Autos Parkplätze hatten. Ich beschrieb, dass man von unserer Kirche aus die Berge sehen konnte und wie der betörende Duft der Orangenblüten unsere Andacht erfüllte. Tatsächlich schrieb ich, dass wir die größte und schönste Kirche in ganz Kalifornien seien!

Ich lud ihn ein, an einem Sonntagmorgen im Juni 1957 für uns zu predigen. Glaubte ich, dass er annehmen würde? Absolut! Und nahm er an? Selbstverständlich. Und das, obwohl ich kein Geld hatte, um ihn zu bezahlen oder auch nur für seine Unkosten aufzukommen.

Auf dem Weg nach Kalifornien hatte ich das Spiel des Möglichkeitsdenkens gespielt, um einen Veranstaltungsort für meine Gottesdienste zu finden. Ich hatte mein gesamtes Leben und meinen Glauben auf die Grundlage gestellt, dass »mit Gott alle Dinge möglich sind« (Matthäus 19,26). Jetzt gab es kein Zurück mehr.

Ich schickte Dr. Peale ein Bestätigungsschreiben, in dem ich mich etwas genauer ausdrückte. »Nur damit Sie es wissen«, schrieb ich, »unsere Kirche ist ein Autokino.« Das störte Dr. Peale überhaupt nicht. Getreu dem Geist seiner Bücher, sagte er, dass er sich durch unsere positiv denkende Herangehensweise geehrt fühle und am 30. Juni 1957 da sein werde.

Wir schrieben Postkarten und Briefe an Mitglieder und Freunde und luden sie ein, zu kommen und unseren besonderen Gast zu hören. Wir machten Telefonanrufe und Ankündigungen bei unseren Gottesdiensten, Sonntagsschulveranstaltungen und Gruppentreffen. Ich schaltete natürlich Anzeigen in den Zeitungen von Orange County und Los Angeles, und ich gebrauchte dieselben Worte, die ich zuerst an Dr. Peale geschrieben hatte: »Jedermann wird einen bequemen Platz an einem offenen Fenster bekommen sowie seinen eigenen Lautsprecher!«

Am Morgen des 30. Juni scheint die Sonne golden auf die Orangenhaine, die Luft ist süß und frisch, und den ganzen Highway 5 entlang stauen sich die Autos in einem der größten Verkehrsstaus, den die Gegend je gesehen hat. Und alle wollen zum Autokino von Orange!

Der Parkplatz ist schon eine halbe Stunde vor Beginn des Gottesdienstes voll. Jetzt fangen Autos an, sich in Lücken zu quetschen, die nicht dazu gedacht sind, Autos aufzunehmen. *Wie können die den Gottesdienst ohne Lautsprecher hören?,* frage ich mich. Ich traue meinen Augen kaum! Ein Ältester berichtet mir, dass wir die Parkkapazität überschritten haben. Wir haben das gesetzliche Limit von 1 500 Autos vor 20 Minuten hinter uns gelassen und es kommen immer noch mehr. Der Älteste fragt, ob er die Tore schließen soll. Ich sage ihm: »Nein!«

Ich gehe zur Lautsprecheranlage, um die Leute, die noch Platz in ihrem Wagen haben, zu bitten, ihre Scheinwerfer anzumachen. Ich denke, auf diese Weise werden wir mehr Leute unterbringen. Und natürlich sind die Leute so begeistert von der Entwicklung und der enormen Energie, dass in diesem Moment viele von ihnen voller Freude völlig Fremde in der Privatsphäre ihrer Autos willkommen heißen.

Es ist jetzt elf Uhr und Zeit anzufangen. Der Älteste berichtet mir noch einmal: Die Autos kehren jetzt wieder um, weil sie keinen Platz mehr finden können. Bei 2000 Autos mit durchschnittlich zwei Insassen haben wir ein Publikum von schätzungsweise 4000 Menschen!

4000 Menschen?!

Ich kann es kaum glauben. Ich begebe mich auf das Dach der Snack-Bar, um es selbst zu sehen und die Veranstaltung zu eröffnen. Arvella, die schon beim Vorspiel ist, schaut mich staunend an. Keiner von uns beiden kann glauben, dass das hier wirklich passiert.

Dr. Peale, der neben mir auf dem Dach steht, lacht, als er mich auf die wöchentliche Vorankündigung auf der Tafel des *Drive in* aufmerksam macht. In riesigen Lettern wirbt die Tafel sowohl für den neuen Kassenschlager mit Audie Murphie als auch für den Auftritt von Dr. Peale. Jeder Reisende auf dem Interstate-Freeway kann es lesen:

»Zur Hölle und zurück«
Mit Audie Murphie
und
Norman Vincent Peale
persönlich!

Jetzt muss auch ich über dieses Missgeschick lachen. Sind all diese Leute wirklich daran interessiert, mit Audie Murphy und Dr. Peale einen Trip zur Hölle und zurück zu unternehmen? Dann haben wir einen Haufen prächtiger Kandidaten für eine Bekehrung!

Jetzt wird es Zeit, unseren Gast vorzustellen. Während ich zum Podium gehe, betrachte ich den kleinen grauhaarigen Meister des positiven Denkens aus den Augenwinkeln. Noch bevor ich weiß, was ich sagen werde, höre ich, wie folgende Worte aus meinem Mund kommen:

»Wir haben heute den größten positiven Denker der Welt bei uns zu Gast. Millionen von Menschen auf der ganzen Welt haben seine Worte gehört und gelesen. Er hat unzählige Leben verändert. Der größte positive Denker, der je gelebt hat, ist heute mitten unter uns! Persönlich! Sein Name ist ... Jesus Christus! Und, um uns alles über ihn zu erzählen, ist hier Dr. Norman Vincent Peale.«

Ich kann sehen, dass Dr. Peale überrascht ist. Er erhebt sich von seinem Stuhl und begibt sich zum Mikrofon. Als er an mir vorbeikommt, beugt er sich zu mir herunter und flüstert: »Beten Sie für mich!«

Jetzt ist es an mir, überrascht zu sein. Es wäre mir nie in den Sinn gekommen, dass so ein großartiger Mann, ein Mann von solch zuversichtlicher Haltung und Gebaren, sich jemals so unsicher fühlen könnte, dass er einen Unzulänglichen wie mich um sein Gebet bitten würde. Und trotzdem hatte Dr. Peale gerade genau das getan. Mit diesem Wissen überkommt mich die Erkenntnis, dass ich nicht der Einzige bin, der manchmal das Gefühl hat, dass er das nicht schafft, was gerade von ihm erwartet wird. Wir alle brauchen Unterstützung und Ermutigung – sogar Dr. Peale.

Er steht jetzt vor der Menge. All die Menschen, die ich gerne erreichen möchte, sind bereit zuzuhören. Dies ist meine Mission. Hier, direkt vor mir, liegt mein »Irgendwo« – die Schwelle meines »Morgen«. Ich sehe es klar und deutlich – und mir gefällt, was ich sehe.

Dr. Peales Stimme klingt so laut und kraftvoll, dass ich mir vorstellen kann, dass sie wahrscheinlich auch ohne Verstärker in jeder Ecke des Autokinos zu hören wäre. Und ich stelle fest, dass seine dramatische Intensität, die mich einst so abgestoßen hatte, auch die entferntesten Autos erreicht! Er sieht auf der Bühne so winzig aus, dass ich jetzt gut verstehe, warum er seine Arme nach oben schleudert und seine Gesten so maßlos übertreibt.

Synchron zur Bewegung seiner Arme dröhnt Peale: »Wenn Jesus Christus hier wäre, würde er Ihnen sagen, was für ein verlorener Sünder Sie sind?«

Ich nicke. Ja.

Er fährt fort: »Würde er Ihnen erzählen, wie schlecht Sie sind, wie sehr Sie versagt haben?«

Wieder nicke ich zustimmend.

Dann schockiert er mich, indem er ausruft: »Wohl kaum! Tief in Ihrem Herzen wissen Sie das längst. Sie wissen genau, wo Ihre schwersten Sünden liegen!«

Dann blickt er in die riesige Menge und macht eine höchst dramatische Pause. »Jesus Christus hat niemals *irgendjemanden* einen Sünder genannt.«

Dr. Peales Worte hallen über den Parkplatz und sie hallen den ganzen Rest seiner Predigt hindurch in meinem Geist nach. Weil ich sicher bin, dass er Unrecht hat.

Später an diesem Tag, als die Hektik des Morgens und die Euphorie des Erfolgs verflogen waren, holte ich mein Anstreich-Exemplar der Bibel hervor. Ich las und suchte, ich suchte und las. Und was fand ich heraus?

Ich fand heraus, dass Dr. Peale Recht hatte! Was ich nicht finden konnte, war auch nur eine Stelle, an der Jesus jemanden einen Sünder genannt hätte!

An diesem Tag begann mein Predigtstil, sich zu verändern. Obwohl ich schon in Ivanhoe gedacht hatte, ich sei zum »positiven Predigen« übergegangen, wurde mir jetzt klar, dass meine grundlegende Botschaft sich nicht geändert hatte. Ich hatte zwar Geschichten erzählt, aber ich hatte diese Herangehensweise mit einem anprangernden Predigtstil verknüpft, der sein Hauptgewicht immer noch auf die sündige Natur des Einzelnen legte. Ich predigte eher wie Paulus als wie Christus.

Nie wieder!

Als ich die Worte Christi erneut las, entdeckte ich, dass er sich nicht auf die Schwächen der Menschen, sondern auf ihre Stärken konzentriert hatte; nicht auf ihre Mängel, sondern auf ihre Möglichkeiten; nicht auf ihr Versagen, sondern auf ihre Erfolge! Ich erinnerte mich auch daran, welchen Schaden ein Etikett der Seele zufügen kann. In meiner Kindheit hatten mich die anderen Kinder als »fett« bezeichnet. Als ob das alles gewesen wäre, was ich war. Konnte man mich wirklich auf diese eine Eigenschaft reduzieren? Oder anders gefragt: Kann man irgendjemanden auf das Etikett »Sünder« reduzieren?

Ich las wieder die Geschichte der Ehebrecherin. Jesus hatte ihren Anklägern gesagt: »Wer unter euch ohne Sünde ist, der werfe den ersten Stein auf sie.« Langsam waren die, die sie angeklagt hatten und bereit gewesen waren, sie zu Tode zu steinigen, davongeschlichen. »Weib, wo sind sie, deine Verkläger? Hat dich niemand verdammt?«, sagte er. »Herr, niemand«, antwortete sie. Da sagte er: »So verdamme ich dich auch nicht; gehe hin und sündige hinfort nicht mehr!« (Johannes 8,1-11). Jesus wendete sich gegen die Sünde als Handlung, nicht gegen den, dem sie als Etikett angeheftet wurde.

Ich las auch die vertraute Geschichte von Zachäus, die ich schon als kleines Kind kennen gelernt hatte (Lukas 19,1-10). Zachäus war ein Zöllner und übler Betrüger. Aber als Jesus nach Jericho kam, wo Zachäus lebte, saß dieser in einem Baum, um einen Blick auf ihn zu erhaschen. Jesus sagte: »Zachäus, komm schnell herunter! Denn ich muss heute in deinem Haus zu Gast sein.« Die Bibel berichtet nicht, was sonst noch gesprochen wurde, aber sie berichtet über das Ergebnis: Zachäus gab vierfach das zurück, was er von anderen ergaunert hatte, und schenkte die Hälfte seines Besitzes den Armen.

Jedes Wort, das Dr. Peale an diesem Morgen gesprochen hatte, war ein Wort der Ermutigung und der Hoffnung gewesen. Sein Ansatz war der gleiche wie der, von dem ich an jenem Nachmittag las, von Jesu Art und Weise, mit kirchenfernen Menschen zu reden.

Dr. Peale hatte gesagt: »Es steckt mehr in dir, als du bis jetzt entdeckt und gezeigt hast.« Er hatte verkündet: »Jeder Mensch kann alles sein, was er will, durch die Kraft, die Jesus Christus in sein Leben bringt!«

Wow! Das brachte eine Saite in mir zum Klingen. Es berührte die tiefsten Schichten meines Wesens. Tatsächlich hatte der Same dieses Glaubenssystems schon lange in mir geschlummert. Jetzt war er zum Leben erwacht! Er war von der Kraft des Heiligen Geistes gedüngt und begossen worden.

Ich gewann die Überzeugung, dass dies die Botschaft Jesu Christi für das 20. Jahrhundert war – und für jedes Jahrhundert. Sie konnte und würde die Männer und Frauen erreichen, die der Kirche fern standen, wie es kein Vorwurf jemals schaffen würde.

Dann erinnerte ich mich an jene junge, gebildete Mutter, die ich bei einem meiner Hausbesuche getroffen hatte – die Frau, die nicht gewusst hatte, was das Alte Testament war. Ich schloss daraus, dass ich die Wahrheiten aus der Bibel in einfachen Worten und einfachen Botschaften präsentieren musste, genauso, wie Jesus es getan hatte. Keine schwere Theologie. Keine Erniedrigung. Kein Gericht. Einfach inspirierende Gedanken, die die Menschen vom Zweifel zum Glauben führen konnten.

Genauso wie der Name unserer Kirche sorgfältig ausgewählt worden war, um so umfassend und einladend wie möglich zu sein, so würde auch mein Predigen dieselben Ziele verfolgen müssen. Ich erkannte, dass ich mehr wie ein Arzt in der Notaufnahme eines Krankenhauses war. Oder wie der gute Samariter, der sich um den Verwundeten im Straßengraben kümmerte. Meine Aufgabe bestand darin, mich der schlimmsten Schmerzen und Verletzungen anzunehmen, die die Menschen mit sich brachten. Der Arzt in der Notaufnahme belehrt die Verwundeten nicht oder schimpft sie aus. Er versucht einfach, die Blutung zu stoppen und die Wunden zu verbinden.

Sonntags in diesem Autokino hatte ich die Aufmerksamkeit der Menschen nur für ein paar Minuten, und ich musste sanft und fürsorglich sein und ihnen Hoffnung bringen.

Als ich über dieses neue Ziel nachdachte, war ich wieder voller Energie. Ich wusste, dass wir als Resultat dieses letzten »Peale-Sonntags« wieder wachsen würden, und ich wusste, dass ich, wie Peale, eine wichtige Botschaft hatte.

Und jetzt wusste ich auch besser, wie ich diese Botschaft an den Mann bringen konnte.

Aber was war mit Peales Körpersprache? Ich beschloss, dass auch sie ihren Zweck erfüllte. Ich erinnerte mich an die Anweisungen von Miss Aeilts in der Highschool: »Harold, denke daran: Wenn du auf der Bühne stehst, bist du nicht mehr der große, junge Mann, der jetzt vor mir steht. Die Entfernung lässt dich schrumpfen. Für die Person in der letzten Reihe deines Publikums bist du ein winziges Geschöpf. Wie kannst du diesen entfernten Beobachter davon überzeugen, dass deine Worte wichtig sind und dass es sich lohnt zuzuhören? *Wie?*

Durch Körpersprache! Wirf deine Arme hoch und strecke sie aus! Mach deine Schritte groß und dramatisch! Anstatt mit dem Kopf zu nicken, bück dich bis zum Boden! Du wirst dir vielleicht komisch vorkommen, aber jener weit entfernten Person werden deine Bewegungen das mitteilen, was auf diese Entfernung dein Gesicht nicht mehr vermitteln kann.«

Dies war ein Augenblick, der meinen Predigtstil entscheidend prägte. Ich tauschte die würdevolle und zurückhaltende Körpersprache Dr. Mulders gegen die dramatische von Dr. Peale ein. Ich hatte keine Vorstellung davon, wie sehr diese verbesserten Techniken das Wachstum unserer Kirche beschleunigen würden. Bald schon platzte unsere kleine Kirche mit ihren 250 Sitzplätzen aus allen Nähten. Und dann waren da noch mal über 200, die zum *Drive in* kamen. Wir hatten jetzt fast die gleichen Zahlen erreicht wie in Ivanhoe, nur in weniger als der Hälfte der Zeit! War es möglich, dass wir schon aus unserer Kirche herausgewachsen waren, die wir erst im letzten Jahr gebaut hatten?

Inzwischen lebte Rosie Gray weiter. Und wir fuhren weiter zwischen Kirche und *Drive in* hin und her. Ein Jahr war vergangen und es war jeden Sonntag dasselbe: ein Gottesdienst von halb zehn bis halb elf für über 200 Menschen in der Kirche; dann ein wildes Gehetze zum Auto und mit der Orgel hintendran zum Autokino, wo noch einmal 200 oder mehr Menschen auf den 11-Uhr-Gottesdienst warteten. Die Fahrt hatte begonnen, ihren Tribut zu fordern, von mir, vom Chor, von unseren Mitarbeitern.

Was sollte ich machen? Sollte ich mich aus dem Kirchengebäude zurückziehen und der *Drive in*-Prediger bleiben? Wohin würde das führen? Sollte ich mich aus dem Autokino zurückziehen und mit der Kirche weitermachen? Oder sollte ich unserer Kirche vorschlagen, dass ich mich insgesamt zurückziehen würde, damit sie dieses Problem objektiv lösen konnten? Eines war jedenfalls klar: Wir würden einen besseren Weg finden müssen, den Herausforderungen zu begegnen, die vor uns lagen.

Da traf mich die Botschaft, die Gott durch Rosie Gray in meinen sturen holländischen Schädel zu bringen versuchte wie ein Blitzschlag: »Schuller, warum baust du nicht eine Kirche für Fußgänger und für Autofahrer, für die, die gehen können, und für die, die es nicht können?«

Diese wagemutige Idee ergriff von mir Besitz. Ich begann, ein Kirchengebäude zu skizzieren, das einerseits Menschen in Kirchenbänken Raum bot, andererseits aber auch ein Gleitfenster in der Nähe der Kanzel haben würde, das es mir erlauben würde, die Menschen auf dem Parkplatz zu sehen und von ihnen gesehen zu werden. Ich wusste, dass es möglich war, aber wir würden mehr Land kaufen müssen – etwa vier Hektar stellte ich mir vor. Das bedeutete, dass wir die neue Kirche verkaufen und umziehen mussten, um die Auto- und die Fußgängergemeinde miteinander zu verbinden.

Ich hatte keine Ahnung, was uns bevorstand. Arvella und ich hatten die Bohnenstange von einer winzigen Bohne zu einem kräftigen Stamm heranwachsen sehen, der in den Himmel hinein reichte. Ich war die Bohnenstange voller Eifer und mit großen und glorreichen Hoffnungen hinaufgeklettert, aber ich wusste nicht, dass eine Zeit der Prüfungen auf meinen jungen Dienst zukam.

Ich würde bald feststellen müssen, dass sowohl der Predigerdienst als auch die Bohnenstange manchmal so weit vom Himmel wegführen können, wie man es sich nur vorstellen kann.

24

Arvella und ich brauchten dringend Urlaub und schließlich bekamen wir ihn. Wir beluden ein Wohnmobil, das uns ein großzügiges Mitglied unserer Gemeinde geliehen hatte, und starteten mit der siebenjährigen Sheila, dem vierjährigen Bobby und der einjährigen Jeanne Anne in Richtung *Yosemite National Park*. Ich hatte mit meinem kirchlichen Vorgesetzten Al Van Dyke abgesprochen, dass er sich um Notfälle kümmern und mich sonntags als Gastprediger vertreten sollte.

Wir waren noch niemals vorher »campen« gewesen und hatten auch noch nie zuvor *Yosemite* gesehen. Aber ich denke, dass Sheila und Bobby genauso aufgeregt darüber waren, die ungeteilte Aufmerksamkeit ihres Vaters zu genießen wie über irgendeine der Sehenswürdigkeiten, die wir zu sehen bekamen. Wir verließen Garden Grove singend und Geschichten erzählend, und so wie die Meilen Zentralkaliforniens vorüberzogen, so verblassten auch die Gedanken an unsere Kirche. Als wir in die Berge und zu den gigantischen *Redwoods*[12] kamen, sahen wir angesichts der Größe von Gottes wunderbarer Schöpfung unsere beruflichen Probleme in einem ganz anderen Licht. Nachdem wir uns einen Lagerplatz ausgesucht hatten, hielt ich mit Sheila und Bobby Ausschau nach Bären, während Arvella mit Klein-Jeanne zurückblieb und sich um das Essen kümmerte.

Die stille Größe der Wälder und Ströme war genau das, was ich jetzt brauchte. Ohne Telefon oder Radio, die unsere vertraulichen Gespräche hätten unterbrechen können, und ohne Agenda verbrachten Arvella und ich viele Stunden in ungestörter Unterhaltung und im Spiel mit den Kindern.

An einem milden Sommerabend kehrten wir aus unseren Ferien zurück. Ich war müde von der Fahrt, aber erfrischt und verjüngt. Die erste Nacht zu Hause schlief ich wenig, ich hatte den Kopf voller neuer Ideen. Ich konnte es kaum erwarten, wieder ins Büro zu kommen, und aufzuholen, was ich versäumt hatte.

Aber was mich erwartete, war ein Schock.

Während ich weg gewesen war, war ein junger Seminarist in unsere Gegend gekommen, der gerade seinen Abschluss gemacht hatte. Er ging von Tür zu Tür und verkaufte Bürsten. Eine der Türen, an denen er geklingelt hatte, war die eines der Ältesten meiner Gemeinde gewesen.

Der Älteste hatte den jungen Mann in ein Gespräch verwickelt. Als er von seinem Hintergrund erfuhr, fragte er ihn, warum jemand, der eine Ausbildung für den Kirchendienst hatte, Bürsten verkaufte, anstatt zu predigen und sich um eine Gemeinde zu kümmern.

Der junge Seminarist hatte erklärt, dass er bis jetzt noch keine Anstellung habe finden können und dass er schließlich irgendwie über die Runden kommen müsse. In dem Bestreben, mir zu helfen und mich von einem Teil der Arbeit zu entlasten, hatte der Älteste ihn vom Fleck weg engagiert.

Jetzt stand ich da, Auge in Auge mit meinem Co-Pastor, den ich noch nie zuvor getroffen hatte. Ich merkte sofort, dass er nichts über die Reformierte Kirche wusste, und um die Situation noch schlimmer zu machen, erklärte er mir, dass er ein »Fundamentalist« sei, wobei er sich einen Anschein von Autorität zu geben suchte. Er lag mit Sicherheit nicht auf meiner Wellenlänge! Trotzdem versuchte ich, ihm ein paar meiner neuen Ideen nahe zu bringen, denn ich war begierig, einige Änderungen vorzunehmen. Er reagierte nicht gerade begeistert, tatsächlich schien er sich eher gestört zu fühlen, ja er machte einen regelrecht ablehnenden Eindruck.

Im Verlauf des Vormittags fühlte ich, wie mein Blutdruck stieg und mein ganzer Körper sich immer mehr anspannte. »Mit Gott sind alle Dinge möglich«, murmelte ich vor mich hin, an diesem Bibelvers Halt suchend.

Würde ich es schaffen, diesen negativen »Fundamentalisten« in einen positiven Möglichkeitsdenker zu verwandeln? Als die Tage, Wochen und Monate dahingingen, zeigte sich, dass dies immer unwahrscheinlicher wurde. Wie sehr ich mich auch bemühte, es gab ständig Konflikte zwischen uns! Plötzlich kam es auch zu Brüchen in der Kirche. Geheime Treffen wurden abgehalten. Menschen, die meine Freunde und Förderer gewesen waren, fingen an, sich über mich zu beschweren, aber nicht *bei mir!* Ich hörte hinten herum, dass Soundso gesagt hatte: »Ich bekomme hier nicht, was ich brauche«, dann hörte ich, dass ein anderer Soundso sich verletzt fühlte und sich beschwerte: »Ich werde nicht beachtet!«

Einige Worte, die ich hören musste, waren bitter und sehr verletzend. Ein Mensch, den ich sehr schätzte, sagte: »Schullers Ideen sind zu hochtrabend!« Ich fühlte mich missverstanden und zunehmend allein.

Die ganze Zeit über sprach mein Kompagnon kaum ein Wort mit mir. Er war hauptsächlich damit beschäftigt, sich um die Abweichler zu kümmern. Eines Tages war er etwas gesprächiger als sonst, und er schlug vor, dass ich meinen Pastorendienst auf die *Drive in*-Kirche beschränken und ihm die Chapman-Avenue-Kapelle überlassen sollte. Als ich ihn daran erinnerte, dass ich beide gegründet hatte und nach reformierter Kirchentradition der Präsident der Gemeinde und der Vorsitzende des Kirchengemeinderats war, drohte er, mir beide Positionen streitig machen zu wollen. Jetzt wollte er beide Gemeinden übernehmen! Ich war entsetzt!

Ich verfiel in Depressionen und begann, nahezu jeden zu verdächtigen. Ich brauchte jetzt dringend einen Freund, also nahmen Arvella und ich die Kinder und fuhren ins 45 Meilen entfernte Pomona, um Ken und Bette Leestma zu besuchen. Hier, an diesem sicheren Ort, saß ich an Kens Küchentisch, den Kopf in die Hände gestützt.

Während der nächsten sechs Monate führte mein »Partner« immer wieder Klagen bei meiner Kirche an, indem er behauptete, ich predige nicht das Evangelium. Ich wurde unter »Anklage« gestellt und von meinen Kollegen überprüft. Etliche von ihnen – Gradus Vander Linden, der Generalsekretär der Südkalifornischen Kirchen, Raymond Beckering und Ken Leestma – verteidigten mich und stellten meine Ehre wieder her.

Ungefähr zu dieser Zeit erschien im *Life*-Magazin ein Artikel über die hohe Häufigkeit von psychischen und spirituellen Zusammenbrüchen unter protestantischen Geistlichen. Ich fragte mich schon, ob ich auch dazugehörte.

Während der gleichen schrecklichen Periode erlebte ich auch noch körperliche Beschwerden, die sich für mich zu einem echten Trauma entwickelten. Ein altes Nasenleiden – genau das Leiden, das mich mit meinem Apotheker in Ivanhoe in Kontakt gebracht hatte – entwickelte sich zu etwas, das die Ärzte »Rhinophyma« nannten. Es konnte während einer Hochzeit oder einer Beerdigung sein oder während eines normalen Sonntagsgottesdienstes – plötzlich fing meine Nase an zu bluten. Es war mir schrecklich peinlich, und es drohte, den letzten Rest meines Selbstvertrauens auszulöschen.

Ich ließ mich operieren, um das Problem zu lösen, aber der Eingriff hinterließ deutliche Narben. Eines Abends kurz nach der Operation saß ich vor meinem Badezimmerspiegel und geriet in einen übersteigerten Strudel negativen Denkens, der mit der Wirklichkeit nur noch wenig zu tun hatte. Ich stellte mir vor, dass die Menschen, die ich geliebt und denen ich gedient hatte, mich hassten. Ich war völlig davon *überzeugt*. Die Kollegen, deren Anerkennung meiner theologischen Fähigkeiten ich mir so sehr wünschte, waren dabei, meine prinzipielle Eignung für den Dienst in Frage zu stellen. Jetzt wäre ich sogar in den Augen meiner Frau und meiner Kinder hässlich, dessen war ich mir sicher.

Dann, plötzlich, wie ein himmlischer Schauer, kam mir ein Gedanke:

Schuller – verwandle deine Tränen in Edelsteine!

Ich hatte schon Alpträume. Ich wachte nachts in schweißgetränkten Laken auf. Ich hatte angefangen zu beten: »Gott, bitte nimm mich gnädig weg von hier. Ein tödlicher Herzanfall wäre genau das Richtige. *Bitte*. Amen.«

Ich weiß nicht, *wie* oft ich dieses Gebet sprach.

Dann kam die Nacht, in der ich mich entschloss, ein anderes Gebet zu versuchen. Ich schluchzte: »Jesus, wenn du wirklich lebst, dann heile mich, bevor es zu spät ist. Befreie mich von dieser Besessenheit. Erlöse mich von meinen negativen Gedanken. Amen.«

In diesem Moment geschah etwas Erstaunliches – etwas, das ich nie zuvor erlebt hatte und auch seitdem nicht mehr. Ich hatte wie aus dem Nichts heraus das deutliche körperliche Gefühl, als ob ein Finger durch meine Schädeldecke in mein Gehirn eindränge. Ich konnte fühlen, wie die Knochen und das Fleisch nachgaben, als der Finger sich immer tiefer eingrub. Er drang so tief ein, wie es ging. Dann zog er sich zurück. Er bewegte sich in die Richtung, aus der er gekommen war, und er nahm etwas mit sich. Dann war er verschwunden. Er war weg, ganz plötzlich, und mit ihm die Unsicherheit, die Angst, die Depression und die Finsternis!

Da erinnerte ich mich an die Predigt, die Raymond Lindquist an jenem Sonntag gehalten hatte, bevor mein erster Gottesdienst im *Drive in* stattfand: »Gottes Formel für dein Selbstvertrauen«. Der zugrunde liegende Text war folgender gewesen: »Ich bin guter Zuversicht, dass der in euch angefangen hat das gute Werk, der wird's auch vollenden« (Philipper 1,6), sein Fazit: »Vertraue auf die Gnade Gottes!«

Ich kletterte mitten in der Nacht aus dem Bett und begann, das zu verfassen, was ich »Das Glaubensbekenntnis des Möglichkeitsdenkers« nenne, seitdem das Mantra meines Lebens:

»Stehe ich auch vor einem Berg,
ICH WERDE NICHT AUFGEBEN!
Ich werde mich weiter bemühen, bis ich über ihn hinweggeklettert bin,
ich werde einen Weg um ihn herum finden,
ihn untertunneln,
oder ich werde einfach bleiben
und den Berg zu einer Goldmine machen,
mit Gottes Hilfe!«

Am nächsten Morgen erwachte ich nach einem friedlichen und erholsamen Schlaf in einer neuen Welt – zu einem neuen Leben! Ich zog mich an und ging zur Vordertür hinaus, wo ich überrascht die wunderschönen Blüten des Rosenbuschs bemerkte. Ich hielt inne, um ihren Duft zu genießen. Dann ging ich ins Haus zurück und rief meiner Frau zu: »Arvella, die Rosen blühen!«

»Ich weiß«, sagte sie, »sie blühen schon seit über einem Monat, Liebling!«

Ich hatte die Freude am Leben wiederentdeckt. Von Depressionen und Unsicherheit befreit, gewann ich mein Zutrauen zum Predigen und zum Beten zurück und war wieder auf der Suche nach einem Grundstück für unsere wachsende Gemeinde.

Ich wusste, dass die Gemeindeversammlung, auf der ich meinen neuen Plan präsentieren musste, von beiden Seiten, von Abweichlern und von Unterstützern, besucht werden würde. Ich berief sie trotzdem ein. Ich machte folgende Ankündigung: »Ich kann und ich werde nicht der Pastor zweier Gemeinden an zwei verschiedenen Orten sein. Ich bin hierher gekommen, um eine Kirche zu gründen, nicht zwei. Nach meiner Ansicht haben wir drei Möglichkeiten:

Erstens: Wir können das ›Drive in‹ aufgeben.

Zweitens: Wir könnten uns in zwei Kirchen teilen, jede mit einem eigenen Kirchenvorstand. Ich könnte zurücktreten und jede Kirche könnte ihren eigenen Pastor wählen.

Drittens: Wir könnten – und ich denke, wir sollten – die beiden Kirchen miteinander vereinigen, und zwar zu etwas, das man ›Walk in/Drive in-Kirche‹[13] nennen könnte.«

Ich hatte seit einigen Monaten mit diesen Möglichkeiten gerungen, aber erst nach diesem Erlebnis mit Christus hatte ich genügend Selbstvertrauen, um sie bekannt zu geben. Ich berief eine Gemeindeversammlung ein und bat sie, über die drei Möglichkeiten abzustimmen. Ich zeigte ihnen meine Skizze einer *Walk in/Drive in*-Kirche, die ich angefertigt hatte – sie war ganz aus Glas und besaß eine bewegliche Wand, die sich zu den *Drive in*-Besuchern hin öffnen ließ, damit auch diese in den Gottesdienst einbezogen werden konnten.

Sofort tauchte die Frage auf: »Aber woher sollen wir das Geld nehmen, um das Grundstück zu kaufen und so ein Gebäude zu bauen? Diese Gemeinde kann sich Ihren Vorschlag doch gar nicht leisten!«

Meine Antwort war deutlich: »Um das Geld mache ich mir keine Sorgen. Es gibt nie ein Geldproblem, nur ein Problem der Einstellung. Unsere Aufgabe ist es, eine wachsende Vision zu entwickeln, einen Traum zu haben, der groß genug ist, dass Gott darin ein Wunder wirken kann. Gottes Aufgabe ist es, dieses Wunder zu vollbringen, mit allem, was nötig ist, um diesen Traum Wirklichkeit werden zu lassen!«

Damit löste ich, gelinde ausgedrückt, einen ganz schönen Krawall aus. Die Debatte war heiß und stürmisch. Die Stimmung brodelte. Leidenschaften loderten auf. Ein Wort gab das andere und die Gefühle schaukelten sich auf. Um die Dinge wieder in geordnete Bahnen zu lenken, verlas Dr. Wilfred Landrus, ein Ältester unserer Kirche und Lehrer am nahe gelegenen *Chapman College*, schließlich einen Antrag, den er sich auf einem kleinen Stück Papier notiert hatte: »Ich stelle den Antrag, dass diese Gemeinde sich unter Gottes Führung für die Vereinigung ausspricht und dass wir das Konsistorium ermächtigen, weitere Schritte zu unternehmen, um ein Grundstück für diesen Zweck zu erwerben.«

Ich schaute Arvella an; sie schaute zurück und lächelte. Dann betete ich. Der Antrag wurde unterstützt und dann – mit 55 zu 48 Stimmen – angenommen!

Als Arvella und ich uns an diesem Abend auf den Nachhauseweg machen wollten, bemerkte ich ein zerknülltes Stückchen Papier auf dem Boden. Ich mag es nicht, wenn Müll herumliegt, also hob ich es auf. Es entpuppte sich als Dr. Landrus' Antrag. Ich steckte ihn in meine Tasche und habe ihn bis heute aufbewahrt.

Meine zukünftige Richtung war hiermit von einer kleinen Mehrheit der Gemeinde bestätigt worden.

Mit Hilfe eines Immobilienmaklers fand ich ein vier Hektar großes Grundstück im Zentrum von Garden Grove. Es stand nicht zum Verkauf, aber ich wusste ja, dass mit Gott alle Dinge möglich sind, und ich hatte das Gefühl, dass die Besitzerin, eine Witwe, sich überzeugen lassen würde, es herzugeben.

Eines Sonntagnachmittags schritt ich in meinem besten Anzug und mit meiner Bibel in der Hand das Grundstück ab und erklärte es zu Gottes Besitz (in irgendeinem meiner religiösen Zirkel hatte ich gehört, dass das funktionieren sollte). Ich kniete mich in den Dreck, öffnete meine Bibel und legte meinen Finger auf Matthäus 21, Vers 22:

»Und alles, was ihr bittet im Gebet, wenn ihr glaubet, werdet ihr's empfangen.«

Also betete ich: »Gott, du hast uns hierher gebracht, um in deinem Namen Großes zu tun. Dieses Grundstück gibt uns die Möglichkeit dazu. Berühre bitte das Herz und den Verstand der Besitzerin, und bewege sie, an uns zu verkaufen. Amen.«

In Verhandlungen mit meinem Vorstand, der es nicht glauben konnte, dass ich schon wieder einen Ortswechsel ins Auge fasste, und in weiteren Verhandlungen mit der Verkäuferin einigten wir uns darauf, das Land zu einem bestimmten Preis zu kaufen.

An einem festgesetzten Morgen wollten wir uns um zehn Uhr treffen, um die Papiere zu unterzeichnen. Der Immobilienmakler und ich waren etwas vor der Zeit da. Wir tauschten Höflichkeiten mit der Verkäuferin aus und sahen zusammen noch einmal die Einzelheiten des Vertrages durch. Als die Verkäuferin ihren Stift nahm, um die Papiere zu unterschreiben, setzte sie zur Unterschrift an und zögerte – mir erschien es wie eine Ewigkeit –, dann ließ sie den Stift sinken und sagte: »Ich kann es nicht tun. Ich kann diesen Besitz nicht verkaufen. Ich glaube, mein Ehemann würde es nicht wollen.« Ich konnte es nicht fassen.

Ihre Äußerung traf mich wie ein Schlag in die Magengrube. Von unserem ersten Kontakt an war sie offen und verkaufsbereit gewesen. Die Verhandlungen waren problemlos gelaufen. Sie hatte uns herzlich willkommen geheißen, als wir an diesem Morgen bei ihr angekommen waren, um den Vertrag abzuschließen.

Und jetzt dies! Weder Bitten noch Argumente konnten sie umstimmen. Als wir gingen, konnten der Makler und ich es nicht glauben. Mein Vertrauen in die Bibel, mein Vertrauen ins Gebet und mein Vertrauen in die Menschen waren zutiefst erschüttert. Und mein Glaube an Gott wurde wieder einer harten Prüfung unterzogen. Sollte ich zulassen, dass die Wände eines Gebäudes die Verbreitung der Botschaft behinderten? Ich wusste, dass das genau das war, was geschehen *würde*: Wenn die Menschen keinen Platz fanden, würden sie wieder gehen und vielleicht nie die Worte hören, die sie so dringend nötig hatten.

Inzwischen hatte ich immer noch das ungelöste Problem mit meinem unerwünschten Co-Pastor. Monat für Monat für Monat fuhr er fort, Unfrieden zu stiften und die negative Stimmung, die er verbreitete, beunruhigte mich.

Dann, als ich eines Morgens an meinem Schreibtisch saß, hörte ich die Worte Jesu Christi. Seine Botschaft durchdrang mein Bewusstsein:

»Ich werde meine Kirche bauen!«

Da begann ich zu begreifen, dass ich die ganze Zeit über versucht hatte, *Schullers* Kirche zu bauen, nicht die Kirche *Christi*! Ich begriff auch, dass Jesus Christus und ich keine *Partner* waren! Er war der *Herr* und ich war der *Diener*! Da sprang ich von meinem Schreibtisch auf und zeigte auf den leeren Stuhl.

»In Ordnung, Jesus Christus«, sagte ich. »Sitze *Du* dort! *Du* bist jetzt verantwortlich! Ich werde beiseite treten. Du bist der Leiter dieser Kirche. Ich werde *Dir* folgen.« Im gleichen Augenblick spürte ich, wie eine gewaltige Last von meinen Schultern genommen wurde.

Die erste Frage, die ich meinem neuen »Boss« stellte, war: »Macht es dir etwas aus, wenn ich ein paar Tage Urlaub nehme?« Und ich tat es! Wir fuhren wieder zum ›Hume Lake‹ nach ›Yosemite‹. Als ich wieder nach Hause kam, hörte ich, dass, oh Wunder über Wunder, mein Co-Pastor an eine andere Kirche berufen worden war. Der Oppositionsführer war verschwunden!

Nach fast zwei Jahren zermürbender Negativität herrschte nun endlich Frieden! Neue Energie und wieder auflebende Visionen und Pläne durchströmten mich. Bei unserer nächsten Vorstandssitzung blieb der Stuhl des Vorsitzenden – der immer für mich reserviert war – leer. Ich hielt ihn symbolisch für den wirklichen Präsidenten der Gemeinde und Vorstandsvorsitzenden frei – Jesus Christus! Diese Geste und diese neue Haltung verhalf uns als Kirche zum Durchbruch.

Einer der Mitglieder unserer Kirche, ein Immobilienmakler, rief mich an, um mir von einer vier Hektar großen Orangenplantage zu erzählen, die drei Meilen östlich unserer Kapelle lag. »Aber«, gab er zu bedenken, »es ist ziemlich weit draußen.« Dann erwähnte er den Kaufpreis: 66.000 Dollar.

Ich konnte es kaum glauben. Das war nur halb so viel, wie die vier Hektar hätten kosten sollen, für die ich gekniet und gebetet hatte. Wir würden nicht nur 66.000 Dollar sparen, sondern im Laufe der Zeit würde unsere Lage sich nicht im Zentrum von Garden Grove, sondern im Zentrum von Orange County befinden!

Natürlich waren 66.000 Dollar immer noch eine gewaltige Menge Geld! Es hätte genauso gut eine Million sein können. Aber dann kam mir der tiefere Sinn jener Worte zu Bewusstsein, die mir schon früher eingefallen waren: »Es gibt kein Geldproblem. Nur ein Problem der Einstellung. Unsere Aufgabe ist es, die Ideen, Visionen und Träume zu haben. Gottes Aufgabe ist es, uns zu zeigen, wie wir sie in die Tat umsetzen können!«

»Ich werde meine Kirche bauen!«, hatte Jesus versprochen. Was für eine brillante Führung durfte ich unter ihm erleben!

Also brachte ich den Vorschlag meinem Vorstand und später der ganzen Kirche zu Gehör, und nach einer weiteren lautstarken Gemeindesitzung und einer weiteren knappen Abstimmung kamen wir überein, diese vier Hektar an der Chapman Avenue, Ecke Lewis Street zu kaufen; sie befanden sich etwa eine Meile westlich vom Autokino und drei Meilen östlich von unserer Buntglas-Kapelle.

Der Verkauf dieses Besitzes erforderte die Zustimmung der Kirchenleitung. Repräsentanten des Dachverbandes, unserer regionalen Leitung, trafen sich mit unseren örtlichen Führungskräften. Es gab immer noch einige Stimmen gegen den Verkauf, aber es gab einen Antrag; er wurde unterstützt und angenommen und die Transaktion wurde genehmigt. Dann traf mich der nächste Schock.

Als ich am darauf folgenden Morgen in mein Büro kam, fand ich vor der Tür einen Stapel von Büchern und Umschlägen. Die Bücher waren die Aufzeichnungen des Schatzmeisters und des Sekretärs; die Umschläge enthielten die Rücktrittserklärungen des Vizepräsidenten der Gemeinde, des Sekretärs, des Schatzmeisters und meiner persönlichen Sekretärin.

Ich war vor Kummer wie gelähmt. Ich hatte geglaubt, dass die meisten Gemeindemitglieder – und mit Sicherheit diese wichtigen Personen – mich unterstützt hätten. Dann wurde es noch schlimmer: Es wurde offenkundig, dass es auch noch andere gab, die meine Motive in Zweifel zogen. Alles in allem waren es mehr als 40 Personen, die aus der Gemeinde austraten – Menschen, die das Gefühl hatten, dass sie Schullers verrückte Idee von einer *Walk in/Drive in*-Kirche nicht unterstützen konnten. Mit jedem Austritt hatte ich das Gefühl, dass unsere Kirche mehr und mehr den Boden unter den Füßen verlor. Ich fühlte mich, als ob ich die Schlacht gewonnen, den Krieg aber verloren hätte.

Und wieder bedrohten mich meine alten Feinde – Einsamkeit und Depression. Ich begann, an meinen Beziehungen zu zweifeln, selbst denen zu meinen engsten Freunden und Mitarbeitern. Ich verdächtigte sie, ebenfalls im Verborgenen Zweifel an meinen Motiven zu hegen, ja vielleicht sogar hinter meinem Rücken über mich und meine »hochtrabenden« Ideen zu lachen. Ich begann, kleinere Gruppentreffen und Einzelgespräche zu meiden. Meine Familie war meine letzte Zuflucht.

Aber immer wieder sprach Gott in dieser Zeit in seinen kostbaren Mahnungen zu mir. Ich hörte Dr. Lindquists Worte: »Du magst Gott verlassen, aber Gott wird dich *niemals* verlassen.«

Ich erinnerte mich auch an das Versprechen, das ich nur wenige Wochen zuvor gehört hatte: »Ich werde meine Kirche bauen!«

Ich las sogar meine eigenen Worte wieder, das »Glaubensbekenntnis des Möglichkeitsdenkers«:

»Stehe ich auch vor einem Berg,
ICH WERDE NICHT AUFGEBEN!
Ich werde mich weiter bemühen, bis ich über ihn hinweggeklettert bin,
ich werde einen Weg um ihn herum finden,
ihn untertunneln,
oder ich werde einfach bleiben
und den Berg zu einer Goldmine machen,
mit Gottes Hilfe!«

Ich wiederholte immer wieder einen Bibelvers, den ich als Kind schon gelernt hatte:

»Wer seine Hand an den Pflug legt und sieht zurück, der ist nicht geschickt zum Reich Gottes« (Lukas 9,62).

Ich erinnerte mich an Dads Wiederaufbau nach dem Tornado, als alles verloren schien. Genauso wie er, so würde auch ich mich weigern, meine Träume einem selbstzerstörerischen Negativismus zu opfern. Ich würde mich nicht von meinen eigenen Unsicherheiten und Ängsten besiegen lassen. Ich tippte den Lukas-Vers ab und steckte ihn unter die Glasauflage meines Schreibtischs.

Die Menschen, die mich bis hierher unterstützt hatten, verinnerlichten jetzt die Vision, und andere, die bisher opponiert hatten, wechselten die Seiten. Vor allem ein Ehepaar, die neuen Mitglieder Ralph und Lois Wendell, waren sehr engagiert. Sie ermutigten mich und boten ihre Hilfe an. Lois wurde meine treue und geschätzte Sekretärin, bis sie der Krebs 17 Jahre später von uns nahm. Die Menschen gaben großzügig, manche unter Opfern, denn sie alle wussten, dass wir mehr Vermögen, mehr Menschen, mehr Programme und mehr Pastoren brauchten, wollten wir wirklich eine große Kirche werden! Von diesem Zeitpunkt an hatten wir eine Kirche, die wirklich der Mission hingegeben war.

Mit der Zustimmung meines kirchlichen Vorgesetzten hob ich die 1100 Dollar, die auf unserem Konto waren, ab und eröffnete ein Treuhandkonto für den Erwerb der vier Hektar. Ich hatte 120 Tage Zeit, um die restlichen 18.000 Dollar für die Anzahlung auf das Grundstück aufzutreiben. Viele dachten, dies sei ein unsinniger Kauf – ein abgelegener Besitz und völlig wertlos.

Dann gab es neue Nachrichten: Der Santa-Ana-Freeway sollte den Highway 5 ersetzen. Und die neue Strecke würde direkt an unserer Ostseite vorbeiführen. Plötzlich verdoppelten sich die Preise in der Gegend. Der Besitzer hoffte inständig, dass wir es nicht schaffen würden, den Kauf perfekt zu machen. Er hatte viel zu billig verkauft!

Arvella und ich ließen uns unsere Lebensversicherungen auszahlen und plünderten all unsere Ersparnisse. Am Mittag des Tages, an dem unsere Anzahlung fällig war – bis nachmittags um vier würden wir 18.000 Dollar an einen Mann zahlen müssen, der sich nichts sehnlicher wünschte, als dass wir es nicht schaffen würden –, fehlten uns immer noch 3000 Dollar!

Ich ging zum Mittagessen nach Hause, emotional völlig erschöpft. Arvella hatte Jeanne im Arm, die inzwischen zwei Jahre alt war. Ihren kleinen, weichen Körper gegen den ihren haltend, ging sie mit ihr in unserer Küche auf und ab. Bobby saß am Tisch und aß ein Erdnussbutterbrot mit Marmelade. Sheila war in der Schule.

Eine Weile lang sagte keiner von uns ein Wort. Dann seufzte ich tief und sagte: »Es ist vorbei. Wir haben es nicht geschafft.«

Arvella blieb stehen, sah mich lange und eindringlich an und sagte dann in ihrer liebevollen, aber bestimmten Art: »Bob, ich denke, du solltest mit Warren Gray sprechen. Ich weiß, dass es ihm nicht gut geht. Aber das ist das Letzte, was wir noch tun können. Gott hat uns bis hierher gebracht und er wird uns nicht verlassen. Ich weiß das und du weißt es auch. Du weißt auch, dass Warren sehr gekränkt sein würde, wenn wir ihn nicht um Hilfe bitten würden. Du *musst* ihn anrufen!«

Warren und Rosie Gray, die uns das Startgeld gegeben hatten, waren beide inzwischen alt und gebrechlich. Tatsächlich war Warren gerade erst aus dem Krankenhaus entlassen worden; er hatte Krebs, und die Ärzte glaubten, dass er nicht mehr lange leben würde.

Ich wollte nicht anrufen, aber Arvella bestand darauf, dass ich einfach dazu verpflichtet sei. Ich erhob mich langsam und widerstrebend von meinem Stuhl, ging zum Telefon und betete um Führung. Dann wählte ich mit zittrigen Fingern seine Nummer.

Als Warren abnahm, wusste ich nicht recht, was ich sagen sollte. Aber da waren die Worte auch schon heraus: »Warren, ich habe gute Neuigkeiten für dich. Ich kann dir die 2000 Dollar zurückgeben, die du für das Land gespendet hast. Unser Treuhandvertrag läuft um vier Uhr ab und uns fehlen immer noch 3000 Dollar. Wir werden das Grundstück verlieren, also kannst du dein Geld zurückbekommen.«

Mein Freund räusperte sich und sagte: »Bob, das können wir nicht zulassen. Ich muss mehr für die Kirche tun. Triff mich in zwei Stunden bei der ›Bank of America‹ an der Main Street in Santa Ana, dann werde ich das Geld von meinem Konto abheben und es dir geben.«

Wenn es irgendjemanden auf der Welt gab, der mehr als ich an das glaubte, was wir taten, und der größere Hingabe besaß, dann war es Warren Gray. Es fiel mir schwer, die Fassung zu wahren, als ich sagte: »Danke, Warren. Ich werde da sein.«

Ich legte den Hörer zurück auf die Gabel und ging wieder zu Arvella. Dann umarmte ich sie und Jeanne und ließ meinen Gefühlen freien Lauf. Schluchzend stieß ich hervor: »Danke, Gott! Danke, Arvella! Und danke, Warren!«

Ich musste an die Verse denken, die ich damals in Newkirk zitiert hatte, als unsere Gemeinde sich nach dem Tornado in der Kirche versammelt hatte, um Stärkung zu finden:

»Seltsam scheinen Gottes Wege,
wenn er seine Wunder tut.
Wellen wählt er sich zum Stege,
reitet auf des Sturmes Wut.«

Endlich sahen wir die Sturmwolken aufreißen!

Ich ging ins Badezimmer und wusch mir das Gesicht. Dann ging ich zurück zu Arvella, Bobby und Jeanne Ann, küsste alle und wiederholte den gleichen Bibelvers, den ich am Tag unseres ersten Gottesdienstes im *Drive in* gebraucht hatte:

»Wenn ihr Glauben habt wie ein Senfkorn, so könnt ihr sagen zu diesem Berge: Hebe dich von hinnen dorthin!, so wird er sich heben; und euch wird nichts unmöglich sein« (Matthäus 17,20).

Leichten Herzens fügte ich hinzu: »Liebling, diesmal sind wir auf unsrem Weg! Ich *weiß*, wir sind auf unsrem Weg!«

Ich kam ein paar Minuten vor Warren an der Bank an. Ich sah, wie er parkte und langsam und unter Schmerzen aus seinem alten grünen Buick stieg. Ich lief zu ihm hinüber und nahm seinen Arm und gemeinsam gingen wir in das Bankgebäude.

Warren ließ sich von seinem Sparkonto einen Verrechnungsscheck über 3000 Dollar ausstellen. Er gab ihn mir mit den Worten: »Ich tue das, weil Rosie das ›Drive in‹ braucht.«

Wir verließen die Bank. Warren stieg in seinen Wagen und fuhr die 20 Meilen zurück nach Hause. Ich ging einen Block weiter nach Süden zum Notar. Ich betrat das Gebäude eine Stunde vor Ablauf unserer Frist.

Dort zählte ich dem Treuhandverwalter die 18.000 Dollar auf den Tisch.

Die Worte: »Ich werde meine Kirche bauen!« kamen mir erneut mit ganzer Macht in den Sinn. Gott ließ *seine* vier Hektar ins Grundbuch eintragen!

Aber jetzt, wo der Kaufvertrag für das Grundstück abgeschlossen war, mussten wir jeden Monat 400 Dollar für den Hypothekenabtrag aufbringen. Die wenigen Kritiker, die es in unserer kleinen Gemeinde noch gab, murrten: »Woher will Schuller denn das Geld für die Raten nehmen?«

Ich hatte natürlich keine Ahnung. Gott schon.

Am nächsten Sonntag lag ein Scheck über 100 Dollar in der Kollekte. Keiner von uns kannte die Namen auf dem Scheck – Vern und Lavon Dragt –, aber ich schrieb einen Dankesbrief an die großzügigen Spender. In der nächsten Woche war ein Scheck über die gleiche Summe in der Kollekte und in der darauf folgenden Woche geschah dasselbe.

In den ersten vier Wochen, nachdem wir das Grundstück gekauft hatten, deckten die 100-Dollar-Schecks der Dragts unsere monatliche Rate für das Land ab!

Inzwischen war das jedermann aufgefallen. Ich beschloss, dass ich diese Leute kennen lernen musste. Ich wollte sehen, wer sie waren, woher sie so unerwartet und segensreich aufgetaucht und was ihre Interessen und Ziele waren.

Also rief ich sie in ihrem neuen Zuhause an, das sie gerade in Orange County bezogen hatten. Ich traf einen behinderten Ehemann, seine Frau und drei Kinder an.

Vor vier Jahren, als ich noch vom Teerpappen-Dach der Autokino-Snackbar predigte, hatte Vern Dragt einen Job beim Verputzen der neuen Häuser im 25 Meilen entfernten El Monte.

Eines Abends war er von der Arbeit gekommen und hatte über Kopfschmerzen geklagt. Die Schmerzen wurden heftiger, und Lavon begann, sich Sorgen zu machen. Vern hatte als Sportler mehrere Preise gewonnen. Er war also außerordentlich kräftig und gesund und »hatte nie Kopfschmerzen«.

Sie rief einen Arzt und einige Stunden später erlebte sie den Schock ihres Lebens. Ihr Ehemann litt an Polio. Er wurde an eine eiserne Lunge angeschlossen und Tage, Wochen und Monate lang hing sein Leben an einem seidenen Faden. Als schließlich ihre mageren Ersparnisse von den Behandlungskosten nahezu aufgezehrt waren, hatte Lavon ihrer Familie erklärt: »Ich werde mir einen Job suchen.«

Das war für eine junge Mutter von drei Kindern nicht einfach – eine Frau ohne besondere berufliche Qualifikationen, ohne Ausbildung oder College-Abschluss. Da eröffnete sich ihr die Möglichkeit, ein Produkt namens *Tupperware* zu verkaufen. »Alles, was ich dabei tun muss, ist reden«, sagte sie sich, »und darin habe ich jede Menge Erfahrung!«

Sie ergriff die Gelegenheit und von ihrem ersten Verdienst spendete sie zehn Prozent an ihre kleine Gemeinde. Sie erweiterte ihr Geschäft und hatte schon bald etliche Leute, die für sie arbeiteten. Sie gab weiterhin jeden Sonntag ihren Zehnten. Nach und nach waren die Schulden bezahlt, und Vern war so weit wiederhergestellt, dass er nicht mehr an der eisernen Lunge hing.

Weil sich seine Muskeln jedoch so sehr zurückgebildet hatten, war nicht daran zu denken, dass er wieder als Putzer würde arbeiten können. Stattdessen übernahm er das »Hinterzimmerbüro« des *Tupperware*-Geschäftes seiner Frau.

Zusammen waren sie sehr erfolgreich. In den kommenden Jahren entwickelten sie sich zur größten Einzelhandelsgesellschaft in der Geschichte der *Tupperware Company* und bauten eine Organisation mit mehr als 600 Mitarbeitern auf. Die Größe des wöchentlichen Zehnten-Schecks wuchs entsprechend, und in den nächsten 15 Jahren halfen sie uns kontinuierlich dabei, die ganze Hypothek abzuzahlen.

Unsere Planungen für die neue Kirche schritten voran, und wir verkauften die hübsche kleine Kapelle, die Richard Shelley für uns entworfen hatte, für 110.000 Dollar – 40.000 mehr, als sie uns gekostet hatte. Der Käufer war eine Baptistengemeinde, die sie heute noch benutzt. Unser Gewinn bei dieser Transaktion bestätigte mich in meiner Meinung, dass gute Architektur immer eine gute Investition ist.

Was das Land betraf, so lag das »abgelegene« Grundstück, das wir ausgesucht hatten, nun dort, wo sich bald drei Freeways kreuzen würden. Die Kreuzung, die heute *Orange Crush*[14] genannt wird, sollte der Verkehrsknotenpunkt für alle umliegenden Städte werden! Darüber hinaus waren wir nur eine Meile von *Disneyland* entfernt! Gott hatte das Gebet meines Herzens mit einer Lage beantwortet, wie ich sie besser nicht hätte erträumen können, geschweige denn jemals erahnen.

Wieder einmal lebten wir an der Schwelle von »Morgen«!

25

»Richard Shelley? Bob Schuller am Apparat. Ich habe einen neuen Auftrag für Sie. Unsere neue ›Walk in/Drive in‹-Kirche!«

Stille. Obwohl wir schon zusammengearbeitet hatten und er meine Art von Enthusiasmus kannte, schien er verblüfft zu sein. »Eine ›Walk in/Drive in-Kirche‹?«, fragte er ungläubig. »Von so etwas habe ich noch nie gehört!«

»Ich habe eine Skizze«, erklärte ich ihm. »Lassen Sie mich sie Ihnen zeigen.«

In seinem Büro sah sich Shelley meine kleine Zeichnung an, dann kratzte er sich am Kopf.

»Da brauchen Sie einen bedeutenderen und besseren Architekten als mich«, sagte er. Er gab mir eine Ausgabe des *Time Magazine*. Auf dem Titelbild war ein Foto des Architekten Richard Neutra aus Los Angeles zu sehen.

»Für das, was Sie vorhaben, brauchen Sie Richard Neutra«, wiederholte er mit Überzeugung. Ich fuhr nach Los Angeles, um diesen angesehenen Architekten zu treffen und ihm unsere Pläne zu zeigen. Aber dann, anstatt Neutra zu bitten, für uns zu arbeiten, stellte ich ihm eine impertinente Frage: »Warum sollte ich Ihnen diesen Auftrag geben?«

Neutras Antwort kam wie aus der Pistole geschossen: »Wenn Sie mich engagieren, wird Ihr Gebäude nie aus der Mode kommen.« Jetzt, fast ein halbes Jahrhundert später, muss ich sagen, dass seine Voraussage richtig war.

Neutra sprach nicht von einem persönlichen Glauben an Gott so wie ich. Aber er hielt es für gegeben, dass Gott dem Menschen ein eingebautes Beruhigungssystem mitgegeben hat, das im Zusammenhang mit der Natur arbeitet.

Er sagte, dass die »grünen Auen und stillen Wasser« des 23. Psalms und die Tatsache, dass Gott Mann und Frau von Anfang an in einen Garten gestellt hatte, die Grundlage seiner architektonischen Philosophie seien. Er verwies auch auf die Erneuerung von Geist und Kraft, die

Menschen empfinden, wenn sie eine Zeit in den Bergen, an einem See oder Fluss oder am Meer verbracht haben.

»Architektur sollte die Wirklichkeit widerspiegeln«, belehrte mich Neutra, »und zwar dadurch, dass sie sich an der Biologie des Geschöpfes orientiert, das in dem Gebäude leben wird. Die Struktur, die Sie brauchen, muss ruhig sein. Einige Pflanzen sind dramatisch wie zum Beispiel Kakteen. In meiner Gestaltung verwende ich beruhigende Bäume und Büsche und ruhiges Wasser.«

Diese Ansicht leuchtete mir ein. Seither habe ich immer darauf bestanden, dass alle bleibenden Gebäude auf unserem Campus im Einklang mit Neutras »Philosophie des Biorealismus« stehen.

»Schöpferische Kommunikation ist in einem spannungsgeladenen Umfeld nicht möglich, sondern nur in einer Atmosphäre der Ruhe«, fuhr er fort zu erklären. »Menschen sind dazu geschaffen, schöpferisch zu kommunizieren, also sollten das Auge und das Ohr den Geist mit friedlichen Eindrücken füllen.«

Meine eigenen Erinnerungen an Himmel, Wasser, Wolken und Bäume bestätigten Neutras Philosophie, und ich wusste, dass auch andere sie verstehen würden. In meinen mehr als 3500 Hausbesuchen bei Menschen in Orange County, die ich in meinen ersten zwei Jahren in Kalifornien gemacht hatte, hatte ich erfahren, dass eines der Dinge, die die Menschen sich am meisten wünschen, ein Ort des Friedens ist. Sie konnten nicht jedes Wochenende wegfahren, also brauchten sie eine Kirche, die ihnen Zuflucht vor dem Stress und den Belastungen des Stadtlebens bot.

Richard Neutra und ich arbeiteten zusammen an der Entwicklung einer solchen Umgebung. Es gab diejenigen, die glaubten – und es gibt sie immer noch –, dass Quellen, Wasserfälle, prächtige Blumenbeete und weite Rasenflächen Extravaganzen seien, reine Geldverschwendung.

Aber Geld ist nicht das Problem. Das ist es nie. Das Problem ist das Wohlbefinden der menschlichen Seele. Die Natur ist ein wunderbares Geschenk Gottes. Mein Onkel Henry sagte in diesem Punkt einmal zu einem meiner Kritiker: »Nun, das Auge braucht auch Nahrung.«

Aber dann sagte Neutra etwas, das wirklich allem widersprach, was ich bisher gekannt hatte, und das mich dazu bringen sollte, wieder einmal bis an die Grenzen zu gehen. »Es wird in keinem meiner Gebäude Buntglas geben«, stellte er fest. »Nichts soll zwischen das Auge und den Himmel, die Wolken, die Bäume, die Blumen, die Quellen und die beruhigenden Wasserflächen treten dürfen. Mindestens eine komplette

Seite eines jeden Gebäudes, das ich entwerfe, wird aus Glas sein, damit das Innere vom Licht und von der Schönheit der Umgebung durchflutet wird.«

Kein Buntglas? Aber Buntglasfenster, die Schätze der alten Kirchen, waren praktisch heilige Reliquien! Im Mittelalter hatten sie den Analphabeten die Geschichte Christi erzählt. Ich war ein Geschichtenerzähler und für mich war Buntglas wie ein wertvolles, antikes Buch! Trotzdem zog mich irgendetwas an dem, was Neutra sagte, an. Ich erinnerte mich lebhaft daran, wie ich als Kind am Floyd River saß und an seinen Ufern predigte. Ich dachte daran, wie sehr ich es liebte, draußen im *Drive in* zu predigen. Und ich erinnerte mich daran, was Arvella an dem Tag, an dem wir zum ersten Mal darüber nachgedacht hatten, vielleicht ein Autokino zu benutzen, gesagt hatte: »Es hat etwas ganz Besonderes, Gott draußen im Freien anzubeten.«

Diese Einsichten, die Neutra mir vermittelte, sollten die nächsten 40 Jahre hindurch meine architektonische Entwicklung bestimmen. Was ich von ihm gelernt hatte, war, kurz gesagt, Folgendes: Gebäude und Umgebung sollten nicht miteinander um die Aufmerksamkeit konkurrieren. Sie sollten in einem beiderseitigen, respektvollen, emotionalen Dialog stehen!

Im September 1959 stiegen auf einem leeren Grundstück von vier Hektar an der Lewis Street, südlich der Chapman, fast 300 Menschen aus etwa 100 Autos.

Die Umrisse des Gebäudes waren durch lange Bänder an Stangen markiert. In einem feierlichen Akt machten Mitglieder des Konsistoriums und ich den ersten Spatenstich für das, was ein multifunktionales Gebäude werden sollte. Es würde eine Versammlungshalle, Büros und Sonntagsschulräume enthalten. Es sollte das erste von vier Neutra-Gebäuden auf unserem Garten-Campus werden. Es war die perfekte Lösung für unsere damaligen Bedürfnisse und das erste von vielen architektonischen Kunstwerken, die wir in den kommenden 40 Jahren bauen sollten.

Am Ende unseres fünften Jahres waren wir nun alle zusammen an einem Platz. Die neue Versammlungshalle konnte sonntagmorgens etwa 200 Gottesdienstbesucher aufnehmen. Unter der Woche diente sie als Raum für alle möglichen Gruppen und für Gemeindeessen.

Wir bauten auch eine provisorische Freiluft-Plattform, auf der ich stehen konnte – wie ich es fünf Jahre lang auf dem Dach der Snackbar des Autokinos getan hatte. Von dieser Plattform aus konnte ich denen meine Botschaft mitteilen, die um elf Uhr zum *Drive in*-Gottesdienst kamen. Auf unserem neuen Platz konnten wir 700 Autos unterbringen.

All das wurde hauptsächlich von freiwilligen Helfern erbaut. Männer aus der Gemeinde und ich verbrachten jeden Samstag mit dieser Aufgabe, unsere Frauen brachten uns das Mittag- und das Abendessen auf die Baustelle.

Sogar mein Dad, der langsam alt wurde und stark unter seiner Arthritis litt, kam, um zu helfen. Zusammen schlugen wir wieder Nägel ein, wie damals vor all den Jahren, als wir das Farmhaus wieder aufbauten.

Am Ostersonntag 1960 kommen wir alle zusammen, um unser neues Mehrzweckgebäude einzuweihen – Versammlungshalle, Andachtsraum, Sonntagsschule und Bürogebäude für die geeinte Gemeinde.

Ich stehe auf der Kanzel und sehe mein *Drive in*-Publikum vor mir, in seinem eigenen »Zuhause«. Alles ist in bester Ordnung. Unser Umzug war ein Riesenerfolg. Ich schaue über das Meer von Autos, die ich in den vergangenen fünf Jahren jede Woche gesehen habe: der alte blaue Chevrolet, der braune Ford, der nun nicht mehr ganz so neue Chrysler. Aber in der letzten Reihe fehlt ein Wagen – der alte grüne Buick. Tränen steigen mir in die Augen, als der Gottesdienst beginnt.

Nur zwei Tage vor dem ersten Spatenstich zu *ihrer Walk in/Drive in*-Kirche – für die sie und ihr Mann so viel getan haben – war Rosie Gray gestorben. Ihr Leben hatte einem hohen und heiligen Zweck gedient.

26

Die Nation stand an der Schwelle eines heißen und erschreckenden Jahrzehnts. Ihre Spaltung drohte, Feindschaften zwischen Jung und Alt, Schwarz und Weiß, Liberal und Konservativ flammten auf.

Diese Konflikte hatten schon seit der Gründung der USA geschwelt. Und das gesamte 20. Jahrhundert hindurch hatten sich die Spannungen zwischen den Vertretern der »linken« Politik und den Anhängern der »Rechten« aufgeschaukelt, zwischen denen, die sich als »progressiv« bezeichneten, und denen, die sich für »Patrioten« hielten.

Nach dem Zweiten Weltkrieg hatten wir unsere nationale Energie vom Kampf gegen einen Feind aus dem Lager der extremen Rechten – Nazideutschland – auf den Kampf gegen einen extrem linken Gegner verlagert – den Sowjetkommunismus. In den späten 1940ern und frühen 1950ern hatte Joseph McCarthy, ein Senator aus Wisconsin, mehrere Kongress-Untersuchungen gegen die kommunistische Infiltration der Washingtoner Machtstrukturen geleitet.

Was auch immer die Beweggründe derer gewesen sein mochten, die diesen Prozess in Gang gesetzt hatten: Es gibt keinen Zweifel daran, dass die Verhöre außer Kontrolle gerieten und sich zu einer regelrechten »Hexenjagd« entwickelten. Leben wurden zerstört. Bücher wurden verboten. Hollywood führte eine »schwarze Liste«, die jeden, der mit »linken« Aktivitäten in Verbindung gebracht wurde, von der Arbeit beim Film, im Fernsehen oder im Radio ausschloss. Viele Unschuldige, die sich einfach weigerten, ihre Freunde zu belasten, verloren ihre Arbeit.

Aber es gab auf beiden Seiten Schuld. Viele Menschen in »fortschrittlichen« Kreisen weigerten sich zu glauben, dass Stalin, der Führer der Sowjets, ein Ungeheuer war. Je mehr der »rechte Flügel« unter jedem Bett und in jeder fortschrittlichen Sache einen lauernden Kommunisten witterte, desto mehr weigerte sich der »linke Flügel«, Beweise für sowjetische Arbeitslager, politische Morde, Diebstahl nuklearer Geheimnisse und die Infiltration der amerikanischen Gesellschaft anzuerkennen.

Diese Atmosphäre des Misstrauens und der übertriebenen Anschuldigungen dauerte die gesamten 1950er Jahre hindurch an. Und dies war auch die Zeit, in der ich meine eigenen, naiven Ausflüge in die Politik unternahm.

Eines Tages rief mich ein langjähriges Mitglied meiner Gemeinde an und machte mir folgenden Vorschlag: »Reverend Schuller, ich würde gerne die Kosten dafür übernehmen, dass Sie sich die Vorlesungen eines berühmten australischen Psychiaters, Dr. Fred Schwarz, anhören. Er hält ein dreitägiges Seminar in Anaheim. Er wird über die Psychologie des Kommunismus sprechen.«

Als Student des menschlichen Verhaltens war ich von dem Gedanken fasziniert und nahm das Angebot begeistert an.

Am Donnerstag, dem ersten Tag des Seminars, kam ich in die Versammlungshalle und sah ein Meer von ernsthaften und konzentrierten Gesichtern. Ich war schon allein von der Umgebung intellektuell angeregt. Dann betrat Dr. Schwarz das Podium.

Sein Vortrag war wie ein Schnellkurs in der Geschichte des 20. Jahrhunderts. Er fing bei den Verwüstungen des Ersten Weltkriegs an, die zur russischen Revolution geführt hatten. Er beschrieb, wie eine Gruppe von Extremisten – die Bolschewisten – die Bewegung übernommen hatten und wie ihr Führer, Wladimir Lenin, Russland über Nacht in einen »wissenschaftlichen« Modellstaat auf der Grundlage der Prinzipien von Karl Marx hatte verwandeln wollen. Um diese Revolution zu beschützen, hatte er außerdem beschlossen, den Kapitalismus auf dem ganzen Planeten auszumerzen.

Die westlichen Mächte waren natürlich gleichermaßen entschlossen, diesen »Virus« des Bolschewismus – oder Kommunismus, unter welchem Namen er bekannt wurde – im Keim zu ersticken, bevor er ihre Grenzen erreichte. Der erste *Red Scare, der* »Rote Schrecken«[15], in Amerika war geboren, mit Deportationen und Razzien bei jeder Organisation, die auch nur etwas außerhalb der allgemeinen Linie lag, Gewerkschaften und sogar Veteranenvereine eingeschlossen, die lediglich für eine Anerkennung ihrer Verdienste im Krieg eintraten.

Ich hörte zu und genoss die Geschichtsstunde, aber mir war nicht klar, was dieser Vortrag mit der Psychologie des Kommunismus zu tun haben sollte. Dann, in die Gegenwart zurückkehrend, machte Dr. Schwarz eine Aussage, die mich völlig unvorbereitet traf: »Es gibt religiöse Führer in Amerika, die Strohmänner des Kommunismus sind.«

Auf keinen Fall! Das konnte ich nicht akzeptieren. Wo waren die Beweise?

Aber dann fuhr er fort: »Es gibt auch Firmenchefs in Amerika, die sich als Kapitalisten ausgeben, aber in Wirklichkeit Teil der kommunistischen Verschwörung sind!«

Er sprach von »Freunden Russlands«, und ich wusste, wen er meinte. Ich hatte über Dr. Armand Hammer aus Los Angeles gelesen, den Firmenchef von *Occidental Petroleum*. Er war ständig in den Nachrichten, weil er in Handelsbeziehungen zu Russland stand. Ich fand später heraus, dass Hammer der Sohn eines jüdischen Emigranten aus Russland war, der eines der sechs Gründungsmitglieder der Kommunistischen Partei in den USA gewesen war!

Es war mir nie gelungen, die verschiedenen Teile der Geschichte Hammers unter einen Hut zu bringen, und vielleicht war diese finstere Interpretation die Antwort. Vielleicht war er wirklich ein Teil dieser »weltweiten kommunistischen Verschwörung«, von der Politiker wie McCarthy ständig sprachen.

Aber ... religiöse Führer? Niemals.

Völlig verwirrt fuhr ich nach Hause. Ich wusste, dass während der verschiedenen *Red Scares* wilde und übertriebene Anschuldigungen erhoben worden waren. Und ich wusste mit Gewissheit, dass nicht *jeder* Führer, der versuchte, die Lebensbedingungen der Arbeiter oder der Schwarzen zu verbessern, ein Kommunist war. Der Kapitalismus war nicht immer nett und unsere Demokratie war alles andere als perfekt. Gute Menschen mit den verschiedensten Ansichten versuchten, unsere Gesellschaft zu verbessern. Auf der anderen Seite dachte ich an Dr. Schwarz' historischen Rückblick, in dem auch die Rede von den Betrogenen und den Mitläufern gewesen war – Menschen, die es gut gemeint hatten, die von einer echten Hoffnung auf eine bessere Welt beseelt gewesen, aber von Sowjetagenten manipuliert und missbraucht worden waren.

Einige Tage nach diesem Seminar rief mich ein anderes Gemeindemitglied an, Clyde Doyle, ein angesehener Kongressabgeordneter, der mich zum Tiefseefischen mit seiner Familie einlud.

Nun, *dies* war eine Gelegenheit, um frische Luft zu schnappen.

Als Junge hatte ich das Angeln geliebt und auf offener See im Pazifik zu fischen war eine echte Herausforderung! Ich würde bestimmt größere Fische in der Pfanne haben als die, die ich aus dem seichten Floyd gezogen hatte.

Es begann als ein freundlicher Tag, an dem wir auf Doyles Boot faulenzten.

Aber dann begann die Politik ihr hässliches Haupt zu erheben.

Doyle fing an, mir vom wachsenden Einfluss des Kommunismus in den Staaten zu erzählen. Und er war ein liberaler Demokrat, kein rechter Extremist!

Er arbeitete in einem Kongresskomitee mit, das von Franklin Roosevelt, dem ultimativen Liberalen, ins Leben gerufen worden war, um die »kommunistische Infiltration« in der Gewerkschaft der Hafenarbeiter zu untersuchen. *Mann*, dachte ich, *wenn schon Roosevelt, der Freund der Arbeiterklasse, den die Reichen einen »Klassenverräter« nannten, so weit ging, dann musste wirklich etwas im Busch sein.* Meine Besorgnis wuchs.

Kurz nach unserem Angelausflug besuchte der Kongressabgeordnete Doyle ein Treffen in San Francisco, wo man sich mit den kommunistischen Aktivitäten an der Westküste befasste. Die Presse empörte sich und bezichtigte das Komitee des »rechten Extremismus«. Clyde wurde für die Liberalen zu einem Paria.

Bei seinem nächsten Besuch zu Hause in Kalifornien, hakte ich nach: »Wie werden Sie mit all den schrecklichen Dingen fertig, die man über Sie erzählt?«

Er antwortete: »Wenn Sie schon denken, dass *unsere* Zeitungen schlecht über uns schreiben – dann sollten Sie erst einmal sehen, was die Moskauer Presse von uns hält! Ich werde Ihnen ein paar Ausgaben der ›Prawda‹ schicken.«

Eine Woche später lag ein Brief aus Washington auf meinem Schreibtisch, der Ausschnitte aus der sowjetischen Zeitung enthielt. Die *Prawda* griff das Komitee scharf an und bezeichnete sie als »brutale Faschisten«.

Drei Wochen später – die Informationen aus der *Prawda* waren noch frisch in meinem Geist – erhielt ich eine Broschüre, die das *National Council of the Churches of Christ*[16] herausgegeben hatte. Ich hatte mir gerade auf einem Tischchen neben einem bequemen Sessel, auf dem normalerweise meine Gemeindemitglieder saßen, eine Tasse Kaffee bereitgestellt. Ich hatte einen langen Vormittag voller Beratungsgespräche hinter mir, und ich freute mich auf eine kleine Pause, in der ich endlich ein bisschen lesen konnte. *Was wird wohl das* National Council of Churches *diesen Monat zu berichten haben?*, fragte ich mich. Ich hatte das *Council* immer unterstützt und war einer ihrer größten Werbeträger in Kalifornien.

Dann, als ich den Rundbrief aus dem Umschlag nahm, fiel mein Blick auf eine Schlagzeile, die mir das Blut in den Adern stocken ließ! Ich sprang aus meinem Sessel und hastete an meinen Schreibtisch. Ich grub mich durch die Zeitungen der Woche, bis ich die Ausschnitte der *Prawda* fand.

Ich konnte nicht glauben, was ich da sah!

Ich legte die *Prawda*-Ausschnitte und die Broschüre des *National Council of the Churches of Christ* nebeneinander auf den Tisch. Beinahe wortgetreu wiederholte sich die gleiche Schmähschrift in beiden Papieren!

Also war es wirklich wahr. Die führenden Köpfe der protestantischen Kirchen plapperten kommunistische Anschuldigungen nach! Sie wurden hereingelegt!

Dann dämmerte es mir. Lange Zeit hatte es nur zwei Lager gegeben: Kommunisten und Antikommunisten. Jetzt sah ich, dass das *Council* dabei war, in Amerikas wichtigsten Kirchen eine *anti*-antikommunistische Bewegung ins Leben zu rufen!

Ich ließ mich in meinen Sessel zurücksinken, war wie gelähmt. Aber was sollte ich schon ändern können?

Was ich an diesem Tag noch nicht erkannte, war, dass sich ein Schatten aus dieser politisch höchst geladenen Atmosphäre erhob, ein Schatten, der sich über meine aufstrebende junge Mission und meine noch in der Entwicklung begriffene Botschaft zu legen drohte. Ich sah ihn nicht kommen. Aber für eine ganze Weile schwebte er über mir, verdunkelte meine Sicht, vernebelte meine Vision und lenkte mich von meiner gottgewollten Richtung ab.

Verwirrt, desillusioniert – diese Worte beschrieben meinen Zustand treffend! Ich beschloss, dass an dem, was Dr. Schwarz sagte, etwas dran war. Ich war davon überzeugt, dass er Gefahren und heimliche Pläne durchschaute, die der Rest von uns gar nicht wahrnahm. Ich ging auf meine Kanzel, predigte über antikommunistische Politik und trat aus dem *National Council of Churches* aus.

Am Morgen nach meiner ersten politischen Predigt stand auf der ersten Seite der Tageszeitung von Garden Grove folgende Schlagzeile: »Schuller lässt Judas im ›National Council‹ hochgehen!«

Was hatte ich getan? Politik war nicht meine Mission. Das war es nicht, was die Welt in mir sehen sollte. Meine Kirche! Würde sie das überleben? Ich wusste nicht mehr, was ich machen sollte. War ich im Recht? War ich im Unrecht? Die ganze Sache war verfahren!

Dann klingelte das Telefon. Es war Dr. Bob Shuler von der *First Methodist Church* in Santa Ana. »*Sie* sind der Judas«, brüllte er mich an. Und dann gab er es mir richtig: »Eines Tages wird der Name Ichabod über Ihre Kirche kommen!«[17]

Ich wurde wegen meiner Äußerungen von allen Pastoren der großen protestantischen Konfessionen angegriffen – Methodisten, Presbyterianer und Episkopale. Und unter diesen Angreifern waren auch meine engsten Freunde. Pastoren, die zu meinem pastoralen Unterstützerkreis gehört hatten, tadelten mich wütend öffentlich von ihren Kanzeln herunter.

Von allen Seiten der religiösen Gemeinschaft geächtet, war ich verzweifelt und am Boden zerstört. Anscheinend konnte man ohne weiteres die Bibel in Frage stellen und dabei als Gelehrter durchgehen. Aber wenn man das *National Council* kritisierte, dann war man der Häretiker unter den Häretikern.

Sogar in meiner eigenen Konfession, die dem *National Council* angehörte, regte sich plötzlich der Verdacht, dass ich ein extremer Antikommunist geworden sei, nur weil ich mich mit einigen Konservativen angefreundet hatte. Man beschuldigte mich zu Unrecht, der *John Birch Society* anzugehören, dieser privaten Gruppierung, die sich zu einer selbst ernannten CIA entwickelt hatte, Bücher auf den Index setzte, wilde Anschuldigungen gegen alles und jeden in die Welt setzte – von den Vereinten Nationen bis hin zur Fluoridisierung unseres Trinkwassers – und »kommunistische Infiltration« in allen Ecken und Winkeln aufzuspüren versuchte.

Dann kam die nächste Broschüre des *National Council* heraus. Sie warnte die Pastoren vor den Gefahren des Antikommunismus. Kurz gesagt, es wurde der pontifikale Befehl ausgegeben: »Alle Prediger in allen Kirchen, die zum ›National Council‹ gehören, sollen auf ihre Kanzel gehen und gegen die ›John Birch Society‹ predigen. Sie muss aufgehalten und all ihre Mitglieder müssen enteignet werden! Sie leiden alle unter Verfolgungswahn.«

Alle örtlichen Pastoren der Hauptkirchen folgten diesem Befehl – außer Robert Schuller. Ich konnte nicht und ich wollte nicht, denn ich war davon überzeugt, dass diese *Anti*-Antikommunisten der gleichen Verfehlungen schuldig waren, deren sie die Antikommunisten bezichtigten – vor allen Dingen der Paranoia, die stets das Schlechteste im Menschen sucht!

Ich rang viele Monate mit der negativen Stimmung, die über unserer Gemeinschaft, über der Kirche und über mir hing. Im Stillen dachte ich schon daran, mich von meinem Dienst zurückzuziehen und Dr. Schwarz bei der Verbreitung seiner Botschaft zu unterstützen. Ich war gefährlich nahe daran, beruflichen und geistlichen Selbstmord zu begehen.

Da gab mir wieder einmal meine Frau einen passenden und klugen Rat: »Lass deine antikommunistische Rhetorik sein, Bob. Halte dich aus der Politik heraus und konzentriere dich wieder auf Jesus Christus und das positive Denken.«

Ich hörte ihr zu. Ich rang mit mir. Ich betete. Ich versuchte, die Tür zur Politik zu schließen und mich wieder darauf zu konzentrieren, den Menschen in ihrem privaten Leid zu helfen. Menschen, die voller Liebe sind, konzentrieren sich nicht auf Hass. Menschen, die emotional gesund sind, verschwenden ihre Energie nicht darauf, Verdächtigungen und wilde Verschwörungstheorien auszutüfteln.

Ich ging auf meine Kanzel und startete eine Reihe von positiven Predigten, von denen ich hoffte, dass sie die Paranoia an der Wurzel packen würden. Die erste Predigt trug den Titel: »Glaube an das Beste im Menschen!«

Von nun an würde ich neutral bleiben. Das hatte ich mir vorgenommen. Auf der Grundlage meines biblischen Leitsterns kehrte ich zu meiner eigentlichen und leidenschaftlichen Bestimmung als »Brückenbauer« zurück. Ich würde mich von keiner der beiden Seiten vereinnahmen lassen.

Dies sollte sich als eine der besten Entscheidungen erweisen, die ich je getroffen hatte, und in dem Augenblick, als ich sie traf, wusste ich, dass ich das Richtige tat. Trotzdem hatten mir die Folgen des Debakels wieder einmal die Einsamkeit des Lebens an der Grenze vor Augen geführt. Ich war allein, ein einsamer Prediger auf neutralem Territorium, in dieser sehr, sehr traurigen Zeit meines Lebens.

Inzwischen ging der bedrohliche und makabre Tanz von Religion und Politik für die meisten Geistlichen in meiner Umgebung weiter, und es schien noch schlimmer zu werden, als die 1960er kamen. Die politischen Themen änderten sich, aber ihr unerbittlicher Druck ließ nicht nach. Die Kirche litt weiter darunter, dass ihre Führer und Mitglieder versuchten, Religion und politische Angelegenheiten zusammenzubringen.

Selbst die angesehensten Köpfe der Geistlichkeit waren nicht beweglich genug, um den politischen Spannungen des Jahrzehnts zu entgehen, wie Dr. Norman Vincent Peale zu seinem Leidwesen entdecken musste.

Im Präsidentschaftswahlkampf von 1960 waren die Vereinigten Staaten zum ersten Mal mit der Möglichkeit konfrontiert, dass ein Römisch-Katholischer zum Staatsoberhaupt werden könnte, nämlich John F. Kennedy. Das Thema führte zu hitzigen Debatten. Ein Treffen von protestantischen Pastoren an der Ostküste endete mit einem Aufruf gegen einen Katholiken im *Oval Office*. Ich war verwundert, dass Dr. Peale sich dazu hergab, ihr Sprecher zu sein, denn ich hatte ihn stets für einen Vertreter der Ökumene gehalten. Aber, schlecht beraten und in eben diesem Strudel politischer Verwirrung gefangen, wurde Dr. Peale zu einem Opfer der Unbesonnenheit und verkündete den Aufruf.

Begreiflicherweise waren die Reaktionen gegen Dr. Peale gewaltig! Traurig und betroffen sah ich mit an, wie mein Freund mit groben und unfairen Anschuldigungen überhäuft wurde, die sein wohlverdientes Ansehen als weiser und fairer Mann beschmutzten. Verzweifelt trat er von seiner Position in der *Marble Collegiate Church* zurück. Die Nation ignorierte Peales Rat und zog Kennedy Nixon vor. Glücklicherweise hörte Dr. Peale auf den klugen Rat seines Vaters und zog seine Demission zurück. Aber meine andauernde Freundschaft mit ihm wurde von vielen argwöhnisch beobachtet.

Als ich sah, was auf dem ganzen Kontinent geschah, während sozialer Aktivismus den politischen Eifer der 1950er ablöste, überlegte ich hin und her und betete. Die Geistlichen waren in ihrem Engagement für Protest und politische Aktion aufrichtig gewesen, aber die Politik hatte viele

Kirchen gespalten und manche sogar zerstört. Ich folgte diesem Ruf nicht, auch wenn die Versuchung manchmal groß war. Stattdessen hielt ich mich an meinen Auftrag aus Jesaja 58, Vers 12:

»Du sollst heißen: ›Der die Lücken zumauert und die Wege ausbessert, dass man da wohnen könne‹.«

27

Das Jahrzehnt war wirklich heiß und erschreckend, aber die 1960er Jahre, die mit dem zehnten Jahrestag meines Seminar-Abschlusses, meiner Heirat und meiner Ordination begannen, waren auch Jahre des Erfolgs für meine Kirche.

Wir hatten drei Kinder – Sheila, Robert und Jeanne Anne – und die Kirche, die ich wie ein viertes Kind liebte.

Und wie sie *alle* gewachsen waren! Nach fünf Jahren war die *Garden Grove Community Church* jetzt 700 Seelen stark.

Wir hatten unsere Vollzeit-Mannschaft um einen Hausmeister, einen Gärtner und einen Lehrbeauftragten erweitert. Wir hatten die Programme geschaffen, die die Menschen sich gewünscht hatten, als ich damals von Tür zu Tür ging. Gott baute an seiner Kirche und ich befand mich an der Schwelle zu Unglaublichem.

Große religiöse Geister erhoben ihre Stimmen im Land und verliehen dem Glauben neue, starke Flügel: Fulton Sheen, Norman Vincent Peale, Billy Graham und Martin Luther King (der Einzige von ihnen, den ich zu meinem großen Bedauern niemals persönlich treffen sollte).

1960 war Fulton Sheen einer der bekanntesten Namen unter den religiösen Köpfen und er war der erste Fernsehprediger überhaupt. Zu Beginn des neuen Jahrzehnts wurde seine Fernsehsendung *Life is worth living*[18] von wöchentlich schätzungsweise 30 Millionen Menschen gesehen und erzeugte einen Rücklauf von durchschnittlich 8000 Briefen pro Tag.

Sein brillanter Geist verschmolz die Wahrheiten von Psychologie, Philosophie und Theologie (genau mein Mann!) auf eine kreativere und innovativere Weise als irgendjemand vor ihm. In späteren Jahren sollte Billy Graham Fulton Sheen als »den größten Kommunikator des 20. Jahrhunderts« preisen und niemand konnte dem widersprechen.

Eines Abends zog ich mich nach dem Essen in unser winziges Wohnzimmer zurück, wo unser kleiner Schwarzweiß-Fernseher stand. Ich schaltete ihn ein und da war er. Sein freundliches und ausdrucksstarkes Gesicht erschien wie von einer heiligen Kraft erleuchtet. Er machte eine eindrucksvolle Figur, wie er langsam und nachdenklich in seiner Bischofsrobe auf und ab schritt. Dann hielt er inne und sah mich an; für die ganze Welt muss es so ausgesehen haben, als schaue er durch den Bildschirm direkt in ihr Wohnzimmer.

»Ist Christus der Super...Star?«, fragte er. »Nein! Er ist die Super...Wunde!«[19] Fultons Stimme und Darbietung durchdrangen mich, mein wöchentlicher »Schuss« Inspiration. Ich hatte Christus noch nie so gesehen! Auf dem Sofa nach vorn gebeugt, konzentriert und gespannt, verfolgte ich jedes seiner Worte. Ich spürte die starke Wirkung dieses Mannes, aber ich hatte keine Vorstellung davon, mit welcher Macht er mein Lebenswerk beeinflussen sollte.

»Wie ist er überhaupt auf die Idee gekommen, im Fernsehen zu predigen?«, sagte ich laut. Ich war neugierig geworden. Nachdenklich schob ich die Brille mit dem schwarzen Rahmen auf meiner Nase zurecht. Dann lehnte ich mich zurück.

»Wer weiß«, entgegnete Arvella. »Ich bin einfach froh, dass er es tut. Hält dich aus Schwierigkeiten heraus!«, neckte sie mich, als sie sich zu mir setzte.

Es war mir nie in den Sinn gekommen, dass das Fernsehen auch etwas für mich sein könnte. Ich war zu sehr damit beschäftigt, eine Kirche zu bauen, darum brauchte ich einen geistlichen Leiter wie Sheen, um mich auf eine solche Idee zu bringen.

1961 hatte Neutra die Zeichnungen für den Hauptbau unserer *Walk in/Drive in*-Kirche fertig. Es sollte das erste Gebäude der Welt werden, das zwei Gemeinden zur gleichen Zeit am gleichen Ort miteinander verband. Das Schema war einfach: Die Kanzel sollte auf der Innenseite einer knapp 50 Meter langen Wand stehen, direkt vor dem Parkplatz der *Drive in*-Kirche (der 700 Autos fassen würde). Von dort würde ich sowohl Blickkontakt zu den »normalen« Kirchenbesuchern als auch zu den Besuchern des *Drive in* haben. Ich musste allerdings noch die Gelder auftreiben.

Natürlich waren die vier Hektar, die wir für 66.000 Dollar gekauft hatten, ein unglaubliches Geschäft gewesen. Aber es war nur ein Viertel einer 16 Hektar großen Orangen- und Walnussplantage. Traurig sah ich zu, wie der größte Teil der restlichen 12 Hektar aufgeteilt und an andere verkauft wurde: Vier Hektar für ein Einkaufszentrum an die

Kaiser-Gesellschaft, 0,8 Hektar für ein Rückhaltebecken an den Landkreis, 2,5 Hektar für einen Apartmentblock und weitere vier Hektar für 38 Eigenheime. Ich wünschte, wir hätten die gesamten 16 Hektar kaufen können, aber wir hatten noch nicht einmal genügend Geld, um unsere Kirche auf den vier Hektar zu bauen, die wir schon besaßen!

Beide Gemeinden – die »normale« und die *Drive in*-Gemeinde – versuchten jetzt mit vereinten Kräften, das Geld aufzutreiben. Unsere Bank, die *Farmers & Merchants*, war nicht in der Lage, uns die halbe Million Dollar zu leihen, die wir für den Bau benötigten. Wir würden alles über private Investoren aufbringen müssen.

Wir trafen eine mutige Entscheidung: Wir würden so schnell – oder so langsam – mit dem großen Kirchenbau neben unserem neuen Mehrzweckgebäude weitermachen, wie die Schecks für Schuldverschreibungen auf unsere Anzeigen im *Reformed Church Herald* eingingen. Inzwischen hatten wir 10.000 Dollar Bargeld in unserem Baufonds, die wir in das Ausheben der Baugruben investierten. Als die nächsten 10.000 Dollar hereinkamen, gossen wir die Fundamente.

Jetzt standen, lebten und bauten wir auf des Messers Schneide.

»Wir brauchen weitere 30.000 Dollar, um die Stahlträger für nächste Woche zu bestellen, oder wir müssen die Bauarbeiten stoppen«, sagte mir der Bauleiter am Freitag. »Am Montag brauchen wir das Geld.«

Alle Spenden, die wir bisher gesammelt hatten, waren in einer Höhe zwischen 500 und 1000 Dollar eingegangen. Ich konnte mir ausrechnen, dass es bei dieser Geschwindigkeit einen ganzen Monat dauern würde, die 30.000 Dollar aufzubringen, die wir brauchten, um den Bau am Leben zu erhalten. Ich hatte aber nur drei Tage!

Am Montag war ich darauf vorbereitet, den Baustopp zu verkünden. Aber ich sollte an diesem Tag ein Wunder erleben. In der Morgenpost war ein Brief von einer New Yorker Familie, die keiner von uns kannte und die bisher nichts mit unserer Kirche zu tun gehabt hatte. Der Brief enthielt einen Scheck über 30.000 Dollar! Diese Familie wollte einen Schuldschein mit einer Laufzeit von 20 Jahren kaufen!

Ohne Verzögerung wurden die Stahlträger bestellt. Immer weiter kam nun Geld herein und das jetzt berühmte Neutra-Gebäude wuchs nach Zeitplan. Im November 1961 hatten wir die gesamten 500.000 Dollar zusammen und die Einweihung wurde für den ersten Sonntag des Monats festgesetzt.

Dr. Norman Vincent Peale schien die Idealbesetzung für die erste Predigt in unserem neuen Kirchenbau zu sein. Die Leute sprachen immer noch über die bewegende Botschaft, die er vor vier Jahren in unserer *Drive in*-Kirche verkündet hatte.

Ich fragte ihn und er nahm an.

Die Techniker arbeiteten die ganze Samstagnacht hindurch an der Fertigstellung der Sound-Anlage, während die Teppichleger wie wild am Boden arbeiteten. Um neun Uhr am Sonntagmorgen, als die Leute schon zu Hunderten zu unserem ersten Gottesdienst strömten, *waren sie immer noch an der Arbeit!*

Als die Arbeiter ihre Werkzeuge beiseite legten und wir endlich die Türen öffnen konnten, füllte sich der Kirchenbau mit 1000 Leuten im Innenraum und weitere 1000 saßen in 500 Autos im *Drive in*. Die Orgel brach in ihren triumphierenden Ruf zum Gottesdienst aus und Dr. Peale und ich führten den Einzug an. Es war ein schöner, sonniger Sonntag – der 6. November 1961. »Was für eine Atmosphäre des Friedens an diesem Ort herrscht«, flüsterte er mir zu.

Es funktionierte! Der Biorealismus in der Architektur hatte den gewünschten Effekt!

Die Glaswände, die einen halben Block lang waren, ließen die Natur herein. Der blaue Himmel mit weichen, weißen Wolken schmückte das Gebäude. Zwölf lauschige Brunnen sprudelten draußen neben der östlichen Wand der Kirche sanft in einem langen Becken und weckten in mir Erinnerungen an Predigten an den Ufern des Floyd. Die Umgebung erfüllte den Innenraum. Und die friedevolle Stimmung wirkte Wunder. Die Besucher entspannten sich – intuitiv und augenblicklich. Der Friede des Himmels, der Wolken und des Wassers machte die Herzen und den Geist der Anwesenden aufnahmebereit für die Gedanken, die ihnen nahegebracht werden sollten. Jeder konnte die Atmosphäre des Gebets spüren und den Frieden, den die Betrachtung der Natur brachte.

Verschwunden waren die Wände, die Neuankömmlinge hätten abschrecken können. Ich hatte mich auf die Theorie verlassen, dass eine »natürliche« Atmosphäre für Besucher, die der Kirche bisher fern standen, angenehmer wäre. Dass viele von ihnen den intensiven religiösen Symbolismus konventioneller Kirchenarchitektur als bedrängend empfunden hätten. Ich war damit ein großes Risiko eingegangen, aber es war ein voller Erfolg geworden. Wir hatten einen Ort geschaffen, an dem jeder völlig frei mit Gott in Kontakt kommen konnte!

Durch die Architektur wurden alle Sinne wirkungsvoll auf das Geistliche ausgerichtet! An diesem Tag wurde ein Bibelvers für mich Wirklichkeit:

»Die Himmel verkünden die Ehre Gottes!«

Ich hatte schon als Kind eine tiefe Liebe zu Gottes Natur entwickelt, und nun, nachdem ich fast sechs Jahre unter offenem Himmel im *Drive in* gepredigt hatte, fühlte ich mich wirklich zu Hause. Wenn nur noch das Dach auch aus Glas gewesen wäre – das wäre perfekt gewesen!

Als Dr. Peale und ich an diesem Einweihungsmorgen die Kanzel erreichten, sang der Chor seinen triumphalen Eröffnungshymnus »Heilig, heilig, heilig«. Ich drückte einen Knopf an der Kanzel und zwei gewaltige Teile der Glaswand neben der Kanzel schoben sich langsam und majestätisch zur Seite und schufen eine sieben mal sieben Meter große Öffnung in der Wand! Es war, als ob die Himmel hereinströmten. Ich konnte außerdem auf einen äußeren Balkon hinaustreten, um die *Drive in*-Gemeinde zu sehen und ihr zuzulächeln.

Eine warme Brise wehte herein, und ich konnte den Geruch der Gardenien riechen, den sie mit sich führte. Ich hörte den Klang der Glocken in den fünf Glockenstühlen, 30 Meter über dem Kirchendach. Eine Woge der Zufriedenheit und ein Hochgefühl durchströmte mich – dasselbe Gefühl, das ich vor Jahren als kleiner Junge erfahren hatte. Ich war in meinem »Irgendwo« angekommen, und ich hatte nicht vor, jemals wieder wegzugehen.

Jetzt waren wir eine Kirche. Wir hatten sogar Reservesitze in der Sonne. Auf den großen grünen Rasen direkt unter meiner Kanzel passten noch einmal 1000 Stühle. Und wir brauchten sie in den kommenden Jahren an vielen Sonntagen.

Unsere Besucherzahlen stiegen in den 1960ern auf über 2000 pro Woche an, was uns zur zweitgrößten Reformierten Kirche in Amerika machte, nur noch übertroffen von der *Marble Collegiate* in New York, wo Dr. Peale regelmäßig in zwei übervollen Gottesdiensten zu einer Gemeinde von insgesamt 4000 Menschen sprach. Außerdem gewann der Entwurf von Neutra einen Architekturpreis nach dem anderen.

Aber während ich diesen Höhenflug erlebte, litten die Vereinigten Staaten weiter unter den schmerzhaften, politischen Unruhen, die besonders die amerikanische Vietnam-Politik betrafen.

Nachdem Präsident Kennedy 1963 ermordet worden war, hatte Präsident Johnson den Luft- und Bodenkrieg in Vietnam massiv verstärkt. Mitglieder meiner Kirche starben bei dieser verzweifelten Anstrengung. Proteste und Friedensmärsche wurden zu einem gewohnten Anblick auf dem Campus der Universitäten und in den Abendnachrichten. Wieder einmal stand die Geistlichkeit inmitten eines politischen Streits und vor der Frage, was in dieser Zeit ihre Rolle und ihre Botschaft war.

Martin Luther King jr., der nach Atlanta gezogen war, um sich um die Baptistenkirche seines Vaters zu kümmern, rief die Bürgerrechtsbewegung ins Leben. Diese breitete sich, entflammt von einer nationalen Leidenschaft, rasch aus. Aber im weißen, angelsächsischen, protestantischen Garden Grove schien die Bürgerrechtsbewegung weit entfernt.

Eines Abends allerdings – ich fuhr gerade von einem kirchlichen Treffen nach Hause – sah ich eine Gruppe von Nachbarn, die im Vorgarten eines der Reihenhäuser zusammenstanden. Ich hielt an, um zu sehen, ob etwas nicht in Ordnung war.

»Hat es einen Unfall gegeben?«, fragte ich einen der Herumstehenden.

»Nein«, sagte er. »Eine farbige Familie ist gerade eingezogen.«

Mir wurde klar, dass dies hier ein Moment war, in dem das Schicksal auf der Kippe stand. Beides, positives oder negatives Denken, konnten der Waage den Anstoß geben. Etwas »Ungewöhnliches« passiert, also bleibt der Erste, der es sieht, stehen, um zuzuschauen. Wegen dieser einen Person, die beobachtend herumsteht, halten andere an, und mit der Zeit bildet sich eine Menge. Und die Menge ist leicht zu manipulieren; ihre Leidenschaften lassen sich einfach anstacheln. Ein Demagoge, der von Hass oder sogar von einem bloßen Verdacht getrieben ist, kann sich die Energie einer Menge zu Nutze machen und alles mögliche Unheil anrichten. Auf der anderen Seite kann jemand, der guten Willens ist, die negative Energie aufnehmen und in nichts auflösen.

»Aber warum dann der Auflauf?«, fragte ich ihn. Es war eine einfache Frage, aber eine, die es wert war, gestellt zu werden. Was ist so ungewöhnlich daran, dass eine farbige Familie versucht, dieselben Annehmlichkeiten des Lebens zu genießen, wie der Rest von uns?

Er hatte keine Antwort auf meine Frage. Er zuckte nur mit den Schultern, steckte die Hände in die Taschen und ging weiter. Und nach und nach taten alle anderen dasselbe. Es war ein Nicht-Ereignis.

Kurz darauf las ich in der Lokalzeitung einen Artikel, in dem ein neuer, schwarzer Miteinwohner über seine Erfahrungen beim Umzug in diese Gegend befragt wurde. Seine gewitzte Antwort gefiel mir. Er sagte: »Hier kennt man nur eine Farbe ... Orange.«

Als die Proteste im ganzen Land zunahmen und heftiger wurden, wuchs auch meine Betroffenheit und Verwirrung. Am *Hope College* hatte man uns beigebracht, niemals auf der Straße die Stimme zu erheben. Aber waren unsere Lehrer in ihrer kleinstädtischen Bequemlichkeit nicht zu naiv und zu selbstgefällig gewesen? »Protest führt viel zu leicht zur Gewalt. Wendet euch an die Gerichte und den Kongress«, hatte man uns gelehrt. Aber jetzt waren Dr. Kings Märsche mit Erfolg gesegnet und er lehrte Amerika einige Lektionen über die Sünde des Rassismus.

Im weiteren Verlauf der 1960er Jahre konzentrierte ich mich auf meine Studien über das menschliche Verhalten. Sehr beeindruckt war ich von Dr. Viktor Frankls Lehre der grundlegenden Unterschiede in der Entwicklung der Psychiatrie in unserem Jahrhundert. Er ging von zwei unterschiedlichen Denkmodellen aus: Kollektivismus und Individualismus. Diese Gegensätze, so Frankl, bleiben oft unausgesprochen, aber sie durchdringen Philosophie, Psychologie, Psychiatrie, Theologie, Soziologie, Ökonomie und Politik.

In einem unserer Gespräche äußerte Frankl: »Freud konnte in Russland nie akzeptiert werden und wurde es auch nie, nicht dort und auch in keinem anderen kommunistischen Staat, denn Freuds Lehre basiert prinzipiell und fundamental auf dem Individualismus, und der befindet sich wesensgemäß auf einem unausweichlichen und unversöhnlichen Kollisionskurs zum Kollektivismus.«

Viele Ereignisse des 20. Jahrhunderts können als Zusammenprallen zwischen diesen beiden Denkmodellen verstanden werden. Meine persönliche Geschichte basiert mehr auf dem Individualismus. In meiner Vorstellung war Kollektivismus zwar löblich, wenn er in einer Gemeinschaft einen Geist des Teilens hervorbrachte. Aber als Philosophie führte er meiner Ansicht nach allzu oft zum Paternalismus, der das Individuum nicht dazu ermutigt, eigene Vorstellungen zu entwickeln, geschweige denn, dass er die Fähigkeiten des Einzelnen unterstützt, Ungerechtigkeiten in der Gesellschaft zu überwinden.

Tatsächlich war der Kollektivismus das genaue Gegenteil meiner Botschaft! Aber ich fühlte mich berufen, mich der Menschen auf beiden Seiten dieser Ideologien anzunehmen! Ich konnte es mir nicht erlauben, mich auf die eine oder die andere Seite zu stellen.

Aber das war nicht immer so gewesen. Ich kam vom Calvinismus her, der eine stark kollektivistische Sichtweise hat, die eine Hinterlassenschaft seines Mutterglaubens ist, des Katholizismus. Die Erlösung der unsterblichen Seele jedes Einzelnen war im Wesentlichen, wenn nicht sogar gänzlich, davon abhängig, dass man »zur Kirche gehört«, ein »Mitglied im richtigen religiösen Verein« ist. Wenn man ein eingetragenes, »ausgewiesenes« Mitglied des richtigen heiligen Vereins war, würde man durch die heilige Sicherheitsschleuse gelassen werden, wenn die Seele von der Zeit in die Ewigkeit überging – von der Erde in den Himmel.

So schuf und erdachte die kollektivistische Ansicht eine kollektivistische Strategie zur persönlichen Erlösung. Kinder wurden durch ein Sakrament, genannt Taufe, in eine günstige Position im Verein gebracht. Aber die Zulassung zur »vollwertigen Mitgliedschaft« konzentrierte sich mehr auf das kollektive als auf das individuelle Modell. Konfirmationsklassen dienten der Vorbereitung und Qualifizierung des Einzelnen für die Aufnahme in die Institution, die ihn dann annahm. Jede einzelne Seele war durch »Mitgliedschaft in der Kirche« zum Glauben »gerettet«, was volle und ewige Privilegien garantierte. Das war der Standpunkt, auf den die reformierte Theologie sich stellte.

Die biblische Grundlage hierfür leitete man aus der »Bundestheologie« ab. Diese Theologie konzentriert sich auf die Tatsache, dass Gott ein »auserwähltes Volk« in Israel berufen und Abraham »und seinem Samen« seinen Segen zugesagt hatte. Wegen dieses alten Bundes wurden Babys direkt in den heiligen Club hineingeboren. Es war keine persönliche Entscheidung.

Die Gründer des protestantischen Christentums – Martin Luther und Johannes Calvin – machten keine Anstalten, dieses stark kollektivistische Modell in der Theologie der Erlösung zu verändern. Gott hatte seine erwählte Gemeinschaft, und die Aufnahme in diese wurde nach kollektivistischen Gesichtspunkten gewährt. Die »Familienzugehörigkeit« war in dieser Bundestheologie von großer Bedeutung und die Kirchenführer kontrollierten die kollektivistische Gemeinschaft der Gläubigen. Als Livingston im 19. Jahrhundert die Mission in Afrika begann, war das ganz gegen das bestehende Konzept. »Sie gehören nicht zu unserer Familie«, war die vorherrschende Haltung im anglikanischen England.

Inzwischen erzeugte Evangelisation, die auf eine ganz persönliche Entscheidung des Einzelnen zielte, einen unbewussten Konflikt mit der unausgesprochenen kollektivistischen Weltsicht der Kirche. Ich war schockiert, als ich zum ersten Mal in einem evangelistischen Gottesdienst am *Hope College* einen Ruf zur persönlichen Erlösung miterlebte. Billy Graham, der damals Pastor in einer kleinen Kirche in Illinois war, war zu uns gekommen, um in unserer College-Kapelle zu predigen. Unser Männerquartett hatte für die musikalische Umrahmung gesorgt.

Am Ende seiner Predigt hatte Billy »Einzelne«, nicht Gruppen oder Klassen, gebeten, »nach vorne zu kommen und Jesus Christus als ihren persönlichen Herrn und Heiland anzunehmen«.

Auf ähnliche Weise konzentrierte sich meine Theologie jetzt auf die Verantwortung des Einzelnen. Und so blieb ich bei meiner Strategie: Samen des positiven Glaubens zu säen, sie zu wässern, den entstehenden Glauben dabei zu unterstützen, gesund und stark zu werden und schließlich das Negative auszumerzen.

Die Blüte dieser Strategie half mir durch diese Zeit der Unruhe. Drei Jahre nach der Fertigstellung unseres Neutra-Baus hatten wir unsere Besucherzahlen verdoppelt. Jetzt kreuzte eine neue Versuchung meinen Weg – eine Gelegenheit, die schmeichelhaft und aufregend war.

Trotz der Aufregung, die seine Warnung vor der Wahl eines katholischen Präsidenten im Jahr 1960 verursacht hatte, war Norman Vincent Peale immer noch der Motivationsprediger Nummer 1 und schwamm weiter auf der Erfolgswelle seines monumentalen Bestsellers *The Power of Positive Thinking*. Von mir unbemerkt, hatte er meine Karriere mit Interesse verfolgt. Er schickte mir eine Kopie des folgenden Memos:

14. Mai 1964
Memorandum für die Ältesten und Diakone
Von: Norman Vincent Peale

Als Leitungskräfte und Pastoren dieser Kirche sind wir für die Verbreitung des Werkes Christi in unserem Teil seines Königreichs verantwortlich.
Wir dürfen uns der Tatsache nicht verschließen, dass eine Institution, die sich nicht vorwärts bewegt, dem unaufhaltsamem Niedergang gegenübersteht, und wir wünschen keinen Niedergang. Aber die Kräfte des Niedergangs sind sehr stark. Eine völlig neue Generation hat sich erhoben, die die christliche Moral und ihre Ideale stärker herausfordert, als dies in den vergangenen 200 Jahren der Fall war. Die einzige Antwort darauf ist, auf diese Situation zu reagieren, und richtig *darauf zu reagieren.*

Hierfür sind nötig:
1. *völlige Hingabe*
2. *Mut zum Vorwärtsschreiten, ungeachtet der Kosten*
3. *bessere Organisation*
4. *christliche Evangelisation mit echter Tiefe*

Um dieses Programm umzusetzen schlage ich Folgendes vor:

1. *Reverend Robert Schuller von der* Garden Grove Reformed Church *in Garden Grove, Kalifornien, als Pastor für den Bereich Verwaltung anzustellen und sein großes Talent und seine nachweisliche Erfahrung für die Neugestaltung des Programms und die Führung des Personals zu nutzen. Er sollte außerdem der Prediger für den Sonntagabend und der Programmdirektor sein.*
2. *Die Anstellung von Reverend Alastair Hair aus Bellevue, Ontario, als Pastor für Evangelisation. Er sollte die Aufgabe übernehmen, die evangelistische Strategie in der gesamten Kirche auszuweiten, den Unterricht in geistlichem Studium und Wachstum zu organisieren und zu leiten und die Verantwortung für das Programm für junge Erwachsene zu übernehmen, das augenblicklich über 400 aktive junge Menschen umfasst.*

Dieses Vorhaben wird Geld kosten. Aber wir haben das Geld, und ich bin überzeugt, dass das verstärkte Wachstum, das es bewirken wird, nach und nach diese zusätzlichen Kosten decken wird. Aber, ob es das tut oder nicht, Jesus Christus möchte, dass wir mutig und im Glauben vorwärts gehen.

Das obige Programm kam mir nach ernsthaftem Gebet in den Sinn, und ich denke, dass es Gottes Führung darstellt. Ich empfehle deshalb seine Annahme und Umsetzung in diesem Herbst.

Ich rief mir den Tag ins Gedächtnis, an dem ich vor meinen Klassenkameraden eine Predigt gehalten und Professor Mulder mich mit den Worten gelobt hatte: »Bob, diese Predigt war gut genug für die ›Marble Collegiate Church‹!«

Jetzt war sie da – meine Einladung, in New York Karriere zu machen!

Ich war so aufgeregt, dass ich sofort Arvella anrief, die meine Begeisterung allerdings nicht teilte.

»Bob!«, rief sie empört. »Unsere Kinder in New York aufziehen?! Auf keinen Fall!«

Aber die Einladung war sehr verlockend. Tagelang rang ich mit meiner Entscheidung. Dann klingelte eines Tages das Telefon im Kirchenbüro und Lois Wendell, meine Sekretärin, nahm ab.

»Es ist Dr. Peale«, sagte sie durch die halb geöffnete Tür zu mir. Ich griff zum Hörer und begrüßte meinen Freund.

Wir tauschten Höflichkeiten aus, dann kam Dr. Peale auf den Punkt. »Wie viele Besucher hast du jetzt in deiner ›Walk in/Drive in‹-Kirche?«, fragte er.

»Jeden Sonntagmorgen ungefähr 2000«, antwortete ich stolz, davon überzeugt, dass wir damit im Geschäft wären.

»Dann bleib, wo du bist«, erwiderte er bestimmend.

Ich war verblüfft! Was sagte er da? Hadere nicht mit dem Erfolg? Ich kämpfte mit meiner Enttäuschung, aber nur einen Moment lang. Fast augenblicklich fühlte ich, wie mich ein Gefühl der Erlösung und Dankbarkeit durchflutete. Mir wurde klar, dass Gott meinen inneren Widerstreit gesehen hatte und dass er mir bei meiner Entscheidung half. Das, was ich wirklich wollte, war, meine eigene Kirche zu bauen – groß oder klein, bei allen bekannt oder unbemerkt und abgelegen im fernen Kalifornien.

Ich war mit dem Zeichen des Vertrauens, das mir Dr. Peale mit seiner Einladung erwiesen hatte, zufrieden. Dann fügte er hinzu: »Aber ich werde dich trotzdem einladen, herzukommen und von meiner Kanzel aus zu predigen.«

Und an drei Sonntagen im Sommer tat ich genau das – und ich hatte das Gefühl, dass ich wirklich »angekommen« war. Ich war als Prediger anerkannt, ohne dass ich dabei meine eigene Mission hätte vernachlässigen müssen.

Zur gleichen Zeit kamen mein Vater und meine Mutter zu einem Besuch nach Kalifornien. Ich holte sie vom Zug ab und konnte es kaum erwarten, ihnen all das zu zeigen, was wir inzwischen hier an der Westküste erreicht hatten – mein »Irgendwo«.

»Dad, was denkst du?«, fragte ich. Nachdem er in der frühen Bauphase mitgeholfen hatte, Nägel einzuschlagen, war ich neugierig darauf, was er von dem fertigen Bau hielt. Er lächelte und nickte zustimmend.

Wir gingen langsam durch das Kirchengebäude von Neutra – die Brunnen sprudelten ein spielerisches Willkommen. Seine Arthritis machte ihm das Treppensteigen schwer, aber er stieg trotzdem bis in die Kanzel hinauf. Ich nahm ihn mit an den Platz, an dem ich normalerweise predigte, und genoss den Showeffekt, als ich die Türen öffnete. Ich zeigte auf den großen, leeren Parkplatz des *Drive in*, so wie Dad damals zur *Big Time Road* gezeigt hatte.

»Dad«, sagte ich. »Sonntagmorgens ist dieser ganze Parkplatz voll mit Autos. In den Wagen sitzen Leute, die die ganze Woche über herumhetzen und sich plagen, und sie kommen sonntags hierher, um sich wieder Kraft für die nächste Woche zu holen. Was du hier siehst und was du da drinnen siehst«, ich deutete auf den leeren Kirchenbau, »das ist meine Kirche, Dad.«

Tränen glitzerten in seinen Augenwinkeln und ein sanftes Lächeln breitete sich auf seinen faltigen Wangen aus. »Es ist schön, Sohn«, sagte er. »Einfach schön.« Meine Mutter nickte zustimmend.

Ich zeigte ihm meine Robe und seine Finger glitten über die Nähte. Dann flossen seine Augen über und Tränen fielen auf den Samt.

Nur wenige Wochen später, als er wieder zu Hause war, ging Dad nach draußen, um im Garten zu arbeiten. Es war in den ersten Tagen des mittelwestlichen Frühlings. Er war etwas zu dünn angezogen und zog sich eine Erkältung zu, die sich zu einer Lungenentzündung entwickelte. Ich bekam den Anruf, dass er sterben würde, und flog nach Hause, um ihm ein letztes Mal Lebewohl zu sagen.

»Dad?« Ich blicke auf die jetzt zerbrechliche Gestalt meines Vaters, der in seinem Bett liegt. »Dad? Ich bin's, Harold.« Jetzt öffnet er die Augen, aber nur ein wenig.

»Dad?« Er wendet sich mir zu und öffnet sie ganz. Ich sage das, was zu sagen ich gekommen bin: »Ich möchte dir danken, Dad. Deine Gebete – einen Sohn zu haben, der ein Prediger werden sollte –, du weißt, dass sie erhört worden sind.«

Dads Gesicht verzieht sich und er weint. Ich halte ihn fest und ich fühle seine feuchte Wange an der meinen – Haut an Haut. Wir bleiben lange in dieser Stellung.

»Aber es gibt noch mehr, Dad«, füge ich hinzu. »Arvella ist wieder schwanger. Wenn es ein Junge ist, werde ich ihn ›Anthony‹ nennen – nach dir.«

Er nickt schwach, aber diesmal weint er nicht. Er ist zu erschöpft. Ruhig und friedlich schließt er zum allerletzten Mal seine Augen.

28

Die Bevölkerung in Orange County wuchs weiter und die Schönheit des Kirchenbaus von Richard Neutra fand großen öffentlichen Anklang. So fing ich an, mir neue Gebäude vorzustellen – Sonntagschulräume, Kirchenbüros, ein Beratungszentrum, in dem wir Familien und Ehepaaren helfen konnten, die in Schwierigkeiten waren, und auch eine Kapelle für Hochzeiten, Beerdigungen und zur stillen Einkehr.

Ich würde auch Platz für einen neuen Traum brauchen, zu dem mich Dr. Alan Walker aus Sidney in Australien inspiriert hatte. Dr. Walker war der Gründer und Betreiber der ersten und einzigen 24-Stunden-Telefonseelsorge, die sich auf die Verhinderung von Selbstmorden und auf Krisenintervention spezialisiert hatte. Dort arbeiteten besonders geschulte Freiwillige, die gelernt hatten, wie man mit der Panik und dem selbstzerstörerischen Verhalten umgeht, das so leicht aus Depression und Verzweiflung entsteht.

Beim Gedanken an den Selbstmord von Arvellas Freundin Louise in den frühen Tagen unserer Kirche, brachte dieser Gemeindedienst eine Saite tief in unserem Inneren zum Klingen. Wir wurden mit Anfragen nach unterschiedlichsten Beratungen regelrecht überflutet. Wenn wir eine solche Hotline ins Leben rufen konnten, wäre es möglich, rund um die Uhr ein offenes Ohr für die Menschen zu haben.

Die Gebäude, die wir für all diese Dienste brauchten, von denen wir träumten, würden etwas über 0,4 Ar zusätzlichen Platz brauchen, den wir aber nicht hatten. Wir hatten nur noch einen kleinen Innenhof übrig, weil die Parkplätze so viel von unseren 4 Hektar in Anspruch nahmen.

Es war allerdings an dieser Stelle noch Platz für einen hohen Turm, und dieser konnte ja groß genug sein, um darin Büros, Unterrichtsräume, Beratungszimmer, eine Kapelle und, ja, auch die 24-Stunden-Hotline unterzubringen. Wir konnten noch viel erreichen.

Ein Gedanke traf mich wie ein Blitz: Wir könnten den Turm *Tower of Hope*[20] nennen und die Hotline könnte *New Hope*[21] heißen. Ja, jetzt war genau der richtige Zeitpunkt, um diesen Turm zu bauen! Wir könnten ein vier Meter hohes Kreuz auf seine Spitze setzen, und der ganze Turm würde ein eindrucksvoller Kirchturm sein, der der Gemeinde zurief: »Hier ist eine Kirche für dich! Hier ist Hoffnung für dich!«

Mit dem Gedanken an unser zukünftiges Wachstum zeigte ich eines Tages Neutra meine Idee. »Denken Sie, wir könnten in die Höhe gehen?«, fragte ich und gab ihm meine Skizze.

An seinem Zeichentisch sitzend, sah er sich meinen Plan an. Die Skizze beschrieb einen Turm mit 25 Stockwerken, in dessen oberstem Stockwerk sich eine Kapelle befand, Büros und Sonntagsschulräume darunter, bis hinab zur Empfangshalle. »Könnte das der Raum sein, der uns fehlte? Könnte dieser eine hohe Wolkenkratzer mit der kleinen Grundfläche all die Räumlichkeiten unterbringen, die wir brauchen?«

Er spitzte die Lippen, studierte die Zeichnungen sorgfältig, aber er gab keinen Kommentar ab.

Für den Fall, dass er überzeugt werden musste, fügte ich hinzu: »Das wird der kreativste Kirchturm sein, der je gebaut worden ist!«

Er nahm seinen feinen, professionellen Stift und fügte ein paar Linien und Zahlen ein.

Ich fuhr begeistert fort: »Dies wird nicht nur ein Kirchturm sein; es wird ein Turm der Hoffnung sein! Denken Sie nur, Mr. Neutra, all die hohen Kirchtürme in den alten Kathedralen sind bloß Monumente. Dies wird ein Monument sein, das ein Werkzeug für die Verbreitung von Hoffnung ist!«

Er nahm seine Brille ab und legte sie auf seinen Zeichentisch. Er lehnte sich in seinem Stuhl zurück, verschränkte seine Arme und sah mich an. Die Spannung brachte mich beinahe um. Dann nickte er langsam und bedächtig. Ich hatte ihn! Er mochte die Idee, das konnte ich sehen.

Ich fuhr fort: »Machen Sie mir eine Zeichnung – machen Sie sie atemberaubend –, und wir werden die Gelder bekommen, die wir brauchen.«

Zwei Wochen später lieferte er seine architektonische Visualisierung ab. Der Turm war 25 Stockwerke hoch, wie ich vorgeschlagen hatte – dies entsprach 85 Meter. Damit war unser Turm höher als das Rathaus von Los Angeles und 30 Meter höher als das »Matterhorn« in *Disneyland!* Tatsächlich würde es das höchste Gebäude in Orange County sein.

Das Bild zog die Presse an, und wir hatten alle Publicity, die wir uns nur wünschen konnten. Wir hatten bloß noch kein Geld.

Auf der verzweifelten Suche nach Barem handelte ich einen Buchvertrag für 6000 Dollar aus, mit denen ich den *Tower of Hope*-Baufonds eröffnete.

Am folgenden Sonntagmorgen verkündete ich meiner Gemeinde Folgendes: »Ihr habt das Bild gesehen«, sagte ich zu ihnen. »Ihr müsst die Geschichte des aufregendsten Turms lesen, der je gebaut wurde. Man schätzt, dass er eine Million Dollar kosten wird. Ich habe Neuigkeiten für euch. Gerade in dieser Woche haben wir eine anonyme Spende von 6000 Dollar bekommen, um einen Grundstock für den Baufonds zu legen; also *wird* der Turm gebaut werden! Selbst wenn wir keinen einzigen Dollar mehr dazubekommen, verzinsen sich diese 6000 Dollar schon heute; und mit Zins und Zinseszins wird der Fonds in kaum mehr als einem Jahrhundert auf eine Million Dollar anwachsen!« Alle lachten.

Schon hatte die Presse eine neue Story. Diesmal betonten sie die Höhe unserer voraussichtlichen Kosten. Dann kam ein Anruf aus Neutras Büro. »Schlechte Nachrichten, Bob. Ich habe die Bestimmungen überprüft und herausgefunden, dass wir kein Gebäude mit 25 Stockwerken bauen können«, erklärte er mir. »Die kalifornischen Erdbebengesetze begrenzen die Höhe von Wolkenkratzern auf 53 Meter! Das erlaubt uns nur 12 Stockwerke und die Kapelle wäre nur sieben Meter hoch.«

»Aber die Presse zitiert mich mit meiner Aussage, das Gebäude würde 85 Meter hoch werden!«, sagte ich. »Ich kann mich doch nicht der Lüge bezichtigen lassen.«

Ich wollte nicht weniger liefern, als ich versprochen hatte, also versuchte ich einen anderen Ansatz. »Wie wäre es, wenn wir den Turm 53 Meter hoch machen und dann ein Kreuz von 32 Metern darauf setzen? Dann hätten wir auch 85 Meter. Würden die Bestimmungen das erlauben?«

»Kein Problem, Bob«, versicherte er mir, »solange sich oberhalb von 53 Metern keine Menschen aufhalten.«

Dann rief Neutra wieder an. »Wir können das Kreuz nicht 32 Meter hoch machen«, korrigierte er seine ursprüngliche Aussage, »sonst könnte es im Wind zu schwingen anfangen und das Gebäude zerstören. Wir könnten es tun – aber nur, wenn wir auch vier schwere Kabel anbringen, die von den Enden des Kreuzes zu den vier Ecken des Turms führen.«

Ich wand mich. »Auf keinen Fall«, entgegnete ich. »Setzen Sie sich noch mal ans Reißbrett und finden Sie eine andere Lösung.«

Zwei Tage später rief er mich zurück. »Wenn wir die Basis des Kreuzes 1,20 breit machen und es dann nach und nach auf 60 Zentimeter verjüngen, würde das mögliche Vibrationen verhindern.«

»So machen wir es«, stimmte ich mit Überzeugung zu.

Jetzt traf der Kirchenvorstand eine mutige Entscheidung. Sie wollten die Beschaffungszeit für die Million Dollar von 100 auf zehn Jahre verkürzen. Der Antrag wurde angenommen. Wir beteten für eine Anfangsspende von einem Zehntel der Gesamtkosten – 100.000 Dollar.

Ich rief Vern und Lavon Dragt an, mit deren überraschendem Zehnten wir die monatlichen Raten für unsere vier Hektar Grund bezahlt hatten. »Uns gefällt die Idee mit der Kapelle oben im Turm«, sagten sie. Dann fügten sie hinzu: »Nichts ist unmöglich. Es dauert nur manchmal etwas länger! Wir werden zehn Jahre lang jedes Jahr 10.000 Dollar geben. Das sind 100.000 Dollar. Ist das annehmbar?« Ob das *annehm-*

bar war? Auf jeden Fall! Ich war überwältigt von ihrer Großzügigkeit. Ich habe ihre optimistische Antwort später zu einer Zeile umformuliert, über die ich in den folgenden Jahren oft gepredigt habe:

Große Träume scheitern nie; sie brauchen nur manchmal etwas länger!

Die Kampagne war gestartet und sie lief. Die Pläne waren gezeichnet. Mehr Schuldscheine für den Bau wurden verkauft.

Am 4. Dezember – am Abend nach einem großen Spendendiner für den *Tower of Hope* – wurde unser viertes Kind geboren. »Nun«, sagte ich zu mir, »ihr Name wird wohl nicht Anthony sein.«

Als ich ihren kleinen, warmen Körper an meine Brust drückte, stiegen mir vor Freude die Tränen in die Augen. Ich zog ihre zarte Wange an die meine, während passend zur Jahreszeit Weihnachtslieder in den Fluren des Krankenhauses erklangen – alles Freudenlieder. Also nannten wir unser viertes Kind Carol[22] Lynn.

Als wir Carol nach Santa Ana in unser Haus mit den vier Schlafzimmern brachten, warteten schon die 13-jährige Sheila, der 10-jährige Bob und die 7-jährige Jeanne auf sie, um sie willkommen zu heißen.

Bei all der Aufmerksamkeit, die Carol von uns allen und von den vielen Gemeindemitgliedern und engen Freunden, die sich um sie kümmerten, erhielt, waren wir sicher, dass sie völlig verzogen sein würde, bis sie erwachsen war. Sie brauchte noch ein jüngeres Geschwisterchen, also planten wir ein weiteres Kind. Und zwei Jahre und zwei Monate nach der Geburt von Carol – am 14. Februar 1967 – kam Gretchen Joy an. Unser letztes Kind.

Ich hielt an diesem Abend einen Vortrag in Indiana, als das Telefon in meinem Hotelzimmer klingelte. Es war Sheila, meine Älteste, die mir mitteilte, dass Arvella zwei Wochen vor der Zeit niedergekommen war. »Dad, du hast noch eine Tochter«, sagte sie stolz.

Bobby kam ans Telefon und klang ein bisschen enttäuscht. »Dad, es ist schon wieder ein Mädchen!«

An jenem Abend fühlte ich mich schrecklich weit weg von zu Hause. Ich wünschte so sehr, mein neues kleines Valentinsgeschenk in den Armen halten zu können. Ich weinte Tränen der Liebe, der Freude und der Dankbarkeit.

Zum zehnten Jubiläum unserer Kirche überraschte die Gemeinde Arvella und mich mit einer Reise ins Heilige Land. Sie wollten auch Arvella für ihre 10-jährigen Dienste als Pastorsgattin, Organistin und Andachtsleiterin ehren. Dieser Ausdruck von Zuneigung und Wertschätzung bewegte uns tief, denn er zeigte deutlich, dass wir jetzt eine Gemeinde hatten, die in Liebe und Mission vereint war. Die Ferien waren auch eine wunderbare Gelegenheit, einmal auszubrechen und unseren 15. Hochzeitstag gebührend zu feiern.

Unser Besuch in dem Land, in dem Jesus gewandelt war, bewegte uns sowohl geistlich als auch emotional. Dann, als zusätzlichen Bonus, hatten wir noch die Möglichkeit, Napoleons Sommerresidenz am Comer See in Norditalien zu besuchen. Dort sah ich eine sehr beeindruckende Reihe italienischer Zypressen, die von ihrer starken Basis bis hin zu den hohen, schlanken Spitzen fast 50 Meter hoch waren – elegant, stark, aber so biegsam, dass sie sich sanft in der Brise wiegten. Wow! Plötzlich konnte ich schon vor mir sehen, wie ein Vorhang aus diesen eleganten Bäumen unsere luftige *Drive in*-Kirche umschloss! Aber ... unmöglich? Immerhin waren diese Bäume am Comer See fast 200 Jahre alt!

Da erinnerte ich mich an Dad und daran, wie er nach dem Tornado seine Apfelbäume gepflanzt hatte. »Harold, wir pflanzen die Bäume nicht nur für uns selbst«, hatte er gesagt, »sondern auch für die, die nach uns kommen!« Diese Worte klangen mir in den Ohren, als ich das Wunder dieser Giganten betrachtete.

Zu meinem Leidwesen teilte der Kirchenvorstand meine Vision nicht, als ich wieder zu Hause war. Sie geboten meinen Zypressenplänen augenblicklich Einhalt und entschieden sich stattdessen dafür, den langen, schmalen Raum, den ich dafür vorgesehen hatte, für zusätzliche Parkplätze zu nutzen. Also wurde alles zuasphaltiert. Schwarz und tot.

Aber ich konnte meinen Traum von einem herrlichen, luftigen, grünen Vorhang um die *Drive in*-Kirche herum nicht vergessen. Ich *wusste* einfach, dass er eines Tages Wirklichkeit werden würde! Also wartete ich, bis meine Zeit gekommen war. Als ich nochmals über die Vorstandssitzung nachdachte, fiel mir auf, dass die Amtszeit eines jeden Ältesten und Diakons auf eine bestimmte Anzahl von Jahren begrenzt war. Mir wurde klar, dass in vier Jahren die Amtszeit einer kleinen Mehrheit zur gleichen Zeit auslaufen würde. Eine Woche später würden sie in einer Gemeindewahl ersetzt werden. Es würde also einen Zeitraum von sechs Tagen geben, in dem der Vorstand nicht beschlussfähig war. In dieser Zeit würde ich – als Präsident und Vorsitzender – die Macht haben zu handeln!

Ich fing schon vier Jahre im Voraus an, für diese sechs Tage der Handlungsfreiheit zu planen. Ich würde Bulldozer bereithalten, die den Asphalt herausreißen würden. Dann würden Lastwagen meine vorbestellten, einen Meter hohen italienischen Zypressen anliefern. Am Ende der Woche konnten alle gepflanzt sein! Die Dragts hatten Recht:

Große Träume scheitern nie; sie brauchen nur manchmal etwas länger!

Der bedeutende Akt der Grundsteinlegung für den *Tower of Hope* brachte ein Wiedersehen mit Norman Vincent Peale und vielen anderen, die sich fragten, was um alles in der Welt ich jetzt schon wieder vorhatte – einen Wolkenkratzer mitten auf einem Kirchengelände zu bauen?! Die Mitglieder meiner Gemeinde befanden sich wieder einmal auf »Schullers wildem Ritt«! Wer brauchte da noch *Disneyland*?

Dann erhielt ich einen weiteren Anruf von Neutra. »Bob, das Kreuz ist fertig«, sagte er. »Es ist aus Stahlplatten gemacht, die sich braun färben werden, wenn sie rosten. Es liegt auf dem Boden der Fabrik im Osten von Los Angeles. Am besten fährst du mit mir dorthin, um es zu begutachten.«

Als ich die gewaltige Halle betrat, stand mir wohl buchstäblich der Mund vor Staunen offen. Das Kreuz war riesig! Es muss das größte Kreuz gewesen sein, das jemals für irgendein Gebäudedach auf der Welt geplant worden war! Es war 30 Meter lang! Die Basis war mit über einem Meter so groß, dass ich auf Händen und Knien hineinkriechen konnte. Als ich wieder herauskam, sagte ich: »Wie um alles in der Welt wollen wir das aufs Dach bringen?«

»Kein Problem, Bob«, erklärte mir Neutra. »Wir schneiden es in der Mitte durch. Wir bringen zuerst die untere Hälfte mit einem 100-Meter-Kran nach oben. Dann setzen wir die obere Hälfte drauf und schweißen es vor Ort zusammen!«

Ich war sprachlos.

Im Sommer 1967, während der *Tower of Hope* gute Fortschritte machte, entschied ich mich, am Weltkongress für Psychiatrie in Madrid teilzunehmen. Ich schrieb gerade mein erstes Buch über Möglichkeitsdenken, und es war wichtig für mich, zu hören, was die führenden Psychiater der Welt zu sagen hatten. Als ich mich anmeldete, hatte ich keine Ahnung davon, dass ich dort völlig neue und klare Prioritäten gewinnen sollte, die meinen Dienst grundlegend prägen würden.

Es war die letzte Veranstaltung, die mich besonders beeindruckte. Sie bestand aus drei Vorträgen. Der erste Vortragende, Dr. Rome aus den Vereinigten Staaten, sprach 30 Minuten lang über den Glauben. Der zweite Vortragende, Dr. J. W. Janz aus Deutschland, sprach über die Hoffnung. Der dritte Vortragende, Dr. Segvin aus Peru, sprach über die Liebe.

Ich konnte es kaum glauben: das waren die Lehren der Bibel! In 1. Korinther 13, Vers 13 heißt es: *»Nun aber bleibt Glaube, Hoffnung, Liebe …«* Paulus hatte diese Werte vor 2000 Jahren schon herausgehoben, und hier waren 4000 weltliche Psychiater auf einer hochangesehenen Versammlung und ließen sich darüber belehren, wie man geistige Gesundheit herstellt, indem man sich auf diese drei Werte konzentriert. Das hier war ein weltlicher Kongress, kein religiöser. Und trotzdem hatten diese Schlussfolgerungen eine weitaus geistlichere Basis als viele, die auf Amerikas politisch verseuchten Kanzeln gezogen wurden!

Dr. Janz' Vortrag über die Hoffnung hatte mich tief beeindruckt, obwohl er nicht der Erste war, der diese »Vermischung« der beiden Bereiche wagte. Er zitierte Dr. Karl Menninger, den Gründer der Menninger Klinik in Topeka, Kansas, einen Psychiater, vor dem ich größten Respekt hatte. Ich hatte Menninger einige Jahre zuvor in den Staaten getroffen, als er sich als einer der Ersten an dieses »gefährliche« Thema herantraute. Die meisten seiner Berufskollegen vermieden es, weil es die Grenzen zwischen Psychologie und »Religion« verwischte. Ich habe in meiner Bibliothek heute ein handsigniertes Exemplar von Menningers historischem Vortrag – ein Geschenk von Menninger selbst, ein Zeichen der Botschaft der Hoffnung, die ich heute predige.

Als ich von dem Kongress in Madrid nach Hause zurückkehrte, hatte ich Menningers Vortrag über die Hoffnung bestätigt gesehen. Er hatte viel riskiert, indem er diese Wahrheit aussprach – dass Hoffnung für das Bestehen des menschlichen Geistes lebensnotwendig ist. Sein Wagnis hatte sich mit Sicherheit ausgezahlt. Ich war davon überzeugt, dass Psychiatrie und Religion ineinander übergingen und sich miteinander vermischten und dass ich meinen Teil dazutun konnte, die beiden zu verbinden und damit wirklichen Einfluss auf die säkulare Welt zu nehmen! Konnten meine Predigten eine Form der Therapie sowohl für die Menschen in meiner Gemeinde werden, die bereits Christen waren, als auch für die, die Gott noch nicht kannten?

Zu Hause in Amerika befand sich der Protestantismus in seinem verzweifelten Bemühen um Relevanz inzwischen in einem Zustand der Panik. Nur sein politischer Ruf, »auf die Straße zu gehen« und »soziale Ungerechtigkeit zu bekämpfen«, schien als einziger noch Kraft zu haben und Menschen anzusprechen.

Doch indem man das Hauptaugenmerk auf die durchaus legitime und zeitgemäße Opposition gegen Rassismus und Krieg und die selbstsüchtigen Exzesse des Kapitalismus legte, hatte man gleichzeitig die geistigen, seelischen und emotionalen Schmerzen des Durchschnittsbürgers völlig aus den Augen verloren. Als Folge davon verließen Millionen spirituell hungriger Seelen ihre Kirchen.

Ich kam nach Hause und initiierte sowohl eine alternative Botschaft als auch eine alternative Strategie, um das Ruder der niedergehenden Kirche Amerikas herumzureißen. Ich hatte die Politik überlebt. Ich war den Verführungen des Ehrgeizes entkommen. Meine Botschaft lag jetzt klar und deutlich vor mir: Ich war berufen, ein Prediger zu sein, und ich war berufen, Hoffnung zu predigen. Nicht mehr und nicht weniger.

Der Rohbau des hoch aufragenden *Tower of Hope* war im November 1967 abgeschlossen. Die erfolgreiche Errichtung des Kreuzes wies meinen Pessimismus in seine Schranken. Jawohl! Die Spitze des 30-Meter-Kreuzes befand sich in 85 Metern Höhe! Der ganze Landkreis versammelte sich im Scheinwerferlicht der Medien, als der Kran die riesigen Metallteile 13 Stockwerke hoch hob und an ihren Platz setzte. Und ganz wie ich verlangt hatte, waren auf allen Seiten Neonröhren montiert worden.

Kurz vor der Zeremonie, bei der wir feierlich die Beleuchtung in Betrieb nehmen wollten, hielten wir im *Anaheim Convention Center*, das etwa eine Meile westlich der Kirche direkt gegenüber von *Disneyland* liegt, ein Bankett ab.

Bei diesem Anlass sagte ich zu den 2000 Menschen, die gekommen waren, um persönlich bei der Feier dabei zu sein: »Lasst uns alle nach draußen gehen und die Beleuchtung des Kreuzes einschalten!« Wir gingen hinaus auf den Parkplatz des *Convention Centers*, wo ein Tieflader auf uns wartete. Auf dem Laster stand ein Tisch und auf dem Tisch stand ein Telefon. Alle Anwesenden wurden angewiesen, die Hände auf die Schultern ihres Vordermanns zu legen, sodass wir alle zu einer langen Reihe anteilnehmender Individuen verbunden waren, als Symbol dafür, dass wir zusammen anderen Menschen Hoffnung bringen können.

Ich nahm den Hörer ab, und wir zählten rückwärts, während alle die Hände nach ihrem Vordermann ausstreckten. In einer gewaltigen menschlichen Welle legten sich 4000 Hände auf die Schultern vor ihnen. Die letzte Hand hob sich und legte sich auf meine linke Schulter. Es war mucksmäuschenstill und niemand sprach ein Wort. Ich wählte die Nummer am Telefon, die direkt mit dem Lichtschalter verbunden war. Plötzlich erschien im Osten über dem flachen Land von Orange County ein riesiges weißes Kreuz am nächtlichen Himmel! Die Menge hielt den Atem an – alle 2000. Diesen heiligen Moment würden sie nie vergessen.

»Die Lichter brennen!«, verkündete ich der Versammlung. »Möge dies eine Botschaft für die Welt sein, dass es eine Kirche gibt, in der die Lichter niemals ausgehen!«

Während wir in der dunklen Nacht ergriffen dastanden, immer noch miteinander verbunden, rief ich der Menge zu: »Wir brauchen 300 Freiwillige an den Telefonen. Werdet ihr euch dazu ausbilden lassen?« Zustimmender Applaus war die Antwort.

In zehn Monaten würde der Turm unter dem Kreuz fertiggestellt sein, und wir würden Amerikas erstes und einziges 24-Stunden-Telefonseelsorgezentrum sein, das von einer kirchlichen Organisation getragen wurde.

Als ich nach diesem Abend des Überschwangs nach Hause fuhr, überlegte ich, wie wir eine Telefonnummer finden konnten, die sich jeder würde merken können. Dann fiel mir die Lösung ein: N-E-W H-O-P-E.[23]

Perfekt! Am nächsten Morgen rief ich die Telefongesellschaft an, um die Nummer zu reservieren. »Diese Kombination ist in Garden Grove technisch nicht machbar«, sagte man mir. »Sorry, Dr. Schuller.«

Ich protestierte und ich diskutierte. Ich erklärte, dass »unmöglich« ein Wort war, das ich nicht anerkennen würde. Das Beste, was die Telefongesellschaft für mich tun konnte, war, mir zu sagen, dass es in Anaheim möglich sein würde – aber nicht in Garden Grove.

Ich legte auf und rief das Telefonbüro in Anaheim an. »Ich bin hier in unserer Kirche in Garden Grove«, erklärte ich. »Wir sind nur zwei Blocks von der Stadtgrenze von Anaheim entfernt. Kann ich eine Telefonnummer bestellen, die wir hier in Garden Grove benutzen können?«

Schweigen. »Nun, ja«, kam die Antwort, »es gibt kein Gesetz dagegen – aber warum? Das macht doch niemand. Es macht doch keinen Sinn!«

»Wenn ich es täte, könnte ich dann die Nummer N-E-W H-O-P-E bekommen?«

»Das muss ich prüfen. Ich werde Sie zurückrufen.«

Wenige Minuten später klingelte das Telefon. »Ja, Sie können eine private Leitung über die Stadtgrenze hinweg bekommen. Und ja, Sie können die Nummer N-E-W H-O-P-E haben«, sagte die Dame am anderen Ende der Leitung. Nun, *das* waren gute Nachrichten. »Aber es wird Sie einiges kosten«, fügte sie hinzu. »Die Grundgebühr ist die gleiche wie in Garden Grove, aber wir werden die Leitung extra für Sie verlegen müssen!«

»Wie viel würde das kosten?«, fragte ich.

»Lassen Sie mich Sie noch einmal zurückrufen«, entgegnete sie.

Ihre Recherche dauerte nicht lange. »Sitzen Sie?«, fragte sie mich, als sie zurückrief.

»Ja, das tue ich. Geben Sie mir die Zahlen.«

Sie nannte die Summe. Ich konnte es nicht glauben! »Sind Sie sicher, dass das alles ist, was es kosten wird? Nur 600 Dollar? Ich nehme den Anschluss!« Ich legte auf und ließ einen Freudenschrei ertönen!

Endlich war Arvella von der Verantwortung erlöst, ständig erreichbar sein zu müssen. Von jetzt an würde immer jemand da sein, der den Hörer abnahm, ein in Krisenmanagement ausgebildeter Freiwilliger, der für »neue Hoffnung« sorgen würde.

Als wir den *Tower of Hope* am 18. September 1968 seiner Bestimmung übergaben, fingen die Telefone im Rhythmus 24/7/365 an zu klingeln.

24 Stunden am Tag.

7 Tage die Woche.

365 Tage im Jahr!

Möge dieses erleuchtete Kreuz für immer der Welt die stille Botschaft vermitteln, dass es in diesem Turm der Hoffnung stets ein offenes Ohr, einen aufnahmebereiten Geist und ein Herz geben wird, das nie erkaltet. Gott sei die Ehre.

Der *Tower of Hope* war der letzte Bau, den Richard Neutra für uns errichtete. Jahre später erforderte unser fortschreitendes Wachstum zusätzliche Gebäude, damit wir *Hour of Power* und andere Dienste unterbringen konnten. Andere Architekten würden diese bauen. Aber Richard Neutras *Tower of Hope* würde für immer der Mittelpunkt des Gemeindegeländes bleiben.

29

Am Tag der Einweihung des *Tower of Hope* kam erneut Norman Vincent Peale zu uns, um zu predigen. Es war mein erster Morgen im 12. Stock, direkt unter der zweistöckigen *Chapel in the Sky*[24].

Ich ging zum Fenster und sah aufgeregt zu, wie die Autos von Osten und Westen her die Straßen herunter kamen. Dann sah ich von meinem luftigen Ausguck aus ein Problem, das sonst noch keiner sehen konnte:

Die 700 Parkplätze waren komplett besetzt! Was ich zu der Zeit noch nicht wusste, war, dass das nächste Auto, das ankam, mich eine Million Dollar kosten würde.

Ich sah zu, wie das Auto auf der Suche nach einem Parkplatz (den es aber nicht mehr gab) die Parkreihen entlang fuhr. Ich sah, wie sich der Wagen zur Ausfahrt bewegte, beschleunigte – und davonfuhr.

Wer hatte in diesem Wagen gesessen? Würden sie jemals zurückkommen? Waren es vielleicht verzweifelt leidende Seelen?

Jetzt, wo der *Tower of Hope* fertig war, hatten wir das Gefühl gehabt, dass die Bauarbeiten an unserer Kirche endlich abgeschlossen wären. Wir hatten die *Chapel in the Sky*, die Kirchenbüros, ein Beratungszentrum, unsere *New Hope*-Hotline und ausreichend Platz für die Sonntagsschule – alles in diesem herrlichen Turm. Das 30-Meter-Kreuz, das ihn krönte – das größte von allen Kreuzen auf allen Kirchen der Welt –, verkündete allen Menschen beständig unser Versprechen der Hoffnung.

Ich fühlte mich elend, als mir klar wurde, dass wir nach all dem immer noch nicht fertig waren. Wir hatten die Menschen in jenem Wagen enttäuscht, und wer weiß, wie viele andere noch. Vielleicht hatten wir ja gerade erst angefangen. Schließlich konnte ich nicht mit einem beleuchteten Kreuz eine öffentliche Einladung aussprechen und für die Leute, wenn sie dann kamen, keinen Parkplatz haben! Das war, als ob man jemanden zu einer Dinnerparty einlädt und nicht dafür sorgt, dass er einen Sitzplatz bekommt.

Wir kamen nicht drum herum: Wir brauchten einen sehr viel größeren Parkplatz. Ich ging zum Fenster auf der anderen Seite meines Büros, und von dort blickte ich auf vier Hektar einer Walnuss- und Orangenplantage, die von Norden her an unser Grundstück grenzte. Jetzt wusste ich, dass wir auch diese noch kaufen mussten!

Der Besitzer dieser vier Hektar war Bill Everett. Ein Jahr nachdem wir unsere vier Hektar für 66.000 Dollar gekauft hatten, hatte ich ihm ein Angebot von 100.000 Dollar für sein Land gemacht. Er hatte es zurückgewiesen. Später boten wir ihm 150.000 Dollar an. Er weigerte sich. Jetzt waren wir bereit, ihm 500.000 Dollar anzubieten!

»Tut mir Leid, Reverend«, sagte er kopfschüttelnd. »Ich habe einen Vertrag mit Edgar Kaiser unterschrieben. Sie planen ein Einkaufszentrum. An die müssen Sie sich wenden. Sie haben außerdem auf der anderen Straßenseite noch einmal 64 Hektar für ein großes Industriegebiet erworben.«

Ich ging zum Büro der Kaiser-Gesellschaft und traf mich mit dem Präsidenten Chuck Cobb.

»Tut mir Leid, Schuller. Wir halten an den vier Hektar fest. Wir haben mit Bill Everett einen Vertrag unterschrieben, und wir haben kein Interesse daran, unseren Standort zu verkaufen. Unmöglich.«

Ich ging zurück in mein Büro und betete. Ich bin sicher, dass Gott es war, der mir einen Artikel im *Reader's Digest* ins Gedächtnis rief, den ich während meiner Collegezeit gelesen hatte. Alles, woran ich mich noch erinnerte, war die kleingedruckte Zeile unten auf der ersten Seite: »Dieser Artikel von Henry J. Kaiser ist ein Auszug aus einer Laienpredigt, gehalten von Henry Kaiser auf der Kanzel der ›Marble Collegiate Church‹ in New York.«

Der *Marble Collegiate Church*? Wow! Konnte das dieselbe Familie sein?

Ich rief Norman Vincent Peale an, denn es war ja seine Kanzel, die in dem Artikel erwähnt worden war. »Ja, ich kenne Edgar Kaiser sehr gut«, sagte er. »Er ist Henrys Sohn.«

Ich erklärte ihm unsere Situation. »Wir brauchen diese vier Hektar, Norman«, schloss ich, »oder unser Wachstum wird einfach abgewürgt.«

»Nun, Bob, du solltest Folgendes tun«, bot mir Norman an, »schreibe in meinem Namen einen Brief an Edgar. Schicke ihn an mich. Ich werde mir die Freiheit nehmen, etwas hinzuzufügen oder zu ändern, werde ihn dann weiterschicken, und wir werden sehen, was passiert.« Das tat ich. Eine Woche später erhielt ich eine Kopie des unterzeichneten Briefs, dem er lediglich am Anfang einen Absatz hinzugefügt hatte.

Mr. Edgar F. Kaiser
300 Lakeside Drive
Oakland, CA 94604

5. Dezember 1968

Lieber Edgar,

ich denke oft an dich, und ich bedaure sehr, dass seit unserem letzten Besuch schon wieder so viel Zeit vergangen ist. Ich habe mich dir und deiner Familie immer sehr verbunden gefühlt und erinnere mich in Liebe und Zuneigung an deine Mutter und deinen Vater.

Du wirst dir dessen nicht bewusst sein, aber wir beide betreiben in direkter Nachbarschaft zwei große Projekte.

Du leistest großartige Arbeit bei der Entwicklung von »The City, Incorporated« in Orange, Kalifornien. Zusätzlich zu deinen 64 Hektar Land hast du eine Kaufoption auf ein weiteres Grundstück von vier Hektar, das an eine große Kirche angrenzt, die ich an der Westküste mit Hilfe von Robert Schuller, meinem von mir persönlich ausgewählten Pastor, aufgebaut habe. Ich habe zusammen mit Reverend Schuller hart daran gearbeitet, das zu entwickeln, was, so glaube ich, die größte Kirche an der Pazifikküste werden wird. Tatsächlich ist sie es, meiner Ansicht nach, schon heute.

Wir haben gerade unsere Kirchenbauten mit dem 15-stöckigen »Tower of Hope« abgeschlossen. Was wir dringend brauchen, ist zusätzlicher Raum für Parkplätze. Gleichzeitig müssen wir den »Drive in«-Bereich unserer Kirche vergrößern.

Das bedeutet, dass wir die zusätzlichen vier Hektar unbedingt haben müssen. Wir haben schon versucht, mit den Geschäftsführern von »The City« zu verhandeln, aber »es liegt nicht in ihrem Interesse, den Besitz zum jetzigen Zeitpunkt freizugeben«. Ich möchte dich gerne bitten, dir persönlich ein Bild von der Situation zu machen und uns mitzuteilen, ob du willens bist, diesen Besitz zu verkaufen. Nenne uns einfach den Preis, den du haben musst, um das Grundstück für unsere Kirche freizugeben.

Denke bitte nicht, dass wir, weil wir eine Kirche sind, den Preis nicht bezahlen könnten, den du für das Land haben musst.

Wenn du uns bei der Verwirklichung dieses Traums unterstützen würdest, indem du uns das Grundstück zu einem Preis, den du vorschlägst, überließest, wäre das ein gewaltiger Beitrag zur Schaffung einer besseren Nation.

In Dankbarkeit,
Norman Vincent Peale

Nur ein paar Tage später rief mich Chuck Cobb, der Präsident der Gesellschaft, an. »Schuller? Chuck Cobb hier. Ich habe gerade einen Anruf von Mr. Kaiser erhalten, und er hat mir gesagt, ich solle mit Ihnen die Bedingungen für die Übernahme unserer Kaufoption auf die vier Hektar aushandeln.«

Ich schaute in meinen Terminkalender. »Morgen früh um zehn?«, bot ich an.

»Bis dann!«, gab er zur Antwort.

Mit Normans Hilfe hatten wir gerade eine weitere »Unmöglichkeit« in eine »Möglichkeit« verwandelt.

Am nächsten Tag betrat ich zuversichtlich Mr. Cobbs Büro.

»Hier ist mein Vorschlag«, begann Chuck. »Wir haben eine Kaufoption auf Bills vier Hektar zu einem festgeschriebenen Preis von 500.000 Dollar. Wir schätzen den Wert dieser vier Hektar jetzt auf 1.350 000 Dollar. Das ist der Preis, den Sie zahlen müssen.«

Ich wäre fast vom Stuhl gefallen!

Er erklärte weiter: »Wir könnten einen ganzen Haufen Geschäfte dorthin stellen, das sollte den Preis rechtfertigen.«

»Ich werde mich wieder bei Ihnen melden«, sagte ich ziemlich entmutigt.

Nach einem Gebet rief ich ihn wieder an. »Mr. Cobb«, sagte ich, »Sie haben ein Problem.«

»Ich?«, rief er. »Was meinen Sie damit?«

»Mr. Cobb, wenn ich meiner Gemeinde den Preis mitteile, den Sie fordern, dann wird Mr. Kaiser als gierig erscheinen. Wenn Sie Ihr Angebot auf eine Million senken, denke ich, dass ich meine Leute davon überzeugen kann, dass diese Summe gerechtfertigt ist. Aber 1,3 Millionen? Autsch!«

Jetzt war es an ihm zu sagen: »Ich werde mich wieder bei Ihnen melden.«

Am nächsten Tag hatte ich ihn wieder in der Leitung. »Kaiser wird das Land für eine Million an Sie verkaufen«, sagte er. »Hier sind die neuen Bedingungen: Sie zahlen uns binnen 30 Tagen eine halbe Million und erwerben damit unsere Kaufoption auf das Land von Bill Everett. Das Treuhandkonto muss morgen eröffnet werden und es schließt in 30 Tagen.«

In 30 Tagen 500.000 Dollar auftreiben? Fast hätte ich das alte, gotteslästerliche Wort laut herausgeschrien: *Unmöglich!*

Aber mein nächster Gedanke überwand den negativen Impuls:

Die einzige Art, wirklich zu scheitern ist … es gar nicht erst zu versuchen!

Also stimmte ich dem Angebot zu. »Wir nehmen an, Mr. Cobb«, sagte ich und legte auf.

Als ich meiner Gemeinde am Sonntag die erstaunliche Nachricht mitteilte, hörte dies auch ein Bankier, der den Gottesdienst besuchte. Er sagte: »Das ist eine kluge Entscheidung. Ich werde Ihnen helfen: Ich leihe Ihnen 250.000 Dollar, wenn Sie in 30 Tagen die gleiche Summe aufbringen können.«

Ich betete. Ich predigte. Ich appellierte. In den nächsten 29 Tagen brachten wir in unserer Gemeinde 100.000 Dollar zusammen, womit wir immer noch 150.000 Dollar zu wenig hatten.

Am nächsten Morgen rief mich Chuck Cobb an. »Einer der Manager, dessen Unterschrift wir brauchen, um das Treuhandkonto zu schließen, hält sich gerade in Europa auf und steht nicht zur Verfügung«, sagte er bedauernd. »Wir müssen um eine weitere Woche verlängern. Können Sie damit leben?«

»Eine Minute, Mr. Cobb, lassen Sie mich das überprüfen.« Ich hielt den Hörer in die Luft und flüsterte: »Danke, Herr.« Dann meldete ich mich wieder. »Das geht in Ordnung, Mr. Cobb, wir haben es nicht eilig.«

Jetzt hatte ich plötzlich weitere sieben Tage, um das fehlende Stück in unserem Finanz-Puzzle zu finden – 150.000 Dollar.

Da fiel mir ein, dass mein bester Freund, Bill Miedema, gerade eine neue Kirche gründete. Sie hatten bereits Geld gesammelt, aber sie hatten nicht vor, schon im darauf folgenden Jahr zu bauen. Ich rief ihn an und erklärte ihm unsere prekäre Lage.

»Bob, wir haben 150.000 Dollar auf unserem Sparkonto, aber wir werden sie mindestens ein Jahr lang nicht brauchen. Wir werden dir das Geld für 12 Monate leihen.« Was für ein Angebot!

»Woo-ha!«, rief ich und Bill lachte. Wieder einmal hatte ein »Unmöglich« den Geist aufgegeben.

Sieben Tage später schlossen wir das Treuhandkonto mit der erforderlichen Summe von 500.000 Dollar. Die rechtliche Bestätigung gab uns das Recht, das Land von Bill Everett für weitere 500.000 Dollar zu erwerben. Wir würden dafür zehn Jahre Zeit haben, und wann immer wir uns entschlossen, den Kauf zu tätigen, würde Bill Everett einer Finanzierung von sechs Prozent bei einer Laufzeit von zehn Jahren zustimmen müssen. Wow! Fantastisch!

Jetzt, wo unser Gelände von vier Hektar auf acht Hektar angewachsen war, konnte ich mich vor Ideen kaum retten. Was für eine großartige Kirche konnten wir nun bauen (obwohl sogar ich mir niemals träumen ließ, dass wir den Platz für eine *Crystal Cathedral* brauchen würden)! Dann wurde mir bewusst, wie knapp ich davon entfernt gewesen war, diese Gelegenheit zum Kauf dieser vier Hektar zu verschenken!

Es dämmerte mir, dass ich möglicherweise nicht der Einzige war, dem es so ging. Wahrscheinlich gab es eine Unmenge von Pastoren, die denselben Fehler begingen, den ich beinahe gemacht hätte. Ich hatte die beste Erziehung genossen, die ein Pastor bekommen konnte, aber man hatte mir niemals beigebracht, eine Führungskraft zu sein – geschweige denn, wie man mit Unmöglichkeiten umgeht. Führungsprinzipien gehörten einfach nicht zum pastoralen Lehrplan.

Mir wurde klar, dass ich Pastoren, die mit ihren Schwierigkeiten kämpften, etwas mitzuteilen hatte. Aber ich hatte keine Plattform dafür. Theologische Hochschulen waren an mir, als Vortragendem, nicht interessiert. Ich war zu »radikal«! Man ließ mich in dieser abgelegenen »Wüste« Kalifornien weitgehend allein – ignorierte mich. Man verließ sich lieber auf Pastoren, die aus einer »zivilisierteren« Gegend kamen. Also beschloss ich, meine eigene »Schule« zu gründen.

1969 gründete ich das *Robert Schuller Institute for Successful Church Leadership*.[25]

Im November schaltete ich eine kleine Anzeige in der *Los Angeles Times*. 87 Pastoren schrieben sich für unser erstes Seminar zum Thema Gemeindewachstum ein – das erste Treffen dieser Art in Amerika. Konfessionsgebundene Hochschulen und Führungsgremien mochten über unseren Erfolg die Nase rümpfen – aber frustrierte Pastoren taten das nicht!

Mein erstes Seminar bestand aus fünf grundlegenden Vorträgen, die die Denkweisen der herrschenden religiösen Leiterschaft in Frage stellten. Diese erklärten, dass in den expandierenden Vorstädten zwar Kirchen gegründet werden müssten, dass diese aber klein zu sein hätten.

»Nicht mehr als 500 Mitglieder.« Das war es, was alle Kirchengründer zu hören bekamen. »800 Ar sollten völlig ausreichen. Pflanzt diese neuen Kirchen in die Zentren der Vorstädte.«

Mit meiner Arbeit in Garden Grove hatte ich – ganz intuitiv – schon alle diese Grundregeln verletzt.

Den Teilnehmern meines Seminars sagte ich Folgendes: »Eine kleine Kirche ist eine hervorragende, wenn Sie nur den Angehörigen Ihrer eigenen Konfession dienen wollen – lutherisch, holländisch reformiert, presbyterianisch, episkopal oder was auch immer. Aber wenn Sie Menschen gewinnen wollen, die der Kirche fern stehen, dann sollten Sie auf das Etikett verzichten. Bezeichnen Sie sich einfach nach dem Namen des Ortes oder des Gebietes. Und konzipieren Sie Ihre Programme, Ihre kirchlichen Dienste und Ihre Predigten so, dass sie den geistlichen Bedürfnissen der Menschen entsprechen, die noch keine Anbindung an eine Kirche oder Gemeinde haben.

Sie müssen bereit sein, Ihre Prioritäten dahingehend zu verschieben, dass Sie vom Konfessionalismus zu einer Mission kommen, die darauf ausgerichtet ist, Glaube, Hoffnung und Liebe zu schaffen. Seien Sie zuerst eine Missionsstation – die Kirche kommt dann mit der Zeit!

Missionarische Theologie fängt nicht damit an, dass ›gute‹ Gläubige ›schlechten‹ Ungläubigen beibringen, wie sündig sie sind! Alle nichtkirchlichen ›Sünder‹ (wie auch alle kirchlichen ›Sünder‹) wissen tief in ihrem Herzen genau, dass sie Hilfe brauchen. Was sie von uns lernen müssen, ist dass wir *ihnen helfen können* und *werden*, indem wir ihnen Jesus Christus nahe bringen. Er wird sie dann in Menschen verwandeln, die voller Glaube, Hoffnung und Liebe sind!«

In dieser ersten kleinen Klasse saß ein junger farbiger Pastor einer kleinen Gemeinde in Los Angeles, der es nicht gut ging. Er hatte weniger als 100 Mitglieder und kein Geld – aber er hatte einen Traum. Nach der letzten Unterrichtsstunde in der *Chapel in the Sky*, hoch oben im obersten Stockwerk des *Tower of Hope*, fragte er mich, ob er noch bleiben dürfe, um zu beten. Ich ließ ihn allein. Später erzählte er mir, dass er 13 Stockwerke über der Erde, den Himmel vor Augen, unter Tränen gebetet hatte: »Oh Gott, kannst du mit mir nicht auch so etwas Großartiges machen wie mit Dr. Schuller?«

Von einem neuen Traum erfüllt, ging er nach Hause, und er setzte sich gewaltige Ziele! Am 30. Jahrestag unseres Instituts kam er wieder, um den 2000 Delegierten zu erzählen, wie Gott sein Gebet beantwortet hatte. Der Name dieses Pastors war Bischof Charles Blake, und seine Kirche hat inzwischen 18 000 Mitglieder, darunter solche Berühmtheiten wie den Basketballspieler Magic Johnson und den Schauspieler Denzel Washington!

In den nächsten Jahren kamen junge Prediger zu uns, die Gemeinden mit nur einer Hand voll Mitglieder vorstanden, und sie gingen als Träumer großer Träume wieder nach Hause! Immer mehr von ihnen kamen Jahr für Jahr wieder. Zwei von ihnen, Bill Hybels und Rick Warren, bauten zwei der größten und erfolgreichsten Gemeinden in Amerika auf – die *Willow Creek Community Church* in Illinois und die *Saddleback Community Church* in Kalifornien. Diese Schüler überflügelten sogar ihren Lehrer.

Ein junger Student aus Korea, der das *Fuller Seminar* besuchte, kam ebenfalls zu uns. Dieser junge Mann, Sundo Kim, hörte nicht nur zu; er machte auch Fotos. Als er nach Seoul zurückkehrte, mietete er ein Zelt und fing bei null an. Dabei dienten ihm seine Bilder vom *Tower of Hope* und von der Kirche zur Inspiration. 25 Jahre später kam er wieder und teilte uns seine Erfahrungen mit. Er war – und ist es noch immer – Pastor der größten Methodistenkirche der Welt, einer Gemeinde mit über 50.000 Mitgliedern.

Wir hatten das begonnen, was man die »Megakirchen-Bewegung«

nennen sollte, die Peter Drucker später als die bedeutendste Bewegung in der Kirche des 20. Jahrhunderts bezeichnen würde.

Als logische Folge dieser Bewegung erlebten die späten 1960er die Veröffentlichung meines Buchs *Move Ahead with Possibility Thinking*. Meine neue Karriere als Autor hatte begonnen. 30 weitere Bücher sollten in den kommenden 30 Jahren folgen; alle handelten von der gleichen einfachen Botschaft von Glaube, Hoffnung und Liebe.

Aber meine Botschaft sollte noch ein anderes Medium finden, das damals noch weit jenseits meiner Vorstellungen lag.

30

Ich kannte Billy Graham noch aus meinen College-Tagen. Er war fast zehn Jahre älter als ich und ich bewunderte ihn sehr. Seine Evangelisationsveranstaltungen hatten an Bedeutung gewonnen, und so war ich schrecklich aufgeregt, als er ankündigte, er werde zu uns nach Orange County kommen.

Ich war der zweite Vorsitzende des Komitees, das ein Jahr lang seine Evangelisation im Angel-Stadion, das keine Meile von unserer Kirche entfernt lag, vorbereitete.

Zur Zeit der Evangelisation hielt Bill an unserer Kirche eine Veranstaltung zum Thema Leitung ab. Er sagte, dass er von der »Bewegung« in unserer architektonischen Umgebung sehr beeindruckt sei – die sprudelnden Brunnen, die Glaswände, die sich öffneten. »Das hier wäre eine großartige Kulisse für einen Film. Hast du schon einmal daran gedacht, deinen Gottesdienst im Fernsehen zu übertragen?«, fragte er mich. »Ich werde dir zeigen, wie wir meine Evangelisationen übertragen.« Dann machte er mich mit dem Fernsehteam bekannt, das seine Auftritte im Angel-Stadion aufzeichnete.

»Aber was würde das denn kosten?«, fragte ich. Die Antwort gab mir Billys Produzent: »Etwa 400.000 Dollar im Jahr, darin enthalten sind wöchentliche Aufzeichnung, Produktionskosten und Sendegebühren.«

Billy fügte hinzu: »Gene Autry besitzt einen großen Sender. Unter Umständen ist er bereit, dir eine Stunde am Sonntagmorgen zu verkaufen.«

»Aber unser gesamtes Jahresbudget beträgt nur 400.000 Dollar! Wir haben nicht gerade viel übrig, was wir nebenher ausgeben könnten, und ich kann das Geld unmöglich aufnehmen. Das ist ja alles ...« Wie konnte ich ihm nur unser Finanzkonzept erklären? »Es ist ... ›Kohlen-Geld.‹«

Selbst nachdem ich ihm die Geschichte von meinem Versuch, in Ivanhoe Geld für Kohlen zu leihen, erzählt hatte, blieb er unbeeindruckt. »Lass uns Gott fragen«, beharrte er.

Dann erzählte er mir von seinen Erfahrungen. »Als ich nach meiner Evangelisation in Portland vor der Herausforderung stand, im Radio aufzutreten, haben wir ein Vlies ausgelegt«, erklärte er. »Wir baten Gott, die Entscheidung zu treffen, indem er uns Spendenzusagen für 50 Prozent der jährlichen Kosten schicken sollte. Ohne jede vorbereitende Werbung fragten wir unsere Leute – einmal und *nur* einmal –, wie viel sie für meinen Radiodienst zu spenden bereit wären.«

Billy fuhr fort: »Wir waren im Gebet übereingekommen, dass wir es als Gottes Befehl annehmen würden, diese Sache durchzuziehen, wenn auf unseren einmaligen Aufruf hin die Hälfte der jährlichen Kosten zusammenkommen würden. Nur ein Dollar weniger, und wir würden es als Gottes Weisung ansehen, die Idee zu vergessen.«

Ich hörte zum ersten Mal von dieser Vorgehensweise, willigte aber ein, sie auszuprobieren. Zuerst beteten Billys Produzent, Fred Deinert aus Philadelphia, mein Schatzmeister in Kalifornien und ich zusammen. Dann brachten wir die Sache vor die Gemeinde.

Und so hörten die Besucher unseres Morgengottesdienstes an einem Sonntag im November die folgende Ankündigung:

»Wir suchen Gottes Führung in der Frage, ob wir unseren Sonntagsgottesdienst im Fernsehen übertragen sollten oder nicht. Wenn wir es tun, werden wir der erste Gottesdienst in Kalifornien sein, der wöchentlich im Fernsehen übertragen wird. Wir bitten Sie, eine Zahl auf die kleine weiße Spendenzusage-Karte in Ihrem heutigen Programm zu schreiben. Wenn die Zahlen sich zur Hälfte der jährlich anfallenden Kosten summieren, werden wir das als Gottes Weisung annehmen, dieses Projekt anzugehen. Wenn die Summe dieses ersten und einzigen Aufrufs auch nur einen Dollar weniger beträgt, werden wir das als Gottes Hinweis verstehen, diese Möglichkeit ungenutzt zu lassen.«

Ich schloss mit einem Gebet – und das war's!

Am Montagmorgen rief mich Frank Bos, mein Schatzmeister, an. »Wir haben die Zahlen addiert und es sind insgesamt 189.000 Dollar. Das sind 11.000 Dollar zu wenig.«

Ich atmete auf. Es war wirklich eine Erlösung; ich würde die Bürde nicht auf mich nehmen müssen, mit Spendenzusagen für lediglich eine Hälfte der Kosten die Show zu produzieren!

Aber Frank war noch nicht fertig. »Ich habe heute Morgen mit Fred gesprochen und ihm das Ergebnis mitgeteilt. Er sagt, wir müssten noch ein paar Tage warten, bis der Rest der Spendenzusagen per Post eingegangen ist. Manche Leute gehen erst einmal nach Hause, um ihre Spende mit dem Ehepartner zu besprechen. Wir können keinen zweiten Aufruf machen, aber wir sollten alle Reaktionen auf diesen einen abwarten.«

»Lass uns zwei Tage warten«, gab ich zurück.

Am Dienstag kam der Anruf von Frank Bos. »Fred hatte Recht. Es sind noch mehr Karten angekommen und wir haben jetzt insgesamt 212.000 Dollar! Ich denke, das ist Gottes Anweisung, ins Fernsehen zu gehen.«

Mich schauderte es. Ich zitterte. Aber jetzt würde ich die Geschichte durchziehen müssen. *Ich? Ein Fernsehprediger? War das wirklich Gottes Wille für mich?*

Frank wartete auf meine Zustimmung, aber ich brauchte noch ein bisschen Zeit zum Nachdenken.

»Nun, Bob?«, drängelte er.

Jeder Einzelne von uns, Billy eingeschlossen, war vollkommen aufrichtig gewesen. Wenn dies wirklich Gottes Weisung und die Antwort auf unser Gebet um göttliche Führung war, dann musste ich die Herausforderung annehmen. Wenn ich es nicht tat, wäre das Ungehorsam.

»Ruf Gene Autry an«, sagte ich. »Schließ mit ihm einen Vertrag ab, der unsere Kirche ins Fernsehen bringt.«

Frank kicherte nervös. Ich versuchte, ihn zu beruhigen, indem ich sagte: »Wir können nur dann wirklich scheitern, wenn wir es gar nicht erst versuchen.«

Dass ich jetzt Millionen von Menschen über das Fernsehen erreichen konnte, hieß nicht, dass es mir nicht mehr wichtig war, dem Einzelnen in seiner Not nahe zu sein.

In dieser Zeit verursachten sozialer Wandel und Herumexperimentieren – das Kennzeichen der 1960er und frühen 1970er Jahre – große Schmerzen und Verwirrung in Millionen von Familien. Ich erinnere mich noch gut an den Tag, als mich ein Paar mit ihrer Tochter besuchte. Sie hatten die junge Frau erst wenige Monate zuvor mit großen Hoffnungen auf die *University of California* in Berkeley geschickt. Stattdessen war sie bei den »Blumenkindern« im *Haight Ashbury District* von San Francisco gelandet.

Mit langem blondem Haar und Sandalen saß Vicki mir missmutig gegenüber, als sei sie eine Gefangene. Ihre beiden Eltern saßen wie zwei Gefängniswärter an ihrer Seite. Ich plauderte einen Moment lang mit ihr, dann fragte ich sie, was sie denn von Gott hielte.

Sie sah mich mit glasigen Augen an und sagte: »Ich habe Gott im LSD gefunden, Mann. Jeden Freitagabend halten meine Freunde und ich einen ›Gottesdienst‹ ab.« Dann fügte sie mit einem verträumten Lächeln hinzu: »Es ist wundervoll. Du weißt nicht, was Gott ist, bevor du ihn nicht in einer Tablette Acid[26] gesehen hast.«

Ich lächelte zurück und entgegnete: »Ich habe Gott in Jesus Christus gefunden; du behauptest, ihn im LSD gefunden zu haben. Lass uns einen kleinen Wettbewerb veranstalten.«

Sie sah mich misstrauisch an.

»Gott ist Liebe«, sagte ich. »Würdest du dem zustimmen?«

Sie nickte.

»Liebe hilft den Menschen. Würdest du dem auch zustimmen?«

Sie verzog das Gesicht, weil sie nicht wusste, worauf ich hinauswollte, aber schließlich stimmte sie zu.

Dann forderte ich sie heraus. »Wie viel Geld haben deine Freunde und du bei euren ›Gottesdiensten‹ für die Armen gesammelt, Vicki? Wie viel habt ihr den Hungrigen gegeben? Wie viel Hoffnung habt ihr verbreitet? Wie viel Trost habt ihr gespendet?«

Sie schwieg.

»Ich muss dir sagen, Vicki, ich glaube nicht, dass du durch LSD Gottes Liebe als aktive Kraft erfahren hast.«

Ich merkte, dass ich nun ihre Aufmerksamkeit hatte. Ich konnte sie erreichen. Ich bat sie und ihre Eltern aufzustehen. Wir gaben einander die Hände, und ich lud sie ein, mit mir zu beten.

»Jesus«, sagte ich, »ich habe deinen Geist der Liebe persönlich erfahren. Wir brauchen keine Chemie, um eine Erfahrung mit dir zu erzeugen. Ich bete dafür, dass du in das Herz und in das Leben dieser jungen Frau kommst.«

Als ich meine Augen öffnete, bemerkte ich, dass eine Träne ihre Wange hinunterrann. Ich streckte meinen Finger aus und berührte den Tropfen.

»Sieh her, Vicki«, sagte ich und zeigte ihr den befeuchteten Finger. »Als diese Träne sich formte und fiel, fühltest du dich da nicht schön, innerlich?«

Sie nickte und es kamen noch mehr Tränen.

»Vicki, das ist das tiefste und schönste Gefühl, das ein Mensch empfinden kann. Es ist ein religiöses Gefühl. Es ist der Heilige Geist in dir, der sich bemerkbar macht. Christus kommt in dein Leben, Vicki. Lass ihn herein. Das ist Gottes Liebe, Vicki. Das ist die Wirklichkeit.«

Als sie mich an diesem Tag verließ, war Vicki verändert – sie war wirklich »wiedergeboren« worden. Sie gab die Drogen auf und kehrte ans College zurück. Jetzt, Jahre später, freue ich mich jedes Jahr auf ihre Weihnachtskarte, mit der sie mir das Neueste aus ihrem erfüllten Leben mit ihrem Ehemann und ihren Kindern berichtet.

Das Ende des alten Jahrzehnts und der Beginn des neuen war in vielen Bereichen ein Wendepunkt.

Ich hatte beschlossen, mit dem weiterzumachen, was Gottes Plan für die Kirche zu sein schien – ins Fernsehen zu gehen –, aber ich hatte auch ein paar eigene Pläne. Das Jahr 1969 erlebte den Abschied des alten Vorstands und die Ankunft eines neuen. Meine Woche der rasenden Landschaftsgestaltung war gekommen!

Am ersten Tag meines fünftägigen Zeitfensters zur Pflanzung dieser italienischen Zypressen kamen die Bulldozer, rissen den Asphalt heraus und fuhren ihn ab. Am zweiten und dritten Tag bereiteten Landschaftsgärtner den Boden vor. Und an den letzten beiden Tagen brachten Arbeiter die Bäume und pflanzten sie ein.

Als die jungen Bäume in ihren Pflanzlöchern saßen, frisch gewässert, die Umgebung sauber abgespritzt, dachte ich bei mir: *2050 wird diese 200 Meter lange Hecke 40 Meter hoch sein!*

Ich hatte sogar ein »Sparkonto« für die italienischen Zypressen angelegt, aus dem man jeden Baum, der vielleicht durch einen Unfall oder Ungezieferbefall zu Schaden kommen mochte, ersetzen konnte.

Als der neue Vorstand in der darauf folgenden Woche seinen Dienst antrat, genoss ich die Komplimente, als etliche von ihnen sagten: »Diese neuen Bäume sehen wirklich sehr hübsch aus!«

Jetzt, 30 Jahre später, sind die Zypressen schon 12 Meter hoch. Stolz stehen sie da und wiegen sich sanft hin und her – der schönste grüne Vorhang, den ich je gesehen habe.

Es waren jetzt 12 Jahre seit unserem allerersten Weihnachtsabend in Garden Grove vergangen. Als sich 1969 dem Ende näherte, war unsere schöne, kerzenerleuchtete Neutra-Kirche viermal bis zum Bersten gefüllt: Wir brachten in jedem unserer vier Weihnachtsgottesdienste 1000 Menschen unter – die Stehplätze gar nicht mitgezählt.

Am Tag nach Weihnachten packten Arvella und ich unsere fünf Kinder in den Wagen und fuhren zu der hübschen Berghütte, die ich vor zwei Jahren entworfen und gebaut hatte, um dort ein paar kuschelige und gemütliche Tage zu verbringen. Sie lag zwei Autostunden von zu Hause entfernt hoch in den Bergen von San Bernardino und man hatte von dort einen guten Blick auf den Big Bear Lake.

Wir hatten den Ort Camelot getauft, weil wir alle die Musik des gleichnamigen Broadway-Musicals liebten. Die Zeilen des Titelsongs erklangen aus unserem Plattenspieler in der kleinen Hütte hoch oben am Berg. Während wir den Blick auf das Tal und den See in uns aufnahmen, hörten wir die Worte:

»In short there's simply not
A more congenial spot
For happy-ever-aftering
Than here in Camelot!«[27]

Und für uns war es wirklich Schullers Camelot. Ich hatte sogar ein geschnitztes Holzschild an die Balken der Hütte gehängt, das dem pinienbedeckten Tal unter uns diesen Namen kundtat.

Wir hatten an diesem Weihnachtsfest einen unglaublichen Spaß im frischen Bergschnee. Mit meiner Jüngsten, Gretchen – die inzwischen drei Jahre alt war –, und ihrer sechsjährigen Schwester Carol unternahm ich rasende Schlittenfahrten unsere schneebedeckte Auffahrt hinunter. Weit von jedem Fernseher entfernt – das Telefon war für Notfälle reserviert –, begeisterten wir uns für zahllose Schachspiele, die augenscheinlich immer von den Kleinen gewonnen wurden. Wir genossen Familienkartenspiele wie »Canasta« und »Rommee« und ließen die Musik von Nat King Cole im Hintergrund laufen. Es war einfach himmlisch.

Während ich so über das Ende des alten Jahrzehnts und den Beginn des neuen nachdachte, sah ich drei Präsidenten vor mir – Kennedy, Johnson und Nixon. Ich sah drei Morde – JFK, Bobby Kennedy und Martin Luther King jr. Und ich sah einen zehnjährigen Vietnam-Krieg, den wir nicht gewinnen konnten. Es war ein blutiges Jahrzehnt gewesen. Die vielen tausend Soldaten, die aus der Schlacht zurückkehrten – wenn sie Glück hatten –, waren besiegt und wurden in einer Art und Weise angegriffen, die die meisten von uns nie verstehen konnten.

Als ich am Ende dieser Dekade um mich blickte, sah ich, dass viele meiner geistlichen Freunde von ihren Kanzeln und aus ihren Gemeinden verschwunden waren. Sie waren die Opfer der politischen Machtkämpfe geworden. Meine Frau hatte mich davor bewahrt, einen Weg einzuschlagen, der meiner Mission und meiner Botschaft hätte schaden können. Wir hatten unsere Ziele im Auge behalten und weiter vorangetrieben.

In meinem persönlichen Leben hatte ich meinen Vater zu Grabe getragen. Ich hatte die Geburt des letzten meiner fünf Kinder erlebt. Ich hatte stolz beobachtet, wie die drei älteren Kinder sich für den Glauben entschieden hatten, und alle hatten jetzt ihr eigenes Ziel, das sie leidenschaftlich verfolgten.

1970 feierten Arvella und ich unseren 20. Hochzeitstag (und gleichzeitig den 20. Jahrestag meiner Ordination). Der Plan, in den kommenden 40 Jahren eine große Kirche zu bauen, den ich am Tag meiner Ordination begonnen hatte zu träumen, war ein Traum, der in nur der Hälfte der erwarteten Zeit in Erfüllung gegangen war.

»Also«, sagte ich nachdenklich zu mir selbst, »was passiert mit einem Träumer, dessen Träume – schneller als geplant – in Erfüllung gehen?« Dann kam die Antwort:

Er träumt größere Träume!

Dank Billy Graham hatte Gott mir eine größere Vision verschafft: die Fernsehübertragung unseres Gottesdienstes – aber nicht nur auf einem Bildschirm für ein paar Besucher in einer angrenzenden Halle. Nein, wir würden den Gottesdienst in Wort, Bild und Geist in die Häuser der Menschen bringen, in die Hotels und in die Krankenhäuser im ganzen Einzugsbereich von Los Angeles. Wir würden der erste wöchentlich übertragene Gottesdienst in Südkalifornien sein. Vor 15 Jahren hatte ich damit angefangen, vom Dach einer Snackbar im Autokino von Orange aus zu Menschen zu sprechen, die weit von mir entfernt in ihren Autos saßen.

Jetzt würde ich ab dem 8. Februar 1970 versuchen, Menschen zu erreichen, die in der privaten und sicheren Atmosphäre ihres Zuhauses zuhörten und zusahen. Sie würden nicht auf der anderen Seite der Windschutzscheibe, sondern auf der anderen Seite der Mattscheibe sitzen. Nach 15 Jahren war ich nun also in vielerlei Hinsicht genau da, wo ich angefangen hatte.

31

Unsere Ferien hoch oben am Berg waren bald vorüber. Zurück in meinem Büro im 12. Stock des *Tower of Hope*, brachte mich Frank Bos, der Geschäftsführer unserer Gemeinde, auf den neuesten Stand.

»Also, Dr. Bob, das ist der Stand der Dinge in Bezug auf unser TV-Projekt«, sagte er. »Auf unseren einen Aufruf im letzten Jahr hin, haben wir für zwölf Monate Spendenzusagen in Höhe von 200.000 Dollar erhalten. Das Geld ist noch nicht da, aber – keine Sorge – es wird hereinkommen, wenn wir die erste Woche auf Sendung sind. Wir haben einen Vertrag unterschrieben, der besagt, dass wir unsere erste Aufzeichnung an Gene Autrys KTLA liefern werden, damit man es dort am 8. Februar 1970 um 10 Uhr morgens ausstrahlen kann – das ist in drei Wochen.

Die wöchentlichen Kosten für die Sendezeit betragen 4000 Dollar. Darüber hinaus haben wir einen Vertrag mit Deinert gemacht (Billy Grahams Produzent), der besagt, dass er mit seiner Mannschaft und seinen Kameras herkommt und auch einen Lastwagen mitbringt, in dem die Aufnahmegeräte untergebracht sind. Das sind der gleiche Lastwagen, die gleichen Kameras und die gleiche Ausrüstung, die Billy vor drei Monaten benutzt und die er dir damals gezeigt hat. All das wird uns weitere 4000 Dollar in der Woche kosten.«

»Das macht 8000 Dollar, die in weniger als einem Monat wöchentlich anfallen werden«, sagte ich.

Er nickte.

Um mich rückzuversichern, fragte ich: »Und wir haben noch kein Geld aus diesen Spendenzusagen erhalten?« Ich hörte nur noch die höhnischen Worte des Zweifels: *Kohlengeld*, *KOHLENGELD*, *KOHLENGELD!*

Frank lachte! »Keine Sorge. Wir brauchen die Rechnungen erst 30 Tage, nachdem die Kosten angefallen sind, zu bezahlen! Was wir also im Februar ausgeben, müssen wir erst im März bezahlen. Wenn wir erst einmal auf Sendung sind, sollte das Geld gerade rechtzeitig eintreffen, um unsere Rechnungen dann im März zu bezahlen!«

Franks Begeisterung und sein unumstößlicher Optimismus besiegten meine Furcht. Optimismus kann genauso ansteckend sein wie negatives Denken!

Ich wusste, dass Frank Bos ein Fachmann im Bereich Geschäfte und Finanzen war. Er schien das Prinzip des »Kohlengelds« zu verstehen, also hatte ich das Gefühl, dass ich seinen Berechnungen trauen konnte. Nachdem ich meine Ängste beiseite geschoben hatte, wuchs auch meine Begeisterung immer mehr.

Es war dieselbe Begeisterung, die ich empfunden hatte, als ich am 27. März 1955 meine erste Predigt auf dem Dach der Snackbar hielt. Es war die gleiche Energie, die ich gespürt hatte, als wir auf unserem neuen, 4 Hektar großen Grundstück unseren ersten Gottesdienst in unserem damaligen Kirchengebäude, unserer jetzigen Versammlungshalle, hielten. Es war der gleiche Jubel, der uns erfüllt hatte, als am 6. November 1961 der erste Gottesdienst in unserer Neutra-Kirche stattfand, und bei der Grundsteinlegung für den *Tower of Hope* im Jahr 1967.

Kraft entsteht aus Begeisterung, die wiederum in Optimismus wurzelt. Ich spürte jetzt, dass wir an der Schwelle eines neuen Fernseh-Abenteuers standen!

Zwei Tage später, am Mittwoch, rief mich Frank Bos zu einer Krisensitzung, wie er es nannte.

»Fred Deinert hat mich gerade angerufen«, begann er. »Er war schon dabei, unser erstes Programm aufzunehmen. Aber der Beleuchter sagt, er kann nicht ohne eine zusätzliche Beleuchtung aufnehmen. Also hat Fred seine ganze Ausrüstung aufgebaut, aber heute Morgen hat er festgestellt, dass für die zusätzliche Energie, die diese Beleuchtung benötigt, noch ein weiterer Transformator an unserem Lichtmast installiert werden muss.«

»Und?«, gab ich zurück.

Er wurde nervös und vermied es, mir in die Augen zu sehen. »Also ... dieser Transformator muss bis Freitag angeschlossen sein, damit die Beleuchtung für Sonntag steht. Wenn wir an diesem Sonntag nicht aufnehmen, sagt Fred, bekommt er die Show nicht bis zum 8. fertig. Wenn wir diesen Termin verpassen, brechen wir den Vertrag und verlieren die Sendezeit. Andere Käufer stehen schon Schlange dafür.«

Mir war immer noch nicht klar, warum Frank so aufgeregt war. »Na ja, ruf die Stromgesellschaft an, und sag ihnen, dass sie loslegen sollen«, schlug ich vor. »Lass sie diesen Transformator installieren!«

»Bob«, Frank zog seinen Stuhl näher heran und sah mir in die Augen, »sie brauchen nur einen Tag dafür. Sie können es noch am Freitag erledigen. Aber sie wollen dafür 10.000 Dollar! Und sie werden den Transformator nicht anschließen, wenn sie das Geld nicht vorher bekommen. Sie brauchen die ganzen 10.000 bis morgen Abend!«

»Wie viel haben wir?«

»Es ist genau, wie ich es dir am Montag gesagt habe: Wir haben einen Stoß von 9 mal 13 Zentimeter großen Karten, auf denen Zahlen stehen – Spendenzusagen, kein Bargeld. Nicht einmal 10 Dollar Bargeld! Alles, was wir auf dem Kirchenkonto haben, ist für Ratenzahlungen und Gehälter reserviert. Das können wir nicht anrühren. Wir stehen da mit nichts!«

»Da irrst du dich, Frank«, sagte ich. »Wir haben Gott! Und wir haben noch etwas, Frank. Wir haben morgen! Geh nach Hause und iss zu Abend. Es liegt jetzt bei Gott, dieses Problem zu lösen.«

Ich fuhr nach Hause und verbrachte den Abend mit meiner Familie, an dem ich erstaunlich ruhig war. Morgen würde ein entscheidender Tag sein und ich fühlte Frieden. Tiefen Frieden.

Warum? Weil ich mir vorstellen konnte, dass Gott mich vielleicht vom Haken lassen würde – mich von der schweren Verantwortung erlösen würde, die ich nicht brauchte und auch nicht besonders willkommen hieß. In finanzieller Hinsicht versetzte mich dieses Fernsehgeschäft in heillosen Schrecken, keine Frage. Von all den 400.000 Dollar jährlich anfallenden Kosten würde nichts – kein einziger Dollar – einen Gegenwert schaffen! Land, Gebäude, sogar Ausrüstung stellen einen Gegenwert dar, aber nicht Sendezeit.

Vor 15 Jahren, nach dem Kauf unserer ersten Orgel, hatte ich unser Nettovermögen mit 400 Dollar bewertet. Die Vermögenswerte waren bis zu diesem Tag im Jahr 1970 kontinuierlich gestiegen und beliefen sich jetzt, mit Land und Gebäuden, auf über zwei Millionen Dollar! Inzwischen hatte ich ein bisschen was über Investment gelernt und ich schätzte dieses TV-Abenteuer als äußerst riskant ein.

Ja, ich kämpfte mit meinen egoistischen Interessen. Leise Stimmen flüsterten mir zu: »Das könnte dich berühmt machen!« Aber ich selbst gab mir zur Antwort: »Ja, genau! Berühmt genug, dass jeder meinen guten Namen in den Schmutz ziehen kann. Berühmt genug, um Schlagzeilen zu machen, wenn wir Pleite gehen!«

Schließlich gab es über 300 protestantische Konfessionen in Amerika, dazu noch die großen römisch-katholischen und jüdischen Gemeinden und zahllose neue Religionen aller Couleur. Wenn von den 200 Millionen Amerikanern, die es 1970 gab, nur 200.000 der Reformierten Kirche angehörten, dann konnte ich erwarten, dass die anderen 198 Millionen darauf aus sein würden, irgendeinen Fehler an mir zu finden.

Und wo sollte das ganze Geld herkommen? Nicht von meiner kleinen Kirche, so viel war sicher! Dieser TV-Dienst war noch nicht einmal eine »offizielle« kirchliche Unternehmung. Diese Fernseh-Idee kam nicht aus unserem Hauptquartier in New York. Es stand mir natürlich frei, »mein eigenes Ding« zu machen, aber ich konnte niemals zu ihnen gehen und ihnen meine Rechnungen präsentieren.

Außerdem war ich schon im nationalen Hauptquartier ins Gerede gekommen – und zwar nicht gerade auf die vorteilhafteste Weise! Meine Kritiker sagten über mich: »Dieser Schuller ist von Anfang an ein Einzelgänger gewesen, ein fanatischer Anhänger von Dr. Peale und seinem ›positiven Denken‹.« Weil auch Peale im Augenblick ziemlich unter Beschuss stand, konnte ich mit dieser Verbindung keine Punkte machen. »Schuller hat sich vor wenigen Jahren negativ über die Politik des ›National Council‹ geäußert«, sprachen meine Kritiker weiter, »und jetzt will er ins Fernsehen gehen?«

Jetzt also plötzlich von all dem Druck dieses weiteren grandiosen Traums befreit zu werden, von diesem nächsten Abenteuer, das mich wieder mit unbequemen Herausforderungen und Kritik konfrontieren würde ... vielleicht gab Gott mich frei. Vielleicht war das einfach meine »gute Gelegenheit«, aus der ganzen Sache herauszukommen.

Und so schlief ich in dieser Nacht, 24 Stunden bevor 10.000 Dollar aus dem Nichts heraus auftauchen mussten wie ein Baby.

Donnerstag – für mich der Tag der Entscheidung – kam, und mit ihm eine lange Reihe von Terminen und Besprechungen zwischen acht und fünf. Der letzte Termin um halb fünf war mit Frank Bos.

Wir mussten überlegen, wie wir die Enttäuschungen der letzten Woche unseren vertrauensvollen Gemeindemitgliedern mitteilen wollten. Damit konnte ich umgehen. Ich hatte oft genug gepredigt:

»Ich würde lieber etwas Großartiges versuchen ... und dabei scheitern, als gar nichts zu tun ... und darin erfolgreich zu sein!«

Ich empfand an diesem Donnerstagmorgen ungetrübten Frieden und fühlte mich in keiner Weise schuldig. Wenn ich die Idee aufgeben musste, wusste ich, dass es nicht wegen meiner eigenen Nachlässigkeit so war. Ich hatte gelernt, dass ich, wenn ich mit einer wirklichen Unmöglichkeit konfrontiert war (und davon gibt es einige *wenige*), das Recht und die Pflicht hatte, das Problem an den Chef weiterzureichen! Also hatte ich dieses Projekt auf Gottes Schreibtisch gelegt. »Ich werde meine

Kirche bauen«, hatte er versprochen. Das war mein Motto für jeden Tag.

Mein wohl gefüllter Arbeitstag nahm mich voll in Beschlag und ließ mir keine Zeit, über das Fernseh-Dilemma nachzudenken. Tatsächlich hatte ich die 10.000 Dollar ganz vergessen, als ich meinen Schreibtisch für den Termin um vier aufräumte. Ich kannte die Namen nicht, die für diesen Zeitpunkt in meinem Kalender eingetragen waren, also rief ich meine Sekretärin an und bat sie um Hintergrundinformationen.

»Ich kann Ihnen nichts über diese Leute sagen, Dr. Schuller«, lautete ihre Antwort. »Sie sagten, dass sie unsere Gottesdienste besuchen und dass sie in einer privaten Angelegenheit mit Ihnen reden müssten. Vermutlich Eheprobleme.«

»Lass sie herein, Lois, aber nicht für länger als eine halbe Stunde. Ruf mich nach 25 Minuten an. Das ist Zeit genug, um herauszufinden, worum es geht, und zu entscheiden, ob wir weitere Termine machen müssen.«

Als ich zur Begrüßung meiner Gäste aufstand, war ich auf eine weitere Sitzung über die Schmerzen, die die Ehe mit sich bringen kann, vorbereitet. Hatte ich eine Schachtel Kleenex in der Nähe?

Wer hereinkam, war ein überraschend gut aussehendes Pärchen, beide strahlend vor Energie und Freude. Wir gaben einander die Hände und setzten uns.

»Nun, was führt Sie heute zu mir? Irgendwelche Schwierigkeiten vielleicht?«

»Oh nein, Dr. Schuller, wir haben keine Schwierigkeiten«, versicherte mir die Frau. Ich konnte mich nicht erinnern, jemals *das* als Eröffnung für ein Beratungsgespräch – und ich dachte, dies sei eines – gehört zu haben.

Sie ergriff wieder das Wort. »Dr. Schuller, wir besuchen diese Kirche seit November, seit dem Tag, an dem Sie über den Zehnten gesprochen haben. Sie erklärten, wie die Bibel uns deutlich macht, dass wir verdienen sollen, was wir können, dann investieren sollen, was wir können, und schließlich teilen sollen, was wir können. Sie haben auch deutlich gemacht, dass ein Menschenfreund, im Sinne der Bibel, damit anfängt, dass er zehn Prozent von dem, was er verdient, an Gott zurückgibt.« Sie sahen sich an und lächelten wie Kinder in einem Süßwarenladen.

Dann fuhr sie fort: »Nun, als wir beide an jenem Morgen die Kirche verließen, kamen wir miteinander überein, dass wir anfangen wollten, unseren Zehnten zu geben. Wir wollten damit im Januar anfangen, wenn unser Buchhalter uns sagen konnte, welchen Gewinn wir im ersten Jahr unserer neuen Geschäftstätigkeit gemacht hatten.«

Dann übernahm ihr Ehemann die Geschichte. »Also, letzte Woche hat uns unser Buchhalter die Zahlen genannt. Da haben wir angerufen, um einen Termin mit Ihnen auszumachen und Ihnen dieses zu geben: Es ist unser Zehnter.«

Ich war von diesem plötzlichen Wechsel immer noch benommen – Eheprobleme, *keine* Eheprobleme, hin zum Zehnten. Der Mann übergab mir einen Scheck, und bevor ich die Zahlen lesen konnte, sagte er: »Dr. Schuller, wir haben im letzten Jahr 100.000 Dollar Gewinn gemacht. Wir haben diesen Scheck auf Ihren Namen ausgestellt, sodass Sie ihn auf jede Art, die Gott Ihnen zeigen mag, für Ihre Arbeit verwenden können.«

Die Rechnung war einfach. Ein Zehntel von 100.000 Dollar macht 10.000 Dollar. Aber selbst, als ich rechnete – sogar als ich die Zahl las –, konnte ich es noch nicht ganz begreifen. Schließlich sah ich sie an und sagte: »Sie haben gerade eine neue Fernseh-Kirche ins Leben gerufen!«

Diese erstaunliche, unerwartete und im wahrsten Sinne des Wortes historische Spende war einer der größten Beträge, die ich jemals in den ganzen 15 Jahren meines Dienstes empfangen hatte! Plötzlich waren die Ruhe und der Frieden der vergangenen 24 Stunden wie weggeblasen. Stattdessen empfand ich eine unbeschreibliche, tiefe Freude! Jetzt wusste ich, dass dies wirklich Gottes Idee war.

Es war nur noch eine Stunde des Arbeitstages übrig und Frank Bos rief die Edison-Gesellschaft an. Am nächsten Tag, am Freitag, wurde der Transformator angeschlossen!

Unser Schritt ins Fernsehen war jetzt nicht mehr aufzuhalten. Ich hatte die Verantwortung für jedes Detail, das in unserem Programm vorkam, an Arvella delegiert. Sie suchte die Lieder aus und überarbeitete sie im Hinblick auf Gleichrangigkeit der Geschlechter; so wurde zum Beispiel aus »Erhebet euch, oh, Männer Gottes!« ein »Erhebe dich, oh, Kirche Gottes!« Sie überarbeitete sogar die biblischen Passagen, änderte *Thou* und *Thy* [28] in *You* und *Your* [29] und ließ Stellen weg, die negativ wirken würden. Wie sie ihren Kritikern erklärte: »Die meisten unserer Zuschauer würden diese Texte nicht verstehen. Sie würden die ganze Bibel verwerfen, ohne ihr eine Chance zu geben.«

Arvella behielt mit ihrem intuitiven Gespür für das, was die Leute brauchten und hören wollten, bei ihrer gleichzeitigen Begeisterung für die Botschaft die Kontrolle über den Inhalt jeder einzelnen Sendung, die wir je produzierten! Dabei hatte sie sich alles, was sie über das

Geschäft wusste, in einem Schnellkurs über Drehbuch, Bühnenmanagement und Vorproduktion und Nachbearbeitung selbst beigebracht. Und das alles neben ihrer normalen Tätigkeit als Pastorengattin mit Kleinkindern, Schul-Stundenplänen und wachsenden mütterlichen Aufgaben.

Wussten wir wirklich, was wir da taten? Wie würde dies unsere Lebensweise, unsere Familie, unsere Kirche beeinflussen?

Es ist ein kühler Januarmorgen, als ich am Sonntag früh meine Predigt noch einmal durchgehe. Ich frage mich, ob die Fernsehkameras mich nervös machen werden. Menschenmengen bringen mich nicht aus dem Konzept, obwohl ich mich oft *nach* der Predigt unsicher fühle. Ich neige dazu, Arvella und meine engeren Freunde nach jeder Predigt zu bedrängen: »War meine Botschaft okay?« Aber in dem Augenblick, in dem ich zu einer Menge spreche, genieße ich es, in der Öffentlichkeit zu reden; es fällt mir leicht und ich fühle mich wohl dabei. Aber im Fernsehen?

Ich kann die Gesichter derer nicht sehen, die in ihren Häusern in ganz Südkalifornien zusehen. Ich kann nicht sehen, wie sie reagieren, sehe nicht den Ausdruck auf ihren Gesichtern, spüre nicht ihre Emotionen. Aber auf der anderen Seite konnte ich auch nie die Gesichter der Menschen sehen, die im *Drive in* von Orange saßen. Alles, was ich sehen konnte, waren die reflektierenden Windschutzscheiben der Wagen. Das half wirklich! Vor Fernsehkameras zu predigen wird genau so sein wie eine Predigt im *Drive in*. Und ich werde immer noch mein leibhaftiges Publikum haben. *Ihre* Emotionen werde ich fühlen können.

Ich bin so aufgeregt, dass ich in mein Auto springe und zur Kirche fahre, auch wenn ich immer noch meinen Jogging-Anzug trage, den ich normalerweise im Haus anhabe. Ich erreiche das Gelände. Es ist jetzt am frühen Morgen noch ganz ruhig. Die Sonne geht gerade hinter mir im Osten auf. Der Himmel ist frisch und klar, wie er es nur an einem Wintermorgen in Südkalifornien sein kann. Ich fahre auf die östliche Glaswand der Neutra-Kirche zu, in dem sich die aufgehende Sonne mit ihren Rot-, Orange- und Gold-Tönen spiegelt. Die Brunnen in dem Becken, das sich einen Häuserblock lang neben der Glaswand der Kirche erstreckt, schlummern noch. Ich sehe die Reflexionen der dunklen Silhouetten der Eukalyptusbäume. Die Bäume und der Sonnenaufgang erscheinen auf dem Glas wie Luftströmungen vom nahen Pazifik oder wie die flimmernde Hitze über der nicht weit entfernten Wüste.

Ich parke auf dem *Drive in*-Gelände, schalte die Zündung aus und bleibe allein in meinem Wagen sitzen. Ich frage mich, wie um alles in der Welt ich dahin gekommen bin, wo ich heute bin. Vor 15 Jahren bin ich über die Rockies gefahren, durch die Wüste, den ganzen Weg vom Mittelwesten in dieses Grenzland Kalifornien. Wie hatte dieser Dienst nur seine jetzige Größe erreichen können, der doch mit nur einem Auto angefangen hatte, in dem ein unbekanntes Ehepaar mit zwei Kindern im Schlepptau saß? Wie kommt es, dass wir uns jetzt, 15 Jahre später, an der Schwelle eines unglaublichen Morgen befinden – eines Morgen, das voller Kameras und Scheinwerfer ist und ... voller Möglichkeiten, die meine Vorstellungskraft weit übersteigen.

Ich muss an die biblische Geschichte von den Broten und den Fischen denken, die ich als Junge so sehr geliebt habe. Jesus braucht Verpflegung für die Menge, aber alles, was da ist, ist das Lunchpaket eines kleinen Jungen. Der Junge hat mit sich gekämpft, ob er sein wertvolles Essen hergeben soll, aber als er sich endlich dazu durchgerungen hat, gebraucht Jesus das kleine Paket, um damit 5000 Menschen satt zu machen. Ist Jesus nicht ein wahrer Fachmann, wenn es darum geht, kleine Ressourcen zu vergrößern und zu vervielfältigen?

Ich war noch nicht einmal fünf, als ich Gott das klägliche Leben eines kleinen Bauernjungen anbot. Aber ich gab Gott alles, was ich zu geben hatte: meine Zukunft. Jetzt stehe ich hier, 30 Jahre später, und staune, was er aus meinem kleinen Geschenk gemacht hat.

Mein Tagtraum wird von der Ankunft eines schweren Lastwagens unterbrochen, der auf mich zukommt. Es ist der Fernseh-Lastwagen! Der gleiche riesige Fernsehlaster, den ich bei Billy Grahams Evangelisation gesehen habe. Es wird Zeit, nach Hause zu gehen, zu duschen und mich anzuziehen, Zeit zu sehen, dass auch Arvella und die Kinder auf sind.

Wenige Stunden später bin ich wieder in der Kirche und zum ersten Mal in meinem Leben trage ich Make-up! Der Produzent hat darauf bestanden, dass ich dieses Zeug trage, damit meine Haut im Scheinwerferlicht keine störenden Reflexionen erzeugt. Die unappetitliche Pampe klebt auf meinen Wangen und auf der Stirn, und ich frage mich, wie um alles in der Welt Frauen sich so etwas freiwillig täglich antun können!

Der Parkplatz füllt sich jetzt und Arvella kommt in mein Büro. Sie umarmt mich und sagt mir, wie stolz sie auf mich ist. Sie ist so schön – schöner, als ich sie je gesehen habe. Ich denke daran, wie hart sie die ganze Woche über an der Gestaltung unseres heutigen Gottesdienstes gearbeitet hat, und nun ist sie so voller Zuversicht! Als die Entscheidung auf dem Tisch lag, hatte ich darauf bestanden: »Ich stimme der Fernsehübertragung zu, aber nur unter einer Bedingung: Arvella wird die Produzentin sein; sie ist die Verantwortliche.« Das, so wusste ich, war unsere einzige Hoffnung, ein exzellentes Ergebnis zu erreichen und die Integrität unserer Botschaft nicht zu gefährden.

Arvella steht aufrecht und wie ein Profi vor mir und schenkt mir ein letztes Lächeln. »Wir werden *großartig* sein!«, sagt sie. Wir beten kurz zusammen. Dann verlässt sie mich, um ihre Pflichten als Produzentin wahrzunehmen.

Augenblicke später werde ich ins Kirchengebäude gerufen. Der Gottesdienst wird gleich beginnen und ich fühle mich großartig. Ich erinnere mich an das Gefühl, das ich als Heranwachsender hatte. Ich nannte es mein »ruhiges, glückliches Gefühl«. Jetzt nenne ich es Gottes Gegenwart.

Ich gehe durch die überfüllte Kirche und in den Bereich hinter der Kanzel. Vor den Blicken der Gemeinde verborgen, stehe ich dort, und ein Tontechniker bringt ein sperriges Lavaliere-Mikrofon an meinem Hals an. Sorgfältig rückt er es zurecht, während ich neugierig zuschaue. Er vergewissert sich noch einmal, dass meine Robe richtig sitzt, und dann bin ich wieder mir selbst überlassen – aber nicht für lange.

Jetzt kommt Arvella, um ein paar Stellen im Make-up zu reparieren, die ich in der letzten halben Stunde verwischt habe. Sie dreht mich um und bürstet meine Robe noch einmal von hinten ab, richtet noch ein paar widerspenstige Haarsträhnen und sagt mir, dass ich fertig bin.

Ich kann den großen Fernsehlaster draußen am Eingang sehen. Ich schaue auf meine Gemeinde hinunter, die gespannt wartet, während sie drei große Fernsehkameras inklusive Mannschaft beäugt.

Arvella ist im Fernsehlaster verschwunden, wo der Regisseur und seine Assistenten die Bildschirme im Auge behalten. Sie tragen Kopfhörer, und schon sagen sie dem Inspizienten, der bei mir in der Kanzel steht: »Kameras ab!« Der Inspizient nimmt die Anweisung entgegen und fordert »Ruhe« vom Publikum.

Der Countdown beginnt:

Zehn … neun … acht …

Die Brunnen draußen sprudeln in die Höhe!

Sieben … sechs … fünf …

Die großen Schiebetüren zum *Drive in* setzen sich in Bewegung.

Vier … drei … zwo …

Die roten Lampen auf den drei Kameras gehen an! Jetzt hebt der Inspizient den Finger und deutet auf mich.

Ich bin dran!

»Dies ist der Tag, den der Herr gemacht hat!«, donnere ich als Einleitung.

»Wir wollen uns freuen ...«

Ich werfe meine Arme in die Luft und gehe auf die Kamera zu, aber ich blicke über sie hinweg.

»... und fröhlich sein ...«

Ich werfe meinen Kopf nach vorne, mit einer Pause zur Betonung, auf die Miss Aeilts stolz gewesen wäre.

»... in ihm!«

Die Orgel tönt los. Zum ersten Mal seit unseren frühesten Anfängen spielt jemand anderer als meine Frau die Orgel. Sie sitzt im Produktionslaster, professionell und stark und stolze leitende Produzentin der *ersten* Sendung von *Hour of Power*! Und ich empfinde in der folgenden Stunde nur noch Staunen und Freude und Zufriedenheit.

Ich war 43 Jahre alt, als wir zum ersten Mal auf Sendung gingen. Arvella war 40. Ich war sehr stolz an diesem Tag. Zusammen hatten wir das Unbekannte gewagt.

In diesem Augenblick hatte ich das Gefühl, dass alles, was ich je getan hatte, alles Neue, was ich gelernt hatte, jedes Talent und jede Gabe, jede persönliche Fähigkeit, die in mir schlummerte – Vorstellungskraft, Tagträumen, schauspielerische Begabung –, ihre Bestimmung gefunden hatten. Der Geistliche in mir, der Redner, der Schauspieler, der Missionar – all diese Persönlichkeiten waren in einem Augenblick der Erfüllung zusammengeflossen und trieben mich mit ganzer Kraft vorwärts – in die Bestimmung meines Lebens.

»Dies ist ein neuer Tag für Ihre Kirche«, sagte mir Fred Deinert hinterher. »Wenn man Sie jetzt fragt, wie viele Mitglieder Ihre Kirche hat, müssen Sie die dazurechnen, die zu Hause, in den Krankenhäusern, in den Hotels sitzen. Ihr Sonntagspublikum ist gerade gewachsen, Bob, von einigen Tausend auf einige Zehntausend.

Und über das Fernsehen werden diese Zuschauer Sie als ihren Pastor betrachten. Sie werden Ihren Rat und Ihr Gebet suchen. Sie werden in Zeiten der Freude auf Sie schauen – wie bei Hochzeiten. In Zeiten der Trauer – wie bei Beerdigungen. Sie werden Ihren Trost suchen – in Zeiten von Krankheit und Leid. Machen Sie sich bereit, Bob. Ihre Gemeinde hat sich gerade vervielfältigt. Sie erstreckt sich jetzt über ganz Südkalifornien, von Hollywood bis San Diego!«

Fred hatte Recht. In der ersten Woche nach unserer ersten Fernsehübertragung bekamen wir 75 Briefe. Jeder einzelne wurde gelesen – und beantwortet. Und die Spenden, die von der »Gemeinde der Fernsehkirche« kamen, wurden sorgfältig quittiert und gebucht. Mit den Jahren sahen wir uns einer ansteigenden Zahl wöchentlicher Zuschriften gegenüber. An einem Sonntag hatten wir sogar einen Rücklauf von 60.000 Briefen.

Dann geschah das, was ich erwartet hatte. Superstars und Berühmtheiten sahen die Show und fühlten sich angesprochen. Jetzt konnten sie »kommen, sehen, hören, fühlen und den Glauben finden«, ohne dass sie befürchten mussten, dass ein verrückter Fan ihnen nach dem Segen nachrennen würde, um sich ein Autogramm zu holen oder sich mit ihnen fotografieren zu lassen.

Die Masse der Zuschauer waren allerdings die gleichen konfessionslosen, weltlichen Menschen, die schon an jenem ersten Sonntag im *Drive in* zu uns gekommen waren. Die Menge, die mir zuhörte – sowohl in der Fernsehkirche als auch im *Drive in* – waren Menschen in allen Lebenslagen, die Glaube, Hoffnung und Liebe suchten. Und mit Hilfe einer von Gott geschenkten Einsicht hatte ich zwei Jahre zuvor auf dem Weltkongress der Psychiatrie in Madrid herausgefunden, dass ich bereit war, diese Stimme der Hoffnung zu sein!

Ich dachte über meine Rolle gegenüber dieser neuen TV-Gemeinde nach. Zu diesen Menschen, die in meine Kirche »kamen«, konnte ich nicht »predigen«. Viele gehörten schließlich gar nicht meiner Konfession an. Es wäre unangemessen, wenn nicht sogar ethisch bedenklich gewesen, wenn ich diese Menschen, die sich ja noch gar nicht entschieden hatten, »mein Spiel mitzuspielen«, ermahnt oder getadelt hätte. Die meisten von ihnen waren gar nicht so sehr »Suchende«, sondern viel mehr »Abwechslung Suchende« oder »Zuschauer«, und die Spielregeln gelten nicht für die Zuschauer auf der Tribüne.

Die Rolle des Lehrers und Evangelisten war auch nicht passend für das breite Publikum. Was also war ich? Meine Berufung war es, Botschaften zu verkünden, die den Menschen, die auf Grund ihrer Sündhaftigkeit so dringend Hilfe brauchten, emotionale, geistige und geistliche Gesundheit brachten. Mit dieser Berufung war ich eher ein Therapeut als ein Prediger, Lehrer oder Evangelist.

Schließlich definierte ich meine Rolle – anders als bei irgendeinem Prediger, den ich kannte – als »Verkünder heilender Hoffnung«. Ich würde ein »Reporter« der »Guten Nachricht« sein und diese Nachricht würde therapeutische Wirkung haben. Ich würde versuchen, heilende, gesunde, biblische, Christus die Ehre gebende Therapie einem jeden anzubieten, der bereit war, zuzuhören. Und jeder Zuschauer – gläubig oder ungläubig – würde in diesem Evangelium der »Guten Nachricht« Hilfe und Unterstützung finden können.

Aber manchmal braucht sogar der Therapeut eine Schulter, an der er sich ausweinen kann.

Sieben Jahre zuvor bin ich Hausbesitzer geworden, was für einen Pastor recht ungewöhnlich ist. Wir sind aus unserem Haus, das der Gemeinde gehörte, in ein der Kirche nahe gelegenes Haus umgezogen, das wir selbst gekauft haben. Es ist einfach, aber perfekt.

Ich stehe in unserer kleinen Küche mit den granatroten Wänden und den rosa-weiß-gestreiften Vorhängen. Vor dem Fenster nehmen die Rosen, Arvellas gestalterischer Ader entsprechend, die Rosa- und Rot-Töne auf. Wir schreiben den 27. Oktober 1970. Das Telefon klingelt. Ich gehe ran und höre die Stimme meiner Schwester Violet.

»Mom liegt im Sterben, Harold. Sie ist noch bei Bewusstsein, aber du musst dich beeilen. Sie will dich noch einmal sehen, bevor sie geht.«

Die Telefonschnur wickelt sich um meinen Leib, als ich der Familie den Rücken zuwende und mein Gesicht gegen den Küchenschrank presse. Seine Umarmung ist hart und kalt, aber ich habe sie nötig. Ich fange an zu weinen.

Die fünfjährige Carol neben mir unterbricht ihr Spiel und kommt zu mir, um mich zu trösten.

»Was ist los, Daddy?«, fragt sie.

Arvella, die genug gehört hat, um zu wissen, was vor sich geht, nimmt sie beiseite, um es ihr zu erklären.

Drei Stunden später befinde ich mich in einem Flugzeug hoch über der Schachbrettlandschaft des ländlichen Nebraska.

Werde ich rechtzeitig da sein, um sie ein letztes Mal zu berühren? Werde ich ihre letzten Worte hören? Ich möchte es in ihren Augen sehen, es in ihrer Stimme hören, dass ich all das geworden bin, was sie sich für mich erträumt hat – dass ich es gut gemacht habe. Ich möchte ihr sagen, wie sehr sie mir fehlen wird.

Ich stelle mir vor, wie ich neben ihr auf der Klavierbank sitze. Mein Kopf reicht nur bis zu ihrer Schulter, und ich liebe es, meine Stirn an ihren Körper zu lehnen und unter ihrem Arm hindurch auf die Tasten aus Ebenholz und Elfenbein zu spähen. Wärme durchflutet mich, während ich in diesen Erinnerungen schwelge, ich höre, wie die Tasten auf ihre feste und leidenschaftliche Berührung reagieren. Kirchenlieder umgeben mich, wie ich so in meiner Vorstellung neben ihr sitze, ohne die anderen Fluggäste und das Flugzeug, in dem ich mich befinde, wahrzunehmen.

Plötzlich endet der Tagtraum und ich spüre einen Kloß in meiner Kehle. *Bitte, Herr, lass mich rechtzeitig dort sein.*

Aber ich kam zu spät. Während ich über die Ebenen des Mittelwestens flog, riss die Aorta meiner Mutter und sie starb.

Moms Tod war hart für mich. Ich hatte niemals, außer in meinen Wunschträumen, die Worte von ihr gehört, die ich mir so sehr zu hören wünschte, auch wenn ich gelernt hatte, ihre Liebe zu mir an ihrem Gesicht abzulesen.

Als ich im Krankenhaus ankam, führten mich die Pfleger zu ihrem leblosen Körper, und ich fühlte, wie mich ein Schmerz durchbohrte, der tiefer ging, als ich geahnt hatte, dass die Seele reicht. Mein einziger Trost waren die Worte ihres Pastors: »Ich war in ihren letzten Augenblicken bei ihr«, sagte er, »und zusammen haben wir die beiden Verse aus Jesaja 43 gesprochen.«

Das war Moms Lieblings-Bibelstelle. Ich wusste, dass der Klang dieser Worte ihr mehr Trost gebracht hatte, als ich ihr hätte spenden können.

»Fürchte dich nicht«, beginnt dieser Vers, »denn ich habe dich erlöst; ich habe dich bei deinem Namen gerufen; du bist mein. Wenn du durchs Wasser gehst, will ich bei dir sein ... denn ich bin der Herr, dein Gott!«

Im Februar 1971, als *Hour of Power* ihren ersten Jahrestag feierte, deckten die Einnahmen die Ausgaben! Die Voraussagen waren eingetroffen. Die jährlichen Kosten hatten 400.000 Dollar erreicht; die 200.000 Dollar aus den Spendenzusagen waren verlässlich eingetroffen; und zu meiner Überraschung und Erleichterung wurde auch die Differenz, die über die Spendenzusagen hinaus ging, durch private Spenden abgedeckt, die per Post von unseren sonntagmorgendlichen Zuschauern eingingen. Tatsächlich hatten wir sogar einen kleinen Überschuss, nachdem wir 12 Monate auf Sendung waren.

»Sie stillen einen breiten spirituellen Hunger«, sagte Fred Deinert, »wir sollten versuchen, uns zu vergrößern. Wir können eine Stunde in Philadelphia kaufen, eine in Seattle und eine in Chicago. Schließlich sind die laufenden Geschäftskosten und die Produktionskosten schon über Los Angeles finanziert. Ich denke, dass die Zuschauer in diesen Städten ähnlich reagieren werden wie die Leute hier, also sollte die Sendezeit sich selbst tragen.«

Er war offensiv, aber gleichzeitig auf vernünftige Weise konservativ. Wie sich herausstellen sollte, hatte er auch eine prophetische Gabe. Auf jeden Fall vertraute ich seinem Ratschlag. 1972, an unserem zweiten Jahrestag, war unsere Fernsehkirche in vier Städten der USA auf Sendung:

in Los Angeles, Chicago, Philadelphia und in Seattle; und sie trug sich selbst.

Unter Gottes Führung hatten wir entdeckt, dass die kirchenfernen Menschen, die Gott liebte und ermutigen wollte, in jeder Stadt und in jedem Staat in Amerika zu finden waren. Diese Tatsache entfachte meine Leidenschaft für das Potenzial, das im Fernsehen lag. Und ich wusste, dass das größte unberührte und nicht-kirchliche Missionsgebiet in Amerika New York war. Es gab in dieser »Welt« keinen einzigen regelmäßigen Fernsehgottesdienst am Sonntagmorgen.

Eines Tages, als ich wieder über die Bedürfnisse der New Yorker und darüber, wie man ihnen begegnen konnte, nachdachte, sprach ich mit Fred darüber, was unser Dienst anzubieten hatte. »Denk nur«, sagte ich, »wir sind anders als die meisten religiösen Gruppierungen: Wir sind in erster Linie eine ›Mission‹ und danach erst eine Kirche. Was machen diese veränderten Prioritäten für einen Unterschied! Denk an all die Briefe, die wir in den letzten zwei Jahren bekommen haben. Sie sagen nicht: ›Sie haben mich zu einem Christen in der Reformierten Kirche gemacht.‹ Sie machen deutlich: ›Sie haben mein Leben gerettet!‹ Wir haben die Botschaft unseres Herrn Jesus Christus, die den Menschen geistige und seelische Gesundheit bringt! Fred, das ist das Evangelium, von dem wir reden. Wir haben wirklich eine Gute Nachricht!«

Dann gab ich ihm eine Anweisung: »Wir müssen ›Hour of Power‹ in New York auf Sendung bringen, Fred! Wir haben die Mission, die Botschaft und den Herrn für diese Metropole. Wir werden niemandem Konkurrenz machen; wir werden der einzige Gottesdienst sein, der direkt in die Wohnungen der Menschen gebracht wird, die zu sehr mit Vorurteilen behaftet sind, die zu ängstlich sind oder geistlich zu unbedarft, um selbst in einen Gottesdienst zu gehen.

Ich betrachte das Fernsehpublikum als neuen Kontinent, der im Meer der Welt entdeckt wurde. Wir müssen dieses neue Medium nutzen, um den Menschen in New York die Gute Nachricht zu bringen, so wie mein Onkel Henry ein Schiff bestiegen hat und nach China aufgebrochen ist!«

Fred, der Fernsehexperte, schüttelte den Kopf. »Tut mir Leid, Bob«, sagte er. »Es gibt in der ganzen Stadt keinen einzigen Sender, der Leuten gehört, die bereit wären, Sendezeit für einen christlichen Gottesdienst zu verkaufen. Das kannst du vergessen.«

Ich war sprachlos. War Begeisterung nicht ansteckend? Warum also hatte ich bei dieser Sache nicht Freds Unterstützung? Ich verließ sein

Büro ernüchtert, aber ich war nicht völlig davon überzeugt, dass er Recht hatte.

Ein paar Wochen später machte die Nachricht die Runde, dass in New York ein Rechtsstreit gegen WOR, Kanal 9, anhängig war. Die Kläger waren eine kleine Gruppe von Juden, die zum Christentum übergetreten waren. Sie hatten eine Fernsehshow konzipiert, die sie *Passover*[30] nannten; sie waren auf den WOR zugekommen, um Sendezeit zu kaufen, und der Vertrag war unterzeichnet worden.

Aber dann waren die jüdischen Besitzer des Senders von den führenden Rabbis der Stadt angegriffen worden. »Die Show, die sie planen, ist anti-jüdisch!«, behaupteten diese.

Als Folge davon hatte WOR den Vertrag annulliert, bevor die Show gesendet werden konnte, und die christlichen Vertreter und Besitzer von *Passover* hatten eine Klage wegen religiöser Diskriminierung eingereicht.

Ich rief Fred Deinert an und bat ihn, ein Schreiben mit der Bitte um den Verkauf von Sendezeit für *Hour of Power* an WOR zu schicken. Ich malte mir aus, dass der Rechtsstreit sie aufnahmebereit stimmen würde. Das stärkste Argument, das die Besitzer bringen konnten, um den Vorwurf aus dem Weg zu räumen, dass sie sich diskriminierend verhielten, war ja wohl ein Schreiben, in dem sie einer christlichen Gruppierung Sendezeit anboten.

Nach wenigen Tagen rief Fred zurück. »Gute Neuigkeiten, Bob: WOR hat uns eine Stunde angeboten! Sonntagmittag um 12 Uhr!«

Aber dann kam sein Pessimismus wieder zum Vorschein. »Du kommst jetzt in vier Städten gerade so durch, weißt du«, erinnerte er mich, »und New York ist ein gewaltiger Schritt. Das könnte der Untergang für deinen gesamten Dienst sein. Dieser Vertrag schreibt vor, das deine Show am 4. Juli[31] das erste Mal laufen muss, die mieseste Zeit im Jahr, um *irgendetwas* anzufangen. Niemand ist am Wochenende um den 4. Juli in der Stadt.

Und um das Ganze noch schlimmer zu machen: Der Preis, den sie fordern, liegt jenseits von gut und böse. Ich glaube nicht, dass sie wirklich wollen, dass wir die Stunde nehmen. Sie suchen nur nach einer guten Verteidigungsposition in ihrem Verfahren. Bete und rede mit deinen Freunden in New York; hol dir Rat von einem Außenstehenden, bevor du diese Entscheidung triffst. Es ist einfach zu riskant!«

Was Fred sagte, machte Sinn, aber ich war immer noch nicht bereit, diese Gelegenheit ungenutzt verstreichen zu lassen. Ich rief einen engen Freund an, der Pastor in New York war. Er antwortete mir unter der Bedingung, dass sein Name niemals im Zusammenhang mit dem, was er mir zu sagen hatte, genannt werden würde. »Wenn du 4000 Dollar die Woche hast, die du wegwerfen kannst«, sagte er, »fein: Kauf die Sendezeit. Aber wenn du erwartest, dass die Zuschauer in New York dein Fernsehprogramm unterstützen, dann vergiss es. New York besteht aus starrköpfigen Juden, engstirnigen Katholiken und lauwarmen Protestanten!«

Ich schluckte.

»Und um ganz ehrlich zu sein, Bob«, fuhr er fort, »du und die Show, die du aus deinen Gottesdiensten machst, sind ein bisschen zu sehr ›Kalifornien‹ für den Geschmack der Ostküste.«

Ich dankte ihm. Ich betete, und als letzten Maßstab für meine Entscheidung stellte ich mir drei Fragen, die meine Entscheidungen während all der Jahre meines Dienstes geprägt haben:

1. *Wäre es eine gute Sache für Gott?* Ich lauschte und die Antwort kam: Ja.
2. *Würde es Menschen helfen, die leiden?* Ich lauschte und die Antwort kam: Ja.
3. *Macht es schon irgendjemand?* Ich lauschte und die Antwort kam: Nein.

Ich griff zum Telefon. »Schick mir den Vertrag, Fred«, sagte ich. »Ich werde unterschreiben.«

Noch jetzt, 30 Jahre später, kann ich die tiefe Furcht spüren, die mich erschaudern ließ, als ich meine Unterschrift auf die Linie im Vertrag setzte. Der finanzielle Druck versetzte mich in abgrundtiefen Schrecken, und dennoch fühlte ich – ich war mir *ganz* sicher –, dass dies ein weiterer Auftrag von Gott war.

Nur wenige Wochen, bevor wir in New York auf Sendung gingen, kamen Norman und Ruth Peale nach Kalifornien, um uns zu besuchen. Sie sagten viel Gutes über unsere blühende Kirche. Als ich mit ihnen zum Flughafen zurückfuhr, erzählte ich ihnen also auch die Neuigkeiten über das geplante Fernsehprogramm in New York.

Plötzlich spürte ich, wie sich eine gewisse Kühle im Wagen breit machte. Norman war nicht begeistert. Fühlte er sich bedroht? Nicht von mir, dessen war ich gewiss. Aber um ganz sicherzugehen, sagte ich: »Aber, Norman, seit ich diese Kirche gegründet habe, haben keine zwei Menschen auf der Welt mehr für mich getan als du und Ruth. New York ist *deine* Stadt; *deine* Kirche sollte dort auf Sendung sein. Nimm die Sendezeit, die wir gekauft haben, Norman, und bring die ›Marble Collegiate‹ ins Fernsehen.«

Er schreckte davor zurück. »Nein, Bob, das ist deine Sache. Das musst du machen.« Aber sein Ton war zurückhaltend und distanziert. Unglücklicherweise war diese Distanz zwischen uns der Anfang einer Kluft, die jahrelang bestehen sollte.

Norman stand mit seiner Reserviertheit nicht allein. Über Umwege kam mir zu Ohren, dass auch unsere nationale Kirchenleitung in New York diesem offensiven »Kalifornien«-Pastor, der in New York eindrang, kühl gegenüberstand. Der kam ja nicht nur einmal, sondern jede Woche in ihr Revier, und das ohne ihre Zustimmung oder ihren Rat! Keiner der Menschen oder der einflussreichen Mächte in New York, von denen ich gedacht hatte, dass sie meine Freunde seien, stellte sich bei dieser riskanten Unternehmung auf meine Seite.

Ich stand allein und voller Furcht am Rand des Abgrunds. Und ich machte mir Sorgen darüber, wie die knallharten, gebildeten New Yorker diesen Bauernjungen aus Iowa aufnehmen würden. Aber ich durfte meine Mission von Liebe und Hoffnung nicht verraten. Nirgendwo wurde ich verzweifelter gebraucht als auf den Straßen von New York.

Der Rücklauf auf unsere Sendung gab mir Recht. Unsere positive Botschaft vom Evangelium traf die Bedürfnisse von Menschen aller sozialen, ökonomischen, kulturellen, Bildungs- und politischen Schichten. Aber eine frühe Analyse der Namen auf unserer Postliste ergab, dass wir unser größtes Publikum in der *South Bronx* fanden, der ärmsten Gegend der Stadt.

Monate später besuchte ich diesen Bezirk. Was ich sah, war Block für Block ein Betondschungel, in dem schlimmste menschliche Schande, Krankheit und Verbrechen hausten. »Hey, Dr. Schuller!«, grüßten mich die Leute auf der Straße, viele von ihnen waren jung und begierig auf ein besseres Leben.

Ich denke besonders an einen kleinen Jungen zurück, der viele enge Stiegen hinaufsteigen musste, um sein Apartment in einem der Elendsquartiere New Yorks zu erreichen. Ich hörte später, dass er jeden Sonntag sehnsüchtig erwartete, um seinen Fernseher anzuschalten und sich selbst hinwegzuträumen in das Land der Palmen, Brunnen und Gärten, genauso, wie ich es getan hatte. Und er hörte seinem TV-Pastor zu, der ihm sagte: *»Glaube an dich selbst! Glaube an den Gott, der dich geschaffen hat! Glaube an den Gott, an den Jesus geglaubt hat! Wenn du es träumen kannst, kannst du es auch tun!«*

Jahre später, nachdem er sehr erfolgreich geworden, aber leider viel zu jung und tragisch zu Tode gekommen war, besuchte mich seine Mutter in Garden Grove, um mir dafür zu danken, was ich für ihren Sohn getan hatte: Freddie Prinze[32].

Ähnliche Dankesbezeugungen erreichten mich aber nicht nur aus Amerikas Slums, sondern auch aus Beverly Hills und den politischen Machtzentren in Washington.

Ich bekam meine erste »Fanpost« von einem Superstar: Doris Day. Dieser Brief war der Anfang einer seelsorgerlichen Freundschaft voller Wärme und Zuneigung. Von Doris lernte ich viel darüber, wie ich zu nichtreligiösen Menschen sprechen musste. »Verwende niemals das Wort ›verloren‹, Bob. Für die Zuhörer stellt dieses Wort tonnenschweren seelischen Schmerz dar. Worte sind emotionale Bomben oder heilkräftiger Balsam – du musst sie also ganz vorsichtig wählen.« Sie half mir sehr dabei, meine Fähigkeiten auf meine Rolle als Therapeut im Namen Christi zu konzentrieren, mehr, als ihr wahrscheinlich selbst bewusst war.

Glenn Ford war ein weiterer berühmter Name – ein Name, den dieser Bauernjunge aus Iowa gut kannte und an den ich mich gewöhnte. Wir trafen uns oft, und später bat er mich, seine Trauung in seinem Haus vorzunehmen. Dort versammelte er seine Freunde und mich in seinem großen Schlafzimmer, und wir warteten auf das Zeichen, dass die Zeremonie beginnen sollte. In diesem verrauchten Zimmer waren Glenn Ford anwesend sowie sein engster Vertrauter, Bill Holden, und seine guten Freunde John Wayne und Frank Sinatra.

In Glenns wundervollem Garten beglückwünschte mich Bill Holden zu dem Gottesdienst und ich antwortete darauf mit den Worten: »Danke schön! Und wie stehen Sie zur Religion?«

»Das will ich Ihnen sagen!«, erwiderte er mit einem frechen Augenzwinkern. »Die Religion hat mich gerettet! Wir drehten gerade einen Film im tiefsten Inneren von Afrika. Wir wollten auf dem Gebiet eines Häuptlings drehen und so lud er mich zu einem ›Festmahl‹ ein. Ich folgte der Einladung, und ich war sein zufriedener Gast, bis ein Gang mit Eiern serviert wurde. Der Häuptling öffnete seines und zum Vorschein kam ein rosiger Hühnerembryo. Er zog ihn heraus und steckte ihn sich ganz in den Mund. Dann kaute er, sein Gesicht strahlte vor genießerischer Freude, und der Saft lief ihm aus den Mundwinkeln! Es war wirklich grauenhaft, Reverend. Aber für ihn war es augenscheinlich eine Delikatesse! Dann gab er mir ein Ei! Er konnte es kaum erwarten, zu sehen, wie mir diese Köstlichkeit mundete.«

Bill wand und schüttelte sich, dann fuhr er fort mit seiner Geschichte.

»Ich wusste, wenn ich das nicht aß, würde der ganze Handel zum Teufel sein. Er würde so beleidigt sein, dass ich meine Sachen packen und nach Hollywood zurückfahren könnte. Aber wenn ich es aß, würde ich mich übergeben müssen und dann wahrscheinlich an einem Herzanfall sterben, das wusste ich auch! Ich betete und plötzlich sagte ich: ›Oh Häuptling, ich würde wahnsinnig gern, aber ich kann nicht.‹ Er war offensichtlich schockiert, Reverend. Dann sagte ich: ›Es ist gegen meine Religion!‹ Der Häuptling kaufte mir die Geschichte ab. Das war eine höfliche und respektvolle Ablehnung. Und er ließ uns filmen, was immer wir wollten. Yup, Reverend, die Religion hat mich *gerettet*, auf jeden Fall!«

Diese Hochzeit war der Anfang meiner seelsorgerlichen Beziehungen zu Hollywood.

Ich betete während seines Kampfes gegen den Krebs mit und für John Wayne. Später, nachdem der »Duke« gestorben war, erzählte mir seine Tochter folgende Geschichte: Offensichtlich sah der Duke oft die Sonntagmorgen-Sendung *Hour of Power*. Ich mache selten einen Aufruf an die Zuschauer, Jesus Christus anzunehmen, aber eines Tages, als ich es tat, sah der Duke zu. Er stieg aus dem Bett, kniete nieder und nahm Jesus Christus als seinen Heiland an.

Hier begannen auch der Briefwechsel und die ernsthaften Gespräche mit Frank Sinatra. Arvella und ich wurden zu privaten Diners eingeladen und er bot uns private Plätze in seinen Las-Vegas-Shows an. Als seine Mutter beim Absturz eines Privatflugzeugs ums Leben kam, setzte er ihr mit einem Fenster mit ihrem Namen in der *Crystal Cathedral* ein Denkmal.

»Hey, Francis«, sagte ich einmal zu ihm, »›I Did It My Way‹[32] ist dein Markenzeichen. Komm doch an einem Sonntag in die ›Crystal Cathedral‹ und sing es für uns. Dann blenden wir über auf das leere Kreuz und du änderst die letzte Zeile in: ›He did it – His Way!‹[33].«

Frank war von der Idee begeistert! »Ja, lass uns das machen!«, sagte er. Aber dann nahmen ihn persönliche Probleme in Beschlag und es kam nie zu dem Lied.

Lucille Ball wurde auch eine Freundin. Sie schickte mir den folgenden Brief, den ich mir eingerahmt habe:

»12. November 1985

Lieber Dr. Schuller,

ich habe mich über Ihren Brief sehr gefreut. Er war definitiv der Höhepunkt meines Tages.

Ich besuche Ihre Kirche jeden Sonntag – egal, wo ich bin, Sie sind auch da. Demnächst werde ich auch einmal zur Crystal Cathedral *kommen, das verspreche ich.*

Vor kurzem habe ich Sie und Dr. Peale zusammen gesehen und ich habe jede Minute der Sendung genossen. Ich habe Norman und Ruth schon seit einigen Jahren nicht mehr treffen können, aber ich denke immer an sie.

Wie sie mir gesagt haben: ›Mach weiter mit dem Weitermachen‹, so sage auch ich Ihnen: Machen Sie weiter so … Gott liebt Sie und ich auch.

Lucy«

Ich hatte später die Ehre, in ihrer eigenen katholischen Kirche in Santa Monica ihre Beerdigungszeremonie zu leiten.

Ähnliche Briefe kamen aus dem *Oval Office*[34] und von mächtigen und wohlhabenden Firmenchefs. Aber nicht weniger wichtig war der Briefwechsel – Brief für Brief – mit den Verzweifelten und Bedürftigen, die schrieben: »Sie haben mein Leben gerettet!«

Jeder Einzelne, ganz gleich, wo er im Leben steht, hat ein Grundbedürfnis mit allen anderen gemein: *Hoffnung!* Gott gebrauchte mich, um dieses Bedürfnis zu stillen – er allein kennt jeden einzelnen Fall. Ich hatte wenig Ahnung, wie tief und weit verbreitet dieses Bedürfnis nach Hoffnung wirklich war.

Aber die ganze Zeit hindurch war ich im Großen und Ganzen ein einsamer Träumer geblieben. Kein Brief kam je von den Oberhäuptern meiner Kirche in New York. Das ganze Jahrzehnt hindurch kam nie ein Brief von dem Mann, der mehr für mich getan hatte als sonst irgendjemand, dem Mann, der in Zeiten, in denen ich von allen anderen Freunden und Kollegen verlassen gewesen war, mein Freund geblieben war: Dr. Norman Vincent Peale.

Dann trat eine kritische Situation ein, die uns ganz direkt betraf.

Unsere Straße sollte abgerissen werden, um Platz für einen neuen Zubringer zum Freeway zu schaffen.

Meine Familie war verzweifelt. »Wir wollten den Rest unseres

Lebens hier verbringen!«, protestierte Arvella. »Das ist unser Zuhause! Wir haben es *gekauft*! Wir sind die *Eigentümer*!«

Jeanne war ähnlich aufgeregt, aber aus anderen Gründen. »Wir wollen nicht von unseren Freunden weg!«, sagte sie.

Carol und Gretchen weinten.

Als Optimist der Familie sagte ich: »Ich denke, es ist sowieso Zeit, sich nach etwas Besserem umzusehen. Schließlich fühlst du dich hier nicht immer ganz sicher, wenn ich unterwegs bin, Arvella. Es gab immerhin schon einige Vorfälle mit Fremden, die ein bisschen zu aggressiv und zu aufdringlich waren.«

Und so begann sich unser Familiengebet auf dieses unerwartete Problem zu konzentrieren. Vor Jahren hatte ich ein Haus in ländlicher Umgebung mit einer hohen Hecke und einem Zaun gesehen, das ein gesichertes Tor hatte. Ich entschloss mich, einmal hinzufahren und es mir anzusehen. Jetzt, genau in dem Augenblick, wo wir es brauchten, stand auf dem großen Hof im Schatten der Bäume ein Schild: »Zu verkaufen!« Ich fuhr zur Tankstelle an der Ecke und rief den Immobilienmakler an, um einen Besichtigungstermin zu vereinbaren.

Das Haus hatte nur zwei Schlafzimmer, und es war heruntergekommen und in einem jämmerlichen Zustand. Der Garten war völlig verwildert. Aber irgendwie hatte ich das Gefühl, dass es das richtige war. Dieser Ort würde ein sicheres, geschütztes und ruhiges Heim für unsere Familie abgeben.

Das Grundstück war fast 800 Ar groß und voller Bäume, die der berühmte David Hewes – ein wohlhabender schottischer Anwalt – vor 100 Jahren gepflanzt hatte. Die Landschaftsgestaltung hatte ein weltberühmter Architekt aus Edinburgh ausgeführt, allerdings hatten Haus und Hof in den letzten beiden Jahren ziemlich gelitten und sich zu einem Ladenhüter entwickelt. Das bedeutete, dass der Preis erstaunlich erschwinglich war, und wir hatten das Gefühl, dass Gott unsere Gebete erhört hatte.

Während des nächsten Jahres griffen Bobby und ich zu Hammer und Säge und bauten einen Stall für ein Pferd und ein Pony an. Wir setzten Gänse, Enten und Fische in die schon vorhandenen Teiche und schufen uns so eine bäuerliche Umgebung. Schon bald befanden wir uns in der Gesellschaft von Waschbären, Eulen, Opossums, Baumratten und was Arvella eine »abscheuliche« Familie von Mäusen nannte (die in alle Bereiche des Hauses eingedrungen waren). In den nächsten 25 Jahren renovierten und vergrößerten wir das kleine Haus ständig, um es den Bedürfnissen unserer großen Familie anzupassen. Nach und nach fügten wir ein Musikzimmer hinzu, eine Bibliothek und schließlich ein Esszimmer, das groß genug für uns alle war (heute sind wir, inklusive Enkelkinder, 30 Personen!).

Später, als unsere beiden jüngsten Töchter heirateten und im dicht besiedelten Orange County der 1980er Jahre kein bezahlbares Grundstück finden konnten, bauten sie ihre eigenen Häuser auf beiden Seiten des unseren, dort wo der Pferdestall und die Einfahrt gewesen waren. Es war ein sicherer Platz für unsere Enkel zum Herumlaufen und zum Spielen. Sie konnten einfach bei uns anklopfen und sich bei Grandma oder Grandpa eine Leckerei abholen. Wir haben das Glück, hier auf dem Anwesen der Schullers umgeben von unseren Kindern und Enkelkindern alt werden zu können.

Ich empfand unseren neuerlichen Umzug als einen echten Segen. Hier konnte ich meiner Leidenschaft fürs Gärtnern und für die Landschaftsgestaltung nachgehen. Ich konnte dem Zwitschern der Vögel und dem Plätschern der Fische in unseren Teichen lauschen. Hier fand ich die Einsamkeit, die ich brauchte, um kreativ und entspannt zu sein. Hier konnte ich mich am Wochenende und abends inmitten der Schönheit der Natur meinem Tagträumerdasein hingeben.

32

Die Gemeindearbeit, die auf dem Teerpappen-Dach einer Autokino-Snackbar begonnen hatte, hatte eine enorme Ausbreitung erreicht.

In den 1970ern erreichte unsere Fernsehsendung die Wohnzimmer ganz Amerikas. Ich war inzwischen Autor mehrerer erfolgreicher Bücher. W. Clement Stone, der Versicherungsmagnat, war von meinem *Self Esteem: The New Reformation*[35] so begeistert, dass er 250.000 Exemplare davon kaufte und sie an Gemeinden in ganz Amerika verschickte. Er bezog mich auch in eine Reihe von »Erfolgs-Festivals« ein, deren Sponsor er war. Hier hielt ich meine Reden in Hallen mit 20.000 Sitzplätzen, auf derselben Bühne mit Norman Vincent Peale und dem Medienstar Paul Harvey.

Aber bei all diesem wachsenden Einfluss war ich immer noch überrascht von der Nachricht, die ich an einem Tag von einem Geistlichen erhielt, der uns besuchte. Es war 1972, der Kalte Krieg war in vollem Gange, ganz zu schweigen vom Vietnamkrieg, in den unsere Nation tief verstrickt war.

»Sie müssen meinen Namen vergessen«, hatte dieser Mann mir gesagt. »Ich muss anonym bleiben, denn ich arbeite mit Untergrundkirchen in Russland zusammen.«

Plötzlich hatte er meine volle Aufmerksamkeit. Es war, als ob ich mich plötzlich in einem Agentenkrimi befände.

»Ihr weltberühmter Wolkenkratzer – der ›Tower of Hope‹ – hat auch in Moskau Schlagzeilen gemacht«, fuhr er fort. »Richard Neutra hat unter den Architekten in der UdSSR den Ruf des größten zeitgenössischen Architekten. Sie können nicht verstehen, wie ein so hoch geachteter Mann in diesem wissenschaftlichen Zeitalter einen riesigen Kirchturm bauen konnte. Dr. Schuller, sie sind sehr empört, und sie nennen den Turm ›ein Gebäude, das geschaffen wurde, um die Armen zu berauben‹. Sie sind entgeistert von diesem ›Monument des Aberglaubens‹. Aber einige englischsprechende Christen in der russischen Untergrundkirche haben Bücher und Artikel von Ihnen gelesen und haben mich gebeten, Sie zu fragen, ob Sie kommen würden, um sie zu besuchen. Sie brauchen dringend Möglichkeitsdenken, Dr. Schuller. Ich würde es als eine Ehre betrachten, wenn Sie mir erlauben würden, für Sie eine Reihe von Besuchen bei einer der Untergrundkirchen zu arrangieren.«

Meine Neugier war geweckt, ich war begeistert und vorsichtig optimistisch. Allerdings war meine freie Zeit fürs Reisen durch den TV-Zeitplan stark eingeschränkt. Mein Terminplan für den Sommer – die einzige Zeit, in der ich keine Fernsehsendungen produzierte – war meist mit Seminaren, Konferenzen und Meetings zum Thema »Gemeindewachstum« vollgestopft sowie mit weltlichen internationalen Verpflichtungen. Bevor ich zustimmen konnte, nach Russland zu gehen, musste ich meine derzeitigen Verpflichtungen überprüfen. Wenn ich frei war, musste ich eine Reise planen, die getarnt war, sodass ich auf der offiziellen sowjetischen Seite keinen Verdacht erregte. Mein »Reiseveranstalter«, der auch auf absoluter Geheimhaltung bestand, stimmte mir zu.

Ich war jetzt begierig, Russland zu sehen. Es ergab sich, dass ich wenige Monate nach dieser faszinierenden Einladung gebeten wurde, als Professor für Philosophie an der sechswöchigen Sommerschul-Kreuzfahrt der *Chapman University* teilzunehmen. Es war 1972. Das Schiff würde in Long Beach in See stechen, Hawaii ansteuern und dann im Südpazifik bis zu den Urwäldern Neuguineas kreuzen. Von dort würde die Fahrt nach Neuseeland weiterführen und in Hongkong würden wir schließlich von Bord gehen. Anstelle eines Honorars bot man mir an, Arvella und unsere beiden Kinder, die im College-Alter waren – Sheila und Robert –, auf die Reise mitzunehmen. Es würde eine unvergessliche Lernerfahrung für jeden von uns sein und eine perfekte Tarnung für einen Besuch bei den Untergrundkirchen in Russland.

Jeanne (inzwischen 15), Carol (8) und Gretchen (5) würden zu Hause in Iowa bleiben. Arvella und ich waren stolz auf unsere ländliche Herkunft und wir wollten unsere Kinder daran teilhaben lassen. Die Kinder genossen es, einen Teil jeden Sommers mit ihren Cousins und Cousinen zu verbringen, und diese Besuche stärkten auch die Beziehung zu ihren Onkeln und Tanten. Mein Bruder Henry hatte schon vor langer Zeit seine geliebte Alberta geheiratet, aber sie konnten keine Kinder bekommen, und so hatten sie unsere Kinder praktisch »adoptiert«.

Arvella litt sehr unter der bevorstehenden Trennung, aber die Kinder waren viel zu aufgeregt, als dass sie ihren letzten fürsorglichen Zuwendungen, die sie ihnen, den Tränen nahe, zukommen ließ, wirkliche Beachtung hätten schenken können. So verabschiedeten wir sie mit gemischten Gefühlen für die Reise zu ihrem Onkel.

Am nächsten Tag, nachdem wir uns vergewissert hatten, dass sie ohne Verzögerung angekommen waren, gingen wir vier in Long Beach an Bord. Während unserer sechs Wochen auf hoher See studierten wir stundenlang Geologie, Philosophie (meine Klasse) und Anthropologie. Dieses letzte Fach war die ideale Vorbereitung auf unseren Besuch bei den primitiven Stämmen im Urwald Neuguineas, wo die Männer nicht mehr anhatten als eine Muschel und eine ausgehöhlte Gurke und ihre dunklen Körper glänzten, weil sie sich mit Schweinefett einrieben.

Während wir auf See waren, hatte ich sogar Zeit gefunden, ein bisschen an einem Manuskript zu arbeiten, das ich dem Verleger für Ende Sommer versprochen hatte. In einem abgetrennten Deckbereich im Heck des Schiffes fand ich die wertvolle Einsamkeit, die jeder Schriftsteller so dringend braucht. Der endlose Blick auf unser Kielwasser im ruhigen Pazifik, auf unserem Weg zwischen kleinen, unbewohnten Inseln hindurch, war befreiend für den Geist. Ich blickte ihnen von unserem sanft dahingleitenden Schiff aus nach und die Kreativität begann zu fließen.

Als wir schließlich in Hongkong ankamen, erwartete uns an der Kaimauer schon Ike Eichenberger, meine rechte Hand und der Leiter meines Instituts für erfolgreiches Kirchenmanagement. Wir verlebten alle zusammen ein paar schöne Tage in der Stadt. Dann wurde es Zeit, am

Flughafen von Hongkong von Arvella und Bob und Sheila Abschied zu nehmen. Die Reise war eine unschätzbare Erfahrung für uns alle gewesen und sie hatte die Beziehung zwischen unseren beiden College-Teenies und Arvella und mir gestärkt.

Ich gab Arvella das handgeschriebene Manuskript meines nächsten Buchs mit – *You Can Be the Person You Want to Be*[36] – und bat sie, gut darauf aufzupassen: »Das ist das einzige Exemplar!« Sie warf mir einen von den Blicken zu, die uns Ehemännern sagen sollen: »Hab doch ein bisschen Vertrauen!« Dann küsste sie mich innig. Einen Moment lang zweifelte ich daran, ob ich weiterreisen sollte, aber die Aufregung kribbelte schon in mir. Ich wollte zu gerne andere Welten und andere Lebensweisen kennen lernen und einen Blick auf die Arbeit Gottes rund um den Globus werfen.

Arvella spürte meinen Zwiespalt. »Liebling, genieß es«, sagte sie. »Du hast es verdient. Du hast hart gearbeitet und Gott hat auf dieser Reise einen Plan für dich. Mach dir um uns keine Sorgen. Wir werden es uns gut gehen lassen. Sei nur vorsichtig, und vergiss nicht, den Mädchen eine Kleinigkeit mitzubringen.«

Ich versprach es und bat sie, die Kinder jede Nacht für mich zu küssen und zu umarmen.

Ich nahm Sheila und Bob in den Arm und sagte: »Wir sehen uns in zwei Wochen.« Ich hatte vor, rechtzeitig wieder zu Hause zu sein, bevor sie wieder an meine Alma Mater, das *Hope College*, zurückkehrten.

Als ich sah, wie sie die Gangway entlang zum wartenden Flugzeug gingen, fühlte ich mich auf einmal sehr einsam. Es würde eine ganz schön lange Zeit sein, bis ich sie wiedersah. Trotzdem freute ich mich auf diesen Teil der Reise. Ich dachte an meinen Onkel Henry und seine missionarische Arbeit und meine Begeisterung wuchs.

Im Seitenfach meiner Reisetasche steckte ein Stoß Reiseschecks. Das war »Missions«-Geld, das ich einsetzen konnte, wo immer ich das Gefühl hatte, dass es dringend benötigt wurde. Ich wollte Ermutigung und Inspiration bringen, aber ich dachte, ein bisschen »Bares« könnte auch nicht schaden.

Einige Wochen lang wollte ich jetzt ein »Vagabund des Herrn« sein, wie meine Freundin Corrie ten Boom es einmal ausgedrückt hat. Ich würde die Missionsstationen meiner eigenen Konfession meiden. Die kannte ich ja schon. Ich wollte Orte, Menschen und Projekte sehen, von denen ich noch nichts gehört hatte.

»Fang mit David Wang in Hongkong an!«, hatte man mir gesagt. »Er hat den besten Einblick in die chinesische Szene.« David war der Leiter von *Asian Outreach*, einer Organisation, die der amerikanische Evangelist Paul Kauffman gegründet hatte, ein Mann, der sein Leben einer weithin anerkannten Mission in Zentralchina gewidmet hat und dessen Erfahrung und Integrität unübertroffen sind.

Wir nahmen die Fähre von Kowloon aus und dann ein Taxi in eine sehr westlich aussehende Geschäftsstraße. Als wir das Büro von *Asian Outreach* erreichten, trafen wir dort einen jungen Mann hinter seinem Schreibtisch an, der unter einem großen Banner saß, auf dem stand: »HALLELUJA ANYWAY!«[37] Er stellte sich uns als David Wang vor.

Ich musste zweimal hinschauen, dann sagte ich: »Ich mag diesen Slogan, David! Erzählen Sie mir mehr.«

»›Seid stets dankbar‹, war Paulus' Ratschlag«, erwiderte er. »Meine Übersetzung ist: ›Halleluja Anyway!‹«

Wir lachten. Dann gab er mir einige schöne vierfarbige Karten mit Bildern von Blumen und Gärten und schön geschriebenen chinesischen Bibelversen. »Sie sehen, Dr. Schuller, meine Mission ist es, ein Verleger zu sein. Diese Texte sind im neuen, modernen Chinesisch geschrieben. Unsere alte Schrift hat mehrere tausend Buchstaben, sodass der Durchschnittsbürger sie niemals erlernen konnte. Als Mao Tse-tung an die Macht kam, war ihm klar, dass er das riesige Land nicht beherrschen konnte, ohne die Schreib- und Lesefähigkeit der Bevölkerung zu verbessern. Also hat er eine neue Schrift geschaffen, einfach und leicht erlernbar. Wir haben einige Bibelverse ausgewählt und schreiben sie von Hand auf diese Karten, in der Hoffnung, damit Gottes Wort zu verbreiten.«

»Aber das dauert doch sehr lange«, sagte ich. »Sie brauchen eine Druckmaschine. Sie brauchen die ganze Bibel.«

»Das ist richtig! Aber sehen Sie, es gibt keine Druckmaschinen mit neuen Lettern, die nicht unter Maos Kontrolle stehen! Ich habe allerdings in Japan eine Druckerpresse mit neuen Lettern herstellen lassen! Und sie ist hier – im Dock in Hongkong. Alles, was ich brauche, sind 1000 US-Dollar; dann erst kann ich sie abholen! Und das Erste, was wir drucken werden, ist diese neue Bibel. Beten Sie zu Gott, dass wir das Geld auftreiben können. Ich habe es nicht. Wenn ich die Presse nicht schnell abhole – eigentlich morgen –, werden die Japaner sie an einen weltlichen Verleger in Hongkong verkaufen.«

Ich griff in meine Tasche, holte Reiseschecks im Wert von 1000 US-Dollar heraus und unterschrieb sie. Einige Monate später, als ich wieder zu Hause war, bekam ich frisch aus der Presse mein erstes Exemplar der neuen chinesischen Bibel.

Ich wusste jetzt, dass ich auf einer Reise war, die mein ganzes weiteres Leben prägen würde. Diese Reise würde den Worten von Tennyson, die mich immer geleitet haben, einen neuen Sinn verleihen: »Ich bin ein Teil all dessen, was ich gesehen habe.«

In Indien galt unser erster Besuch Kaschmir, dann reisten wir weiter nach Neu-Delhi, wo ich zum ersten Mal Bekanntschaft mit der Arbeit von Mutter Teresa machte.

Auf dieser Reise traf ich sie nicht persönlich, aber ich war tief beeindruckt von der Hingabe, mit der ihre dunkelhäutigen Schwestern sich der allerhoffnungslosesten unter den Menschen annahmen. Ich wusste noch nicht, wie sehr ihre Person meine Arbeit und meine Beziehung zu Jesus Christus beeinflussen sollte, bis wir einige Jahre später bei einem Arbeitseinsatz in Mexiko die Gelegenheit hatten, ein paar Tage miteinander zu verbringen. Dort entdeckte ich, dass wir verwandte Seelen waren. Der Einfluss ihrer Arbeit auf mich war von Dauer. Ganz zuletzt hatte ich die Ehre, ihr bei ihrer Beerdigung meinen Respekt zu erweisen.

Als Nächstes führte uns unsere Missionsreise in den Iran – nach Isfahan –, wo ich die Bekanntschaft eines äußerst inspirierenden anglikanischen Geistlichen machte. Ich entdeckte in ihm den gleichen Geist, den ich bei David Wang und in Mutter Teresas Klinik in Indien gespürt hatte. Diesen gleichen – nämlich den Heiligen – Geist sah ich nun im Herzen dieses Mannes, der voller Begeisterung dabei war, eine Kapelle zu bauen. Sein Einsatz für die Nichtchristen (und sogar die Anti-Christen) in seinem Land hat mich sehr bewegt.

Eines Tages warteten wir im Stadtzentrum von Isfahan auf unseren Wagen, als ich im Schaufenster eines kleinen Juweliergeschäfts einen ungewöhnlichen Ring entdeckte. »Was für ein schönes Blau!«, sagte ich zu meinem neuen anglikanischen Freund. »Was für ein Stein ist das?«

»Lassen Sie mich nachfragen«, antwortete er und ging in den Laden. Der Besitzer erschien im Schaufenster und holte den Ring hinein, dann gab er ihn meinem neuen Pastorenfreund. Nach einer kurzen Unterhaltung zwischen den beiden brachte dieser den Ring nach draußen, um ihn mir zu zeigen. »Es handelt sich dabei um einen Lapislazuli. Er ist eine Antiquität und enthält das Bild eines Löwen und die Initialen des ehemaligen Besitzers. Es ist ein Siegelring.«

Bevor ich protestieren konnte, hatte er meine rechte Hand genommen und ihn auf meinen Ringfinger gesteckt. »Hier, der ist für Sie.« Er passte perfekt.

Mein Freund lächelte. »Er gehört Ihnen! Zur Erinnerung an die Christen hier im Iran, Dr. Schuller. Wir brauchen Ihre Gebete.« Er drehte sich zu dem Ladenbesitzer im Schaufenster um und lächelte ihm zum Abschied zu.

Sechs Monate später finanzierte ich seine Reise nach Kalifornien und wir beteten gemeinsam. Ich betete: »Eines Tages müssen Moslems und Christen soweit sein, dass sie in dem Frieden miteinander leben, zu dem beide Religionen ihre Anhänger ermahnen.« Aber als er nach Hause zurückkehrte, wurde er während der Unruhen bei der Entmachtung des Schah von einem Opfer religiöser Intoleranz ermordet. Die Kapelle, die er gebaut hatte, wurde bis auf die Grundmauern niedergebrannt. Ich trage den Ring immer noch, zur Erinnerung an ihn.

Als es Zeit wurde, mich ins Flugzeug nach Russland zu setzen, kannte ich das zukünftige Schicksal meines iranischen Freundes noch nicht, aber ich hatte eine deutliche Vorahnung, dass sich etwas Derartiges anbahnte.

Im Flugzeug gingen Ike und ich die Anweisungen, die man mir gegeben hatte, zusammen durch. Etwa 600 Menschen würden mich auf einer Waldlichtung in der Nähe von Kiew erwarten, wo ich predigen sollte. Ich sollte meinen Gastgeber in einem Hotel in Kiew treffen. Ich sollte genau um sechs Uhr abends die Hotellobby betreten. Er würde auf mich zukommen und fragen: »Genießen Sie Ihre Reise?« Wenn ich noch keine Begegnungen mit der sowjetischen Amtsgewalt gehabt hatte, konnte ich davon ausgehen, dass die Luft rein war, und sollte sagen: »Ja, danke schön.« Er würde sich dann umdrehen, hinausgehen und an der nächsten Straßenecke auf mich warten. Ich sollte einige Minuten verstreichen lassen und ihm dann folgen. Er würde vor mir her die Straße entlanggehen und im Schatten auf mich warten. Wenn die Luft immer noch rein war und niemand mich verfolgte, würden wir zusammen in einen Wagen steigen, der uns dann zu unserem »Geheimtreffen im Wald« bringen würde.

Die Gefahr bestand darin, dass die sowjetische Geheimpolizei, der KGB, jede unserer Bewegungen überwachen würde. Sie hörten möglicherweise sogar unser Hotelzimmer ab. Ike und ich waren vielleicht nicht direkt gefährdet, aber die Enttarnung konnte für die Leiter dieser Untergrundkirche Gefängnis und lebenslanges Arbeitslager bedeuten. Wenn wir also den Verdacht hegten, dass der KGB uns auf den Fersen war, sollte ich mich, wenn mein Gastgeber kam, einfach umdrehen und kein Wort sagen. Er würde dann alleine zu den Christen fahren und die Sache erklären.

Als wir in Moskau landeten, durchsuchte der Zoll unser Gepäck, und unsere Bibeln wurden konfisziert. »Antisowjetische Propaganda«, sagten sie uns.

Dann fragte mich einer der Beamten mit grimmigem Gesichtsausdruck: »Was machen Sie auf Ihrer Weltreise?«

»Ich gehöre zur Chapman-Universität«, gab ich zur Antwort. Ich zeigte ihm den Brief mit dem Briefkopf der Universität, den mitzunehmen man mir geraten hatte.

»Was ist der Grund für Ihren Aufenthalt in Russland?«, fragte mich ein anderer.

Ich antwortete, wie man mir gesagt hatte: »Ich studiere Religion und ich möchte das weltberühmte Museum des Atheismus in Leningrad besuchen.«

Die Beamten lächelten zum ersten Mal. Die Antwort gefiel ihnen und sie winkten uns durch. Eine offizielle »Reiseführerin« wurde uns zur Seite gestellt, in Wirklichkeit gehörte sie natürlich zum KGB. Sie würde uns auf unserer Reise von Moskau nach Leningrad auf Schritt und Tritt begleiten.

In Leningrad verbrachten wir eine nette Zeit mit den üblichen Sehenswürdigkeiten – die Eremitage, das Ballett, die Oper. Aber das Museum stand nicht auf unserem Reiseplan. Am letzten Tag unserer Sightseeing-Tour kündigte unsere Führerin an: »Unsere Tour ist jetzt vorbei. Ich werde Sie nun ins Hotel zurückbringen, damit Sie sich ausruhen können, bevor Sie morgen früh zum Flughafen fahren. Sie werden nach Lvov fliegen, dort ins Flugzeug nach Kiew umsteigen und am nächsten Tag den Zug von Kiew nach Wien nehmen.

Ich werde Sie morgen am Flughafen verabschieden. Wenn Sie in Kiew das Flugzeug verlassen, wird Sie eine neue Intourist-Führerin erwarten. Sie wird Sie in den Zug nach Wien setzen. Danach wird sie Sie allein lassen. Sie brauchen sich keine Gedanken zu machen. Sie steigen einfach in Wien aus.«

Ich blickte auf meine Uhr. Es war ein Uhr nachmittags. »Danke für alles«, sagte ich. »Es gibt da noch einen Ort, den ich gerne gesehen hätte, aber ich sehe, dass er nicht auf dem Reiseplan steht.«

Sie sah mich erwartungsvoll an.

»Das Museum des Atheismus«, sagte ich. »Sind Sie schon einmal dort gewesen? Könnte ich es sehen?«

»Ja, ich habe davon gehört. Nein, ich bin noch nie da gewesen. Ich würde es auch gerne sehen. Es war früher einmal eine große römisch-katholische Kirche. Es ist nicht weit von hier entfernt. Wir werden auf dem Rückweg zum Hotel dort vorbeischauen.«

Unser Wagen hielt vor einem beeindruckenden Architektur-Werk. Hohe Säulen dominierten die gewaltige Stirnseite dessen, was einmal die eindrucksvollste römisch-katholische Kirche nicht nur Russlands, sondern ganz Europas gewesen war. In der riesigen Eingangshalle standen Skulpturen von Affen, gefolgt von Neandertaler-Statuen. Die Führerin las uns die Erklärungen laut vor: »Die Religion behauptet, Gott hätte die Menschen erschaffen. Heute wissen wir, dass wir uns aus den Affen entwickelt haben.«

Ich wollte sagen: »Aber dieser erstaunliche Prozess der Evolution ist doch genauso wunderbar, als ob Gott uns selbst mit seinen Händen aus Lehm geformt und uns seinen Atem eingehaucht hätte!«, aber ich schwieg. Soweit war unsere Reise gut gegangen. Es war wichtig, dass ich nichts sagte oder tat, was unsere Führerin misstrauisch gemacht hätte. Am folgenden Tag würde ich zu meinem Treffen mit meinem anonymen christlichen Führer und meinem Besuch bei der Untergrundkirche nach Kiew reisen. »Bleib ruhig!«, sagte ich mir.

Die Führerin ging mit uns durch die Ausstellungen. Wir folgten den Pfeilen eine Treppe hinunter und dort hingen große Fotos von amerikanischen Flugzeugen an den Wänden, die über Vietnam Bomben abwarfen. »Religion erzeugt Kriege!«, übersetzte unsere Führerin das Banner. Sie las weiter: »Religiöse Führer werben für Krieg, Rassismus und die Unterdrückung der Armen.« Und dort an der Wand, unter dieser einen Aufschrift, hingen Bilder vom Papst, von Martin Luther King jr., Billy Graham und ... Robert Schuller!

Ike blieb der Mund offen stehen. Ich wurde beinahe ohnmächtig. Unsere Führerin starrte mich an, dann mein Bild, aber sie sagte nichts, sondern fuhr fort, die Beschreibung vorzulesen.

Es gab nichts mehr zu verheimlichen, sie hatte mein Bild eindeutig erkannt. »Also, was sagen die über mich?«, fragte ich.

»Sie sagen, dass Sie die größte neue Kirche in Amerika gebaut haben. Sie sagen, dass Sie Geld von den Armen stehlen und es für architektonische Monumente ausgeben.«

Das hier war mit Sicherheit nicht die Zeit und der Ort, diese Aussage zu diskutieren; ich hätte auch gar nicht die Kraft dafür gehabt. »Ich bin wirklich müde«, sagte ich. »Können wir ins Hotel zurückgehen?«

Es war eine lange, kühle und schweigsame Fahrt zurück. Ich konnte förmlich sehen, wie sich die KGB-Agenten-Rädchen im Kopf unserer Führerin drehten.

Zurück im Hotel ließ ich mich aufs Bett fallen und betete. »Oh, Gott, was soll ich nur wegen unseres Treffens morgen in Kiew machen? Ich werde bestimmt überwacht. Soll ich hingehen und diese Untergrundkirche besuchen, die schon so lange auf eine ermutigende Predigt dieses Amerikaners hier wartet? Oder muss ich diese Gelegenheit ungenutzt verstreichen lassen, um sie vor Entdeckung zu schützen?«

Am nächsten Morgen hatten Ike und ich gepackt und waren fertig für die fahrplanmäßige Abreise. Unsere Führerin war sogar noch kühler als am Nachmittag zuvor; tatsächlich verhielt sie sich regelrecht feindselig, sie sprach nur in kurzen, abgehackten Worten mit uns. Sie behandelte mich wie einen gefährlichen Feind des Kommunismus.

»Ich habe angerufen«, sagte sie förmlich. »Man wird Sie in Kiew erwarten. Dort wird Ihre neue Begleitung sich um Sie kümmern.«

Mit diesen Worten stiegen wir ins Flugzeug.

Jetzt hatte ich wirklich Angst. Die sowjetische Amtsgewalt wusste nun, dass ich nicht nur ein einfacher Philosophieprofessor vom *Chapman College* in Kalifornien war.

In Kiew wurde aus meiner Angst reines Entsetzen, als ich sah, wie unsere neue Führerin jeden unserer Schritte argwöhnisch überwachte. Planmäßig begab ich mich in die Hotellobby. Ike und ich unterhielten uns und warteten. Zur abgemachten Zeit erschien mein freundlicher Gastgeber, den ich seit Monaten nicht gesehen hatte, und ging unbeteiligt an uns vorüber. Ich hatte den verzweifelten Wunsch, ihn zu begrüßen, aber das war ja unmöglich. Ich wandte mein Gesicht ab.

»Genießen Sie Ihre Reise?«, hörte ich ihn fragen. Ich ignorierte ihn. Ich drehte mich um und setzte meine Unterhaltung mit Ike fort. Der Pastor verstand und ging zur Tür hinaus. Meine Lippen zitterten. Ich hoffte, dass das keinem auffiel. Dies war das erste und einzige Mal in meinem Leben, dass ich nicht bis an die Grenze gehen konnte, weil ich dadurch andere der Gefahr einer Entdeckung und Inhaftierung ausgesetzt hätte.

»Endlich wieder in Freiheit!«, sagte ich zu Ike, als wir den Zug nach Wien bestiegen. Er nickte still und mit merklicher Erleichterung. Wir saßen in einem kleinen Abteil – nur wir beide und ein Mann auf dem Sitz gegenüber. Er stellte sich uns als Amerikaner vor, als Professor einer Universität, die er nicht näher benannte. Während wir uns einander vorstellten, wurde die Tür unseres Abteils von einem uniformierten Russen aufgerissen. Er bellte ein barsches Kommando, das ich nicht verstand.

»Er möchte Ihre Papiere sehen«, übersetzte der Professor. Wir gaben dem Soldaten unsere Ausweise und die Fahrkarten. Er behielt die Fahrkarten, gab uns die Pässe zurück und verschwand ohne ein weiteres Wort.

Einige Zeit später – ich weiß nicht, wie viel Zeit inzwischen vergangen war – hielt der Zug plötzlich an. Der Beamte erschien wieder an der Tür und bellte uns seine Befehle zu. Dieses Mal hatte er einen Übersetzer mitgebracht. Dieser sagte uns: »Wir sind an der tschechischen Grenze. Sie haben keine Visa für die Tschechoslowakei.« Dann forderte er: »Pässe!«

Wir gaben dem Beamten unsere Pässe, und er studierte sie, diesmal sehr viel gründlicher als das erste Mal. Durch den Übersetzer ließ er uns befehlen: »Einer von Ihnen wird mit beiden Pässen und vier US-Dollar zum Grenzposten gehen und Ihre Visa kaufen.« Er gab Ike die Pässe. Wunder über Wunder, zusammen hatten wir genau vier Ein-Dollar-Scheine!

Der Beamte befahl mir, sitzen zu bleiben und zu warten und führte Ike aus dem Abteil. Plötzlich fiel mir eine Regel des internationalen Reisens ein, die man niemals, unter keinen Umständen brechen sollte: »Gib niemals deinen Pass aus den Händen, es sei denn bei der Einreise an einen Regierungsbeamten.«

Ich fühlte mich ziemlich unwohl, aber ich wusste, dass ich Ike vertrauen konnte. Dann hörte ich ein Geräusch, das mir das Blut in den Adern gefrieren ließ: *hsss-ss-ss* – der entweichende Dampf eines Zuges, der losfuhr! Wieder dieses Zischen. Dann fühlte ich es: Der Zug bewegte sich – ohne Ike! Und ich war allein, ohne meinen Pass. Der Zug nahm an Geschwindigkeit zu. Wir fuhren weiter!

Derselbe Beamte erschien wieder in der Tür unseres Abteils und wieder brüllte er mich an. Ohne den Übersetzer konnte ich nicht verstehen, was er von mir wollte.

Der Professor lächelte mich an und sagte: »Er meint, Ihr Freund sei zwei Wagen vor uns im Zug. Er hat die Pässe und die Visa. Er kann nur nicht zu uns kommen, weil die Türen zwischen den Wagen verschlossen sind.«

Was für eine Erlösung!

Von Wien aus rief ich zu Hause an. Es war jetzt in Kalifornien drei Uhr morgens – nicht gerade die beste Zeit für einen Anruf –, aber Arvella war sehr schnell am Apparat, und die Wärme ihrer Stimme war selten so tröstlich für mich.

Als wir die Grenze zum Westen überschritten, fiel mir ein Stein vom Herzen. Aber ich machte mir immer noch Sorgen um die russischen Nachfolger Christi, denen ich nicht hatte helfen können.

Ich habe nie wieder etwas von unserem Beinahe-Gastgeber gehört oder gesehen, von dem Mann, der mich gebeten hatte zu kommen. Ich *wollte* Russland niemals wiedersehen – dieses Land voller Furcht und Unterdrückung. Und trotzdem, mit der Zeit sollte dieses Land ein großer und sehr bedeutender Teil meiner Zukunft werden.

33

Der Flug von Wien nach Kalifornien war einer der längsten meines Lebens.

Tausend Fragen bestürmten meinen Geist und ließen mich keinen Schlaf finden. In diesen elf Stunden oben in den Wolken befand ich mich in einer Art Midlife-Crisis, einer Identitätskrise in der Mitte meiner Laufbahn. Anders betrachtet allerdings war es Gott, der meinem Leben eine neue Richtung gab.

Ich war froh, nach dieser zweimonatigen Missionstour um die ganze Welt wieder auf dem Weg nach Hause zu sein. Aber ich war traurig darüber, dass mein Dienst für diese Untergrundkirche unmöglich gemacht worden war. Und warum war ich in diesem Museum für Atheismus abgebildet?

Ich erinnerte mich daran, dass unser Beinahe-Gastgeber mir von der Übersetzung von Neutras Buch *Survival Through Design*[38] erzählt hatte. Er hatte berichtet, dass es in ganz Russland mit Interesse gelesen worden war. Daran zweifelte ich nicht, denn ich hatte ein Bild des *Tower of Hope* aus diesem Buch im Leningrader Museum des Atheismus direkt neben meinem Bild gesehen.

Ein anderer Artikel aus einer russischen Zeitschrift fiel mir ein, den ein Kollege mir geschickt hatte. Hier wurden Bilder unserer Kirche zur Illustration eines Beitrags verwendet, der sich mit dem Geld beschäftigte, das in Amerika für »abergläubische« Gebäude ausgegeben wurde. In Gedanken wies ich diese Kritiken zurück. *Eines Tages muss das russische Volk die Wahrheit erfahren*, dachte ich. *Das sind keine Monumente. Es sind Werkzeuge der Hoffnung! Russland braucht Freiheit und Glauben!*

Wenn Tennyson mit seinem Satz »*Ich bin ein Teil all derer, denen ich begegnet bin*«, Recht hat, wer bin ich dann jetzt? Was ist nach all dem mein Ruf für die Zukunft? Ich betete: »Herr, welchen Auftrag hast du für den Rest meines Lebens für mich?«

Ich war berufen worden, eine Kirche zu bauen. Das hatte ich getan. Aber ich war erst 45 Jahre alt und ich hatte noch viel zu geben. Ich war schon so vieles gewesen: Missionar, Landentwickler, Architekt, Spendensammler, Theologe, Motivationsredner, Fernsehmoderator, Verwaltungsdirektor, Pastor für Pastoren, Gründer und Leiter des Instituts für erfolgreiches Gemeindewachstum.

Viele Pastoren in Amerika warteten auf ein neues Netzwerk positiv denkender Kirchen. Einer meiner Vorstandsmitglieder, Rich DeVoos, hatte mich aufgefordert, die Entwicklung eines solchen Netzwerks in die Hand zu nehmen. Aber das konnte ich nicht tun. Man würde mich beschuldigen, eine neue Konfession gründen zu wollen!

Als ich auf meinem Flug nach Hause über all das nachdachte, wurde es mir auf einmal einfach zu viel. Mein Leben war ein Wust von Verpflichtungen geworden, während die Reise, auf der ich gerade gewesen war, mir mehr Frieden und Freude am Dienst geschenkt hatte, als ich seit langer Zeit empfunden hatte (trotz der beängstigenden Erfahrungen in Russland).

Fragen schossen mir durch den Kopf: Wollte Gott mich auf einen neuen Weg führen? Sollte ich unsere große, starke Gemeinde an die Kirche zurückgeben, mich ersetzen lassen und das Leben aufgeben, das ich nun seit 17 Jahren führte?

In diesen frühen 1970er Jahren machte unsere wachsende Mitgliederzahl uns zur größten Gemeinde in Amerikas ältester Kirche. Die Gebäude auf unseren 8 Hektar stellten den größten Kirchenbau in der reformierten Kirche dar. Ich hatte meinen Job zu Ende gebracht. Ich arbeitete gerade an einer systematischen Theologie, die die positiven Erkenntnisse der Psychologie des 20. Jahrhunderts mit der biblischen und historischen Theologie eines Wesley, Calvin und Augustinus verband. Im Idealfall konnte ich sie in wenigen Jahren veröffentlichen. Ich hoffte auf die Mitwirkung Viktor Frankls – des führenden Psychiaters unserer Tage. Ich wollte mich auch mit Martin Marty in Verbindung setzen – dem hoch geachteten Professor für Religion (der auch einer meiner Kritiker war). Nur wenn dieses grundlegende Werk über eine Theologie des nächsten Jahrhunderts ihrer Prüfung standhielt, wäre ich bereit, es zu veröffentlichen.

Diese Aufgabe konnte außer mir niemand übernehmen. Vielleicht sollte ich ihr meine volle Aufmerksamkeit widmen und ganz in ihr aufgehen wie vor 22 Jahren in meiner Seminararbeit.

In Gedanken schwankte ich von einer Seite zur anderen.

Als Autor konnte ich von meinen Tantiemen leben. Ich konnte meine gemeinnützige Stiftung mit dem Einkommen aus freien Vorträgen finanzieren und die freien Monate des Jahres damit zubringen, ein Vagabund des Herrn zu sein. Was für ein Leben! Frei von der Verpflichtung, Geld für Land und Gebäude auftreiben zu müssen, frei, mich auf der ganzen Welt für Werke der Menschenliebe zu engagieren. Und nur der Himmel würde meine Grenze sein!

»Ladies und Gentlemen, wir beginnen unseren Landeanflug auf Los Angeles«, informierte uns ein Flugbegleiter. »Bitte schließen Sie Ihre Sicherheitsgurte.«

Ich würde auch meinen beruflichen Sicherheitsgurt anziehen müssen.

Die Rückkehr nach einer langen Reise ist immer schwierig, aber dieses Mal war es regelrecht qualvoll! Auf der einen Seite freute ich mich, meine Familie wiederzusehen. Nachdem ich aus Russland entkommen war, war alles, was ich mir wünschte, Arvella festzuhalten und nie wieder loszulassen. Aber in beruflicher Hinsicht hatte ich allen Ehrgeiz verloren.

Der *Tower of Hope* – das höchste Gebäude in Orange County – zeichnete sich schon von weitem ab und hieß mich am ersten Sonntag nach meiner Rückkehr zu Hause willkommen. Er war nicht nur der größte Turm an der Pazifikküste, er war auch die erste und einzige »Wolkenkratzer-Kirche« der Welt.

Allerdings auch in Russland berühmt, dachte ich, und es gab mir einen schmerzhaften Stich, als ich zu dem leuchtenden Kreuz hoch oben auf dem Turm aufsah. Es war das erste Gebäude, das an diesem historischen Sonntag von den Strahlen der aufgehenden Sonne getroffen wurde. Der Gründungspastor kehrte von seinem Besuch im »Feindesland« zurück. Der Kalte Krieg zwischen den Vereinigten Staaten und der UdSSR war in vollem Gange. Beide Seiten prahlten mit immer größeren und immer stärkeren Raketen, mit denen sie aufeinander zielten. Die nuklearen Sprengköpfe in diesen Geschossen waren in der Lage, unsere größten Städte von der Landkarte zu wischen! Die Existenz des ganzen Planeten stand auf dem Spiel.

Ich kam mit einer neuen Sicht der Welt zurück, und alles, was ich sehen konnte, war der spirituelle Hunger auf den Gesichtern der Menschen. Ich brannte darauf, eine Serie von Predigten über den Frieden zu halten, vor meiner gesamten Gemeinde, die von New York bis Kalifornien inzwischen Hunderttausende zählte. Ich hatte auf meiner Reise so viel Leid gesehen. Und unser eigenes Land war immer noch in einen Krieg verwickelt, der über 50.000 Amerikaner das Leben kosten sollte.

Ich hatte jetzt einen 18-jährigen Sohn, der vor der gleichen Frage stand wie ich damals am *Hope College*: in den Krieg zu ziehen oder seinen eigenen Traum vom Pastorendienst zu verfolgen. Er nahm die Zurückstellung während der College-Zeit an, aber nicht, ohne dass seine Mutter und ich das Leid erlebt hatten, das alle Eltern durchmachen, wenn sie vor der Möglichkeit stehen, dass ihr Sohn in einer Schlacht ums Leben kommen könnte. Ich hatte enge Freunde und auch mein Sohn hatte enge Freunde, die schon Opfer oder Veteranen des Vietnamkriegs geworden waren.

Dieser Konflikt, der unsere Jungs umbrachte und zerstörte, verbrauchte auch die schöpferischen Kräfte Amerikas. Es schien, als seien die Menschen überall auf der Welt schrecklichem Leid ausgesetzt.

Aber Friedenspredigten waren in den frühen 1970ern eine äußerst politische Angelegenheit. Ich konnte es mir nicht leisten, wieder ins politische Kreuzfeuer zu geraten, jetzt da der Krieg in Südostasien tobte und die Vereinigten Staaten und die UdSSR den Kalten Krieg gegeneinander führten. Wie konnte ich aus Russland zurückkommen und plötzlich für den Frieden predigen? Würde das nicht aussehen, als hätte man mich einer Gehirnwäsche unterzogen? Ich war schon zur Zielscheibe der Medien geworden, bloß weil ich in der UdSSR gewesen war.

Am ersten Sonntag nach meiner Rückkehr erreichten wir bei unserem Morgengottesdienst die höchste Besucherzahl aller Zeiten. Gerüchte hatten sich mit den Berichten über meine Missionsreise rund um die Welt vermischt, und ich fand eine ungewöhnlich aufgeregte Gemeinde vor, die sich an diesem Morgen zum Gottesdienst versammelte.

Autos säumten schon lange vor Beginn des Gottesdienstes die Straßenränder auf dem Weg zu unserer Kirche und auf der Straße standen die Wagen Stoßstange an Stoßstange. Wir hatten das Neutra-Gebäude erst kürzlich von 1000 auf 1400 Sitzplätze vergrößert, aber es war immer noch nicht groß genug für die sich drängende Menge. Wir mussten auf die Schnelle noch 500 Gartenstühle mieten, die wir vor der glitzernden östlichen Glaswand aufbauten. Von meiner hohen Kanzel aus würde ich nicht nur Augenkontakt mit den Besuchern des ruhigen und würdevollen Kirchenraums haben, sondern auch mit den Hunderten, die draußen auf dem Rasen und in ihren Autos im *Drive in* saßen. Und dann gab es natürlich noch die Fernsehzuschauer.

Aber nach zwei Jahrzehnten eines phänomenalen und unerklärlichen Wachstums war es offensichtlich, dass die *Garden Grove Community Church* buchstäblich aus den Nähten platzte. Wo kamen nur all die Menschen her?

Sonntag für Sonntag musste ich die Leute, die bereits in den Kirchenbänken saßen, bitten, den *Schuller Shuffle* zu vollführen, indem sie noch enger zusammenrückten, um Platz für diejenigen zu schaffen, die noch hinten in der Kirche standen. Aber ständig waren Hunderte gezwungen, in die Versammlungshalle auszuweichen, wo sie den Gottesdienst per Direktübertragung auf einem Bildschirm verfolgen konnten.

Im vorigen Winter hatten wir tatsächlich 300 Decken gekauft, um sie an die auf dem Boden Sitzenden zu verteilen.

Wohin sollte es mit dieser 17 Jahre alten Kirche noch gehen? Wie sollte ihre Zukunft in Kalifornien aussehen? In Amerika? In der Welt? Und konnten wir es uns leisten, unser Wachstum durch die Anzahl der verfügbaren Sitzplätze einschränken zu lassen?

Die Mitglieder meines Kirchenvorstandes waren unterschiedlicher Meinung:

»Können wir nicht einfach die Westwand einreißen? Dann könnten wir Platz für weitere 1000 Besucher schaffen.«

»Wir sind jetzt seit zwei Jahren im Fernsehen. Werden die Leute mit der Zeit nicht einfach zu Hause bleiben und ihre Wohnzimmer als zusätzlichen Kirchenraum benutzen? Dann müssten wir unsre schöne Anlage nicht umbauen.«

Das Debattieren und Diskutieren fand kein Ende und ich blieb still und bedrückt. In Gedanken war ich immer noch auf meiner Tour. Ein Teil von mir wollte zurückgehen und den Rest meines Lebens als Welt-Missionar zubringen.

Keiner meiner Vorstandsmitglieder hatte eine Ahnung von dem, was in mir vorging. Bei all dem, worum sie sich kümmern mussten, wollte ich ihnen nicht auch noch sagen, dass ich mit einer »beruflichen Krise« kämpfte.

Aber seit 17 Jahren war ich damit beschäftigt, zu kaufen und zu bauen, zu bauen und zu kaufen! Vom Autokino zu unseren ersten vier Hektar zu noch vier Hektar, vom Bau unseres ersten Kirchengebäudes zu einem größeren Kirchengebäude, dann zum *Tower of Hope* – ich war es müde, den Hut des Architekten, Entwicklers und Spendenbeschaffers zu tragen. Schließlich war meine eigentliche Berufung, ein *Prediger* zu sein!

Innerlich schrie ich nach Flucht, nach außen musste ich mich beherrscht zeigen. In meinem Zustand traf mich der Antrag aus unserem Kirchenvorstand völlig unvorbereitet: »Herr Vorsitzender, ich stelle den Antrag, dass wir einen Architekten beauftragen, die beste Lösung für unsere wachsende Gemeinde zu finden und uns einen Vorschlag zu unterbreiten.«

Mehrere Stimmen unterstützten den Antrag sofort. Dann ergriff der Versammlungsleiter das Wort: »Ich rufe zur Abstimmung!« Nach »Roberts Regeln« hatte ich keine andere Möglichkeit, als den Antrag zur Abstimmung freizugeben. Und er wurde angenommen – einstimmig, glaube ich, aber nur, weil ich als der Vorsitzende nicht mit abstimmen konnte.

An diesem Abend fuhr ich in einem Gefühl tiefer Verzweiflung nach Hause. Ich wusste, dass ich keine Wahl hatte. Ich war an den Beschluss des Vorstands gebunden. Ich musste einen Architekten finden. Richard Neutra und ich hatten 15 Jahre lang zusammengearbeitet, aber vor nicht allzu langer Zeit hatte ich bei seiner Beerdigung gesprochen. Ich konnte mir nicht vorstellen, dass ich einen Architekten finden würde, der ihm gleichkam. Und selbst wenn dem so war, würde ich mit diesem Ersatz so kreativ zusammenarbeiten können, wie Richard und ich es getan hatten? Was, wenn er so selbstbezogen war, dass er die Gebäude seines geachteten Vorgängers nicht respektierte?

Und wo würde das Geld herkommen? Bestimmt nicht von unserer Mittelklasse-Gemeinde. Würde der Vorstand gezwungen sein, die »billigste« Lösung zu akzeptieren? Würden wir nur wegen der Kosten unsere Hingabe an die Erstklassigkeit in der Architektur verraten und auf eine mittelmäßige Lösung zurückgreifen?

Wollte ich daran beteiligt sein? Auf keinen Fall!

Aber nach dem Kirchenrecht konnte ich mich nicht weigern, den Beschluss des Konsistoriums auszuführen. In diesem Augenblick hätte ich die Gemeinde am liebsten einem viel versprechenden Nachfolger übergeben. Ich war bereit, weg- und weiterzugehen.

Ja, vielleicht war es wirklich an der Zeit, dass ich mich zurückzog. Aber vorher würde ich noch den Architekten aussuchen, und wenn ich es nur tat, um unsere schöne Anlage davor zu bewahren, durch eine billige Lösung zerstört zu werden.

Der erste Kandidat, den ich interviewte, war Benno Fisher, ein ehemaliger Mitarbeiter Neutras. Er war auch für die Erweiterung der ursprünglichen Neutra-Kirche zuständig gewesen – den Abbruch der Wand, das Hinzufügen einer Galerie und den Bau der größten senkrechten Steinwand in der Geschichte der Architektur. Benno und ich sahen uns alle Erweiterungsmöglichkeiten unter der Vorgabe an, Neutras ursprünglichem Entwurf keine Gewalt anzutun. Aber alle waren aus diesem oder jenem Grund undurchführbar.

Ich sprach mit einem anderen Architekten. »Sie müssen sich von dem Bau als Kirche trennen«, sagte er. »Machen Sie eine Fest- und Versammlungshalle daraus. Bauen Sie ein neues und größeres Gebäude auf Ihren neuen vier Hektar. Ich kann das für Sie übernehmen.«

Ich empfahl diesen Plan meinem Vorstand und sie nahmen ihn unter Vertrag. Er reichte einen Entwurf und einen Kostenvoranschlag ein, die beide ziemlich hässlich waren. Nun, nicht wirklich. Der Entwurf passte nur nicht zu Neutras Vision. »Man trägt keine neuen, schönen Tennisschuhe zu einem Frack!«, sagte ich. Aber die anderen sahen das nicht so.

»Seht euch den Preis an«, drängte ich sie. »Es soll drei Millionen Dollar kosten!«

Ich war davon überzeugt, dass dieser Architekt genau wie sein Entwurf ein Fehlgriff war. Der Vorstand ignorierte meine Proteste und beschloss, eine Kampagne durchzuführen, um das Geld zu sammeln. Ich war alles andere als begeistert.

Der Finanzausschuss des Konsistoriums begann die Spendenkampagne mit einem großen Hallo, aber so sehr sie sich auch bemühten, das Gebäude weckte nicht die nötige Begeisterung, um finanziell erfolgreich zu sein. Ich wusste intuitiv, dass etwas damit nicht stimmte, und den Spendern ging es offenbar genauso. Die monatelangen, verzweifelten Anstrengungen begannen, mich zu ermüden, während der Vorstand darum kämpfte, das Geld zusammenzubekommen, die Gemeinde aber einfach nicht mitmachte. Die Kampagne verfehlte ihren Zweck und ich war innerlich erleichtert.

Wir ließen die Idee eines größeren Kirchenneubaus fallen und für die nächsten zwei Jahre schaltete ich in den Leerlauf – in die Verleugnung. »Wir brauchen keine neue Kirche«, sagte ich mir. Damit lag ich allerdings ganz schön falsch. Unsere Gemeinde wuchs. Das Institut für erfolgreiches Kirchenmanagement wuchs.

Es war bei einer dieser Institutsversammlungen, als ich mich selbst sagen hörte: »Führung ist die Kraft, die Ziele setzt.« Etliche Köpfe in der Gruppe nickten.

»Machen Sie die Führung nie vom Besitz abhängig!«, forderte ich meine Zuhörer heraus.

»Machen Sie die Pläne für Ihre Gemeinde groß genug, damit auch Gottes Ideen noch hineinpassen!« ermahnte ich sie.

Als Bill Hybels eines dieser Seminare besuchte – zu der Zeit, als er noch ein junger Pastor in Illinois war –, unterhielten wir uns einmal in einer Pause, und er bat mich um meinen Rat. »Wir sind gerade dabei, ein großes Stück Land zu kaufen«, sagte er. »Aber sollen wir das ganze

Stück kaufen – etwa 40 Hektar – oder könnten wir auch mit erheblich weniger auskommen?«

Ich zögerte keine Sekunde. »Kauf das ganze Stück, Bill. So wie ich es dir gesagt habe: Mach deine Pläne groß genug, damit auch Gott hineinpasst.«

Er tat es. Und einige Jahre später lud er mich ein, auf dem riesigen Gelände in Chicago eine Rede zu halten. Aber im Moment hatte ich – der große Verkünder des positiven Denkens – keine Vision, die meine Probleme mit dem Wachstum meiner Gemeinde lösen würde.

Dann kam der Sonntag, an dem Gott mich wieder aufs Spielfeld rief.

Ich bekam einen Anruf, in dem mich ein nettes junges Paar um meine Hilfe bat. Die beiden hatten einen tragischen Verlust erlitten. Am Telefon war eine schluchzende junge Mutter: »Sind Sie der Pastor der Kirche mit diesem großen Kreuz?«, fragte sie.

Ich antwortete: »Ja, das bin ich. Womit kann ich Ihnen helfen?«

»Unser vierjähriges Kind ist diese Woche ertrunken. Wir gehören keiner Kirche an. Können Sie die Beerdigung übernehmen?«

Das eigene Kind zu begraben – wie können Eltern eine solche Tragödie überstehen? Die Zeremonie ging mir sehr zu Herzen, obwohl ich das Kind noch nicht einmal gekannt hatte. Ich brach fast zusammen, als ich an mein eigenes kleines Gretchen dachte, die jetzt gerade sieben Jahre alt war. Ich hatte meine Arme um die Schultern des Ehepaars gelegt, als wir am Freitag den Friedhof verließen.

»Kommen Sie am Sonntag zur Kirche. Ich werde Sie im Publikum suchen, und wenn ich Sie ansehe, dann wissen Sie, dass ich für Sie bete.«

Der Sonntag kam. Die Neutra-Kirche war gerammelt voll, also rief ich zum *Schuller-Shuffle* auf. Platzanweiser standen bereit, um die Stehenden zu den frei werdenden Plätzen an den Enden der Kirchenbänke zu geleiten. Aber ich konnte das trauernde Paar nirgends sehen. Wir mussten den Mittelgang und die Eingänge frei halten – wegen der Feuerschutzbestimmungen. »Es gibt noch Plätze auf unseren zusätzlichen Sitzen im Garten!«, gab ich bekannt, obwohl sie nicht mehr reichen würden: Es kamen immer noch Autos an. Dann sah ich, wie die junge Mutter und ihr Ehemann aus einem Wagen stiegen, der weit vom *Drive in*-Gelände entfernt geparkt war. Ein Platzanweiser führte sie zu den letzten freien Plätzen auf dem Rasen – zwei Stühle in der ersten Reihe, wo ich ihre Gesichter sehen konnte. Sie setzten sich, doch an einem dunklen Himmel zogen schwere Wolken auf. Meine Predigt war mit den Worten »Starker Glaube für schwierige Zeiten« überschrieben. Aber noch bevor ich damit beginnen konnte, erhob sich ein kalter

Wind und es begann heftig zu regnen. Ich sehe diesen Tag noch genau vor mir:

Ich stehe in meiner Kanzel, auf dem Balkon, der über den grünen kalifornischen Rasen hinausragt. Ich bin durch das flache Dach über mir, das die Funktion eines Regenschirms übernimmt, vor dem Guss geschützt. Ich halte Augenkontakt mit dem jungen, gut aussehenden Paar. Ich kann den Blick nicht von der jungen trauernden Mutter abwenden – blond und zierlich, nicht älter als 30, ohne schützenden Regenschirm. Ich sehe zu, wie diese beiden leidenden Eltern mit ihren gebrochenen Herzen die kleinen Programmheftchen über ihre Köpfe halten. Sie rücken dichter zusammen, und sogar aus der Entfernung kann ich sehen, wie sie zittern.

Der junge Ehemann hält jetzt seinen Pullover über sie, um den Regen abzuhalten. Seine Arme sehen geschwächt aus; sie haben Tage tiefer Trauer hinter sich. Dem Schmerz in seinem Gesicht nach zu urteilen, scheint er kurz vor einem Nervenzusammenbruch zu stehen – dies auf einem so jungen Gesicht, gut aussehend, mit einem schön geschnittenen Kinn zu sehen, ist kein gewohnter Anblick für mich.

Schließlich nimmt er ihre Hand, und sie erheben ihre nassen und ausgekühlten Körper von den Stühlen, wieder durchnässt sie ein neuerlicher Schauer. Und sie gehen – diese Menschen, die Gottes liebende Fürsorge so dringend brauchen, sie gehen! Immer noch einander an den Händen haltend, gehen sie zu ihrem Wagen zurück und fahren davon. Sie sind gekommen, um Trost zu finden, und ungetröstet müssen sie wieder abziehen.

Der Schmerz verfolgt mich immer noch, während ich diese Szene vor meinem geistigen Auge Revue passieren lasse – diese Szene, die sich in den folgenden Wochen und Monaten in meinem Geist wieder und wieder und wieder ereignet.

In meinem Herzen traf ich die Entscheidung genau dort und in dem Augenblick, als ich sah, wie sie davongingen. Ich würde meine Ungeduld und meine Hoffnungslosigkeit überwinden müssen. Ich würde den Weltklasse-Architekten finden und die größere Kirche bauen müssen, die wir so verzweifelt nötig hatten. Ich empfand die gleiche maßlose Verantwortung, die Eltern für ihr Kind empfinden, das in einer Krise steckt. *Auch wenn du noch so erschöpft und ausgelaugt bist, du kannst die nicht im Stich lassen, die du geboren hast und die du liebst.*

Also fragte ich wieder einmal: »Was jetzt, Herr?« Aber ich hatte keine Vorstellung davon, wie Gott meine Frage beantworten würde.

34

Auf dem Heimweg von einer Kirchenkonferenz in Europa weckte mich der liebevolle Ellbogen meiner Frau aus meinen Tagträumen.

»Sieh dir das mal an«, sagte Arvella und reichte mir ein Hochglanzmagazin mit dem Titel »Zehn schöne Orte in Amerika«.

Der Artikel, der ihre Aufmerksamkeit erregt hatte, war mit einem Foto illustriert, unter dem »Die Wassergärten von Fort Worth, gestaltet von Philip Johnson« stand. Johnson? Nie gehört. Der Name sagte mir nichts.

»Das scheint ein Architekt zu sein, der etwas von Landschaftsgestaltung versteht«, meinte Arvella. »Vielleicht solltest du es einmal mit ihm versuchen. Du hältst doch so viel von Neutras Biorealismus, der die Landschaft in die Architektur mit einbezieht. Vielleicht liegt dieser Mann auf deiner Wellenlänge, oder er kann dich mit jemandem zusammenbringen, der auch so denkt.«

Die Geschichte faszinierte mich. Seit zwei Jahren versuchte ich, jemanden zu finden, der die Anlage vervollständigen konnte, die Richard Neutra für uns geschaffen hatte.

In der folgenden Woche erschien im *Time Magazin* ein Artikel über Architektur. Im ersten Satz hieß es: »Philip Johnson und I. M. Pei sind die führenden Architekten unserer Tage.«

Ich rief in New York an, bekam Johnsons Nummer und ihn ans Telefon.

Er hatte von mir auch noch nie gehört, aber als ich erwähnte, dass ich fast zehn Jahre lang mit Richard Neutra zusammengearbeitet hatte, war er mit einem Treffen einverstanden. Im Herbst 1973 flog ich nach New York. In den Farben des Herbstes bot die Stadt ein herrliches Bild.

Man empfing mich in einem Büro, das den Geschmack erkennen ließ, nach dem ich auf der Suche war. Das Hochhaus war von Philip Johnson und seinem Partner, Mies van der Rohe, entworfen worden. Ich war beeindruckt.

Philip Johnson machte einen sehr herzlichen, aber auch äußerst professionellen Eindruck, als er mich in einen kleinen Gesprächsbereich führte, der sich in der Nähe eines Fensters befand, von dem aus man einen wunderbaren Ausblick auf die New Yorker Innenstadt hatte. Ich erklärte ihm den Grund meines Besuchs. Da saß er vor mir – glatzköpfig, mit schwarz geränderter Brille und in einem makellosen Anzug –, er lächelte und nickte, als ich den Biorealismus erwähnte. In diesem Augenblick, so erzählte er mir später, war er immer noch der Ansicht gewesen, ich sei ein Architekt, der zehn Jahre als *Mitarbeiter* bei Richard Neutra gearbeitet habe! Er dachte, ich wäre auf der Suche nach einem Job!

»Mr. Johnson«, klärte ich ihn auf, »ich bin Pastor einer Gemeinde, und wir brauchen ein Gebäude, in dem 3000 Menschen Platz finden. Das neue Gebäude sollte zur vorhandenen Umgebung passen, deren Hauptmerkmale Neutras Turm, Glockenstuhl und Kirche sind. Es muss mit diesen anderen Gebäuden auf unserem Gelände in einen Dialog, nicht in Konkurrenz treten. Können Sie das bewerkstelligen?«

Ich hatte diese Frage jedem der Architekten gestellt, die ich in den vergangenen zwei Jahren getroffen hatte.

Johnson lächelte. »Sicher«, sagte er. »Kein Problem.«

Er strahlte Selbstvertrauen aus. Das gefiel mir – sehr, sehr gut. Er fügte hinzu: »Ich respektiere und bewundere Richard Neutra als einen der Gründer der ›Neuen Internationalen Schule der Architektur‹. Tatsächlich habe ich Mr. Neutra seinen ersten Job in Amerika gegeben, als er aus Österreich hier ankam. Ich ließ ihn ein Gebäude für das Geschäft meines Vaters in Ohio bauen. Ich würde gerne etwas machen, das einen Bezug zu seinem Werk hat.«

»Die ganze Sache hat jedoch einen Haken«, fuhr ich fort. »Sechs Jahre lang habe ich in einem Autokino vom Dach einer Snackbar aus gepredigt. Jetzt predige ich seit über zehn Jahren in der großen, gläsernen Neutra-Kirche. Sie ist wunderschön, aber das Flachdach ist aus massivem Holz. Ich vermisse das Licht des Himmels! Ich möchte ein Gebäude für 3000 Menschen, das sich dem natürlichen Licht verbindet – ganz aus Glas!«

Johnson lehnte sich in seinem Sessel zurück. Plötzlich war sein Lächeln verschwunden und in seinem ernsten, ernüchterten Gesicht waren schwere Bedenken zu lesen.

»Ein Gebäude für 3000 Menschen, das ganz aus Glas ist, aber mitten in einem Erdbebengebiet steht?« Dann gab er das schmutzige, ekelhafte, beleidigende Wort von sich:

»Unmöglich!«

Ich wollte ihm mein Taschen-Wörterbuch zeigen. Ich wollte ihm sagen: »Sehen Sie sich diese Seite an – genau hier.« Dann würde er sehen, dass das furchtbare Wort »unmöglich« herausgeschnitten worden war. Ich wollte zusehen, wie er errötete. Dann wollte ich ihm sagen: »Ich habe dieses Wort aus meinem Wörterbuch herausgeschnitten, als ich vor 19 Jahren meine Kirche gegründet hatte!«

Aber ich tat nichts dergleichen. Stattdessen kam ich direkt auf den Punkt: »Mr. Johnson«, entgegnete ich, rückte näher an ihn heran und sah ihm in die Augen. »*Ich* glaube nicht, dass es *unmöglich* ist!« Nachdem ich das schmutzige Wort ausgesprochen hatte, erklärte ich ihm: »Alles, was Sie tun müssen, ist, ein paar klügere Ingenieure einzustellen.«

Er legte den Kopf zur Seite – anscheinend dachte er über meine Schlussfolgerung nach. Er musste sich für die Seite des Möglichen entschieden haben, denn er meinte: »Nebenbei, was für ein Budget haben Sie denn im Auge?«

»Wir haben gar kein Budget, Sir«, antwortete ich. »Wir können uns eine Million nicht leisten, keine zwei, keine drei oder mehr. Wir haben *kein* Geld. Wir werden uns das Geld leihen, das wir brauchen, um Sie zu beschäftigen, und Sie werden einen Entwurf abliefern müssen, der die Gemeinde inspiriert. Es muss ein solches Meisterwerk sein, dass es das Geld anzieht, das wir brauchen, um es zu bauen! Es muss die Vorstellungskraft von gebildeten und erfolgreichen Leuten fesseln!«

Dann kam ich zum Schluss: »Mr. Johnson, Sie können nur dann versagen, wenn Sie es gar nicht erst versuchen. Und ich weiß, dass Sie erfolgreich sein werden!«

Drei Wochen später zeigte er mir seine ersten Zeichnungen. Als er sie vor mir ausbreitete, konnte er meine Missbilligung von meinen Augen ablesen.

»Ein Dach aus Glas?«

»Das ist es doch, worum Sie mich gebeten haben«, antwortete er ärgerlich.

»Aber die Wände sind massiv. Nicht aus Glas!«

Er verteidigte seine Ideen: »Ich hatte das Gefühl, die Wände würden der Gemeinde Geborgenheit vermitteln – Schutz vor unerwünschten Beobachtern außerhalb der Kirche.« Ich merkte, dass er versuchte, der geistlichen Bestimmung des Gebäudes zu entsprechen.

»Aber, Mr. Johnson!«, sagte ich. »Ich möchte eine Kirche mit einem gläsernen Dach, sodass wir den Himmel sehen können. Ein gläsernes

Dach bedeutet, dass nichts unseren Blick nach oben behindern soll. Aber ich möchte auch Wände aus Glas. Gläubige müssen auch die Welt um sich herum wahrnehmen und emotionalen Kontakt zu anderen Menschen suchen und aufnehmen können – auch mit Fremden! Keine Zäune, keine Grenzen – genau darum geht es bei meinem Glauben!«

Zuerst sah er enttäuscht aus. Dann begann er, meine Vision zu begreifen, und ein Strahlen erschien auf seinem Gesicht. Er und ich – in diesem Moment waren wir beide einem »unmöglichen«, heiligen Traum verfallen.

Ich musste 200.000 Dollar aufnehmen, um das Architekturbüro Philip Johnson & Associates halten zu können. Und die nächsten fünf Jahre waren die Periode, die für meinen Dienst und für meine Familie die größte Bedeutung hatte sowie die mächtigsten Herausforderungen beinhaltete.

Es ist Frühling 1974. Robert Anthony ist zu Hause, nachdem er gerade sein zweites vorpriesterliches Studienjahr am *Hope College* hinter sich gebracht hat. Er ist schon für das dritte Jahr dort eingeschrieben, aber heute ist er ganz aufgeregt und bittet Arvella und mich um ein Gespräch.

Als wir in unserem kleinen Wohnzimmer zusammensitzen, sehen Arvella und ich uns fragend an.

Bob sitzt auf einem Stuhl gegenüber dem Zweisitzer, den Arvella und ich uns jetzt teilen. »Dad?«, fängt er zögernd an.

Ich werde langsam nervös. Was will er uns erzählen?

»Dad? Mom? Ihr wisst, ich habe in letzter Zeit eine Menge Verabredungen gehabt. Nun, es war immer das gleiche Mädchen, und ... ich bin wirklich sehr verliebt in sie, und, na ja – gestern Abend habe ich sie gefragt, ob sie mich heiraten will.«

Lieber Himmel! Unser erstes Kind will heiraten? Doch jetzt noch nicht!

»Aber, Robert, du bist erst 19!«, protestierte Arvella.

Dann sprang ich ein: »Wie willst du denn zurechtkommen als verheirateter College-Student? Es ist für uns schon schwer genug, mit den Kosten für dein Schulgeld und deine Unterbringung zurechtzukommen. Mehr können wir uns nicht leisten. Wie willst *du* es dann schaffen?«

Aber dann erinnerte ich mich daran, dass mein Sohn erwachsen war. Wir hatten unseren Kindern immer gesagt, dass wir anerkennen würden, dass sie Erwachsene waren, wenn sie erst einmal 18 waren. Wir würden ihre eigenen Entscheidungen respektieren – auch wenn wir mit ihnen nicht einverstanden sein sollten. Wie konnte ich jetzt unser Versprechen brechen? Ich musste Bob seine eigene Entscheidung treffen lassen.

Also taten wir unser Bestes, um die Hochzeit zu einem schönen Erlebnis zu machen, aber wir waren sehr traurig, als wir von den frisch Verheirateten Abschied nahmen und sie zurück nach Michigan fuhren, zu einem neuen Leben, weit weg von zu Hause. Arvella und ich erinnerten uns gegenseitig daran, dass sie sich gar nicht so sehr von uns unterschieden, obwohl wir damals fast vier Jahre älter gewesen waren und den Ausbildungsstress schon hinter uns gehabt hatten.

Jetzt wurde unser gewohntes abendliches Gebet für jedes Familienmitglied etwas ausgeweitet. Unsere Familie wuchs, also beteten Arvella und ich ein Extragebet, nicht nur für Bob, sondern auch für seine junge Frau, wenn wir abends an unserem Bett knieten, – wie wir es seit unserer Hochzeit jeden Abend getan hatten.

Im November 1975 rief mich Philip Johnson an.

»Dr. Schuller, ich denke, ich hab's. Ich meine, eine Kathedrale, ganz aus Glas – Dach, Wände, alles! Ich werde nach Kalifornien fliegen und Ihnen ein kleines Modell zeigen, das ich gebaut habe.«

Einige Tage später kam er mit einem kleinen Koffer aus Aluminium in mein Büro. Er öffnete ihn und mir blieb die Luft weg. »Wow!«, sagte ich, als ich das sternförmige Modell einer gläsernen Kirche sah, das wie ein Diamant glitzerte. Das war alles, was ich dazu sagen *konnte*. Er hatte genau das visualisiert, was mir vorschwebte und was ich versucht hatte zu beschreiben.

»Sie ist insgesamt 126 Meter lang«, sagte Philip. »Alle Dachflächen neigen sich nach oben zueinander und treffen sich in einer Kuppel, die sich öffnen lässt, um die Wärme hinauszulassen. Sie dürfen in einem solchen Gebäude nach den neuen Energiegesetzen keine Klimaanlage mehr einbauen. Außerdem würde sie das ruinieren. Also haben wir sie so gestaltet, dass sie von der natürlichen Luftzirkulation gekühlt wird. Das Dach ist an seinem höchsten Punkt 38 Meter hoch, das entspricht zwölf Stockwerken!

Im Kirchenraum werden 3000 Personen Platz finden. Von innen können sie die Bäume und den Himmel sehen, aber von außen werden die Fenster verspiegelt sein, sodass diese die heiße Sonne, den Himmel und die Bäume reflektieren und die Kirchenbesucher gleichzeitig vor unerwünschten Blicken schützen. Es wird die größte Rahmenkonstruktion der Welt sein.«

Er wartete einen Moment. Dann sagte er: »Nun, Dr. Schuller, was halten Sie davon?«

Mit feuchten Augen und mit einem Enthusiasmus, der mir das Herz zu zerreißen drohte, antwortete ich: »Ja, sie *muss* gebaut werden. Wir dürfen dem Planeten Erde dieses Kleinod nicht vorenthalten! Und wenn es mich zehn Jahre meines Lebens kosten sollte, um das zu erreichen – es wäre den Preis wert.«

Ich wusste noch nicht, wie prophetisch diese meine Worte waren. Auf jeden Fall war jeder Gedanke an eine berufliche Veränderung völlig und restlos weggewischt!

Ich war einem neuen Traum verfallen, einem, den ich nie aufgeben würde. Ich reagierte genauso wie damals in dem Augenblick, als ich den ersten Traum meines Lebens hatte – den Traum, ein Pastor zu werden, damals, als ich gerade mal fünf Jahre alt war. Ich war davon überzeugt, dass dieses Ziel verwirklicht werden musste, was auch immer geschehen möge.

Vier Monate später feierten wir den 20. Jahrestag der Gründung unserer Gemeinde. 7000 Mitglieder unserer Gemeinde füllten die große Festhalle im *Anaheim Convention Center*, um zu sehen und zu hören, was wir als die dramatische Enthüllung eines fantastischen neuen Traums angekündigt hatten.

Ich hielt das Modell in die Höhe. Dann überraschte ich sie alle, als ich sagte: »Ich glaube, dass jemand eine Million Dollar spenden wird, um die Spendenkampagne für den Bau dieser Kathedrale zu eröffnen!«

Ich erzählte, wie ich kürzlich während eines Klausurwochenendes des Kirchenvorstands diesem meine Vision mitgeteilt hatte. Ich hatte gesagt: »Niemand wird glauben, dass der Bau dieses wunderbaren Gebäudes Wirklichkeit werden kann. Aber sie werden es glauben, wenn wir eine Spende von einer Million Dollar vorweisen können. Lasst uns dafür beten.« An dieser Stelle, zum ersten und einzigen Mal in der Geschichte unserer Kirche, fielen alle anwesenden Mitglieder des Vorstands auf die Knie und beteten für diese eine Sache zu Gott und baten ihn, dass er uns zu dem Menschen führen möge, der in der Lage war, eine Million Dollar zu spenden.

Ich merkte, wie die riesige Menge im *Convention Center* die Luft anhielt. Dann erzählte ich ihnen, wie ich zu dieser göttlichen Leidenschaft gekommen war, diesen »unmöglichen« Traum zu verfolgen. Wieder sah ich die Gesichter des jungen Paars vor mir, als ob es erst gestern gewesen wäre. Am Ende meiner Geschichte sagte ich zu ihnen allen: »Wenn wir dieses neue Zuhause für euch gebaut haben, werdet ihr nicht mehr in Winterkleidung draußen sitzen müssen! Wir wissen noch nicht, was es kosten wird – aber ich glaube fest, dass es Gottes Wunsch entspricht. Wir werden auf ihn vertrauen und ihm die Möglichkeit geben, ein Wunder zu vollbringen!«

Im Dezember 1975 teilte uns der Architekt mit, dass die Kosten sich auf etwa sieben Millionen Dollar belaufen würden. Ich wäre fast in Ohnmacht gefallen! Ich wendete mich meinen eigenen Motivationsbüchern zu, um mein positives Denken am Leben zu erhalten. Ich las mein Akrostichon über das Wörtchen STREBE:

Starte mit kleinen Schritten.
Traue auf die Möglichkeiten.
Reiche über deine bekannten Fähigkeiten hinaus.
Ergebe dich deinem Traum mit allem, was du hast.
Betrachte in deiner Vorstellung schon das Wunder, das geschehen wird.
Erwarte Erfolg!

Dann kam mir zu Bewusstsein, welch wütender Kritik ich mich aussetzen würde, wenn ich »so eine Menge Geld« ausgab. Ich traf eine Vereinbarung mit Gott: »Wenn du willst, dass wir bauen, Herr, dann werde ich die Schmähungen auf mich nehmen, wenn du für das Geld sorgst.«

Ich hatte Geld niemals angebetet. Der einzige Wert des Geldes bestand für mich darin, dass es den Menschen die Macht gab, Gutes oder Böses zu tun. Die Frage ist nicht: »Wie viel wird es kosten?«, sondern: »Ist es Gottes Wille?«

Einen Monat später, im Januar 1976, erhielten wir gute Neuigkeiten von unserem Architekten: »Das Gebäude ist, technisch gesehen, machbar. Die Baubehörde der Stadt hat uns für unsere erste Anfrage zum Bau der Kathedrale einen positiven Bescheid gegeben.«

Aber im Februar drohten mich meine Kräfte zu verlassen. Wie sollten wir es bewerkstelligen, die 200.000 Dollar abzubezahlen? Und wo, um alles in der Welt, sollten die übrigen sieben Millionen Dollar herkommen?

Das Konsistorium stand jetzt vor der Aufgabe der Finanzierung. Unsere Hausbank *Farmer & Merchants* unterlag zu dieser Zeit einer gesetzlichen Beschränkung und war nicht in der Lage, Kredite über vier Millionen Dollar zu vergeben. Keine der anderen Banken, an die wir uns wandten, wollte etwas von unserem Projekt wissen. Auf einer Sondersitzung des Konsistoriums schlug ein sehr erfolgreicher Diakon vor, dass sein Börsenagent das Geld durch den Verkauf von Obligationen beschaffen könnte, die die gesamten Kosten decken würden.

»Aber wie hoch würden die Zinsen dafür sein?«, warf ich ein. »Wir können unser Arbeitsbudget nicht mit diesen zusätzlichen Kosten belasten.«

Er war zuversichtlich, dass sein Ansatz funktionieren würde, ich zögerte jedoch und hatte meine Bedenken. Er beendete die Auseinandersetzung zwischen uns, indem er von seinem Sitz aufsprang und wütend den Raum verließ. »Okay, Schuller, dann gehen Sie doch los und besorgen das Geld!«, rief er auf seinem Weg nach draußen.

Die übrigen Mitglieder des Vorstands saßen in sprachlosem Erstaunen da. Niemand sprach ein Wort. Die Sitzung wurde vertagt.

Ich höre immer noch den Knall, mit dem er bei seinem zornigen Abgang die Tür hinter sich zuschlug. Er trat aus dem Vorstand aus und erschien nie wieder in der Gemeinde. Das war ein großer, persönlicher Verlust für mich, denn er war ein enger Freund unserer Familie gewesen.

Aber Jahre später, als er schwer erkrankt war, besuchte ich ihn im Krankenhaus, und unter Tränen fanden wir wieder als Brüder im Glauben zueinander. Ich leitete seine Beerdigungsfeier in der *Crystal Cathedral* – dem Objekt unseres Zerwürfnisses.

Inzwischen lag die gewaltige Aufgabe und Verantwortung des einzigen Spendenbeschaffers während der nächsten vier Jahre bei mir allein. Niemand bot mir seine Hilfe an. Und ich musste den Druck aushalten.

Im April 1976, vier Tage vor Ostern, besuchte ich einen wohlhabenden Mann aus Orange County, John Crean. Ich hatte gelesen, dass er eine Million Dollar als Anfangsspende für die Finanzierung eines neues CVJM-Gebäudes in Anaheim gegeben hatte. Ich war ihm nie zuvor begegnet, aber er war einverstanden, mich zu empfangen. Ich zeigte ihm die Pläne.

»Es wird niemals wahr werden, wenn wir nicht eine große Anfangsspende bekommen – wie etwa eine Million Dollar«, sagte ich.

Er antwortete: »Ich würde Ihnen gerne helfen, aber ich kann leider nicht.«

»Können wir zusammen beten, bevor ich gehe?«, fragte ich.

»Sicher, ich bin ein guter Lutheraner«, sagte er. »Fangen Sie nur an.«

Zu meiner eigenen Überraschung (und ganz gewiss zur Überraschung meines Gastgebers) betete ich: »Oh, Herr, ich bin so dankbar, dass Mr. Crean gerne eine Million Dollar spenden würde. Willst du ihm nicht einen Weg zeigen, wie er es bewerkstelligen kann?«

Der nächste Tag war Gründonnerstag. Am Vormittag, um 11 Uhr und sechs Minuten, bekam ich einen Anruf. Ich werde mich ewig bis auf die Minute an diese Uhrzeit erinnern. Es war John Crean.

»Dr. Schuller«, setzte er an, »es ist keine Frage mehr, ob ich es tun werde. Die Frage ist nur noch, wie und wann. Ich werde mich wieder bei Ihnen melden, aber Sie können auf eine Anfangsspende von einer Million Dollar zählen! Wir bleiben in Verbindung!«

Ich jubelte so laut, dass meine Sekretärin hereinstürmte, um zu sehen, ob mit mir noch alles in Ordnung war.

In diesem Augenblick wuchsen meinem Glauben Flügel. Ich wusste, dass Gott für die Mittel sorgen würde, um seinen Traum vom Bau der *Crystal Cathedral* zu verwirklichen.

Ich wusste außerdem, dass Gott den richtigen Menschen zur richtigen Zeit für den richtigen Job zu uns führen würde.

Gott antwortet niemals negativ auf unsere Gebete. Oft antwortet er allerdings mit einem: »Ja, wenn« oder »Ja, falls« oder »Ja, aber«.

Im Mai 1976 übergaben uns John Crean und seine Frau ein Paket von 55.000 Aktien mit einem Wert von etwas über 18 Dollar pro Stück – einem Gesamtwert von einer Million Dollar!

Im Juni 1976 beschlossen wir, den Bauplan um ein komplettes Kellergeschoss zu erweitern – eine Konstruktion von 40 Ar unter dem Erdgeschoss der Kathedrale, mit genügend Platz für die Chöre, die Musikabteilung, das Orchester und die (technischen) Hilfsmittel für Konzerte und die Produktion. Dies ergab zusätzliche 4000 Quadratmeter Raum, aber es ließ auch die Kosten explodieren – von sieben Millionen Dollar auf zehn Millionen Dollar!

Im gleichen Monat flog ich nach Chicago, um W. Clement Stone, den Versicherungsmagnaten, der über 250.000 Exemplare eines meiner Bücher gekauft und verteilt hatte, um eine Million Dollar für unsere Kathedrale zu bitten. Er lud mich zu einem guten Abendessen in seinem Haus ein, aber seine Antwort lautete: »Nein.« Als ich ging, hielten wir in der Tür kurz inne, um zu beten; nur wir beide, dort im Schatten, der entsteht, wenn das Licht aus der Tür auf die Dunkelheit dahinter trifft.

Am nächsten Morgen klingelte das Telefon in meinem Hotelzimmer. Es war Clem Stone. »Schuller, ich sag Ihnen, was ich tun werde: Wenn Sie die übrigen neun Millionen auftreiben können, werde ich die zehnte dazugeben.«

Ich war begeistert! *Sag niemals nie!*, dachte ich bei mir.

Im September 1976 betete ich um Führung. Wie sollte ich die restlichen neun Millionen Dollar beschaffen? Plötzlich fielen mir Kirchen ein, die ich gesehen hatte und an deren Wänden es Gedenksteine gab, auf denen Namen standen.

Ich rief Philip Johnson an: »Wie viele Fenster wird unsere Kathedrale haben, Philip?«, fragte ich ihn.

Er lachte. »Oh, etwa 10.000! Warum?«

»Nun, ich habe eine Idee: Wenn wir jedes Fenster als Gedenktafel für 500 Dollar verkaufen, dann würde das eine Summe von fünf Millionen Dollar ergeben!«

Ich hatte das Gefühl, als ob Gott mir sagen wollte: »Bob, das Geld wird nur zusammenkommen, wenn Tausende kleiner Spenden zu den wenigen außergewöhnlichen dazukommen. Die Kathedrale muss ein Denkmal der einfachen Leute werden.«

Wir fingen mit dem Verkauf der Gedenk-Fenster an. Um den Menschen die Entscheidung zu erleichtern, zerlegte ich für sie die Summe in kleine, überschaubare Bröckchen: »500 Dollar, das sind 25 Monate lang jeweils nur 25 Dollar im Monat.«

Im Januar 1977 hatten wir alle 10.000 Fenster verkauft! Mit einer Million Dollar in bar und vier Millionen in Schuldverschreibungen über die nächsten 24 Monate – ich konnte mein Glück kaum fassen. Das Projekt war jetzt in greifbare Nähe gerückt.

Mitten in unserer Spendenkampagne für die *Crystal Cathedral* bekam ich Besuch von einem Freund von der *Missionary Aviation Fellowship*[39].

»Wir haben die Gelegenheit, einen Hubschrauber für unsere medizinische Mission in Neuguinea zu kaufen«, erzählte er mir. »Du bist dort gewesen und hast gesehen, wie diese Menschen leben. Sie brauchen verzweifelt einen Zugang zu ärztlicher Versorgung, aber wir haben kein Geld. Du hast offensichtlich eine Gabe dafür, große Summen aufzutreiben. Kannst du uns nicht helfen?«

»Wie viel Geld braucht ihr denn?«, fragte ich.

»189.000 Dollar«, gab er zur Antwort.

»Lass uns darüber beten.«

Und als wir das taten, war es, als hörte ich Gottes Stimme, die mir sagte: »Kauf ihn!«

»Ich melde mich wieder bei dir«, sagte ich zu meinem Freund. »Ich denke, dass wir dir helfen können.«

Ich legte die Angelegenheit dem Vorstand vor. Sie waren von missionarischen Unternehmungen begeistert, und man war sich einig, dass die *Missionary Aviation Fellowship* unterstützt werden musste. Als ich allerdings auf das Geld zu sprechen kam, sahen sie mich einfach nur an. Ich wollte also gerade jetzt, mitten in den Bauarbeiten für die *Crystal Cathedral*, auch noch einen Helikopter kaufen!

Aber dank Gottes unendlicher Treue konnte ich mich durchsetzen. Drei Monate später hatte ich die Freude, unser Geschenk an die *Missionary Aviation Fellowship* zu übergeben.

Im Februar 1977 erreichten uns schlechte Nachrichten. Ich stolperte über einen Bericht, in dem es darum ging, dass ein neues kalifornisches Umweltgesetz in Kraft treten sollte, das Gebäude mit mehr als 50 Prozent Glasanteil an den Außenwänden verbot. Unser Projekt war zum Untergang verurteilt; es bestand zu *100 Prozent* aus Glas!

»Sag niemals nie!«, erinnerte ich mich selbst.

Obwohl ich viel Verständnis für Umweltbewusstsein und Umweltverantwortung hatte, konnte ich doch meinen Traum von der *Crystal Cathedral* nicht aufgeben, es sei denn, Gott hätte mich irgendwie davon entbunden.

Ich rief den Bürgermeister an, dann den Leiter der Baubehörde. »Das ist richtig«, sagte man mir, »so lautet das neue Gesetz. Aber es gilt erst für Baugenehmigungen, die nach dem Ende dieses Monats erteilt werden.«

Verzweifelt rief ich den Architekten an. Er und seine Mitarbeiter verdoppelten ihre Anstrengungen und nur wenige Tage vor Monatsende reichten wir die ersten Zeichnungen im Rathaus ein. Das Projekt wurde nur wenige Stunden, bevor die neue Regelung in Kraft trat, genehmigt.

Im März 1977 berichtete man mir, dass das Geld von den Sponsoren der Fenster langsam einzutreffen begann. Wir erwarteten, im Sommer eine weitere Million zusammen zu haben!

Aber im April gab es wieder schlechte Nachrichten. Mein Schatzmeister erklärte mir, dass die Personen, die Fenster gekauft hatten, ihre normalen Spenden, die unseren Dienst am Leben erhielten, einfach umgelegt hatten. Das bedeutete, dass wir Schwierigkeiten bekommen würden. »Das hier ist Gottes Dienst. Es ist Gottes Projekt. Wir müssen einfach intensiver beten und härter arbeiten. Irgendwie werden wir schon überleben.«

In diesem Sommer verbrachte ich bei einer Zwischenlandung auf dem Weg zu einem Vortrag in Australien einige Nächte auf der hawaiianischen Insel Oahu, um zu studieren und zu meditieren. Die Gedanken an zu Hause ließen mich aber nicht los, vor allem der an die galoppierende Inflation, die in Amerika grassierte – 30 Prozent im Jahr! Ein Bauetat von zehn Millionen würde so in einem Jahr auf plötzlich 13 Millionen ansteigen! Ein zweites Jahr mit einer solchen Preisentwicklung, und der Etat würde schon 17 Millionen betragen! Diese Ängste belasteten mich, also entschied ich mich, Philip Johnsons Partner John Burgee anzurufen.

»John, können Sie mir zusichern, dass das Gebäude immer noch für zehn Millionen zu bauen ist?«, fragte ich.

»Absolut. Allerdings fordert die Inflation ihren Preis. Vielleicht müssen wir den Keller im Rohbau belassen.«

Das war ein schmerzhafter Kompromiss, aber ich war trotzdem erleichtert.

»Dann bringen Sie die Zeichnungen schnell zu Ende«, drängte ich. »Schicken Sie sie an unseren Bauleiter, Clair Peck, und wir werden die Angebote einholen. In drei Wochen werde ich aus Australien zurück sein. Wir wollen hoffen, dass wir dann schon feste Angebote vorliegen haben, dann können wir die Finanzierung unter Dach und Fach bringen und mit dem Bau beginnen.«

Auf meinem Rückweg von Australien machte ich einen Zwischenstopp in Tahiti, um ein bisschen auszuruhen. In meinem Hotel fand ich eine Nachricht vor, dass ich dringend in meinem Büro anrufen solle. Als ich das tat, hatte ich meinen völlig begeisterten Geschäftsführer in der Leitung. »Großartige Neuigkeiten, Bob!«, rief er. »Die Crocker-Bank in Los Angeles hat uns einen Zehn-Millionen-Dollar-Kredit angeboten! Damit stünde unsere Finanzierung und du wärst von dem Druck befreit, das Geld sammeln zu müssen. Die Laufzeit beträgt zehn Jahre. Der Zinssatz liegt zwei Prozent über dem Leitzins. Er wird mit dem Leitzins steigen oder fallen. Ist das nicht einmalig?«

Ich empfand eine plötzliche Ernüchterung und konnte seine Begeisterung nicht teilen. Ich hatte das Gefühl, dass eine derartige Kreditaufnahme ein Fehler wäre.

Dann erzählte er mir den Rest der Geschichte: »Der Vorstand hat sich gestern Abend zu einer Sondersitzung getroffen. Wir haben dafür gestimmt, den Kredit aufzunehmen.« Einen Augenblick lang war ich sprachlos.

»Wie hoch ist der Leitzins heute?«, fragte ich schließlich, nachdem ich wieder zu Atem gekommen war.

»Neuneinhalb Prozent«, gab er zurück.

»Also würden unsere Zinsen elfeinhalb Prozent betragen?«

»Genau.«

»Aber die Zinsen steigen rapide. Ein solches Risiko können wir nicht eingehen. Ich kann der Kreditaufnahme nicht zustimmen. Ich habe keine andere Wahl, ich muss von meinem Recht Gebrauch machen und ein Veto gegen die Entscheidung des Vorstands einlegen.«

»Aber, Bob, wir werden unser Bauvorhaben auf Eis legen müssen, bis du selbst diese zusätzlichen zehn Millionen aufgetrieben hast!«

»Dann muss es wohl so sein«, sagte ich.

Obwohl mir klar war, dass die Zinsen steigen würden, wäre ich nie auf die Idee gekommen, dass der Leitzins im September 1980 – am Tag der Eröffnung der Kathedrale – bei 22 Prozent liegen würde! Unsere Kosten hätten also – bei zwei Prozent über dem Leitzins – 24 Prozent betragen! Das hätte uns in den Bankrott getrieben! Nur Gott wusste darüber Bescheid und nur Gott leitete uns.

Nachdem wir dieser drohenden Katastrophe entronnen waren, zog ich mich mit meiner Familie nach »Camelot« zurück. Ich musste meine Predigten für den Herbst vorbereiten, und die Abgeschiedenheit der Hütte würde mir helfen, meine Gedanken zu sammeln. Die Auszeit würde auch Carol und Gretchen, die in wenigen Wochen ein neues Schuljahr beginnen sollten, die Möglichkeit geben, das Beste aus ihren letzten Sommertagen zu machen.

Es waren also nur wir vier in der Hütte. Jeanne war schon in ihr College in Illinois abgereist. Bob und seine Frau lebten jetzt in der Nähe des Fuller-Seminars in Pasadena, Kalifornien, wo Bob sich auf seinen Abschluss als *Master of Divinity*[40] vorbereitete. Sheila war inzwischen als Erzieherin in der sich großartig entwickelnden Arbeit mit Kindern unserer Kirche eingestellt worden und traf sich schon seit einiger Zeit mit einem netten jungen Mann.

Während unserer Zeit in »Camelot« genoss ich es, in den frühen Morgenstunden mit den beiden Mädchen zum Wasserskifahren zu gehen. Tagsüber zog ich mich zurück und arbeitete, aber die Abende verbrachten wir wieder als Familie zusammen.

Arvella packte unser Abendessen für ein Picknick ein, oder wir holten uns etwas bei *Kentucky Fried Chicken* und nahmen es mit auf ein kleines Motorboot, das wir am See liegen hatten. Es trug uns dann über die spiegelnde Fläche zu einer kleinen Insel, wo wir angeln konnten, während die Sonne in warmen, klaren Farben hinter den Berggipfeln verschwand, die uns umgaben. Boulder Bay, Papoose Bay – an diesen Inselchen ankerte unser kleines Boot, während wir picknickten und nach kleinen, aber köstlichen Forellen fischten. Carol und Gretchen, die treuen, kleinen Seelen, quetschten die Würmer auf die Angelhaken (manchmal musste freilich Carol, unser Wildfang, ihrer kleinen Schwester helfen, wenn Gretchen wegen eines zerplatzten Wurms das Gesicht verzog und aufschrie). Während die Tage vorübergingen, befreite ich mich nach und nach endlich von dem Stress, den die Wolken im Tal unter uns gnädig bedeckten.

Zurück in der Hütte, spielten wir mit den Mädchen Karten und aus dem Plattenspieler erklang die Musik von Nat King Cole, die noch mehr zu unserer Entspannung beitrug.

Aber eines Abends, kurz nachdem wir vom Angeln zurückgekommen waren, klingelte das Telefon. Es war mein Freund und Ratgeber Vic Andrews. »Tut mir Leid, euch zu stören, besonders jetzt am Abend«, sagte er. »Ich habe es schon früher versucht, aber ihr wart wohl unterwegs. Ich hätte nicht angerufen, aber es ist wirklich dringend. Die Angebote sind da. Wir müssen ein Treffen arrangieren. Wir werden zu euch hochkommen, wenn das okay ist. Die Sache ist zu wichtig, um sie am Telefon zu besprechen.«

Am nächsten Tag erscheinen Clair Peck, der Bauleiter, John Burgee, als Repräsentant von Philip Johnson, und Vic in unserer Ferienidylle.

Clair versucht, es mir möglichst schonend beizubringen: »Dr. Schuller, die Angebote sind insgesamt ein bisschen höher als zehn Millionen Dollar.« Sein Ton ist nicht besonders überzeugend. »Tatsächlich, Dr. Schuller, belaufen sie sich auf insgesamt 13,4 Millionen.«

Meine Knie werden weich. Vic stellt die Frage, die uns allen auf der Zunge liegt: »Schließt das alle Kosten ein?«

»Nun, Sie sollten eine Sicherheitsreserve von 10 Prozent dazurechnen«, gibt er zu bedenken. »Bei einem normalen Projekt treten üblicherweise unvorhergesehene Kosten auf, die im Schnitt um die zehn Prozent über der veranschlagten Bausumme liegen.«

Jetzt gerät mein Blut in Wallung. Ich bin überrascht, wie es in mir hochkocht. Bevor ich mich wieder unter Kontrolle habe, springe ich auf und brülle los: »Das treibt den Preis auf über 14,7 Millionen Dollar hoch!«

Ich zittere jetzt wie Espenlaub. Völlig sprachlos und bitterlich enttäuscht starre ich den Mann an. Er erwidert meinen Blick tapfer, dann blickt er hinunter auf das Blatt in seiner Hand, die auch zittert.

»Vor nur acht Wochen haben Sie mir noch gesagt, dass wir immer noch für zehn Millionen bauen könnten, wenn wir ›das Kellergeschoss nicht ausbauen‹ würden. Dieses Projekt wird langsam unmöglich!«

Da! – ich habe es gesagt! Sie starren mich an, ihre Münder stehen offen.

Unmöglich … UNMÖGLICH … *UNMÖGLICH!*, schreie ich innerlich.

Ich bitte sie, mich zu entschuldigen, und gehe rasch in das kleine Badezimmer der Hütte. Dort stütze ich mich auf das Waschbecken und schließe in dem verzweifelten Versuch, mich zu beruhigen, die Augen. *Wie konnte das hier nur geschehen?*

Ich werde die *Crystal Cathedral* aufgeben müssen. Genau darauf läuft es hinaus. *Auch wenn ich damit jeden enttäusche, der dazu beigetragen hat, ich werde sie aufgeben müssen. Das ist die einzig mögliche Antwort,* entscheide ich.

Es muss den Männern, die vor der Tür warteten, wie eine Ewigkeit vorgekommen sein, aber nach nur ein paar Minuten bin ich so weit, dass ich mich innerlich gesammelt habe und wieder erscheine.

»Gentlemen«, verkünde ich ruhig, »wenn das alles ist, was Sie mir zu berichten haben, dann entschuldige ich Sie jetzt. Wir werden uns das Projekt einfach noch einmal ansehen müssen, wenn ich wieder zurück bin, und schauen, ob es noch machbar ist.«

Die Männer sind weg, und ich sitze am Küchentisch, den Kopf in die Hände gestützt. Gretchen, meine Jüngste, kommt zu mir. Sie legt ihre Arme um meine gebeugten Schultern und sagt: »Daddy, wenn du so traurig bist, ich hab ganz, ganz viele Umarmungen für dich, damit es dir wieder gut geht. Willst du eine haben?« Mit ihren zehn Jahren kann sie mich immer noch um den Finger wickeln. Ich hebe sie mit einer bärigen Umarmung hoch und für ein paar Augenblicke vergesse ich in ihren kleinen Armen alles. Dann ist sie zufrieden. Sie macht sich los, lächelt mich an und hüpft zurück zu ihrem Spiel mit ihrer Schwester Carol.

Ich sammle meine Gedanken und verfasse eine Pressenotiz:

»Wir geben das Projekt Crystal Cathedral *auf. Als die Angebote hereinkamen, stiegen die Kosten plötzlich von 10 Millionen Dollar auf annähernd 15 Millionen Dollar. Das übersteigt die Möglichkeiten unserer Kirche.«*

Mit der Aussicht, das Projekt an den Nagel zu hängen, scheint eine große Last von meinen Schultern genommen zu werden. Es war zu schnell gewachsen, so schnell, dass ich einfach nicht mehr mitkam. Dann erhebe ich mich vom Tisch, um etwas zu tun, vor dem ich große Angst habe.

»Ich werde meine Kirche bauen« – das Gebäude von Neutra, Juli 1961.

1961 – Reverend Robert H. Schuller, der Pastor der ersten »Walk in/Drive in«-Kirche!

Mom und Dad und das Ehepaar Peale sind anlässlich der Einweihung des Kirchengebäudes von Neutra bei mir.

Die Kathedrale ist fertiggestellt! Sie ist innen wie außen Ehrfurcht gebietend.

Die Kathedrale bei Sonnenuntergang.

In Syrien mit Sheikh Ahmed Kuftaro, dem Großmufti von Syrien, bevor ich beim Freitagsgebet in seiner Moschee spreche.

Das Besucherzentrum – das internationale Zentrum für Möglichkeitsdenken.

Ich liebe es, Großvater zu sein!

Juni 2000 – unsere Familie feiert unsere goldene Hochzeit.

Die Niederlande ehren Arvella und mich, indem sie zwei Tulpenarten nach uns benennen (meine ist orange, Arvellas pinkfarben).

Ich greife zum Telefon und wähle die Nummer von John Crean, dem Spender der ersten Million. Ich muss ihm sagen, dass wir das Projekt gestoppt haben.

John ist am Telefon, freundlich wie immer, und ich sage: »John, es tut mir Leid, das sagen zu müssen, aber ich werde Ihnen Ihre großzügige Spende zurückgeben müssen. Die Inflation hat die Baukosten in die Höhe getrieben und wir müssen das Projekt aufgeben. Die Angebote sind jetzt alle da und die *Crystal Cathedral* würde fast 15 Millionen Dollar kosten. Das können wir uns einfach nicht leisten. Wie soll ich bei der Rückzahlung Ihres Geldes vorgehen?«

Da. Es ist heraus und ich fühle sogar eine noch größere Erleichterung. Dann sagt er etwas, das ich niemals in meinem Leben vergessen werde:

»Schuller«, sagt er, »graben Sie ein Loch.«

»Wie bitte?«

»Graben Sie ein Loch!«, wiederholt er. »Behalten Sie meine Spende und graben Sie ein Loch für die Fundamente. Ein Loch wird ja wohl nicht mehr als eine Million Dollar kosten. Oder?«

»Äh ... nein.«

»Also dann ... graben Sie ein Loch! Irgendwie, auf irgendeine Art und Weise wird das Geld schon kommen.«

Bei diesen Worten kehrt das Gewicht wieder, das der Gedanke, das Projekt aufzugeben, von meinen Schultern genommen hatte. Trotzdem verspreche ich ihm, zu tun, was er verlangt.

Der Stress bleibt; tatsächlich steigert er sich noch, als ich auf der Rückreise mit meiner Familie die gewundene Bergstraße hinabfahre.

Während ich Arvella und den Mädchen zuhöre, wie sie Kinderlieder singen, denke ich intensiv über den Auftrag von John Crean nach. Da werde ich mir plötzlich der gewaltigen, hoch aufragenden Felsbrocken um uns herum bewusst, und mir fällt auf, wie instabil sie doch wirken. Die Erkenntnis durchfährt mich, dass die gesamte Schöpfung auf einem feinen Gleichgewicht beruht und dass das Leben ständig auf Messers Schneide steht. Und so komme ich zu dem Schluss, dass alles gut werden wird. Die *Crystal Cathedral* ist wie dieser große Berg; das finanzielle Problem ist nur ein Felsbrocken – wenn auch ein wackliger – und der Glaube sorgt für das Gleichgewicht.

Als ich in mein Büro zurückkam, fand ich einen Brief vor, den eine römisch-katholische Schwester mir geschrieben hatte:

»Meine Glückwünsche zur Crystal Cathedral!

Wir wollten einen neuen Flügel an unser Krankenhaus anbauen und jeder sagte, dies sei bei dieser Inflation unmöglich. Aber ich sagte: ›Wenn Schuller das Geld auftreiben kann, um eine Crystal Cathedral *zu bauen, glaubt ihr dann nicht auch, dass wir das Geld für ein neues Krankenhaus zusammenbekommen werden?‹*

Das hat das entscheidungstragende Gremium überzeugt, und ich bin stolz, Ihnen sagen zu können, dass wir dieses Krankenhaus bauen werden.

Danke für die Inspiration, die von Ihrem Crystal Cathedral-*Projekt ausgeht!«*

Dieser Brief zeigte mir, dass wir, wenn wir diesen Traum aufgaben, damit anderen ein schlechtes Beispiel geben und sie ebenfalls »inspirieren« würden, ihre Träume aufzugeben! Das durfte ich nicht zulassen. Ich musste weitermachen.

Ich ging zu unserem Bauleiter und fragte ihn: »Können Sie nur den Rohbau hinstellen; und wenn ja, was würde das kosten?«

Er antwortete: »Das kann ich für 9,2 Millionen machen.«

»Dann ist es genau das, was wir bauen werden«, sagte ich entschieden.

Schließlich, dachte ich, *haben wir ungefähr zwei Millionen Dollar auf der Bank. Die Entwürfe sind so gut wie bezahlt. Ich werde den zeremoniellen ersten Spatenstich ankündigen und wir werden ein Loch graben!*

Der 4. Dezember 1977 beginnt kühl und wolkenverhangen. Die Gemeinde erscheint nach und nach. Meine Familie steht neben mir, alle sehr hübsch in ihrem besten Sonntagsstaat. Es ist Carols Geburtstag, und sie trägt ein neues Kleid, das wir ihr geschenkt haben; es ist rot – immer nur rot für unsere *Christmas Carol*[41]. Ihr hüftlanges Haar ist der Schere zum Opfer gefallen und schwingt sich jetzt im neuesten »Farah Fawcett«-Look aus ihrem Gesicht. Ihre Beine sind lang und schlank geworden, was sie sehr viel älter aussehen lässt als 13, und ich bin froh, dass sie mehr Interesse an ihrem Pferd und an Baseball hat als an Jungs.

Jeanne ist jetzt eine hübsche 19-jährige Brünette; sie ist zur Zeremonie vom *Wheaton College* in Illinois nach Hause gekommen. Wenn sie zu Hause zu Besuch ist, steht das Telefon nicht mehr still. Die Jungs versuchen immer wieder, sie zu einer Verabredung zu überreden. Gretchen – immer noch mein »Baby« – hat immer eine Extra-Umarmung und einen Extra-Kuss für ihren Daddy. Sie lächelt mich stolz an, während wir uns fertig machen. Bob, jetzt 22, steht neben uns, Arm in Arm mit seiner 21-jährigen Frau, die inzwischen mit unserem ersten Enkelkind schwanger ist. Sheila, 25, geht völlig in ihrer vollzeitlichen Jugendarbeit in unserer Kirche auf. Blond und wunderschön steht sie da, und sie hat feuchte Augen, als sie und ihr Verlobter mir voller Anteilnahme zuwinken.

Um mich herum steht eine kleine Gruppe von Beratern und engen Freunden – unter ihnen, direkt neben mir, auch Glenn Ford – und Tausende von Menschen haben sich direkt hinter uns versammelt. In der Menge stehen Massen von Medienvertretern. Die örtliche Presse hat schon immer über uns berichtet, aber heute surren sogar die Kameras des nationalen Fernsehens.

Es ist ein erinnerungswürdiger Tag für mich, aber meine Hochstimmung wird ein wenig durch das Wissen getrübt, dass ich morgen früh wieder der schrecklichen Wahrheit gegenüberstehen werde: Wir haben nur zwei Millionen Dollar in der Hand! Wir haben noch nicht einmal einen Finanzierungsplan für den Rohbau, auf den ich mich eingelassen habe. Wir haben gerade genügend Geld für das Loch im Boden.

Und ich hätte mir nie träumen lassen, dass ein Loch *so* viel kosten kann! Die größte Zusage einer Bank, die wir bekommen konnten (außer der der Crocker-Bank, die aber an den Leitzins gekoppelt gewesen war und die wir abgelehnt hatten), kam von der *Farmers & Merchants* Bank in Garden Grove, die uns das Maximum ihrer gesetzlich erlaubten Kapazität von vier Millionen Dollar anboten. Uns fehlten immer noch fast sechs Millionen Dollar, nur um den Rohbau zu bezahlen!

Inzwischen hatten *Time, Newsweek, Vogue* und die *Architectural Revue* die Geschichte aufgegriffen; wir erschienen in den *60 Minutes* mit Dan Rather, der *Phil Donahue Show*, der *Mike Douglas Show* und sowohl in *Today* als auch in *Good Morning America*; und Journalisten aus Irland, England, Australien und Südamerika baten mich um Interviews!

Aber mit der Bekanntheit kam auch die Kritik. In den folgenden Wochen und Monaten kritisierten Christen – unter ihnen viele aus meiner eigenen Konfession – den Bau der *Crystal Cathedral* von ihren Kanzeln aus und in ihren Zeitschriften. Sie sagten, man solle das Geld lieber dazu benutzen, den Armen zu helfen.

Die weltliche Presse nahm diesen Angriff auf. In Russland, wo man ja schon den *Tower of Power* verdammt hatte, dehnte man jetzt die Kritik auf die *Crystal Cathedral* aus, wieder mit dem Vorwurf, wir würden »den Armen ihr Geld wegnehmen«.

Meine Kinder hörten es von ihren Klassenkameraden, die wiederholten, was sie zu Hause gehört hatten. Carol und Gretchen kamen manches Mal weinend von der Schule nach Hause. Sie wurden ausgeschlossen und konnten nicht verstehen, warum so viele Menschen der Meinung waren, ihr Dad wäre »schlecht«. Jeanne hatte damit zu kämpfen, mich gegenüber ihren College-Kameraden zu verteidigen.

Aber kein einziger der Kritiker hatte einen Vorschlag, wie wir mit der Tatsache umgehen sollten, dass unsere Gottesdienste allwöchentlich überfüllt waren. Obwohl wir schon Tochtergemeinden in der Umgebung gegründet hatten und die Leute ermutigten, doch dorthin zu gehen, war die Menge einfach immer noch zu groß!

Auch fragte keiner der Journalisten oder Kritiker jemals nach der Lebensdauer des geplanten Gebäudes. Viele Gebäude überstehen nur einen kurzen Zeitraum, aber Architektur von Weltklasse überdauert Jahrhunderte!

Und von all denen, die uns wegen des Geldes, das wir ausgaben, anklagten, fragte keiner: »Wohin fließt denn das Geld?« Ich wusste, dass jeder Penny in die Taschen von Arbeitern, Lastwagenfahrern, Schweißern und Betonbauern floss, die damit ihre Eigenheime abbezahlten! Außerdem war die *Crystal Cathedral* nicht *Disneyland*: Wir nahmen keinen Eintritt, den wir uns dann in die eigenen Taschen steckten!

Verwirrt, verängstigt und hilflos unternahm ich immer wieder den Versuch, meine Familie zu verteidigen, und ich war sehr, sehr einsam in meinem Kampf mit den mannigfaltigen Widrigkeiten, mit denen ich konfrontiert war.

Im März 1978 berief der Bauleiter eine Notstandssitzung ein. Seine Rechtsabteilung hatte ihn angewiesen, auf »Treu und Glauben« keine weiteren Verträge zu unterzeichnen und nicht mit dem Bau fortzufahren, in der Hoffnung, dass die benötigten Millionen von Dollars in den nächsten 18 Monaten nur durch unvorhersehbare Spenden hereinkommen würden. Er stellte uns ein Ultimatum: »Entweder bekommen wir von einer Bank die feste Zusage für die nächsten drei Millionen oder ich muss einen Baustopp aussprechen.«

»Wann ist die nächste Abschlagszahlung fällig?«, fragte ich.

Er blätterte in seinen Notizen und sagte: »Wir brauchen in 60 Tagen 600.000 Dollar auf der Bank, eine weitere Million im Juli und dann noch einmal 1,4 Millionen Mitte Oktober diesen Jahres.«

Sag niemals nie, sagte ich mir immer wieder. Tag für Tag, Nacht für Nacht, rezitierte ich innerlich mein »Glaubensbekenntnis des Möglichkeitsdenkers« und zog Kraft aus den Worten, die Gott mir vor mehr als 20 Jahren gegeben hatte: »Ich werde meine Kirche bauen!«

Ich verfasste einen Hilferuf, den ich an all meine Freunde in ganz Amerika schickte. Sie antworteten und zu meiner Erleichterung kamen binnen eines Monats 600.000 Dollar Bargeld herein. Aber woher sollten wir bis Juli noch eine Million in bar bekommen?

Zu dieser Zeit schlug Howard Kelly, einer meiner Mitarbeiter und Laienprediger, vor, wir sollten für einen »Millionen-Sonntag« beten – einen Tag, an dem die Spenden in unserer Gemeinde eine Gesamthöhe von einer Million Dollar erreichen würden.

Ich hatte noch nie von etwas Derartigem gehört. *Unmöglich!*, dachte ich im Stillen und voller Scham bei mir. Aber Howard erklärte: »Wir werden all unsere Leute bitten, sich die Sache zu überlegen und zu beten. Wir werden die gesamte Gemeinde vor die Herausforderung stellen, ein Opfer von einer Million Dollar in bar aufzubringen, und zwar an einem Tag im Juni, sodass du das Geld früh genug hast, um den Termin im Juli einzuhalten.«

Nachdem wir darüber gebetet hatten, beschlossen wir, dem Plan eine Chance zu geben. *Es wird Gott auf jeden Fall die Gelegenheit geben, ein Wunder zu vollbringen*, dachte ich.

Ich sprach mit dem Bauleiter, um zu sehen, ob er bereit war, wenigstens bis Juli zu warten, bevor er den Bauzaun, der inzwischen die Baustelle umgab, abschließen würde. Wir würden unseren Millionen-Spendenaufruf für den 18. Juni bekannt geben, und ich bat ihn, das Ergebnis abzuwarten. Er stimmte zu.

Klassen, Gruppen, Vereine und Einzelne planten, arbeiteten und beteten wochenlang, überlegten und entschieden, was sie geben konnten und wollten. Diese neue Begeisterung in meiner Gemeinde gab mir das Gefühl, nicht mehr so alleine zu sein. Sie waren bei dieser Anstrengung auf meiner Seite. Es war ein wunderbares Gefühl.

Unser Ziel war klar und unmissverständlich: *Eine Million Dollar am 18. Juni!*

Arvella und ich fingen an, unsere eigenen finanziellen Verhältnisse unter die Lupe zu nehmen, um zu sehen, was wir würden geben können. Als wir das taten, stellte ich fest, dass ein Studienapartment, das ich mit 8000 Dollar aus dem Erbe meines Vaters erworben hatte, inzwischen durch die Inflation von 36.000 auf einen Wert von fast 200.000 Dollar gestiegen war! Ich nahm eine Hypothek von 150.000 Dollar darauf auf. Ich teilte dem Kirchenvorstand mit, dass ich an diesem Millionen-Sonntag eine Anfangsspende von 150.000 Dollar machen würde.

Dann forderte ich sie heraus: »Ich bitte Sie, dass Sie als Vorstand gleichziehen und alle zusammen weitere 150.000 Dollar geben.« Sie lehnten ab. Dann streuten sie auch noch Salz in die Wunde und sagten: »Sie werden nie im Leben an einem einzigen Sonntag eine Million Dollar zusammenbekommen!«

Der 18. Juni 1978 war im Kalender unserer Kirche rot angestrichen. Es waren mehr Besucher gekommen als je zuvor. Platzanweiser mit Bauhelmen sammelten die Spenden in Schubkarren und großen Zementkübeln, die an Lastkranen hingen. Als an diesem Nachmittag die Spenden ausgezählt wurden, konnten wir ganz Südkalifornien bekannt geben, dass die Gemeinde nicht bloß eine Million, sondern 1,4 Millionen Dollar gespendet hatte! 870.000 Dollar waren in bar, der Rest in Schuldverschreibungen eingegangen.

Ohne dass ich sie dazu ermutigt hätte – tatsächlich sogar gegen meinen Rat –, hatte meine Tochter Carol ihr Pferd für 400 Dollar verkauft, um auch etwas beizutragen. An diesem Sonntag legte sie 400 Ein-Dollar-Scheine auf den Opferteller!

Hunderte unserer Mitglieder nahmen ähnliche und größere Opfer auf sich. Ich denke, ich kann sagen, dass dies der bewegendste Sonntag in all den Jahren meines Dienstes gewesen ist.

Mit diesem großen Erfolg konnten die Bauarbeiten bis September weitergehen. Aber das waren nur noch drei Monate. Dann würden wir schon wieder eine Million Dollar in bar benötigen (und da fragen sich die Leute, warum mein Haar so weiß geworden ist!)!

Kurz nach diesem bedeutenden Sonntag flogen Arvella und ich nach Korea, wo ich für meinen Freund David Yonggi Cho predigen würde und um an einer Konferenz zum Thema Gemeindewachstum teilzunehmen. Seine Kirche war mit 750.000 Mitgliedern die größte Gemeinde der Welt, und dort bekamen Arvella und ich die Inspiration, die wir brauchten, um mit dem Bau unserer Kirche fortzufahren.

Carol und Gretchen besuchten wieder einmal ihr »zweites Zuhause« in Iowa; Jeanne besuchte mit der Sommerschule ihres Colleges das Heilige Land.

Als Arvella und ich in Los Angeles ins Flugzeug stiegen, waren wir zugleich aufgeregt und erschöpft. Uns fehlte *nur noch* eine Million, um die Forderung der Baugesellschaft zu erfüllen, aber es fehlte uns eine *ganze* Million! Diese Aufgabe würde bei unserer Rückkehr auf uns warten.

Wir hatten bis September Zeit; das erschien uns Hunderte von Jahren weit entfernt zu sein. Arvella legte ihren Kopf an meine Schulter, als das Flugzeug sich in den Abendhimmel erhob und uns vom Stress und von der Verantwortung wegbrachte und hin zu Erholung und Ruhe flog. Wir hatten gerade genügend Druck für ein ganzes Leben erlebt. Jetzt hatten wir ein wenig Frieden verdient.

35

Wie erwartet, entpuppte sich unsere Woche in Seoul als die Zeit der Erholung, die wir so dringend nötig hatten. Beim Gottesdienst am Sonntag war der Heilige Geist spürbar gegenwärtig, als die 20.000 Christen, die an diesem Tag in Dr. Chos Kirche geströmt waren, uns willkommen hießen. Sie erhoben ihre Stimmen zu einem beeindruckenden Halleluja, dessen Klang erhebend und heilsam auf uns wirkte.

Die Gemeindewachstums-Konferenz war genauso erhebend. Obwohl ich einer der Leiter und führenden Redner war, stellte ich fest, dass ich sehr viel mehr bekam, als ich zu geben hatte. Das Bauprogramm der *Crystal Cathedral*, der damit verbundene Druck und die Jahre der Kritik, der wir in den Vereinigten Staaten ausgesetzt gewesen waren, waren jetzt eine halbe Weltreise von uns entfernt und für eine Weile vergessen. Die gemeinsame Andacht und die Gemeinschaft gaben meinem müden und zerschlagenen Geist wieder Kraft.

Und was sogar noch wichtiger war: Ungestört von den Ablenkungen unseres Lebens zu Hause hatten Arvella und ich hier die Gelegenheit, uns miteinander zu beschäftigen und echte Gemeinschaft zu haben. Wie sehr mir das Gespräch mit ihr in all dem Tumult, der Hetze und der Hektik der vergangenen Monate gefehlt hatte! Arvella war meine große Liebe, und als wir in Seoul wieder zueinander fanden, war ich von Leidenschaft und Zufriedenheit erfüllt.

Es ist Samstag, der 7. Juli 1978. Arvella ist zum »Gebetsberg« gegangen, wie Dr. Cho ihn nennt. Diese Erhebung in der Landschaft ist voller Höhlen, die viele Christen Tag für Tag zum Gebet aufsuchen. Es sind so viele, dass einem, wenn man den Berg hinaufgeht, das Gemurmel der Bitten wie eine Welle den Hang hinunter entgegenkommt. Arvella wird nicht vor ein, zwei Stunden zurück sein, also habe ich Zeit für ein kleines Schläfchen. Es kommt mir in den Sinn, dass ich hinterher einen Bummel machen und ihr eine Perlenkette kaufen könnte.

Mit dieser schönen Vorstellung strecke ich mich auf dem Hotelbett aus und schließe die Augen, weit von den Schwierigkeiten zu Hause entfernt.

Wärme durchflutet mich mit dem köstlichen Zauber des Schlafs, der meinen Geist in das Land der Träume und wolkigen Höhen entführt. Ich habe so vieles, wofür ich dankbar sein kann. Sheila hat angekündigt, dass sie heiraten wird, und ich denke daran, wie glücklich sie mit ihrem eindrucksvollen jungen Verlobten aussieht. Dann lasse ich dieses diffuse Stadium des Halbschlafs hinter mir und sinke in tiefen Schlaf, mein tiefer ruhiger Atem findet in einen gleichmäßigen Rhythmus.

Das Klingeln des Telefons reißt mich aus meinen Träumen. Vielleicht ist es Sheila mit neuen Nachrichten – der genaue Termin ihrer Hochzeit etwa. Oder es ist Dr. Cho.

Ich nehme den Hörer ab, entspannt und noch etwas benommen. »Hallo?«

Stille.

»Hallo?«, wiederhole ich. »Hier Robert Schuller.«

»Bob?« Ich kenne diese Stimme. Es ist Mike, mein Referent für Öffentlichkeitsarbeit und enger Freund. Ich fühle mich etwas bedrückt, denn ich befürchte, dass er mir etwas von negativen Presseberichten über »Schullers *Crystal Cathedral*-Projekt« erzählen will. Diese Kritiken scheinen im Moment so weit weg. Kann das nicht einfach so bleiben?

»Hi, Mike«, entgegne ich in einem Tonfall, dem mein Widerwille anzumerken ist. Ich meine nicht ihn persönlich, und ich hoffe, er fühlt sich nicht angegriffen. Im Augenblick bin ich zu müde, um ihm das zu erklären, aber er weiß ja, welchem Stress ich ausgesetzt gewesen bin.

»Ich habe schlechte Nachrichten«, beginnt er. »Sitzt du?«

Oh, je. Jetzt kommt's.

»Ja, Mike«, sage ich. In Wirklichkeit liege ich allerdings noch mit geschlossenen Augen auf dem Bett.

»Bob?«, wiederholt er zögernd. Um Himmels willen! Warum kann er mir nicht einfach sagen, warum er angerufen hat, damit ich weiterschlafen kann?

»Bob ... es geht um Carol.«

Ich fahre hoch und bin jetzt hellwach. Carol? Unsere Tochter? Warum sollte Mike mich wegen der Mädchen anrufen? Sie sind in Iowa. Dort ist es jetzt Freitagabend. Sie sollten morgen nach Kalifornien zurückfliegen. Vielleicht ist ihr Flug verschoben worden und wir müssen sie zu einem anderen Zeitpunkt abholen.

»Ja. Mike? Was ist mit den Mädchen? Hat sich der Flugplan geändert? »

»Darum geht es nicht, Bob«, erwidert er. »Ich wünschte, es wäre so. Carol ist verletzt.«

Ich werde blass, mir wird ganz schwummrig.

»Sie hat in Iowa einen Unfall gehabt«, erklärt er.

Mir wird schwindelig. Ich will seine nächsten Worte nicht hören.

»Bob ... sie war mit ihrem Cousin auf dem Motorrad unterwegs und sie sind mit einem Auto zusammengestoßen.«

Ich spüre, wie es mich würgt, und ich versuche, die aufkommende Übelkeit zu unterdrücken.

»Sie hatte einen Helm auf, Bob ... sie lebt. Der Helm hat sie gerettet. Aber sie hat eine Menge Blut verloren, Bob. Und ... ihr Bein...« Jetzt kommt er ins Stottern. »Bob, möglicherweise wird sie ihr Bein verlieren. Ich ...«

Am anderen Ende der Leitung ringe ich um Atem.

»Bob ... ihr Leben ist immer noch in Gefahr. Gerade jetzt ist sie in einem Krankenwagen unterwegs nach Sioux City.«

Oh Gott, *oh Gott*, bete ich. Sioux City – nur die ganz schweren Fälle kommen nach Sioux City. *Oh Gott, oh Gott, oh Gott.*

Plötzlich fühle ich, wie Frieden über mich kommt. Mein Geist wird klarer.

»Was ist mit Gretchen?«, frage ich. »Ist sie ...?« Ich meine, Mike schniefen zu hören.

»Oh, ja, Gretchen geht es gut. Carol war mit ihrem Vetter Mark unterwegs. Er ist auch verletzt, aber er wird wieder in Ordnung kommen. Es ist Carol, um die wir uns alle Sorgen machen. Es tut mir so Leid, Bob.«

Ich muss jetzt einen kühlen Kopf bewahren. Ich muss sehen, dass wir nach Hause kommen. *Denk nach, Bob, denk nach!*

»Mike, es wird schwierig werden, einen Flug nach Hause zu bekommen. Bitte bete für uns und glaube, dass wir es bis morgen schaffen. Aber buche für morgen Abend einen Flug für Arvella und mich von L. A. nach Sioux City. Und Mike –« Meine Stimme verlässt mich jetzt und ich beginne zu weinen. »Danke, Mike«, bringe ich noch heraus.

Ich stelle das Telefon zurück auf den Nachttisch und beuge mich nach vorn, die Ellbogen auf den Knien. Meine Stirn sinkt in meine offenen Hände und ich fange an zu zittern. Vom Kopf bis zu den Zehen schüttelt es mich und ich schluchze. Schließlich überwinde ich diesen schrecklichen Moment des Schmerzes und mache mir klar, dass ich jetzt nicht die Nerven verlieren darf; ich muss uns nach Hause bringen.

Ich verbringe eine elende Stunde allein in diesem Hotelzimmer. Wie lange wird Arvella noch ausbleiben? Ich gehe auf und ab, ich kann nicht stillsitzen. Dann klopft es an der Tür. Ich renne hin und öffne und Arvella fällt fast über mich. Sie schnappt nach Luft und kichert: »Oh, Liebling!«, sagt sie.

Sie merkt meinem Gesicht sofort an, dass etwas Schlimmes geschehen ist.

»Was ist los, Bob?«, fragt sie.

Meine Lippen fangen an zu zittern, aber ich kann die richtigen Worte nicht finden.

»Bob?«, drängt sie mich.

»Arvella, niemand ist gestorben, aber ...«

Ihre Augen sind jetzt weit aufgerissen.

»Es ist Carol«, bringe ich schließlich heraus.

Sie ringt nach Luft und schlägt ihre blasse Hand vor ihren Mund, um einen Schrei zu unterdrücken. »Sie ist okay, ich meine, es könnte schlimmer sein. Sie ist auf Marks neuem Motorrad mitgefahren.«

Sie schließt die Augen, dann schlägt sie die Hände vors Gesicht und wirft den Kopf vor und zurück.

Arvella hasst Motorräder genauso wie ich und die Kinder wissen das. Aber wir kennen auch beide unseren Wildfang Carol – die todesmutige, unabhängige 13-jährige Carol.

Arvella sieht mich an. »Hat sie einen Helm aufgehabt?«

»Ja«, sage ich. »Mike hat gesagt, das hat ihr wahrscheinlich das Leben gerettet. Aber, Arvella ...« Ich muss es ihr jetzt sagen. »Arvella, sie ist jetzt gerade in einem Krankenwagen auf dem Weg nach Sioux City. Sie kämpft noch ums Überleben. Das Blut – sie hat eine Menge davon verloren, Liebling. Und ihr Bein, darum steht es wirklich schlimm. Vielleicht müssen sie ...« Ich bringe das Wort kaum heraus, das so ungewohnt für mich ist, »... vielleicht müssen sie amputieren.«

Sie verliert völlig die Fassung. Sie lässt ihren Kopf auf meine Brust fallen. Aber ihre Tränen fließen nur einen Augenblick lang.

Das Telefon klingelt. Es ist wieder Mike, der anruft, um uns zu sagen, dass sie gerade jetzt die Amputation durchführen.

Arvella geht zum Fenster. Sie blickt auf die fremde Stadt, die jetzt düster im Regen vor uns liegt, und Ruhe überkommt sie. Später haben wir uns gegenseitig erzählt, dass wir beide das gleiche Gefühl eines umfassenden Friedens empfanden, der plötzlich das Zimmer erfüllte.

»Halleluja, Gott ist gut.« Pastor Cho wiederholt diese Worte auf unserem Weg zum Flughafen in Seoul immer wieder, wie ein Mantra. Während wir auf unseren Abflug warten, bringt er mit seinem hübschen koreanischen Akzent das Mitgefühl zum Ausdruck, das jeder Pastor in solchen Augenblicken zu vermitteln sucht: »Gott wird hieraus vielfältigen Segen erwachsen lassen.«

Ich erinnere mich an die vielen Male, die ich den gleichen Gedanken trauernden Familien mitzuteilen versucht habe. Und ich wiederhole seit Mikes Anruf vor beinahe sechs Stunden für mich Teile meiner eigenen Predigten.

»Nicht das, was dir passiert, ist wichtig, sondern wichtig ist, wie du darauf reagierst.«

»Ein Unglück lässt dich nie dort zurück, wo es dich getroffen hat. Nimm das an, was du nicht ändern kannst, dann wirst du die Stärke und den Frieden finden, die du brauchst.«

Auf dem Flug nach Hause sind Arvella und ich mit unserem Schmerz allein. Die Nacht ist fast vorüber, und wir sind froh, dass wir auf diesem schrecklich vollen Zehn-Stunden-Flug nach Honolulu noch zwei Plätze bekommen haben. Dann, nach etwa zwei Stunden am Zoll und einer längeren Zwischenlandung, werden wir auf dem Weg nach Los Angeles sein – noch einmal fünf Stunden.

Als die Stewardess den Mittelgang hinuntergeht, erhasche ich einen Blick auf zwei hübsche Beine, die wunderbar zu den hübschen, hochhackigen Schuhen passen. Ich denke bei mir: *Sie hat zwei Beine, zwei Knöchel und zwei Füße. Carol hat nur ein Bein, einen Knöchel, einen Fuß.* Völlig unvorbereitet trifft mich eine Gefühlswallung, die sich mit vulkanischer Gewalt in meinem Inneren erhebt. Die Tränen beginnen zu fließen und ich springe von meinem Sitz auf und renne zur Toilette.

Ich schaffe es gerade noch, die Tür hinter mir abzuschließen, bevor die Schluchzer aus mir hervorbrechen. Ich winde mich vor Schmerzen. Ich denke an die hübsche, junge Stewardess in ihren hochhackigen Schuhen. Was wird Carol tun, wenn sie in dieses Alter kommt? Wie wird es sein, wenn sie in das Alter kommt, in dem man seinen Ehepartner treffen sollte, und wenn sie schmachtet und schwärmt? Aller Jammer und alles Leid, das ich mir nur vorstellen kann, bricht aus mir heraus. Mein kleines Mädchen – ihr Körper hingeschmettert und zerquetscht, grausam und gnadenlos gefoltert. Ich erinnere mich wieder daran, wie ich an dem Tag, an dem sie geboren wurde, ihre zehn kleinen Finger und zehn kleinen Zehen gezählt habe.

Mein Stöhnen hört nicht auf, bis plötzlich, dort in diesem Waschraum, ein Bild aus Korea vor meinem geistigen Auge erscheint. Ich sehe die 20.000 vor mir, die ich dort beten sah. Ich sehe, wie ihre Gesichter die Güte des Himmels widerspiegeln. Und ich höre das sich steigernde Crescendo ihrer Stimmen: »Halleluja! Halleluja!« Wundervolle Worte – ein starker Gegensatz zu den hässlichen Lauten, die sich meiner Kehle entringen. Da vernehme ich eine Botschaft:

Schuller … wenn du schluchzen musst, mach ein Juchzen daraus!

Ich treffe eine Entscheidung: *Wenn ich schon jammern muss, dann will ich ein Loblied daraus machen!* In einem reinen Willensakt zwinge ich meine Lippen, mein Stöhnen zu verändern. Aus jedem herzzerreißenden Schluchzen mache ich ein »Halleluja! Halleluja!« Nach und nach ersetzt Ruhe mein Seufzen und ich kann mir das Gesicht waschen und wieder zurück an meinen Platz gehen.

Kaum sitze ich wieder neben Arvella, fällt mein Blick auf die schlanken, übereinander geschlagenen Beine der jungen Frau auf der anderen Seite des Gangs. »Gott, hilf mir«, flüstere ich.

Dann sage ich mir selbst: *Carol hat nur ein Bein verloren, Schuller! Du übertreibst maßlos. Sie wird immer noch all die Dinge tun können, die sie so gerne mag. Sie kann immer noch Geige, Klavier und Gitarre spielen. Sie kann noch auf einem Pferd sitzen. Sie ist immer noch groß und schön. Ihr Gesicht und ihr Kopf sind nicht verletzt worden.*

Dann kommt mir folgender Satz in den Sinn:

Spiele es herunter und bete es hinauf!

Arvella und ich sprechen in diesen langen schmerzerfüllten Stunden von Korea bis Hawaii nur sehr wenig. Wir können nicht schlafen. Wir weinen eine Menge und Arvella liest in ihrer Bibel. Dann zeigt Gott ihr die Worte aus Psalm 57: »Mein Herz ist bereit, Gott, mein Herz ist bereit, dass ich singe und lobe. Wach auf, meine Seele, wach auf, Psalter und Harfe, ich will das Morgenrot wecken!«

Als sie diese Worte liest, blickt Arvella zum Fenster hinaus aus 11.000 Metern Höhe auf einen malerischen Sonnenaufgang über dem Pazifik – den ersten von drei Sonnenaufgängen während unserer Reise von Korea nach Iowa.

Als wir in Hawaii gelandet sind, rufen wir sofort im Krankenhaus an, um zu hören, was während unseres zehnstündigen Flugs mit Carol passiert ist. Jeanne ist dort sowie Sheila und ihr Verlobter Jim. Gott sei Dank! »Carols Lebenszeichen sind stabil«, berichten sie. »Sie hält sich prima!«

Mit dieser Zusicherung treten wir den nächsten Flug in Richtung Zuhause an. Nach einem schrecklich langen Zwischenaufenthalt sind wir wieder in der Luft und überfliegen den Pazifik auf dem Weg von Hawaii nach Los Angeles.

Mike holt uns vom Flughafen ab und hilft uns mit dem Gepäck. Zu unserer dankbaren Überraschung hat er mit Athalie Clarke, einer lieben Freundin und Erbin des Irvine-Vermögens, Kontakt aufgenommen, und sie hat einen Lear-Jet gechartert, der uns erwartet, um uns das letzte Stück unserer Reise nach Iowa zu transportieren. Mike verabschiedet uns wieder und wir steigen in den Nachthimmel auf.

Der Jet schneidet durch die Finsternis wie ein Messer und bald haben wir die Flughöhe von 12.000 Metern erreicht. In dieser Höhe durchdringen wir über den Rocky Mountains den Erdschatten und der Himmel explodiert regelrecht in einem Meer von Farben. Das ist Sonnenaufgang Nummer zwei.

»Wach auf, Psalter und Harfe, ich will das Morgenrot wecken!«

Als das schnittige Flugzeug den Landeanflug auf Sioux City beginnt, sind wir wieder von Dunkelheit umgeben; der pazifische Sonnenaufgang, den wir gerade beobachtet haben, verschwindet hinter der Krümmung der Erde. Die Lichter der Landebahn scheinen hell zu unserer Begrüßung. Sie bilden ein perfektes Kreuz, das in der Dunkelheit leuchtet.

Als wir die Schalterhalle erreichen, erwarten uns dort Sheila und Jim. Sheila läuft auf uns zu und umarmt uns und ich beginne zu weinen.

»Oh Dad«, sagt sie, »du wirst so stolz auf Carol sein! Sie hält sich fantastisch!«

Sheila fährt uns vom Flughafen zum Krankenhaus. Vor der Intensivstation versuchen wir, unsere Haltung und unseren Mut wiederzufinden. »Dies ist der Tag des Herrn«, erinnere ich mich selbst. Konnte auch dies ein Tag sein, den der Herr gemacht hat? Würde ich mich an ihm freuen können? Ich hatte da so meine Zweifel.

Als wir Carols Zimmer betreten, erblüht der Himmel draußen in zarten Rosa- und Purpur-Tönen. Und so erleben wir zum dritten Mal an einem einzigen, scheinbar endlos langen Tag den Sonnenaufgang – das Versprechen eines neuen Morgen. Wieder höre ich das leise Flüstern von Psalm 57: *»… ich will das Morgenrot wecken!«*

Aber als ich sie sehe, halte ich inne, wie von einem Eishauch berührt. Einen Augenblick lang kann ich mich nicht bewegen. Ihr Gesicht ist so geschwollen! Und … sind das Schürfwunden? Ist es das Licht? Ich sehe genauer hin. Der rote Schimmer kommt tatsächlich von Abschürfungen. Ich schlucke und erbebe innerlich.

Arvella ist schon an Carols Bett geeilt, aber ich scheine unfähig, mich zu bewegen. Carol liegt unter einem dünnen weißen Laken. Der kurze, dick verbundene Stumpf eines Beins ragt in die Luft. Am Ende des Betts schaut ihr übrig gebliebenes Bein unter dem Laken hervor; man kann alle fünf Zehen sehen. Ihr blondes Haar ist nach hinten gekämmt. Ich sehe Maschinen und Schläuche und Flaschen und Monitore um ihr Bett herum und Bandagen – meistens weiße Bandagen, aber dort, wo der Stumpf endet, sind sie schmutzig. Ist die Wunde unter der Bandage offen? Mir wird übel.

»Dad?« Oh, mein Gott. Ihre Stimme ist so rau, so schwach! Die Worte reißen mich aus meinem Dämmerzustand, und ich bemerke, dass ich immer noch in der Tür stehe.

»Dad?«

Ich bringe keinen Ton heraus. Ich bin sprachlos bei ihrem Anblick.

Ihr Gesicht ist immer noch schön – aber ihr ganzer Körper ist schwarz und blau verfärbt und bis zur Unkenntlichkeit angeschwollen.

Schließlich eile ich zu ihr und umarme sie, aber sie schreit vor Schmerz auf. Wir müssen alle lernen, uns auf das Streicheln ihres gesunden Fußes und seiner Zehen und auf eine sanfte Berührung ihrer Stirn zu beschränken, um ihr ein bisschen Liebe zu geben, ohne sie zu verletzen.

Carols Augen konzentrieren sich auf mich. Was soll ich meinem Liebling Carol als Erstes sagen?

Aber sie spricht, noch bevor ich etwas sagen kann. »Dad, ich glaube, ich weiß, warum dieser Unfall passiert ist«, meint sie.

Sie unterbricht sich plötzlich und zuckt; ihre Augenbrauen ziehen sich zusammen und ihre Hand greift nach meiner. Ich rede sanft mit ihr, bis der Schmerz nachlässt und ihr Gesicht sich entspannt.

»Verrat es mir«, sage ich.

»Gott hat einen besonderen Auftrag für mich«, antwortet sie. Sie bringt ein Lächeln zustande. »Er will, dass ich Menschen helfe, die so verletzt worden sind, wie es mir passiert ist.«

Plötzlich wird mir klar, dass alles, was ich geopfert habe – Ansehen, soziale Stellung, ein leichtes Leben –, um meine Botschaft der Hoffnung zu den Menschen zu bringen, dieses Opfer wert gewesen ist. Denn hier stehe ich vor diesem kleinen Mädchen, das entdeckt hat, dass Gott dich niemals dort zurücklässt, wo er dich vorgefunden hat. Er nimmt dich in seine großen Arme und trägt dich eng bei sich. Das kann ich trotz der Schwellungen und Abschürfungen und trotz des Schmerzes auf ihrem hübschen Gesicht ablesen.

Wie ich sie so betrachte, als sie langsam in einen vom Morphium eingeleiteten Schlummer hinwegdämmert, sage ich zu Arvella, dass sie sich ausruhen soll. Ich werde bei Carol bleiben.

Ich betrachte meine schlafende Tochter, und dabei stelle ich mir das Geschehen vor, wie man es mir beschrieben hat. Das Motorrad schießt mit über 100 Stundenkilometern dahin. Dann ein plötzliches Hupen und wirbelnde Scheinwerferlichter. Dann der Zusammenprall und der Schmerz und das Blut und Schlimmeres: Sie haben mir erzählt, dass sie 26 Meter durch die Luft geflogen ist! Jetzt der Aufprall auf den Asphalt. Sie wird wieder hochgeschleudert und landet erneut, sie schlittert und wirbelt und rutscht über den rauen Straßenbelag. Daher rühren wohl ihre schrecklichen Schürfwunden. Ich sehe vor mir, wie sie aufschlägt; ich bin unfähig, mich zu rühren. War sie bei Bewusstsein? Die Ärzte haben mir gesagt, dass sie sich nicht an den Aufprall erinnert; sie erinnert sich nicht daran, wie sie über die Straße geschlittert ist; sie erinnert sich an die Lichter und daran, wie sie durch die Luft flog, aber an mehr nicht.

Hat Gott sie aufgefangen? So, wie ich sie immer aufgefangen habe, als sie noch klein war? Ich warf sie in die Luft und sie landete wieder in meinen Armen – kichernd, liebend, strampelnd, weich. Oder war sie allein, als sie aufschlug und ER beugte sich dann beschützend über sie und hielt sie und trug sie, so wie ich es tat in der Nacht, in der sie geboren wurde? Hielt Gott sie so lange in seinen Armen, bis sie begann, von friedlichen Orten und von süßer Hingabe zu flüstern? Sie hat mir später erzählt, dass es so war. Und wenn dies der einzige Lohn all meiner Mühen und meiner unaufhörlichen Hingabe an den Dienst als Verbreiter der Guten Nachricht gewesen wäre, wenn sie der einzige Mensch auf der ganzen Welt gewesen wäre, der durch meinen Dienst zu Gott gekommen wäre – nur für diese eine Nacht würde ich es wieder tun. Und so geht mein »Lobgesang« langsam in einen friedlichen Schlaf über, und meine Seele findet zur Ruhe, während wir gemeinsam »die Morgenröte wecken«.

Später, als Arvella zurückkam, nahm uns der Arzt beiseite. »Ihre Tochter hatte schreckliche Schmerzen, als sie bei uns ankam«, erzählte er uns. »Sie bat uns, ihr etwas dagegen zu geben, aber das konnten wir nicht, weil es ihren Kreislauf noch mehr geschwächt hätte. Und so nahm sie den Schmerz geduldig und ruhig hin, obwohl er furchtbar gewesen sein muss. Sie können sehr stolz sein auf Ihre Tochter.

Carol ist beinahe verblutet. Wir haben über acht Liter Blutkonserven für sie verbraucht und einmal haben wir ihren Blutdruck und ihren

Puls vollkommen verloren. Ich kann mich an keinen anderen Patienten erinnern, der so stark gewesen wäre. Sie haben großes Glück, dass sie noch lebt.

Wir mussten ihr Bein direkt unterhalb des Knies amputieren, und die Chancen, den Rest des Beins zu erhalten, sind bestenfalls gering zu nennen. Das Knie und der Oberschenkel sind übel zugerichtet worden. Unglücklicherweise ist sie in einem Graben mit den Abwässern eines Schlachthauses gelandet. Die Infektion hat sich schon ausgebreitet. Ich fürchte, wir werden noch mehr amputieren müssen.«

Während wir diese Informationen zu verarbeiten versuchten, konnten wir die Unterstützung von Menschen auf der ganzen Erde spüren. Unsere Freunde in Korea, die Mitglieder der *Garden Grove Community Church* und Menschen in Gemeinden in ganz Amerika hatten die Nachricht schon gehört und beteten in diesem Augenblick für uns. Arvella und ich hielten uns in den Armen, und wir spürten eine mächtige Woge von Gottes Geist, die sich über uns ergoss.

Als Carol transportfähig war, sprang Athalie Clark wieder ein, um uns zu helfen. Diesmal stellte sie uns ein privates Rettungsflugzeug zur Verfügung, mit dem wir Carol in das Kinderkrankenhaus von Orange County verlegen konnten. Es war an einem Montagabend. Arvella, Sheila, Jim, Gretchen und ich standen dabei, als das Personal der Intensivstation die Trage mit Carols wundem und zerschundenem Körper in den Lear Jet hoben. Während des Starts rollte er über eine Bodenwelle und unter dem Stoß schrie Carol vor Schmerzen auf. Aber dann waren wir in der Luft und auf dem Weg nach Hause.

Der Jet zog seine Spur durch den Himmel und wir saßen betäubt und eingezwängt in dem engen Passagierraum. Wir waren müde und hungrig, was die Stimmung auch nicht gerade hob. Wir starrten zu den Fenstern hinaus oder beobachteten Carols schmerzverzerrtes Gesicht.

Dann fing ich an zu singen – leise zuerst, aber dann mit immer stärkerer Stimme, bis die anderen einfielen.

»Praise God from whom all blessings flow.
Praise Him, all creatures here below.
Praise Him above, ye heavenly hosts.
Praise Father, Son and Holy Ghost.«[42]

Der Flug war anstrengend, besonders für Arvella. Carol bestand darauf, dass ihre Mutter ihre Hand hielt, und Gretchen schlief mit dem Kopf auf Arvellas freier Schulter. Gretchen hatte die Füße auf die beiden großen Sauerstoffflaschen für Carol gelegt. Die Infektion in Carols Stumpf verbreitete einen infernalischen Gestank, war durchdringend und Übelkeit erregend. Arvella musste sich geradezu selbst hypnotisieren, um sich nicht zu übergeben.

Im Kinderkrankenhaus von Orange County wurden wir schnell auf die Intensivstation gebracht, wo man Carol vorsichtig in ihr Bett legte. »Ich bin froh, zu Hause zu sein«, sagte sie mit einem Seufzer. Als sie später in die Chirurgie gebracht wurde, wohl wissend, dass sie wahrscheinlich beim Erwachen feststellen würde, dass noch mehr von ihrem Bein abgenommen worden war, sagte sie mit Entschiedenheit: »Eines weiß ich gewiss: Wenn man mir auch noch mehr von meinem Bein abschneiden muss, es wird doch Gottes Plan für mein Leben nicht ändern.«

Wir beteten inständig darum, dass Carol ihr Knie würde behalten können. Mit diesem Gelenk würde sie vielleicht eines Tages wieder halbwegs normal gehen können. Und dieses Mal wurden unsere Gebete erhört. Als die Operation vorüber war, war ihr Knie noch da.

Aber das war nur der Anfang einer monatelangen Zeit der Höhen und Tiefen, furchtbarer Schmerzen und gnädiger Erleichterungen, tiefster Verzweiflung und unvorstellbaren Glaubens. Die Tage gingen nahtlos ineinander über und wurden zu Monaten, während eine Infektion nach der anderen in Carols erschöpftem Körper wütete.

Sie verbrachte sieben Monate in diesem Krankenhaus und musste fünf Operationen über sich ergehen lassen, bevor sie entlassen wurde. Der Dreck aus diesem Schlachthaus, der in dem Abwassergraben am Straßenrand in Iowa floss, war hartnäckig. Er enthielt Bakterien, die gegen alle bekannten Antibiotika resistent waren. Sie wurde von Phantomschmerzen geplagt. Tag und Nacht litt sie unter den Qualen, die ein Bein und ein Fuß ihr bereiteten, die nicht einmal mehr da waren! Arvella massierte Carols erhalten gebliebenen Fuß, um die Schmerzen zu lindern, die von den Zehen stammten, die man schon vor Monaten abgenommen hatte. Wir wussten zwar nicht, warum, aber das schien Carol zu helfen. Irgendwie muss ihr Geist die liebevolle Zuwendung, die dem einen Fuß widerfuhr, auf die Nerven des anderen übertragen haben – eine geradezu mystische Erleichterung.

Ich verbrachte jede freie Minute an ihrem Bett. Aber trotzdem lastete immer noch die riesige Verantwortung für die im Bau befindliche *Crystal Cathedral* auf mir. Jeden Tag musste ich neue Entscheidungen treffen, jeden Tag war ich dem Druck ausgesetzt, das Projekt im Zeitplan zu halten. In diesem Jahr war ich ständig hin und her gerissen. Ich hetzte zur Baustelle, um mich dort um ein Problem zu kümmern, dann wieder zurück zum Krankenhaus, um meiner Tochter Mut zuzusprechen. Ihr Zustand war immer noch kritisch und konnte sich von einer Stunde zur nächsten wieder ändern.

Wenn Carols Leid mich zu überwältigen drohte, hielt ich mich immer an die Worte, die Gott mir in dieser ersten Nacht während meines Heimflugs von Korea geschenkt hatte: *Spiele es herunter und bete es hinauf!* Der Mut, den sie an den Tag legte, gab auch mir neuen Mut. Und ich war überrascht davon, welche Kraft sie aus meinen eigenen, kitschigen kleinen Sprüchen schöpfte: »Ohne Schmerz kein Gewinn«, »Schwierige Zeiten bringen das Beste in uns zum Vorschein« oder: »Schau auf das, was du hast, nicht auf das, was du verloren hast.« In den Momenten, in denen ihre Schmerzen so stark wurden, dass auch solche Worte ihre Wirkung verloren, wiederholte sie den Namen Jesus und zog daraus Trost.

Corrie ten Boom, die Überlebende des Holocaust und geistliche Leiterin, kam jede Woche zu Besuch. Zwischen ihr und Carol entwickelte sich eine ganz besondere Freundschaft. Ihre beruhigende Siegesgewissheit wirkte heilsam auf unsere Tochter. Immer wieder wiederholte Corrie, jedes Wort von ihrem kräftigen holländischen Akzent gefärbt: »Jesus ist Sieger, Carol. Jesus ist Sieger!« Sie sagte diese Worte wieder und wieder, bis Carol sich unter diesem Wiegenlied beruhigte.

Obwohl Carol von ihren Schmerzen oft an den Rand der Verzweiflung getrieben wurde, legte sie kaum jemals Selbstmitleid an den Tag oder sagte etwa: »Ich wünschte, das wäre nie geschehen.« Eines Tages stellte sie mir eine der schwierigsten Fragen, die ich je zu beantworten hatte.

»Dad, was haben sie mit meinem Bein gemacht?«, fragte sie. »Haben sie es auf den Müll geworfen?«

Mich schauderte. Ich wand mich. Aber ich verbarg meine Gefühle vor ihr. »Nein, Liebes«, sagte ich. »Sie haben es beerdigt, genauso wie Grandma und Grandpa beerdigt wurden.«

Ich erinnere mich daran, dass ich einmal, als die Dinge besonders schlimm standen, zu ihr sagte: »Hüte dich vor Selbstmitleid, Carol.«

»Mach dir keine Sorgen, Dad«, antwortete sie, ohne zu zögern. »Ich hab genug Probleme, da werde ich mir *das* nicht auch noch antun.«

Nur ein einziges Mal rief sie: »Ich wünschte, ich wäre in diesem Graben gestorben!« Es war ein harter Tag gewesen am Ende einer harten Woche.

Ich ermahnte sie sanft: »Diese Gedanken kommen nicht von Jesus, Liebes. Du solltest niemals sagen oder dir wünschen, dass Dinge nicht so geschehen wären, wie sie eben geschehen sind. Vergebliche Reue ist ein negativer Gedanke. Mach dir klar, dass Jesus nur ermutigende und positive Gedanken hervorbringt.«

Ein anderer besonderer Freund, den Gott ihr schenkte, war der Geistliche des Krankenhauses, Vater MacNamara. »Vater Mac«, wie Carol ihn nannte, besuchte sie jeden Tag. Später, als es ihr so gut ging, dass sie ihr Isolationszimmer verlassen konnte, brachte er sie mit dem Rollstuhl in die privaten Klostergärten des Krankenhauses.

Vater Mac schenkte Carol die Fotografie eines Kruzifixes, das er an den Metallrahmen klebte, der ihren Stumpf in der Luft fixierte. »Das erinnert mich daran, dass Jesus viel mehr Schmerz erlitten hat als ich«, erklärte sie mir.

Meine Freunde aus Hollywood überschütteten Carol mit Aufmerksamkeiten. Sie bekam Blumen von Frank Sinatra, ein Foto von John Wayne mit Autogramm und der handgeschriebenen Aufschrift: »Carol, sei glücklich – du wirst geliebt!« Tommy Lasorda und Steve Garvey (ihr Lieblingsspieler bei den *Dodgers*) riefen sie an und besuchten sie sogar persönlich. Sie bekam ein Telegramm von Präsident Jimmy Carter. Ich wusste nicht, wo ich anfangen sollte, mich bei diesen Freunden und den zahllosen anderen für die Mühe zu bedanken, die sie sich gaben, um meine Tochter von den Anstrengungen und dem Schmerz ihrer Tage in der Isolation abzulenken.

Einmal sah alles recht gut aus, und die Ärzte führten eine weitere Operation durch, um ihre Muskeln zu lockern, damit ihr Bein wieder beweglicher würde. Der operierende Arzt war sehr zufrieden darüber, dass er keine Entzündungsherde in ihrem Knie und im Oberschenkel fand, und sehr zuversichtlich, was ihre Genesung anbetraf. Aber drei Tage später erwachten die Bakterien, die sich einige Zeit ruhig verhalten hatten, zu neuer Aktivität, und zwar mit einer Gewalt, die niemand vorherzusagen gewusst hatte. Carols Temperatur stieg wieder auf über 40 Grad und blieb gefährlich lange so hoch. Der Stumpf ihres Beins schwoll an und die Infektion tobte in ihr wie ein Waldbrand. Arvella und ich waren verzweifelt. Carol lag splitternackt da, in Eis gepackt, zitternd und um Wärme bettelnd, und es gab nichts, was wir für sie tun konnten.

Wir beteten inständig und drängend. Von Dr. Chos Kirche erfuhren wir, dass sie auf dem Gebetsberg, auf dem Arvella an dem Tag, als wir von dem Unglück erfuhren, gewesen war, rund um die Uhr für Carol betete. Wenn diese Infektion andauerte, würden das Knie und der ganze Oberschenkel abgenommen werden müssen. Ihre Blutgefäße waren so geschwächt, dass sie dem Zusammenbruch nahe waren, was bedeutete, dass es schwierig wurde, die für sie lebensnotwendige intravenöse Versorgung aufrechtzuerhalten. Ihr Chirurg und der Spezialist für Infektionskrankheiten arbeiteten Tag und Nacht, um ihr zu helfen.

Eines Tages kam der Chirurg auf uns zu und sagte: »Hören Sie zu, es geht jetzt um Carols Leben. Ihr Zustand ist lebensbedrohlich. Ich muss den Rest des Beins abnehmen, sonst werden Sie sie verlieren.«

Wir setzten den Operationstermin auf den folgenden Tag fest.

Aber am gleichen Tag gab die Bundesgesundheitsbehörde ein neues Antibiotikum frei, das genau gegen den Stamm von Bakterien wirkte, die Carol in dem Graben befallen hatten. Sie war die erste Person im Kinderkrankenhaus, die es bekam. Binnen Stunden begann ihre Temperatur zu sinken, und wir konnten feststellen, welche Kraft das Gebet um Heilung hat.

Der Chirurg war mit dieser Verbesserung sehr zufrieden; es würde keine weitere Amputation geben. Die Wunde an ihrem Oberschenkel wurde allerdings offen gehalten, sodass sie bluten und das Personal Kulturen von den Bakterien anlegen konnte, um zu sehen, welche Fortschritte die Heilung machte. Eines Tages kurz vor Weihnachten zeigten die Kulturen im Labor gar kein Wachstum mehr! Die Wunde würde allerdings von innen nach außen heilen müssen.

Die Infektion und das Trauma der vergangenen Monate hatten von Carols jugendlichem Körper einen furchtbaren Preis gefordert. Bei einer Größe von 1,68 m wog sie gerade noch 87 Pfund. Während sie sich von ihren zahlreichen Operationen erholte, würde sie auf einen Rollstuhl angewiesen sein. Nach der Entlassung aus dem Krankenhaus standen ihr noch mehrere Monate der Rehabilitation bevor, in denen sie noch nicht einmal in der Lage sein würde, sich selbst zu baden, und Arvella würde sich rund um die Uhr um sie kümmern müssen.

All das lag noch vor uns, aber im Augenblick hatten wir allen Grund zu feiern – die Infektion war besiegt!

Am Samstag nach dieser Siegesnachricht ging Arvella wie üblich als Erstes am Morgen ins Krankenhaus. »Bleib zu Hause und warte auf mich, Bob«, sagte sie. »Ich werde mit guten Neuigkeiten zurückkommen.«

Die Morgenstunden zogen sich hin, und ich wünschte, ich wäre mitgegangen. Was für gute Nachrichten würde sie wohl bringen? Ich versuchte zu arbeiten, aber es fiel mir schwer, mich zu konzentrieren. Endlich hörte ich Arvellas Auto und lief zur Tür.

»Nein, Bob«, meinte Arvella, als ich auf der Veranda erschien. »Du musst wieder nach drinnen gehen und warten. Warte am Weihnachtsbaum.«

Ich tat, wie geheißen, und bald öffnete sich die Tür wieder. »Mach die Augen zu, Bob!«

Ich hörte das Knirschen von Rädern, die über unsere Schwelle holperten. Dann hörte ich ein metallenes Klacken und angestrengtes Atmen.

»Okay, Bob, du kannst die Augen aufmachen!«

Da war Carol und sie stand auf Krücken vor ihrem Rollstuhl. Und sie hatte zwei Beine! Ich rang nach Atem. Mein kleines Mädchen, mein süßer, kleiner Liebling war auf dem Weg der Besserung. Sie stand einfach da, inzwischen 14 Jahre alt, und ihre sandfarbenen Locken umrahmten ihr liebliches Gesicht. Meine Augen wanderten nach unten und sahen zwei Knöchel und zwei Schuhe und ich kicherte vor Freude. Der Chirurg hatte für Carol eine Weihnachtsüberraschung vorbereitet – ein künstliches Bein, eine Prothese. Es diente jedoch hauptsächlich kosmetischen Zwecken. Eine Prothese, mit der sie würde gehen können, konnte erst angepasst werden, wenn die Schwellung in dem Stumpf zurückgegangen und die Wunde völlig abgeheilt war.

Aber Carol wieder stehen zu sehen, groß und schlank wie ein junges Reh – das machte dieses Weihnachtsfest zu dem glücklichsten meines ganzen Lebens!

36

Wenn man der Vater von fünf Kindern ist, bedeutet eine Krise im Leben eines der Kinder zwangsläufig, dass man weniger Kraft und Zeit für die anderen übrig hat, obwohl man sie genauso liebt.

Ich hatte die meisten meiner Vortragsreisen abgesagt, um mehr Zeit für Arvella und Carol zu haben. Aber das *Wheaton College* hatte mich schon seit langem gedrängt, dort zu sprechen, und *Wheaton* war natürlich Jeanne Annes College. Sie wollte, dass ich kam; es würde ihr viel bedeuten, sagte sie. Es würde auch für mich viel bedeuten, denn seit Carols Unfall hatte ich sie wirklich nur selten gesehen. Sie hatte gleich nach ihrem Sommersemester im Heiligen Land wieder zum Unterricht gemusst.

Ich willigte ein, hinzufliegen und bei einem Morgengottesdienst zu sprechen. Ich würde am Abend vorher ankommen, sodass Jeanne und ich ein wenig Zeit füreinander haben würden. Am nächsten Morgen würde ich meine Ansprache halten und dann sofort zu Carol und Arvella zurückkehren.

Ich fragte mich, ob dieses Publikum meine Arbeit verstehen würde und ob es meinem Wunsch, die *Crystal Cathedral* zu bauen, Verständnis entgegenbringen würde. Schließlich hörte ich aus den Reihen der konservativen evangelischen Kirchen laufend Kritik. Sie waren meistens ziemlich direkt mit ihrer Meinung – und manchmal regelrecht brutal.

Vor kurzem hatte man mich und die *Crystal Cathedral* in einer fundamentalistischen christlichen Zeitschrift namens *The Wittenberg Door*[43] heftig angegriffen. Unter einer Schlagzeile, die in etwa lautete: »Was man mit 15 Millionen Dollar machen könnte«, hatte man eine Seite dieser speziellen Ausgabe durch eine Linie in zwei Hälften geteilt. Auf der einen Seite stand: »Eine ›Crystal Cathedral‹ bauen«, auf der anderen Seite war eine lange Reihe humanitärer Projekte aufgelistet. Der Artikel hatte den Campus nur wenige Tage vor meiner Ankunft erreicht.

Jeanne war immer stolz auf ihren Dad gewesen. Sie liebte mich und glaubte an meine Arbeit. Die *Garden Grove Community Church* war ihr Zuhause. Sie freute sich sehr darüber, dass ich an ihre Schule kam, um meinen begeisterten Glauben mit ihren Mitschülern zu teilen.

Am Morgen, an dem ich im Gottesdienst sprechen sollte, tauchten in der Bibliothek des Colleges Protestplakate gegen meinen Auftritt auf. Auf ihnen standen Texte wie: »Schuller predigt nicht das Evangelium!«, »Schuller setzt sich selbst ein Denkmal!« oder: »Gebt die 15 Millionen den Armen!«

Wir sahen die Plakate auf dem Weg zum Gottesdienst. Ich blickte Jeanne an. Ihre braunen Augen wurden so groß wie Untertassen. Sie füllten sich mit Tränen, die ihr über die Wangen liefen und ihre Wimperntusche verschmierten. Sie sah verwirrt aus. *Wie konnten sie so etwas tun?*, schienen ihre Augen zu sagen. Ich konnte nichts tun, als mir meinen Weg in die Kapelle zu bahnen, meine Predigt abzuliefern und so schnell wie möglich von dort zu verschwinden. Vielleicht würden sich die Schüler beruhigen, wenn ich wieder weg war.

Am nächsten Morgen war ich wieder in meinem Büro und bis über beide Ohren in meine Arbeit vertieft. Das Telefon klingelte und Jeanne war in der Leitung. Ihre Klassenkameraden hatten nicht aufgehört, abfällige Bemerkungen über ihren Vater zu machen. Sie wollte sofort nach Hause kommen, sagte sie. Ich versuchte, ihr dies auszureden, und war insoweit erfolgreich, dass ich sie davon überzeugen konnte, wenigstens bis zum Ende des Quartals dort zu bleiben. Dann konnte sie Weihnachten zu Hause verbringen; und wenn sie dann immer noch so empfand, konnte sie zu Hause bleiben. Diese Lösung schien sie, zumindest für den Augenblick, zu beruhigen.

So kam Jeanne zu Weihnachten nach Hause, aber sie ging im Winterquartal nicht mehr an ihre Schule zurück. Sie brauchte einfach einige Zeit mit uns und ein bisschen Abstand zu den Auseinandersetzungen mit ihren Schulkameraden. Sie ging dann allerdings im Frühjahr wieder hin und machte ihren Abschluss, was uns mit Stolz erfüllte.

Der Bau der *Crystal Cathedral* schritt voran, aber wir würden noch in diesem Monat eine weitere Million Dollar brauchen oder wir würden die Baustelle schließen müssen. Wir hatten im vergangenen Frühjahr 600.000 Dollar gesammelt und fast anderthalb Millionen an diesem »Millionen-Sonntag« im Juni 1978; aber wir brauchten schnell eine weitere Million. Aus heiterem Himmel kam plötzlich ein Brief aus Chicago, Illinois, von einem Menschen, den ich noch nie getroffen hatte. »Ich habe das Bild der ›Crystal Cathedral‹ gesehen. Ich finde, dass sie gebaut werden muss. Würde Ihnen eine Spende von einer Million Dollar von einem älteren Ehepaar dabei helfen?«

Wollte mich hier jemand auf den Arm nehmen? Der Briefkopf war dunkel geprägt und enthielt den Namen Foster McGraw. Wir überprüften ihn. Er war Geschäftsführer eines der größten Unternehmen Amerikas, der *America Hospital Supply, Inc.*

Dies war offensichtlich ein Wunder.

Ich flog nach Chicago, um das Ehepaar in seinem bescheidenen Haus zu besuchen. »Wann brauchen Sie meinen Scheck über eine Million Dollar, Reverend?«, fragte McGraw.

»Nun«, sagte ich etwas zögernd, weil ich nicht drängeln wollte, »wir brauchen den Scheck in drei Wochen, um einen Baustopp zu verhindern.«

Er sah seine Frau an und lächelte. »Das ist kein Problem, nicht wahr, Liebes?«

Sie lächelte zurück. »Überhaupt keins«, erwiderte sie.

Binnen einer Woche kam folgender Brief:

»25. September 1978

Lieber Bob,

der beiliegende Scheck über 1.000 000 Dollar, zahlbar an die ›Garden Grove Community Church‹, mag als Beweis unseres Glaubens an Sie, an Ihr Programm, Ihre Mannschaft und Ihre Treue zu Gottes Berufung dienen und soll unsere Unterstützung für alles, was Sie tun, zum Ausdruck bringen.

Wir hoffen und beten, dass Gott Herzen öffnet, damit Sie die Unterstützung erhalten, die Sie brauchen, um die ›Crystal Cathedral‹ fertig zu stellen, diesen Bau, der zur Ehre Gottes entsteht und helfen soll, ›sein Königreich auf Erden, wie auch im Himmel‹ zu verwirklichen.

Möge es Ihnen wohl ergehen und wir wünschen Ihrer Tochter in ihrer großen Prüfung Gottes ganz besonderen Segen. Möge Gott Sie und die Ihren weiterhin lieben und Ihre Arbeit in seinem Namen segnen.

Ihr sehr ergebener
Foster McGraw«

Und der Bau ging ohne Unterbrechung weiter! Wow!

Im Dezember 1978 würde eine weitere Million Dollar von dem Verkauf der Fenster hereinkommen. Zum ersten Mal sah es wirklich so aus, als ob wir es schaffen würden! Diese Erleichterung und Carols Rückkehr nach Hause – welch ein Dezember! Die Schlacht schien endlich vorüber zu sein.

Inzwischen steckte Sheila, unsere älteste Tochter, in ihren Hochzeitsvorbereitungen. Anfang Februar fuhr ich mit ihr nach Los Angeles, um ihr Hochzeitskleid abzuholen. Ihr Hochzeitstag würde der aufregendste Tag ihres Lebens werden, und sie war überglücklich, dass ich diese Zeit des Träumens und der Vorbereitungen mit ihr teilen konnte. Und was für eine Freude das für mich erst war!

»Das Kleid ist wirklich teuer, Dad«, sagte sie zu mir, »und mit Carol und der neuen Kathedrale und allem – na ja, ich meine, ich möchte dir einfach danken, dass du es mir gekauft hast.«

»Sheila«, erwiderte ich, »es ist eine große Freude für mich, dass ich dir dieses Kleid kaufen kann. Ich bin so glücklich, dass deine Träume jetzt Wirklichkeit werden. Du hast so lange darauf gewartet. Hast wegen Carols Unfall deine Hochzeit aufgeschoben. Du bist mit einem wunderbaren Mann gesegnet, und ich möchte, dass du ein schönes

Kleid trägst. Manche Leute meinen, ein Hochzeitskleid würde nur einmal im Leben getragen, aber ich denke, in Gedanken ist es das Kleid, das man häufiger trägt als jedes andere, das man je besitzt.«

Sheila sah mich neugierig an und ich erklärte es ihr: »Mädchen fangen schon an dem Tag an, von ihrem Hochzeitskleid zu träumen, an dem sie ihre erste Puppe bekommen, die ein Hochzeitskleid trägt. Und jedes Mal, wenn sie daran denken zu heiraten, ziehen sie dieses Kleid in Gedanken an. Du wirst mit deinem Kleid an deinem Hochzeitstag wundervoll aussehen, und du wirst es jedes Mal tragen, wenn du dein Hochzeitsfoto betrachtest – dein ganzes Leben lang!«

Das lang erwartete Ereignis fand an einem kühlen Februartag statt. Ich hatte die Braut nicht nur den Mittelgang hinabzuführen und dem Bräutigam zu übergeben, ich sollte auch die Zeremonie durchführen! Es war ein derartig bewegtes Jahr gewesen, so voller Höhen und Tiefen, so voller Emotionen, dass ich befürchtete, ich würde während des Gottesdienstes anfangen zu weinen und alles verderben.

Ich wusste, dass ich mir etwas überlegen musste, um meine Gefühle unter Kontrolle zu behalten. Eines Tages, als ich in der Kirche mit unserem Hausarzt über dieses Problem sprach, bot er mir an: »Kein Problem, Bob. Ich habe Tabletten, die Sie nehmen können, um die Tränen zu unterdrücken.«

»Aber, Doktor, dann kann ich ja auch die Freude nicht wirklich empfinden.« Ich lehnte das Angebot dankend ab.

Schließlich kam mir der rettende Gedanke. Wann immer ich das Gefühl haben würde, die Kontrolle zu verlieren, würde ich mir einfach sagen: *Denk dran, Dad, du musst die Rechnung bezahlen!* Das änderte die Stimmung grundlegend! Tatsächlich funktionierte es nur zu gut, als ich die Braut den Mittelgang hinabgeleitete. Jetzt musste ich mich allerdings vorsehen, dass ich nicht zu lachen anfing!

Seit dem Unfall vor sieben Monaten war es Carols brennender Wunsch gewesen, am Tag der Hochzeit neben ihrer Schwester den Mittelgang hinunterzugehen. Und sie machte es wahr! Sie hinkte ein wenig mit der Prothese, die unter dem bodenlangen Brautjungfernkleid verborgen war, und sie war noch etwas unsicher im Umgang mit ihren Krücken – aber sie schaffte es! Mein Herz war niemals von größerem Jubel erfüllt als in dem Augenblick, in dem ich Jeanne, Gretchen und Carol als Sheilas Brautjungfern erblickte.

Es war kaum ein Monat nach diesem schönen Familienfest vergangen, als das Unglück wieder zuschlug. Die stählerne Rahmenkonstruktion wuchs planmäßig und zeichnete sich als filigrane Silhouette am

Himmel über dem blühenden Orange County ab. Ein Baugerüst von über 30 Metern Höhe, das eine Grundfläche von 40 Ar hatte, war auf der Bodenplatte errichtet worden. Auf diesem gewaltigen »Gebäude im Gebäude« standen nun die Handwerker und errichteten von dort aus die Rahmenkonstruktion. Dann, in einer stürmischen Winternacht – die Arbeiter waren Gott sei Dank schon nach Hause gegangen – brach alles mit einem tosenden Krach zusammen, der in der ganzen Nachbarschaft zu hören war.

Am nächsten Morgen standen sprachlose Handwerker und Kirchenmitarbeiter einer Szenerie gegenüber, die an das Mikadospiel eines Riesen erinnerte: Mächtige, schwere Stahlteile waren wild übereinander getürmt. Es dauerte Wochen, das Gerüst wegzuräumen und es (dieses Mal stabiler) wieder aufzubauen, damit die Arbeiten weitergehen konnten. Als das Gerüst endlich wieder stand, wurden die Arbeiten mit zusätzlichen Hilfskräften wieder aufgenommen, um die verloren gegangene Zeit wieder hereinzuholen.

Im März 1979 war ich auf die Feier zum 80. Geburtstag von Foster McGraw eingeladen, dem Mann, der uns die eine Million Dollar gespendet hatte. Wir saßen zu acht Personen an einem Tisch in seinem Country-Club.

»Sir«, sagte ich zur Begrüßung, »wenn Ihre Großzügigkeit nicht gewesen wäre, hätten die Bauarbeiten eingestellt werden müssen – vielleicht für immer. Ich danke Ihnen so sehr für das Vertrauen, das Sie in mich gesetzt haben.«

Da gab er mir einen Umschlag. »Ich mache an meinem Geburtstag gerne Geschenke«, flüsterte er. Ich öffnete den Umschlag und heraus fiel ein weiterer Scheck über eine Million Dollar! Ich war absolut sprachlos. Das würde die *Crystal Cathedral* über den Rohbau hinaus in einen Zustand versetzen, in dem wir sie schon würden verwenden können!

Einen Monat später berichtete das Orgelkomitee, dass die Orgel, die wir aus unserer bisherigen Kirche in die *Crystal Cathedral* hatten umsetzen wollen, für den Raum bei weitem nicht ausreichen würde. Es würde fast eine Million Dollar kosten, all die Teile, Pfeifen und die Konsole zu beschaffen, die nötig wären, um diese riesige Kathedrale mit Klang zu füllen. Virgil Fox, der weltberühmte Organist, rief mich an und sagte: »Weniger als das wäre ein Verbrechen.«

Ich stimmte ihm prinzipiell zu. »Aber«, musste ich hinzufügen, »ich habe das Geld nicht. Eines Tages vielleicht – aber im Moment nicht.« Manchmal müssen sogar Träume sich ein wenig bremsen, damit der Träumer Zeit hat, aufzuholen.

Seit Carols Unfall ist jetzt beinahe ein Jahr vergangen. Arvella hat rund um die Uhr die Krankenschwester für unsere Tochter gespielt, die sich nur langsam erholt. Langsam fängt sie an, müde und überanstrengt auszusehen.

Da ruft mich eines Tages Ralph Graham, unser Hausarzt, an. »Kann ich vorbeikommen und mit dir reden, Bob?«, erkundigt er sich. Dr. Graham ist ein guter und alter Freund der Familie, und er ist bei uns zu Hause immer willkommen, aber dieser Ton gefällt mir nicht. Arvella hat letzte Woche einen Knoten in ihrer Brust ertastet und Dr. Graham hat die Biopsie durchgeführt. Wir hatten auf das Ergebnis gewartet. Ich war davon ausgegangen, dass alles in Ordnung sein würde. Arvella hat in den vergangenen Jahren schon viele solcher Knoten bei sich entdeckt, und sie waren immer gutartig gewesen, kein Problem. Aber warum sollte Dr. Graham zu uns nach Hause kommen wollen, wenn nicht irgendetwas *nicht* in Ordnung war?

Er und ich sitzen in dem Musikzimmer, das Arvella und ich erst letztes Jahr an unser kleines Heim mit den zwei Schlafzimmern angebaut haben. Ich trommle mit den Fingern auf die dunklen Eichen-Armlehnen des Schaukelstuhls, den ich von meinem Großvater John Henry Beltman geerbt habe. Arvella ist im Schlafzimmer und ruht sich aus. Der Doktor beugt sich vor und spricht leise mit mir, während ich mich auf die Worte, die ich gar nicht hören will, vorbereite.

»Bob ... dieser Knoten.« Er hält kurz inne und senkt den Blick. Dann fasst er sich wieder und sieht mich an: »Ich habe schlechte Nachrichten. Er ist bösartig. Wir werden eine Brustamputation vornehmen müssen.«

Ich kann ihm nicht in die Augen sehen. Schließlich ist es der Körper meiner Frau, von dem er spricht. Ich habe mir nie vorstellen können, dass ich mit einem anderen Mann über so etwas Intimes sprechen würde. Meine Frau und ich waren seit der Hochzeitsnacht sexuell aktiv und glücklich. Ich hatte sie all die Jahre hindurch jede Woche zu einem »Rendezvous« ausgeführt, als vorsorgliche »Impfung« gegen das Ausgebranntsein, mit dem der Dienst eine Ehe infizieren kann. Sie macht sich immer hübsch zurecht, und wir sind immer noch so romantisch wie zu der Zeit, als ich um sie warb. Tatsächlich habe ich nie aufgehört, um sie zu werben: Emotional, in romantischer Hinsicht und auch körperlich ist sie immer meine schöne, sexy Geliebte Arvella geblieben. Was wird dies jetzt für ihr Selbstwertgefühl als Frau bedeuten?

Aber es geht nicht nur um ihr Aussehen. Es geht um ihr Leben! Etliche Frauen in unserer Gemeinde sind an Brustkrebs gestorben. Ich habe mehr als eine Beerdigung durchgeführt, die auf diese Krankheit zurückging.

Ralph versucht, meine aufkommenden Ängste zu zerstreuen. »Es sieht trotzdem gut aus, Bob«, sagt er beruhigend. »Wir denken, dass wir mit der Mastektomie alles erwischen werden.«

Zögernd wende ich ihm meinen Blick zu. Ich muss ihm in die Augen sehen, um festzustellen, ob dies keine leeren Worte sind. Ralphs Augen bestehen die Prüfung. Dann fühle ich, wie ein göttlicher Friede langsam meine Seele erfüllt. Ich weiß, dass er die Wahrheit sagt. Gott gebraucht ihn, um Hoffnung zu bringen, und sein Verhalten beruhigt mich. Der Schrecken lässt nach.

»Es wird gut werden«, sage ich zu mir selbst. Ich atme tief ein. »Wir haben die vielen Tage mit Carol durchgestanden, wir werden auch das hier schaffen.«

Minuten des Schweigens vergehen. Dann füge ich hinzu: »Ralph, danke, dass du vorbeigekommen bist, um es mir persönlich mitzuteilen. Du bist ein guter Freund. Ich muss es jetzt Arvella sagen.« Ich begleite Ralph zur Tür und schließe sie leise hinter ihm.

Ich bleibe einen Moment stehen. Ich fühle mich irgendwie kalt und fremd. Ich muss eine Minute nachdenken. Ich hole ein paar Mal tief Luft, dann drehe ich mich um und gehe langsam den langen Flur entlang in Richtung Schlafzimmer.

Arvella ist schon auf. Sie steht am Fenster, mit Blick in den Garten, und betrachtet den großen Ficus. Sie dreht sich nicht um, um mich anzusehen. Sie hat die Arme wie einen wärmenden Schal um sich geschlungen. Ihre langen, bleichen Finger umklammern ihre Arme direkt unterhalb der Schulter. Ich gehe zu ihr und lege meine Arme von hinten um sie. Ich verberge mein Gesicht in ihrem Nacken, ich rieche ihren süßen Duft und spüre die zärtliche Berührung ihres kastanienbraunen Haars auf meinen Wangen. Ich weine nicht. Ich nehme nur ihren Duft und ihr Wesen in mich auf, als ob sie durch meine Sinne in mich eindringen könnte, um für immer dort zu bleiben.

Minutenlang verharren wir in dieser schweigenden Umarmung, dann dreht sie sich um und sieht mich an. Endlich fange ich an zu sprechen: »Arvella –«

Aber sie unterbricht mich. »Liebling, ich weiß. Ich weiß es, seit ich den Knoten letzte Woche entdeckt habe. Es fühlte sich einfach nicht gut an. Ich wusste es, als Dr. Graham ihn zum ersten Mal ansah und sagte, dass es gut aussähe. Ich wusste, dass er Unrecht hatte.«

Ich fange an zu weinen, aber nur ein wenig. »Arvella, sie werden dir die Brust abnehmen müssen«, sage ich.

Sie senkt den Kopf. Dann murmelt sie: »Es tut mir Leid.«

Das tut mir weh. Es tut ihr Leid? *Ihr?* Ich halte sie ein Stück von mir entfernt, drehe sie herum und hebe ihren Kopf, sehe ihr in die Augen.

»Arvella, sieh mich an. Ich habe dich nicht wegen deiner Brüste geheiratet. Ich habe dich wegen deiner Energie geheiratet, wegen deiner Einstellung und wegen deiner Klugheit. Ich habe dich wegen deiner Begeisterung für das Leben und wegen deiner Haltung geheiratet. Ich habe dich geheiratet, weil du bist, *wer* du bist, nicht, *was* du bist. Das ist der Grund, warum ich dich liebe, und *nichts* wird jemals etwas daran ändern.«

Ich meine jedes einzelne Wort so, wie ich es sage, und sie weiß das. Und so halten wir einander fest. Und sie spricht von dem Frieden, den sie empfindet. Zusammen sprechen wir über die Güte Gottes und darüber, dass wir uns und Gott noch näher fühlen, als wir es jemals empfunden haben.

37

Arvellas Operation verlief problemlos und sie war erfolgreich! Nur wenige Monate, nachdem Carol ihre Prothese bekommen hatte, bekam auch Arvella die ihre. Wir beide machten Witze darüber, dass, wenn alles andere schief ging, wir immer noch ins »Ersatzteilgeschäft« einsteigen konnten.

Inzwischen nahm die *Crystal Cathedral* Gestalt an. Die Galerien, die sich in den Himmel reckten, veränderten bereits das Landschaftsbild von Orange County. Je mehr man sah, desto größer wurden auch Unterstützung und Kritik. Ich musste mich um alles kümmern – Spenden sammeln, die Kritik auf mich nehmen, predigen, die Kirche leiten, unsere *Hour of Power*-Produktionen, meine Frau und meine Tochter – beide noch in der Rehabilitation. Es war eine Last, unter der man zusammenbrechen konnte, und wir alle wankten unter ihr.

Obendrein wusste ich, dass wir kein Geld für die Orgel haben würden, die sich Arvella für die Kathedrale wünschte. Das war auch für mich eine herbe Enttäuschung, besonders jetzt. Wir hatten immer, vom ersten Tag an, eine Orgel für unsere Gottesdienste gehabt.

Da lud mich eines Tages Hazel Wright aus Chicago, die bekannte Mäzenin für die Künste und die Musik, in ihr Haus ein und bot an, mir eine Million Dollar für die Orgel der Kathedrale zu geben! Noch ein wundersames Geschenk des Himmels!

Bis zum Dezember 1979 hatten wir insgesamt 12 Millionen Dollar gesammelt (darin war die feste Zusage von W. Clement Stone bereits enthalten). Wir hatten viel erreicht, aber mit den zusätzlichen Kosten für die Orgel und den Preisanstieg durch die Inflation betrugen die Kosten inzwischen über 16 Millionen Dollar. Uns fehlten immer noch vier Millionen.

Die ersten der über 10.000 Fenster wurden gerade in das Skelett der Kathedrale eingebaut, Abschnitt für Abschnitt. Wir kamen jetzt in die Abschlussphase des Baus, und uns wurde zugesichert, dass das Gebäude in weniger als einem Jahr würde eingeweiht werden können ... *wenn* wir die restlichen Millionen noch auftreiben konnten. Aber die Inflationsrate lag in diesem Jahr bei über 30 Prozent! Wer konnte wissen, was die Zukunft wirklich bringen würde?

Ich erinnerte mich an meine eigenen Worte in einem Vortrag, den ich gerade vor Spitzenführungskräften an der *University of California* in Irvine gehalten hatte: »Niemand hat ein Geldproblem – höchstens ein Ideenproblem.« Jetzt betete ich darum, dass Gott uns eine Idee schenken würde, wie wir die letzten vier Millionen auftreiben konnten. Ich betete darum, dass wir es schaffen würden, die Türen der *Crystal Cathedral* im September 1980 zu öffnen, und zwar schuldenfrei! Ich betete darum, dass wir die gesamten Spenden der ersten Sonntagsgottesdienste zugunsten der hungrigen und leidenden Menschen in der Welt würden ausgeben können.

Im Februar 1980, Arvellas und Carols Rehabilitation war inzwischen erfolgreich abgeschlossen, gaben wir den Plan für die Beschaffung der letzten vier Millionen Dollar bekannt. Ich hatte erfahren, dass Beverly Sills, der weltbekannte Opernstar, sich von der Bühne zurückziehen wollte. Also hatte ich beschlossen, sie dazu einzuladen, ihr Abschlusskonzert als Benefizveranstaltung für die und in der halb fertigen *Crystal Cathedral* durchzuführen. Wir würden versuchen, jeden der 3000 Sitzplätze für 1500 Dollar pro Stück zu verkaufen.

Eines Morgens kam meine Frau in mein Büro gelaufen und wedelte mit einem Brief. »Beverly Sills kommt, um uns zu helfen!«, frohlockte sie. Miss Sills hatte eingewilligt, am 13. Mai ein Benefizkonzert zu veranstalten. Für jede Spende von 1500 Dollar versprachen wir, eine Gedächtnisplakette mit dem Namen des Spenders an einem der im Opernstil gehaltenen Sitze in den Kirchenbänken der *Crystal Cathedral* anzubringen.

Ich reiste nach Vancouver in Kanada, wo es, wie Freunde mir berichtet hatten, eine Gruppe gab, die einen ganzen Balkon mit 300 Sitzen für die Beverly-Sills-Veranstaltung kaufen wollte! »Rechnen Sie mit 450.000 Dollar von uns«, sagte der Vertreter der Kanadier. Ich kam nach Hause und fand dort einen Brief von Frank und Barbara Sinatra vor, mit einem Scheck und der Bitte, zwei Sitze zu reservieren. Dann rief mich mein Freund Mickey Rooney aus New York an: »Meine Frau und ich werden kommen«, sagte er. Das Projekt nahm einen guten Anfang. An diesem Galaabend im Frühling war die gesamte Presse vertreten. Die drei größten Sender, die Kabelgesellschaften, die großen Zeitungen – es war der Traum eines jeden PR-Agenten. Ich trug einen Smoking und Arvella ein wundervolles Abendkleid. Die Kameras surrten und klickten und blitzten. Die Reichen und die Berühmten und sehr viele ganz normale Menschen, die Opfer gebracht hatten, um ihre 1500-Dollar-Spende geben zu können – alle füllten sie unser wachsendes Gebäude.

Als die Lichter verloschen, schwebte Beverly Sills wie eine Prinzessin in einem Palast auf die Bühne. Ihr langes Satinkleid floss über den lachsfarbenen Marmor. Einen Augenblick später erscholl die Musik des Orchesters und sie erhob ihre Stimme zu einem Lied.

Ihr normalerweise voller und lieblicher Sopran hallte von einer Glaswand zur anderen wider. Ich war geschockt. Schrille, hohle Klänge vibrierten durch die Kathedrale. Was war schief gelaufen? Das konnte doch nicht diese gefeierte Künstlerin sein? Liegt es an der Kathedrale?

Arvella stöhnte auf und schlug die Hand vor den Mund. »Du liebe Güte!«, sagte sie. »Was ist passiert? Haben sie nicht geprobt?« Sie sah mich entgeistert an. Ich konnte ihr keine Antwort geben. Ich wusste es wirklich nicht. Ich war davon ausgegangen, dass sie es getan hatten. Mir war übel.

Es ist wahrscheinlich ein vorübergehendes Problem mit der Beschallungsanlage, sagte ich mir. Aber das half den Menschen nicht, die dort saßen und eine volle Stunde lang diesem Irrsinn zuhörten. Und die arme Beverly Sills! Ich war entsetzt, wütend und am Boden zerstört, als der Abend zu Ende ging.

Arvella und ich berieten uns auf dem Heimweg über die Sache. Wir hofften, dass das fest installierte Soundsystem mit ein wenig Feinabstimmung sehr viel besser arbeiten würde. Aber ich war mir da nicht so sicher. Und wir mussten in dieser 17-Millionen-Echo-Kammer im September ein Fernsehprogramm produzieren.

Am nächsten Tag erschien in der *Los Angeles Times* ein furchtbarer Verriss. Martin Bellheimer schrieb, der weltberühmte Opernstar habe wie eine billige Sängerin geklungen, die bei einem Baseballspiel die Nationalhymne singt. In der folgenden Woche bekam Arvella einen handgeschriebenen Brief des Pianisten Roger Williams, der uns seine Hilfe anbot: »Martin Bellheimer soll zum Teufel gehen!«, stand darin.

Am nächsten Tag war Beverly Sills in der *Johnny Carson Show* zu Gast.

»Sagen Sie«, bemerkte der stets ausgelassene Johnny, »ich habe gehört, dass Sie gestern Abend in Reverend Schullers ›Crystal Cathedral‹ gesungen haben.«

Sie lächelte breit. »Ja«, witzelte sie. »Meine Stimme ist immer noch dort. Sie hallt von einer Glaswand zur anderen wider und versucht, den Ausgang zu finden.«

»Ich bin ein Fan der ›Crystal Cathedral‹«, sagte Johnn. »Ich besitze Windex-Aktien[44]!«

Wir hatten unser Ziel erreicht und vier Millionen Dollar an Spenden gesammelt, aber es waren nur noch vier Monate bis zur offiziellen Einweihung, was bedeutete, dass wir noch viel zu tun hatten.

Am 7. September 1980 feierten wir am Sonntagmorgen den letzten Gottesdienst in unserem schönen Neutra-Gebäude. Dieses Wahrzeichen unserer Gemeinde barg für die gesamte Gemeindefamilie so viele Erinnerungen, dass wir beschlossen hatten, den kompletten Gottesdienst an diesem bedeutenden Tag dort abzuhalten. Wir sangen unsere Lieder. Wir lobten Gottes Gegenwart. Wir lasen aus der Bibel. Ich hielt meine Predigt. Dann wurde es Zeit für die abschließenden Worte und alle zusammen marschierten wir für den Segen zu unserem neuen Ort der Zusammenkunft – den ersten förmlichen Akt der Anbetung in der *Crystal Cathedral*.

Die Lieder waren gesungen, die Predigt gehalten – es war ein schöner Gottesdienst gewesen. Dann, am Ende, erscholl die Orgel mit triumphalem Klang, und die neue Orgel in der Kathedrale antwortete ihr. Die Gemeinde erhob sich und begann hinauszumarschieren. Es war eine würdevolle, schöne Prozession – eine, bei der ich die Ehre hatte, von meinem Sohn, Reverend Robert Schuller (dem Zweiten!), begleitet zu werden! Mit der gesamten Gemeinde von 1500 Personen, gefolgt vom

Konsistorium, zogen wir in einer stolzen Prozession zu unserem neuen Heim.

Liebevoll trug ich die alte schwarze Kanzelbibel in meinen Händen. Jeder Pastor und jedes Mitglied des Kirchenvorstands trug eine der Andachtsgerätschaften – von den Taufbecken bis hin zu den Kelchen für das Abendmahl.

Dann sprach ich in dem hohen, glitzernden Glasgebäude den Segen:

»Möge der Herr euch segnen und bewahren. Möge der Herr sein Angesicht leuchten lassen über euch und euch seinen Frieden geben, bei eurem Ausgang und Eingang, wenn ihr euch niederlegt und wenn ihr euch erhebt, bei der Arbeit und in der Ruhe, im Lachen und im Weinen, bis zu dem Tag, an dem ihr vor Jesus steht, dem Tag, an dem es keinen Sonnenuntergang und keinen Sonnenaufgang mehr geben wird. Amen.«

Teil III

Die Jahre des Erfolgs

»Die Errungenschaften von heute sind die Unmöglichkeiten von gestern.«
Robert H. Schuller

38

Wir schreiben den 14. September 1980. 26 Walkie-Talkies krächzen in den Händen der freiwilligen Helfer, die damit beschäftigt sind, Hunderte von ankommenden Autos auf unserem Parkplatz unterzubringen. Die Geräte verbinden auch die Männer, die die Besucher an den drei Haupteingängen in Empfang nehmen, sowie die Platzanweiser und die Techniker der Sound- und Aufzeichnungsgeräte. Erst in der vergangenen Woche sind wir als große Gemeindefamilie zum Segen in die Kathedrale eingezogen. Heute ist der Tag der großen Eröffnung und der Einweihung.

Ich bin so aufgeregt, dass ich meinen formellen Auftritt gar nicht erwarten kann. Ich kann einfach nicht sitzen bleiben. Ich gehe zur Kanzel hinauf und stehe neben dem Altar und sehe von dort aus zu, wie die Menschen zu ihren Plätzen im Kirchenschiff und auf den drei Balkonen geführt werden. Ein Teil des Südbalkons ist für die Medien reserviert. Dutzende von Kameras, für Fernsehen und Presse, stehen dort; alle sind auf meine neue Kanzel ausgerichtet.

Orgelmusik erfüllt den Raum, die größte gläserne Versammlungshalle der Welt. Das Glas, das sich zum Himmel erhebt, reflektiert die goldenen Strahlen der Morgensonne. Zusammen mit dem Licht, das durch die Scheiben hereinströmt, hüpfen schimmernde Sonnenfunken über die sauberen und glatten Flächen wie am frühen Morgen über das Meer. Eine sanfte Brise weht durch die offenen Türen und einige geöffnete Fenster und bringt einen frischen und angenehmen Duft mit sich und auch ein Gefühl von Offenheit.

Das Wunder dieses Augenblicks wirkt erhebend auf mich. Ich schreite erneut auf die Kanzel zu, und während ich das tue, werfe ich meine Arme gen Himmel und gebe meinen inzwischen wohlbekannten Begrüßungsruf von mir: »Dies ist der Tag, den der Herr gemacht hat. Wir wollen uns freuen und fröhlich sein in ihm.«

Der majestätische Klang der Orgel ergießt sich über die Gemeinde. Meine Stimme überschlägt sich vor Emotionen. Endlich sind wir hier! Nach fünf Jahren voller Anstrengungen und nachdem wir ein Problem nach dem anderen gelöst haben, haben wir endlich den Gipfel des Berges erreicht. Der Gedanke daran, dass dieses großartige Fest ohne das Vertrauen und die Großzügigkeit von Tausenden von bescheidenen und wundervollen Menschen niemals möglich gewesen wäre, bewegt mich zutiefst.

Gerade vor wenigen Minuten kam eine einsame Frau aus der großen Menge auf mich zu. Sie berührte mich am Arm und glühte regelrecht vor Begeisterung, als sie sagte: »Dr. Schuller, auf einem der Fenster in dieser Kathedrale steht mein Name. Jetzt habe ich das Gefühl, dass ich jemand *bin!* Ich habe nur ein kleines Einkommen, aber mit meinem Zehnten habe ich in zwei Jahren eines dieser Fenster bezahlt!« Die heutige Einweihung ist ihr glorreicher Augenblick und der Tausender anderer.

Die Sonne, die durch die 30 Meter hohen Türen hinter mir hereinflutet, fällt jetzt auf meine Schultern. Die Vögel zwitschern. Der blaue Himmel leuchtet über mir, als ich meine Ansprache beginne:

»Heute weihen wir diese Kathedrale zur Ehre der Menschen und zur größeren Ehre Gottes. Ich heiße Sie bei diesem Gottesdienst willkommen, bei dem wir auch den 25. Jahrestag der Gründung dieser Gemeinde feiern. Vor 25 Jahren fanden wir uns mit 150 Mitgliedern in einem gemieteten Autokino zu einer neuen Kirche zusammen. Heute sind Sie alle mit mir in dieser glitzernden Kathedrale zusammengekommen, um unser neues Zuhause und unsere erneuerten Herzen Jesus Christus zu weihen. Danke für Ihr Vertrauen. Danke, dass Sie gekommen sind, um mit mir zu feiern.«

Die Menge erhebt sich, um das Lied zu singen, dessen Worte ich vor nur wenigen Tagen verfasst habe. Ich habe wirklich den Eindruck, auf einem Berggipfel zu stehen, als ihre Stimmen erklingen:

»Menschen, Menschen überall.
Jeder ein feiner und seltner Kristall.
Erwache, Welt, in Angst verloren!
Jesus hat Hoffnung und Freude geboren.

Menschen, Menschen auf der Welt,
denen Selbstvertrauen fehlt.
Seht das Kreuz, das heilig Zeichen!
Formt euer Leben, ihm zu gleichen.

Menschen, Menschen, geht voran,
mit Gebetskraft jedermann!
Gottes Erbe ist für euch,
dass gleich Sternen jeder leucht!

Christ, mein Retter, zeige mir
diese Hoffnung für und für,
von der Sünde ganz befreit,
lieben bis in Ewigkeit.

Sei ein Fenster, das der Welt
zeigt, wie Christus dich erhellt.
Sei ein Spiegel, dessen Bild
Selbstachtung und Würde füllt.

Menschen, glaubt den Gottgesetzen,
die euch lehrn, euch selbst zu schätzen,
Christ erneut euch ganzheitlich.
Gott liebt euch, so wie auch ich.«

Die Nachrichten des folgenden Tages bezeichneten den Gottesdienst als »bedeutendes religiöses Ereignis«. Wir hatten alle viele Jahre hart daran gearbeitet, dieses Instrument der Inspiration zu erschaffen, das jetzt als »architektonisches Kunstwerk« bezeichnet wurde.

Ich jubelte vor Freude, als ich den Kommentar des Architekturkritikers der *New York Times*, des berühmten Paul Goldberger, las. Er schrieb: »Diese Architektur erzeugt Freude, was sehr gut zu Dr. Schullers Theologie passt.«

Er hatte es erfasst. Die Botschaft war klar und deutlich herübergekommen!

Mein Höhenflug war damit jedoch noch nicht zu Ende. Am nächsten Sonntag hatte ich zudem die Ehre, den Gottesdienst zur Ordination meines einzigen Sohnes, Robert Anthony, zu leiten. Mit seinem Abschluss am *Hope College*, seinem theologischen Grad vom Fuller-Seminar in Pasadena und jetzt mit seinem wundervollen kleinen Mädchen (unserem ersten Enkelchen) führte er das, was man als ein gesegnetes Leben bezeichnen konnte.

Aber zu Hause in Garden Grove hatten wir immer noch nicht alle Schwierigkeiten überwunden. Beim Mitarbeitertreffen am darauf folgenden Morgen fragte ich: »Was für Probleme haben wir noch, die gelöst werden müssen?« Alle antworteten gleichzeitig in einer einzigen spontanen Äußerung:

»Die Beschallungsanlage hat nicht funktioniert!«

Die Überraschung war mir wohl anzusehen. »Es ist wahr, Dr. Schuller«, sagte ein Mitarbeiter neben mir, »von meinem Platz aus konnte ich nichts hören.«

»Und wo war das?«, fragte ich.

»Mitten im Kirchenschiff.«

»Oh.« Das war alles, was mir dazu einfiel. Wenn man im Hauptbereich nichts hören konnte, war das kein gutes Zeichen.

»Und wo haben *Sie* gesessen?«, fragte ich einen anderen.

»Auf dem westlichen Balkon. Ich hatte auch Schwierigkeiten, etwas zu verstehen.«

Als ich weiter herumfragte, stellte sich heraus, dass es geradezu unmöglich gewesen war, zuzuhören, egal, wo die Personen jeweils gesessen hatten. Die Worte, die am Altar und auf der Kanzel gesprochen wurden, waren in einer Kakophonie von Echos untergegangen und hatten sich in eine Geheimbotschaft verwandelt, die für jeden Besucher schwer zu entziffern gewesen war.

Schon bei den ersten Entwürfen hatte der Architekt seine Bedenken bezüglich der Akustik, obwohl er sie nicht zur Gänze mit uns geteilt hatte. Das Problem war offensichtlich geworden, als sich das Fiasko mit dem Beverly-Sills-Konzert ereignete, und seitdem waren wir auf der Suche nach einer Lösung.

Der führende Akustikfachmann des Landes war beauftragt worden, die Halle zu prüfen und ein System zu konzipieren, das funktionieren würde. Er hatte einen Plan entworfen, nach dem kleine Lautsprecher an der Rückseite der Kirchenbänke zu installieren waren, die an hochentwickelte Computer angeschlossen waren, die wiederum die Geschwindigkeit der Schallübertragung steuern sollten. Für mich war es zu kompliziert und zu anspruchsvoll, um es verstehen zu können, aber der Architekt hatte gesagt: »In der ›Saint Barts‹-Kirche in New York benutzen sie es erfolgreich – also lasst es uns nehmen.« Das hatten wir getan – mit horrenden Kosten von mehreren Hunderttausend Dollar. Jetzt stellte es sich als Fehlinvestition heraus!

»Bis nächsten Sonntag haben wir es im Griff«, sagten mir unsere Sound-Experten. Die ganze Woche über standen sie an den Schaltpulten, um das Problem »auszubügeln«. Aber nach dem nächsten Sonntag hörte ich wieder negative Berichte.

»Konnten Sie mich an diesem Morgen verstehen?«, fragte ich meine Mannschaft.

Sie schüttelten verneinend die Köpfe und ich stöhnte auf.

Es waren jetzt nur noch ein paar Tage bis zum dritten Sonntag in der *Crystal Cathedral*, und nach stundenlangen Telefonaten war ich immer noch nicht davon überzeugt, dass das Soundsystem funktionieren würde. Fachleute, die extra aus New York herübergekommen waren, hatten mir Versprechungen gemacht, aber es hatte erschreckende Meinungsverschiedenheiten zwischen diesen Experten gegeben.

Ich wollte das System vor dem Samstag testen. »Schickt mich nicht da hinauf, um mit einem vollen Haus zu experimentieren«, sagte ich. »Lasst es uns vor Sonntag ausprobieren.«

»Aber in einem leeren Haus lässt sich kein Test durchführen«, sagten sie mir. »Das System kann nur in einem vollen Haus getestet werden, wenn die Körper und die Kleidung die Echos absorbieren. Vertrauen Sie uns!«

Ich hatte keine Wahl. Ich musste ihnen vertrauen.

Also versuchten wir es an diesem Sonntag erneut und bekamen die ultimative, negative Antwort: Die Gemeindemitglieder standen auf und gingen hinaus!

Das war mir bisher nur einmal passiert, und zwar während eines Ostergottesdienstes im Autokino von Orange! Sobald ich mit meiner 20-minütigen Predigt begonnen hatte, waren Autos gestartet worden; dann hatten die Fahrzeuge begonnen, zurückzusetzen und wegzufahren. Ich hatte keine Ahnung, was da vor sich ging. Es war gehupt worden. Menschen hatten ihrer Enttäuschung Ausdruck verliehen – Arme hatten sich aus offenen Autofenstern gestreckt – und mehr und mehr Autos waren zum Ausgang gefahren. Ich hatte die Predigt unterbrochen, die unwirkliche Szene betrachtet und wem auch immer, der gerade zuhörte, zugerufen: »Können Sie mich hören?«

Die Fahrer der Wagen, die gerade mal zehn Meter vor mir parkten, hatten zurückgeschrien: »Die Sound-Anlage ist abgeschaltet!« Ich hatte in diesem Moment, auf dem Dach der Snackbar, nichts weiter tun können, also hatte ich einfach nach einem großen Bukett aus langstieligen Callas-Lilien gegriffen, das auf dem Altar hinter mir stand, und eine große Blüte, die einen 60 Zentimeter langen Stängel hatte, herausgezogen. Ich hielt sie hoch über meinen Kopf und winkte den Autos meiner Gemeinde zum Abschied zu, während sie sich auf den Weg zu ihrem Osteressen machten.

Nun stand ich hier, all die Jahre später, in meiner Traumkirche, und musste dieselbe Demütigung über mich ergehen lassen. Die Menschen erhoben sich auf allen drei Balkonen und im Mittelschiff von ihren Sitzen. Und sie gaben mir das Gleiche zu verstehen wie meine Zuhörer damals: Die Beschallungsanlage funktioniert nicht! Nur, dass ich dieses Mal keine Callas-Lilie da hatte, die ich hätte benutzen können.

Ich kürzte meine Predigt ab und fasste zusammen, was ich hatte sagen wollen. Dann stieg ich die Treppen von der Kanzel herunter und ging in mein Büro, um am Schreibtisch auf meine Frau zu warten – die einzige Kritikerin, der ich vorbehaltlos und unbedingt vertrauen konnte. Sie brauchte kein Wort zu sagen: Ihr Blick bestätigte mir, was ich befürchtet hatte. Ich stützte den Kopf in die Hände und stöhnte.

Nach acht Jahren des Gebets und der Planung, nachdem wir Millionen von Dollar ausgegeben hatten, hatte mein Traum mit einem Fiasko geendet! Was hatten wir nur gebaut? Einen riesigen weißen Elefanten? Liebend gerne wäre ich einem göttlichen Ruf gefolgt, alles hinter mir zu lassen. Aber wohin konnte ich gehen?

Also hielt ich mir selbst eine Predigt. Sie klang folgendermaßen:

»Niemand hat ein Problem; es ist nur eine Entscheidung, die darauf wartet, getroffen zu werden. Wenn mein so genanntes ›Problem‹ das Ergebnis einer falschen Entscheidung ist, die ich gestern getroffen habe, dann muss ich nur eines tun: eine neue – *bessere* – Entscheidung treffen, und zwar heute!«

Also ging ich ans Telefon und rief die führenden amerikanischen Spezialisten für Akustik an. Ich beauftragte einen neuen Ingenieur, der genauso angesehen war wie der, den Johnson angestellt hatte. Er flog aus Texas zu uns herüber.

Sein Urteil? »Dr. Schuller, Ihr System funktioniert nicht!«

»Das weiß ich!«, rief ich frustriert. »Was können wir daran ändern?«

Auf die Antwort dieses Experten war ich nicht gefasst: »Reißen Sie es heraus. Dieses System kann in einem Gebäude, das ganz aus Glas besteht, niemals funktionieren, ganz egal, wie lange Sie daran herumschrauben. Reißen Sie es komplett heraus und werfen Sie es auf den Müll! Niemand wird es Ihnen abkaufen. Lassen Sie mich ein System entwickeln, das funktioniert.«

Wir stöhnten. Hunderttausende von Dollar für den Müll? Aber wir hatten keine andere Wahl, also taten wir es. Wir kauften sein System und bauten es ein, und zwar für die Hälfte, die das erste gekostet hatte, allerdings immer noch in sechsstelliger Höhe!

Dann kam der Test: ein Sonntag, an dem ich vor einer inzwischen schwindenden Menge von gläubigen Seelen predigte. Zumindest ging niemand hinaus. Das war doch schon einmal ermutigend.

»Nun, wie war's?«, fragte ich nervös, als der Gottesdienst vorüber war.

»Wie müssen Teppiche verlegen«, sagte der Experte. »Dann sollte es gut sein.«

Wir riefen die Teppichleger und sie führten die Anweisungen des Experten buchstabengetreu aus. Aber die Teppiche lösten das Problem nicht.

»Ich fürchte, damit werden Sie leben müssen, tut mir Leid«, sagte der Experte und flog zurück nach Texas, um sich nie wieder blicken zu lassen.

Ich war völlig desillusioniert. Die schlimmsten Schwierigkeiten sind die, bei denen kein Ende in Sicht ist. Diese hier dauerten schon zu lange an, und ich hatte kaum noch Hoffnung, dass irgendjemand das Problem würde lösen können. Da stand ich nun in meinem Glashaus, und meine Kritiker gingen draußen in Position, um mit Steinen zu werfen. Und ich würde sie wahrscheinlich noch nicht einmal kommen hören.

Einige Monate später gab eine Band, die auf Tour war, ein Konzert in der Kathedrale. Ich war nicht in der Stadt und konnte nicht daran teilnehmen, aber Fred Southard, mein Geschäftsführer, hörte es, und er suchte mich sofort nach meiner Rückkehr auf. »Ich konnte es kaum glauben, Bob«, erzählte er mir, »sie brachten ihre eigene Anlage mit und sie funktionierte wirklich!«

»Finde heraus, was sie benutzt haben, und kauf es!«, sagte ich.

Der Job war schnell erledigt und es war das Richtige! Die Anlage kostete außerdem weit weniger als die Systeme, die die Experten hatten einbauen lassen. Jetzt endlich konnte man mich verstehen. Unsere Gebete waren erhört worden. Endlich war die *Crystal Cathedral* zu dem Meisterstück geworden, das ich mir die ganze Zeit vorgestellt hatte.

Einige Tage nachdem wir die Lösung für unser Beschallungsproblem gefunden hatten, blickte ich auf das Manuskript, das ich gerade beendet hatte und das nun darauf wartete, an den Verlag geschickt zu werden. Ich las noch einmal den Titel: *Tough Times Never Last, Tough People Do*[1]. Es sollte mein erstes Buch sein, das es in die Bestsellerliste der *New York Times* schaffen würde.

In dem Manuskript hatte ich zum größten Teil meine schwierigen Erfahrungen der letzten Monate verarbeitet. Ich griff danach und legte meine Hand auf den Plastikeinband, der die Seiten umschloss. Ich tätschelte das Manuskript und spontan nahm ich es hoch und umarmte es. Dann atmete ich tief durch und sank erschöpft in meinen Stuhl zurück. Endlich ... endlich konnte ich mich ausruhen – zumindest einen Augenblick lang.

An diesem Nachmittag fuhren Arvella und ich auf unserem Weg nach Hause in Los Angeles vorbei, um Carol zu besuchen, die wieder im Krankenhaus lag. Seit ihrem Motorradunfall waren jetzt drei Jahre vergangen. Nun, mit 16 Jahren, hatte Carol eine Entscheidung getroffen, vor die nur wenige Teenager in ihrem Alter je gestellt werden: Sie hatte sich entschlossen, eine weitere Amputation an ihrem Bein vornehmen zu lassen. Wir hatten das Knie retten können – eine Gebetserhörung – ein Wunder! Aber drei Jahre Krankengymnastik hatten die Bewegungsfähigkeit des Gelenks nicht wieder herstellen können. Carol hatte eine neue Amputationsmethode ausfindig gemacht, bei der das Gelenk so geteilt wird, dass der Schnitt weder über noch unter dem Knie durchgeführt wird. Die Ärzte hatten Arvella, ihr und mir erklärt, dass diese Lösung die Schmerzen in ihrem Knie lindern und es belastbarer machen würde, denn die Amputation würde an einem Punkt erfolgen, der naturgemäß hohe Belastungen aufnehmen kann.

Carol war enttäuscht gewesen, dass ihr »eingefrorenes« Knie ihre Prothese steif wie ein Brett gemacht hatte. Dadurch war sie gezwungen, sich in einer unnatürlichen Gangart zu bewegen, bei der sie die Hüfte weit schwingen musste. Sie musste sich auch auf dem Rücksitz eines Wagens ausstrecken, wenn sie irgendwohin fahren wollte, und wenn sie mit ihren Freunden ins Kino ging, musste sie am Ende der Reihe sitzen, denn ihr künstliches Bein passte nicht in enge Zwischenräume.

Carol hatte sich entschieden. Aber jetzt war sie wieder schrecklichen Schmerzen ausgesetzt. Als wir an diesem Tag vorbeischauten, war der Chirurg sehr zuversichtlich, dass die Operation erfolgreich gewesen war, also war sie in guter Stimmung.

Als ich ihr Zimmer betrat, fühlte ich eine Welle der Erleichterung. Sie sah nicht so zerbrechlich aus, sah nicht so aus, als kämpfe sie ums Überleben wie zu der Zeit, die in meiner Erinnerung noch lebendig war. All die Angst, sie zu verlieren, die Frustration darüber, dass ich ihr in ihren schrecklichen Schmerzen nicht helfen konnte, die Furcht beim Betreten des Krankenzimmers, darüber, welche schlechten Nachrichten mich dort wieder erwarten würden – all das konnte ich endlich vergessen. Vor drei Jahren hatten die Ärzte gesagt, die Bakterien befänden sich möglicherweise in einer Ruhephase und könnten jederzeit wieder eine Infektion auslösen. Aber dieses Mal ... keine Infektion!

Endlich konnten wir die Tür zu dieser Tragödie schließen. Nach weiterführenden Therapien und speziellen Anpassungsprozessen war Carol nicht nur in der Lage zu gehen; sie war nicht mehr aufzuhalten! Voller Energie und mit einem neuen Bein, das mit ihr mithalten konnte, fand sie wieder zu einem aktiven, erfüllten Leben zurück und hatte auch zahlreiche Verabredungen! Jetzt durfte sich meine väterliche Sorge wieder auf die normalen Schwierigkeiten beschränken, die man hat, wenn man eine hübsche und lebhafte Tochter im Teenageralter besitzt.

Mittlerweile war das Interesse der amerikanischen Fernsehsender an *Hour of Power* immer mehr gestiegen. Wir waren der erste Fernsehgottesdienst, der vom *Armed Forces Network* übertragen wurde. Unser Fernsehgottesdienst stürmte die Hitlisten der religiösen Sendungen; dazu trug eine kleine, aber wirksame Erweiterung unseres Programms bei, die Einführung eines Interviewgastes.

Wir hatten beschlossen, dass *Hour of Power* mehr sein sollte als nur eine »Schuller-Show«. Jede Woche luden wir jemanden ein, der eine tolle Geschichte zu erzählen hatte. Viele besondere Menschen und gute Unternehmungen verdienten eine Plattform, auf der sie sich einem nationalen Publikum vorstellen konnten, und unsere wachsende Zuschauerschaft bot eine solche nationale Fernsehplattform. Unsere Gäste würden unterhalten, ja, gewiss, aber sie würden auch wirkungsvolle Zeugnisse für ihren persönlichen Glauben ablegen.

Ich war erstaunt über die lange Liste derer, die bereit waren, ihre Geschichte mit uns zu teilen – und zwar gratis! Im Laufe der Zeit hatten wir den früheren Präsidenten Gerald Ford sowie die Vizepräsidenten Dan Quayle und Al Gore zu Gast. Aus den Reihen der Filmstars waren Mickey Rooney, Gregory Peck, Mary Martin und Charlton Heston bei uns. An berühmten Firmenchefs hatten wir W. Clement Stone, Ray Kroc und J. B. Fuqua. Unter den militärischen Führungspersönlichkeiten befanden sich General Colin Powell und General Norman Schwarzkopf. Berühmtheiten aus dem Kampf gegen den Rassismus waren Coretta Scott King und Rosa Parks. Wir hatten Kriegshelden wie Max Cleland und Scott O'Grady zu Besuch. Der berühmte Musiker Yehudi Menuhin bezeugte ebenfalls seinen Glauben. Weltbekannte religiöse Führungspersönlichkeiten wie Norman Vincent Peale und Billy Graham waren da sowie auch Oral Roberts und Jesse Jackson. Der prominente römisch-katholische Erzbischof Fulton Sheen, Kardinal Roger Mahony und Henry Nouwen kamen und auch führende Psychiater wie William Glasser und Viktor Frankl.

Aber es waren nicht nur Berühmtheiten bei uns. Es gab auch viele nicht so bekannte Leute, ganz normale Menschen, die bewegende Geschichten zu erzählen hatten. Eine von ihnen war June Scobee Rogers, deren Ehemann der Kommandant des *Challenger Space Shuttle* gewesen war. Zusammen mit der ganzen Welt hatte sie die Explosion erlebt, die alle sieben Astronauten das Leben gekostet hatte.

Hour of Power war der einzige wöchentlich übertragene Fernsehgottesdienst, auf dessen Gäste sich alle Menschen, gleich welcher Herkunft, Rasse und politischen Überzeugung, freuen konnten. Wir vertraten mit unserem Programm keine politische Richtung, es waren einfach Zeugnisse der Kraft, die Gott schenkt.

Aber gerade als die Gemeinde sowohl für die Fernsehsendungen als auch für ihre Live-Veranstaltungen von allen Seiten hoch gelobt wurde, kam mir der verdammendste Artikel unter die Augen, der jemals über unseren Dienst geschrieben worden ist. Und er erschien in der Zeitschrift meiner eigenen Konfession, im *Church Herald*.

Ich war tief getroffen, als ich die Parabel las, die Reverend Wendell Karsen, ein Missionar der Reformierten Kirche in Hongkong, verfasst hatte. Darin beschrieb er eine Zeit, in der Millionen der ärmsten und elendsten Menschen nach Garden Grove pilgern, um die *Crystal Cathedral* zu sehen. Im Herannahen sehen sie sich selbst in der Reflexion des spiegelnden Glases und schaudern vor dem Abbild ihres eigenen Elends zurück. Einer von ihnen hebt einen Stein auf und schleudert ihn auf sein Spiegelbild. Andere folgen seinem Beispiel, bis die Kathedrale schließlich in Trümmern liegt. Dann plündern die Hungernden die Ruine auf der Suche nach Essbarem und sonstigen Materialien, die ihre Bedürftigkeit lindern könnten. (War ihm nicht aufgefallen, dass kein einziger Dollar im Gebäude geblieben war? Das ganze Geld hatte sich in Schecks verwandelt, die in die Taschen von Arbeitern und Lastwagenfahrern gewandert waren, und ja, sogar in die Taschen von Arbeitern in den Eisenminen!)

Meine Kollegen überall in den USA waren zwar ebenso schockiert wie ich, aber sie waren nicht allzu überrascht. Schließlich war der Herausgeber dieser Zeitschrift seit Jahren unfreundlich und unhöflich zu mir gewesen (gelinde ausgedrückt). Nach seiner Meinung war ich »*nur* ein Prediger aus Kalifornien« – einer, der schon seit Jahren mit seiner *Drive in*-Kirche, seiner Fernsehkirche und nun mit einer gläsernen Kirche für 3000 Besucher eine Randerscheinung war!

Aus irgendeinem Grund übersahen Kritiker wie Reverend Karsen stets die Rolle, die große Denkmäler des Glaubens während der ganzen Kirchengeschichte hindurch gespielt haben. Die Kathedrale in Chartres sowie *Notre Dame* und ebenso *Westminster Abbey* und der Petersdom in Rom inspirieren uns noch Jahrhunderte, nachdem die letzten Arbeiter den letzten Stein gesetzt und das letzte Buntglasfenster gefasst haben.

Und selbst wenn jemand das Werk Christi ausschließlich auf die Hilfe für die Armen reduziert – dieser Dienst steht im Zentrum der *Crystal Cathedral* und ermöglicht es uns, durch *World Opportunities International* jede Woche als Verteilungszentrum für 750 Wohlfahrtsmahlzeiten zu fungieren. Er gibt uns die Möglichkeit, auf spezielle

Bedürfnisse bestimmter Bevölkerungsgruppen in bestimmten Gebieten zu reagieren – wie zum Beispiel nach dem Reaktorunglück die Bedürfnisse der Kinder in Tschernobyl. Wir unterhalten eine Gefängnisseelsorge, ein psychologisches Beratungszentrum, unser Zentrum zur Verhinderung von Selbstmord, einen Dienst für die Menschen spanischer bzw. mexikanischer Abstammung, einen Dienst für Koreaner, ein Selbstwertprogramm mit Namen *Confident Kids*[2], jährliche Jugendtreffen, die *International Conference on Care and Kindness*[3] und vieles mehr.

Diese Programme sind nicht nur ein Almosen. Sie bieten lebensverändernde Hilfe und Hoffnung an.

Wie wirkte sich die Kritik auf das Leben meiner Kinder aus? Wie sehr entfremdete sie sie von anderen, veranlasste sie, sich zu fragen, was sich wohl hinter einem einfachen »Hallo« oder »Wie heißt du?« verbarg?

Wir wussten nie, wer uns in kirchlicher oder schulischer Funktion oder beim Einkaufen im Lebensmittelmarkt oder im Einkaufszentrum in ein Gespräch verwickeln würde, um uns mit irgendeinem negativen Argument zu löchern. Während meiner Kindheit in Sioux County war ich nie einem solchen Misstrauen begegnet. Es machte mich sehr traurig, meine Familie nun dem allen ausgeliefert zu sehen.

Aber abgesehen von diesen Kritikern gab es auch Momente, wenn wir die Unterstützung anderer erlebten – wenn wir zum Abendessen ausgingen, beim Einkaufen oder auf einer Veranstaltung, wenn Leute auf uns zu kamen, um uns in unserem Tun zu bestärken. Die freundlichen Worte dieser wunderbaren Menschen waren Balsam für unsere Seelen und linderten den Schmerz, den die verletzenden Worte der anderen verursacht hatten.

Und so erlebten wir, dass die gelegentliche Kritik das Lob, das uns viele aussprachen, nicht zum Verstummen bringen konnte. Sie konnte uns auch die Zufriedenheit und Dankbarkeit nicht nehmen, die wir für das empfanden, was Gott getan hatte, und für alles, was uns als Familie geschenkt worden war.

Wir schätzten die Augenblicke, die wir als Familie miteinander verbringen konnten, sogar noch höher, seit ich zu einer Person des öffentlichen Lebens geworden war. Wir machten weiterhin unsere Ausflüge zum *Big Bear*, wo mich meine Kinder in den Wintermonaten mit pelzigen Wintermützen, großen Sonnenbrillen und dicken Skiparkas so zu verkleiden versuchten, dass sie mich unerkannt mit in die Öffentlichkeit nehmen konnten. Diese Sache machte ihnen großen Spaß, aber es ging öfter schief, als dass es funktioniert hätte, und dann stand ich vor aller Augen in meinem abenteuerlichen Outfit da! Meine Familie war meine Zuflucht, und nach allem, was wir in den vergangenen Jahren miteinander erlebt hatten, erfüllte uns unsere Einheit mit einer tiefen Zufriedenheit. Wir hatten überlebt! Wir hatten uns dem Unvorhersehbaren und dem Bedeutenden gestellt. Wir hatten uns von den Herausforderungen und persönlichen Tragödien nicht unterkriegen lassen.

Die frühen 1980er Jahre erlebten eine gesunde und starke Arvella, und Carol, jetzt ein hübscher Teenager, widmete ihr Leben ganz dem Kirchendienst und dem Skifahren. Sie hatte jetzt ein neues Ziel vor Augen – die Teilnahme an der Behindertenolympiade 1984.

Gretchen engagierte sich inzwischen immer mehr in der Jugendgruppe unserer Gemeinde. Auch ihr war nach Carols Unfall ein eigenes Trauma nicht erspart geblieben. Arvella und ich hatten während dieser ersten Monate praktisch im Krankenhaus gewohnt und hatten Gretchen im Haus ihrer besten Freundin zurückgelassen. Während Arvella sich um Carols Wiederherstellung kümmerte, sie täglich zur Rehabilitation und zurück brachte, sie badete und anzog, war Gretchen ein ganzes Jahr lang praktisch sich selbst überlassen. Das ganze Familiensystem hatte auf dem Kopf gestanden. Carol hatte ihr Bein verloren, aber Gretchen hatte einen Teil ihrer Kindheit verloren.

Als Carol die »Verletzliche« wurde, musste Gretchen die Rolle der »Starken« übernehmen. Dieser Rollentausch zwischen großer und kleiner Schwester hatte seinen Tribut gefordert. Außerplanmäßige Aktivitäten waren für Arvella und mich in der Zeit, als Carol sich erholte, nahezu unmöglich geworden, also konnte Gretchen nur sehr selten an so etwas teilnehmen. Darüber hinaus hatten Carol und Gretchen eine enge Kameradschaft gepflegt, sodass Gretchen – für eine gewisse Zeit – weit mehr verloren hatte, als wir uns einzugestehen wagten. Wäre da nicht die selbstlose Zuwendung einiger weniger lieber Familien aus unserer Gemeinde gewesen, hätte sich auch Gretchens Wesen und Charakter sicher zum Negativen verändert. Stattdessen hatte Gott sich mit diesen Ersatzfamilien um unsere Jüngste gekümmert.

Die Bibel macht deutlich, dass Gott stark ist, wenn wir schwach sind – und wir hatten seine Stärke in diesen harten Monaten wahrhaftig nötig! Arvella und ich waren in dieser Zeit bei weitem nicht in der Lage, für alles und jedermann voll da zu sein. Jetzt, wo die Dinge wieder normal zu werden begannen, hatte Gretchen begonnen, ihre eigene Identität zu entwickeln. Sie entwickelte sich zu einem hübschen Teenager, war fleißig, gewissenhaft und zu allen freundlich. Sie hatte mehr getan, als nur zu überleben – sie war gereift! Für uns war das ein weiteres Wunder.

Jeanne war jetzt eine hübsche Brünette Mitte zwanzig. Sie lebte in New York und arbeitete für eine angesehene Werbeagentur.

Sheila, Anfang 30, war glücklich verheiratet, Mutter eines Sohns im Krabbelalter, meines zweiten Enkels, und mit einem weiteren Jungen schwanger. Ihr Ehemann arbeitete vollzeitlich in der Kirche mit und Sheila half mir bei der Konzeption und Herausgabe meiner Bücher. Nach Arvellas Krebsoperation begann sie auch ihrer Mutter bei der Programmgestaltung und der Produktion von *Hour of Power* zu assistieren.

Bob, jetzt in seinen späten Zwanzigern, hatte sich zu einem prächtigen jungen Mann entwickelt. Seit fast zehn Jahren war er verheiratet und hatte ein dreijähriges Mädchen, Angie Rae, und einen einjährigen Sohn, Robert Anthony. Er war Pastor einer von ihm gegründeten Kirche in San Juan Capistrano, einer Küstenstadt im Süden, wo er all die harte Arbeit tat, die eine Kirchengründung mit sich bringt. Eine Arbeit, die ich so gut kannte.

1981, mit 17, zog Carol für drei Monate nach Winter Park, Colorado, um an der Verwirklichung ihres Traums zu arbeiten: der Teilnahme an der 1984er Behindertenolympiade im Skifahren. Dieses spezielle Training wurde nur in diesem einen kleinen Ort angeboten, aber sie gehen zu lassen, erwies sich als eine der schwersten Entscheidungen, vor denen Arvella und ich als Eltern je gestanden hatten. Nach vielen Gebeten und langem Nachdenken küssten wir sie an einem regnerischen kalifornischen Morgen zum Abschied, und sie fuhr in die Rocky Mountains, wo sie bei einer Familie untergebracht war, die unser volles Vertrauen besaß.

1982 fuhr sie nach New York, um dort mit einer jungen, ebenfalls amputierten Frau zu trainieren, einer Spitzenkämpferin, die sich auf die schnellste der alpinen Disziplinen spezialisiert hatte – die Abfahrt. Diese war auch Carols Lieblingsdisziplin. Ihr intensives und individuell zugeschnittenes Training brachte sie so weit, dass sie sich für die nationalen Wettkämpfe der Behinderten im Frühjahr 1983 in Squaw Valley in Kalifornien qualifizieren konnte.

»Dad, du musst kommen und mich fahren sehen!«, drängte sie mich.

Wie hätten wir uns da weigern können?

Als wir in Squaw Valley ankamen, hatten wir Carol seit Monaten nicht gesehen, und sie sah jetzt aus wie ein ernst zu nehmender Wettbewerber. Sie war so unabhängig geworden, dass sie nur begrenzt Zeit für uns hatte, aber ihre Augen strahlten vor Freude über unser Wiedersehen. Jeanne war zu diesem Anlass ebenfalls mitgekommen, und Carol strahlte vor Stolz darüber, dass ihre ältere Schwester, die so gebildet und »cool« war, die Reise auf sich genommen hatte.

Wann immer ich mir meine Tochter beim Skifahren vorgestellt hatte, hatte ich sie in sanften Schwüngen auf der Piste vor mir gesehen. Ich war in keiner Weise auf das vorbereitet, was wir zu sehen bekamen, als wir die Rennstrecke erreichten: Die Wettbewerber schossen mit Höchstgeschwindigkeit pfeilgerade den Berg hinunter! Ich atmete erleichtert auf, als Carol die Ziellinie unverletzt überquerte. Erst als ich hörte, wie Jeanne rief: »Ja, Carol!« und sah, wie sie auf ihre Schwester zurannte, wurde mir klar, dass Carol den ersten Platz unter den Junioren (18 Jahre und darunter) belegt hatte.

Auf Grund ihres Erfolgs bei diesem Rennen wurde Carol in die Reserve des Behinderten-Olympiateams aufgenommen. Im folgenden Jahr fuhr sie in dieser Eigenschaft wieder nach Winter Park. Etwas später im gleichen Jahr war sie die einzige behinderte US-Skifahrerin, die an einem Rennen für Nichtbehinderte teilnahm. Ihre offizielle Höchstgeschwindigkeit auf einem Bein lag bei über 110 Stundenkilometern! Für mich hieß das, dass sie ihre Tragödie völlig verarbeitet hatte und jetzt ein erfülltes und zufriedenes Leben führte.

Die Zeit verging für uns *alle* ziemlich schnell. 1983 fand ich mich mit zwei Büchern auf der Bestsellerliste der *New York Times* wieder: *Tough Times Never Last, But Tough People Do* und *Tough-Minded Faith for Tender-Hearted People*[4]. 55 Jahre nach meiner Geburt inmitten einer Flutkatastrophe am Ende eines Feldwegs ohne Namen und ohne Nummer war ich auf einmal »berühmt«.

Aber unser Leben gehörte nicht mehr uns. Wir liefen sogar Gefahr, dass unsere Zeiten privater Schmerzen und Probleme zu Gesprächsthemen für Leute wurden, die nichts über uns wussten ... wie wir bald entdecken sollten.

39

Wie schon so oft in der Vergangenheit beginnen die schlechten Nachrichten mit einem Telefonanruf. Es ist Samstag – Weihnachten ist gerade vorbei –, und ich verbringe den Tag in meinem privaten Arbeitszimmer, in das ich mich oft zur Meditation und zur Vorbereitung meiner sonntäglichen Predigt zurückziehe. Hier, so habe ich entdeckt, kann ich immer noch die Einsamkeit finden, die ich als Junge an den Ufern des Floyd lieben gelernt habe.

Arvella und ich werden uns später zu unserem wöchentlichen Rendezvous treffen. Wir haben vor, zusammen zum Abendessen zu gehen, an einen Ort, von dem ich weiß, dass ich dort eine private und unauffällige Ecke finden werde. Also greife ich zum Hörer, als es klingelt, und erwarte, die liebliche Stimme meiner Frau zu hören.

»Dad? Bob hier. Ich muss mit dir reden. Kann ich vorbeikommen?«

Er spricht nicht in dem Ton, den ich von ihm gewöhnt bin. Stattdessen klingt er bedrückt, fast sorgenvoll. Ich spüre einen Kloß im Hals.

»Natürlich, Bob«, versichere ich ihm. »Wann möchtest du denn kommen?«

»Jetzt. Ich bin schon in deiner Straße«, sagt er, fast entschuldigend.

»In Ordnung«, stimme ich zu. »Ich erwarte dich.«

Als mein Sohn ankommt, bin ich von seinem Anblick tief erschrocken. Seine eins achtzig große Gestalt wirkt schwer und gebeugt. Seine Miene ist angespannt und er vermeidet den Blickkontakt mit mir. Seine Stirn ist von Sorgenfalten gezeichnet und seine Augen sind gerötet. Er hat einen kleinen Koffer in der Hand. Er steht schweigend, wie belämmert vor mir. Ich trete zur Seite, um ihn hereinzulassen; ich finde keine Worte. Ich fühle mich plötzlich ganz schwach.

Bob geht an mir vorbei und bricht auf dem nahe stehenden Sofa richtiggehend zusammen. Noch bevor ich bei ihm sein kann, sinkt sein Kopf auf seine Knie. Er bricht in hemmungsloses Schluchzen aus.

Ich beobachte ihn. Ich warte, weil ich weiß, dass er mir erklären wird, was mit ihm los ist, wenn die Tränen erst einmal versiegt sind.

Nach einer Weile schaut er zu mir auf. Er hat sich jetzt so weit gefasst, dass er sagen kann: »Dad, ich muss den Dienst aufgeben.«

Ich sage erst einmal nichts. Ich weiß, dies ist einer dieser schrecklichen Augenblicke, die jeder Pastor erlebt. Er übertreibt, und das Beste, was ich im Moment tun kann, ist ruhig zu bleiben.

Ich versuche, ihn ein wenig zu ermutigen: »Bob, ich bin sicher, was auch immer geschehen ist, wird nicht ganz so schlimm sein. Ich habe in meinem Leben und im Dienst so viele Fehler gemacht, aber am Ende ist doch alles gut geworden.«

»Nein, Dad, du verstehst mich nicht. Linda und ich werden uns scheiden lassen.«

Bumm! Ich fühle mich wie vor den Kopf gestoßen. Es sind nicht die Worte, die er sagt, es ist dieser Unterton, der deutlich macht, dass diese Entscheidung bereits endgültig ist.

»Dad, sie erzählt mir seit neuneinhalb Jahren, dass sie sich scheiden lassen will. Tatsächlich hat sie schon zwei Monate nach unserer Hochzeit damit angefangen.«

Bob beißt sich auf die Lippen und versucht, seine Gefühle in den Griff zu bekommen.

»Ich habe ihr immer wieder gesagt, dass eine Scheidung nicht in Betracht kommt. Aber, Dad, in dieser Situation funktioniert das Möglichkeitsdenken einfach nicht! Letzten Monat habe ich sie überreden können, es über die Feiertage noch einmal zu versuchen. Weihnachten kam und ging und sie hat ihre endgültige Entscheidung getroffen. Und, Dad ...«

Jetzt fängt er wieder an zu schluchzen und das Leid auf dem Gesicht meines Jungen zerreißt mir das Herz.

»Dad, ich habe meine Kinder jede Nacht ins Bett gebracht und sie auf die Stirn geküsst; und jedes Mal, seit dem Tag, an dem sie geboren wurden, musste ich mich fragen, ob sie am nächsten Morgen noch da sein würden. Und heute saß ich schließlich da und sah ihnen zu, wie sie mit ihren Weihnachtsgeschenken spielten, und ich wusste, es gibt einfach nichts, was ich noch tun könnte!«

Bob presst sein Gesicht gegen meine Schulter und klammert sich haltsuchend an mich. Und so halte ich ihn, ganz so, als ob er wieder mein kleiner Junge wäre. Ich bin schockiert, dass all das geschehen konnte, ohne dass ich jemals etwas davon bemerkt hätte. Arvella und ich hatten wohl gespürt, dass etwas nicht in Ordnung war, aber wir hatten uns keine Vorstellung davon gemacht, wie schlimm es tatsächlich aussah. Bob hatte seinen Schmerz gut verborgen, und jetzt bricht in einem einzigen, gewaltigen, sprudelnden Schwall alles aus ihm heraus.

Er fängt sich wieder und erzählt weiter: »Sie hat sich entschieden, Dad. Damit nicht sie ausziehen muss und Angie und Bobby unnötig beunruhigt, habe ich ihr angeboten, das Haus zu verlassen. Sie ist sofort darauf eingegangen und jetzt bin ich hier – allein. Ich kann heute Abend nicht nach Hause – nicht einmal, um meine eigenen Kinder ins Bett zu bringen!«

Ich unterdrücke meine Tränen und versuche, ihm Mut zuzusprechen: »Robert, du bist nicht allein«, sage ich. »Du musst eines wissen: Deine Frau mag dich verlassen, aber Gott wird dich *niemals* verlassen! Scheidung ist eine ernste Angelegenheit. Es ist eine Tragödie. Tatsächlich wirst du dich einer Prüfung durch unsere Kirchenoberhäupter stellen müssen, um deine Ordination und deine Lizenz zu behalten. Aber, Bob, Gott hat dich gerufen, genauso wie er mich gerufen hat, als ich noch ein kleiner Junge war. Gott hat dich ordiniert und Gott lässt sich *nicht* von dir scheiden.«

»Aber wie kann ich ein Pastor sein, wenn ich noch nicht einmal mit meiner eigenen Familie zurechtkomme?«, fragt er mit brechender Stimme. »Ich komme nicht drum herum: Ich muss es meiner Gemeinde morgen früh mitteilen.«

»Bob, erinnere dich: ›Zum Dienst der Liebe taugen nur gebrochene Herzen.‹« Ich habe dieses Zitat oft gebraucht und Bob kennt es gut. Aber jetzt bekommt es eine tiefere Bedeutung für ihn.

Ich sammle meine Gedanken, bevor ich fortfahre: »Wegen dieser unglücklichen Erfahrung wirst du zweifellos mitfühlender und verständnisvoller werden – vielleicht sogar ein besserer Pastor –, als du es bisher warst. Du hast das hier nicht *ausgelöst*, Bob; du hast es dir nicht *ausgesucht*. Aber jetzt ist es an der Zeit, dass du Gott entweder ein Wunder vollbringen lässt, indem er deine Ehe rettet oder indem er dich nach dieser Ehe wieder heilt.«

»Dad, kann ich hier in deinem Arbeitszimmer bleiben?«, fragt er. Seine Stimme ist zum Teil die des kleinen Jungen, zum Teil die des Erwachsenen. »Ich weiß nicht, wo ich sonst bleiben soll. Ich kann noch nicht einmal in ein Hotel gehen und mit meinem Namen unterschreiben – Robert Schuller.«

Zum ersten Mal spüre ich einen Anflug von Verachtung für diesen Namen und das, was er mit sich bringt. Und ich mache ihm keinen Vorwurf, denn ich empfinde genauso. Aber ich hoffe, dass er mit der Zeit den Namen wieder mit Stolz tragen wird. Tatsächlich *weiß* ich, dass es so sein wird, denn ich weiß, aus welchem Holz er geschnitzt ist; ich weiß, wer er ist und wozu er berufen ist; und ich weiß, wer ihn gemacht hat.

Und so trauern wir gemeinsam. Und ich beschließe, an Bob zu glauben, auch wenn er das selbst nicht kann. Ich erwarte den Tag, an dem Gott diesen zerstörten Teil von ihm wieder zum Leben erwecken und heilen wird. Denn eines habe ich gelernt: dass Gott irgendwie, auf irgendeine Weise das Zerbrochene heilt. Bis dahin: »Zum Dienst der Liebe taugen nur gebrochene Herzen.«

Am nächsten Tag rief ich Bob an, um zu hören, wie sein Gottesdienst verlaufen war. Er hatte darauf bestanden, diese Sache selbst zu erledigen, und ich hatte dies respektiert, aber ich musste einfach wissen, wie seine Ankündigung aufgenommen worden war.

»Oh Dad, es war unglaublich«, sagte er. Seine Stimme war rau, aber ein Hoffnungsschimmer klang in ihr. »Ich machte keine Bibellesung oder ein Gebet oder sonst irgendetwas. Ich musste es einfach hinter mich bringen. Ich versuchte, es den Leuten zu erklären, aber alles, was ich herausbrachte, war ein einziger Satz, und dieser Satz sagte alles. Ich fühlte mich so gedemütigt, dass ich sie nicht ansehen konnte. Ich drehte ihnen den Rücken zu und fing an zu schluchzen.

Dad, ich fühlte mich so allein und so blamiert. Es war so still in der Kirche. Ich wusste nicht, was als Nächstes geschehen würde. Aber dann fühlte ich eine Hand auf meiner Schulter. Sie war so sanft und warm und stark. Ich denke, es war einer meiner Ältesten; ich weiß nicht genau, wer. Und dann spürte ich noch eine und noch eine und kurz darauf hatte die gesamte Gemeinde ihre Plätze verlassen und stand bei mir auf der Bühne. Sie umgaben mich einfach mit ihrer Kraft, als ich da in ihren Armen zusammenbrach. Es tut immer noch schrecklich weh, Dad, aber ich habe jetzt das Gefühl, dass ich es schaffen werde, weil ich nicht allein bin.«

Aber wie jeder, der eine Scheidung hinter sich hat, bestätigen wird, stand ihm das Schlimmste noch bevor. Arvella und ich waren gezwungen, mit anzusehen, wie ein weiteres unserer Kinder vor einer persönlichen Tragödie stand. Nur war es diesmal ein Schmerz, der über das rein Körperliche hinaus ging und die Seele und das Selbstwertgefühl angriff. Mein Sohn stand vor dem, was viele in der Kirche als unaussprechlich ansahen. Und misstrauische und kritische Augen beobachteten ihn genau.

Natürlich griff die Presse diese Geschichte auf und die Kirchenoberen und die christlichen Tugendwächter hatten viel dazu zu sagen.

Es war eine Sache zu wissen, dass die Nation Zeuge eines Leiden war, das, wie in Carols Fall, heroisch erscheinen konnte. Aber hier war das Leid weder außergewöhnlich noch tapfer; es war dem Durchschnittsbürger nur allzu gut bekannt. Unter diesen Umständen ist das Mitleid wie ein Schatten, der auf eine Wolkenwand trifft: Er verschwindet einfach. Vielleicht befürchten wir alle unbewusst, dass die Entdeckung einer »Verfehlung« oder »Notlage« bei einem rechtschaffenen Menschen unsere eigene zerbrechliche Immunität gegenüber einem solchen Schicksal in Frage stellt. Liegt es daran, dass eine seelische Verletzung so viel verheerender wirkt als eine körperliche? Und wenn eine solche Verwundung unter den Augen von Tausenden gnadenloser Zeugen geschieht, dann schmerzt sie umso mehr. Jeder einzelne der glotzenden Blicke gibt dem wachsenden und ununterdrückbaren Gefühl der Schuld neue Nahrung.

Ich habe mit meiner Gemeinde niemals über das private Leid meines Sohns gesprochen – weder vor Ort noch im Fernsehen, obwohl es in jede meiner Predigten eingeflossen ist. Ich begann mit einer Predigtreihe über Hiob und in diesem Jahr weihten wir eine lebensgroße Marmorstatue dieses biblischen Helden ein. Auf dem Sockel der Statue war ein Zitat aus dem Buch Hiob eingraviert: *»Er prüfe mich, so will ich erfunden werden wie das Gold.«*[5]

Die Presse ließ kein gutes Haar an meinem Sohn und die Berichterstattung war manches Mal grausam und unfair. Aber wir erlaubten es der Kritik von außen nicht, uns den freudigen Blick auf die heraufdämmernde Zukunft zu nehmen. Letztendlich würde Bob genesen – wenn auch höchstwahrscheinlich ein paar Narben zurückbleiben würden. Aber dieser Tag würde kommen, so wie er für Arvella und Carol gekommen war. Dann würden Bobs Wunden verschwunden sein und einen neuen Tag voller Hoffnungen einläuten. Er würde eine Frau treffen, die seine Erwartungen weit übertreffen würde. Und er würde wieder vor seine Gemeinde treten – aber diesmal, um zu sagen: »Ihr habt mit mir zusammen geweint, als ich trauerte, jetzt freut euch zusammen mit mir am Tag meiner Freude!« Und genauso war es, als er Donna in seiner eigenen Kirche heiratete, mit seinen Kindern Angie und Bobby als Trauzeugen und der ganzen Gemeinde als Hochzeitsgästen.

Im Januar 1984 heiratete Jeanne den Archäologen Paul David Dunn, den sie während ihrer Studienreise im Heiligen Land kennen gelernt hatte. Er hatte zu der Zeit in Israel gelebt und war einer der Bibellehrer ihrer Klasse gewesen.

Im gleichen Jahr trat Carol wieder bei den nationalen Behindertenmeisterschaften an, diesmal in Jackson Hole, Wyoming. Sie war inzwischen 18. Es war ihr erstes Jahr in der Frauenklasse – und sie gewann den zweiten Platz in der Abfahrt, den dritten im Slalom und den dritten im Riesenslalom. Sie gewann die Silbermedaille als Beste in der Gesamtwertung bei diesem Nationalwettbewerb. Aber zwei Wochen später musste sie dennoch den vier Mädchen, die zu den Olympischen Spielen nach Österreich fuhren, zum Abschied zuwinken. Diese waren im vergangenen Jahr ausgewählt worden, als Carol selbst noch nicht so große Erfahrungen hatte. Mit der Aussicht auf eine Wartezeit von weiteren vier Jahren bis zur nächsten Olympiade und nach einer geistlich reichen Zeit zu Hause im darauf folgenden Sommer entschied sich Carol, dass es an der Zeit war, die alten Träume gegen neue einzutauschen: Sie würde im folgenden Jahr nicht mehr zum Training mit dem Team antreten.

Mittlerweile hatte Gretchen die letzte Klasse der Highschool erreicht und machte Pläne für ihre College-Zeit. Sie dachte ernsthaft daran, nach Sioux County zurückzugehen, an das College unserer Kirche in Orange City, Iowa.

1985 hatte die Zuschauerschaft von *Hour of Power* die 2-Millionen-Marke überschritten – nicht eingerechnet die Hunderttausende, die uns via Kabel zusahen und deswegen in den großen Zählungen nicht auftauchten. Unsere Stärke, davon bin ich überzeugt, lag in der Unverwechselbarkeit unserer positiven Aussage, wie auch die breite Masse unserer positiv denkender Zuschauer bestätigte. Unser Einkommen war schnell genug gestiegen, sodass wir nun auf den wichtigsten Sendern der USA vertreten waren. Aber Erfolg ruft Neider auf den Plan.

Eines Tages erhielt ich einen beunruhigenden Anruf. »Dr. Schuller, ich muss mit Ihnen reden«, sagte mein Mitarbeiter, der für die Verhandlungen mit den Sendern zuständig war. »Wir haben ein Problem.«

Was kommt jetzt?, fragte ich mich.

»Es gibt nur eine begrenzte Anzahl von guten Sendezeiten im Fernsehen«, fuhr er fort, »und es gibt einen Neueinsteiger, der einige davon belegen möchte. Er ist mit unseren wichtigsten Sendern in Kontakt getreten und hat ihnen angeboten, unsere Zeit zu einem weit besseren Preis zu übernehmen, wenn unser Vertrag ausläuft.«

»Aber das ist ethisch verwerflich«, entgegnete ich.

»Vom Standpunkt eines christlichen Dienstes aus gesehen, ist es das sicher; aber es ist nicht *ungesetzlich* und bei den Sendern zählt eben das Geld.«

»Wer ist es?«

»Sie werden noch nie von ihm gehört haben – aber er ist stark im Kommen und er gibt nicht so leicht auf!«

»Also, was ist seine Konfession?«, fragte ich. »Wie heißt er?«

»Er ist von den ›Assemblies of God‹. Sein Name ist James Swaggart.«

Wie sich herausstellte, hatte ich schon von ihm gehört. Er hatte sich schon öffentlich – und unvorteilhaft – über unsere Kirche und unseren Dienst geäußert.

Nicht lange nach dieser Unterhaltung saß ich abends vor dem Fernseher und sah mir die Nachrichten an, als CNN eine erschreckende Geschichte präsentierte: »Fernsehevangelist wird sexueller Affäre bezichtigt!« Der Bildschirm zeigte das Gesicht von Jim Bakker, dem Pfingstler-Pastor, der jetzt in einer schmutzigen Geschichte steckte, in der es um die sexuelle Beziehung zu seiner Assistentin, Jessica Hahn, ging. Er und seine Frau Tammy Faye wurden außerdem finanzieller Unregelmäßigkeiten beschuldigt. Andere religiöse Leiter zogen ordentlich über ihn her, allen voran Jimmy Swaggart.

Dann, nur eine Woche später, wurde berichtet, dass derselbe Jimmy Swaggart Prostituierte aufgesucht hatte! Ausgerechnet Swaggart! Aber er war der Erste gewesen, der Jim Bakker angegriffen hatte. Er hatte meine Kirche als unbiblisch angeklagt und behauptet, wir würden ein falsches Christentum propagieren. Er hatte sogar Mutter Teresa vorgeworfen, dass sie sich im Glauben nicht mit ihm messen könne und daher »nicht in den Himmel kommen würde«.

Die Presse stürzte sich auf den Skandal und plötzlich wurden alle religiösen Fernsehsendungen über einen Kamm geschoren. Auf den bloßen Verdacht hin fingen verschiedene Sender an, unsere Verträge zu kündigen. 1987 war unsere Zuschauerschaft von einem Spitzenwert von zwei Millionen Zuschauern pro Woche auf weniger als anderthalb Millionen zusammengeschrumpft.

In der Sendung *Nightline* forderte Ted Koppel, dass alle Fernsehevangelisten überprüft werden müssten. Die örtlichen Zeitungen griffen die Herausforderung auf. Die zwei größten von ihnen – die *Los Angeles Times* und das *Orange County Register* – fingen an, Nachforschungen über mich anzustellen. Sie setzten Reporter darauf an, den Dienst und das Geschäftsgebaren von Robert Schuller und *Hour of Power* zu untersuchen – eben alles, was mit der *Crystal Cathedral* zu tun hatte.

33 Jahre lang hatte das *Orange County Register* unseren ausgezeichneten Ruf nicht angegriffen. Jetzt auf einmal erschienen plötzlich unter dem Einfluss eines doppelzüngigen, skandalversessenen Reporters

negative Geschichten über uns, die uns in eine Reihe mit Swaggart und Bakker stellten.

Eines Tages rief mich ein Firmenchef aus unserer Gegend an, der seit 30 Jahren ein enger Freund von mir und ein bekanntes Mitglied unserer Kirche war. Er wollte mit mir über den Journalisten reden, der diese Geschichten fabrizierte.

»Dr. Schuller«, sagte er in besorgtem Ton, »dieser Mensch hat sich privat mit mir getroffen. Er hat mir erzählt, es gebe niemanden, der die Hintergründe Ihres Privatlebens und Ihres Dienstes besser kenne als ich. Er sagte, dass er an einer größeren Geschichte über Sie arbeite – und dass er eine Chance sehe, mit einer ›Enthüllungsstory‹ über Sie den Pulitzer-Preis zu gewinnen. Er meinte, ich sollte ihm alles erzählen, was ich über Sie wisse, und er würde mich auch dafür bezahlen. Er hat mir versichert, dass er meinen Namen aus allem heraushalten würde, dass mir nichts passieren könne. Er würde mich für jede Enthüllung über Sie bezahlen.«

Ich hatte ein unangenehmes Gefühl dabei, so, wie man ein schlechtes Gewissen bekommt, wenn man im Auto unterwegs ist und die Lichter eines Polizeiwagens hinter sich aufleuchten sieht, auch wenn man weiß, dass man nichts falsch gemacht hat.

Mein Freund versuchte, mich zu beruhigen. »Ich habe dem Mann gesagt, dass ich keine Vorstellung habe, wovon er da rede. Aber ich weiß nicht, wen er sonst noch kontaktieren wird. Und er hat mir gesagt, dass er nicht verpflichtet ist, seine Quellen zu nennen! Er könnte unfreundliche Andeutungen von irgendwem veröffentlichen und behaupten, es seien ›verlässliche Berichte von Quellen, die anonym bleiben wollten‹. Manch einer könnte versucht sein, dabei mitzuspielen, um ein paar Dollar nebenher zu verdienen!«

Ich besprach die Angelegenheit mit unserem Anwalt. »Sorry, Dr. Schuller«, sagte er, »aber es verstößt nicht gegen das Gesetz, wenn ein Reporter seine Quellen schützt.«

Es tauchten Geschichten auf, die eine verzerrte Darstellung einiger unserer Zukunftspläne gaben. Was uns am meisten beunruhigte, waren nicht diese Ungenauigkeiten, sondern vielmehr die Tatsache, dass der Reporter offensichtlich Zugang zu vertraulichen Unterlagen hatte. Diese Papiere enthielten bei weitem nichts Anstößiges, aber wir begannen, uns angreifbar zu fühlen. Seine Quelle musste irgendjemand sein, der in unserem Management Zugang zu vertraulichen Memos hatte. Wir schafften Aktenvernichter an; im Büro landete nichts mehr im Papierkorb.

In meiner Verärgerung über diesen Angriff auf unsere Privatsphäre suchte ich den Verleger des *Orange County Register* auf. »Setzen Sie sich, Dr. Schuller«, begann er mit der gewohnten Freundlichkeit. Schließlich waren wir seit über 30 Jahren gute Freunde gewesen.

»Ich werde mich nicht setzen, Sir«, gab ich zur Antwort. »Seit 30 Jahren sind mein Leben und meine Arbeit ein offenes Buch. Ihre Zeitung hat immer offen und fair berichtet – bis der Skandal um Jimmy Swaggart und Jim Bakker alle Gemeinden in ein schlechtes Licht gerückt hat. Jetzt schicken Sie einen gefährlich ehrgeizigen Reporter los, der den Leuten Geld anbietet, wenn sie mich irgendeiner moralischen oder finanziellen Verfehlung beschuldigen würden. Bestechung hat nichts mit *Berichterstattung* zu tun; das ist eine *Hetzkampagne!«*

Er hörte mir schweigsam zu, als ich ihm beschrieb, was vor sich ging. »Ich werde mich darum kümmern«, entgegnete er. »Ich bin kein Freund davon, dass Reporter Geld für Gerüchte anbieten.« Die negativen Geschichten hörten daraufhin mit einem Schlag auf. Ich hörte später, dass der Reporter in irgendeine »höhere« Verwaltungsaufgabe berufen worden war, und sah nie wieder seine Initialen unter irgendeinem Artikel. Unsere undichte Stelle blieb allerdings für immer ein Geheimnis. Aber anstatt unsere führenden Mitarbeiter zu verdächtigen, entschieden wir uns dafür, uns auf unseren Dienst zu konzentrieren. »Auch wenn die Wölfe heulen, der Mond scheint gelassen weiter.«

Aber die Geschichte, die die Reporter der *Los Angeles Times* recherchierten und vorbereiteten, stand noch aus. Ich hatte davon gehört, dass sie seit Monaten daran arbeiteten und dass die Story »jeden Tag« erscheinen könnte. Inzwischen zogen die Boulevardblätter gnadenlos über Bakker und Swaggart her und gingen auch mit einigen anderen alles andere als freundlich um. Unter den bekannten Pastoren, die ihrem Zorn entgingen, waren Billy Graham und Robert Schuller.

Schließlich benachrichtigte mich die *Los Angeles Times* darüber, dass sie soweit waren, ihre Geschichte zu veröffentlichen – einen ganzseitigen Artikel mit einer großen Schlagzeile. Aus Achtung vor meiner Person machten sie einen Bürstenabzug der Seite, bevor sie in Druck ging, und der Verleger schickte ihn mir mit einer Notiz zu:

»Lieber Dr. Schuller,

dieser Artikel wird morgen in unserer Zeitung erscheinen. Herzlichen Glückwunsch!

Hochachtungsvoll,
Tom Johnson«

Die Schlagzeile war groß und fett gedruckt:

Crystal Cathedral
von allen Verdächtigungen reingewaschen!

Die Schlacht war vorüber.

Aber der Angriff auf die Fernsehprediger hatte großen Schaden angerichtet. Unsere Zuschauerschaft war jetzt erheblich kleiner als vor der Medienschlacht und das dynamische Wachstum der vergangenen Jahre sollte nie wieder zurückkehren. Die Gesamtzahl der Amerikaner, die Fernsehgottesdienste sahen, fiel von sechs Millionen Zuschauern vor dem Skandal auf vier Millionen danach ab. Unser Anteil an diesem Markt wuchs allerdings auf 40 Prozent aller Zuschauer an – wir hatten also bei weitem den größten Anteil des religiösen Marktes, eine Position, die wir in dem Augenblick, in dem ich diese Zeilen schreibe, immer noch innehaben.

Im Oktober 1988 stand ich zum letzten Mal als stolzer Vater und nicht nur als Pastor hinten in der *Crystal Cathedral*. Gretchen, mein »Baby«, war ganz in perlenbesetztes Weiß gekleidet. Ihr brünettes Haar und ihre großen braunen Augen bildeten einen hübschen Kontrast zu ihrer hellen Haut. An diesem Tag sollte ich sie – meine jüngste Tochter Gretchen Joy Schuller – den Mittelgang hinunter in die Arme unseres zukünftigen Schwiegersohns James Penner führen.

Zwei Jahre zuvor hatte ich die Ehre gehabt, Carol den Mittelgang hinabzuführen und sie an Tim Milner zu übergeben, einen sehr netten Mann, den sie in der Gemeinde kennen gelernt hatte. Bei dieser Hochzeit waren Sheila (zu dem Zeitpunkt Mutter dreier Söhne), Donna (schwanger mit Bobs drittem Kind) und Jeanne (schwanger mit ihrem ersten) die Trauzeugen gewesen; Gretchen war den Gang als Brautjungfer hinabgeschritten. Ein Jahr später hatte Carol ihr erstes Kind zur Welt gebracht – ein Mädchen, nur zwei Tage, bevor Sheila ihren vierten

Sohn bekam. Die beiden hübschen Mütter hatten zusammen im gleichen Krankenhaus gelegen und Freudentränen über ihre kleinen Wunder vergossen.

Aber als Gretchen und ich dort hinten in der Kirche standen – sie hatte ihren Arm durch den meinen geschlungen und ich hielt ihre Hand –, hatte ich das Gefühl, dass ich sie nicht gehen lassen mochte.

»Gretchen«, sagte ich mit zitternder Stimme, »du bist mein kleines Mädchen. Wie kann ich dich gehen lassen?«

»Oh, Dad«, seufzte sie und legte ihren Kopf an meine Schulter. Sie sah Arvella so ähnlich.

»Mom und ich werden dich vermissen«, sprach ich weiter. »Aber von all den Jungs, mit denen du dich verabredet hast –«

»Dad!«, erwiderte sie mit gespieltem Erschrecken auf meine Anspielung. Dann kicherte sie.

»– ist Jim der Beste, Schatz. Ich weiß, er wird gut für dich sorgen. Aber er ist ein Hauptgewinn, also musst du dich auch um ihn gut kümmern!«

Die Orgel begann zu spielen und wir begannen unsere Prozession.

Auf den Hochzeitsfotos waren all unsere fünf Kinder mit ihren fünf Partnern und insgesamt elf Enkeln zu sehen. Bobby und Angie, Bobs älteste Kinder aus seiner ersten Ehe, wuchsen ebenfalls als Christen auf. Unsere Gebete waren erhört worden und die Scheidung hatte sie in keiner Weise negativ beeinflusst. (Während ich diese Zeilen schreibe, folgen sie beide ihrem Ruf in den kirchlichen Dienst!)

Und so, mit dem herannahenden Ende der 1980er, hatten Arvella und ich unser Nest geleert. Aber unsere Herzen waren mit Gottes Segen erfüllt, den wir an jedem einzelnen unserer Kinder sehen konnten.

Dieses alte Ehepaar konnte sich also jetzt auf ruhige und freundliche Tage freuen. Aber dennoch war die Zeit nicht gekommen, in der wir im Schaukelstuhl sitzen und auf die Vergangenheit zurückblicken konnten. Es lagen noch mehr Morgen vor uns, mit neuen Abenteuern und mit Wundern, wie ich sie in meinem Leben noch nicht erlebt hatte. Dies war einer der seltenen und schönen Momente, in denen alles in einer einzigen harmonischen und liebevollen Verbindung zusammenzukommen scheint.

Die Boten einer neuen Morgendämmerung für unseren Dienst waren zwei ziemlich seltsame Engel. Der erste war Rupert Murdoch, der mich in seinem Büro in Beverly Hills mit einem festen Händedruck und einem herzlichen und respektvollen Blick empfing.

»Ich habe viel von Ihnen gehört«, begann ich. »Aber ich weiß nichts über Ihre religiöse Orientierung. Sind Sie Jude? Katholik? Protestant? Atheist?«

»Mein Großvater war ein presbyterianischer Pastor«, sagte er zu mir. »Meine Frau ist katholisch. Wir sind schon in der ›Crystal Cathedral‹ gewesen und wir haben auch Ihre Sendung gesehen. Wir haben einen gemeinsamen Freund, Sir John Templeton, der mir in einem Brief von Ihnen berichtet hat.«

Dann beugte er sich mit dem Ausdruck gespannter Erwartung nach vorne: »Ich bin gerade dabei, einen neuen Satelliten in Betrieb zu nehmen. Es wird der erste sein, der ganz Europa abdeckt. Man wird seine Programme kostenlos im gesamten europäischen Kabelprogramm empfangen können. Ich werde ihn den ›Sky Channel‹ nennen.«

Er wartete einen Augenblick und ließ die Worte auf mich wirken. Dann fuhr er fort: »Ich möchte auf ›Sky‹ jede Woche eine Stunde Religion anbieten. Ich habe mir alle angesehen und ich möchte Ihre Sendung haben, ›Hour of Power‹.«

»Das ist ja fantastisch!«, rief ich. Dann nahm ich mich schnell wieder ein wenig zurück. »Ich befürchte nur, dass wir uns die Sendezeit nicht werden leisten können. Sie wird teuer sein und im Augenblick haben wir keine finanziellen Überschüsse für eine Erweiterung. Wir haben immer noch mit den Schäden zu kämpfen, die die Skandale angerichtet haben.«

Er lächelte, hielt kurz inne, und dann machte er mir ein Angebot, das man nur als historisch bezeichnen kann: »Dr. Schuller, die Sendezeit wird Sie nichts kosten! Für Sie wird sie gratis sein!«

Ich weiß nicht, was für ein Gesicht ich bei dieser Eröffnung machte, aber ich denke, »Mir blieb der Mund vor Staunen offen stehen«, wird eine passende Beschreibung sein.

»Oh, es gibt noch eine Sache«, fügte er hinzu. Ich machte mich auf das dicke Ende gefasst. »Wir werden den Satelliten am Sonntagmorgen, am 8. Februar 1989, in Betrieb nehmen. Das sind nur noch ein paar Wochen. Und ich möchte, dass die erste Sendung, die über unser neues Netz läuft, Ihre ist. Ihre Sendezeit wird sieben Uhr morgens mitteleuropäischer Zeit sein, und zwar so lange, wie dieser Sender mir gehört.«

Dann erhoben wir uns von unseren Sitzen und schüttelten uns begeistert die Hände. Diese Beziehung ist bis auf den heutigen Tag, zehn Jahre später, erhalten geblieben.

Und manchmal bringen Wunder weitere Wunder hervor. Unsere Ausstrahlung in Europa weckte die Aufmerksamkeit eines anderen einflussreichen Mannes: Armand Hammer, Kopf der *Occidental Petroleum* und »Erbe« von Handelsbeziehungen zur Sowjetunion, die noch auf die Zeit Lenins zurückgingen.

»Ich bin jetzt seit über zehn Jahren Mitglied in Ihrer Gemeinde, Bob«, sagte Hammer. »Es ist Zeit, dass auch Russland von der erfüllenden und wertvollen Religion hört, die Sie predigen. Sie haben mein Leben verändert. Wenn Murdoch Sie in Europa auf Sendung bringen kann, dann werde ich Sie in Russland ins Fernsehen bringen!«

Russland? Ich, in Russland im Fernsehen? Nach meinem Erlebnis in dieser Hotellobby in Kiew hatte ich geschworen, nie wieder dorthin zurückzugehen. Schließlich war der Kalte Krieg immer noch im Gange. Wahrscheinlich hing mein Bild immer noch im Leningrader Museum für Atheismus. Wie sollte selbst Hammer es schaffen, mich ins sowjetische Fernsehen zu bringen?

Aber dann dachte ich wieder an meinen Auftrag, »die Lücken zuzumauern«. Und so beschloss ich, das Risiko auf mich zu nehmen und Hammer an eine Grenze zu folgen, die ich mir nie erträumt hatte, an eine Grenze, an die sich nur Gott heranwagen konnte, wo Wunder geschehen würden und wo ich Gott erleben würde, wie ich ihn bisher noch nie erlebt hatte.

40

Armand Hammer war in der Tat eine der schillerndsten und widersprüchlichsten Persönlichkeiten des 20. Jahrhunderts. Als Sohn eines eingeschworenen Kommunisten war er dabei, ein weltweites kapitalistisches Imperium aufzubauen.

Die Grundlage seines Vermögens war ein pharmazeutischer Betrieb gewesen, den er von seinem Vater geerbt hatte. Aber das weit bedeutendere Vermächtnis seines Vaters waren die politischen Kontakte gewesen, die seinem Sohn den Zugang zu den höchsten Führungskreisen in der neuen Sowjetunion ermöglichten.

Diese Kontakte hatten ihren Ursprung in den Wirren der russischen Revolution von 1917, in diesem Aufstand, in dem das russische Volk, aufgestachelt durch die Leiden des Ersten Weltkriegs, seinen weit vom

Volk entfernt lebenden Regenten Zar Nikolaus entmachtet hatte. In dem Chaos, das nach der Revolution in dem weiten Land herrschte, hatte ein fanatischer Flügel der russischen Sozialisten – die Bolschewiken – die Macht ergriffen und das Land in einen offenen Bürgerkrieg gestürzt, in dem die Armeen der beiden großen Fraktionen – der Roten und der Weißen – das Land überzogen. Doch Gefahr drohte auch durch eine Invasion durch amerikanische oder britische Truppen, die bereits aufgestellt waren, um die Armee des deutschen Kaisers zu besiegen.

Kurz nach der Gründung der Kommunistischen Partei durch die Bolschewiken im Jahr 1918, hatte Hammer senior geholfen, den amerikanischen Zweig der Kommunistischen Partei ins Leben zu rufen; sein Name und sein Ruf waren den russischen Machthabern wohl bekannt.

In dieser Zeit, den frühen 1920er Jahren, hatte Hammer jr., der frisch vom Medizinstudium kam, die Idee, Weizen in das hungernde und vom Krieg herabgewirtschaftete Russland zu exportieren. Durch dieses kleine Unternehmen zog er die Aufmerksamkeit von Lenin auf sich, dem Führer der Bolschewiken. Hier war ein junger Mann mit Geschäftssinn und Zugang zu den Waren, die die Sowjets brauchten, der außerdem ein politisches Erbe besaß – die kommunistischen Verbindungen seines Vaters, den Lenin wiederum bewunderte.

So wurde Armand Hammer zum wichtigsten Zugangspunkt für Lenins Handel mit dem Westen. Hammer handelte mit der neuen Regierung Getreide, Maschinen und alles, was sonst gebraucht wurde, gegen Geld, unbezahlbare Kunstwerke und die Rechte zur Ausbeutung anderer Geschäftsfelder ein. Er behielt diese besondere Rolle als Vermittler und Unterhändler zwischen den Mächten des Ostens und des Westens inne, solange er lebte. Im Westen baute er ein unvorstellbares Vermögen auf. Und im Osten hatte jeder Führer der Sowjets, von Lenin bis Gorbatschow, ein offenes Ohr für ihn.

So sah die Lage im Februar 1985 aus, als ich mich gerade in Hawaii erholte und einen Anruf von meinem Sohn Bob bekam: »Dad, hast du das Bild von Armand Hammer im ›Life‹-Magazin gesehen?« Das hatte ich. Es war ein großes Foto gewesen, das den Geschäftsmann in seinem Bett zeigte, wo er seinen Blick auf drei Fernseher richtete – einen für jeden der zur Zeit wichtigsten Sender: ABC, CBS und NBC.

»Hast du bemerkt, was auf seinem Nachttisch lag?«, fragte mich Bob.

»Nein.«

»Schau mal nach, Dad«, sagte er geheimnisvoll.

Ich holte mir die Zeitschrift und schlug die Stelle mit Hammers Foto auf. Ich konnte es nicht glauben, was da auf dem Tisch in Hammers

Schlafzimmer lag: der *Guidepost*, die überkonfessionelle monatliche Motivationszeitschrift von Norman Vincent Peale!

Vor kurzem hatte Dr. Peale sich bereit erklärt, in der *Crystal Cathedral* zu predigen. In der Vergangenheit hatte er einige negative Bemerkungen über die Ziele unseres baulichen Eifers gemacht, aber die 15 Jahre unserer schweigsamen und kühlen Trennung hatten schließlich mit einer herzlichen Erneuerung unserer Freundschaft geendet.

Ich schrieb einen Brief an Armand Hammer. »Ich habe bemerkt, dass Sie den ›Guidepost‹ lesen. Dr. Norman Vincent Peale – der Herausgeber – ist mein persönlicher Freund. Er wird in drei Wochen in unserer ›Crystal Cathedral‹ sprechen. Es würde mich freuen, wenn Sie dabei sein könnten. Ich werde einen Platz für Sie reservieren und lade Sie ein, direkt im Anschluss an den Gottesdienst bei einem privaten Mittagessen in meinem Büro mein Gast zu sein.« Hammer nahm sofort und mit Begeisterung an.

Der 86-jährige Hammer kam in einer großen schwarzen Limousine an und wir drei – Peale, Hammer und ich – verlebten eine wunderbare gemeinsame Mahlzeit. Was ich bis dahin nicht gewusst hatte, war, dass Dr. Peale und Dr. Hammer schon seit langem Freunde waren.

In einem privaten Gespräch hatte mir Norman vorher ein kurzes Bild dieses mysteriösen Armand Hammer gegeben, wie er ihn sah: »Er ist für Russland, für Amerika, für den Kapitalismus, gegen den Kommunismus, gegen den Krieg und gegen Armut. Er ist mit einer Katholikin verheiratet und ein großer Anhänger des positiven Denkens. Ich bin so glücklich, dass ihr euch endlich trefft. Zusammen werdet ihr beide große Dinge tun.«

In der Woche nach Peales Besuch, am Sonntag, dem 3. März 1985, stimmte Dr. Hammer zu, sich in *Hour of Power* interviewen zu lassen. Danach vergingen ein paar Wochen und an einem ziemlich verregneten Tag Ende März rief er mich an.

»Ich komme gerade aus der UdSSR zurück«, sagte er. »Ich war dort, um an der Beerdigung von Tschernenko und der Einsetzung des neuen Staatschefs, Michail Gorbatschow, teilzunehmen. Große Dinge zeichnen sich ab, Bob. Wir müssen miteinander reden.«

Ich hatte keine Vorstellung davon, was er vorhatte, aber ich fuhr in sein Büro der *Occidental Petroleum* in Beverly Hills. Auf dem Büffet hinter seinem Schreibtisch standen handsignierte Fotografien aller US-Präsidenten, die es zu meinen Lebzeiten gegeben hatte. Dazwischen standen die Porträts anderer Staatschefs – inklusive Lenin.

»Ich bin wirklich davon überzeugt, dass wir in Russland einen Wandel erleben werden«, begann Hammer. »Lassen Sie mich Ihnen erzählen, was auf meiner letzten Reise geschehen ist. Ich stand in der ersten Reihe beim Empfang des neuen Mannes, Gorbatschow. Er lud mich in seine Privaträume ein. Wir verbrachten anderthalb Stunden miteinander und ich habe ganz offen mit ihm geredet.

›Mr. Gorbatschow, ich freue mich, Sie kennen zu lernen‹, sagte ich. ›Ich habe jeden Führer dieses Staates gekannt, angefangen bei Lenin. Zuerst möchte ich Ihnen sagen, dass Sie das erste gebildete Staatsoberhaupt sind, das dieses Land seit Lenin hat. Zweitens sind Sie der erste junge Mann, der dieses hohe Amt bekleidet. Drittens, Sie haben eine kluge Frau. Sie ist gebildet und intelligent. Viertens, Sie haben die Freiheit und die Düsenflugzeuge, um die ganze Welt bereisen zu können und zu sehen, wie eine freie Marktwirtschaft funktioniert.‹«

Hammer machte eine Pause und sah mich eindringlich an, dann fuhr er fort. »Ich sagte zu Gorbatschow: ›Vergleichen Sie Ihr System mit dem unseren und Sie werden sehen, dass Ihr System keine Chance hat. Herr Gorbatschow, mein Vater war Gründungsmitglied der Kommunistischen Partei in Amerika. Er flehte mich an, dem Kapitalismus abzuschwören und ein Führer in der sozialistischen Welt zu werden. Ich stritt mit meinem Vater, und schließlich habe ich ihm gesagt, dass ich es nicht tun konnte – ich *würde* es nicht tun –, weil dieses politische System niemals funktionieren würde. Es widerspricht einfach der menschlichen Natur! Herr Gorbatschow, Sie sind der Mann, der die Fähigkeiten besitzt, dies zu erkennen, dies anzuerkennen und sein Volk in die Freiheit zu führen.‹«

Dann, so erzählte mir Hammer, hatte er den neuen Führer Russlands mit einem herausfordernden Vorschlag konfrontiert: »Ich sagte zu ihm: ›Herr Gorbatschow, werden Sie der Abraham Lincoln Russlands!‹«

Aber es dauerte noch bis zum Frühjahr 1989, bis Dr. Hammer mich wieder um einen Besuch bat, um mir mitzuteilen: »Ich denke, die Zeit ist jetzt reif, dass Russland Ihre Botschaft hört. Sie können dabei helfen, das Misstrauen der Russen gegenüber Amerika zu zerstreuen«, sagte er mit Überzeugung. »Ihre Botschaft könnte helfen, die Bühne für das Ende des Kalten Krieges vorzubereiten. Wir müssen Ihre positive Botschaft einer Frieden schaffenden Religion ins dortige Fernsehen bringen!«

»Aber ich bin mir nicht sicher, ob meine Botschaft auch gut aufgenommen werden wird«, gab ich zu bedenken. Ich hatte mich immer noch nicht von meiner ersten Begegnung mit dem Sowjetsystem vor Jahren erholt.

»Bob, die Russen werden Ihr Lächeln sehen und Sie werden ihre Herzen gewinnen«, prophezeite er. »Das ist nämlich genau das, was mich an Ihnen angezogen hat. Die Menschen werden die Liebe hinter diesem Lächeln spüren!«

»Aber, Dr. Hammer, es könnte ziemlich teuer werden – selbst, wenn sie einverstanden sind!«

Hammer lachte laut auf. »Ich mache mir keine Sorgen über Geld«, sagte er. »Sehen Sie sich diesen Scheck an, den ich gerade bekommen habe!« Ich sah ihn mir an und mir blieb der Mund offen stehen. Er war über eine Milliarde Dollar ausgestellt. Dann sah er mich aufrichtig und ernsthaft an: »Denken Sie groß!«, fuhr er fort. »Denken Sie positiv! Ich werde Sie und Arvella bald nach Russland mitnehmen. Für mich lassen die Sie Ihre Sendung gratis senden! Ich werde mich wieder bei Ihnen melden.«

Ein paar Tage später rief mich Dr. Hammer an, um mir seine Pläne darzulegen. Er fing mit folgendem Brief an, den er mich an das russische Staatsoberhaupt adressieren ließ:

»25. Mai 1989

Lieber Präsident Gorbatschow,

ich sende Ihnen für die Erschließung großartiger Möglichkeiten für Ihre Landsleute meine Gratulation und meine besten Wünsche.

Ich danke Ihnen dafür, dass Sie dieses Schreiben entgegennehmen, wie ich auch unserem gemeinsamen Freund, Dr. Armand Hammer, danke, dass er Ihnen mein Anliegen unterbreitet.

Ich bin dabei, eine Reise nach Europa, Osteuropa und in die Sowjetunion zu planen. Der Anlass hierfür ist zum Teil die Tatsache, dass mein wöchentliches Fernsehprogramm im Augenblick das meistgesehene Programm in den Vereinigten Staaten und in Europa in 22 Ländern über ›Sky Channel‹ zu sehen ist.

In aller Demut habe ich die Ehre, jeden Sonntagmorgen zur größten internationalen Versammlung sprechen zu dürfen, die sich einem Politiker oder religiösen Redner bietet. Ich hoffe, dass ich diese meine Plattform und Stellung dazu nutzen kann, die Dinge voranzutreiben, die in unserem beiderseitigen Interesse liegen – Frieden und Brüderlichkeit unter den Menschen.

Ich würde mich geehrt fühlen, wenn ich die Möglichkeit bekäme, Sie auf meiner nächsten Reise durch Ihr herrliches Land persönlich zu treffen. Ich würde meinen gesamten Reiseplan nach Ihrem Kalender ausrichten.

Mit vorzüglicher Hochachtung,
Robert Schuller«

Ich schickte diesen Brief nicht nach Russland, sondern an Hammer in Beverly Hills. Er leitete ihn dann zusammen mit einem eigenen Anschreiben an seinen persönlichen Freund weiter, den russischen Botschafter in den Vereinigten Staaten:

»Seine Exzellenz Yuri Dubinin
Botschafter der UdSSR
Botschaft der UdSSR
1125 16th Street, NW
Washington D.C. 20036

21. Juni 1989

Lieber Yuri,

kürzlich habe ich mich in meinem Büro mit Reverend Robert Schuller getroffen, dem hoch angesehenen Geistlichen, der dir wahrscheinlich bekannt ist. Reverend Schuller, der die meistgesehene religiöse Fernsehsendung dieses Landes moderiert, plant eine Reise in die Sowjetunion und würde sich sehr gerne mit Präsident Gorbatschow treffen. Er würde seine Reise so planen, wie es für den Terminkalender des Präsidenten passend wäre.

Reverend Schuller ist seit vielen Jahren mit mir befreundet und ein Mann von vielfältigen und großartigen Interessen. Er hat in seinem Land einen großen Einfluss, und ich glaube, Präsident Gorbatschow würde ein Treffen mit ihm bestimmt bereichernd finden.

Ich lege einen Brief von Robert Schuller an Präsident Gorbatschow bei. Ich würde mich freuen, wenn du ihn an den Präsidenten weiterleiten könntest.

Ich hoffe, dass dieser Brief dich auch erreicht. Ich komme gerade aus der Sowjetunion zurück, wo ich die Gelegenheit hatte, einer Sitzung des Kongresses der Volksabgeordneten beizuwohnen. Ich hatte das Gefühl, dass hier Geschichte geschrieben wurde, ein Gefühl, das ich ganz ähnlich dem in den 1920ern in Moskau empfunden habe. Die Augen der Welt ruhen auf Präsident Gorbatschow. Er ist ein tapferer Führer, der dein Land und – in der Tat – die ganze Welt verändern wird.

Mit herzlichen Grüßen,
dein Armand«

Wir warteten. Dann schrieb Hammer einen Brief an den Regierungsbeamten, dem die Leiter aller Fernseh- und Radiosender unterstanden:

»Seine Exzellenz Mikhail F. Nenashev
Vorsitzender des Staatlichen Komitees für Radio und Fernsehen
Moskau, UdSSR

27. November 1989

Sehr geehrter Vorsitzender Nenashev,

ich werde vom 5. bis 9. Dezember in der Sowjetunion sein und ich würde es sehr begrüßen, wenn wir die Möglichkeit hätten, uns zu treffen, um einige Angelegenheiten von beiderseitigem Interesse zu besprechen.

Im Besonderen wird mich mein guter Freund Rev. Robert Schuller begleiten, der hoch angesehene Pastor, dessen wöchentliche Fernsehsendung die meistgesehene religiöse Sendung in den Vereinigten Staaten ist. Reverend Schuller hat bereits im Vorfeld mit Ihrem Stellvertreter über die Möglichkeit gesprochen, am Weihnachtsabend eine Sendung für das Volk der Sowjetunion zu gestalten. Eine solche Sendung unter der Beteiligung eines amerikanischen Pastors von dem Format Rev. Schullers wäre ein bedeutendes Ereignis in den Beziehungen zwischen unseren Ländern und könnte der Beginn einer weiterreichenden Zusammenarbeit im Bereich des Fernsehens zwischen unseren beiden Staaten sein.

Nach meinem Verständnis hat ›Gosteleradio‹ sein Interesse an diesem Projekt bekundet. Während meines Besuchs in Moskau würde ich Sie gerne zusammen mit Dr. Schuller aufsuchen, um dieses Projekt zu besprechen und zu unserem beiderseitigen Vorteil voranzutreiben. Dr. Schuller ist kein ›Sektierer‹ und sich der kulturellen Zugeständnisse, die eine solche Sendung erfordern würden, vollkommen bewusst. Seine Botschaft ist die einer universellen Hoffnung für die ganze Menschheit.

Sie können mir Ihre Antwort durch mein Moskauer Büro zukommen lassen.

Mit freundlichen Grüßen,
Armand Hammer«

Es war an einem Montag im frühen Dezember 1989, als Hammer anrief, um zu fragen, ob Arvella und ich am Donnerstag nach Moskau aufbrechen könnten. Man hatte ihm einen Termin mit Valentin Lazutkin, dem ersten Mann im russischen Fernsehen, gewährt.

Ich weiß nicht, welche Termine in meinem Kalender standen. Ich sah noch nicht einmal nach, ich sagte sofort: »Ja, Sir!«

Aber dann ging es Mrs. Hammer, die sich gerade mit einer gebrochenen Hüfte im Krankenhaus befand, plötzlich schlechter.

Ich rief an, um zu hören, welche Änderungen wir würden treffen können und müssen. Ich war überrascht zu hören: »Keine!«

»Aber, Armand, denken Sie nicht, wir sollten die Reise verschieben?«, gab ich zu bedenken. »Sie können doch Ihre Frau unter diesen Umständen nicht allein lassen. Ich bitte Sie!«

Er blieb hart. Ich hatte ihn noch nie so entschlossen erlebt. »Meine Frau ist in den besten Händen«, sagte er. Und dann, noch bevor ich ein weiteres Wort sagen konnte, fügte er hinzu: »Ich muss das tun, solange ich noch am Leben bin. Ich bin 91 Jahre alt, Bob!«

Also waren Arvella und ich um 10 Uhr morgens am 5. Dezember 1989 am Flughafen von Los Angeles. Man wies uns in einen separaten Bereich für Privatjets und führte uns in einen Privatbereich, wo wir, wie man uns sagte, warten sollten, bis Dr. Hammer eintraf.

Oxy One war der größte Privatjet, den ich je gesehen hatte. Es war eine Boeing 727, die als fliegende Wohnung und mobiles Hauptquartier für eines der größten Unternehmen der Welt umgebaut worden war.

Als er ankam, ging Dr. Hammer entschlossenen Schrittes auf uns zu, reichte zuerst Arvella, dann mir die Hand und lächelte herzlich. Er schien von unserer Abreise genauso begeistert zu sein wie wir. Er war gerade noch bei seiner Frau im Krankenhaus gewesen und brachte beruhigende Nachrichten mit. Für die Belange seiner eigenen Gesundheit flog sein Privatarzt mit uns.

Als wir im Flugzeug saßen, schaute er mich mit einem Anflug von Stolz an: »Wissen Sie, dass dieses Flugzeug der einzige Privatjet ist, der die Erlaubnis hat, in Moskau zu landen? Ich besitze außerdem das einzige private Telefon in Russland. Sie können den Hörer abnehmen und jederzeit überall in der Welt anrufen. Ich werde also engen Kontakt zum Krankenhaus halten können.«

Als unser Flugzeug in Moskau landete, wurden wir wie Staatsgäste empfangen. Ein luxuriöses Zimmer stand für uns bereit, es gab Händeschütteln, Umarmungen und russische Küsse – einen auf jede Wange und dann noch einen dritten auf die erste Wange.

»Ich kann es kaum glauben«, flüsterte ich Arvella zu. »Als ich das erste Mal nach Russland kam, haben die am Zoll meine Bibel beschlagnahmt. Bei der Einreise hat man mich wie einen Spion behandelt.«

Auf dieser Reise verzichteten wir einfach auf den Zoll und die Einreiseformalitäten! Ein Konvoi von Polizeiwagen eskortierte Hammers extralange schwarze Cadillac-Limousine, in der er und sein Sekretär, sein Arzt, Arvella und ich saßen. Wegen der kalten Witterung in Moskau waren wir alle dick vermummt. Hammer trug seinen unverwechselbaren langen Pelzmantel und eine klassische persische Wollmütze und der Rest von uns hatte seine dicksten Wintersachen mitgebracht. Wir fuhren sofort ins Hauptquartier der *Occidental*. 20 Minuten später brachte uns der Aufzug ins oberste Stockwerk.

Dr. Hammer ging direkt auf einen Schreibtisch zu, der bis auf ein Telefon völlig leer war. Wir sahen ihm zu, wie er wählte und dann in den Hörer des einzigen privaten Telefons in der UdSSR sprach! Nach einigen Minuten legte er den Hörer zurück, drehte sich zu uns um und sagte: »Mrs. Hammer geht es immer noch so wie bei unserer Abreise. Keine Verbesserung. Lassen Sie uns jetzt zu Bett gehen und morgen werden wir Mr. Lazutkin bei ›Gosteleradio‹ treffen.«

Am nächsten Tag führte Dr. Hammer die Verhandlungen in fließendem Russisch und übersetzte für Arvella und mich: »Mr. Lazutkin, Ihre Regierung ist durch Ihren Botschafter in Washington von diesem Treffen in Kenntnis gesetzt worden«, sagte Hammer und sah dem Leiter von *Gosteleradio* in die Augen. »Und Ihr Präsident Mr. Gorbatschow weiß ebenfalls von diesem Treffen und billigt es.« Lazutkin nahm dies nickend zur Kenntnis.

Dann trug Dr. Hammer seinen Fall vor: »Es gibt wahrscheinlich keinen Amerikaner, der Russland so gut kennt wie ich. Und kein Amerikaner hat so hart daran gearbeitet, den Frieden zwischen den beiden Nationen, die ich liebe, zu erhalten, wie ich es in den vergangenen 70 Jahren im Hintergrund getan habe. Wenige Menschen achten meinen Gast, Dr. Schuller, mehr als ich es tue. Ich wurde von einem russischen Juden erzogen, der sich nichts aus dem Glauben an Gott machte; er glaubte stattdessen an den Kommunismus. Ich habe keinen Glauben geerbt.

Vor einigen Jahren sah ich Dr. Schuller im Fernsehen. Etwas an ihm zog mich an.«

Lazutkin hörte unberührt zu, während Dr. Hammer fortfuhr. »Ich habe Dr. Schuller Woche für Woche zugehört, und ich habe festgestellt, dass er mich positiv und spirituell ansprach. Er brachte etwas Erfrischendes und Erneuerndes in meinen Geist. Mit einem Wort: *Hoffnung*. Und ich glaube, dass er das, was er für mich tut, auch für das Heimatland meines Vaters tun kann. Seine Botschaft ist religiös im besten Sinne des Wortes. Ich bin hier, um Sie zu bitten, dass Sie Ihrem Land erlauben, ihn ebenfalls zu hören. In Amerika wird Weihnachten am 25. Dezember gefeiert. Dr. Schuller und ich möchten, dass Sie und Ihr Volk eine Weihnachtssendung von ›Hour of Power‹ von Dr. Schuller sehen können.«

Lazutkin gab eine große Rauchwolke von sich. »Darf ich Ihnen etwas zu trinken anbieten?«, fragte unser Gastgeber. Er sprach russisch und sein Sekretär übersetzte für uns. Er sah Hammer an, dann Arvella, Hammers Sekretär und mich. Ohne unsere Antwort abzuwarten, griff er nach einer Flasche mit einem Erfrischungsgetränk, und sein Assistent erhob sich rasch, um zu helfen. Wir prosteten einander lächelnd zu.

»Dr. Hammer«, sagte er, »Sie haben deutlich gemacht, woher *Sie* kommen. Jetzt lassen Sie mich jedermann an diesem Tisch daran erinnern, woher *wir* kommen. Vor 70 Jahren haben wir uns vom religiösen Aberglauben gelöst. Wir wurden zum ersten Staat der Welt, der den Atheismus in seine Verfassung aufnahm. Wir haben all diese Jahre hindurch alle Möglichkeiten der menschlichen Bildung genutzt, um religiöse Anschauungen in unserer wissenschaftlich aufgeklärten Bevölkerung auszurotten.« Er gab wieder eine Qualmwolke von sich, während der Übersetzer seine Worte an Arvella und mich weitergab. Lazutkin fuhr fort: »Keine Gesellschaft ist jemals so gut über den Atheismus unterrichtet gewesen wie die, die Sie momentan in der UdSSR vorfinden. Wie könnte ich einer religiösen Person gestatten, auf einem unserer Fernsehsender über Gott zu predigen?«

Ohne eine Antwort abzuwarten, gab er dann den erstaunlichsten Satz von sich, den ich je gehört habe. »Allerdings haben wir beobachtet, dass sich als offensichtliche Folge religiöser Wurzeln einige positive Entwicklungen in der menschlichen Persönlichkeit beobachten lassen. Ohne diese Wurzeln schöpfen wir möglicherweise nicht unser gesamtes Potenzial aus. Daher sehen wir die Religion jetzt aus einem anderen Blickwinkel.«

Eine weitere Qualmwolke. Dann sah er mich prüfend an und fragte: »Dr. Schuller, sind Sie ein Baptist?«

»Nein«, gab ich zur Antwort.

Er lächelte erleichtert. »Gut!«, entgegnete er. »Sind Sie ein Pfingstler?«

»Nein, Sir.«

»Gut«, antwortete er wieder. »Sind Sie ein Methodist?«

»Nein, Sir.«

Und noch einmal: »Gut.«

Dann kam er in Fahrt und hob seine Stimme, um die entscheidende Frage zu stellen: »Was *ist* dann Ihr Glaube?« Er starrte mich in Erwartung der Antwort an, sein Kopf und seine Schultern angriffslustig nach vorn geneigt.

»Ich fürchte, Sie werden noch nie davon gehört haben«, antwortete ich.

»Sagen Sie's mir trotzdem.«

»Ich gehöre einer kleinen Konfession an, die sich die Reformierte Kirche in Amerika nennt!«

Bevor ich noch Näheres ausführen konnte, überzog schon ein breites Lächeln sein Gesicht.

»Reformiert? Die gibt es in Ungarn, Albanien und Holland!« Ich nahm an, er meinte, dass die Reformierte Kirche nicht die Gute Nachricht verbreite. »Dr. Schuller, ich kann Ihren Gottesdienst nicht ausstrahlen, aber wir haben jeden Sonntagabend um neun unsere eigene Barbara Walters. Ich denke, das ist das, was Sie ›Prime Time‹ nennen. Sie macht Interviews mit Fachleuten aus dem Bereich der Erforschung der menschlichen Persönlichkeit. Sie spricht mit Philosophen und Psychologen und sie hat sogar schon einen russisch-orthodoxen Priester interviewt.

Ich biete Ihnen Folgendes an: Sie könnte ein Interview mit Ihnen machen. Sie würde sagen: ›Dr. Armand Hammer, jeder hier kennt seinen Namen, ist diese Woche in Moskau. Er hat eine hoch angesehene religiöse Führungspersönlichkeit aus Amerika mitgebracht, Dr. Robert Schuller. Heute Abend haben wir ein sehr ungewöhnliches Programm, wie es in der Geschichte unserer Nation noch nie zu sehen oder zu hören war. Wir werden mit Dr. Schuller reden.‹

Dann könnte sie einige einleitende Fragen stellen wie etwa: ›Was machen Sie? Wo leben und arbeiten Sie?‹ Und Sie könnten zur Antwort geben: ›Nun, ich mache Gottesdienste.‹ Sie könnte dann fragen: ›Und was passiert in diesen Gottesdiensten?‹ Sie könnten erwidern: ›Nun, ich halte eine Predigt.‹ Dann könnte sie wieder fragen: ›Was ist eine Predigt? Können Sie uns ein Beispiel geben?‹ Dann könnten die Kameras sich auf Sie konzentrieren, und Sie hätten die Möglichkeit, eine 15- oder 20-minütige Predigt zu halten. Wie wäre das?«

Er lächelte, als ob sein Vorschlag ihm selbst gut gefiele, und sagte dann: »Das würde dann nicht als Werbung für die Religion gelten, sondern als Darstellung des Denkens einiger Amerikaner und der Art und Weise, wie sie ihre Religion praktizieren.«

Ich spürte, dass all dies schon vorher entschieden worden war, bevor dieses Treffen überhaupt zu Stande kam. Hatte er seine Befehle von oben erhalten?

»Sie müssen verstehen, dass man Sie als Feind betrachten wird«, fuhr er fort. »Wir befinden uns immer noch im Kalten Krieg mit Ihrer Nation und mit der Religion.«

»Ich verstehe«, antwortete ich. »Aber es wäre eine wundervolle Gelegenheit. Meinen Sie nicht auch, Dr. Hammer?«

Hammer lächelte, dann nickte er.

»Dann werden wir es jetzt aufnehmen!«, kündigte Lazutkin an. »Unsere Barbara Walters ist jetzt in unserem Studio. Haben Sie Ihre Robe dabei?«

»Nein«, sagte ich.

»Aber er ist prima angezogen, so wie er gerade ist!«, versicherte Hammer.

»Dann werden wir es tun – jetzt! Und wir werden es am Sonntagabend, dem 25. Dezember, senden«, sagte Lazutkin.

»Um neun Uhr abends?«, fragte Hammer.

»Natürlich«, antwortete Lazutkin. Er sprang auf, ging zügig um den Tisch herum, um sich in ehrerbietigster, russischer Form von Hammer zu verabschieden, dann gab er mir die Hand. »Dr. Schuller«, meinte er, »Sie können sich stets daran erinnern, dass Sie in der Geschichte unserer Nation der erste Fremde sind, der eingeladen wurde, vor unserem ganzen Volk über Gott zu sprechen!«

Dann blies er mir seinen Rauch ins Gesicht und sagte: »Aber ich glaube nicht an Gott. Ich habe ihn nie erlebt.«

Meine sofortige Reaktion überraschte mich selbst: »Oh, das sehen Sie falsch«, erwiderte ich. »Sie *haben* ihn erlebt. Sie haben nur nicht erkannt, dass es Gott war, der in Ihnen am Werk war. Er arbeitet in diesem Augenblick an Ihrem Geist und bringt Sie dazu, mir dieses Angebot zu machen! Und es hat Zeiten in Ihrem Leben gegeben, in denen Sie erstaunliche neue Gedanken in sich entdeckt oder in denen starke, positive Stimmungen Sie erfüllt haben. Sie nennen diese Gefühle vielleicht ›Hoffnung‹ oder ›Liebe‹ oder ›Mut‹, aber sie sind eine Berührung

Gottes. Herr Lazutkin, vergessen Sie niemals, was ich Ihnen jetzt sage: Gott glaubt an Sie, selbst wenn Sie nicht an ihn glauben!«

Und dann sah ich, wie es geschah. Plötzlich bekamen die Augen dieses harten russischen Bürokraten einen feuchten Schimmer.

Das Treffen war vorüber. Lazutkin deutete auf seinen Assistenten, der neben ihm gesessen hatte. »Boris hier wird für Sie übersetzen«, erklärte er. »Er wird Sie auch ins Studio bringen.«

Hammer, der seine russischen Verabschiedungen schon hinter sich gebracht hatte, entschuldigte sich. »Ich gehe in mein Apartment, um ein wenig auszuruhen«, sagte er. »Viel Glück mit Ihrer Sendung!« Die Zusammenkunft, einschließlich der Einführung, hatte drei erschöpfende Stunden gedauert. Hammer war die ganze Zeit hellwach und energiegeladen gewesen, also war es ganz natürlich, dass er jetzt ermüdet war. Schließlich war er 91, hatte einen Herzschrittmacher und stand unter ständiger ärztlicher Überwachung. Im Gehen flüsterte er mir noch ein paar Ratschläge ins Ohr.

Meine Frau und ich folgten unserem Führer in ein separates Zimmer, wo wir warten sollten, bis man uns ins Studio rufen würde. Nie zuvor – und niemals danach – habe ich mich im Dienste Gottes so sehr von Demut überwältigt gefühlt.

Ich wusste, dass dies die wichtigste Rede in meinem gesamten irdischen Leben sein würde, und ich hatte keine Zeit, darüber nachzudenken oder mich darauf vorzubereiten. Die Geschichte vom Aufleben und von der Ausdehnung des Kommunismus erschien vor meinem geistigen Auge. Die Hoffnung auf eine friedliche Beendigung des Kalten Kriegs lag jenseits der Pläne und Gebete all unserer politischen Führer. Gorbatschow würde mit Sicherheit zuhören. Alle Mitglieder des Politbüros würden zuschauen. Keinem Amerikaner war jemals eine solche Plattform geboten worden, eine, die es ihm ermöglichte, zu den Menschen in der ganzen UdSSR zu sprechen und darüber hinaus in allen Ostblockländern! Ein einziger Fernsehsender mit einem einzigen Kanal – »Kanal Eins« – wurde in jedem Fernsehhaushalt in jeder der 17 Republiken empfangen, aus denen die Sowjetunion bestand. Es war das größte Propagandanetz der Welt. Mein Publikum würde Hunderte von Millionen zählen!

»Oh Gott, ich brauche dich, wie ich dich noch nie zuvor in meinem Leben gebraucht habe. Gott, hilf mir!«, betete ich.

Bilder aus meiner Kindheit stiegen in mir auf. Ich sah Onkel Henry vor mir, wie er seine Hand auf meinen Kopf legte und verkündete, dass ich einst Prediger werden würde; und ich erinnerte mich daran, wie ich von diesem Tag an – ich war damals vier Jahre und elf Monate alt – täglich gebetet hatte: »Herr, mach mich zu einem Prediger, wenn ich groß bin.«

Und jetzt dies. Ein Prediger in einer kommunistischen Welt?!

Wieder erschienen Bilder in meiner Erinnerung. Dieses Mal war es mein Foto im Museum für Atheismus in Leningrad, vor 17 Jahren, und unsere angsterfüllte Flucht aus diesem »Reich des Bösen«.

Ich dachte auch daran, wie sehr ich mir gewünscht hatte, über den Frieden zu predigen, nachdem ich von dieser Reise zurückgekommen war, und wie mir dies nicht möglich gewesen war, weil der Kommunismus dieses Wort zu sehr für seine eigenen Propagandazwecke missbraucht hatte.

Ich rief mich selbst in die Gegenwart zurück. Ich musste entscheiden, worüber ich sprechen wollte. »Lächeln Sie einfach und seien Sie ganz Sie selbst«, hatte Hammer mir zugeflüstert, bevor er ging. »Sie können bei den Zuschauern einen bleibenden Eindruck von Frieden und Hoffnung hinterlassen, und dieser Eindruck wird dazu beitragen, dass jeder sich mehr in Richtung Frieden und Vertrauen bewegt. Sie sind der richtige Mann zur richtigen Zeit am richtigen Ort. Die gesamte Nation wird ihren amerikanischen Feind anders sehen! Gott segne Sie – lächeln Sie einfach!«

Aber im Augenblick hatte ich nur das Gefühl schmerzlicher Unzulänglichkeit. Ohne eine vorbereitete Predigt konnte ich nur eines tun: leidenschaftlich beten.

Dann kam mir ein Bibelvers in den Sinn – Jeremia 29, Vers 11. Ich wusste, dass dies die Antwort auf mein Gebet war. In diesem Vers redet Gott durch seinen Propheten Jeremia zu seinem Volk: »... ich weiß wohl, was ich für Gedanken über euch habe, spricht der Herr: Gedanken des Friedens und nicht des Leids, dass ich euch gebe Zukunft und Hoffnung.« Ich hatte diesen Vers immer wieder für Carol wiederholt, als sie im Krankenhaus lag.

Als ob sie meine Gedanken gelesen hätte, gab mir meine Frau einen ihrer typisch brillanten, Gott-inspirierten Ratschläge: »Erzähle ihnen von Carol«, sagte sie. »Ich habe gehört, dass die Russen Kinder lieben!«

Nach einem raschen Klopfen an der Tür unseres Wartezimmers erschien Boris, um mich in ein kleines Studio zu bringen, in dem die russische Barbara Walters auf mich wartete. Sie war die hübscheste Frau, die ich bis dahin in Russland gesehen hatte, und ich werde ihr Gesicht niemals vergessen – freundlich, voller Respekt und intelligent. Plötzlich war ich ganz entspannt und von Frieden erfüllt. Alle Angst, die mich überkommen hatte, war verschwunden.

Das Interview verlief genauso, wie Lazutkin es vorgezeichnet hatte. Tatsächlich muss er wohl das Skript für sie geschrieben haben. Ich wurde mit all dem Respekt behandelt, der mir zugestanden hätte, wenn mein Name Dr. Armand Hammer gewesen wäre.

»Geben Sie uns ein Beispiel für eine Predigt«, sagte sie.

Und die Kamera schwenkte von ihr auf mich.

Ich spürte, dass dies Gottes Chance war, in den Kalten Krieg einzugreifen und die Waagschale in Richtung Frieden und Verbrüderung zu verschieben, und ich war bereit, sein Diener zu sein. Im vollen Gefühl von Gottes Gegenwart und Führung sah ich direkt in die Kamera und begann zu reden.

Meine Predigt floss frei heraus, nicht von meinem Verstand zu ihrem, sondern von meiner Seele zu der ihren. Es war das offenherzige Teilen meiner Hoffnung auf das Beste für dieses Land, denn das Beste für Russland würde auch das Beste für die Freiheit und für Amerika sein.

Ich begann mit einem »Wort des Gottes, von dem die Bibel erzählt«, und zitierte den Text aus Jeremia 29, Vers 11. Nachdem ich ein wenig über den Text gesprochen hatte, sagte ich: *»Seien Sie offen für die Gewissheit, dass der Glaube Ihnen Hoffnung geben kann und wird – in Ihrer dunkelsten Stunde.«*

Dann erzählte ich von meiner Tochter Carol; ihr Leben war die Botschaft, die ich diesem Volk vermitteln wollte. Ich erzählte ihnen, was für ein hübsches und liebevolles Kind sie gewesen war. Wie sie die Bibel kennen gelernt hatte, insbesondere den 23. Psalm, dessen Worte – »und ob ich schon wanderte im finsteren Tal« – ihr vor Augen gestanden hatten, als sie dort im Straßengraben lag – allein, blutend und hilflos. Ich erzählte davon, wie man ihr Bein hatte abnehmen müssen und wie der Glaube ihr dabei Hoffnung gegeben hatte.

Ich schloss mit einem Aufruf zum Frieden zwischen Russland und Amerika. »Gott hat einen Plan für unsere Länder«, endete ich. »Es ist ein Plan des Friedens und nicht des Leids. Es ist sein Plan, euch eine Zukunft und Hoffnung zu geben.« Und dann lächelte ich lange und inbrünstig.

»Glaubst du, dass sie es richtig übersetzen werden?«, fragte Arvella, als wir in unser Hotel zurückgebracht wurden. »Glaubst du, dass sie es wirklich senden werden? Oder wird es ins Regal wandern?«

»Ich weiß es nicht«, war alles, was ich sagen konnte. »Ich weiß es wirklich nicht.«

Zurück im Hotel ruhten wir uns aus, denn wir wussten, dass uns ein großer Abend bevorstand. Wir waren von Dr. Hammer eingeladen worden, ihm beim Diner in seiner Wohnung Gesellschaft zu leisten. »Ich hatte seit der Zeit Lenins eine Privatresidenz in Moskau«, hatte er uns erzählt. »Lenin hatte mir ein schönes Haus zur Verfügung gestellt. Es war mein Zuhause, bis Stalin an die Macht kam. Er hat es mir wieder weggenommen. Aber ich konnte als Ersatz dieses bescheidene, aber hübsche Apartment kaufen.«

Hammer hatte betont, dass dieses abendliche Diner sehr wichtig sein würde. »Georgi Arbatow wird da sein«, hatte er gesagt. »Er ist einer der mächtigsten und einflussreichsten Männer in diesem Land. Ich werde ihn bitten, dafür zu sorgen, dass jeder, angefangen bei Präsident Gorbatschow, dem Politbüro und den Medienbossen, Ihnen am 25. Dezember zuhört. Wenn Arbatow etwas sagt, hört das gesamte Politbüro auf ihn! Sie werden alle die Sendung verfolgen! Er hört auf mich. Er wird dafür sorgen.«

Wir genossen das Diner außerordentlich. Das Treffen mit Arbatow verlief sehr zufrieden stellend: Von Anfang an war er respektvoll und freundlich – fast liebevoll. Er kannte mein Gesicht aus dem Fernsehen – von seinen zahlreichen Reisen nach Amerika – und schien ehrlich begeistert davon, mich persönlich kennen zu lernen.

Die Sendung wurde, wie zugesagt, am 25. Dezember 1989 um 9 Uhr abends Moskauer Zeit ausgestrahlt. Die russischen Verantwortlichen berichteten, dass die Sendung die höchsten Einschaltquoten erzielt hatte, die sie jemals gehabt hatten – über 200 Millionen Menschen aus der UdSSR und den Ostblockstaaten hatten sie gesehen! Und die Zuschauer waren begeistert! Die Produzenten hatten die Predigt von 20 auf 15 Minuten gekürzt, jedoch ohne die Aussage zu verändern. Die ganze Predigt war leise mit meiner Stimme zu hören gewesen, überlagert von der Stimme des russischen Sprechers. Als ich das Band sah, war mir klar, warum es so gut angekommen war. Die Produzenten hatten eine männliche Stimme ausgewählt, die einfach perfekt war! Der Tonfall war sanft, sie hatte einen schönen Ausdruck und sie war voller Freundlichkeit, Liebe und Frieden!

Vier Monate später, Anfang Mai 1990, erreichte mich die Nachricht, dass Michail Gorbatschow wünschte, dass ich seinem Volk eine weitere »Herzensbotschaft« überbringen würde. Er plante für Ende des Monats ein Gipfeltreffen mit Präsident George Bush in Washington und er wollte sein ängstliches und aufgewühltes Volk beruhigen.

Sein Plan sah vor, dass er am Abend seiner Abreise in ein Moskauer Fernsehstudio gehen würde, um zu seinem Volk über den bevorstehenden Gipfel zu sprechen. Danach würde eine kurze Aufzeichnung einer Botschaft von Präsident Bush an das russische Volk gesendet werden. Nach einer kurzen Pause mit klassischer Musik würde er dann eine weitere Predigt von »Robert Schuller« ankündigen, »den wir schon am vergangenen 25. Dezember mit einer Botschaft der Hoffnung gehört haben«.

Man sagte mir, dass ich dazu nicht nach Moskau fahren müsse; ich könne meine Predigt in Kalifornien aufnehmen und sie per Express an den Sender schicken. Valentin Lazutkin würde sich vor Ort um die weiteren Einzelheiten kümmern. »Ja, es wird dieselbe freundliche Stimme sein, die Ihren Text in Russisch spricht«, sagte man mir.

Ich konnte es kaum glauben! Diese Einladung von Gorbatschow kam, ohne dass ich darum gebeten hätte und ohne jede Intervention von Hammer (oder irgendeiner anderen Person, soweit es uns bekannt war).

Bei dieser umwerfenden Möglichkeit, die sich mir hier bot, wäre ich kein »Prediger« oder »Lehrer« oder »Politiker«, sondern ein »Therapeut«, der die Voraussetzungen dafür schaffen würde, die Gefühle der Masse von ängstlichem Misstrauen in wachsendes Vertrauen zu verwandeln.

Ich erinnerte mich an den Weltkongress für Psychiatrie in Madrid und an die abschließende Plenarsitzung über die »menschlichen Werte in der Psychotherapie«. Die drei Lektionen hatten für mich einen Wendepunkt dargestellt, indem sie das Konzept vorstellten, dass Glaube, Hoffnung und Liebe die wesentlichen Prinzipien zur Bildung gesunder Beziehungen darstellen. Hiermit war eine Verbindung zwischen der biblischen Lehre und der psychotherapeutischen Praxis geschaffen. Ich erinnerte mich auch daran, dass der Kongress ebenfalls von allen führenden Psychiatern der UdSSR besucht worden war. Ich spürte, dass die Botschaft dieses Kongresses – mit dem ihr zugrunde liegenden Schwerpunkt auf Glaube, Hoffnung und Liebe – die Kraft hatte, ein Umdenken der Massen zu bewirken, das einen historischen spirituellen und emotionalen Brückenschlag möglich machen würde.

Also nahm ich meine Botschaft in Garden Grove auf und schickte sie aus der *Crystal Cathedral* in Amerika an *Gosteleradio* in Moskau. »Meine Predigt basiert auf dem Bibelvers, der im ersten Korintherbrief zu finden ist«, begann ich. »Die Zeilen lauten: ›*Nun aber bleibt Glaube, Hoffnung, Liebe, diese drei; aber die Liebe ist die größte unter ihnen.*‹«

Mit ruhiger Stimme hielt ich diese zweite Predigt vor dem zu erwartenden Publikum von Hunderten von Millionen russischer Bürger. Sie wurde, wie versprochen, zur besten Sendezeit ausgestrahlt, direkt nach der Rede Gorbatschows und Präsident Bushs Anmerkungen zum kommenden Gipfeltreffen in Washington.

Schon nach wenigen Stunden erreichte uns die erste Reaktion aus Moskau. Es war eine Einladung Gorbatschows, ihn und seine Frau bei einem privaten Empfang zum Lunch in der russischen Botschaft in Washington zu treffen. Das würde der Tag sein, bevor Gorbatschow und Bush zu ihrem historischen Gipfel zusammenkommen würden.

Wir nahmen dankbar an und arrangierten alles, um dort sein zu können.

Es waren noch etwa 40 weitere Amerikaner zu diesem Lunch geladen. Jedem von uns war ein Übersetzer zugeteilt. Während Gorbatschow sprach, sagte mein Übersetzer aufgeregt zu mir: »Er spricht über Sie. Hören Sie gut zu!« Gorbatschow lächelte und deutete auf mich, dann nannte er meinen Namen und bat mich aufzustehen. Als ich völlig überrascht auf meinen Füßen stand, sagte er: »Dieser Mann hat unsere Nation beruhigt.«

Man bat mich, einige erwidernde Wort zu sprechen, und vor der ganzen Gruppe sagte ich zu Herrn Gorbatschow: *»Schlechte Zeiten vergehen, starke Menschen bestehen.«* Ich sagte auch: *»Gott liebt Sie und ich auch.«*

Für ihren Bericht über dieses Treffen fragte mich die *Los Angeles Times*: »Wie passt das zu der althergebrachten Einschätzung, dass Kommunisten ›gottlos‹ sind?«

Meine Antwort war folgende: »Ich habe gesehen, dass viele Menschen, die Kommunisten sind oder waren, keine gottlosen Menschen sind. Diese beiden Begriffe grundlos miteinander zu verbinden ... war eine sehr verantwortungslose Sache.«

In Washington traf ich mich im kleinen Kreis mit den Leitern des russischen Fernsehens, darunter auch Lazutkin. Er begann mit den Worten: »Dr. Schuller, Sie wissen, dass Sie in Russland gut ankommen. Wir können zu diesem Zeitpunkt nicht jede Woche Ihren ganzen Gottesdienst senden, aber wir *können* Ihnen jeden Monat eine Sendung von einer halben Stunde anbieten. Nennen Sie sie ›Von Herz zu Herz‹«, sagte er. Das gefiel mir sehr. »Wir werden nach einigen Monaten sehen, wohin das führt«, fügte er hinzu. Dann erwähnte er noch das Allerbeste: »Als Freund von Dr. Hammer wird Sie das natürlich nichts kosten!«

Er lächelte.

Ich lächelte auch.

In ihrer Berichterstattung über dieses Ereignis nannte die *London Financial Times* diese Entwicklung »eines der außergewöhnlichsten Beispiele für die veränderte Haltung der Sowjetunion«.

Die Story, die im *Orange County Register* erschien und das einzige Interview mit Lazutkin enthielt, das je erschienen ist, fasste den gesamten Kontext und die Hintergründe sehr gut zusammen:

»Sowjets starten Schuller-Programm
Religiöse Fernsehsendung jetzt jeden Monat

WASHINGTON – *Am Dienstag gaben Robert Schuller und das sowjetische Fernsehen den Beginn einer gemeinschaftlichen Unternehmung bekannt, die Robert Schuller monatlich in der gesamten Sowjetunion auf Sendung bringen wird. Man hofft, hierdurch die Moral und Hoffnung des sowjetischen Volks zu stärken, das schwer unter den derzeitigen ökonomischen Veränderungen zu leiden hat …*

Angesichts nationaler Unruhen und bevorstehender Preissteigerungen, die das ohnehin geschwächte Gesellschaftsgefüge der Sowjetunion bedrohen, äußerte ein Sprecher der Sowjets die Hoffnung, dass Schullers Botschaft den sowjetischen Bürgern Trost bringe, in, wie er es ausdrückte, ›schwierigen Zeiten‹.

›Die Menschen sind sehr beunruhigt. Sie brauchen jemanden, dem sie sich anvertrauen und auf den sie hören können‹, sagte Valentin V. Lazutkin, zweiter Vorsitzender des Staatlichen Komitees der UdSSR für Fernsehen und Radio, auch ›Gosteleradio‹ genannt …

Die sowjetische Regierung war auch von Schullers Fähigkeit beeindruckt, Gelder für die Kinder zu sammeln, die unter den Folgen des Reaktorunglücks von 1986 leiden. Schuller tat dies aus Dankbarkeit dafür, dass man ihn während der Feiertage ins Programm nahm …

Lazutkin demonstrierte am Dienstag deutlich, wie sehr sich die Haltung der Sowjetregierung gegenüber organisierter Religiosität geändert hat. Auf die Frage, wie die Regierung es in Betracht ziehen könne, Dr. Schullers Sendung zu unterstützen, wo doch ihre offizielle Position den Atheismus vertrete, sagte Lazutkin: ›Wir zählen nicht mit, wie viele Male er Gott erwähnt.‹«

Währenddessen hatte ich immer noch eine Gemeinde in Südkalifornien zu leiten. Zu Hause in unserer Gemeinde in Garden Grove entwickelten sich die Dinge gut. Das Jahrzehnt hatte unsere Gemeinde reifen lassen. Wir waren dabei, durch unsere zunehmend stabile Zuschauerbasis eine gewisse finanzielle Stabilität zu erreichen. Aber ein letztes Mal mussten wir noch Hand anlegen.

Der 14. September 1990 markierte das 10-jährige Jubiläum der Eröffnung der *Cathedral*. Wir feierten es mit der Einweihung dessen, was einige Kritiker später »einen der schönsten Glockentürme der Welt« nennen würden.

In den ersten zehn Jahren hatten wir alle Probleme mit unserem historischen Glasgebäude schließlich gelöst. Aber Philip Johnson hatte schon seit langem dieses i-Tüpfelchen an unserer herrlichen Anlage geplant – einen Glockenturm mit einer Höhe von 23 Stockwerken, der der Kampanile der *Cathedral* sein sollte.

»Ohne ihn wäre sie nicht komplett«, hatte Johnson gesagt. »Lassen Sie die Türme und Glockenstühle weg und die großartigen Kirchen und Kathedralen würden nur noch aussehen wie große, ganz gewöhnliche Hallen.«

Johnsons Entwurf sah spiegelnde und facettenreiche schlanke Edelstahlsäulen vor, die alle frei stehend wirkten. Sie erhoben sich vom Erdgeschoss zu einer zweiten Stufe mit geringerem Umfang und dann zu einer dritten, noch schlankeren, glitzernden Spitze. Insgesamt war der Turm 78 Meter hoch. Die Spitze reichte bis zu den Armen des Kreuzes auf dem *Tower of Hope*, aber nicht darüber hinaus.

Am Fuße des Glockenturms war eine kleine Kapelle untergebracht – rund, mit einer Wand aus 33 Marmorsäulen, die aus der ganzen Welt zusammengetragen worden waren: eine Säule für jedes Jahr des Lebens Jesu. In der Kapelle war in großen Lettern der Text angebracht: »My house shall be called a house of prayer for all people«[6]. Im Zentrum der Kapelle befand sich ein Kristallkreuz, das die Glasmanufaktur Steuben gestaltet hatte. Es drehte sich sanft im Licht, warf dabei regenbogenfarbige Reflexe auf die vielfarbigen Marmorsäulen und erinnerte so die Menschen an Gottes nie endendes Versprechen des ewigen Lebens!

Die Kapelle war mit einer Millionen-Dollar-Spende von Mary Hood – einer lieben Freundin aus der *Hour of Power*-Gemeinde – komplett bezahlt worden. Währenddessen hatten Tausende meiner Freunde aus ganz Amerika 1000-Dollar-Spenden aufgebracht, um zu diesem glitzernden Traum beizutragen. Freunde meiner Frau hatten beschlossen, sie zu ehren und zu überraschen, indem sie in Holland ein Glockenspiel mit 52 Glocken bestellten, deren Lieder durch unsere Gärten klangen. Mit einer abschließenden Spende der Creans von zwei Millionen

Dollar war der Glockenturm – ein beeindruckendes Kunstwerk – nun an diesem Septembermorgen im Jahr 1990 bereit, seiner Bestimmung übergeben zu werden.

Da machte mir Carey Peck, der Sohn des berühmten Filmschauspielers und meines guten Freundes Gregory Peck, einen höchst ungewöhnlichen Vorschlag.

»Dr. Schuller«, sagte er. »Ich bin Fallschirmspringer. Meine Gruppe würde gerne in weißen Anzügen einige Meilen über der Kathedrale aus dem Flugzeug abspringen. Wir würden uns an den Händen halten und eine Kreuzformation bilden«, bot er an. Ich stimmte etwas beunruhigt zu.

Am frühen Sonntagmorgen traf ich Philip Johnson bei Sonnenaufgang an der *Cathedral* und wir schauten gemeinsam zu der glitzernden Crean-Turmspitze auf. Er war extra mit dem Flugzeug aus New York zur Einweihung angereist. Er sah sein vollendetes Werk heute zum ersten Mal schimmernd und glänzend in der Morgensonne. Wir waren allein miteinander, und ich bemerkte einen Ausdruck in seinen Augen, den ich noch nie zuvor an ihm wahrgenommen hatte.

»Er ist wunderbar!«, sagte er immer wieder. Dann gab dieser weltbekannte Architekt, der sowohl für seinen Mangel an Bescheidenheit bekannt war als auch für seinen Atheismus, eine erstaunliche Äußerung von sich – zuerst vor mir allein und später an diesem Morgen vor der ganzen Versammlung und vor Millionen von Zuschauern an den Fernsehgeräten. Er meinte: »Ich dachte, ich wüsste alles über Materialien, über Licht und Raum, aber wenn ich dies hier betrachte, wird mir klar, dass etwas Größeres als ich es gestaltet hat.«

Das war sein erstes öffentliches Bekenntnis zum Glauben an Gott.

Die Menge versammelte sich draußen. Ein Reporter fragte mich: »Fallschirmspringer? Dr. Schuller, war das Ihre Idee?«

Lachend gab ich zur Antwort: »Lassen Sie uns warten, bis es vorbei ist. Wenn sie alle überleben, werde ich vielleicht einen Teil der Anerkennung einheimsen, aber ernsthaft ... nein. Dieses eine Mal kam die verrückte Idee nicht von mir.«

»Schaut mal, das Flugzeug!«, rief jemand. Wir schauten alle auf einen kleinen Punkt, der Meilen über uns erschien. Konnte es das sein?

»Schaut, schaut – *schaut!«* Das Geschrei wurde lauter und breitete sich aus, als kleine weiße Formen aus dem Bauch des Flugzeugs hervorquollen.

Ich hörte, wie ein Kind fragte: »Sind das Engel, Mami?«

»Schaut nur – ein Kreuz! Es ist ein fliegendes Kreuz!« Die Formation mit den zehn Fallschirmspringern, die an ihren Händen miteinander verbunden waren, glitt ruhig, sanft und ehrwürdig aus einer Höhe von über einer Meile herab. Die Glocken im neuen Turm erklangen.

Und dann – so nahe über uns, dass die Zuschauer den Atem anhielten – öffneten sich die Fallschirme und das Kreuz löste sich auf. Die Springer landeten alle sanft und sicher.

Jetzt – endlich! – übergaben wir das letzte Mosaiksteinchen an der *Crystal Cathedral* mit den Worten: »Zur Ehre der Menschen; zur höheren Ehre Gottes« seiner Bestimmung.

Zu Beginn der 1990er reisten wir häufiger nach Russland und manche Besuche blieben uns unvergesslich. Unsere 1989er Weihnachtssendung in Moskau hatte uns eine Flut von Möglichkeiten eröffnet.

Im Februar 1990 kehrte der bekannteste Cellist des Landes, Mstislav Rostropovich, nach Jahren des selbst auferlegten Exils zu einem großen Solokonzert nach Moskau zurück. Armand Hammer hatte für uns Sitze in der allerersten Reihe reserviert, direkt unter dem Balkon, in dem Raissa Gorbatschow und die Königin von Spanien saßen.

Es war eine wunderbare Erfahrung, diese Halle voller Russen zu erleben, die vor Liebe zu ihrem Landsmann überflossen. Sie sprangen weinend und applaudierend auf die Füße, und viele liefen nach vorne, die Arme voller Blumen, die sie dem zurückgekehrten Künstler zu Füßen legten. Wir waren tief bewegt, dass wir dieses schöne Kapitel in der Geschichte der Beendigung des Kalten Krieges miterleben durften. Dieser Augenblick wurde umso erhebender durch das Wissen, dass das Eis in den Beziehungen zwischen West und Ost zu schmelzen begonnen hatte und dass Hammer und ich ein wenig dazu hatten beitragen können. Wir hatten viel zu feiern.

Am 15. Dezember 1990 starb Dr. Hammer im Alter von 92 Jahren. Dieser wertvolle Mensch, mein Mitstreiter in der Mission für Frieden und ein Mann, der wie kein anderer sein tiefes Vertrauen in die kraftvolle Botschaft der Hoffnung demonstriert hatte, hatte sein letztes Morgen erreicht. Er hat mir die Möglichkeit eröffnet, jemand zu sein, »der die Lücken zumauert und die Wege ausbessert, dass man da wohnen könne«, und dafür werde ich ewig in seiner Schuld stehen.

41

Am 2. September 1991 befinde ich mich wieder in meinem allzu gewohnten Zuhause, das nicht zu Hause ist – im Bauch eines Passagierflugzeugs. Das fliegende Heim meines Freundes steht nicht mehr zu meiner Verfügung. Die Reise erscheint seltsam, jetzt, da Armand nicht mehr bei mir ist. Und diesmal ist noch nicht einmal Arvella bei mir.

Mein Reiseplan beginnt mit Sitzungen in Amsterdam, führt mich dann nach Rom, wo ich eine Verabredung mit dem Papst habe, und endet in Moskau. Mein enger persönlicher Freund Michael Nason und mein Schwiegersohn Paul Dunn, Jeanne Annes Ehemann, begleiten mich. Paul ist zuständig für unsere neuen Fernsehunternehmungen in Europa und er begleitet mich zu einem Treffen mit unserem holländischen Vorstand.

Nach endlosen Stunden in der Luft beginnen wir den Landeanflug über dem Land meiner Ahnen. Als wir näher kommen, entdecke ich Windmühlen, die in der Landschaft verstreut liegen. Das Grün der Ebenen hat mit dem nahenden Herbst schon etwas an Intensität abgenommen. Ich denke zurück an die Zeit, in der mein Zweig der Familie sich bildete, denke zurück an meine holländischen Großväter und Großmütter. Was wäre gewesen, wenn sie das Risiko nicht auf sich genommen und ihr Heimatland nicht verlassen hätten? Was, wenn sie keine Möglichkeitsdenker gewesen wären und nicht den Wunsch verspürt hätten, als Farmer nach Amerika auszuwandern? Wäre ich dann wohl jetzt auf dem Weg zu einem Treffen mit Michail Gorbatschow, dem Staatschef der Sowjetunion?

Ich denke über all das nach und komme zu dem Schluss:

Von nirgendwo kann man überall hinkommen!

Das Flugzeug landet in Amsterdam und Mike, Paul und ich werden von unserem europäischen Mitarbeiter Joop Post abgeholt. Nachdem wir unser Gepäck abgeholt haben, folgen wir Joop zu seinem kleinen europäischen Wagen. Paul hilft Joop, das Gepäck im Kofferraum zu verstauen, während Mike noch einmal den Terminkalender für den Abend durchsieht (es ist seine Aufgabe, mich im Zeitplan und auf Kurs zu halten). Wir haben nur wenig Zeit für Sehenswürdigkeiten, bevor die Hetze des Abends beginnt. In wenigen Stunden wird es eine Dinner-Rundfahrt geben.

Mike und ich stehen am Straßenrand, während er den Reiseplan vorliest, aber ich höre nicht wirklich zu. Ich möchte, dass wir endlich losfahren. Ich gehe wie immer zum Vordersitz, denn ich bin der mit den langen Beinen. Ich öffne die kleine Tür und schwinge mich schnell auf den niedrigen Sitz und ... *WUMM!*

Ich stoße gegen das niedrige Dach des Autos.

Ich fasse mir an den Kopf. *Das tat weh! Warum bauen sie bloß Autos mit so niedrigen Dächern?*

Ich reibe mir die Schläfe, die zu pochen beginnt, und erwarte, dort eine stattliche Beule zu spüren. Keine Beule, aber, Mann, das tat weh!

Schon bald bahnen wir uns unseren Weg über die Schnellstraße, und das mit einer Geschwindigkeit, die weit über der liegt, die wir zu Hause so fahren. Mit jeder plötzlichen Bewegung des Wagens, mit jedem Spurwechsel fühle ich pochende Schmerzen in meinem Schädel. Mann, was habe ich für Kopfschmerzen! Ich halte mir wieder den Kopf.

»Bob, ist mit dir alles in Ordnung?«, fragt Mike.

»Ja, mir geht es gut. Ich hab mir eben nur gründlich den Kopf gestoßen.«

»Glaubst du, wir können uns trotzdem mit den Leuten von ›Hour of Power‹ treffen?«

»Sicher«, sage ich und so machen wir dies auch. Aber wir halten das Treffen kurz.

Als wir zum Wagen zurückgehen, fragt Mike: »Bob, möchtest du immer noch, dass uns Joop zu Corrie ten Booms Haus bringt?«

»Ja, bitte. Ich möchte den alten Uhrenladen noch einmal sehen.«

Corrie hatte die Konzentrationslager überlebt und viele Menschen mit ihren Büchern wie zum Beispiel »Die Zuflucht« inspiriert. Ihre täglichen Besuche an Carols Krankenbett waren für unsere ganze Familie eine Bereicherung gewesen. Es war schon Jahre her, dass ich den Ort gesehen hatte, an dem sie und ihre Familie sich versteckt gehalten hatten, bevor sie alle von Hitlers Truppen entdeckt, gefangen genommen und ins Konzentrationslager deportiert worden waren.

Ich beschließe, dass mein Kopfweh in wenigen Minuten vorüber sein wird, sodass wir wie geplant weitermachen können. Aber es verschwindet nicht. Im Gegenteil: Als wir anhalten, um den kleinen Laden zu besichtigen, wird alles nur noch schlimmer.

Wir kürzen unseren Besuch ab und fahren direkt ins Hotel. Mike und Joop kümmern sich um den Portier und das Gepäck und ... *Mensch, mein Kopf tut weh!*

Ich sage zu Paul: »Ich habe keinen Hunger. Geht ihr ohne mich zum Abendessen. Mein Kopfweh wird immer schlimmer. Ich lege mich lieber ein bisschen hin, sonst bin ich morgen auf der Fahrt nach Rom zu nichts zu gebrauchen. Ich kann die Veranstaltung heute Abend ausfallen lassen.«

Paul sieht mich besorgt an: »Kann ich dir helfen, Dad?«

»Nein, ich bin schon in Ordnung«, versichere ich ihm. »Ich denke nur, ich sollte es heute Abend nicht übertreiben. Erwartet mich einfach morgen zum Frühstück. Okay?«

»Na, gut, möchtest du, dass ich dich aufs Zimmer bringe?«, bietet er mir an.

»Nein, nein. Der Page kann mich hinführen. Geh du nur mit Mike.«

Mike zögert auch zu gehen. »Bob, geht es dir wirklich gut?«, dringt er in mich.

»Ich habe furchtbare Kopfschmerzen, Mike. Mir ist ein bisschen schwindelig. Wahrscheinlich ist es der Jetlag. Ich lasse einfach das Dinner ausfallen. Ich seh dich morgen früh.«

Als ich in mein Hotelzimmer komme, bemerke ich, dass der kleine Balkon im dritten Stockwerk eine wunderhübsche Aussicht auf den Kanal und die Stadt bietet. Ich denke darüber nach, zum Balkon zu gehen, um frische Luft zu schnappen, aber stattdessen gebe ich dem Pagen Trinkgeld und lasse mich, kaum dass er draußen ist, aufs Bett fallen, obwohl ich immer noch meine Reisekleidung trage.

Aber es nutzt nichts, dass ich mich hinlege. Ich habe das Gefühl, dass mein Kopf zu explodieren droht! Vielleicht hilft ein heißes Bad, meine Muskeln zu entspannen und den Kopfschmerz zu lindern. Ich lasse das Wasser laufen und lehne mich ans Waschbecken.

Lieber Himmel ... ich brauche ein Aspirin. Ich drehe das Wasser ab und gehe nach unten zur Rezeption. Der Portier gibt mir ein kleines Päckchen, von dem ich hoffe, dass es den Schmerz besiegen wird. Ich warte gar nicht erst, bis ich wieder im Zimmer bin; ich öffne das Päckchen gleich dort und schlucke die vier kleinen weißen Pillen. Das ist eine kräftige Dosis, aber mein Kopf tut auch mächtig weh!

Zurück im Zimmer werfe ich die Verpackung in einen Aschenbecher und gehe wieder ins Badezimmer, um das Wasser weiter laufen zu lassen.

Ich fühle mich elend. Dann fühle ich mich plötzlich ganz benebelt und schläfrig und ich *brauche Hilfe* und mein Körper wird ganz schwer und schmerzt und ...

An mehr kann ich mich nicht erinnern. Die nächsten Stunden, ja, Tage sind in meiner Erinnerung wie ein schwarzes Loch. Ich weiß nichts von der 8-stündigen Notoperation an meinem Gehirn. Bis heute erinnere ich mich an nichts als an ein traumartiges Gefühl der Lähmung.

Die nächste klare Erinnerung, die ich habe, sind Worte: Sie klingeln in meinen Ohren, hallen laut wie Echos durch meinen Geist. Ich versuche, die Augen zu öffnen, aber es gelingt mir nicht. Ich *muss* die Augen öffnen; ich *muss* diese Worte aufschreiben, von denen mein Geist widerhallt, diese großartige Zeile, die in meinem Kopf erklingt. Es wird eine tolle Predigt oder sogar ein Buchtitel werden!

Solche Zeilen sind mit den Jahren meine vertrauten Freunde geworden – Worte, die ich liebe. Ich spüre wieder dieses wohlbekannte ruhige, glückliche Gefühl, und ich dämmere wieder weg und tauche hinein in eine traumhafte Erinnerung an den Tag, an dem Onkel Henry aus China zurückkam. Realistisch wie nie zuvor knirschen die Reifen auf dem Kies, und ich sehe, wie Mom sich die Hände an der Schürze abwischt; *und ich höre wieder diese Worte, und ich muss sie aufschreiben, bevor ich sie wieder vergesse!*

Ich bin jetzt wach und wünsche mir verzweifelt einen Stift oder einen Füller. Papier ist nicht so wichtig; es ist egal, worauf ich schreibe – einen Umschlag, eine Pappschachtel, auf meine Hand!

Dann sehe ich eine Fremde auf mein Bett zukommen. Sie ist groß und blond und ganz weiß gekleidet. Es ist mir gleich, wo ich bin oder was passiert ist. Ich rufe nach ihr und sie kommt zu mir.

»Bitte, haben Sie einen Stift?«, frage ich.

Sie sieht mich erstaunt an. Sie gibt keine Antwort.

»Bitte, haben Sie einen Stift und ein Stück Papier? Ich muss ein paar Worte aufschreiben.«

Warum hilft sie mir nicht? Im verzweifelten Wunsch nach Stift und Papier mache ich ihr Zeichen, ich ahme den Akt des Schreibens nach. Es scheint eine Ewigkeit zu dauern, bevor sie begreift, was ich brauche. Endlich bringt sie mir einen Kugelschreiber und Papier.

Ich beginne, die Worte aufzuschreiben, deren fordernder Klang immer noch in meinem Geist widerhallt. Ich bin von der seltsamen spirituellen Freude erfüllt, die ich immer spüre, wenn ich meine Predigten vorbereite. Und so schreibe ich.

Ich bin stolz auf meine neue Zeile. Ich fühle, wie sie meine ganze Persönlichkeit durchstrahlt. Ich halte das Stück Papier einen Augenblick lang fest, als sei es ein wertvolles Original von Tennyson, das ich nicht wieder hergeben möchte. Dann, als ich wieder auf die Zeile auf dem Papier schaue, sehe ich, dass die Buchstaben nichts sind als ein wirres Durcheinander, nur Linien und Krakel.

Das ist doch nicht das, was ich geschrieben habe!

Ich versuche es wieder. Immer noch ... Gekritzel und grobe, zittrige Linien.

Wie sehr ich mich auch anstrenge, meine Hand gehorcht mir einfach nicht.

Schließlich gebe ich der Frau das Stück Papier zurück. Sie schaut es an, wieder verwirrt, und als sie aufschaut, sehe ich das Mitleid in ihren Augen.

»Bitte heben Sie das für mich auf«, sage ich.

Sie sieht erneut verwirrt aus und wendet sich ab.

Ich bin so müde, ich muss einfach noch ein bisschen schlafen. Und so schlafe ich ein. Während immer wieder die gleichen Worte sich in meinem Geist wiederholen:

Wie lieblich es ist, an der Schwelle zu morgen zu stehen!
Wie lieblich es ist, an der Schwelle zu morgen zu stehen!
Wie lieblich es ist, an der Schwelle zu morgen zu stehen!

Etwas später höre ich durch den Schleier des Halbschlafs eine sanfte Stimme, die wie die eines Engels klingt. Ich lächle, obwohl ich noch nicht wach bin. Als ich die Augen öffne, sehe ich eine andere Frau – sie ist *so* wunderschön. *Vielleicht wird sie mich heiraten*, denke ich.

»Bob?«, sagt sie.

Ich kenne diese Stimme. Sie ist so schön wie die Frau.

»Bob? Ich bin's, Liebling. Arvella!« Ich fühle ein Brennen in den Augen und etwas Feuchtes läuft meine Wange hinunter. Ich schlafe wieder ein, das Gesicht der hübschen Frau lächelt mir zu und ihre Stimme ruft meinen Namen.

Das Nächste, das ich in meinem Bewusstsein wahrnehme, ist ein Rumpeln unter mir, rollende Räder. Ich öffne die Augen. Ich sehe weiße Wände und viele fremde Leute. Dann wird es wieder dunkel. Bin ich draußen? Ich friere. Ich rieche etwas Komisches ... Abgase? Ich schlafe wieder ein.

Auch jetzt noch weiß ich wenig von den zwei Wochen vor meinem Rückflug nach Hause – wenig von dem Unfall, den Operationen, dass mein Sohn, meine Tochter und meine Frau nach Amsterdam kamen. Arvella erzählte mir später, dass sie den Chirurg gefragt hatte, ob ich jemals wieder würde sprechen oder schreiben können. Er hatte ihr nichts versprechen können. Als ich meine erste Operation hinter mir hatte, hatte sich das Blut wieder gesammelt, hatte wieder Druck auf mein Gehirn ausgeübt. Die Ärzte hatten erneut operieren müssen, sie hatten ein Loch in meinen Schädel bohren müssen, damit das Blut abfließen konnte.

Zu Hause wurde rund um die Uhr für mich gebetet. Inzwischen war »Schuller bei Gehirnoperation gestorben« die erste von zahlreichen Falschmeldungen in der Presse. Mein Bruder Henry hörte davon und war in tiefer Trauer, bis es ihm gelang, meine Tochter Gretchen zu erreichen und die Wahrheit in Erfahrung zu bringen.

Am 16. September kam ich am Flughafen von Los Angeles an, und ein Krankenwagen brachte mich in das medizinische Zentrum der Universität von Kalifornien in Irvine (UCI), das eine halbe Meile von unserer Kirche entfernt ist. Es war mein 65. Geburtstag.

Ich höre »Happy Birthday!« und ich sehe die Kerzen auf dem Kuchen. Aber wer sind all die Leute um mich herum? Sie kommen mir bekannt vor, diese hübschen Menschen. Ich lausche ihrer gedämpften Unterhaltung.

»Erkennt er uns, Mom?«, sagt eine junge Stimme.

»Ich weiß es nicht, Liebling. Die Ärzte sagen, dass er uns vielleicht eine Zeit lang nicht erkennen wird.«

Ich drehe mich um, um zu sehen, wer da so sanft und bestimmt spricht, denn diese Stimme gibt mir ein Gefühl von Sicherheit. Es ist die schöne Frau – die, die ich heiraten möchte. Dann fällt es mir ein: Ich *habe* sie ja geheiratet! Es ist Arvella! Sie ist meine Frau! Ich rufe ihren Namen und sie lächelt. Eine Träne läuft über ihre Wange. Sie bringt auf Grund ihrer stillen Tränen eine ganze Weile lang kein Wort heraus. Warum wühlt meine Begrüßung sie so auf?

Nach ein paar Minuten sagt sie zu mir: »Bob, Carol hat ein besonderes Geschenk für dich. Während du operiert wurdest, hat sie ihr neues Bein bekommen. Weißt du noch, wie sie nach Oklahoma musste, um es zu bekommen? Sie ist zurück und sie kann ganz wunderbar laufen!«

Ich glaube, ich erinnere mich daran; es kommt mir irgendwie bekannt vor. Meine Tochter, die, die ... ihr Bein?

Ich sehe eine große blonde Frau auf und ab gehen. Sie geht besser, als ich es in Erinnerung habe. Ein neues Bein? Hmmm. Das *kenne* ich. Ich frage sie: »Hast du deine neue – Pros... Pros... these bekommen, Carol?« Ich bekomme die Worte heraus, aber sie kommen langsam und unter Anstrengung und undeutlich.

Offensichtlich versteht sie mich. »Ja, Daddy«, sagt sie. Sie sitzt am Kopfende meines Betts und streichelt mir sanft über die Wange. Sie sagt mir, dass ich wieder in Ordnung kommen werde und dass sie mich lieb hat. Ich höre, wie sie sagt: »Daddy, du hast viel Zeit an meinem Bett verbracht. Ich denke, jetzt ist es Zeit, dass ich mich revanchiere.« Ihre Hand ist warm und angenehm und ich schmiege mein Gesicht in diese Hand. Sie murmelt einige betende Worte ... und ich fange an zu weinen.

»Dad?« Es ist eine andere blonde Frau, die hinter Carol steht. Ich erkenne sie: Es ist Sheila.

»Alles Gute zum Geburtstag, Dad«, begrüßt sie mich und beugt sich über mich, um mich zu küssen.

Dann singen alle im Zimmer für mich. Da ist das Lied wieder: »Happy Birthday!« Ich habe das Gefühl, als sei ich aus einem langen Traum erwacht,und ich nehme alles um mich herum wahr – es ist seltsam vertraut und liegt doch irgendwie im Nebel.

Ich blicke in all die hübschen Gesichter um mich herum, dann konzentriere ich mich auf eines. Diese junge Brünette.

»Hi, Daddy«, sagt sie. »Ich bin's, Gretchen.« Sie beugt sich vor und umarmt mich, das Gefühl kenne ich.

Wow! Was für ein großer, gut aussehender dunkelhaariger Mann da neben ihr! Ist das mein Sohn? Und was für eine hübsche blonde Frau er am Arm hat, mit einem so warmen und tröstenden Lächeln.

»Dad? Ich bin's, Robert«, sagt er. »Sie haben uns mitgeteilt, dass du das Kreuz auf dem ›Tower of Hope‹ sehen können wirst, wenn du in dein endgültiges Zimmer verlegt wirst.«

Eine andere große Brünette kommt auf mich zu. »Dad? Ich bin's, Jeanne«, sagt sie, denn sie spürt meine Unsicherheit. »Du siehst ja niedlich aus! Ich hätte nie gedacht, dass ich dich einmal mit Glatze sehen würde. Und dünn bist du geworden! Herzlichen Glückwunsch, Dad, du hast das Gewicht verloren, um das du dir immer Gedanken gemacht hast.«

Eine Glatze? Ich fasse mir an den Kopf. Dünn? Ich schaue hinunter auf meinen Bauch, der jetzt flach und glatt ist. Ich sehe all diese hübschen Menschen an, ich lächle und hebe die Augenbrauen. Ich versuche zu sagen: »Ich sehe gut aus, nicht wahr?« Sie kichern und weinen alle miteinander – und durcheinander –, und wenn sie lächeln, muss auch ich lächeln. Aber wo sind meine Haare? Warum bin ich zu Hause? Habe ich den Papst getroffen? Bin ich in Russland gewesen?

Ich werde wieder müde und ich fühle mich nicht allzu gut. Mein Kopf schmerzt und ich rolle mich zusammen. Als ich langsam wieder in den Schlaf hinübergleite, höre ich noch, wie Arvella jemandem zuflüstert: »Er hat Angst. Er hat Angst, dass ihn niemand mehr haben will.«

Am 17. September 1991 wurde ich aus dem Krankenhaus entlassen, aber ich erinnere mich auch daran nicht. Ich verbrachte die nächsten Tage eingemummelt im Bett – die meiste Zeit schlafend –, außer wenn meine Frau mich wachrüttelte, um mich auf die Toilette zu schicken oder zum Physiotherapeuten, bei dem ich in der UCI täglich einen Termin hatte.

»Dad? Ich bin's, Carol!«

Ich öffne die Augen und sehe meinen eigenen Nachttisch. Ich sehe meine Lampe. Ich sehe meine Bücher und meine blaue Lederbibel auf dem Tischchen. Ich sehe meinen Schaukelstuhl neben dem Bett. Ich sehe das große weiße, holzverzierte französische Fenster, das den Blick auf den sonnendurchfluteten Garten umrahmt, und die gewaltigen Äste unseres großen Ficus, all das bildet den Hintergrund für meine Tochter.

»Wie geht's dir, Daddy?«, fragt Carol.

»Prima«, sage ich. Für sie bemühe ich mich um Optimismus.

»Wo sind die Kinder?« *Hat* sie überhaupt Kinder? Oder war das Sheila? Oh, ich bin so verwirrt.

»Sie sind bei Tim«, sagt sie. »Ich wollte dich nur für ein paar Minuten besuchen. Ich habe für dich gebetet, Daddy, und ich habe ein Lied gehört, und ich dachte, das würde dir bestimmt gefallen. Mach die Augen zu.«

Sie legt ihre Hand auf meine Brust. Unter dem Gewicht der sanften Berührung fühlt sich mein Baumwollpyjama warm an meiner Haut an. Ich höre zu, wie sie betet, dann höre ich die Musik aus ihrem CD-Spieler. Zuerst der Klang einer akustischen Gitarre; sie klingt weich und verbreitet eine ruhige Atmosphäre. Dann höre ich eine sanfte Baritonstimme singen:

»Meine Hoffnung ruht allzeit/auf Jesu Blut und Gerechtigkeit./Ich traue nicht dem schönsten Schein,/nur Jesu Name ganz allein.«

Dann der Refrain:

»Christus, der Fels, ist mein fester Stand, alles andere täuschender Sand; alles andere täuschender Sand.«

Dann kommt die zweite Strophe: »Und wenn auch Dunkles ihn verhüllt,/ich bin von seiner Gnade erfüllt./Und sind die Wellen noch so hoch, mein Anker hält im Nebel noch.«

Die Worte durchdringen mich. Ich fühle, wie mein Gesicht sich verzieht, meine Augen brennen und die Tränen fließen, während ich den Refrain mitsinge:

»Christus, der Fels, ist mein fester Stand, alles andere täuschender Sand; alles andere täuschender Sand.«

Dann sinke ich wieder in einen gesegneten Schlaf. Ich höre gerade noch das leise Rascheln von Carols Kleidung, als sie geht.

Diese Tage voller Träumerei und Nostalgie hatten ihre eigene, träumerische Qualität. Immer wieder in behaglichen Schlummer sinkend, nahm ich wieder Verbindung mit den Tagen meiner Kindheit auf. Ich verbrachte viele Stunden damit, erneut mit dem Floyd River Freundschaft zu schließen, mit der alten roten Scheune, mit Mom und Dad – all das in meinen Träumen.

Aber bald schon wurde ich unruhig und war begierig, wieder aufzustehen und wieder in Bewegung zu kommen. Schließlich hatte ich mein »Irgendwo« nicht durch Schlafen und Dösen erreicht.

»Bob! Herunter von diesem Hocker!«, schilt mich Arvella.

Was habe ich denn getan? Ich will doch nur diese kaputte Glühbirne auswechseln! Es stört mich, dass sie nicht funktioniert. Mensch – jeder behandelt mich wie ein kleines Kind!

»Ich bin ein Mann von 64 Jahren«, sage ich in einem Ton, von dem ich denke, dass es ein Befehlston ist. »Lass mich tun, was ich will!«

Sie tadelt mich wieder. »Du bist 65, Liebling. Du hattest gerade Geburtstag.«

Beunruhigt verlasse ich die Küche und gehe ins Musikzimmer. Als ich am Flurspiegel vorübergehe, sehe ich meinen kahlen Schädel und die 30 Zentimeter lange Narbe in Hufeisenform, die meine Stirn umkränzt. Ich erzähle den Leuten, dass man mich hier aufgeschnitten hat wie mit einem Dosenöffner, dass sie die Haut zurückgeklappt haben, um die Schädeldecke zu durchbohren und aufzusägen und schließlich meinen Kopf wie eine Kürbislaterne zu öffnen. Mit zwei Fingern fahre ich über die beiden Löcher; es sind tiefe Narben, die von den Operationen zurückgeblieben sind. Sie sind für mich zu Freunden geworden. Freunden? Ja. Jedes Mal, wenn ich diese Höhlungen spüre, erinnern sie mich daran, dass sie mir die Möglichkeit wiedergegeben haben, zu sprechen und zu schreiben.

Ich betrete das Musikzimmer und lasse mich verdrießlich in Grandpas Schaukelstuhl fallen. Die Narbe ist Beweis genug, dass ich all das erlebt habe, von dem sie mir erzählt hat, auch wenn es mir immer noch schwer fällt, es zu glauben.

Arvella stöbert mich dort auf.

»Liebling, ich wollte dich nicht schelten«, sagt sie, um Verzeihung bittend. »Es macht mir einfach Angst, Bob. Der Arzt sagt, du sollst nirgendwo hochklettern. Wenn du fällst, fängst du unter Umständen wieder an zu bluten, und das dürfen wir nicht zulassen.«

Ich schaue sie an und erinnere mich daran, dass ich genau in diesem Schaukelstuhl saß, als Dr. Graham mir von ihrem Brustkrebs berichtete. Ich fange wieder an zu weinen. Ich weine sehr oft in diesen Tagen.

»Was ist los, Bob?«, fragt sie mich.

»Ich liebe dich nur so sehr. Du bist so hübsch, so freundlich. Willst du mich heiraten?«

Sie kichert. Dann gibt sie mir einen Kuss auf die Stirn. »Kann ich dir irgendetwas bringen, Liebling?«

»Nein, ich brauche nichts. Danke trotzdem.«

Sie geht wieder an ihre Arbeit in der Küche.

Auf dem Beistelltisch liegen Zeitungsausschnitte aus den letzten Wochen sowie Grußkarten und Bilder meiner Enkelkinder. Ich greife nach einem Artikel aus dem *Orange County Register* mit der Schlagzeile:

»Schuller erholt sich von Gehirnoperation
Kopfverletzung zerstörte Blutgefäß

Reverend Robert H. Schuller, 64, Pastor von Garden Groves ›Crystal Cathedral‹, ist in einem Amsterdamer Krankenhaus wieder bei Bewusstsein und spricht auch bereits, nachdem er sich wegen eines geplatzten Blutgefäßes einer Notoperation hatte unterziehen müssen.

›Es geht ihm gut. Ich habe heute Nachmittag mit ihm gesprochen‹, sagt Robert A. Schuller, sein Sohn, der an seinem Krankenbett Nachtwache gehalten hat. ›Er hat gefragt, wann er wieder nach Hause kann.‹«

Habe ich das? Ich kann mich nicht daran erinnern! Bob war in Amsterdam? Auch davon weiß ich nichts mehr! Ich lese weiter:

»›Der Fernsehprediger, Moderator des Fernsehgottesdienstes ›Hour of Power‹, hat offensichtlich eine Schädelverletzung erlitten, als er sich am Sonntagnachmittag vor seinem Hotel in der Hauptstadt der Niederlande den Kopf an einem Autodach stieß‹, sagt Michael Nason, ein Mitarbeiter, der Schuller begleitet hatte.«

Daran kann ich mich erinnern! Aber es passierte, als ich am Flughafen ins Auto stieg, nicht vor dem Hotel! *Das hast du falsch mitbekommen, Junge*. Ich las weiter:

»Als Nason ihn bewusstlos in seinem Hotelzimmer fand, brachte man ihn sofort ins Krankenhaus, wo eine dreistündige Operation begann …«

Schon wieder falsch! Es waren acht Stunden!

»… um das Blut aus seinem Schädel zu entfernen. Schuller war anlässlich einer Konferenz mit kirchlichen Leitern in Amsterdam und hatte vorgehabt, später in der Woche nach Russland zu reisen.«

Oh, ja – Russland. Meine Treffen – was war mit meinen Treffen?

»Arvella?« In einem leichten Anflug von Panik rufe ich laut nach ihr.

»Ja, Liebling?«, antwortet sie und schaut zur offenen Tür herein.

»Arvella, ich habe es nicht bis Russland geschafft! Marjorie soll anrufen und einen neuen Termin ausmachen.«

»Schatz, Marjorie ist nicht mehr deine Sekretärin. Lass uns noch ein bisschen warten, bevor wir wieder an Russland denken. Wie ich höre, ist Gorbatschow völlig ausgebucht und wird dich wahrscheinlich nicht vor dem nächsten Sommer treffen können.«

Ich höre gar nicht zu. Ich denke nicht einmal mehr an Russland. Ich bin schon wieder ins Lesen vertieft.

»›Er hat sich ordentlich den Kopf angeschlagen. Eine verrückte Sache‹, äußerte sich Schullers Sohn. ›Ich glaube, die ganze Sache ist ihm selbst peinlich.‹

Schuller hat seine Pläne, die Sowjetunion zu besuchen, aufgegeben und wird nach Orange County zurückkehren, sobald die Ärzte ihn für transportfähig erklären, so sein Sohn.«

Die Sowjetunion!

»Arvella?«, rufe ich.

Fast im gleichen Augenblick kommt sie herein, die Hände an ihrer Schürze abwischend. »Ja, Liebling?«

»Rufe Marjorie an und sage ihr, dass sie neue Termine für Russland machen soll.«

»Schatz, Marjorie ist nicht mehr ...«

Ich lese schon wieder weiter.

»Nach der Operation teilten die Ärzte Nason mit, dass sie mit vorsichtigem Optimismus davon ausgehen, dass keine bleibenden Hirnschäden entstanden seien.

Schuller hatte vorgehabt, für einen Tag in Amsterdam zu bleiben, um sich dort mit führenden Mitarbeitern der europäischen ›Hour of Power‹ zu treffen, bevor er sich zu einer Reise nach Rom aufmachen würde, um dort eine Privataudienz bei Johannes Paul II. wahrzunehmen. Danach wollte Schuller weiter nach Moskau, wo ein besonderer Auftritt im sowjetischen Fernsehen geplant war. Er hatte auch vorgehabt, seine Show auf kommerziellen Sendern in Russland und in der Ukraine zu starten.«

Russland!

»Arvella?«, rufe ich.

Sie kommt herein, gerade ein Laken zusammenfaltend. »Ja, Liebling?«, sagt sie mit einem schweren Seufzer.

»Du musst Marjorie anrufen und ihr sagen, dass sie neue Termine für Russland machen muss.«

»Bob –«, sie klingt ein bisschen frustriert. Warum ist sie frustriert?

Sie steht neben mir und sieht zu, wie ich den Zeitungsausschnitt lese und mit den Einzelheiten hadere.

»Erinnerst du dich an irgendetwas hiervon, Liebling?«, fragt sie mich.

»Ich erinnere mich, wie ich mir den Kopf angestoßen habe. Ich weiß noch, wie wir Corrie ten Booms Haus besucht haben – den Uhrenladen. Ich weiß auch noch, wie ich das Aspirin bekam. Ich erinnere mich, dass mir furchtbar heiß wurde.«

»Bob, als du im Krankenhaus ankamst, hat der Arzt Paul erzählt, dass es deinen Tod bedeutet hätte, wenn du nur 20 Minuten später gekommen wärst. Dein Blut war durch das Aspirin so sehr verdünnt, dass du stundenlang Gehirnblutungen hattest, und es hatte keine Möglichkeit abzufließen.«

Wir schweigen beide eine ganze Weile. Es ist so schwer, all das zu verstehen, was passiert ist, aber tief in meinem Innern weiß ich, dass Arvella die Wahrheit sagt.

»Bob, du bist die ganze Nacht draußen auf diesem Balkon gewesen«, unterbricht sie die Stille. »Weißt du, wie kalt es im September in Amsterdam werden kann?«

Was für ein Balkon? Ich denke nach. *Ich dachte, ich wäre ins Badezimmer gegangen!*

Ich schaue auf den Artikel in meiner Hand. Allerdings heißt es da, dass man mich ›bewusstlos auf einem Stuhl auf dem Balkon zusammengesunken‹ gefunden habe. Also gut!

Arvella, der klar ist, dass ich versuche, die Teile des Puzzles zusammenzufügen, ergänzt: »Dein Körper blockierte die Türen, die nach außen aufgehen.«

»In einem Stuhl?«, frage ich, meine neu gewonnenen Informationen aus dem Zeitungsartikel anwendend.

»Nein«, antwortet sie zu meiner Überraschung. »Du lagst bewusstlos am Boden. Der Page musste vom Nachbarbalkon aus mit einer Leiter zu dir herüberklettern, um dich zur Seite zu ziehen und den Sanitätern die Türe zu öffnen.«

Anscheinend zeichnet sich auf meinem Gesicht wachsende Ungläubigkeit ab, denn Arvella erklärt mir: »Bob, du lagst im *Koma*. Du wärst fast *gestorben*. Die Sache war *sehr ernst*. Erinnerst du dich daran, wie Paul für dich gebetet hat?«

»Nein«, gebe ich zur Antwort. Langsam wird mir ein wenig flau von der ganzen Unterhaltung.

»Paul hat erzählt, dass er dein Gesicht in die Hände genommen und angefangen hat zu beten, und als er das tat, hättest du die Augen geöffnet und ihn angelächelt. Du kannst dich nicht daran erinnern?«

»Nein.«

»Was ist denn das Nächste, an das du dich erinnern kannst, nachdem dir so warm geworden war?«

»Ich erinnere mich daran, dass ich im Krankenhaus aufwachte, und ich erinnere mich an einige Worte, die ich unbedingt aufschreiben wollte.«

Arvella greift nach der Bibel auf dem Beistelltisch und öffnet sie. Sie nimmt ein Stück Papier heraus und gibt es mir. Ich sehe nichts als Gekritzel und Gekrakel – wie die ersten Zeichenversuche eines Kleinkinds.

Trotzdem überläuft mich ein Schauder, als ich es sehe, denn ich erkenne es wieder. »Ich kenne diesen Zettel«, sage ich. »Und ich weiß, was darauf steht.«

Arvellas Augen leuchten auf. Es scheint, dass ich dabei bin, ein Geheimnis zu lüften, das sie schon seit langem zu entschlüsseln versucht. Sie hängt an meinen Lippen, als ich den Zettel hochhalte und das unleserliche Gekritzel übersetze:

»Wie lieblich es ist, an der Schwelle zu morgen zu stehen.«

Arvella hält sich die Hand vor den Mund und ihre Augen füllen sich mit Tränen.

Die Ärzte sagten, es würde noch Zeit brauchen – einige Zeit –, bevor ich wieder vollständig hergestellt sein würde, wenn ich mich *überhaupt* jemals wieder ganz erholen würde. Sie machten keine Versprechungen. Aber ich hatte schon den größten Teil meiner Sprache zurückgewonnen, und ich war dabei, meine Fähigkeit zu schreiben wieder herzustellen. Jetzt war es mein Gedächtnis, das ich wieder brauchte – das und mein Haar! Mein Gedächtnis sollte am längsten brauchen.

So vieles von dem, was sich zwischen dem Augenblick, in dem ich die Badewanne füllte und dem Zeitpunkt meiner Rückkehr nach Hause ereignete, blieb für mich im Dunkeln, und Arvella würde so vieles davon nie vergessen.

Sie würde nie den Spatz vergessen, der an einem Tag, an dem sie noch nicht wusste, ob ich leben oder sterben würde, flatternd am Fenster der Intensivstation erschien. Dieser kleine Vogel, der dort im sechsten Stock vor dem Fenster schwebte, wo es keinen Sims und keinen Balkon gab, schien wirklich vom Himmel geschickt. Er stand dort in der Luft, als ob er ihr eine Botschaft übermitteln wollte, eine Zeile aus dem beliebten Kirchenlied »Sein Auge wacht über den Spatzen«.

Arvella würde auch niemals die Worte des Chirurgen vergessen, der ihr sagte, dass ein Patient, selbst wenn er sich von einem Gehirntrauma diesen Ausmaßes erholte, möglicherweise eine völlig andere Persönlichkeit entwickeln würde. Sie musste einige Zeit mit dieser Ungewissheit leben, mit der Frage, ob sie vielleicht einen ganz anderen Mann zurückbekommen würde. Alles, was sie tun konnte, war, der Botschaft zu vertrauen, die sie von diesem kleinen Vogel bekommen hatte – dass Gott Bescheid wusste und dass alles gut werden würde.

Arvella würde niemals den Mut des jungen Pagen vergessen, der sein eigenes Leben riskiert hatte, als er über die Leiter kletterte, die drei Stockwerke über dem Kanal von einem Balkon zum anderen gelegt worden war, um das Leben eines völlig Fremden zu retten. Sie würde niemals vergessen, wie leicht ich über das Geländer des Balkons hätte stolpern und im Wasser darunter hätte versinken können. Genauso leicht, wie ich mit meinen durch all das Aspirin verschlimmerten Gehirnblutungen in der heißen Badewanne hätte ertrinken können.

Arvella würde niemals den Arzt vergessen, der ihr, gerade als sie in Amsterdam angekommen war, sagte, dass ich sie möglicherweise nicht wiedererkennen würde. Dass sie nach all den Jahren, die wir zusammengelebt und uns geliebt hatten, zusammen Tragödien überstanden und Schwierigkeiten überwunden und gemeinsam unsere Kinder aufgezogen hatten, nun plötzlich der Tatsache ins Auge sehen musste, dass ich vielleicht plötzlich ihr Gesicht und ihren Namen nicht mehr kennen würde. Und sie würde niemals die Empfindungen vergessen, die sie hatte, als sie an meinem 65. Geburtstag hörte, dass ich ihren Namen aussprach.

Ermutigt durch einen lieben Freund, J. B. Fuqua, kehrte ich an einem Sonntagmorgen – am 4. November – auf die Kanzel zurück. Anderthalb Monate zuvor hatte er aus seinem Zuhause in Atlanta angerufen.

»Hi, Bob! Wie geht es dir?«, hatte er gesagt.

»Oh, prima, J. B. Die Ärzte haben gerade ihren Büchsenöffner genommen, meine Schädeldecke geöffnet und alle negativen Gedanken herausgesaugt!«

»Das ist eine gute Eröffnung, wenn du wieder auf der Kanzel stehst«, erwiderte er. »Jetzt hör mir gut zu: Du musst so schnell wie nur irgend möglich zusehen, dass du wieder auf den Bildschirm kommst. Die Leute müssen sehen, dass du lebst. Sie wollen deine Stimme hören und selbst sehen, dass du in Ordnung bist – dass du noch denken kannst und dass du immer noch dein berühmtes Lächeln besitzt.«

»Aber ich habe überhaupt keine Haare, J. B.!«

»Ich bin sicher, dass du einen Weg finden wirst, damit klarzukommen«, tat er meinen Einwand ab. »Solche Sachen haben dich ja früher auch nicht aufgehalten!«

Sechs Wochen später hatte ich mir eine Perücke besorgt und stand wieder vor meiner Gemeinde, die mich mit Standing Ovations ehrte. Der Titel meiner Predigt?

»Wie lieblich es ist, an der Schwelle zu morgen zu stehen!«

42

1991 stand Russland am Rande einer Hungersnot. Obwohl ich mich immer noch in der Rekonvaleszenz befand, gelang es mir, die Gründung einer Vereinigung der größeren protestantischen Kirchen voranzutreiben, die sich *Churches United in Global Mission* (CUGM)[7] nannte, und mit ihrer Hilfe schickten wir 11000 Pakete mit Nahrungsmitteln an die Orthodoxe Kirche nach Moskau. Eine zweite Sendung folgte im März 1992.

Inzwischen gingen die Verhandlungen über die Ausstrahlung der kompletten *Hour of Power*-Sendung an jedem Sonntag von Moskau aus weiter, die die kurzen halbstündigen »Von Herz zu Herz«-Sendungen ersetzen sollten. Meine Anwesenheit in Moskau wurde erforderlich, um die Verträge zu unterzeichnen. Ich begann, Pläne für die Reise zu machen.

Ich würde einen Übersetzer brauchen, ebenso einen Manager für das russische Büro von *Hour of Power*. Durch eine Dame, die an der nahe gelegenen Universität von Kalifornien in Irvine Russisch unterrichtete, machten wir die Bekanntschaft ihres Sohnes Andrej Danilenko, eines jungen Moskauers (den wir dann auch anstellten). Seine Hinwendung zum Christentum änderte sein persönliches Leben in den nächsten Jahren so dramatisch, dass sogar ich darüber erstaunt war.

Im Juni 1992 hörte der Oberbefehlshaber der russischen Armee von meinem Besuch in Moskau. Dieser Mann war durch meinen Fernsehgottesdienst angesprochen worden und zum Glauben gekommen. »Sie haben mir geholfen, vom Atheismus zum Christentum zu finden, Dr. Schuller«, sagte er. »Sie müssen kommen und vor 700 Offizieren sprechen, die unter meinem Kommando stehen.«

Ich nahm an, aber es lief, gelinde gesagt, nicht besonders gut. Die Hälfte der Offiziere protestierte darüber, dass man sie zu diesem Vortrag »gezwungen« habe. Meine gesamte Ansprache hindurch gab es Gemurmel und Gemurre im Publikum.

Das Parlament nahm mich sehr viel freundlicher auf. Seine Repräsentanten waren nicht nur von unserem Fernsehdienst beeindruckt, sondern auch von unserer Arbeit für Tschernobyl und von unserer Hilfsaktion während der Nahrungsmittelknappheit.

Ich traf mich ebenfalls mit dem russischen landwirtschaftlichen Komitee, einer Untergruppierung des Parlaments. Der Vorsitzende des Komitees dankte mir für unsere Anstrengungen bei der Nahrungsmittelversorgung, dann fügte er noch hinzu: »Dr. Schuller, wir wissen, dass Sie auf einer Farm in Iowa aufgewachsen sind. Ihre Farmen in den Vereinigten Staaten sind schon immer weltweit führend, was die Produktivität angeht. Unsere großen Kolchosen werden gerade aufgelöst, und es ist die Aufgabe des Parlaments, darüber zu entscheiden, wer das Land besitzen soll.

Dr. Schuller, ich bin dazu befugt, Ihnen 20.250 Hektar unseres besten Ackerlandes zu überschreiben. Kommen Sie und teilen Sie sie in kleine Bauernhöfe auf, wie die, die Sie in Iowa haben, und zeigen Sie uns, wie wir genügend Nahrungsmittel produzieren können, um alle unsere Bürger zu ernähren.«

»Ich kann von Ihrem Volk kein Land annehmen!«, rief ich aus. »Aber was ich tun kann und werde, ist, ein Team von Weltklasse-Landwirtschaftsexperten zusammenzustellen, die herkommen werden, um Sie zu beraten.«

Nach meiner Rückkehr in die USA reiste ich nach Minneapolis, um mich dort mit Vertretern von *Churches United in Global Mission* zu treffen. David Scoates, ein Methodistenpastor, wurde mit der organisatorischen Aufsicht über dieses Projekt beauftragt. Er gab diese Aufgabe an eines seiner Gemeindemitglieder weiter, an Ralph Hofstad. Dieser erst kürzlich in den Ruhestand getretene Geschäftsführer der *Land o' Lakes, Inc.*, stellte ein Komitee zusammen, das den ebenfalls im Ruhestand befindlichen Leiter der *Iowa States University*, Ames, mit einschloss. Dieses Komitee schuf Beispielfelder in Russland, die die Aufmerksamkeit eines jeden auf sich zogen, der mit der Landwirtschaft dieser Nation zu tun hatte. Acht Jahre später erzählte mir Gorbatschow, dass er dieses Experiment im Bereich des Managements und Marketings landwirtschaftlicher Produktivität als das erfolgreichste und einzige wiederholbare Beispiel in der gesamten Nation betrachtete. Für einen Bauernjungen aus Iowa, der selbst nie so recht den Zugang zur Landwirtschaft gefunden hat, waren das natürlich großartige Nachrichten.

Aber eigentlich war ich ja nach Russland gekommen, um einen Vertrag zu unterzeichnen, dessen Ausgestaltung sich jedoch plötzlich als schwierig erwies. Wir wollten in wenigen Tagen in ganz Russland mit der wöchentlichen Ausstrahlung der kompletten *Hour of Power* beginnen, aber ohne Armand Hammer fehlte mir der Einfluss, den ich brauchte, um die Dinge zum Laufen zu bekommen.

»Wir müssen noch einige Verbesserungen vornehmen«, sagte man mir. Es dauerte bis eine Dreiviertelstunde vor dem Start unserer Maschine nach Amerika, bis wir unseren Freund Boris, der wieder unser Führer war, sahen, wie er in den VIP-Bereich des Flughafens gerannt kam und mit einem großen Stück Papier winkte.

»Hier ist es, Dr. Schuller! Sie haben unterzeichnet! Unterschreiben Sie hier und in wenigen Wochen sind Sie auf Sendung!«

Unsere erste Ausstrahlung der kompletten *Hour of Power*-Sendung ging am 7. Juni 1992 über den Äther. Drei Monate später erfüllte ich das Versprechen, das ich gegenüber dem russischen Parlament gegeben hatte: Wir starteten das russische Landwirtschaftsprojekt.

Im April des darauf folgenden Jahres war es an der Zeit, die Bilanz eines knappen Jahres *Hour of Power* im russischen Fernsehen zu ziehen. Bewirkten wir wirklich etwas? Unsere Botschaft des Möglichkeitsdenkens war und ist so stark mit der Kraft des Individualismus verbunden. Wie konnte sie, ohne auf Konfrontationskurs zu gehen, eine Gesellschaft beeinflussen, die so stark vom Kollektivismus geprägt war, ein Volk, das seit langem dazu indoktriniert worden war, Entscheidungen der Obrigkeit zu überlassen?

Wir beschlossen, die Dinge persönlich in Augenschein zu nehmen. Auf dieser 1993er Reise trafen wir uns zuerst mit Gorbatschow, der inzwischen aus dem Amt entlassen worden war. Mein Übersetzer Andrej Danilenko und ich trafen das frühere Staatsoberhaupt in seinem offiziellen Büro.

»Dr. Schuller«, begann er, »ich habe Sie in Russland ins Fernsehen gebracht und jetzt komme ich selbst nicht mehr auf den Bildschirm! Ich habe keine Presse mehr! Jelzin hat jetzt alle Macht in Händen.«

Dann geschah etwas, das Gorbatschows Einschätzung bestätigte: Andrej schob mir eine Mitteilung zu: »Jelzins Büro hat angerufen. Sie möchten uns dort treffen.«

Mit Hilfe einer Polizeieskorte – mit Blaulicht und Sirene – eilten wir durch die Straßen der Stadt zur Kremlmauer, dann durch ein großes Tor hinein in das alte Machtzentrum des Weltkommunismus.

Wir wurden an den Ort eskortiert, der in Amerika das *Oval Office* und der Versammlungsraum des Kabinetts gewesen wäre, und wo uns Vyacheslav Voklov, der Vizechef von Jelzins Adminstration, erwartete.

»Der vergangene Sonntag«, sagte Voklov, »der 25. Mai, war wirklich der Tag der Geburt eines neuen Russland. An diesem Tag haben wir für eine neue Verfassung gestimmt, die die Diktatur beendet und die Demokratie einführt. Jelzins Entschluss, diese Entscheidung dem Volk zu überlassen, wurde von vielen kritisiert. Die Gegner meinten: ›Was, wenn sie nicht dafür stimmen? Ist das Volk nicht über lange Zeit indoktriniert worden, ein patriarchalisches politisches System anzunehmen?‹

Dr. Schuller, wir haben wochenlang Tag und Nacht gearbeitet, um dem Volk die Entscheidung für eine Demokratie nahe zu bringen. Direkt vor den Wahlen habe ich hier den ganzen Samstagabend gearbeitet. Ich habe nur ein paar Stunden auf diesem Sofa hier geschlafen! Am Morgen habe ich den Fernseher eingeschaltet. Es war 8 Uhr und Sie waren im Programm. Ich habe ›Hour of Power‹ hier in Russland jetzt fast ein Jahr lang verfolgt – jeden Sonntag! Ich weiß, wie groß Ihr Publikum ist. Mit Ihrem Lächeln sagten Sie: ›Dies ist der Tag, den der Herr gemacht hat; wir wollen uns freuen und fröhlich sein in ihm!‹

In diesem Augenblick wusste ich, dass, Sie zu sehen und zu hören, die Menschen mehr als alles andere motivieren würde, zu den Urnen zu gehen und für die Demokratie zu stimmen! Und Ihre Predigt – das schwöre ich – war genau so, als wäre sie exakt für Russland, für diesen historischen Tag geplant gewesen. Sie predigten es genau so, wie Sie es die letzten 50 Sonntage hindurch gepredigt hatten: ›Glaube an dich selbst!‹ Ich sprang hier drinnen auf und jubelte vor Freude und konnte gar nicht aufhören zu applaudieren. Ich wusste, dass Gott Sie hierher gesandt hatte, um den Menschen den Glauben an sich selbst näher zu bringen und sie zu motivieren, für ein neues Land zu stimmen, in dem die Menschen ihre Freiheit besitzen.«

Die nächsten Jahre hindurch öffnete sich Russland der Religion immer mehr. Es war schön zu wissen, dass ich bei dieser Veränderung hatte mithelfen dürfen, aber ich war mit Sicherheit nicht der Einzige, der Russland hinsichtlich der Religion beeinflusst hat. Die verschiedensten Glaubensrichtungen und Religionen wurden plötzlich zugelassen; und wie sie hereinströmten – in Scharen! Gute und schlechte, einschließlich gegensätzlicher Kulte aus Amerika und Japan.

Die orthodoxen Kirchenoberen waren entsetzt. »Was haben wir nur getan?«, fragten sie. Sie waren nicht gerade erfreut über evangelikale Christen, die von Amerika herüberkamen und geradewegs verkündeten: »Du bist vielleicht ein Mitglied der orthodoxen Kirche, aber das wird dich nicht retten!«

Wie man sich vorstellen kann, war das keine Botschaft, die die 1000 Jahre alte russische Kirche freudig begrüßt hätte! Die Freiheit, seine eigene Religion auszuüben? Ja, dem stimmten sie zu. Aber die Freiheit,

Menschen zu Christus zu führen und zu versuchen, sie von der russisch-orthodoxen Kirche zu einem anderen Glauben abzuwerben? Das sollte *nicht* erlaubt sein!

Das Parlament verabschiedete ein Gesetz, das die Freiheit aller religiösen Organisationen einschränkte, um die »Bekehrungswelle« zu stoppen. Die volle Freiheit zur Religionsausübung erforderte jetzt eine Akkreditierung, der das Parlament und die orthodoxe Kirche zustimmen mussten. Jeder Glaubensrichtung, die den Anschein erweckte, dass es ihr um Mission ging, wurde die Akkreditierung verweigert. Davon betroffen waren die römisch-katholische Kirche, die Adventisten, die Heilsarmee, Billy Graham und die Baptisten, die Pfingstler und die Methodisten.

Man machte eine Ausnahme für den ersten amerikanischen Prediger in Russland: 1999 erhielt die *Crystal Cathedral* und mit ihr ich, Robert Schuller, das Akkreditierungszertifikat mit der Nummer 001.

Ein Jahr später gab mein junger Übersetzer Andrej sein persönliches Zeugnis auf der Kanzel der *Crystal Cathedral*. »Ich hatte immer geglaubt, dass Christen Menschen seien, die einem ununterbrochen mit dem Christentum auf die Nerven gehen«, sagte er. »Menschen, die ständig versuchen, dich zu einem ›Wiedergeborenen‹ zu machen. Ich hatte nie die Schönheit des Christentums gesehen, bis ich Menschen wie Sie, Dr. Schuller, traf, die die Art von Leben leben, das auch ich gern führen möchte. Und das war es, was mein Leben verändert hat. Nicht das Bibellesen und, es tut mir Leid, das sagen zu müssen, auch nicht Ihre Fernsehsendung. Was mich zum Christen gemacht hat, war, dass ich Sie kennen lernte und sah, dass Sie in Ihrem Alltag wirklich das leben, was Sie verkünden.«

43

Die, die mir am nächsten stehen, sagen mir, dass es ein volles Jahr dauerte, bis ich mich von meinem Beinahe-Tod in Amsterdam und den beiden darauf folgenden Gehirnoperationen gänzlich wieder erholt hatte.

Obwohl ich schon nach wenigen Monaten wieder sonntagmorgens auf meiner Kanzel stand, fiel es mir schwer, meine Predigten vorzubereiten und mich auf das zu konzentrieren, was ich sagen wollte. Aber meine Gemeinde war so treu und liebevoll, dass sie Geduld mit mir hatten, wenn ich mich in den Notizen, die Arvella so umsichtig für mich geschrieben hatte, nicht zurechtfand. Ihr Gebet trug mich durch die langen Wochen der Rekonvaleszenz, während ich in meiner weiten Robe vor ihnen stand, die Narben auf meinem Kopf unter einer Perücke versteckt.

Es dauerte noch länger, bis ich wieder in der Lage war, neue Visionen für meine entferntere Zukunft zu entwickeln. Ich konnte mich nicht mit dem Morgen beschäftigen, solange ich noch keine klare Einschätzung des Heute hatte. So war ich die nächsten Jahre mit der Suche nach einer ehrlichen Antwort auf die Frage beschäftigt, die mich am meisten bewegte: »Welche Macht habe ich in der Position, die ich heute innehabe?«

Die Frage war wichtig, denn wenn ich meinen Einfluss überschätzte – auf Grund meines Ego, auf Grund einer vom Lob bestimmten Selbsteinschätzung –, lief ich Gefahr, unverantwortliche Ziele ins Auge zu fassen. Die Auswirkungen eines solch falschen Verhaltens würden mein emotionales Gleichgewicht, meinen Dienst, meine Mitarbeiter und die Menschen gefährden, die mich unterstützten. Aus diesem Grund gab ich für eine Weile meine lebenslange Gewohnheit auf, voller Selbstvertrauen bis an die Grenze zu gehen. Schließlich war ich inzwischen 66. Meine Kameraden aus dem Seminar und aus dem College hatten schon das Fahrwerk für den Ruhestand ausgefahren und eine sichere, angenehme Landung auf dem heimatlichen Flughafen anvisiert, der bereits in Sicht war. 68 war das Ruhestandsalter, das meine Kirche schon seit langem beibehielt. Darüber hinaus hatte meine Begegnung mit dem Tod mir einen mehr als ausreichenden Grund dafür geliefert, vorsichtig zu sein.

Auf der anderen Seite wäre es genauso zerstörerisch, meine Macht zu unterschätzen. Ich konnte ja nicht so tun, als gelten die Predigten, die ich mein ganzes Leben lang gehalten hatte, für mich nicht. Wie oft habe ich meinen Freund Fred Smith zitiert: »Weißt du, was für mich die Hölle wäre? Für mich wäre die Hölle, vor Gott zu stehen und von ihm zu hören, was für großartige Dinge ich hätte tun können, wenn ich nur mehr Glauben gehabt hätte.«

Die Fragen, mit denen ich konfrontiert war, repräsentierten vier Stadien des Lebens:

1. Woher komme ich?
2. Wer bin ich?
3. Was habe ich erreicht?
4. Wann ist es Zeit aufzuhören?

Vielleicht lautete die Antwort auf die letzte Frage für jede der Rollen, die ich gespielt hatte, anders, und es hatte wirklich viele davon gegeben:

Autor

Ich hatte inzwischen 30 Bücher veröffentlicht. Wie schon früher erwähnt, waren zwei von ihnen zur gleichen Zeit auf der Bestsellerliste der New York Times: *Tough Times Never Last, But Tough People Do und Tough-Minded Faith for Tender-Hearted People.*

Ich hatte kein Bedürfnis, meinem Werk noch weitere hinzuzufügen. Ich hatte das Gefühl, alles gesagt zu haben, was ich zu sagen hatte. Verleger versuchten, mich zu einer Autobiographie zu überreden, aber ich hielt dagegen: »Wenn es die Leute interessiert, können sie sich selbst ein Bild machen. Meine Arbeit ist seit 40 Jahren für öffentliche Überprüfung und Kritik offen.«

Dann ergriffen nacheinander meine Berater, Freunde und Vertrauten das Wort und ihre Botschaft war immer die gleiche: »Bob, du bist der geborene Schriftsteller! Du wärst doch unglücklich, wenn du all deine Gefühle, Ideen und Beobachtungen für dich behieltest! Außerdem passen Ruhestand und Schriftstellerei prima zusammen.«

Okay, also würde ich vielleicht ein bisschen schreiben.

Motivationsredner

Ich wurde regelmäßig eingeladen, bei den größten Motivationsversammlungen in den USA zu sprechen. Es war durchaus üblich, dass dabei ein zahlendes Publikum zusammenkam, das 20.000 Personen überstieg. Und ich stand zusammen mit den Besten ganz oben auf den Programmen: mit W. Clement Stone, der die meisten dieser energetisierenden Treffen finanzierte und auch dort sprach, sowie mit Norman Vincent Peale und mit Paul Harvey. Mein Honorar betrug bei diesen kommerziellen Veranstaltungen 15.000 Dollar – dreimal so viel, wie Peale verlangte. Und mein Scheck war steuerfrei, weil ich mich dafür entschieden hatte, mein gesamtes derartiges Zusatzeinkommen meinem Sonderfonds für Pastoren zu spenden.

Meine Vorträge ebenso wie meine Bücher und Videos waren klar zunächst auf Psychologie, dann auf Theologie ausgerichtet. Und ich hatte mich auf diesem Gebiet auf dem Laufenden gehalten, indem ich internationale psychiatrische und psychologische Konferenzen besuchte. Aber neue Gesichter und junge Stimmen tauchten auf. Konnte ich, *sollte* ich mich würdevoll zurückziehen und ihnen die Bühne überlassen?

Wieder erhoben Freunde und Berater ihre Stimmen: »Bob, du musst ja nicht jedes Angebot annehmen, das man dir macht. Aber lass dir eine Tür offen.«

Pastor für Pastoren

Was war mit dem *Robert Schuller Institute for Successful Church Leadership* und der *Fuqua School of Christian Communication*, deren Gründung durch eine großzügige Spende meines Freundes J. B. Fuqua aus Atlanta, Georgia, ermöglicht worden war? Sollten diese Dienste für die Pastoren aufgegeben werden? Über 30 Jahre lang waren jährlich mehr als 2000 kirchliche Führungskräfte zu unseren Workshops gekommen. Als ich das Institut Jahrzehnte zuvor gegründet hatte – das erste Institut für Gemeindewachstum in Amerika –, stand ich auf dem Gipfel meiner Leiterschaft. War ich immer noch an der Spitze?

»Leiterschaft ist die Kraft, die Ziele setzt«, hatte ich gelehrt.

»Sei ein Führer. Bau dich selbst mit einer schöpferischen Vision auf.«

»Ordne niemals deine Ziele Kräften unter, die dein Wachstumspotenzial begrenzen.«

Ich liebte es, die Pastoren zu inspirieren, einen Traum ins Auge zu fassen, ihn zu vergrößern und zu ergreifen. »Welche Kräfte oder Gesichter oder Ängste hindern euch daran, euch Ziele zum Wachstum zu setzen?«, hatte ich sie herausgefordert. »Nutzt die Kraft des Möglichkeitsdenkens, um diese Barrieren auf schöpferische Weise abzubauen. Lasst eure höchsten Hoffnungen – nicht eure Verletzungen oder Begrenzungen – euren Traum formen und bestimmen.«

Es war für mich immer ermutigend, an all die Studenten zurückzudenken, die mein Institut besucht hatten und ausgezogen waren, um bessere und größere Kirchen zu bauen als ich:

- Bill Hybels: *Willow Creek Community Church* in Illinois
- Rick Warren: *Saddleback Community Church* in Kalifornien
- Frank Harrington: *Peachtree Presbyterian Church* in Atlanta (inzwischen die größte presbyterianische Gemeinde in Amerika)
- Sundo Kim: *First Methodist Church* in Seoul, Südkorea, die größte Methodistengemeinde der Welt
- Bischof Charles Blake: *West Angeles Church of God in Christ*, eine der größten schwarzen Gemeinden in der Welt

Außer Frank Harrington, der schon eine große Gemeinde hatte, als er unser Institut besuchte, waren alle anderen mit nicht mehr gekommen als dem, was auch ich hatte, als ich anfing.

Hunderte mehr kamen mit nichts und übernahmen den Traum, eine »Megagemeinde« aufzubauen. Und viele gingen zurück und gaben die Prinzipien des Erfolgs in ihren eigenen Instituten weiter. Ich erfuhr den Stolz eines Lehrers, dessen Schüler ihn überflügeln. Aber bedeutete das, dass es Zeit für mich war, diese Rolle aufzugeben?

Ein weiteres Mal hörte ich die Stimmen meiner Freunde, die mir sagten: »Bob, jeder Pastor hat eine einzigartige Stimme. Natürlich zeichnet sich Hybels aus, genauso wie Warren und Harrington und Kim und Blake und all die anderen. Was ist schon dabei, wenn es jetzt eine Unmenge ähnlicher Organisationen gibt? Du hast eine einzigartige Artikulationsfähigkeit und einzigartige Hilfsmittel, die du Pastoren an die Hand geben kannst. Du darfst nicht aufhören!«

Bauherr

Die Rolle des Bauherrn war die erste Rolle, die mein Vertrag mit meiner Kirchenleitung mir zuwies. 1955 hatte ich einen Vertrag unterzeichnet und mich verpflichtet, »eine Kirche aufzubauen«. Das hatte damals bedeutet, dass ich Gemeindemitglieder zu finden hatte sowie brauchbares Land, einen Architekten, eine Finanzierungsstrategie und dass ich ein Gebäude bauen musste, in dem neue Programme für Menschen Platz finden konnten, die noch nicht Teil einer Gemeinde waren und auch noch keine Beziehung zu Christus hatten.

Von unseren Anfängen im Jahr 1955 bis 1990 – ein Zeitraum von 35 Jahren! – war das meine Hauptaufgabe gewesen, für die ich verantwortlich und Rechenschaft schuldig war.

Auf den Seiten dieses Buches habe ich die Geschichte erzählt, wie wir zunächst unseren Andachtsraum bauten, dann den *Tower of Hope* mit seinem Beratungszentrum und der Kapelle. Mit diesen Gebäuden allein hatte ich meine Verpflichtung schon mehr als erfüllt. Ich war nun bereit, meine Rolle als Bauunternehmer abzulegen. Aber nachdem ich erst einmal unser dringendes Bedürfnis nach Erweiterung erkannt hatte, hatte ich das Gefühl gehabt, dass ich nicht ehrenvoll aufhören konnte, bis ich dieses Bedürfnis befriedigt hatte. Und so hatte ich mich darüber hinaus zum Bau der *Crystal Cathedral* verpflichtet und war so lange am Ball geblieben, bis wir sie zum Abschluss gebracht hatten.

So groß auch der Stolz über das Erreichte sein mochte, der Druck und das Leid waren ein hoher Preis gewesen. Aber wir hatten auch diese Aufgabe zu Ende gebracht, wiederum ohne uns hinsichtlich der Qualität der Architektur auf einen Kompromiss einzulassen. Ich hatte das gelebt, was ich gepredigt hatte: Möglichkeitsdenken vollbringt Wunder, wenn man bereit ist, den Preis dafür zu zahlen.

Aber dann hatte es *noch mehr* gegeben. Wir brauchten bequeme und ausreichend große Klassenzimmer für die Kinder sowie Büroräume für den wachsenden Fernsehdienst, der sich weltweit ausbreitete. Nach einigen Jahren seelischen Schmerzes hatte ich mich dafür entschieden, weitere vier Hektar Bauland zu kaufen, und wir hatten ein zentrales *Family Life Center*[8] gebaut und weitere dringend benötigte Parkplätze angelegt. Dieser Besitz hatte uns sechs Millionen Dollar und das Gebäude – vom Architekten Gin Wong entworfen – hatte noch einmal 20 Millionen Dollar gekostet.

Drei Jahre lang war ich jede Nacht um drei Uhr aufgewacht und hatte schmerzhaftes Möglichkeitsdenken praktiziert. *Wo sollte das Geld herkommen? Sollte ich meine Ansprüche an die Architektur herunterschrauben? Schließlich würde dieses Gebäude lediglich Schulräume, Büroräume und eine Turnhalle beherbergen.* Nacht für Nacht hatte ich mit der Versuchung gerungen, mich mit dem Architekten zu treffen und ihm zu sagen, dass er Stil und Baustoffe vergessen sollte und das Gebäude einfach nur so billig wie möglich hochziehen sollte, aber ich hatte mich nicht dazu überwinden können. Irgendwie hatten wir es geschafft, unserem Qualitätsanspruch zu genügen, und mit der Großzügigkeit von Athalie Clarke hatte ich überlebt. Sie hatte ihren hawaiianischen Grundbesitz unserer Gemeinde gespendet, und als er verkauft wurde, machte ihre Spende das *Family Life Center* zu einem ganz besonderen Platz für Kinder und Familien, wo diese sich auf die Suche nach ihren Träumen machen konnten.

Nachdem das *Family Life Center* fertig gestellt war, hatten wir uns gerufen gefühlt, der *Crystal Cathedral* die Krone aufzusetzen: den Glockenturm. Wie ich schon vorher beschrieben habe, war die wunderbare Crean-Turmspitze mit ihren spiegelnden Edelstahlfacetten über der Mary-Hood-Kapelle das Ergebnis dieses Prozesses. Es war nicht einfach gewesen, aber da ich meine eigenen Bücher auch gelesen hatte, wusste ich: »Schritt für Schritt zum Ziel ist alles Kinderspiel.«

Jetzt, wo es nichts mehr gab, was diese Kirche noch brauchte, konnte ich den Bauhelm endlich an den Nagel hängen! Zumindest dachte ich das.

Dann sagte Howard Kelley, einer meiner Mitarbeiter: »Wir brauchen ein Besucherzentrum, um die Hunderte von Besuchern unterzubringen und ihnen Ausstellungsstücke zu zeigen, die dokumentieren, wie diese Kirche entstanden ist.«

Mein Sohn stachelte mich an: »Wir sollten die letzten vier Hektar kaufen, Dad«, sagte er. »Wir brauchen sie für mehr Parkplätze.«

»Die letzten vier Hektar!?«, protestierte ich. »Da stehen 31 Häuser drauf, inklusive Straßen und Einfahrten! Das werde ich *dir* überlassen.« Auf jeden Fall kauften wir das erste Haus, als ein »Zu verkaufen«-Schild auftauchte!

Danach verlor ich dieses Projekt aus den Augen. Ein Mann kann eben nur eine begrenzte Zahl von Bauvorhaben ertragen!

Während ich weiter über meine zukünftige Rolle im Dienst nachdachte, ließ ich einige der zentralen Ideen, die ich in den vergangenen 40 Jahren gepredigt hatte, Revue passieren:

- Verwandle deine Tränen in Edelsteine!
- Es gibt keinen Gewinn ohne Schmerzen!
- Jedes Hindernis ist eine Gelegenheit!
- Hinter jedem Problem verbirgt sich eine Chance!
- Frustrationen können fruchtbar sein!
- Verwandle dein Minus in ein Plus!

Diese letzte Zeile traf mich mit voller Wucht! Das größte Pluszeichen der Welt ist das Kreuz. Es ist der Beweis, dass das schwerste Minus, dem die Menschheit gegenüber steht – unsere sündige Seite und ihre Negativität –, zu einem Plus geworden ist!

Als Nachfolger Christi bin ich angewiesen, mein Kreuz auf mich zu nehmen und Jesus zu folgen – das heißt, von dem zu lernen, was Jesus gelehrt und uns in seinem Leben und Sterben gezeigt hat, und seinem Beispiel zu folgen.

Dann dachte ich über folgenden Vers nach: *»Denn Gott ist's, der in euch wirkt beides, das Wollen und das Vollbringen, nach seinem Wohlgefallen«* (Philipper 2,13).

Einen gottgegebenen Traum aufzugeben ist niemals eine Alternative, die Gott gefallen würde. »Geh den ganzen Weg, bis zum Ende deines Lebens; versuche nicht zu fliehen.« Genau das sagt mir das Kreuz Christi, wenn ich höre, wie er mir zuruft: »Folge mir!«

Ich hatte meine Bilanz gezogen: Um zu entscheiden, was ich in der Zukunft unternehmen wollte, hatte ich die Rollen unter die Lupe genommen, die ich bisher gespielt hatte, und die Herausforderungen, denen ich gegenübergestanden hatte. Jetzt traf ich die Entscheidung, die die größte Herausforderung meines Lebens bedeuten sollte: Meine Botschaft war mein großer Missionsauftrag, und ich konnte die Träume nicht aufgeben, die mein Gott noch für mich hatte.

Schließlich war ich erst 66 Jahre alt! Ich war noch am Leben! Mein Haar war wieder nachgewachsen und jetzt kehrte auch die Hoffnung in mein Herz zurück!

»Also, Gott«, sagte ich mit erneuerter Kraft, »wohin wird mich dieser Geist der Wiedergeburt jetzt führen?«

Und ich hörte, wie diese leise Stimme mir mit einer Frage antwortete, die ich anderen so oft gestellt hatte:

»Was für Träume würdest du träumen, wenn du wüsstest, dass du nicht scheitern kannst?«

Also nahm ich mir einen Augenblick Zeit, um mich von den Beschränkungen freizumachen, die ein begrenztes Denken mit sich bringt. Als Erstes dachte ich über die Möglichkeit nach, das zusätzliche Land zu kaufen. Wenn wir alle 31 Häuser kauften und die Straßen und Häuser abrissen, würden wir schließlich die ursprünglichen 16 Hektar besitzen, von denen ich vor 40 Jahre geträumt hatte. Wir könnten weitere 400 Parkplätze anlegen und würden eine große Rasenfläche dazugewinnen, auf dem genügend Platz für ein elegantes Besucherzentrum wäre (mit einem Bereich für Gäste, einem Geschenkartikelladen, einem Theater, einem Restaurant und mit Platz für die Kunst und die Geschenke, die wir über die Jahre bekommen hatten).

Während ich meine Gedanken schweifen ließ, fühlte ich die Inspiration ... aufs Neue!

Also begab ich mich in den 1990ern einmal mehr in Verhandlungen mit einem dritten preisgekrönten Architekten, diesmal mit Richard Meier, der das Getty-Museum in Los Angeles – ein Milliarden-Dollar-

Projekt – entworfen hatte. Er bot sich an, das letzte Gebäude zu gestalten. Eines Tages sagte er zu mir: »Ich wäre wirklich stolz, ein Gebäude zwischen Richard Neutras ›Tower of Hope‹ und Philip Johnsons Meisterstück zu sehen, das meine Unterschrift trägt.«

Wie kauften Häuser, sobald sie angeboten wurden, und sprachen mit anderen Hausbesitzern, um sie zum Verkauf zu bewegen. Unser Ziel war klar. Aber dann sagte uns ein Hausbesitzer, dass er wohl bereit sei, zu verkaufen – aber nur zu einem Preis von einer Million Dollar! Das war das Ende.

Machte Gott uns damit deutlich, dass unser Traum nicht sein Traum war? Ich konnte das nicht glauben!

Ich habe oft gesagt, dass Gott nicht »Nein« sagt. Er sagt:

»Ja! Wenn ...«

Oder er sagt:

»Ja! Falls ...«

Oder er sagt:

»Ja! Aber ...«

Ich kannte die Antwort. Ich hatte den Ruf schon wieder gehört: »Baue meine Kirche!«

In meinem Inneren spürte ich erneut diesen Auftrag: »Verleugne dich selbst, nimm dein Kreuz auf dich und folge mir nach!«

Ich spürte aufs Neue die Ermahnung: »Die Kirche ist noch nicht fertig, die zu bauen ich dich hierher gebracht habe!«

Diese Botschaft erschreckte mich. Ich wusste jetzt, dass ich den endgültigen Erfolg noch nicht erzielt hatte. Ich war dem großen und schönen Traum noch nicht bis ans Ende gefolgt, den Gott mir geschenkt hatte, als ich noch im Autokino predigte.

Wir konnten die Herausforderungen, denen wir jetzt gegenüberstanden, nicht als Entschuldigung vorschieben. Stattdessen würde ich wieder einmal mit dem Unmöglichen kämpfen müssen. Ich würde versuchen müssen, herauszufinden, ob Gott uns ein *Wenn* oder ein *Falls* oder ein *Aber* gab.

Obwohl Gott mir die Kraft gegeben hatte, seine Kirche in einer Größe zu bauen, die ich mir niemals hätte vorstellen können, obwohl er mich auf die Weltbühne erhoben und mir die Möglichkeit gegeben hatte, die Leben von Millionen von Menschen positiv zu beeinflussen, erinnerte er mich jetzt daran, dass mein Werk noch nicht beendet war. Irgendwie musste ich alle 31 Häuser kaufen und dieses letzte Gebäude bauen. Ich konnte – ich *durfte* – jetzt nicht aufgeben!

Es war kurz vor Weihnachten und ich war unter einem Berg von Terminen begraben. Es half nichts, dass ich mich nicht allzu gut fühlte.

Meine Sekretärin klingelte mich an, um zu sagen: »Dr. Schuller, Marie ist hier.«

Oh je, dachte ich bei mir. *Ich habe heute wirklich keine Zeit für ihren Besuch*. Aber dann atmete ich tief durch und sagte mir: *Ich denke, ich werde mir die Zeit einfach nehmen müssen.*

Ich traf mich jetzt schon seit 27 Jahren mit Marie Dorler. Sie war die Erste, die mir schrieb, als wir unseren Fernsehgottesdienst begannen, und damals, 1970, hatte sie mich um den ersten dieser jährlichen Besuche gebeten. Sie war damals Mitte 50 und arbeitete als Krankenschwester. Sie fühlte sich traurig und einsam, und sie sagte mir, dass sie gerne mehr über die »positive« Botschaft erfahren würde, über die sie gestolpert war, als sie ihren Fernseher einschaltete und *Hour of Power* sah. Während wir miteinander sprachen, machte sie deutlich, dass sie eine Christin werden wollte, aber im Gegenzug bat sie mich um eine Sache: Ich musste ihr versprechen, dass ich mich einmal im Jahr mit ihr treffen würde, egal, wie beschäftigt ich auch sein mochte. Auch wenn wir nur eine Viertelstunde miteinander verbringen würden, sie wollte einen Moment – Auge in Auge – mit dem Pastor, der sie mit Jesus Christus in Berührung gebracht hatte.

Mit den Jahren hatte Marie auf die gleiche persönliche Weise sehr viel zu unserem Dienst beigetragen. Sie war eine unbezahlbare Freiwillige im *New Hope*-Beratungszentrum. Darüber hinaus machte sie es sich zur Aufgabe, jedem Mitglied unserer Gemeinde, das erkrankte oder einfach ein wenig persönliche Zuwendung brauchte, einen individuellen, handgeschriebenen Gruß zu schicken.

Als sie an diesem Tag mein Büro betrat, inzwischen schon ein wenig vom Alter gebeugt, sagte sie zu mir: »Bob, du siehst nicht gut aus.«

Ich versuchte, ihre Einschätzung mit einer Handbewegung abzutun, aber weil sie darauf bestand, erzählte ich ihr ein wenig mehr von dem, was gerade vor sich ging und wie ich mich fühlte. »Bob, das hört sich nach den frühen Anzeichen eines Herzanfalls an. Du hast alle klassischen Symptome. Versprich mir, dass du noch für heute einen Termin mit deinem Arzt machen wirst!«

Ich wusste, dass sie mich festgenagelt hatte. Ein Versprechen, das ich Marie gegeben hatte, konnte ich unmöglich brechen. Als sie gegangen war, musste ich sofort zu einem VIP-Lunch aufbrechen, aber dort fühlte ich mich nur noch schlechter. Ich verließ das Essen zeitig, um noch für den gleichen Tag einen Termin mit meinem Arzt zu machen. Als ich bei ihm war, bestätigte er Maries »Diagnose«. Er hängte mich sofort an die Geräte, und binnen 12 Stunden führten er und seine Kollegen eine Gefäßplastik an mir durch, bei der sie einen Schlauch in eine Arterie einführten, eine Prozedur, die mir wahrscheinlich das Leben gerettet hat.

Marie habe ich es zu verdanken, dass ich mich rasch an meinen Arzt wandte. Indem ich mir die Zeit nahm, mich um Maries Leben zu kümmern, rettete ich am Ende mein eigenes. Es war, als ob Gott mir sagen wollte: »Schuller, wenn du dich entschieden hättest, alles an den Nagel zu hängen, hättest du Marie nicht getroffen.«

Als ich wieder anfing, all meine »Hüte« zu tragen, alle meine Rollen auszufüllen, schien es nur passend, dass Gott Marie gebrauchte, um mich an meine erste und wichtigste Rolle als Pastor und Prediger zu erinnern – eine Identität, die ich niemals würde »an den Nagel« hängen können. Der Ruf meiner Kindheit führte dazu, dass ich mich nicht nur auf mein *nächstes* Morgen konzentrierte, sondern auf *jedes* weitere Morgen, das noch kommen sollte.

44

Es war der 18. Januar 1997, das Wochenende von Präsident Bill Clintons Einführung in seine zweite Amtsperiode, und ich war zu einem Samstagmorgen-Empfang im *East Room* des Weißen Hauses eingeladen. Als wir uns die Hände reichten, erkannte mich der Präsident und hieß mich willkommen. Wir hatten uns schon zuvor einmal im *Oval Office* getroffen, und gerade vor einem Jahr hatte er mich gebeten, Teil der US-Delegation zu sein, die zur Beerdigung des israelischen Premierministers Izak Rabin fuhr.

Ich habe schon seit langem die Gewohnheit, den Menschen einen Segen anzubieten, wenn ich sie treffe, und so hörte ich mich beim Empfang recht unverschämt sagen: »Mr. President, ich habe an diesem bedeutenden Wochenende ein Geschenk für Sie: den Bibelvers, der seit dem Tag meiner Ordination eine besondere Bedeutung für mich hat. Es ist Jesaja 58, Vers 12. Kennen Sie ihn?«

»Nein, ich glaube nicht«, erwiderte er. »Wie lautet er?« Sein durchdringender Blick zeigte mir, dass er konzentriert zuhörte.

»Du sollst heißen: ›Der die Lücken zumauert und die Wege ausbessert, dass man da wohnen könne‹«, zitierte ich.

Er zwinkerte ein-, zweimal und war offensichtlich verblüfft. Dann griff er in seine Tasche, holte ein Stück Papier heraus und bat mich, den Vers aufzuschreiben.

Während ich den Text notierte, erschien die First Lady. »Erzählen Sie Hillary, was Sie gesagt haben!«, drängte er mich. Ich wiederholte den Text und auch sie war offensichtlich bewegt und von diesem kraftvollen Gedanken des Propheten Jesaja berührt.

In den nächsten paar Tagen hörte ich Gerüchte. Ein Mitarbeiter, der Verbindungen nach Washington hatte, sagte: »Der Präsident hat sich den Bibelvers, den Sie ihm gegeben haben, wirklich zu Eigen gemacht. Ich hörte, dass er mit Bob Dole darüber gesprochen hat. Er fuhr mit Senator Dole in seiner Limousine vom Weißen Haus zur Amtseinführung, und er hat Dole erzählt, dass er bei seinem Amtseid seine Hand auf diesen Vers legen werde.«

Ich konnte es kaum glauben. In einem Brief an den Präsidenten, in dem ich mich für die Einladung zu seinem Empfang am Wochenende seiner Amtseinführung bedankte, erwähnte ich, dass ich mich über dieses Gerücht gefreut hatte und dass ich mich fragte, ob es wohl der Wahrheit entspräche.

Ich bekam folgenden – handgeschriebenen – Brief von Präsident Clinton als Antwort:

»Lieber Dr. Schuller,

vielen Dank für Ihren Brief.

Es ist wahr, dass ich auf dem Weg zur Amtseinführung mit dem Regierungssprecher und mit den Senatoren Warner und Ford über den Vers gesprochen habe, den Sie mir gegeben haben, und über die Geschichte Ihres Geschenks.

Es ist auch wahr, dass Hillary die Bibel bei Jesaja 58, Vers 12 aufgeschlagen hatte (beim Amtseid).

Ich bin sicher, dass der Geist dieses Abschnitts mir in vielfältiger Weise geholfen und mir auch meine Entscheidung erleichtert hat, Senator Dole die ›Medal of Freedom‹ zu verleihen.

Für all dies und mehr stehe ich in Ihrer Schuld.

Der 3. Februar ist der Tag vor meiner Rede zur Lage der Nation, aber ich werde mir gerne ein wenig Zeit für Sie nehmen, wenn Sie kommen können.

Mit freundlichen Grüßen,
Bill Clinton

P.S.: Bitte bestellen Sie unserem gemeinsamen Freund J. B. Fuqua meine besten Grüße. Er ist ein außergewöhnlicher Mensch.

Mit einem anderen Brief erhielt ich eine Einladung zur Rede des Präsidenten zur Lage der Nation vor dem Kongress. Man hatte mir einen Platz auf der Galerie reserviert, wo ich bei den besonderen Gästen des Präsidenten sitzen würde. Das würde das erste Mal sein, dass ich an diesem historischen Ereignis teilnahm, bei dem alle Senatoren, die Repräsentanten des Kongresses und die Mitglieder des Obersten Gerichtshofes anwesend sein würden.

Am Abend der Ansprache geleitete man mich zu Hillary Clintons Büro, wo sich die Gäste versammelten, um zur Galerie geführt zu werden. Man sagte mir, ich sollte mit der Gattin des Präsidenten gehen. Als wir den Bereich betraten, in dem sich die privaten Sitze befanden, kam die nächste Überraschung. Hillary lächelte, nickte mir zu und deutete auf den leeren Sessel neben sich. »Dies ist Ihr Platz, Dr. Schuller.«

Ich hatte noch nie so sehr das Gefühl, im Rampenlicht zu stehen, wie in dem Augenblick, als ich in der ersten Reihe des Balkons neben ihr meinen Platz einnahm.

Dann kam die Ankündigung: »Der Präsident der Vereinigten Staaten!«

Alle erhoben sich von den Sitzen und applaudierten, als er den Mittelgang herunterkam und das Podium betrat. Während seiner Rede war ich überrascht, als ich hörte, wie er meinen Namen nannte, als einen von »denen, deren Leben unsere gemeinsamen Werte widerspiegelt und die aufs Beste zeigen, was aus uns werden kann, wenn wir ein geeintes Amerika sind«. Ich fühlte mich sehr geehrt, dass er mich in diese Aufzählung einschloss, aber dann steigerte sich mein Hochgefühl noch um ein Vielfaches: Er zitierte den Bibelvers, den ich ihm gegeben hatte – »Du sollst heißen: ›Der die Lücken zumauert und die Wege ausbessert, dass man da wohnen könne‹.«

Wenige Tage darauf erhielt ich freundlicherweise eine luxuriöse, gedruckte Ausgabe seiner Ansprache mit seinem persönlichen Dank.

Allerdings waren nicht alle Reaktionen auf meinen öffentlichen Auftritt positiv. Ein Brief ging sogar so weit zu fragen: »Dr. Schuller, wir haben Sie neben Hillary Clinton sitzen sehen. Werden Sie nun demnächst neben der ›Crystal Cathedral‹ eine Hillary-Clinton-Abtreibungsklinik errichten?«

Aber dann kam diese Einladung: »Dr. Schuller, der Geburtstag von Präsident Lincoln ist am 12. Februar. Dieser fällt auf einen Sonntag, sodass die Nation seinen Geburtstag am Montagabend feiern wird, und Präsident Clinton lädt Sie ein, diese Nacht in Präsident Lincolns ehemaligem Schlafzimmer zu verbringen.«

Es war mein erster Besuch in diesem historischen Zimmer. Spät am Abend kam der Präsident herein und begrüßte mich. Ich dankte ihm und er bat mich um ein Gebet.

Danach fiel sein Blick auf eines meiner Bücher, das ich aus meiner Aktentasche genommen hatte. Es lag auf einem kleinen Tisch in unserer Nähe. Er hob es auf und las den Titel: *The Power of Being Debt Free*[9]. Ich hatte es wenige Jahre zuvor zusammen mit meinem Schwiegersohn Paul David Dunn geschrieben. Darin hatte ich den Standpunkt vertreten, dass kein Präsident und kein Kongress es jemals gewagt hatten, davon zu träumen, die Staatsschulden zu tilgen. Ich hatte geschrieben, dass das Budget ausgeglichen sein könnte, wenn es nicht diese immense Last der Zinsen zu tragen hätte. Ich hatte die Führer der Nation zum Möglichkeitsdenken aufgerufen und hatte sie aufgefordert, sich auf die Tilgung der Schulden zu konzentrieren. »Führerschaft wird durch eine Geisteshaltung definiert und bestimmt, die eine große Idee in Angriff nimmt, die jeder andere für unmöglich hält«, hatte ich geschrieben, in der Hoffnung, dass diese Worte irgendjemanden inspirieren würden, dieses Risiko auf sich zu nehmen. Als es veröffentlicht wurde, hatte ich allen Senatoren und Kongressmitgliedern Exemplare angeboten.

Mit dem Buch in der Hand sagte der Präsident: »Sehr interessant. Kann ich es behalten? Ich fliege morgen nach Palm Springs und ich könnte es im Flugzeug lesen.«

»Ich fühle mich sehr geehrt, Sir«, gab ich zur Antwort und fügte hinzu: »Stellen Sie sich nur vor, wie viel Gutes man mit diesem Zinsgeld tun könnte – Dinge, die dazu beitragen würden, unser Land zu einem besseren zu machen. Wir könnten es im Kampf gegen den Analphabetismus einsetzen, für die Bildung, für den Wiederaufbau der Innenstädte!«

Er lächelte und wir sagten einander Gute Nacht.

Ich konnte zu dieser Zeit nicht wissen, ob der Präsident das Buch jemals aufschlagen würde. Erst vier Jahre später erkannte ich, welch großen Einfluss es gehabt hatte.

Im September dieses Jahres lud man mich ein, bei der Delegation des Präsidenten zur Beerdigung von Mutter Teresa dabei zu sein.

1982 hatte diese mich um einen Gefallen gebeten: »Dr. Schuller, ich hätte gerne eine Kopie des Segens, den Sie geschrieben haben, als Sie die ›Crystal Cathedral‹ bauten.« Ich schrieb ihn gerne für sie auf:

Herr, mache mein Leben zu einem Fenster, durch das dein Licht scheinen kann, zu einem Spiegel, der deine Liebe auf alle reflektiert, denen ich begegne.

Sie nahm ihn, faltete ihn zusammen und schob ihn in ihre Tunika, direkt über ihrem Herzen.

»Jetzt schulden Sie mir auch einen, Schwester«, sagte ich. Sie schrieb den folgenden Segen für mich auf, den ich immer noch sorgsam aufbewahre:

Für Dr. Schuller: Seien Sie ganz und gar für Jesus da, ohne sich vorher von ihm fragen zu lassen. Mutter Teresa

Also nahm ich gerne die Einladung des Präsidenten zu ihrer Beerdigung an. Zu dieser Zeit war ich in Hawaii und genoss ein paar freie Tage mit Arvella, also mussten wir erst einmal zurückfliegen. Fünf Stunden von Honolulu nach Los Angeles. Fünf Stunden von Los Angeles nach Washington. Sieben Stunden in einer der Sondermaschinen des Präsidenten von der *Andrews Air Base* weiter nach Irland. Es war das Flugzeug, das Präsident Kennedys Körper von Texas nach Washington gebracht und in dem Johnson seinen Amtseid als Präsident abgelegt hatte. In Irland tankten wir auf, dann flogen wir weitere sieben Stunden bis Kairo. Dort tankten wir erneut auf und flogen noch einmal sieben Stunden bis Kalkutta.

Als wir dort ankamen, schwieg die Stadt in stiller Trauer. Auf einer Hauptstraße direkt vor dem Flughafen sah ich die erste von vielen großen Werbetafeln – ganz in Weiß, mit der blauen Tunika Mutter Teresas auf der linken Seite. Sie verkündete die Abschiedsworte Mutter Teresas an die Welt: »Lächle – es ist der Anfang des Friedens.«

Dies war der Satz, den sie zu jedem neuen Besucher sagte. Ich erinnere mich noch daran, wie ich ihn einige Jahre zuvor in Tijuana, Mexiko, von ihr hörte, während sie ihre beiden Hände über meine hielt. Als sie mir für meine Arbeit dankte, hatte ich gemurmelt: »Ich bin nichts im

Vergleich zu Ihnen. Sie retten die Hungernden und die Sterbenden. Ich, so sagen meine Kritiker, lächle bloß und gebe den Leuten ein gutes Gefühl.«

Ihre Augen hatten gestrahlt. »Ich rette Menschen, die körperlich sterben; Sie, Dr. Schuller, retten Menschen, die emotional im Sterben liegen.« Ihr Gesicht, das sich nur wenige Zentimeter von meinem entfernt befand, strahlte die Liebe Christi aus. Ihre Hände mit ihren dicken, abgebrochenen Nägeln hatten sich angefühlt wie weiche, warme Handschuhe. Auf ihren Zügen war das Lächeln Christi erschienen, als sie diese Worte zu mir sagte: »Das Lächeln ist der Anfang des Friedens.«

Natürlich drängten sich Tausende aus aller Welt bei ihrer Beerdigung. Staatsoberhäupter gingen einer nach dem anderen zu ihrem Sarg und legten große Blumengebinde nieder. Aber der Blick der großen Masse war nicht auf die Kardinäle gerichtet, die die Bühne füllten; auch nicht auf den Sarg mit dem Körper der Königin der Liebe und des Friedens; auch nicht auf die Schwestern ihres Ordens, die Ehrenplätze innehatten. Nein, der Blick konzentrierte sich auf das Kreuz mit dem gekreuzigten Herrn, den sie geliebt und dem sie gedient hatte. Aller Ruhm und alle Ehre kam Jesus Christus zuteil.

Mein Sitznachbar auf dem langen Flug zurück war Doug Coe, der über 30 Jahre lang das alljährliche *President's Prayer Breakfast*[10] in Washington organisiert hatte. Jedes Jahr lud Doug als Ehrengäste nicht nur den Präsidenten und alle Mitglieder des Kongresses ein, sondern auch die Diplomaten aus allen Ländern der Welt. Doug Coe wusste alles darüber, wie man der nichtchristlichen Welt gegenüber Zeugnis ablegt. Auf unserer Rückreise saß ich fast 20 Stunden neben ihm und lernte von seinen Erfahrungen.

»Jetzt, wo Ihr Dienst sich nach Asien und in den Orient hinein ausbreitet«, riet er mir, »sollten Sie im Gedächtnis behalten, dass sehr viele dieser Länder irgendwann in ihrer Geschichte einmal von Europäern überfallen und besetzt worden sind, die sich selbst Christen nannten. Aus diesem Grund sollten Sie die Worte ›christlich‹ oder ›Christentum‹ sehr vorsichtig verwenden. Diese Worte sind sehr stark historisch belastet. Sie können auf Buddhisten, Hindus und Moslems oder Menschen, die einer anderen älteren Religion angehören, nachhaltig abschreckend wirken.«

»Wie soll ich mich also nennen?«, fragte ich.

»Nennen Sie sich einen Nachfolger Christi. Und leben Sie das Leben Christi voller Liebe und Frieden.

Denken Sie daran, Jesus ist nicht gekommen, um eine neue Religion zu gründen. Er hat niemals das Wort ›Christentum‹ verwendet oder gar geprägt. Er hat seinen Schülern niemals aufgetragen, sich ›Christen‹ zu nennen. Er hat sie mit weisen und wunderbaren Worten geleitet: ›Ich bin das Licht der Welt. Wer mir nachfolgt, soll nicht in der Finsternis wandeln, sondern im Licht.‹ Unsere Mission ist es nicht, Menschen zu einem anderen Glauben zu bekehren, sondern sie zu inspirieren, Jesus nachzufolgen.

Ich habe Hunderte von kleinen Gruppen getroffen, die aus Buddhisten und Angehörigen anderer Religionen bestanden, die sich regelmäßig treffen, um das Leben Jesu zu studieren. Sie lesen die Bibel. Sie fragen: ›Wie können wir Nachfolger Christi sein?‹ Die Welt ist offen für Christus und sie hungert nach ihm. Unsere Aufgabe ist es, sie mit der Guten Nachricht von Jesus Christus bekannt zu machen.

Ich kenne eine kleine Gruppe buddhistischer Priester in einem kleinen Land, das am besten ungenannt bleibt. Nachdem sie einige Monate lang das Neue Testament studiert hatten, entschieden sich diese Priester von Haus zu Haus zu gehen und einfach zu fragen: ›Wie können wir euch helfen?‹ Die verwunderte Bevölkerung fragte sie: ›Warum tut ihr das?‹ Diese Mönche in ihren orangefarbenen Roben antworteten: ›Wir folgen Jesus. Er möchte, dass wir seine Liebe zu euch bringen.‹«

Als unser Flugzeug sich auf die Landung in Washington vorbereitete, war ich dazu motiviert, meinen Dienst auf eine höhere Ebene zu führen. Mein evangelistischer Dienst hatte sich nun völlig verändert. Ich wollte mich jetzt nicht mehr darum bemühen, dass sich die Menschen irgendeiner Glaubensrichtung anschlossen. Ich wollte eine Mission der Gnade verfolgen. Anstatt die Leute von einem Glauben zum anderen zu bekehren, würde ich mich darauf konzentrieren, die Herzen der Menschen mit dem Herzen meines Heilands Jesus Christus zu verbinden. Dann konnte ich ihrer Rettung sicher sein, denn Jesus hat versprochen: »Wer zu mir kommt, den werde ich nicht von mir weisen.«

Ich war Präsident Clinton dankbar für die Wärme und Freundlichkeit, mit der er und seine Frau mich auch weiterhin einbezogen, aber wie jedermann sonst, so traf auch mich der Skandal, der seine Präsidentschaft überschattete, völlig unvorbereitet.

Der Präsident leugnete zwar »jegliche sexuellen Beziehungen« zu Monika Lewinsky, aber die Glaubwürdigkeit seines Dementi wurde bald in Zweifel gezogen. Als die hässlichen Details der Vorkommnisse im *Oval Office* an die Öffentlichkeit drangen, wurde die ganze peinliche Angelegenheit vor dem Senat breitgetreten. Clintons enger Freund Senator Joseph Liebermann erhob sich im Kreise seiner Kollegen und verdammte mit der Stimme eines Propheten das, was alle Amerikaner als desillusionierend und deprimierend empfanden.

Von allen Seiten wurde ich bedrängt, einen Kommentar abzugeben. Meine Freundschaft mit dem Präsidenten war schließlich kein Geheimnis – aber ich zögerte, öffentlich über das Thema zu sprechen. Die Verpflichtung des Pastors zur Diskretion war eine Sache, die ich immer sehr ernst genommen hatte. Dann kam die Ankündigung, dass der unabhängige Rechtsgutachter seinen Bericht zur Veröffentlichung an alle Zeitungen weitergeben würde.

Zwei Tage vor der Veröffentlichung dieses Berichts kontaktierte mich die *New York Times*. »Am Tag der Veröffentlichung haben wir noch Platz für einen Beitrag auf der Leitartikel-Seite«, sagte mir der Reporter. »Wir würden dort gerne den Beitrag eines positiven nationalen und internationalen Kirchenoberhaupts unterbringen. Würden Sie uns den Gefallen tun?«

Er spürte, dass ich zögerte, diese schwere Bürde auf mich zu nehmen, und sagte: »Dr. Schuller, dies wird die bei weitem größte Samstagsauflage werden, die wir jemals gedruckt haben. Wir brauchen ein geistliches Wort. Und wir brauchen es am Freitagnachmittag – das sind noch 24 Stunden. Können wir auf Sie zählen?«

Ich betete um Führung. Dann, fast ohne mich bewusst dafür entschieden zu haben, sagte ich: »Ja, ich werde etwas abliefern.«

Hatte ich richtig gehandelt, indem ich dieser Sache zustimmte? Ich war mir nicht sicher. Aber auf der anderen Seite konnte mein Schweigen den Eindruck erwecken, dass ich bereit war, ein solch offensichtlich unmoralisches Verhalten einfach hinzunehmen; und das war mit Sicherheit nicht der Fall.

In der Samstagsausgabe der *New York Times* erschien mein Essay so, wie ich ihn eingereicht hatte. Ich war nicht stolz darauf, ihn geschrieben zu haben, aber ich hatte das Gefühl, dass auch im Namen der Religion etwas zu diesem Thema gesagt werden sollte.

»Der Präsident im Angesicht der Herausforderung durch Jesaja« Von Robert H. Schuller

Jetzt, da der Bericht des unabhängigen Rechtsgutachters Kenneth Starr dem Kongress vorliegt, lautet die große Frage: Was wird die Zukunft Präsident Clinton bringen? Wird er seine zweite Legislaturperiode zu Ende bringen?

Um diese Angelegenheit zu beleuchten, wollen wir an den Beginn dieser Amtszeit zurückgehen. Während eines Frühstücks am Samstagmorgen vor seiner Amtseinführung gab ich dem Präsidenten einen Bibelvers. Er nahm ihn freudig an, und ich konnte feststellen, dass er tief bewegt war. Der Vers stammte aus Jesaja 58, Vers 12: ›Du sollst heißen: ‚Der die Lücken zumauert und die Wege ausbessert, dass man da wohnen könne'.‹

Der Präsident hat diesen Vers benutzt, als er seine Hand auf die Bibel legte und seinen Amtseid auf dem ›Capitol Hill‹ ablegte, und er hat sich gestern bei einem Gebetsfrühstück in Washington wieder darauf bezogen. Der Vers hat den Präsidenten angesprochen, auch wenn es diesem nicht gelungen ist, ihn zur Gänze auf sein Leben zu übertragen.

Jetzt, fast zwei Jahre in seiner zweiten Amtszeit, sehen wir, dass ein Riss durch unser Land geht, für den Präsident Clinton selbst verantwortlich ist, was er auch zugibt. Es ist kein Riss, der zwischen Demokraten und Republikanern verläuft, nicht zwischen Konservativen und Liberalen, sondern ein Riss zwischen denen, die sich einer hohen Moralität verpflichtet fühlen, und denen, die nach einem veränderlichen Wertmaßstab der Unmoral oder sogar Amoralität leben. Der Riss tritt auch in seiner eigenen Familie und seiner Ehe zu Tage.

Ich würde den Präsidenten gerne dazu aufrufen, sich den Vers aus dem Buch Jesaja noch einmal genau anzusehen und alles zu tun, was in seiner Kraft steht, um ihn ernsthaft und ehrlich auf sein Leben zu übertragen. Dies ist eine Herausforderung, der er bisher noch nie gegenüberstand. Ich bete, dass er sich ihr stellt, denn dies ist die wichtigste Entscheidung in seiner gesamten Präsidentschaft.

Wie wird der Präsident auf den Skandal reagieren, der sich nun, da Mr. Starrs Bericht veröffentlicht ist, entwickeln wird? Was wird seine Antwort sein? Weitere Schadensbegrenzung? Weitere Einschränkungen? Wird er sich tiefer eingraben, festbeißen, zurückschießen, Tränen bemühen, in dem Versuch, genügend Menschen für sich zu gewinnen, um sich im Amt halten zu können? Werden solche Aktionen den Riss wieder verschließen können?

Die Frage bleibt: Soll Clinton im Amt bleiben? Die Sache durchkämpfen? Soll er warten, bis der Senat über das Amtsenthebungsverfahren abstimmt? Könnte dann vielleicht die Stimme eines Senators die Zwei-Drittel-Mehrheit verhindern, die nötig ist, um ihn aus dem Amt zu entfernen? In einem solchen Fall würde der Präsident gewinnen, aber wäre das ein achtbarer und ehrenhafter oder eher ein Pyrrhussieg? Könnte ein solcher dazu beitragen, den Riss, der durch das Land geht, wieder zu verschließen, oder würde er ihn eher vertiefen und die Auseinandersetzung blutiger machen?

Ich fand es sehr ermutigend, dass der Präsident gestern beim Gebetsfrühstück um Vergebung bat und erklärte, er sei bereit, Rat und professio-

nelle Hilfe anzunehmen. Seine Entschlossenheit, den Riss zu kitten, ist jedenfalls höchst erfreulich.

Ich bete dafür, dass er zu seinem Wort steht, wie schmerzhaft es auch sein mag und wie hoch die Kosten auch sein mögen. Ich rufe auch die Nation auf, für ihn zu beten. Der Präsident muss einige schwere Entscheidungen treffen. Diese Entscheidungen werden schmerzhaft sein. Aber selbst schmerzhafte Entscheidungen sind relativ leicht zu treffen, wenn wir die richtigen Fragen stellen.

Die Fragen, von denen ich meine, dass der Präsident sie sich stellen sollte, sind:

1. *Welche Handlungsweise wird im Interesse meiner Familie und meines Landes am besten sein?*
2. *Welche Handlungsweise ist dazu in der Lage, den Riss zu kitten, den ich mit meinem Verhalten verursacht habe?*
3. *Welche Handlungsweise wird meine Ehre und Würde wiederherstellen und die aller anderen, die verletzt worden sind?*

Präsident Clinton muss einsehen, dass die Entscheidungen von heute die Realität von morgen bestimmen. Das heißt, dass wir alle unser Leben auf das Morgen ausrichten sollten, denn wir haben die Verantwortung, das Morgen besser zu machen als das Heute. Heute hat jeder von uns seinen Berg zu besteigen und sein Kreuz zu tragen, aber keiner von uns kann das allein tun. Wir brauchen die Liebe und die Unterstützung unserer Familien und Freunde und, vor allem anderen, eine starke Beziehung zu Gott.

Die Welt steht vor gefährlichen Zeiten, finanziell, politisch, physisch, geistig und moralisch. Die Vereinigten Staaten müssen jetzt stark sein, stärker als je zuvor. Dieses Land und die Welt verlangen eine ehrliche, moralische und demütige Führung, und zwar sofort. Wir können nicht länger ohne sie weitermachen.

Die Nation erwartet die Antwort des Präsidenten.«

Die große Frage blieb viele schmerzliche Wochen hindurch unbeantwortet. Hatte der Präsident einen Meineid geleistet? Hatte er unter Eid gelogen? Würde der Senat ein Amtsenthebungsverfahren anstrengen, das die schmutzigsten Details an die Öffentlichkeit zerren würde? Wenn das geschähe, was würde unsere Jugend sehen und hören müssen?

Die Antwort auf die Untersuchung zum Amtsenthebungsverfahren kam schließlich vom Komitee des Kongresses. Auch sie würde der gesamten Presse mitgeteilt werden. Die Zeitungen Amerikas standen Gewehr bei Fuß.

Dann bekam ich einen Anruf vom *Wall Street Journal*: »Wir haben einen guten Platz auf unserer Leitartikelseite für einen Kommentar freigehalten. Wir suchen eine geistliche Stimme. Würden Sie ihn bitte für uns schreiben?«

Ich stimmte zu, und am Montag, dem 21. Dezember 1998, war im *Wall Street Journal* folgender Beitrag zu lesen:

»Ersparen Sie uns ein Gerichtsverfahren, Mr. President! Von Robert H. Schuller

Nachdem der unabhängige Rechtsgutachter seinen Bericht abgeliefert hatte, habe ich gebetet, dass der Präsident sich drei Fragen stellen möge: Welche Handlungsweise wäre die beste, zuerst für das Land, dann für seine Familie und schließlich für ihn selbst? Welche Entscheidung wäre geeignet, den Riss zu kitten, anstatt ihn weiter aufzureißen? Welche Antwort würde die Hoffnung in sich tragen, dass durch sie ein Teil der Ehre und Würde aller wiederhergestellt würde, die durch sein Verhalten in Verlegenheit gebracht worden sind? Angesichts der Krise, vor der wir jetzt stehen, bitte ich ihn, diese drei Fragen noch einmal zu überdenken und um Führung zu beten.

Ich bin davon überzeugt, dass Präsident Clinton die tiefe Reue über sein unmoralisches Verhalten und die Schmerzen, die er damit seiner Frau, seiner Tochter und seiner Nation zugefügt hat, auch tatsächlich empfindet. Ich glaube, dass er sein Land wirklich liebt. Ich denke, dass er in der Vergangenheit hart und gut gearbeitet hat, um Probleme zu lösen, die das Land zu spalten drohen, und um Frieden, Fortschritt und Wohlstand zu fördern. Wie tragisch, dass ein Präsident mit solch viel versprechenden Fähigkeiten nun selbst zu einer polarisierenden Kraft geworden ist.

Ich hoffe, dass der Kongress einen verfassungsgemäßen Weg findet, ein Gerichtsverfahren zu vermeiden; ich denke, ein Amtsenthebungsverfahren ist Strafe genug. Aber wenn es keinen Weg gibt, um ein Verfahren vor dem Senat zu vermeiden, dann, Mr. President, bitte ich Sie, in sich zu gehen und den Willen und die Kraft aufzubringen, dieses Leiden zu beenden. Wenn Sie zurücktreten, können Sie unserer Nation Wochen, vielleicht sogar Monate entzweiender Debatten und peinlicher Aussagen ersparen. Wenn Sie dies tun, können Sie helfen, das öffentliche Vertrauen in die moralische Substanz, die unsere Regierungsform erhält, und in die moralischen Werte, die wir zu Recht von unseren Führern erwarten, wiederherzustellen.

Mr. President, ich schlage Ihnen folgendes Gebet vor, das ich für sehr klug und angemessen halte: ›Herr, zeige mir, wann ich weitermachen und wann ich loslassen soll, und hilf mir, die richtige Entscheidung mit Würde zu treffen. Amen.‹«

Ich hatte mich gefragt, wie ich mich wohl fühlen würde, wenn ich mich so in der Öffentlichkeit über das Benehmen des Präsidenten äußerte, vor allem, nachdem er so freundlich zu mir gewesen war. Schließlich war ich nicht gerade einer von denen, die über »Sünde« predigen. Aber als ich meine Worte gedruckt vor mir sah, wusste ich, dass ich das Richtige getan hatte. Ich empfand keine Reue.

Der Präsident und ich haben seit diesen dunklen Tagen oftmals miteinander gesprochen und Briefe ausgetauscht, aber wir haben niemals speziell über diese Episode gesprochen.

Im Mai 1999 erhielt ich folgenden Brief von Präsident Clinton. Es war eine Reaktion auf das Buch, das ich ihm vier Jahre zuvor gegeben hatte, *The Power of Being Debt Free*. Ich saß in meinem Büro, als meine Sekretärin mir den Umschlag mit dem Siegel des Präsidenten brachte. Ich fuhr mit meinem Finger vorsichtig die Kante des Umschlags entlang. *Warum schreibt er mir?*, fragte ich mich. *Was will er wohl?*

Geschrieben in des Präsidenten eigener Handschrift, lautete der Brief folgendermaßen:

»Lieber Reverend Schuller,

als ich diesen Artikel sah, musste ich an Sie denken.

Wenn der Kongress meinen sozialen Sicherheitsplan annimmt, werden wir bis 2015 die Schulden auf den niedrigsten Stand seit der Zeit vor dem Ersten Weltkrieg senken können, und im Jahr 2018 können wir schuldenfrei sein!

Als Sie dies mir gegenüber zum ersten Mal erwähnten, glaubte ich nicht, dass es machbar wäre. Als die Dinge zu Hause und im Ausland sich weiterentwickelten, wurde ich aber in dieser Angelegenheit zum ›Möglichkeitsdenker‹!

Ich hoffe, es geht Ihnen gut,

mit freundlichen Grüßen,
Bill Clinton«

Trotz meiner schweren Enttäuschung über sein persönliches Verhalten bewunderte ich jetzt wieder seinen Mut, dass er sich erneut mit mir in Verbindung setzte und mich mit diesem zustimmenden Brief bedachte. Er hatte die Botschaft verstanden und die Vision des Buches aufgegriffen! Er unternahm den Versuch, die moralische Führung wiederzugewinnen, und die Aufgabe, unsere Nation auf einen neuen, positiven Kurs zu bringen.

45

Als das Jahrhundert und mit ihm das Jahrtausend sich seinem Ende näherten, war ich erstaunt zu sehen, wie sehr sich meine Perspektive verändert hatte. In meinen frühen Jahren waren Sioux County in Iowa und die Holländisch-Reformierte Kirche meine Welt gewesen. Jetzt dachte ich in globalen Zusammenhängen. Von »Nirgendwo« zu einem »Irgendwo« zu kommen, hatte eine völlig neue Bedeutung bekommen. Ich bewegte mich mehr und mehr in Richtung einer Denkweise, die auch andere religiöse Richtungen mit einschloss. Natürlich war dies wieder eine neue »Grenze« – aber inzwischen hatte ich mich daran gewöhnt, auf Messers Schneide zu leben. Tatsächlich gefiel es mir!

Anfang 1999 waren die Vorbereitungen für eine Pilgerfahrt, die ich an Weihnachten zu einer Gegend oberhalb Bethlehems – bekannt als die Schäferhügel – machen wollte, schon ziemlich weit fortgeschritten. Da erreichte mich zu meiner Überraschung die Einladung, eine Versöhnungsmission in dem uralten Religionskonflikt in diesem Land zu unternehmen. Den folgenden Brief erhielt ich am 20. Mai 1999:

»Seine Ehren Dr. Robert Schuller

Herzliche Grüße und Friedenswünsche,

ich danke Gott für die Gelegenheit, Sie unter dem Banner des Glaubens und des Friedens für die Menschheit zu treffen, um der Botschaft des Friedens von Jesus Christus und Mohammed zu dienen. Mein Wunsch ist es, eine besseres Verständnis zwischen unseren beiden Nationen und Religionen zu erreichen und das neue Jahrtausend mit neuen Brücken der Liebe und Brüderlichkeit zwischen Moslems und Christen zum Wohl der gesamten Menschheit zu beginnen.

Ich bete darum, dass Sie meine Einladung annehmen, und freue mich darauf, Sie bei Ihrer Ankunft zu begrüßen. Ich würde mich sehr freuen, wenn Sie mit mir zusammen am 17. Dezember um 11 Uhr vormittags eine Rede vor der freitäglichen Gebetsversammlung halten würden. Sollte dies nicht möglich sein, erwarte ich Ihre Ankunft in Damaskus von Jordanien aus am Abend des 20. Dezember 1999. Möge Gottes Frieden und Segen mit Ihnen sein.

Mit freundlichen Grüßen,
Sheikh Ahmed Kuftaro
Großmufti von Syrien
Oberhaupt des Höchsten Rates der Fatwa«

In der islamischen Welt gibt es nur sechs Großmuftis. Der wichtigste unter ihnen – Sheikh Ahmed Kuftaro – ist der Großmufti von Syrien. Dies war also eine ganz besondere Einladung.

Was ich zu dieser Zeit noch nicht wissen konnte, war, dass Präsident Clintons eigene Anstrengungen im Mittleren Osten sich mit meinen überschneiden würden. Wohl kein anderes Oberhaupt der Vereinigten Staaten hat so viel persönliches Engagement in die Suche nach einer Lösung für diese krisengeschüttelte Region investiert, die sowohl die Juden als auch die Palästinenser ihre Heimat nennen, als sie auch die Geburtsstätte der drei großen Weltreligionen ist. Und nun, im Dezember 1999, zur gleichen Zeit, in der ich in Damaskus sprechen würde, würde Clinton den Vorsitz bei den Washingtoner Friedensgesprächen führen, an denen Israels Premierminister Barak und Syriens Präsident Assad teilnehmen würden.

Das war auf jeden Fall ein »Zumauern von Lücken«! Präsident Clintons Aufgabe war politischer Natur, aber ob er es wusste oder nicht, er war auch dabei, einen biblischen Auftrag zu erfüllen.

Als die Zeit meiner eigenen Abreise in den Mittleren Osten näher rückte und die Nachrichten von den bevorstehenden Friedensgesprächen die Runde machten, hörte ich mit wachsendem Interesse zu. War es möglich, dass wir nach all diesen Jahren Zeuge werden sollten, wie diese ständigen Unruhen zu einer Harmonie führten? Vielleicht war es möglich! Vielleicht konnten wir eine Wiederholung des Weihnachtswunders erleben: Frieden auf Erden und allen Menschen ein Wohlgefallen!

Ich war der erste christliche Pastor, der in der wichtigsten Moschee der Welt eine Predigt in voller Länge halten durfte. Es war eigentlich schon genug, dass der Großmufti Kuftaro mich einlud, in Damaskus während ihrer heiligen Gebetszeit, zum Beginn der heiligen Ramadan-Woche, zu sprechen. Aber in dieser Umgebung zu einem Zeitpunkt zu sprechen, zu dem gleichzeitig solche politischen Ereignisse stattfanden – das war wirklich außergewöhnlich!

Begab ich mich hier in eine Situation, die sich in dieser explosiven Lage als gefährlich erweisen würde, oder konnte und wollte Gott mich als Botschafter des Friedens benutzen, der mit anderen Religionen zusammenkam, einen respektvollen Austausch mit ihnen begann und die religiösen Oberhäupter in Frieden in die Arme schloss?

Vor Jahren hatte ich geschrieben:

Mach deine Träume groß genug, sodass auch Gott in ihnen Platz hat.

Ich nahm diese Gelegenheit zum Dienst genau unter die Lupe, und mir wurde klar, dass ich niemals in der Lage gewesen wäre, Gottes Definition von »groß« vorherzusagen oder eine Vorstellung von ihren Ausmaßen zu entwickeln – sie überstieg einfach meine eigene viel zu sehr!

Es war dunkel, als wir am 15. Dezember 1999 in Damaskus landeten. Wir waren über Jordanien aus Tel Aviv gekommen.

»Sie können nicht direkt von Israel nach Syrien fliegen«, hatte man uns gesagt. »Aber das neutrale Jordanien wird den Überflug genehmigen.«

Jeder, den wir trafen, schien sich sowohl der gerade in Washington stattfindenden Gespräche bewusst als auch von der Aussicht auf Frieden begeistert zu sein. Während wir zum Beispiel in Jerusalem unterwegs waren, hatten wir diesen hoffnungsvollen Optimismus bei Taxifahrern, Hotelpagen und Flughafenangestellten wahrnehmen können. Ich war davon überzeugt, dass hier Gott am Werk war.

Trotzdem gab es noch einige Hindernisse, die wir zu überwinden hatten – Arvella, unsere Tochter Carol und ich, Mike Nason und Vikki Vargas (Mikes Frau) –, während wir uns durch unseren Reiseplan voranarbeiteten. Wegen der angespannten politischen Lage zwischen Israel und Syrien mussten wir besonders darauf achten, dass die Israelis unsere Reisepässe in Tel Aviv nicht abstempelten. Die Regierungsbeamten in Damaskus durften keinen Hinweis darauf erhalten, dass wir im Land ihres Feindes gewesen waren. Als die Israelis unsere Visa abstempeln wollten, hatten wir ihnen stattdessen ein leeres Stück Papier gegeben.

Kein Problem – alle fünf Pässe blieben von den Behörden in Tel Aviv unberührt.

Aber als wir dann bei einem kurzen Zwischenaufenthalt in Jordanien vom Minister für Tourismus empfangen wurden, entdeckte einer seiner Mitarbeiter einen israelischen Stempel in Arvellas Ausweis, der von einer Reise von vor vier Jahren stammte. Arvella fragte sich, ob sie in Jordanien bleiben oder nach Tel Aviv zurückkehren sollte. Der Minister schlug vor, die Seite herauszureißen. Dann entschieden wir uns dafür, alle Pässe beim Visum für Damaskus aufzuschlagen und die restlichen Seiten mit einer Büroklammer zusammenzuheften. Wir hofften, dass es so aussehen würde, als ob wir einfach gut organisiert wären und unsere Reisedokumente zur Bequemlichkeit der Grenzbeamten vorbereitet hätten. Wenn alles gut ging, würden die Beamten in Damaskus unsere Papiere auf der syrischen Seite aufschlagen und die Seite mit dem (in Arvellas Fall) israelischen Stempel überblättern. Wenn es nicht funktionierte – nun, wir hofften einfach, dass es klappen würde.

Sobald das Flugzeug den Terminal in Damaskus erreicht hatte und die Türen geöffnet wurden, kam ein Mann an Bord und sprach mit der Stewardess. Dann kam er den Mittelgang herunter, wobei er jedem Passagier Fragen stellte.

Als er zu mir kam, sagte er: »Hallo. Ist Ihr Name Dr. Robert Schuller?«

Ich war ein bisschen unruhig, aber ich antwortete ihm ruhig: »Ja, ich bin Dr. Schuller.«

»Bitte kommen Sie mit mir«, sagte er.

Ich sah Arvella an und der Blick des Beamten folgte dem meinen.

»Ist das ...« – er blickte auf die Papiere in seiner Hand – »Arvella?«

Ich nickte.

»Sie kommt bitte auch mit.«

Die Nasons und Carol sprangen von ihren Sitzen auf und folgten uns. Er sah sie an, sagte aber nichts dazu und eskortierte uns fünf rasch aus dem Flugzeug heraus. Man brachte uns in einen separaten Raum, dessen Wände, Decke und Möbel mit aufwändigen goldenen Arabesken verziert waren.

Dort begrüßte uns Bill Baker, unser muslimisch-christlicher Mittelsmann, und unsere angespannten Nerven begannen sich wieder zu beruhigen. Bill stellte uns einem großen, gut aussehenden jungen Mann vor und erklärte uns, dass dies der Sohn des Großmufti war (eines Tages würde er die Nachfolge seines 89-jährigen Vaters antreten). Beide Männer strahlten eine entwaffnende Herzlichkeit aus.

Ich nahm Bill zur Seite und erklärte ihm das Problem mit Arvellas Visumstempel.

»Beten Sie«, war alles, was er sagte.

Eine lange, sorgenerfüllte Zeit hindurch tranken wir starken, gewürzten arabischen Kaffee, unterhielten uns halbherzig und warteten.

Ich beobachtete, wie Bill zu einigen einheimischen Männern hinüberging, die zu der Gruppe unserer Gastgeber gehörten, die uns in Damaskus willkommen heißen wollten. Sie tauschten einige ernste Worte aus, und er verließ uns wieder, diesmal mit einigen zusätzlichen Männern, die ihn begleiteten.

Zehn Minuten später kam Bill mit einem verärgerten Ausdruck im Gesicht zurück. Er hob die Augenbrauen, als er mich ansah, gab aber keine weiteren Erklärungen.

Wir warteten wieder eine Weile, bis plötzlich ein Beamter erschien und uns durch den Terminal zu einigen Autos führte, in denen unser Gepäck bereits ordentlich verstaut war. Ich hielt das für ein gutes Zeichen.

Mike und Vikki wurden zu dem einen Wagen gebracht, Arvella und ich zu einem zweiten, in dem uns einer unserer einheimischen Gastgeber erwartete, der unser Übersetzer sein würde, und Carol brachte man zusammen mit unserer damaszenischen Begleiterin zu einem dritten Fahrzeug. Ich fragte mich, ob das eine gute Idee war. Sollte ich darauf bestehen, dass Carol mit uns fuhr? Aber es ging alles viel zu schnell.

Binnen Minuten fuhren wir durch ein dunkles, nur vom Mondlicht erhelltes Wüstengebiet. Unser syrischer Fahrer begann aufgeregt auf unseren Übersetzer einzureden.

»Ich kann es nicht glauben! Ich kann es nicht glauben! Preist Allah! Ich kann es nicht glauben!«

Dann warf mir der Fahrer im Rückspiegel einen Blick zu. »Dr. Schuller«, sagte er. »Allah hat sich um alles gekümmert! Preist Allah!«

Der Übersetzer erklärte uns das überschwängliche Verhalten unseres Fahrers: »Wir haben den Beamten die Pässe gebracht«, sagte er. »Es ist kaum zu glauben, aber sie ergriffen den ersten Pass – es war der von Mike –, nahmen die Büroklammer heraus und gingen das Dokument Seite für Seite durch. Dann nahmen sie Carols Pass und schauten ihn Seite für Seite an. Mit Vikkis taten sie dasselbe. Dann mit Ihrem. Dann nahmen sie den von Arvella, und wir wurden sehr nervös, denn wir befürchteten, dass wir jetzt wirklich Ärger bekommen würden. Aber, Dr. Schuller, dieser Soldat öffnete ihn einfach auf der Seite, an der die Büroklammer steckte, und stempelte ihn ab! Ihr Pass war der einzige, den sie sich nicht Seite für Seite ansahen!«

Ich legte meinen Arm um Arvellas zarte Schulter und zog sie an mich.

Als wir in unserem Hotel ankamen, war es schon spät, und wir waren alle müde. Nach all der Aufregung bei unserer Begrüßung fiel ich sehr schnell in tiefen Schlaf.

Als ich am nächsten Morgen den Großmufti traf – es war Donnerstag, der 16. Dezember 1999 –, konnte ich deutlich die Gegenwart Gottes spüren. Es war das gleiche Gefühl, das ich bei Mutter Teresa, bei David Yonggi Cho, Billy Graham und bei vielen anderen großen religiösen Führern gehabt hatte. Jeder von ihnen hatte eine Aura überwältigender Liebe ausgestrahlt.

Man setzte uns ein unglaubliches Mahl vor, während die Kinder um uns herumtollten und der Großmufti wie ein Modell großväterlicher Güte dasaß. Ich war tief bewegt, als ich darüber nachdachte, welche Erfahrungen der Apostel Paulus auf seinem Weg nach Damaskus in dieser Stadt gemacht hatte. Damaskus – die Stadt, in der Paulus den auferstandenen Jesus Christus getroffen hatte.

Ich wusste, dass die Bevölkerung des Landes – 17 Millionen Menschen – hauptsächlich Moslems waren, aber ich war nicht sicher, welche anderen Religionen noch vertreten waren.

»Wie viele Christen gibt es eigentlich in Syrien?«, erkundigte ich mich deshalb.

»Oh«, gab er mir zur Antwort. »Ich würde sagen, so um die 17 Millionen!«

»Wie denn das?«

Er erklärte es mir: »Mohammed brachte die Geschichte von Jesus, von den Zehn Geboten und von dem einen Gott zu den Arabern. Vorher waren sie alle Ungläubige – sie beteten viele verschiedene heidnische Gottheiten an.«

Ich erinnerte mich daran, dass Billy Graham mir das einmal erklärt hatte. Man denkt immer, die Moslems würden einen anderen Gott anbeten, der Allah heißt, aber tatsächlich ist »Allah« nur das arabische Wort für »Gott«, so wie »Gott« auf Spanisch »Dios« heißt.

»Mohammed schrieb ein Buch, das man den Koran nennt«, fuhr der Großmufti fort. »Darin beschreibt er den Glauben, dass Jesus von der Jungfrau Maria geboren wurde und Wunder vollbracht hat und dass er eines Tages wiederkommen wird, um über alle Menschen zu richten. Er lehrt, dass die große Botschaft Christi der Frieden ist. ›Islam‹ bedeutet Frieden. In diesem Sinne können wir also keine guten und echten Moslems sein, wenn wir nicht auch zugleich Christen sind.«

Am nächsten Morgen werde ich kurz vor Sonnenaufgang vom Klang einer Stimme geweckt, die in Molltönen klagt. Es muss so gegen vier Uhr sein. Ich ziehe die Vorhänge zurück und blicke auf eine im Dunkel liegende Stadt hinunter, die ein planloses Wirrwarr von Antike und Moderne zu sein scheint, ein wildes Durcheinander von Minaretten und Satellitenschüsseln, die weiß in der städtischen Landschaft aufleuchten. Große, runde Dome schimmern und blinken, und hohe, dünne Turmspitzen tragen die Lautsprecher, aus denen jetzt der moslemische Gebetsruf über die noch schlafende Stadt erschallt. Dies ist eine völlig fremde Welt. Ich habe außer den Mitgliedern unserer Gruppe seit unserer Ankunft noch keine anderen westlichen Menschen gesehen. Die Fremdartigkeit fühlt sich frisch und wunderbar an.

Die Religion dieses Landes ist mir vollkommen fremd, und dennoch fühle ich eine Verbundenheit, ähnlich der, die ich meinen engen Freunden jüdischen Glaubens gegenüber empfinde. Und ich denke daran, dass dies hier eine religiöse Umgebung ist, in der eine laute Stimme öffentlich über die ganze Stadt hinweg ruft, um jeden daran zu erinnern, dass es ein höheres Wesen gibt, das über der Dumpfheit des Alltags steht und das bedeutender ist als diese. Ich spüre diesen Ruf und beginne zu beten, und auf meinen Knien bitte ich Gott, heute etwas Wunderbares zu tun.

Einige Stunden später sind wir mit rasender Geschwindigkeit im Auto unterwegs, so schnell und mit so vielen Beinahe-Unfällen, dass ich nach Atem ringe. *Pass auf!*, schreie ich innerlich, als eine ältere Frau uns beinahe vor den Wagen läuft. Ich bin mit den Nerven am Ende, obwohl hier jeder so zu fahren scheint. Ich vergewissere mich, dass ich meine Herzmedikamente dabei habe ... nur für den Fall!

Wir halten vor einem großen, schmucklosen Gebäude, vor dem sich Massen von Menschen drängen. Der Wagen hinter uns, in dem die Frauen sitzen, folgt uns und hält knapp hinter unserer Stoßstange. Wir steigen aus, und ich werfe einen Blick zurück auf den anderen Wagen, aus dem gerade Arvella, Vikki und Carol aussteigen, ihre Köpfe unter ihren *Hijabs* verborgen. Unsere Gastgeber führen uns, immer noch nach Geschlechtern getrennt, durch die murmelnde Menge der anwesenden Syrer.

Am Eingang der Moschee ziehen wir unsere Schuhe aus und lassen sie dort zurück. Das erinnert mich an das Gebot, das Gott Moses gab:

»Zieh deine Schuhe von deinen Füßen; denn der Ort, darauf du stehst, ist heiliges Land.« Niemand betritt eine Moschee mit Schuhen, an deren Sohlen der Schmutz des Alltags klebt; der Schmutz soll diesen heiligen Ort nicht entweihen dürfen.

Mike und ich werden in die eine Richtung gewunken, während man die Frauen an einen anderen Ort führt. Zuerst zeigt man uns die Studienräume der Moschee. Man zeigt mir Raum für Raum; jeder ist voller junger muslimischer Männer, die mit Lernen beschäftigt sind. In einigen der Klassenzimmer stellen die Schüler Fragen an mich. Ihre Gesichter sind freundlich und voller Neugier. Ich fühle mich wohl in diesen Räumen und merke, dass man mir mit Ehrerbietung begegnet.

Ich sehe zwischen all den dunkleren Tönen einige Gesichter, die westlich erscheinen – Menschen mit heller Haut, rotem, blondem und braunem Haar. Ich sehe die schwarze Haut der Afrikaner und ich sehe Asiaten. Ich erinnere mich an die große ethnische Vielfalt in dieser Religion, und ich denke daran, dass sie bei ihrer Pilgerfahrt nach Mekka alle weiße Roben tragen, damit es keine rassischen oder sozialen Unterschiede gibt.

Im nächsten Raum treffe ich auf nahezu 300 junge Mädchen! Unter ihnen entdecke ich Arvella, Carol und Vikki, die mit ihren Führerinnen ganz vorne sitzen. Man bittet mich, einige Worte zu sprechen. Ich blicke in diese jungen Gesichter, und ich denke an Carol und daran, wie sie im gleichen Alter im Krankenhaus lag. Ich hatte nicht vorgehabt, eine Rede zu halten, aber angesichts dieser plötzlichen Erinnerung beschließe ich, darüber zu sprechen.

Ich zeige den Mädchen Carol und erzähle ihnen davon, wie sie, als sie gerade 13 war, beinahe bei einem Motorradunfall ums Leben gekommen wäre. Ich erzähle den Mädchen, wie sie fast ihr gesamtes Blut verloren hatte und acht Monate im Krankenhaus verbrachte. Sie blicken zwischen mir und Carol hin und her. Carol lächelt und tauscht Blicke mit den jungen Mädchen und diese lächeln ihr schüchtern zu. Ich schildere den Kindern, wie Carol im Straßengraben lag und wie sie spürte, dass Gott zu ihr kam und mit den Worten des 23. Psalms zu ihr sprach: »Und ob ich auch wandere im finsteren Tal, fürchte ich kein Unglück. Dein Stecken und Stab trösten mich.«

Obwohl dieser Schulbesuch einer der Höhepunkte meiner Reise ist, bleibt doch mein geplanter Auftritt im Kirchenraum das wichtigste Ereignis. Als die Zeit zur Gebetsversammlung kommt, blicke ich auf ein Meer von Menschen, die so eng zusammengedrängt sitzen, dass sie fast aufeinander hocken. Jeder einzelne von ihnen kniet ehrfürchtig auf seinem eigenen kleinen Gebetsteppich. Erst als ich zum Balkon hinaufsehe, entdecke ich hinter einer großen Glasscheibe die vertrauten Gesichter, die ich gesucht habe – Arvella und Carol und Vikki, eingezwängt in einer Menge von Frauen.

Bill Baker lehnt sich zu mir herüber und flüstert: »Es gibt sieben Stockwerke in dieser Moschee und jedes einzelne ist komplett voll! Es heißt, dass ungefähr 15.000 Menschen gekommen sind, um Sie zu hören. Man hatte nur 5000 erwartet. Das ist ganz erstaunlich, Dr. Schuller!«

Ich sehe wieder nach oben, und ich bemerke, dass in zwei Zwischengeschossen zwischen dem Boden und dem Balkon die Frauen sitzen. Gesichter, Gesichter und noch mehr Gesichter, wohin mein Auge auch schaut.

Der freundliche alte Großmufti Kuftaro ist direkt neben mir. Er fängt an, zu der Menschenmenge zu sprechen. Er spricht über die angespannte Lage im Mittleren Osten und über die Verantwortung eines jeden Moslem, in Liebe und absolutem Frieden zu leben. Dann wendet er sich mir zu.

Mit Liebe im Herzen spreche ich zu der Versammlung über die Botschaft des Friedens, die Jesus Christus uns gebracht hat. Das Thema meiner Rede ist mein persönlicher Leitstern aus Jesaja: »Du sollst heißen: ›Der die Lücken zumauert und die Wege ausbessert, dass man da wohnen könne‹.« Ich sage der Menge, dass sie die wundervolle Gelegenheit haben, Teil dieser Prophezeiung zu werden.

Dann spreche ich über eine der schönsten Aussagen, die ich je gehört habe. Am Tag zuvor, als wir uns in seinem Haus getroffen hatten, hatte der Großmufti zu mir gesagt: »Religion ist wie Regen, der vom Himmel fällt. Er kommt, um die Menschen zu erfrischen. Aber der Extremismus verschmutzt diesen Regen und vergiftet ihn.« Ich gebe zu, dass der christliche Glaube an der Vergiftung dieses Regens schuldig geworden ist.

Ich fahre fort, indem ich den Rest dessen, was der Mufti zu mir sagte, zitiere: »Der Extremismus entstellt das schöne Gesicht des Islam, der ja der Frieden ist. Jeder Moslem, der an Gewaltaktionen teilnimmt, ist kein echter Moslem und dient nicht dem Islam. Wir wollen jetzt für Frieden in diesem Land beten.«

In diesem Augenblick, in dem ich zusammen mit dem Großmufti vor einer Menge hingegebener Moslems stehe, weiß ich, dass wir alle zusammen Gottes Werk tun. Wir stehen Hand in Hand an der Schwelle zu einem neuen Millennium und arbeiten daran, die noch vorhandenen Lücken zuzumauern.

Später am Tag trafen wir uns mit christlichen Patriarchen in Damaskus. Es sind Männer mit einer Abstammung, die sich bis zu den Tagen des Apostels Paulus zurückverfolgen lässt. Der presbyterianische Patriarch, der bei der Versammlung in der Moschee dabei gewesen war, erzählte mir etwas, das mich tief bewegte. »Ich war sehr beeindruckt von dem, was Sie in der Moschee gesagt haben – dass Sie Jesus Christus in den Augen des Muftis gesehen haben, in den Augen des Moslems«, sagte er. »Diese Versammlung war ein historisches Ereignis. Der Friede Gottes wird nicht in unser Land kommen, bevor er nicht in unseren Herzen ist.

In jeder Religion gibt es Extremisten: bei den Christen, bei den Moslems und bei den Juden. Wenn ihre Stimmen die lautesten sind, dann wird das nächste Jahrhundert ein Jahrhundert der Glaubenskriege werden. In den vergangenen 100 Jahren haben wir 150 Millionen Menschen umgebracht! Wenn wir überleben wollen, *muss* das nächste Jahrhundert ein Jahrhundert des Friedens werden. Ich bete für den Mufti – dass sein Geist die moslemische Welt erfassen möge –, und ich bete, dass wir Christen die Moslems in die Arme schließen, die ja, wie auch wir, auf der Suche nach Frieden sind. Ich glaube, dass wir in Syrien bald echten Frieden erleben werden.«

Der Tag ging mit einem festlichen Abendessen zu Ende, das moslemische und christliche Führungspersönlichkeiten an einen Tisch brachte, wo sie zusammen lachten und in Liebe ihre Gedanken und Hoffnungen austauschten. Ich war überrascht, dass etliche der Moslems mir für *Hour of Power* dankten. Sie hatten mich im Fernsehen gesehen, wo meine Sendung mit arabischen Untertiteln versehen war, die meine Worte übersetzten.

Ich traf mich noch einmal mit dem Großmufti, einem der großen Glaubensführer, die Christus die Ehre geben. Er willigte ein, mich in naher Zukunft während *unserer* heiligen Zeit der Anbetung, in *unserem* heiligen Versammlungsort – der *Crystal Cathedral* – zu besuchen und mein Gast zu sein. Unglücklicherweise hinderte ihn ein Herzleiden daran, die Reise zu unternehmen. Allerdings widerfuhr uns die hohe Ehre, seinen 40-jährigen Sohn bei uns empfangen zu dürfen, den Erben des Throns des Großmufti und einen Mann, der vom gleichen wunderbaren Geist durchdrungen ist wie sein Vater.

Während ich diese Worte schreibe, wird *Hour of Power* jede Woche vor einem neuen Publikum ausgestrahlt. Es handelt sich dabei um Indonesien – die größte muslimische Nation der Welt. Und ich wage es, einen mutigen Traum zu träumen: dass positiv denkende Gottesgläubige sich über die Illusion erheben werden, die viele Religionen der Welt ihnen aufgezwängt haben, und dass die Oberhäupter der großen Glaubensrichtungen die dogmatischen Eigenheiten überwinden und sich entscheiden werden, sich nicht auf die Meinungsverschiedenheiten zu konzentrieren, sondern über die trennenden Dogmas hinwegzugehen und zusammenzuarbeiten, um der Welt Frieden und Wohlstand und Hoffnung zu bringen.

Zwei Tage nach unserem letzten Treffen in Damaskus komme ich wieder mit der Gruppe zusammen, mit der ich meine Pilgerfahrt ins Heilige Land ursprünglich geplant hatte. Ich stehe auf dem Balkon des Hotels und blicke auf den See Genezareth, wo Jesus den Sturm besänftigt hat und übers Wasser gewandelt ist, wo er zusammen mit seinem Jüngern entlanggegangen ist, mit ihnen geredet und gelacht und geweint hat.

Hinter dem See erhebt sich die Silhouette der Golanhöhen – einer der Hauptstreitpunkte zwischen Syrien und Israel, zwischen den Juden und den Arabern. Und während ich diese Hügel im Zwielicht der frühen Morgendämmerung betrachte, sehe ich, wie sie Stück für Stück in leuchtenden Farben erstrahlen. Goldene Strahlen durchschneiden die Dämmerung und malen ein wunderbares Bild in Purpur, Rosa und Rot. Sonnenaufgang über dem See Genezareth. Eine goldene Bahn, die sich von den Hügeln zu mir hin zieht, lässt mich in einer Vision des Friedens versinken.

Was auch immer der heutige Tag bringen mag, schießt es mir durch den Kopf, *so lange es ein Morgen gibt, so lange wird es Hoffnung geben.*

Am Weihnachtsabend stehen wir auf den Schäferhügeln über Bethlehem. Mit brennenden Kerzen in der Hand stehen wir in dem leichten Nieselregen, unter uns durchdringen die Lichter Bethlehems die Wolken und den Regen. Wir 700, die wir gemeinsam hierher gereist sind, um in dem Land zu wandeln, in dem unser Glauben vor 2000 Jahren geboren wurde, schauen und stehen in ehrfürchtigem Schweigen da. Zwei meiner Kinder und zwei meiner Enkelkinder sind bei mir, mit ihnen Arvella und viele liebe Freunde. Es ist eine bewegende und heilige Zeit – die Morgendämmerung eines neuen Jahrtausends – und ein Traum wird wahr.

46

Als ich Viktor Frankl, den berühmten Psychiater und Autor des Buches »Der Mensch vor der Frage nach dem Sinn«, zum ersten Mal traf, fragte ich ihn: »Dr. Frankl, was ist für Sie die wichtigste Wahrheit der menschlichen Existenz?«

»Nun, mein Freund«, antwortete er mir, »für Freud war es der Drang nach Lust. Für Adler war es der Drang nach Macht. Für mich ist es der Drang nach Sinn.«

»Aber, Dr. Frankl«, sagte ich, »woher kommt das? Was steckt hinter diesem Drang nach Sinn?«

Und er erwiderte: »Ich weiß es nicht.«

Zwei Jahre später verbrachten wir zwei Stunden in meinem Büro im *Tower of Hope* miteinander. »Dr. Frankl, ich habe die Antwort auf die Frage, die ich Ihnen einmal gestellt habe, die Frage über den Grund für unsere Suche nach Sinn. Die Antwort ist: *menschliche Würde*. Eine Erklärung dafür findet sich in den Psalmen. *›Ich habe dich mit Ehre und Herrlichkeit gekrönt‹*, heißt es in Psalm 8, Vers 6. Das bedeutet, in unseren Adern fließt königliches Blut, und ich und Sie und die ganze menschliche Rasse – wir brauchen den Respekt vor uns selbst und vor anderen. Jedes Herz hungert nach einem gesunden Stolz!«

Diese Unterhaltung geht mir durch den Kopf, als ich 20 Jahre später unter den Ehrengästen im Hauptquartier der Russisch-Orthodoxen Kirche in Moskau stehe. Es ist Juli 2000 und der Anlass ist die Verleihung der Ehrendoktorwürde des Fachbereichs Psychologie und Theologie der Orthodoxen Universität in Moskau an mich. Das Wissen darum, dass ich der erste Amerikaner bin, dem eine solche Ehre widerfährt, verleiht dem Ereignis einen besonderen Reiz, aber es ist auch ohne dies ein ehrenvoller Augenblick – die Anerkennung meiner lebenslangen Bemühungen, meinen Mitmenschen mit den heilsamen Kräften von Glaube, Hoffnung und Liebe zu dienen.

Das gleiche Thema der menschlichen Würde taucht sechs Monate später wieder auf, als Michail Gorbatschow, der Mann, der mehr als jeder andere zum Ende des Kalten Krieges beigetragen hat, in der *Crystal Cathedral* mein Ehrengast ist. »Respekt ist das Wichtigste«, erklärt er meinem *Hour of Power*-Publikum. »Es gibt keine äußerliche Freiheit ohne die geistliche Freiheit.« Darum, so erklärt er, war es die erste und wichtigste Maßnahme der *Perestroika*, für ein Gesetz zu sorgen, das die Freiheit von Glauben und Religion sicherstellte. »Es muss den Menschen möglich sein, eine freie Wahl zu treffen«, betont er.

Wir sprechen über seinen eigenen ausgeprägten Glauben, darüber, wie der Atheismus sein Leben als Mitglied der Kommunistischen Partei bestimmt hatte und wie er sich trotzdem in dem Augenblick, als seine Tochter geboren wurde, dabei ertappte, dass er selbst von Gott sprach. Man hatte Frau Gorbatschow gesagt, dass sie keine Kinder bekommen könne und trotzdem war da plötzlich dieses wunderhübsche kleine Mädchen! Und während wir darüber sprechen, sitzt dieses hübsche Mädchen, das inzwischen Doktor der Medizin ist, mit Tränen in den Augen vor uns. Auch sie ist eine Frau mit einem starken Glauben an Jesus Christus.

Ich rufe mir ins Gedächtnis zurück, wie ich in dem kleinen, ausgewählten Publikum saß, während Gorbatschow selbst das Schlusswort zu einem Gipfeltreffen mit George Bush und Margaret Thatcher und anderen Führern unterschiedlichster Nationen sprach, das auch im Fernsehen übertragen wurde. Er ließ das Ende des Kalten Krieges Revue passieren und warf einen Blick in die Zukunft, dann schloss er mit den Worten: »... und wir müssen Jesus Christus im Gedächtnis behalten.«

Gorbatschows Glaubensbekenntnis sowie auch das Aufblühen des Glaubens in der gesamten ehemals kommunistischen Welt erfüllen mich mit Hoffnung.

»Du sollst heißen: ›Der die Lücken zumauert‹«, hatte Gott immer wieder zu mir gesagt und ich höre seine Stimme auch in diesem Jahr des Jahrtausendwechsels.

In den Jahrzehnten, seit ich Gottes Ruf folgte, hat es viele solcher Erfahrungen gegeben – erhebende Momente, in denen ich über die Wunder, die geschahen, nur staunen konnte. Der Bauernjunge aus Iowa, der nicht mehr an den Ufern des Floyd seinen Tagträumen nachhing und den Kühen predigte, sondern der Gott auf einer weltweiten Bühne diente.

Eine kleine Rolle in der Überwindung der Kluft zwischen Ost und West gespielt zu haben, an der Überbrückung des Grabens zwischen Christen und Moslems mitgearbeitet zu haben – diese Aufgaben waren

Geschenke Gottes gewesen. Rückblickend entsinne ich mich an das erste Mal, als ich in dieser Rolle aktiv wurde, als ich 1972 Bischof Fulton Sheen dazu bringen konnte, in Garden Grove zu predigen. Schon damals bemühten wir uns darum, die Unterschiede zwischen Protestanten und Katholiken zu überbrücken.

Und es hatte auch Lücken in meinem eigenen Leben gegeben, die zuzumauern waren. Einen bedeutenden Augenblick der Heilung erlebte ich im Mai 1977, als das *Western Theological Seminary* mich zum ersten Empfänger ihres Preises für »Ausgezeichnete Absolventen« erkor. Über die Jahre hinweg hatte es so viele Zeiten gegeben, in denen ich mich allein gefühlt hatte, so viele Zeiten, in denen die Kritik nur so auf mich herabgeregnet war. Schuller, der Prediger in diesem Autokino, dieser Prediger, der mehr über Selbstwertgefühl als über Sünde predigt, der Prediger, der sich dem *National Council of Churches* entgegenstellte und in die Schusslinie geriet. Und trotzdem war ich die ganze Zeit über meiner Konfession treu geblieben, der *Reformed Church in America*. Für mich bedeutete diese Auszeichnung der Theologischen Hochschule, dass ich mir diesen Glauben erhalten hatte.

Es hatte auch andere Zeiten gegeben, in denen Gott mich auf den Berggipfel führte, in denen er mich eine Rolle spielen ließ, die für einen Jungen aus einer Straße ohne Namen scheinbar viel zu groß war. So habe ich mich jedes Mal gefühlt, wenn ich Papst Johannes Paul II. besuchte, als ich die Beerdigung von Hubert Humphrey leitete und als ich an Präsident Clintons Delegationen zur Beerdigung von Mutter Teresa und von Izhak Rabin teilnahm. Und trotzdem konnte ich auch dann noch ganz stark die Gegenwart Gottes fühlen, wenn ich zum Beispiel eine Beerdigung leitete, an der nur 16 Personen teilnahmen, wie bei unserer geliebten Marie Dorler, der Frau, die sich einen jährlichen Besuch bei mir erbeten hatte, den sie auch 27 Jahre lang wahrnahm, und die mein Leben gerettet hatte; sowie jedes Mal, wenn wir die *Crystal Cathedral* für die Beisetzung eines Polizeibeamten oder Feuerwehrmannes aus Orange County zur Verfügung stellten.

Während unsere Kirchengemeinde wuchs, erlebte sie beides: die großen Abenteuer an fremden Küsten und die alltägliche Arbeit, ganz normalen Menschen durch den Alltag hindurchzuhelfen. Ganz gleich, wie viele »Erlebnisse auf dem Berggipfel« Gott mir schenkte – es gab auch unten im Tal immer noch etwas zu tun.

»Baue meine Kirche!«, hatte Gott mir aufgetragen. Und es sah ganz so aus, als ob es noch mehr zu bauen gäbe!

In der Abgeschiedenheit meines Autoren-Refugiums auf Hawaii sah ich mich plötzlich mit meiner Unfähigkeit konfrontiert, mich auf etwas anderes zu konzentrieren als auf die Pläne für das neue Richard-Meier-Besucherzentrum. Ich litt unter der Langsamkeit, mit der dieses Projekt vorankam. Bei keinem meiner Projekte war mir das Warten jemals so schwer gefallen. »Das ist in meinem Alter einfach zu viel für mich«, entschied ich.

Zuerst gab es da die Geldprobleme – und davon hatte ich eine Menge. Dann war da noch die Sache mit dem letzten noch zu kaufenden Haus – der »Verweigerer«. Eine Million Dollar für ein Jahrzehnte altes Wohnhaus von 100 Quadratmetern auf einem kleinen Grundstück?

Ich versuchte, mein Selbstmitleid zu überwinden, und entschloss mich zu beten. »Was soll ich in dieser Sache tun?«, fragte ich Gott. »Das ist doch kein verantwortungsvolles Wirtschaften, wenn man eine Million Dollar für ein Haus ausgibt, das nur einen Bruchteil dessen wert ist!«

Da kam laut und deutlich eine göttliche Botschaft in mein Bewusstsein. Ich bin absolut davon überzeugt, dass es die Antwort Gottes war, die in Form einer Frage kam: »Bob, warum bist du so materialistisch?«

»Materialistisch?«, rief ich schockiert aus.

»Ja«, sagte Gott. »Du hängst am Geld. Das ist materialistisch. Geld ist nichts, der Dienst ist alles!«

»Aber ich habe keine Million Dollar!«, entgegnete ich.

»Ich schon«, gab er zur Antwort. »Biete dem Besitzer dieses Hauses das, was er haben will, und das Geld wird kommen. Vertrau mir!«

Ich nahm Gott beim Wort. Ich ging nach Hause und bot an, das verbleibende Haus für eine Million Dollar zu kaufen – nachdem wir fast zehn Jahre lang darum gefeilscht hatten. Jetzt war ich *wirklich* an meine Grenzen gestoßen!

Aber wieder einmal hielt Gott sein Wort. Wenige Tage, nachdem ich den Kaufvertrag für das Haus unterzeichnet hatte, bekam ich einen Scheck über eine Million Dollar von einem völlig Fremden.

Egal, wie oft ich auch Wunder erlebe, ich bin jedes Mal aufs Neue überrascht.

Wir gaben sofort die Anweisung, mit den Arbeiten zu beginnen. Alle 31 Häuser waren in drei Monaten abgerissen. Die Straßen weg! Die Auffahrten beseitigt! Telefon- und Strommasten entfernt! Saubere und freie landschaftlich ansprechend gestaltete vier Hektar umgaben nun unser schönes, offenes Gelände – 40 Jahre, nachdem wir unser ursprüngliches

Grundstück gekauft hatten. *40 Jahre* voller Träume und Vorstellungen – und jetzt besaßen wir fast die gesamten 16 Hektar!

Nun brauchten wir nur noch weitere 20 Millionen aufzutreiben, um das elegante Richard-Meier-Gebäude selbst zu finanzieren.

Ken Walker ist der Präsident der *Farmers & Merchants*-Bank in Garden Grove und Long Beach. Er war seit den Anfängen unserer Arbeit 1955 der Bankier unserer Kirche.

»Sie haben vor, eine der schönsten Kirchenanlagen zum Abschluss zu bringen, die in diesem Jahrhundert gebaut worden sind«, sagte er eines Tages zu mir. »Ihr Plan, das letzte Stück hinzuzufügen, um das Bild zu vervollständigen, ist perfekt. Ich werde Ihnen helfen. Ich werde Ihnen die gesamten 20 Millionen Dollar zu einem Zinssatz von einem halben Punkt unter dem Leitzins leihen.«

Unser Banker hatte wahrhaftig Glauben!

Aber Glauben muss mit Arbeit Hand in Hand gehen und davon gab es reichlich. Wieder einmal zog ich auf der Suche nach Spendenzusagen kreuz und quer durch Amerika. Die Mitglieder unserer Gemeinde öffneten ihre Herzen und ihre Geldbeutel und spendeten großzügig. Mit der Hilfe großer und kleiner Spenden war die Finanzierung schließlich sichergestellt und Richard Meier und ich konnten mit dem Bau beginnen.

»Dieser ganze Campus – es ist unglaublich, wie all diese Gebäude sich zu einem Gesamtbild zusammenfügen«, meinte Meier und fügte hinzu: »Ich bin sicher, dass Sie das Ganze schon vor 40 Jahren so geplant haben!«

»Aber nicht im Geringsten!«, antwortete ich ihm.

Überrascht erwiderte Meier: »Aber der ›Tower of Hope‹ liegt genau im Mittelpunkt! Darüber hinaus ist er das höchste Gebäude und steht genau an der Stelle, an der auch wir ihn gebaut hätten, wenn wir heute den gesamten Komplex als ein harmonisches Ganzes planen würden.« Meier führte weiter aus: »Es ist, als ob Sie zuerst den ›Tower of Hope‹ und dann die ›Crystal Cathedral‹ geplant und dabei zwischen diesen beiden großen Gebäuden genau den richtigen Platz für ein letztes Bauwerk frei gelassen hätten – mein großes Besucherzentrum.« Abschließend fügte Meier hinzu: »Sie müssen das Gesamtbild schon die ganzen letzten vier Jahrzehnte vor Augen gehabt haben.«

»Auf keinen Fall!«, bekräftigte ich nochmals. »Aber Philip Johnson hat mir schon vor Jahren etwas gesagt. Er meinte: ›Es gibt noch einen großen Gestalter, der bei diesem Projekt am Werk war.‹ Das ist meine

Erklärung, Richard. Es ist zu makellos, als dass es anders zustande gekommen sein könnte – vier Architekten, die in vier Jahrzehnten ein Gemeinschaftswerk von einer so ausgezeichneten künstlerischen Qualität schaffen!«

Zwei Monate vor der Grundsteinlegung stehe ich auf diesem freien Platz und blicke nach Osten, wo die Sonne aufgeht und die kommenden Tage entstehen. Früh am Morgen gehe ich über das Gelände, auf dem nur hier und dort ein paar Arbeiter mit Wartungsarbeiten beschäftigt sind und einige Sicherheitsleute ihren Dienst verrichten.

Die Sonne verbirgt sich noch hinter dem östlichen Horizont, und ich spüre jenes vertraute Kribbeln, das die Geburt von etwas Bedeutendem ankündigt. Der *Tower of Hope* liegt zu meiner Rechten, im Süden. Das ursprüngliche Neutra-Kirchengebäude, das heute unsere große Versammlungshalle ist, liegt ebenfalls rechts von mir, etwas östlich vom Turm. Die *Crystal Cathedral* steht links von mir, im Norden, und der Glockenturm – diese atemberaubende, kristallene Spitze – erhebt sich dramatisch im Hintergrund. Direkt zu meiner Linken befindet sich der Friedhof, die *Memorial Gardens*, und dahinter das *Family Life Center*.

Ich erinnere mich an die vielen Male, die ich in meiner Kindheit neben der Scheune stand und das betrachtete, was ich für eine hübsche Gruppe von Gebäuden hielt, die so zusammengefügt waren, dass sie ein harmonisches Ganzes bildeten. Ich höre wieder, wie mein Dad zu mir sagt: »Harold, eines Tages wird unser staubiger Feldweg keine Straße nach ›Nirgendwo‹ mehr sein; es wird eine Straße sein, die zu einem ›Irgendwo‹ führt, dorthin, wo Träume geboren werden.« Und hier beobachte ich jetzt, wie die ersten Strahlen der Sonne die Spitze des Kreuzes auf dem *Tower of Hope* berühren, über den First der *Crystal Cathedral* streifen und von der Spitze des Turms zurückgeworfen werden ... hier ist mein »Irgendwo«, wo in den vergangenen 40 Jahren meine Träume geboren wurden und jeder von ihnen Wirklichkeit geworden ist. Dann sehe ich plötzlich vor meinem inneren Auge das letzte Teil dieses architektonischen Kunstwerks. Besucher aus der ganzen Welt werden kommen und in unserem *International Center for Possibility Thinking*[11] willkommen geheißen werden – willkommen geheißen von der Botschaft, die dieses Gebäude stolz verkünden wird:

»Wenn du davon träumen kannst, kannst du es auch tun!«

Dann sehe ich einen kleinen Jungen vor mir, der die Hosenbeine seines fast neuen Overalls sorgsam hochgekrempelt hat, weil er ordentlich aussehen will. Seine schwarzen Sonntagsschuhe scheinen nicht so recht zu dem Jeansstoff zu passen. Er steht am Ende eines langen, staubigen Wegs – hinter ihm geht die Sonne auf. Er hält nach einem »Irgendwo« Ausschau, von dem er weiß, dass es da sein muss – ein »Irgendwo«, das er eines Tages erreichen wird.

Sieht er mich an?

Jetzt sehe ich, wie er hüpfend auf mich zu kommt. »Wenn ich groß bin, werde ich Prediger!«, sagt er.

Dann, genauso plötzlich – dies scheint ein Tagtraum zu sein – steht er neben mir am Eingang des Centers, das bald hier stehen wird. Seine Eltern kommen hinter ihm her, langsam, zögernd, vorsichtig. Ich habe diesen Jungen noch nie getroffen, aber ich habe das Gefühl, ihn zu kennen.

Seine Augen strahlen; die Sonne in seinem Herzen scheint durch sie hindurch, als er mich fragt: »Kann mein Traum wirklich wahr werden, so wie deiner? Kann ich es wirklich schaffen?«

Ich antworte ihm: »Hör zu: Ich wurde am Ende eines Feldwegs geboren, der keinen Namen und keine Nummer hatte – mitten während einer Flutkatastrophe. Von nirgendwo kann man überall hinkommen!«

»Wie macht man das denn?«, fragt er.

»Indem man bis an den Rand geht«, antworte ich.

Und dann wiederhole ich für ihn die Worte, die ich so oft zitiert habe:

»Komm an den Rand!«, sagte Gott.
»Da draußen ist es gefährlich«, gab ich zur Antwort.
»Komm an den Rand!«, wiederholte Gott.
»Aber ich könnte hinabfallen!«
»Komm an den Rand!«, entgegnete Gott erneut.
Also tat ich es.
Und er stieß mich!
Und ich flog!

Während ich all dies vor mir sehe, erhebt sich die Sonne plötzlich voll und strahlend über den Horizont. Voller Freude hebe ich meine Arme, wie ich es an jenem ersten Sonntag getan habe, als ich im Autokino stand und ausrief: »Dies ist der Tag, den der Herr gemacht hat! Wir wollen uns freuen und fröhlich sein in ihm!« In diesem perfekten Augenblick sage ich gar nichts. Stattdessen schließe ich die Augen, hebe mein

Gesicht der Sonne entgegen und begrüße die Hoffnung, die dieser neue Tag mir schenkt. Dann höre ich, wie der kleine Träumer neben mir voller Ehrfurcht murmelt: »Wie lieblich es ist, an der Schwelle von Morgen zu stehen.«

Epilog

Es ist Sonntag, der 11. März 2001. Das Wetter ist für Orange County zu dieser Jahreszeit typisch; es ist ein bisschen frisch, der Wüstenwind wird durch die Feuchtigkeit des Pazifik abgemildert. Tatsächlich sieht es nach Regen aus, was mich dazu veranlasst, die Predigt ein wenig abzukürzen und mit der Gemeinde nach draußen zu dem Gelände westlich der *Crystal Cathedral* zu gehen. Es ist Zeit für den feierlichen ersten Spatenstich für unser Besucherzentrum, das *International Center of Possibility Thinking.*

Der Chor der Marineakademie der Vereinigten Staaten ist in seinen weißen Uniformen angetreten und singt »Anchors Aweigh« und »America the Beautiful«, während die Gemeinde, angeführt von mir und meinem Sohn Robert A. Schuller, sich auf dem Baugelände einfindet. Richard Meier, der Architekt des Gebäudes, stößt zusammen mit John Anderson, dem Präsidenten des *American Institute of Architects,* zu uns.

Die Kameras klicken und blitzen, als wir den ersten Spatenstich ausführen. Wir lächeln und schütteln uns die Hände und alle klatschen Beifall. Luftballons werden losgelassen und steigen zum Himmel auf, während wir mit Konfetti überschüttet werden.

Es ist ein Moment reiner Freude. Diese Zeremonie ist der abschließende Pinselstrich an dem großen Landschaftsgemälde, an dem ich über 40 Jahre lang gearbeitet habe.

Ich weiß, dass meine Träume ohne die Großzügigkeit von Zehntausenden von Menschen niemals wahr geworden wären, darunter 40, die Spenden im Millionenbereich gegeben haben. Ich weiß, dass ich niemals die Tausende von Menschen vergessen darf und werde, die dazu beigetragen haben, dass meine Reise mir Freude gemacht hat.

Um diese großzügigen Freunde zu ehren, werden wir in der großen Empfangshalle des Besucherzentrums eine besondere Wand errichten. Aber sie wird nicht aus einfachen Ziegelsteinen bestehen. Nein, die Wand wird aus 20.000 Bausteinen errichtet werden, die aus optischem Glas bestehen. Jeder der 2 1/5 mal 20 Zentimeter großen

Steine wird den Namen einer Person tragen, an die man sich erinnern soll. Diese Wand im Eingang wird die Wand der Träumer großer Träume werden.

Ich erinnere mich an manche Schlüsselfigur, die mir geholfen hat, meine Träume zu verwirklichen. Die Steine, die die Namen derer tragen, denen ich die besten Abschnitte meiner Lebensreise zu verdanken habe, werde ich selbst spenden.

Die erste ist Miss Aeilts, die dazu beigetragen hat, dass ich zu dem wurde, der ich bin. Diese einfache Lehrerin für Musik und Schauspiel an meiner ganz gewöhnlichen Highschool in Iowa ahnte wohl nicht, wie sehr sie mich beeinflusst und verändert und wie sehr sie mir geholfen hat, meine Talente zu entdecken. Sie machte mich mit der Schauspielerei vertraut; sie brachte mich auf die Bühne. Sie nahm mich in ein Männerquartett auf, was zur Gründung eines Quartetts im College führte, und dieses wiederum brachte mich nach Kalifornien – in den amerikanischen Bundesstaat, dessen Kultur es wie keine zweite erlaubt, dass die Menschen Träume träumen, die über das übliche Maß hinausgehen – sei es nun zum Guten oder zum Schlechten. Es war der Ort, der mir Luft zum Atmen gab.

Dann ist da Bud Hinga; er war mein Professor für Geschichte am *Hope College*, der, der gesagt hatte: »Begonnen ist schon halb gewonnen!« Und Lars Granberg, mein Professor für Psychologie.

Der vierte Name ist der von Henry Poppen, ein anderer missionarischer Held meiner Kindheit. Er hatte unter der Herrschaft von Mao Tse Tung die Qualen der Einzelhaft erduldet und hat in unseren *Crystal Cathedral Memorial Gardens* seine letzte Ruhestätte gefunden.

Dann ist da noch der Name meines Onkels Henry, der mit seinem tapferen Beispiel einen kleinen Jungen von Nirgendwo ermutigt hat, einen Traum vom Irgendwo zu träumen und zu glauben: »Wenn du davon träumen kannst, kannst du es auch tun.«

Ich führe meine Liste fort, jetzt mit all den Orten, an die mich meine Reise geführt hat. Und ich stelle fest, dass all die Wege, die ich eingeschlagen habe, die Dinge, die ich getan habe, irgendwann bestätigt wurden. Mein Weg in Richtung einer Vereinigung von Psychologie und Theologie wurde durch die Ehrendoktorwürde der Orthodoxen Universität in Moskau bestätigt. Mein Weg, der meine theologische und konfessionelle Anerkennung zum Ziel hatte, wurde bestätigt, als ich der erste Absolvent des *Western Theological Seminary* in 100 Jahren wurde, der den *Distinguished Alumni Award* für hervorragende Leistungen erhielt.

Und jetzt, in diesem Kontext von Träumen und Träumern, tritt John Anderson vor, der Präsident des *American Institute of Architects*, und verleiht mir den neu geschaffenen Preis seines Instituts, den *Lifetime Achievement in Excellence Award*[12]. Das ist eine Ehre, die mich zu Tränen rührt. Mein ganzes Leben lang habe ich mich um Qualität bemüht, mich niemals mit mittelmäßigen Lösungen zufrieden gegeben, egal, wie hoch die Kosten auch waren. Ich bin der erste Empfänger dieses neuen Architekturpreises, mit dem 50 Jahre der Anstrengung gewürdigt werden.

Ich bin in diesem Augenblick von Freude erfüllt, aber auch voller Widersprüche. Robert Schuller, dessen Gemeindearbeit in Kalifornien auf dem Teerpappendach einer Autokino-Snackbar begann. Robert Schuller, der aus einer Straße ohne Namen mitten im Nirgendwo stammt. Und trotzdem zeichnet man mich für meinen Beitrag zur Architektur aus – der Kunstform, die ich so sehr schätze. Diese hochrangige Organisation von Fachleuten, das *American Institute of Architects*, bestätigt mir, dass ich ein guter und treuer Diener gewesen bin, als ich Gottes Ruf folgte, seine Kirche zu bauen. Die Errichtung dieses Gemeindegeländes ist 46 Jahre lang die zentrale Aufgabe meines Lebens gewesen. Diese Phase meines Lebens erreicht jetzt ihren erfüllenden Abschluss, und dieses Werk wird weiterleben, denn große Architektur »hat eine Aussage«. Sie ist nicht nur elegant, sondern *eloquent*. Sie ruft die Menschen auf, nach Qualität zu streben. Wie eine Predigt aus Glas und Stahl erhebt sie den kollektiven menschlichen Geist und ist daher zeitlos.

Während John Anderson seine Ansprache hält, treten mir erneut die Tränen in die Augen. Er sagt, dass ich mich an Orte gewagt habe, an die andere nicht den Fuß zu setzen wagten. Er nennt mich »einen leidenschaftlichen Anwalt ... im Dienste einer Architektur, die die Kraft hat, Leben der Menschen zu bereichern und zu erheben«. Er spricht von meinem »unerschütterlichen Glauben« und »untrüglichen Instinkt«. Und dann schließt er mit den Worten, die immer noch in meiner Seele nachklingen: Er sagt, ich habe »auf diesem Fels eine Stadt erbaut, deren Straßen mit Musik gepflastert sind und deren Botschaft ein Licht für diese Welt« sei.

Um noch einmal für einen Moment zu meiner Liste der Träumer großer Träume zurückzukehren: Einen Namen muss ich ganz besonders hervorheben, nämlich den von Arvella DeHaan Schuller. Sie ist von Anfang an ein Teil von mir gewesen, also möchte ich sie auch jetzt, wenn ich dieses Buch abschließe, an meiner Seite wissen, so wie sie es immer war.

Wir haben in der Mitte des Jahrhunderts, in der Mitte des Jahres, in der Mitte des Monats geheiratet – am 15. Juni 1950. Wir haben die ganze Hälfte des letzten Jahrhunderts des zweiten Jahrtausends zusammen gelebt und gearbeitet. Die aufregendste Zeit in unserem Leben sind ohne Zweifel die so genannten Goldenen Jahre gewesen, und sie sind es noch.

Wenn unsere Ehe – dieser äußerst wichtige Weg in meinem Leben – irgendeine Bestätigung braucht, dann ist diese in den fünf bemerkenswerten Kindern zu finden, mit denen wir gesegnet worden sind. Sie haben sich genauso großartige Ehepartner erwählt, und jeder von ihnen trägt zusammen mit seinem Gatten auf seine einzigartige, großzügige und professionelle Weise unglaublich viel zu unserem Dienst bei, was ich noch viel bemerkenswerter finde.

Mit diesem talentierten, hingebungsvollen, vertrauenswürdigen, gut eingespielten Familienteam, das fest in unseren Dienst eingebunden ist, kann ich mich in der Gewissheit, dass die *Crystal Cathedral* die Menschen auch über meine Lebenszeit hinaus positiv beeinflussen wird, beruhigt zurücklehnen. Ein Traum ist wahr geworden!

Unsere Familie war immer die Quelle meiner emotionalen Stärke. Ich hätte es nie ohne sie geschafft und ohne sie könnte ich auch nicht weitermachen.

Wir haben auch davon geträumt, dass all unsere 18 Enkel – so wie unsere fünf Kinder – einmal positiv denkende Ehepartner finden, die ebenfalls ihren Lebensweg mit Jesus gehen. Und heute stelle ich mir vor, dass unsere 18 Enkelkinder 18 neue Familien gründen, in denen Christus die Ehre gegeben wird, die Zehn Gebote geachtet werden, die Bibel gelesen wird und täglich in treuem Glauben gebetet wird!

Das wird für mich der wichtigste Traum sein, der sich erfüllen soll. Und ich bin kurz davor, die Erfüllung dieses Traums zu erleben.

Die in diesem Buch geschilderte Reise ist die wahre Geschichte meines Lebens. Einige der Wunden und Segnungen, die meisten Auszeichnungen und viele Schmerzen sind hierin nicht erwähnt worden – von ihnen wurde bereits an anderer Stelle gesprochen.

Ich stelle mir vor, dass sich mein Leben wie ein Footballspiel in vier Abschnitte gliedert. Jedes Viertel ist 25 Jahre lang. In dem Augenblick, in dem dieses Buch erscheint, habe ich gerade das dritte Viertel beendet. Jetzt starte ich in das vierte. Wird der Trainer mich das ganze Spiel über auf dem Platz lassen? Werde ich die 100 Jahre vollenden? Ich weiß es nicht, aber ganz gleich, wie viele noch kommen, ich habe vor, jedes

Jahr von neuem Träume zu träumen, die mich an den Rand des Möglichen führen.

Und so gehe ich weiter – mit Stolz im Rücken, von Liebe umgeben und immer Hoffnung vor mir – hinein in meine Morgen, die noch kommen werden!

Hour of Power

Deutschland

Seit über 30 Jahren ist *Hour of Power* mit Dr. Robert Schuller der meistgesehene Fernsehgottesdienst der Welt. Was ursprünglich mit einem Open-Air-Gottesdienst in einem Auto-Kino anfing, wird heute aus der *Crystal Cathedral* in Garden Grove, Kalifornien, in über 20 Millionen Haushalte weltweit übertragen. *Hour of Power* ist ein 60-minütiger Gottesdienst der Extraklasse mit verschiedensten Elementen. In der Predigt wird lebensnah und alltagsrelevant auf Themen eingegangen, die Menschen auf der Grundlage des Evangeliums und des christlichen Glaubens zu guten Gedanken bewegen sollen, damit sie neue Kraft für ihr Leben schöpfen können. Sie sehen und hören eine der größten Kirchenorgeln der Welt, Stimmen eines Chores mit über 110 Personen, ein 60-köpfiges professionelles Orchester sowie prominente und interessante Interviewgäste aus Politik, Kunst, Sport und Gesellschaft.

Abgerundet werden die Gottesdienste mit Beiträgen von namhaften Musikern und Sängern.

Das Hauptanliegen von *Hour of Power* ist es, das Evangelium zu verkündigen, Gott den Menschen näher zu bringen und sie zum Glauben und zu einem Leben in der Nachfolge Jesu zu ermutigen sowie die Botschaft eines positiven, froh machenden Christentums zu verkündigen.

In den deutschsprachigen Ländern – Deutschland, Schweiz und Österreich – gibt es Büros von *Hour of Power*.

Hour of Power Deutschland wurde 1992 von Nikolaus Enkelmann gegründet. Von 1998 bis 2001 wurde *Hour of Power* von Dr. Jörg Knoblauch von Giengen/Brenz aus geleitet. Seit dem Sommer 2001 präsentiert sich *Hour of Power* mit einem Büro in Augsburg/Bayern und mit Armin Salzmann als Vorstandsvorsitzenden. Alle Anfragen werden dort entgegengenommen und von hier aus wird der Freundeskreis betreut. In Augsburg werden die Gottesdienste übersetzt und die deutsche Version von *Hour of Power* produziert.

Eine besondere Einrichtung für unsere Zuschauer und Freunde stellt die Newhopeline dar. Sie ist eine kostenlose »Telefonleitung zur neuen Hoffnung« und soll für alle diejenigen da sein, die Rat und Hilfe suchen.

Mitarbeiter aus dem Bereich Seelsorge, Gemeindearbeit und Psychologie stehen täglich – auch am Wochenende – von 18:00 bis 22:00 Uhr (sonntags schon ab 9:00 Uhr) für Hilfe suchende Menschen unter der gebührenfreien Telefonnummer 08 00 / 550 77 00 zur Verfügung.

Hour of Power kann langfristig nur mit Hilfe von Spendern, Sponsoren und Unterstützungsvereinen weltweit gesendet werden. Die Ausstrahlung der Gottesdienstsendungen ist sehr kostenaufwändig. Daher bemüht sich *Hour of Power* Deutschland intensiv um den Aufbau eines Unterstützer- und Freundeskreises. Für treue Freunde und regelmäßige Spender bietet *Hour of Power* die Mitgliedschaft in verschiedenen Spenderclubs an. Der *Crystal Cathedral Club,* der *Ambassador Club* und der *Eagles Club* sind die Grundlage für den Gottesdienst von *Hour of Power*. Der regelmäßig erscheinende Rundbrief und der E-Mail-Infoletter hält alle Spender und Freunde mit aktuellen Informationen auf dem Laufenden. Die Ziele der Unterstützungsvereine von *Hour of Power* in der Schweiz, Österreich und Deutschland sind die komplette Finanzierung der Ausstrahlung und der deutschen Produktion sowie die professionelle Übersetzung und Verbreitung der sehr ermutigenden Bücher von Dr. Robert Schuller.

Informationen zum Dienst von *Hour of Power* Deutschland erhalten Sie unter:

Hour of Power Deutschland
Bahnhofstraße 17
86150 Augsburg
Tel.: 018 05 / 70 80 99
Fax: 018 05 / 70 80 98
E-Mail: info@hourofpower.de
Internet: www.hourofpower.de
Newhopeline: 0 800 / 55 077 00
Spenden-Hotline: 0 900 / 50 70 200 (2 Euro/Anruf)

Hour of Power Schweiz
Sägegasse 2, Postfach 12 89
3110 Münsingen
Tel.: 0 31 / 721 99 77
Fax: 0 31 / 721 99 78
E-Mail: info@hourofpower.ch
Internet: www.hourofpower.ch
Spenden-Hotline: 0 900/50 70 20 (3 Franken/Anruf)

Hour of Power Österreich
Schönbrunnerallee 6/3
2331 Wien/Vösendorf
Tel.: 01 / 812 22 32
Fax: 01 / 812 22 32 42
E-Mail: info@hourofpower.at
Internet: www.hourofpower.at
Spenden-Hotline: 0 900 / 50 70 200

Sendezeiten von Hour of Power (Stand September 2004)

Sonntag	8:00	Uhr auf VOX (mit deutscher Stimme)
Sonntag	12:00	Uhr auf NBC (mit deutschen Untertiteln)
Samstag	18:00	Uhr auf TBN (ohne deutsche Übersetzung)

Anmerkungen

Teil I: Kleine Anfänge

[1] 1,609 km
[2] Hausbesuch
[3] amerikanische Fluchworte, Modifikationen. »Gosh« von »God« (Gott), »Darn« von »Damned« (verdammt), »Golly« von »Jesus«
[4] »Scheiße«
[5] umgangssprachlich: »Hure«, »Weibsstück«, in der eigentlichen Wortbedeutung: »Hündin«
[6] »verdammt«
[7] Mr. »Wunnerfull«, Lawrence Welk, 1903–1992, bekannter amerikanischer Bandleader, in den 30er Jahren mit Tanzmusik auf Tournee, später bekannt durch seine TV-Show (Lawrence-Welk-Show, 1955–1982)
[8] Fünfcentstück
[9] um ihr Leben in einem öffentlichen Akt Christus anzuvertrauen – ein baptistischer Brauch
[10] »Straße des Erfolges«
[11] Nikolaus, Weihnachtsmann
[12] Fett und Sirup
[13] Klettenart, wohl die Spitzklette (Xanthium strumarium)
[14] »Gott beschütze uns.«
[15] nordamerikanische Sagengestalt, riesenhafter Holzfäller mit sagenhaften Kräften
[16] *Now I lay me down to sleep. / I pray Thee, Lord, my soul to keep. / If I should die before I wake, / I pray Thee, Lord, my soul to take.*
[17] »Zähe Zeiten sind nicht von Dauer, aber zähe Leute«
[18] Die korrekte amerikanische Aussprache von Schuller ist: Skaller.
[19] also wie im Deutschen
[20] eines der ältesten Versandhäuser der USA, gegründet 1872, im Dezember 2000 erloschen

[21] Im amerikanischen Notensystem ist »A« die beste Note, gefolgt von »B«, »C« usw.
[22] »incomplete«
[23] Percival Mollon Symonds: *The Dynamics of Human Adjustment*
[24] »Schau immer auf Jesus!«
[25] »Suche weiter!«
[26] *God moves in a mysterious way. / His wonders to perform. / He plants his footsteps on the sea / And rides upon the storm.*
[27] »Arkadische Bruderschaft«
[28] »Die arkadischen Vier«
[29] Indianermission
[30] 145 km/h
[31] amerikanische akademische Grade, vergleichbar dem Dr. phil. bei uns.
[32] oder Cauvin, 1509–1564
[33] *Christianae religionis institutio*, Basel, 1536, 1559 zuletzt überarbeitet
[34] bekanntes Weihnachtslied des Bischofs der Episkopalkirche (1835–93)

Teil II: Die Jahre der Wunder

[1] »die windige Stadt«, Beiname Chicagos wegen der rauen Witterungsbedingungen
[2] Dale Carnegie: *How to Win Friends And Influence People*, New York 1936
[3] Norman Vincent Peale: *The Power of Positive Thinking*, New York 1952
[4] demand = fordern
[5] *Ride The Wild Horses*
[6] bekannter Themenpark in Anaheim
[7] amerikanische Lithographieanstalt, gegr. 1835 von Nathaniel Currier, nach 1857 mit der Partnerschaft von James Merrit Ives zum erfolgreichsten Vertreiber preiswerter »kitschiger« Kunstdrucke aufgestiegen, 1907 erloschen.
[8] *The Benevolent and Protective Order of Elks* («Der wohlwollende und beschützende Orden der Elche«), gegründet am 16. 2. 1868 in New York von dem Schauspieler und Sänger Charles Algernon Sidney Vivian; eine der größten philanthropischen Gemein-

schaften Amerikas mit heute etwa 1,2 Millionen Mitgliedern in 2200 Gemeinden.

9 amerikanischer Evangelist indianischer Abstammung aus Oklahoma, geboren 1918, predigte in Zelten, später auch über Radio und TV

10 »Komm, wie du bist, im Familienauto!«

11 Juni-Düsternis

12 Mammutbäume

13 Walk = gehen, Drive = fahren

14 Crush = Gewühl, Gedränge, aber auch ein Orangensaftgetränk mit zerstoßenem Eis

15 antikommunistische Aktionen von Regierungsseite im Amerika der 1920er, 1940er und 1950er Jahre

16 »Nationalrat der Kirchen Christi«

17 Im Alten Testament steht dieser Name für »die Herrlichkeit ist vergangen«.

18 »Das Leben ist lebenswert.«

19 Wortspiel: Star (Berühmtheit) – Scar (Wunde, Narbe)

20 »Turm der Hoffnung«

21 »Neue Hoffnung«

22 Carol = Choral

23 entsprechend den Buchstaben, die den Nummerntasten zugeordnet sind, eine in Amerika durchaus übliche Art der Definition von Telefonnummern

24 »Kapelle in den Wolken« (wörtlich: im Himmel)

25 »Robert Schuller Institut für erfolgreiches Kirchenmanagement«

26 Acid = Säure, von Lysergsäurediäthylamid (LSD)

27 »Es gibt / kein' Ort, der so beliebt / fürs Leben, glücklich und in Frieden, / wie hier in Camelot beschieden.«

28 altertümliche Ausdrücke für »du« und »dein«

29 die neuzeitliche Entsprechung

30 »überwechseln«, aber auch »Passah«

31 amerikanischer Unabhängigkeitstag

32 1954–1977, in New York geboren als Frederick Karl Pruetzel, bekannter Comedy-Darsteller, vor allem aus der Fernsehserie »Chico and the Man« (1974–1977)

32 »Ich hab's auf meine Art gemacht«, eines der bekanntesten Lieder von Frank Sinatra

33 »Er hat's auf seine Art gemacht.«

34 Büro des Präsidenten der Vereinigten Staaten

[35] »Selbstachtung: die neue Reformation«
[36] »Du kannst der Mensch sein, der du sein möchtest«
[37] »Wie auch immer: Halleluja!«
[38] »Überleben durch Gestaltung«
[39] missionarische Fluggesellschaft
[40] kein regulärer akademischer Grad, sondern der Abschluss einer 3-jährigen Pfarrerausbildung
[41] Wortspiel: Christmas Carol = Weihnachtslied
[42] »Lobt Gott, von dem aller Segen kommt. / Lobt ihn, all ihr Geschöpfe hier unten. / Lobt ihn dort oben, ihr himmlischen Geister. / Lobt Vater, Sohn und Heiligen Geist.«
[43] »Die Wittenberger Tür« (in Anlehnung an Luthers Thesen)
[44] »Windex« ist in den USA ein bekannter Glasreiniger.

Teil III: Die Jahre des Erfolgs

[1] »Schlechte Zeiten vergehen, starke Menschen bestehen«
[2] »Zuversichtliche Kinder«
[3] »Internationale Konferenz für Fürsorge und Freundlichkeit«
[4] »Schlechte Zeiten vergehen, starke Menschen bestehen« und »Starker Glaube für zarte Menschen«
[5] Hiob 23,10
[6] »Mein Haus soll ein Haus des Gebets sein für alle Völker.«
[7] »Kirchen, in globaler Mission vereinigt«
[8] »Zentrum für Familien«
[9] »Die Kraft einer schuldenfreien Existenz«
[10] »Gebetsfrühstück des Präsidenten«
[11] »Internationales Zentrum für Möglichkeitsdenken«
[12] »Preis für qualitativ außergewöhnliche Lebensleistung«

KRAFTSTOFF VON ROBERT H. SCHULLER

AUS TRÄNEN WERDEN EDELSTEINE

Schmerz und Leid überwinden.

Schmerz – sei er körperlich, geistlich, oder seelisch – gehört unvermeidlich zu unserem Leben als Menschen. Er trifft uns unvorbereitet, oft hinterlässt er tiefe Narben und bereitet uns große Not und Leiden. Doch es gibt eine gute Nachricht: Trotz allem muss er unser Leben nicht bestimmen. Ganz persönlich erzählt Robert H. Schuller von den vielfältigen Arten des Schmerzes, denen er sich in seinem Leben stellen musste. Und er lässt den Leser daran teilhaben, wie er diese Schmerzen durch sein Vertrauen auf Gott in kreatives Potenzial umwandelte.

Paperback, 200 Seiten, Bestell-Nr. 657 465

HIMMEL AUF ERDEN

Anleitung zu einem glücklichen Leben.

In unserer schnelllebigen Zeit bleibt unsere Sehnsucht nach Ruhe, Freude und Glück oftmals unerfüllt. Doch wie kann man ein erfülltes Leben führen und anderen zum Segen werden, wenn die Lebensumstände manchmal alles andere als rosig sind?
Die Lösung liegt in einer neuen Einstellung. Robert H. Schuller betrachtet die Seligpreisungen der Bergpredigt aus dem Blickwinkel der heutigen Zeit und leitet daraus acht grundlegende Einstellungen ab, die Ihr Leben ganz praktisch verändern können. Egal, ob Sie gewinnen oder verlieren, Erfolg haben oder versagen – Sie können dennoch glücklich werden!

Paperback, 300 Seiten, Bestell-Nr. 657 526